1 MONTH OF FREE READING

at

www.ForgottenBooks.com

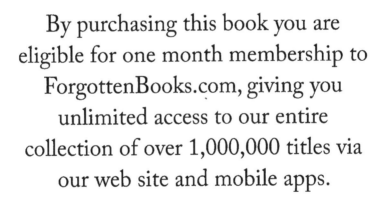

By purchasing this book you are eligible for one month membership to ForgottenBooks.com, giving you unlimited access to our entire collection of over 1,000,000 titles via our web site and mobile apps.

To claim your free month visit:

www.forgottenbooks.com/free1207055

ISBN 978-0-366-10720-9
PIBN 11207055

Krieg= und Heerführung

von

Colmar Freiherr v. d. Goltz

Königlich Preußischer General der Infanterie

Chef des Ingenieur- und Pionierkorps

General-Inspekteur der Festungen

(früher Kaiserlich Ottomanischer Marschall und General-Adjutant)

Verfasser von „Das Volk in Waffen"

Berlin 1901.

R. v. Decker's Verlag

G. Schenck

Königlicher Hofbuchhändler.

„Der Krieg gehört nicht in das Gebiet der Künste und Wissen-
schaften, sondern in das Gebiet des gesellschaftlichen Lebens. Er
ist ein Konflikt grosser Interessen, der sich blutig löst und nur
dadurch ist er von den anderen verschieden. Besser, als mit irgend
einer Kunst liesse er sich mit dem Handel vergleichen, der auch ein
Konflikt menschlicher Interessen und Thätigkeiten ist, und viel näher
steht ihm die Politik, die ihrerseits wieder als eine Art Handel im
grösseren Massstabe angesehen werden kann. Ausserdem ist sie
der Schooss, in welchem sich der Krieg entwickelt; in ihr liegen die
Lineamente desselben schon verborgen angedeutet, wie die Eigenschaften
der lebenden Geschöpfe in ihren Keimen."

Clausewitz. Vom Kriege. 2. Buch. 3. Kapitel.

Vorwort.

Die Nothwendigkeit, eine zweite Auflage der „Kriegführung"
herauszugeben, ist die Veranlassung zu der längst beabsichtigten Vervollständigung dieses Buchs durch einen Anhang über „Heerführung"
gewesen. Bisher war ich zu meinem Bedauern durch Berufsgeschäfte
daran verhindert.

Da beide Theile, den Verhältnissen der Gegenwart entsprechend,
in Einklang gebracht werden mußten, so wurde zugleich eine fast vollständige Umarbeitung und eine wesentliche Vermehrung der „Kriegführung" erforderlich.

Alle militärischen Dinge haben in den letzten 6 Jahren große
Fortschritte gemacht. Die beim Erscheinen der ersten Auflage von
der Kritik hervorgehobenen Lücken waren auszufüllen, eine Anzahl
Mängel zu beseitigen. Ganz neu hinzugekommen sind die beiden
Hauptabschnitte über das Gelände und dessen künstliche Verstärkung,
sowie über die Schlacht, ferner ein die Operationsbedingungen ab-
handelnder Unterabschnitt. Die anderen Kapitel haben größtentheils
sehr erhebliche Veränderungen erfahren, einige eine neue, den Inhalt
besser bezeichnende Benennung erhalten. Wenn das Buch dadurch
auch um etwas den Charakter einer kurz zusammengedrängten Lehr-
schrift verloren hat, so durfte ich darüber wohl hinwegsehen, weil
infolge meines Rücktritts in den vaterländischen Dienst der mit
der ursprünglichen Veröffentlichung verfolgte Zweck in den Hintergrund trat.

Ist die alte Bezeichnung dennoch erhalten geblieben, so geschah es, um auch weiterhin an die ehemalige Bestimmung zu erinnern, deren Einfluß auf Form und Inhalt selbst durch die Umarbeitung nicht völlig verwischt worden ist. Daß die Lehre keine abschließende sein kann und soll, folgt schon aus der Reichhaltigkeit des Themas, welches ganz zu erschöpfen kaum jemals gelingen wird. Zuviel verschiedene Gebiete des politischen und socialen Lebens werden dabei gestreift. Den Anspruch, etwas Endgültiges zu schaffen, habe ich auch niemals erhoben und bitte in dem Titel keine Anmaßung zu erblicken. Dieser bezeichnet immerhin den Gegenstand und die Art der Abhandlung am besten.

Die „Heerführung" erscheint in skizzenhafter Form und soll hauptsächlich begabtere Köpfe dazu einladen, den psychologischen Theil der Gesammtlehre eingehender, als es bisher geschehen ist, und im logischen Zusammenhange zu behandeln. In Clausewitz unvergänglichen hinterlassenen Werken finden sich alle Elemente hierfür zerstreut vor. Es käme im Wesentlichen nur darauf an, sie zu sammeln, organisch mit einander zu verbinden und ihre praktische Bedeutung für das Leben im Kriege festzustellen; dann wäre Alles für das volle Verständniß der Kunst geschehen.

Möge diese Anregung nicht ohne Erfolg bleiben.

Berlin, April 1901.

Der Verfasser.

Inhaltsverzeichniß.

Kriegführung.

Seite

Einleitung 1

Mannigfaltigkeit der Verhältnisse, unter denen kriegerische Handlungen sich vollziehen, S. 1. Schwierigkeit, bestimmte Gesetze der Kriegführung festzustellen, S. 1. Die modernen Lehrschriften über Kriegführung beschäftigen sich vorzugsweise mit Mobilmachung und Aufmarsch, S. 2. Hier soll die Thätigkeit der schon entwickelten Heersmassen behandelt werden, S. 3. Die Grenzen für die Lehre der Kriegführung dürfen nicht zu eng gezogen werden, S. 3. Verhältniß von „Kriegführung" und „Heerführung", S. 4. Nachweis für die Nothwendigkeit, die Lehre von der Kriegführung durch Winke über die Heerführung zu ergänzen, S. 5. Nutzen einer kurz zusammengefaßten Kriegslehre, S. 9.

I. **Stellung des Krieges im sozialen Leben** 11

Der Krieg ist die Fortsetzung der Politik, S. 11. Schiedsgerichte ohne praktisches Ergebniß, S. 12. Formen der Heeresverfassung, S. 12.

II. **Die besondere Natur der heutigen Kriege** 13

Der Krieg ist heutzutage auf völlige Niederwerfung des Gegners gerichtet, S. 13. Wie dies zu verstehen ist, S. 14.

III. **Die Grundzüge der heutigen Kriegführung** 15

Beim Gegner die gleichen Beweggründe des Handelns wie bei uns selbst vorausgesetzt, S. 15. Erstes Ziel: Feindliche Hauptarmee, S. 15. Alle Kräfte gegen dieselbe zu vereinigen, S. 16. Vernichtung der feindlichen Hauptarmee, nicht immer gleichbedeutend mit vollständiger Erreichung des Kriegszwecks, S. 18. Erzwingung des Friedens oft noch besondere Aufgabe, S. 19. Mittel zu diesem Zwecke, S. 20. Merkmale der heutigen Kriegführung, S. 20.

Seite

IV. **Die Hauptformen der Kriegführung** 21
    Offensive und Defensive, S. 21. Strategie und Taktik, S. 22.
    Zusammenstellungen, welche sich hieraus ergeben, S. 22. Jeder
    der streitenden Theile findet seine Rolle als etwas durch die
    Umstände Gegebenes vor, S. 24.

V. **Die Offensive** 24
  1. Die strategische Offensive 24
    Sie entspringt dem politischen Streben nach einem positiven
    Ziele, S. 24. Schnelligkeit, Bewegung und Ueberraschung
    bilden ihr Lebenselement, S. 25. Sie erleichtert das Ver-
    einigen der Heeresmassen, S. 26. Sie siegt meist durch Erfolg
    an einem Punkte, S. 26. Ihr Wesen fordert rücksichtslosen
    Gebrauch der Streitkräfte, S. 27. Beispiele für die abnehmende
    Kraft der strategischen Offensive, S. 28. Ihr Culminations-
    punkt, S. 29. Hohe Anforderungen an das Heer, S. 29.
    Junge Armeen für strategische Offensive wenig, Milizen
    garnicht geeignet, Burenkrieg, S. 29.
  2. Die taktische Offensive 30
    Veränderte Bedeutung der Truppenbeschaffenheit, S. 30. Sie
    beansprucht im Allgemeinen Ueberlegenheit an Zahl, S. 30.
    Sie erleichtert noch mehr als die strategische das Zusammen-
    wirken der Kräfte, S. 31. Sie genießt den Vortheil, den Ent-
    scheidungspunkt wählen zu können, S. 31. Schwächende
    Momente, S. 31. Erschwerung dadurch, daß sie an die Zeit
    gebunden ist, S. 32. St. Privat, S. 32. Erfordert zur glück-
    lichen Durchführung Härte gegenüber den Truppen, S. 33.

VI. **Die Defensive** 33
  1. Die strategische Defensive 33
    Nicht einfache Passivität, S. 33. Verschiedene Arten der An-
    lage, S. 34. Grundgedanke: durch langsameren Verbrauch
    der Streitkräfte anfängliche Schwäche auszugleichen, S. 34.
    Umstände, welche dies Streben begünstigen, S. 35. Spanien
    1808/12, S. 36. Deutschland 1813, Frankreich nach Sedan,
    die Burenstaaten, S. 36. Anziehungskraft des vertheidigenden
    Heeres, S. 37. Beispiele dafür, S. 37. Die auf das Erhalten
    gerichtete Tendenz der gegenwärtigen europäischen Staaten
    kommt der Defensive entgegen, S. 38. Wesentliche Nachtheile
    der strategischen Defensive, Empfindung der Schwäche, S. 39.
    Ausharren in der Ungewißheit stellt die moralischen Kräfte
    auf harte Probe, S. 39. Grundsätzlicher Mangel, daß man
    nur Niederlagen vermeiden, nicht den Sieg erringen kann, S. 40.
  2. Die taktische Defensive 40
    Die meisten Bedingungen der strategischen kommen auch in
    der taktischen Defensive zur Geltung, S. 40. Hauptvorzug,

daß sie die Gefahr umgeht, Truppen in vergeblichem Ansturm
zerschellen zu lassen, S. 41. Vortheile der Feuerwirkung und
des Geländes, S. 41. Schwierigkeit von Ueberraschungen
und Gegenstößen, S. 42. Mit Truppen, welche zu energischem
Angriff unfähig, kann doch erfolgreiche Vertheidigung ins
Werk gesetzt werden, S. 43.

VII. **Wechselwirkung von Offensive und Defensive** 43
Bestimmte Regeln nicht aufzustellen, S. 43. Regelt sich entweder nach Zeit oder nach Raum, S. 43. Uebergang von
Offensive zur Defensive im Element der Strategie, S. 43.
Im Element der Taktik, S. 44. Beispiele für den Wechsel
der Zeit nach, S. 45. Beispiele für den Wechsel dem Raum
nach, S. 46. Wichtigkeit richtiger Kräftevertheilung nach Zeit
und Raum für den Erfolg, S. 47.

VIII. **Die Operationen** 47
1. **Allgemeines** . . . . : 47
Was ist eine Operation? S. 48. Eine Gruppe von Operationen
macht einen Feldzug aus, S. 48. Ein Krieg kann aus
mehreren Feldzügen bestehen, S. 48. Die Handlung soll
innerhalb einer Operation nicht unterbrochen werden, S. 48.
Wichtigkeit des Nachschubs, S. 49.

2. **Die Operationsbasis** 49
Was ist Operationsbasis? S. 49. Wichtigkeit, welche alle
großen Feldherren dem Besitz einer guten Basis beigelegt
haben, S. 50. Veränderung des Begriffs für die Gegenwart
gegenüber der älteren Zeit, S. 51. Das Wesen der Sache
dennoch geblieben, S. 52. Ein Landstrich als Basis, S. 52.
Bewegliche Basis, S. 52. Doppelte Basis, S. 53. Wechseln
und Vorschieben der Operationsbasis, S. 53. Mitwirkung der
Flotte hierbei, Japan im chinesischen Kriege, S. 53. Zeit-
weises Aufgeben der Operationsbasis, Sherman's Zug, die
Deutschen bei St. Privat, S. 54. Napoleons Ansicht über
das Abschneiden von der Basis, S. 55.

3. **Operationslinien, Verbindungslinien, Rückzugslinien** 55
Unterschied zwischen Operations- und Verbindungslinien, S. 56.
Verschiedene Art und Bedeutung der Verbindungslinien, S. 56.
Operationslinien, S. 58. Nothwendigkeit der Sicherung der
Verbindungslinien, S. 59. Wichtigkeit eines vortheilhaften
Verhältnisses der Truppenstärke zum besetzten Raume in Feindes-
land, S. 60. Schwierigkeit der Verlegung der Verbindungs-
linien, S. 60. Wenn angängig, ist jedem Armeekorps eine
eigene Verbindungslinie zuzuweisen, S. 61. Rückzugslinien,
S. 62. Gesichtspunkte für ihre Wahl, S. 62.

Seite

4. Bereitstellung des Heeres (Rüstung, Mobilmachung, Aufmarsch) 63
Kein Heer kann vom Friedensfuße aus ohne Weiteres ins
Feld rücken, S. 63. Mobilmachung, S. 64. Aufmarsch S. 65.
Bedeutung desselben, S. 65.

5. Der Operationsentwurf 66
Zweck des Operationsentwurfs, S. 66. Napoleon I. Ausspruch
darüber, S. 66. Der Operationsentwurf darf für gewöhnlich
nicht über den Aufmarsch hinausgehen, S. 67. Bedingungen
für die richtige Aufstellung des Operationsentwurfes, S. 68.
Wie derselbe sich äußerlich eintheilt, S. 70.

6. Operationsbedingungen 71
Truppen sind nicht wie Schachfiguren zu versetzen, S. 71.
Anziehungskraft zwischen feindlichen Heerestheilen, S. 71.
Aeußerung des Generalstabswerkes von 1870 über deren
Wirkung, S. 72. Operationsfreiheit, S. 73. Entschlußfreiheit,
S. 74. Bewegungsfreiheit, S. 74. Entwicklungsfähigkeit, S. 75.

IX. Die Durchführung der strategischen Offensive 76
1. Allgemeines 76
Bedingungen für das Gelingen jedes strategischen Angriffs,
S. 76. Die Offensive hat meist ihr ganzes Spiel gewonnen,
sobald sie an einem Punkte siegt, S. 77.

2. Die Wahl des Vereinigungspunktes 77
Wichtigkeit der richtigen Wahl desselben, S. 77. Unmöglichkeit, seine Streitkräfte stets vereinigt zu halten; Nothwendigkeit
der Trennung, S. 77. Versammlung vor und Versammlung
auf dem Schlachtfelde, S. 78. Als Vertreter des ersten
Princips sehen wir gemeinhin Napoleon I. an, S. 78. Beispiele aus seinen Feldzügen, S. 78. Feldmarschall Moltke
erscheint als der Vertreter des entgegengesetzten Princips, S. 80.
Historisch ist der Nachweis versucht worden, daß ein grundsätzlicher Unterschied zwischen Beiden nicht bestehe, S. 80.
Vergleiche zwischen den Operationen Beider, S. 81. Bedingungen für die Massenbildung vor dem Einbruche, S. 85.
Vereinigung innerhalb des vom Feinde schon beherrschten
Raumes, S. 86. Glücklich der Feldherr, der bei möglichst
langer Aufrechterhaltung der Trennung sämmtliche Kräfte
zum vereinten Schlagen an den Feind bringen kann, S. 87.
Ob man den Vereinigungspunkt nach dem einen oder anderen
Princip wählen soll, muß der geübte Blick aus der jedes-
maligen Lage erkennen, S. 88.

3. Das Vorgehen zum Vereinigungspunkte. Nachtmärsche und
Flankenmärsche 88
Das Vorgehen zum strategischen Angriff in den Hauptlinien
schon durch den Aufmarsch gegeben, S. 88. Rücksicht auf
Bewegungsfreiheit und Entwicklungsmöglichkeit, S. 88.

Seite

Sperrende Befestigungen, S. 89. Der Satz, daß der Krieg
nur auf den Wegen geführt werden kann, gilt heut nicht mehr,
S. 90. Wichtigkeit guter Marschfähigkeit der Truppen, S. 90.
Grader Vormarsch auf parallelen Straßen, S. 91. Die An-
näherung an den Feind erfordert concentrischen Vormarsch,
S. 91. Der excentrische Vormarsch, S. 92. Flankenmärsche,
S 92. Nachtmärsche, S. 93.

4. Die Angriffsrichtungen 94
    Sie ergeben sich aus der Wahl des Vereinigungspunktes, S. 94.
    Das Ziel ist aber nicht als feststehend anzunehmen, S. 94.
    Der strategische Frontalangriff 94
    Der strategische Durchbruch (1757, 1796, 1815) 96
    Der strategische Flügelangriff 99
    Die strategische Umfassung (1866, Jan. 1871, 1877) 100
    Die strategische Umgehung (1800, 1805, 1806, 1870) 104
    Die strategischen Rücken- und Flankenangriffe 108
    Schlußbemerkung 108

X. Die Durchführung der taktischen Offensive 109
1. Allgemeines (Verhältniß der taktischen Offensive zur strategischen
    Einleitung) 109
    Alle strategischen Offensiv-Operationen erhalten erst durch die
    Waffenentscheidung ihre Bedeutung, S. 109. Zweck: Angriff
    auf dem Schlachtfelde, S. 109. Vorbedingungen für das
    Gelingen, S. 110.
2. Bereitstellung der Streitkräfte (Ansetzen des Angriffs) 111
    Leichter, wenn der Feind feststeht; schwerer in der Begegnungs-
    schlacht, S. 112. Mit der steigenden Unsicherheit der Lage
    wächst die Tiefe, mit der sich mehrenden Gewißheit die Breite
    in der Truppengliederung, S. 113.
3. Das Vorgehen zur taktischen Entscheidung 113
4. Die Wahl der Einbruchsstelle 114
    Der taktische Frontalangriff und der Durchbruch 115
    Vor übermäßiger Massenanhäufung der Kräfte ist zu warnen,
    S. 115. Geschickte Ausnutzung der Moral und Zahl der
    Truppen wichtiger, S. 116. Der taktische Durchbruch wird
    nur noch in der Begegnungsschlacht vorkommen, S. 117.
    Die taktische Umfassung 118
    Die taktische Umgehung 120
    Taktische Rücken- und Flankenangriffe 121
    Schlußbemerkung 122

XI. Die Durchführung der strategischen Defensive 123
1. Allgemeines 123
2. Wahl des Endpunktes 125
    Torres Vedras und Czataldza, S. 126. Verfahren, wenn der
    Umschwung von dem Erreichen einer Stellung erwartet wird,

Seite

S. 127. Verfahren, wenn er von der Vereinigung mit Verstärkungen erwartet wird, S. 127.

3. Bereitschaftstellung in der strategischen Vertheidigung. Vorläufiges
Ausweichen vor dem stärkeren Angriff (concentrischer und excentrischer Rückzug) 129
Kann in der vordersten Linie gewählt werden, S. 129. Befestigte Grenzstellung, S. 129. Veränderte Gestalt künftiger
strategischer Bereitschaftsstellungen, S. 130. Getrennte Aufstellungen vortheilhaft, S. 131. Gerades Zurückweichen, S. 131.
Der concentrische Rückzug, S. 132. Der excentrische, der
doppelt excentrische Rückzug, S. 133.

4. Entscheidende Aufstellungen. Verhalten am Endpunkte der strate-
gischen Vertheidigung 134
Das System bei strategischen Flankenstellungen 134
Bedingungen für dieselben, S. 135. Clausewitz über 1812
und die Vertheidigung Frankreichs 1814, S. 136. Moltkes
Denkschrift von 1868, S. 137.
Die Operationen auf der inneren Linie 138
Das Wesen dieser Operationen, S. 138. Bedingungen für
die Möglichkeit ihrer Durchführung, S. 139. Künftig nur
noch ausnahmsweise wahrscheinlich, S. 140.
Schlußbemerkung 141

XII. Die Durchführung der taktischen Defensive 141

1. Allgemeines 141
Doppelter Zweck der taktischen Defensive: Abwehr oder Zeitgewinn, S. 142. Begünstigende Umstände, S. 143.

2. Anwendung der verschiedenen Methoden des Widerstandes . . 144
Entscheidungskampf, S. 144. Hinhalten ohne Entscheidung,
S. 145. Ermüden des Gegners, S. 145. Wahl zwischen
entscheidendem und ermüdendem Verfahren, S. 145.

3. Aufstellung zum Kampf 146
Gesichtspunkte für die Wahl der Aufstellung, S. 146. Aufstellung zum entscheidenden Widerstande, S. 146. Zum Zeitgewinn, S. 148. Zum Ermüden des Gegners, S. 148.

4. Anordnungen zum Gegenstoß 149
Hinterhaltsdefensive 149
Taktische Flankenstellungen 151

XIII. Gelände. Künstliche Verstärkung 154
Antheil des Geländes an der Gestaltung der Operationen,
S. 154. Die Feuerwirkung bildet den neuen Maßstab für
die Beurtheilung desselben, S. 156. Geländeverstärkungen,
S. 158. Sie behalten auch künftig noch ihren Werth, S. 159.

Seite

XIV. Die Schlacht 160
  1. Allgemeines 160
    Die Schlacht ist die taktische Haupthandlung, welche über alle
    Vorgänge zweiten Ranges mit entscheidet, S. 160. Begeg-
    nungs- und vorbedachte Schlacht, S. 160. Die Unterscheidung
    ist nicht mit voller Schärfe inne zu halten, S. 161.
  2. Die Begegnungsschlacht 161
    Charakteristik, S. 161. Der einheitliche planmäßige Gebrauch
    der gesammten Streitkräfte ist ausgeschlossen, S. 161. Eine
    gewisse Eile ist für den Beginn des Begegnungskampfes be-
    zeichnend, S. 162. Verhalten des Befehlshabers hierbei, S. 162.
    Seine ferneren Entscheidungen, S. 163. Verfahren, wenn die
    Verstärkungen auf derselben Straße herankommen, als die
    zuerst ins Gefecht getretenen Truppen, S. 163. Verfahren,
    wenn sie von seitwärts herankommen, S. 164. Die Begeg-
    nungsschlacht ist das günstigste Element für die deutschen
    Truppen, S. 166.
  3. Die vorbedachte Schlacht 167
    Ruhigerer und systematischer Hergang, S. 167. Anmarsch und
    Aufmarsch durch die strategische Einleitung bestimmt, S. 167.
    Der Aufmarsch aller Kräfte nicht sogleich nothwendig, S. 168.
    Nach dem Aufmarsch gilt es, die Waffen zur vollen Wirkung
    zu bringen, S. 168. Was ist unter Feuerüberlegenheit zu
    verstehen? S. 168. Einheit der Schlußhandlung entscheidet
    das Schicksal des Tages, S. 170.
  Schlußbemerkung 170
XV. Operationen unter besonderen Bedingungen 172
  1. Allgemeines 172
  2. Operationen im Gebirge 173
    Vertheidigung einer Gebirgskette, S. 173. Gebirgsstellungen
    sind entweder sehr ausgedehnt und dadurch schwach, oder sie
    werden in ihren Flanken gefährdet, S. 174. Angriff auf
    eine Gebirgskette, S. 174. Eigenschaft des Gebirges die
    Kräfte zu verbergen, S. 175. Die Vertheidigung muß immer
    auf rechtzeitigen Rückzug bedacht sein, S. 176. Aufstellungen
    hinter dem Gebirge, S. 176. „Ein Feldherr, der sich in aus-
    gedehnter Gebirgsstellung auf das Haupt schlagen läßt, ver-
    dient vor ein Kriegsgericht gestellt zu werden", S. 177. Die
    europäischen Mittelgebirge gewähren keine Anlehnung für
    strategische Aufstellungen mehr, S. 177. Der eigentliche Ge-
    birgskrieg, S. 177.
  3. Angriff und Vertheidigung von Stromlinien 178
    Jeder Strom kommt der Landesvertheidigung zu Gute, S. 178.
    Aehnlichkeit von Strom und Bergkette, S. 178. Der An-
    greifer hat Defileen engster Art zu überschreiten, S. 179. Ver-

Seite

theibigung nach gleichen Grundsätzen wie im Gebirge, S. 179.
Moralische Größen erleichtern den Uebergang, S. 180.
Napoleon I. Meinung über die wirksamen Arten der Strom-
vertheidigung, S. 181.

4. Befestigungen und Festungskrieg 182
Unterscheidung der Vertheidigungsanlagen, S. 182. Befestigte
Stellungen, S. 183. Das verschanzte Lager, S. 185. Die
Festung, S. 185. Wo sind Festungen am Platze, S. 186.
Régions fortifiées, S. 186. Gemeinsamkeit von Festungen
und Feldtruppen, S. 167. Festungen vor der Front. S. 187.
Festungen als Flankenanlehnung, S. 189. Die Stromfestung,
S. 188. Brückenköpfe, S. 189. Napoleon I. über Cüstrin,
S. 189. Gefahr der Einschließung, S. 190. Befestigungen
zum Schutze der Landeshauptstadt, S. 191. Moderne Art
der Anordnung von Befestigungen, S. 192. Festungskrieg,
S. 192. Die Grundsätze des Feldkrieges werden heute auf
denselben übertragen, S. 192. Ein großartiger Artillerie-
kampf bildet wie in der Schlacht die Einleitung, S. 193.
Angreifer hat die freie Wahl der Aufstellung, S. 193. Ver-
theidiger muß den Aufmarsch des Angreifers verhindern, S. 194.
Die Durchführung des Artilleriekampfes, S. 194. Gemeinsames Handeln von Artillerie und Infanterie, S. 194. Die
Vertheidigung soll danach streben, dem Angreifer vor der
Festung eine Niederlage zu bereiten, S. 195. Der Angriff
auf ein befestigtes Lager verläuft ähnlich, S. 196. Der
Angriff auf befestigte Stellungen feldkriegsmäßiger, S. 196.

XVI. Einfluß der Operationen zur See auf die Kriegführung 197
Beihülfe der Flotte beim Aufmarsche, S. 197. Mitarbeit von
Seestreitkräften beim Vorschieben der Basis, S. 198. Seeherrschaft erlaubt dem Landheere, sich auf die Küste zu stützen,
S. 198. Beherrschung der See erübrigt Festungsanlagen,
S. 198. Die zur See stärkere Macht behält Rücken und Verbindungen frei, S. 198. Begleitung eines Heeres durch
Kriegsfahrzeuge, S. 199. Landungen, S. 200. In cultivirten,
dicht bevölkerten Ländern mit guten Wehrverfassungen haben
die Landungen keine Aussicht auf Erfolg, S. 201. Ausnahmen hiervon, S. 201.

Schlußbemerkung 202

Heerführung.

Seite

I. Allgemeine Bedingungen für die Thätigkeit des Heerführers . . 205
Die Fragen der Heerführung erscheinen auf den ersten Blick sehr einfach, S. 205. Erschwerende Elemente, S. 205. Die Aufgabe des Heerführers ist die schwierigste, welche dem menschlichen Genius gestellt werden kann, S. 206. Der Heerführer und die Staatsgewalt, S. 206. Der Heerführer und seine Umgebung, S. 208. Die Verstandesthätigkeit des Heerführers soll unabhängig von den Regungen des eigenen Gemüths sein, S. 209. Gefährlichkeit von Lieblingsideen in der Kriegführung, S. 210. Die großen Feldherrn waren stets frei von bevorzugten Methoden, S. 210. Es giebt keine allein seelig machende Theorie, S. 211. Dieser bleibt trotzdem ein ehrenvoller Platz gewahrt, S. 211. Nothwendigkeit, vom Einflusse zufälliger Umstände unabhängig zu sein, S. 211. Es ist schwer, sich von den willkürlichen Annahmen ganz frei zu halten, S. 212. Ein anfänglich gefaßter Entschluß kann leicht zur falschen Fessel werden, S. 212. Biegsamkeit der Entwürfe bei den großen Feldherrn, S. 213.

II. Aeußere Beziehungen des Heerführers zum Heere 213
Bedeutung des Telegraphen für die Heerführung, S. 213. Die oberste Heeresleitung kann sich unbedenklich von der unmittelbaren Nähe der Streitkräfte losmachen, 1866, 1870, S. 214. Ihr Verbleiben in der Hauptstadt ist dennoch nicht rathsam, S. 215. Einwirkung, welche die Anwesenheit des höchsten Befehlshabers beim Heere ausübt, S. 216. Napoleon I. Verhalten in kritischen Tagen kann als Vorbild dienen, S. 216. Aufenthalt des Heerführers in der Schlacht, S. 218. Die allgemeine Regel, daß er sich weit zurückhalten müsse, erleidet Ausnahmen, S. 218. Das Große Hauptquartier Kaiser Wilhelm I. am 18. August 1870, S. 219. Prinz Friedrich Karl während der Schlacht von Noisseville, S. 219. Besprechungen des Oberbefehlshabers mit seinen Unterführern, S. 220. Kriegsrath, S. 220. Langes Zusammenbleiben verschiedener Oberkommandos bedenklich; der 17. August 1870, S. 221. Abordnung von Generalstabs-Offizieren einer Behörde zur anderen, S. 221. Regelmäßigkeit im äußeren Verhalten des Heerführers während der Operationen und Kämpfe wichtig, S. 223.

III. Innere Beziehungen des Heerführers zum Heere 224
Schwer theoretisch zu erörtern, S. 224. Einfluß der Persönlichkeit des Feldherrn am wichtigsten, S. 224. Geist oder Seele

Seite

des Heeres, S. 225. Der Feldherr braucht das Vertrauen
seines Heeres, S. 225. Die Liebe des Heeres zum Feldherrn
ist davon nicht zu trennen, S. 227. Autorität, S. 228.

IV. **Der Feldherr und sein Stab**   229
Bedeutung der glücklichen Organisation des Stabes für die
Heerführung, S. 229. Grundlage für ein gutes Verhältniß,
S. 230. Erhaltung von Lust und Liebe bei den Mitarbeitern
des Feldherrn, S. 230. Organisation der Arbeit im Haupt-
quartier, S. 231. Napoleon I. Beispiel, S. 231. Ausnutzung
der Zeit. S. 232. Gewohnheiten und Eigenthümlichkeiten des
Feldherrn spielen ihre Rolle, S. 233. Starke Ausstattung der
Stäbe mit Personal nothwendig, S. 233. Anforderung an
die Rüstigkeit des Heerführers, S. 234.

V. **Der Feldherr und seine Unterführer**   235
Bedeutung des guten Verhältnisses zwischen beiden, S. 235.
Gleichmäßig gute Durchbildung der Unterführer, S. 236.
Gewalt der Unterführer über die Truppe, S. 236. Möglichste
Ausnutzung der Anlagen und Temperamente, S. 236. Einfluß
der Rücksicht gegen die Unterführer auf die Kriegführung, S. 237.

VI. **Der Entschluß**   238
1. Allgemeines   238
2. Das Nachrichtenwesen und der Entschluß   239
Entscheidungen im Kriege abhängig von dem, was der Feind
thut, S. 239. Das Nachrichtenwesen wird dadurch eine unmittelbare Angelegenheit der obersten Heerführung, S. 239.
Nothwendigkeit der einheitlichen Leitung desselben, S. 239.
Gebrauch der Kavallerie, S. 240. Nachrichten im Kriege ergeben nie etwas ganz Gewisses, S. 240. Mangelhaftigkeit
der historischen Kritik in dieser Hinsicht, S. 241. Clausewitz
über Nachrichten, S. 241.
3. Die Diagnose über die Absichten des Feindes   241
Grundlage, auf welche sich dieselbe stützen muß, S. 241. Im
Allgemeinen sind beim Gegner richtige Entschlüsse anzunehmen,
S. 242. Man darf aber den offenen Blick für die Andeutungen
vom Gegentheil nicht verlieren, S. 242.
4. Anderweite Bedingungen für die Entschlußfassung   242
Von allen Studien ist das der Kriegsgeschichte das fesselndste,
S. 242. Unsichere und unvollkommene Grundlagen für die
Entschlüsse im Kriege, S. 243. Beschränkung in den Vor-
bedingungen für das Handeln erforderlich, S. 243. Alle erreichbaren Hülfsmittel zum Siege sind aber in Betracht zu
ziehen, S. 243. Jedem Charakter sagt eine andere Art des
Handelns zu, S. 244. Es ist alles zu vermeiden, was den
gefaßten Entschluß ins Schwanken bringen kann, S. 245.

Seite

5. Der Feldherr und sein Glück 246
Moltke über dieses Thema, S. 246. Glück ist eine Eigen=
schaft, S. 247. Es kann zum Talent und Verdienst werden,
S. 247. Bewußtsein des eigenen Glücks gehört zur Selbst=
erkenntniß, S. 247.

VII. Befehlsführung 248
Befehlsführung läßt den Entschluß zur That werden, S. 248.
Alle guten und entscheidenden Befehle waren kurz, S. 248.
Geheimhaltung der wahren Absichten, S. 249. Veränderte
Verhältnisse der Gegenwart, S. 250. Unnöthige Geheimniß=
krämerei ist schädlicher, als eine zufällige Indiskretion, S. 251.
Einweihung der Unterführer in das Operationsgeheimniß
erleichtert die Führung, S. 251. Im Uebrigen ist Befehls=
führung Sache des Takts, S. 251. Scheidung der Befugnisse
in der Befehlsführung, S. 252. Moltke und Blumenthal,
S. 252. Form und Abfassung, Stil der Befehle, S. 253.
Versendung, S. 253. Aeußerlichkeiten, S. 254.

VIII. Eintheilung der Streitkräfte 255
Sie steht im engen Zusammenhange mit guter Befehls=
führung, S. 255. Berührt Personalfragen, S. 255. Beeinflußt
die Leistungsfähigkeit der Truppen, S. 256. Die Zahl der
Unterabtheilungen eines Ganzen darf keine zu große sein,
S. 256. Der Feldherr muß jeden Theil seines Heeres leicht
erreichen können, S. 257. Armeen von 5 Korps, 1 oder 2
Kavallerie=Divisionen und schwere Artillerie enthalten das
richtige Maß, S. 257. Clausewitz über die Eintheilung der
Streitkräfte, S. 257. 6 Korps mit 2 oder 3 Kavallerie=
Divisionen und schwerer Artillerie das Maximum, S. 258.
Prinz Friedrich Karl über dies Thema, S. 258. Eintheilung
von 1866, 1870; 1877/78, S 258.

IX. Erhaltung der Streitkräfte 259
Abnutzung des Instruments unterwirft die Anwendung der
Lehren der Kriegführung unausgesetzter Aenderung, S. 259.
Gute Fürsorge für materielle Erhaltung in künftigen Kriegen
nothwendiger als früher, S. 260. Die Art der Kriegführung
muß mit dem physischen Zustande der Armee stets in enger
Beziehung bleiben, S. 260. Karl XII. und Napoleon I.,
S. 260. Wachsende Bedeutung der Artillerie im Verlaufe
des Krieges, S. 261. Armeebefehl des Prinzen Friedrich Karl
an der Loire, S. 262. Einfluß des Heerführers auf den
moralischen Zustand des Heeres, S. 263. Wirkung der
unbekannten Gefahr, S. 264. Volksheer und stehendes Heer
in dieser Hinsicht, S. 264. Einfluß der Kriegserfahrung,
S. 265. Kriegsmüdigkeit, S. 266. Geschichtliche Erfahrung,
daß stehende Heere sich im Kriege allmählich verschlechtern,
Massenaufgebote besser werden, S. 267.

X. Beurtheilung des Erfolges im Kriege 268

  1. Allgemeines 268

    „Im Kriege sind Moral und Meinung mehr als die Hälfte der
    Wirklichkeit, S. 268. Rolle der Einbildung im Kriege, S. 268.
    Wichtigkeit, die Zahl der eigenen Truppen überlegen erscheinen
    zu lassen, S. 269. Bedeutung richtiger Abschätzung des
    Erfolges im Kriege, S. 269. Nur diejenige Schlacht ist ver-
    loren, welche die Offiziere glauben, verloren zu haben, S. 269.
    Grundlage für die Bewerthung der einzelnen Vorgänge im
    Kriege, S. 270. Moltke am 19. August 1870, S. 271.
    Blücher und Gneisenau nach den Februartagen von 1814,
    S. 272. Dieselben nach Ligny, S. 272. Aufgabe des Heer-
    führers, sich durch Mißgeschick nicht schrecken zu lassen, aus
    dem Siege aber den größten Nutzen zu ziehen, S. 273.

  2. Die Benutzung des Sieges. Verfolgung 273
    Beides ausschließlich Angelegenheit der obersten Heerführung,
    S. 273. Der rechte Augenblick für die Verfolgung schwer
    zu erkennen, S. 274. Ausgedehnte Fronten der heutigen
    Schlachten von einem Punkte aus nicht zu übersehen, S. 274.
    Nur ein hochgestellter Befehlshaber kann die Verfolgung ein-
    leiten, S. 274. Täuschungen leicht möglich, S. 274. Ein-
    leitung der Verfolgung von der unteren Führung nicht zu
    verlangen, S. 275 Nachlassen der Anspannung bei den Truppen
    nach dem Siege, S. 275. Vorbereitung erforderlich, aber
    schwierig, S. 276. Königgrätz, S. 276. St. Quentin, S. 276.
    Blücher über Verfolgungen, S. 277. Unmittelbare Verfolgung
    vom Schlachtfelde kann auch heute noch ihre Früchte tragen,
    S. 277. Wörth, S. 277. Napoleon nach Jena, S. 278.

  3. Abschwächung der Wirkung von Niederlagen 279
    Heerführer muß es verstehen, den Unfällen ihre nieder-
    drückende Wirkung zu nehmen, S. 279. Oesterreichische
    Artillerie und Kavallerie bei Königgrätz, S. 279. General
    Chanzy, S 280. Losmachen vom Gegner, S. 280. Vorsicht
    bei Verbreitung der Nachricht vom Rückzuge, S. 281. Be-
    deutung der Niederlage im ersten Augenblicke ebenso schwer
    zu übersehen, wie diejenige eines Erfolges, S. 282. Besorg-
    niß um den Rückzug fast immer unnöthig, S. 282. Sobald als
    möglich wieder nach Gefechtserfolgen streben, S. 283. Rollen-
    wechsel wichtig, S. 283. Nachhutgefechte, S. 283.

XI. Das Verhältniß der Heerführung zur Kriegführungslehre . . . 284
    Abwägung der lebendigen Kraft der kriegführenden Parteien,
    S. 285. Die Natur des Kriegsschauplatzes, S. 285. Das
    Gelände, S. 285. Jahreszeit und Klima, S. 285. Nationale
    Eigenthümlichkeiten, Tradition, Offizierkorps, S. 286. Vom Zu-

Seite

stande des Offizierkorps hängt das des Führerthums ab, S. 287.
Der Werth der Truppe muß der Art der Führung entsprechen, S. 288. Bedeutung des Satzes: Im Kriege entscheiden die Umstände alles, S. 288. Nothwendigkeit, sich
trotzdem die Sätze der Kriegführung klar zu machen, S. 288.

XII. Zwei Beispiele 289
Das preußische und das türkische Heer 1870 und 1877/78,
S. 289. Zustand der preußischen Armee von 1870, S. 290.
Jede solche Armee findet ihr wahres Element im Bewegungskriege und in der Offensive, S. 291. Solche Kriegsweise ist
aber nur möglich, wenn alle Elemente, welche sie tragen,
vorhanden sind, S. 292. Zustand der türkischen Armee im
Balkankriege, S. 292. Der serbische Krieg, S. 293. Er-
wartungen, die sich daran knüpften, S. 293. Unerwarteter
Verlauf des Krieges, S. 293. Nach demselben wurden
größere gemeinsame Offensivoperationen der Türken für wahr-
scheinlich gehalten, S. 294. Gründe für deren Ausbleiben,
S. 294. Was dazu gehört hätte, sie durchzuführen, S. 294.
Eine Aenderung im Werthe der Armee hat nicht stattgefunden,
S. 295. Die Niederlage ist dem falschen Entschluß zur Ver-
theidigung der langen Balkankette zuzuschreiben, S. 296.
Unglückliche Einwirkung der Politik, S. 296. Wäre die
Armee durchweg ihrer Eigenart nach verwendet worden, so
hätte sie den Angriff bestehen können, S. 296. Solche
Armeen finden ihre Stärke im Stellungskriege, S. 296.

XIII. Schlußwort 297

Kriegführung.

Kurze Lehre ihrer wichtigsten Grundsätze und Formen.

Zweite, erheblich erweiterte Auflage.

Einleitung.

Die Verhältnisse, unter denen kriegerische Handlungen sich vollziehen, sind so mannigfaltige, daß man kaum jemals zwei vollkommen gleiche Lagen auffinden wird. Sollte dies aber ausnahmsweise der Fall sein, so bleiben doch noch die, das eine und das andere Mal zum Handeln berufenen Personen verschieden, und die nachfolgenden Vorgänge werden deshalb niemals übereinstimmen, wie zwei kongruente Dreiecke.

Hieraus geht hervor, daß es in der Kriegführung zwar Gesetze von unbestreitbarer Richtigkeit geben kann, daß deren Anwendung aber keineswegs immer das gleiche Ergebniß herbeiführen wird, wie etwa der Gebrauch zweier mathematischer Formeln. Wir sagen zwar, daß man sie nur mit richtigem Takte den augenblicklich obwaltenden, besonderen Umständen anzupassen habe, um des Erfolges sicher zu sein. Es ist aber schwer, hierin das Richtige zu treffen; denn die Mannigfaltigkeit der Umstände ist außerordentlich groß und ihre Bedeutung zeigt sich klarer am Ende, als zum Beginn der Handlung.

Die bloße Kenntniß der Gesetze der Kriegführung mag deshalb von zweifelhaftem Werthe sein. Sind die vielen Vorbedingungen nicht deutlich erörtert, von denen bei der Nutzanwendung das Gelingen abhängig ist, so kann die Kenntniß sogar verhängnißvolle Täuschungen bereiten. Sie verführt leicht dazu, die siegverleihende Kraft von Regeln und Vorschriften der Kriegführung, nicht minder aber das eigene Talent zu überschätzen. Es ist eine auffallende, indessen wohl zu erklärende Erscheinung, daß gerade in Heeren, in denen dem Führer am wenigsten Gelegenheit geboten wird, sich praktisch zu versuchen, die Zahl Derjenigen groß ist, welche den Beruf zum Feldherrn in sich zu spüren vermeinen, und die sich die Ausübung dieses Berufs sehr leicht denken.

Wo die goldene Praxis als Schule hinzutritt, da berichtigen sich freilich solche Anschauungen schnell durch die Erfahrung von Fehlschlag, Schwierigkeiten und Mißgeschick. Das Barometer des Selbstbewußtseins finkt alsdann, wie bei hereinbrechendem Sturme, auf ein niedriges Niveau herab.

Man hat an hohen militärischen Lehranstalten theilweise schon ganz darauf verzichtet, die Theorie der großen Kriegführung zum Gegenstande eines besonderen Unterrichts zu machen, und überläßt es jedem Einzelnen, die Grundsätze derselben aus dem Studium der Kriegsgeschichte, aus sorgfältiger Beobachtung umfangreicher Truppen-Uebungen, sowie durch eigenes Nachdenken zu ermitteln.

Dennoch bleibt das Bedürfniß nach einer kurz zusammengefaßten Lehre der großen Kriegführung bestehen. Nicht überall werden dem jungen Soldaten, der sich zum Führer heranbilden will, die Mittel geboten, in der angedeuteten Art aus eigener Kraft das ersehnte Ziel zu erreichen. Nicht überall gewährt reger gesellschaftlicher Verkehr mit erfahrenen Berufsgenossen die Möglichkeit zum Gedankenaustausch, der sich nach und nach auf alle Erscheinungen des Krieges erstreckt und einen Unterricht ohne Zwang und Form gewährt.

Dem Bücherstudium bieten sich zunächst die älteren Werke der klassischen Militär-Literatur, wie diejenigen von Bülow, Jomini, Clausewitz, Willisen 2c. dar. Der Vergleich ihres Inhalts läßt die Regeln von allgemein anerkannter Geltung zusammenstellen. Aber eine solche Arbeit erfordert Zeit, Mühe und eine gewisse Reife. Sodann drängt sich die Frage unwillkürlich auf, welchen praktischen Werth die so gewonnenen Lehren heute, nach ganz ungewöhnlichen Wandlungen im äußeren Zustande der Heere und der Kriegsmittel, noch besitzen?

Die neueren Abhandlungen über die Kriegführung stehen meist in einem sehr engen Zusammenhange mit persönlichen Erfahrungen und mit der Eigenart unseres vaterländischen Heeres, so daß sie für den in andern Verhältnissen Aufgewachsenen Vieles enthalten, was ihm nicht ohne Weiteres verständlich sein wird. Sie setzen oft eine Kenntniß unseres Truppendienstes und unserer Heeresverfassung voraus, wie sie nicht jedem Leser zur Seite steht. Auch ist die Fülle der behandelten Gegenstände so groß, daß sie den ungeübten Geist überbürdet. Die Mehrzahl ist für den schon erfahrenen Truppenführer geschrieben. Endlich beschäftigen sich die modernen Lehrschriften über Kriegführung vorzugsweise mit der Mobilmachung und dem Aufmarsch der Heere. Dies knüpft sich hauptsächlich an die Entstehung des dichten Eisenbahnnetzes im Abendlande, wodurch die Mittel zu einer überraschend schnellen Bereitstellung der Kräfte geboten werden. Die eine Macht sucht die andere hierin zu über-

flügeln. Da bei dieser Gelegenheit der Transport sehr großer Truppenmassen zu bewältigen ist, so gestaltet das Ganze sich zu einer Art militärischen Kunststückes, welches zumal dem Kriegstechniker gestattet, seine
Leistungsfähigkeit zu bewähren. So ist es denn gekommen, daß man
jetzt vielfach den gesammten Inhalt der Lehre von der Kriegführung in
diesem ersten Abschnitte zu finden meint. Darin liegt eine für ihre
Fortbildung bedrohliche Einseitigkeit.

Gerade die Thätigkeit der schon entwickelten Heeresmassen soll hier,
weil sie heute so oft stiefmütterlich behandelt wird, eine Bevorzugung
erfahren. Sie ist und bleibt der wichtigere Theil in der Theorie des
Krieges. Bereitstellung und Unterhalt der Truppen bilden den passenden
Gegenstand für besondere Abhandlungen, denen sie ein weites Feld eröffnen. Hier sollen sie nur insofern berührt werden, als das Verständniß des Ganzen es erfordert.

Man vergißt endlich leicht, daß Kriege auch in Ländern geführt
werden müssen, in welchen die Eisenbahnen noch nicht eine so große
Rolle spielen, und in denen sich der Aufmarsch und die Bewegungen der
Heere langsamer und einfacher vollziehen, als hier.

General von Schlichting, der heute bewährteste Altmeister und
Lehrer unserer Kunst sagt freilich: „Das deutsche Lehrbuch der Kriegführung hat den heimathlichen Bedarf zu decken" — und dies ist
unzweifelhaft richtig, wenn man ausschließlich an die Möglichkeit eines
großen Entscheidungskampfes auf abendländischen Kriegstheatern denkt.
Ich selbst bin dieser Auffassung an anderer Stelle gefolgt.*) Allein, die
Zeiten ändern sich; der europäische Westen bedeutet nicht mehr die Welt.
Nationen, an deren Bestehen wir früher nur wenig Antheil nahmen,
drängen in den allgemeinen politischen Wettkampf hinein. Länder, welche
uns in unerreichbare Ferne entrückt schienen, nehmen heute schon unser
Interesse lebhaft in Anspruch. Für gleich wahrscheinlich, als einen neuen
Kampf an unseren Landgrenzen kann man einen Weltkrieg auf den
Meeren und in dem ausgedehnten Kolonialbesitz der großen Mächte
halten, welcher in seinen Rückwirkungen auch auf die Stellung der
Mutterländer einen nahezu entscheidenden Einfluß ausüben wird.

Eine Lehre der Kriegführung darf also wohl mehr als nur diejenigen
Grundsätze umfassen, nach denen wir auf eigenem Boden oder in benachbarten Gebieten verfahren sollen. Ist es doch auch wichtig, die Theorien

---

*) Volk in Waffen. Berlin. R. von Decker's Verlag.

zu kennen, welche andere Heere und Völker befolgen. Nur aus der Betrachtung verschiedener Systeme wird schließlich eine feste Ueberzeugung
von dem, im gegebenen Falle für die eigene Armee zweckmäßigsten,
Handeln erstehen.

Nicht ganz habe ich daher die laut gewordene Befürchtung theilen
können, daß eine Lehre, welche dem Lernenden zwischen den im Grundsatz abweichenden Verfahren größter Männer verschiedener Zeiten die
Wahl für die Gegenwart anheimstellt, nur auf bedenklichen Umwegen zu
einem einheitlichen System der Führung hinleiten können.*) Ein Umweg
wird freilich gemacht, doch halte ich ihn nicht für bedenklich, weil er
durch das eigene Nachdenken führt.

Freilich ist es nicht nothwendig, auf das graue Alterthum zurück-
zugreifen, auch nicht, jede überhaupt mögliche Art kriegerischer Vorgänge
zu berücksichtigen. Es giebt in der That keine allumfassende strategische
Lehre. Napoleon I. Kriegführung aber gehört sicherlich noch heute in den
Kreis der Betrachtung und wird selbst nach Moltke's Zeiten und unter
den Bedingungen der Gegenwart noch oft zum Vorbilde dienen. Seltener
werden die Grundsätze des großen Königs für uns lebendige Bedeutung
haben und noch einmal praktische Anwendung finden.

Läßt die Lehre der Kriegführung dem Lernenden die eigene Entscheidung in der Wahl seines Vorbildes, tritt sie nicht gesetzgeberisch auf,
womit immer eine gewisse Gefahr der Einseitigkeit verknüpft ist, so wird
sie allerdings einer Ergänzung bedürfen. Diese muß, unter Erläuterung
der, die Thätigkeit des Feldherrn bedingenden, Umstände, die nothwendigen
Fingerzeige für die Uebertragung der gewonnenen Grundsätze auf die
Leitung eines bestimmten Heeres enthalten.

Das soll die Aufgabe des 2. Theils dieser Schrift, der „Heerführung" sein.

Ein Beispiel aus persönlicher Erfahrung wird das Verhältniß, in
welchem „Kriegführung" und „Heerführung" zu einander stehen, am
Besten erklären. Die Unterscheidung mag willkürlich erscheinen; sie ist
nicht zwecklos.

Die „Kriegführung" entstand ursprünglich aus kurzen Betrachtungen
über das Wesen der Kunst des Krieges, welche ich vor Jahren in den
Unterricht einflocht, den ich an der ottomanischen Generalstabsschule zu
ertheilen berufen wurde.

---

*) Beiheft 4 zum Militär-Wochenblatt 1896 Seite 226.

Ich hatte diesen begonnen, erfüllt von der alleinherrschenden Be=
deutung Moltke'scher Kriegsführungsweise in unserer Zeit. Mit voller
Entschiedenheit gehörte ich zu denen, welche fest daran glaubten, daß
man am Vorabende großer Waffenentscheidungen immer günstiger getrennt,
als schon vereint stehe, daß man die Vereinigung auf dem Schlachtfelde
und nicht vor demselben suchen, mit den Heerestheilen zusammen wirken,
nicht zusammen sein solle.

Nun aber vertiefte ich mich in die Natur des Werkzeuges, dessen
Gebrauch ich vorbereiten sollte. Ich lernte fast alle bekannteren türkischen
Generale kennen, von denen einige im russischen Kriege von 1877/78
eine hervorragende Rolle gespielt, und sich an der Spitze großer Heeres=
körper ausgezeichnet hatten. Ich fand unter ihnen viele allgemein und
militärisch gebildete Männer, mit denen sich trefflich über Krieg und
Kriegskunst streiten ließ. Aber ich nahm auch wahr, wie die meisten
in ihren Anschauungen ihre eigenen Wege gingen, je nach der selbst=
gewählten Fortbildungsmethode. Irgend eine Lieblingsschrift war dabei
oft für den einzelnen bestimmend gewesen. Von veralteter Stellungs=
lehre bis zu den modernsten Systemen des Bewegungskrieges waren alle
Kriegsführungsweisen vertreten. Die in unseren Tagen stark fluthende
Broschürenliteratur, zumal die französische, spiegelte sich in Entwürfen für
eine Kriegführung der Zukunft wieder. Auch die Zahl höherer Truppen=
führer, welche lediglich empirischer Erfahrung folgten, war nicht gering.
Manche hatten dagegen noch gar keine Gelegenheit gehabt, die großen
Truppeneinheiten, welche sie im Kriege befehligen sollten, im Frieden
überhaupt nur versammelt zu sehen.

Die Truppe setzte sich aus vortrefflichem Menschenmaterial zusammen
und war gut bewaffnet; doch fehlte ihr die einheitliche Schulung.

In allen Staats= und Heeresangelegenheiten entscheidet im Orient
der persönliche Einfluß ebensoviel wie die sachlichen Gründe. Persönliche
Rücksichten beherrschen — dem einzelnen vielleicht unbewußt — die
Meinungen.*) Daß unter solchen Umständen auf Einheit und Ueberein=
stimmung in der kriegerischen Handlung mehrerer selbstständigen Heeres=
theile nicht mit Sicherheit zu rechnen ist, bedarf keines Wortes.

Als Kriegstheater dient ein Gelände, welches sich meist durch Wege=
losigkeit auszeichnet. Man muß einmal kennen gelernt haben, was der
türkische Bauer „büjük djade", d. h. eine große Straße nennt, um sich
davon den richtigen Begriff zu machen. Heeresoperationen großen Stils

---

*) Der thessalische Krieg. Berlin 1898. Seite 63.

werden damit freilich nicht ausgeschlossen. Allein sie gewinnen einen ganz anderen Charakter wie bei uns zu Lande. Die sicheren Zeit= berechnungen werden unmöglich. Das Ineinandergreifen der Bewegung getrennter Marschkolonnen wird mehr oder weniger zur Glückfache.

Das Verpflegungsfyftem ift, wie die Armeebefehle Edem Pafchas in Theffalien bewiefen haben, von der primitivften Art. Die Kriegs= verwaltung häuft, wo fie es gerade vermag, hinter dem Heere Lebens= mittel, nämlich Zwieback oder Mehl auf, wenn Noth am Mann ift, fogar nur Mais. Die Heranziehung bleibt den Truppen überlaffen. Daß dabei Sorglofigkeit und Zufall unvorhergefehene Stockungen in die Vorwärtsbewegung einer der getrennt marfchirenden Heeresfäulen bringen können, liegt auf der Hand.

Endlich darf auch der Mangel an guten Karten nicht vergeffen werden, durch welchen das Zurechtfinden auf reitershoch mit Busch be= decktem Berggelände recht erfchwert wird. Irrthümer von Tagemarsch= länge können entftehen.

Ich hatte mit einer vergleichenden Studie der Feldzüge von 1757 und 1866 begonnen, und meine Zuhörer nahmen an beiden Kriegs= ereigniffen das lebhaftefte Intereffe. Die kritifche Behandlung befaß für fie den Reiz der Neuheit. Ihre fchnelle Auffaffungsgabe und der ernfte Wunfch, fich auszubilden, unterftützten fie aufs befte. Als Lehrer konnte man am Unterrichte nur Freude empfinden.

Die Folgen zeigten fich fchnell bei den Anwendungsverfuchen. Ge= trennte Anmärfche und Umfaffungen, wo und wie es auch fei!*) Wieder= holt fah ich mich veranlaßt, zu warnen und darauf hinzuweifen, daß Armee und Führer einer fo hoch entwickelten Operationsmethode noch nicht entfprächen, daß die Natur des Landes ihr entgegen ftehe und weder die Größe der Heere, noch ein zu erwartender reißender Verlauf der Kriegsereigniffe dazu nöthige. Oft rieth ich, wenn es einmal zum Ernftgebrauch käme, zu einfacheren aber leichter zu handhabenden Mitteln, nämlich zum Zufammenhalten mindeftens der Hauptkräfte und zum Vor= gehen auf einer Operationslinie.**) Ich fühlte jedoch bald heraus, daß meine Schüler meine Beforgniffe für übertrieben hielten.

*) Darauf, daß Moltke 1866 von Haufe aus an eine Umfaffung des feind= lichen Heeres weder dachte, noch überhaupt denken konnte, fondern diefelbe fich als natürliche Folge des Anmarfches zur Vereinigung und des Vordringens der Oefterreicher in den Kreis derfelben hinein, ergab, hat fchon General von Schlich= ting aufmerkfam gemacht.
**) Der bekannte, 1886 entftandene, türkifche Operationsplan für einen Feld= zug gegen Griechenland trägt im Wefentlichen diefes Gepräge. Die verfammelte

Oft genug ward mir bei der eigenen Weisheit bange, und die Frage drängte sich mir unwillkürlich auf, ob es richtig sei, nur Moltke'sche Kriegsweise zu lehren, oder ob man dabei nicht Gefahr laufe, dereinst als falscher Prophet gescholten zu werden. Ich kam endlich zu der Ueberzeugung, daß es dringend erforderlich wäre, den Kreis der Betrachtungen nach rückwärts zu erweitern und demselben auch ältere Feldzüge einzuverleiben.

Ungeahnt schnell sind seitdem meine Bedenken durch den Tag von Pharsala gerechtfertigt worden. In der Durchführung nur ein unbedeutendes Gefecht, war, was dort geschah, nach Absicht und Anlage eine auf volle Entscheidung berechnete Schlacht. Für die Geschichte türkischer Kriegführung wird der 5. Mai 1897 einen Wendepunkt bilden, welcher zwei Entwicklungsstufen scharf von einander scheidet. Die junge Generation hatte an diesem Tage das Ruder ergriffen. Der Anmarsch zur Schlacht in 4 Kolonnen mit dem Vereinigungspunkte auf der Wahlstatt bietet ein um so getreueres Bild der modernen — sagen wir „neupreußischen" — Operation, als sich die ganze Maßregel aus einer vorangegangenen Lage auf natürliche Art entwickelte.*)

Und welches war am Ende das Ergebniß? — Von den 4 Kolonnen gelangte nur eine, die 6. Division Hamdy Paschas, wirklich auf die entscheidende Stelle, und gerieth in die Gefahr einer isolirten Niederlage, welche durch die Unerschrockenheit der Führer und die gut gebrauchte Artillerie freilich abgewendet und ins Gegentheil verwandelt wurde, die aber ein thätigerer und entschlossenerer Feind ihr wohl kaum erspart haben würde.**)

Die Schlacht von Domoko zeigt freilich schon einen überraschenden Fortschritt in der gleichen Operationsweise. Alle 5, getrennt gegen den

---

Hauptmasse dieses Heeres sollte durch die Pässe von Damasi in die linke Flanke der Griechen vorbrechen, um so gleich zu Beginn des Krieges eine taktische Entscheidung herbeizuführen, bei welcher dem Gegner der Rückzug geraubt und ihm eine Katastrophe bereitet werden konnte. Allerdings sollten zwei abgesonderte Divisionen gleichzeitig über den Melunapaß und durch das Tempethal vordringen; aber sie hatten mehr den Auftrag, den Gegner im nördlichen Thessalien festzuhalten und zu täuschen, als an der Entscheidung vollwichtig theilzunehmen. Die Abtrennung machte sich auch — trotz einer nur mittleren Heeresstärke — schon durch die geringe Zahl und den Zustand der Wege, welche über die Grenzgebirge führen, zu einer Nothwendigkeit.

*) Zufolge der Entsendung der Division Hayri (1.) in der Richtung gegen Trikkala.

**) Kronprinz Constantin beabsichtigte thatsächlich einen Offensivstoß gegen die 6. Division, konnte seinen Willen jedoch, bei dem Widerstreben seiner Unterführer und zum Theil auch wegen eingetretener Irrungen, nicht durchsetzen.

Feind angesetzten, Kolonnen gelangten zum Eingreifen — ein gutes Zeichen für die Generalstabs=Offiziere, denen es glückte, ihre bedächtigeren Divisions=Generale auf den rechten Bahnen vorwärts zu bringen.

Allein auch hier verhielt sich der Gegner ganz passiv, und das Beispiel kann die Sorge um den Ausfall eines ähnlichen Versuchs gegen einen tüchtigen Feind nicht bannen.

Weiter zurück, aber nahe genug, um nicht unbeachtet zu bleiben, liegen die Beispiele des unglücklichen bulgarischen Feldzuges der 3 Armeen Mehmed Alis, Suleimans und Osman Paschas gegen die in centraler Lage befindlichen Russen, sowie des verfehlten ersten russischen Einmarsches nach Hoch=Armenien gegen Achmed Mukthar Pascha im Frühling 1877.

Dies alles stärkte in mir die Ueberzeugung, daß die Lehre von der Kriegführung sich in der Angabe der Mittel zum Erfolge nicht auf einen zu engen Kreis beschränken darf und daß die „Heerführung", welche die Anleitung zur richtigen Wahl unter diesen Mitteln zu geben hat, mit großer Freiheit vorgehen soll. Sie besitzt sogar das Recht, im einzelnen Falle zu verwerfen, was die Kriegführung für richtig erklärt hatte; sie kann ebenso sich des, von dieser als Fehler Bezeichneten, zur Erreichung ihrer Zwecke bedienen; „denn im Kriege entscheiden die Um= stände Alles".*)

Die Anwendung der Lehren der Krieg= und Heerführung auf dem Plane, dem Gelände und bei großen Truppenübungen, bei denen stets die eigene Armee das Werkzeug bildet, haben am Ende für die Einheit des Handelns im Ernstfalle zu sorgen. —

Wenn wir auf die systematische Entwicklung der in Nachfolgendem mitgetheilten Grundsätze verzichten, um nicht den vielen wohlbeleibten Büchern über den Gegenstand ein neues hinzuzufügen, so wird freilich wenig mehr als ein Inhaltsverzeichniß übrig bleiben; doch entspricht dies dem verfolgten Zwecke, nämlich, den Anfänger auf leichte Art in ein gründlicheres Studium einzuführen.

Freilich wird ihm zugemuthet, viele Behauptungen, deren unbedingte Richtigkeit ihm zweifelhaft erscheinen mag, zunächst auf Treu und Glauben hinzunehmen. Da es sich indessen nur darum handelt, ihn auf den rechten Weg für eigene Forschung zu bringen, so ist ein Nachtheil hiervon nicht zu befürchten.

Dem Erfahrenen wird dies Buch als ein Hülfsmittel für sein Ge= dächtniß dienen können. Clausewitz sagt mit Recht, die ganze Schwierigkeit

---

*) Worte Napoleon I.

beſtände darin, den Grundſätzen, welche man ſich gemacht hat, im er-
ſchwerenden Elemente des Krieges treu zu bleiben. Dazu gehört vor
allen Dingen, daß man ſich ihrer im rechten Augenblicke erinnere. Dies
wieder erfordert, daß man ſie ſich von Zeit zu Zeit ins Gedächtniß
zurückrufe.*) Für eine ſolche Arbeit aber iſt eine kurze Lehre von der
Kriegführung ein beſſeres Hülfsmittel, als mehrbändige militäriſch-philo-
ſophiſche Abhandlungen.

---

*) Prinz Friedrich Karl pflegte über ſeine Kriegserfahrungen ſehr ſorgfältige
Notizen zu ſammeln und ſie von Zeit zu Zeit, namentlich vor großen Ent-
ſcheidungen wieder durchzuleſen. Sein Tagebuch erwähnt ausdrücklich des Nutzens,
den er davon empfand.

I.

Stellung des Krieges im socialen Leben.

Die Regierungen aller Kulturstaaten unterhalten heute besondere Ministerien und ständige diplomatische Missionen, um ihre politischen Beziehungen untereinander fortlaufend zu regeln, und ein großer Theil ihrer Thätigkeit besteht darin, entstehende Streitfragen in friedlicher Weise zu lösen.

Niemals aber werden diejenigen Fälle ganz vermieden werden, in welchen jeder der streitenden Theile glaubt, dem anderen unmöglich nachgeben zu können, ohne sich selbst einen tödtlichen Stoß zu versetzen. Solche Fälle sind in unserem Zeitalter namentlich aus dem Bestreben der Nationalitäten nach Bildung einheitlicher und selbstständiger Staaten entstanden, welche nicht ohne Verletzung des früheren Besitzstandes geschaffen werden konnten. Aber auch Fragen der Macht und des Einflusses, selbst lediglich nationale Eifersucht und Nebenbuhlerschaft können solche Bedeutung gewinnen, daß politische Weisheit und diplomatische Kunst den friedlichen Ausgleich vergebens suchen.

Die neueste Zeit hat sogar gelehrt, daß lediglich um materieller Interessen willen, blutige Kriege möglich sind. Bei dem üppigen Gedeihen von Gewerbe und Handel, dem Anwachsen des Reichthums in fast allen Ländern der Erde, bei der Vermehrung der Beziehungen unter ihnen, hat die hohe Finanzwelt derart an Macht und Einfluß gewonnen, daß sie als eine der stärksten Gewalten im modernen Staatsleben erscheint. Sie hat schon mehrfach die Politik in ihre Dienste gezwungen und diese zum Kriege getrieben,*) wenn ihre Zwecke es erforderten. Daß dabei gleichzeitig noch weitere Ziele, wie die allgemeine Ausdehnung der Machtsphären, verfolgt oder zum Vorwande genommen wurden, erscheint natürlich. Ist der Krieg einmal beschlossen, strebt auch die Politik ihre eigenen Vortheile an.

Der Krieg ist also die Fortsetzung der Politik, nur ändern sich die zur Erreichung des Zweckes angewendeten Mittel.

---

*) Die mexikanische Expedition Napoleon III., der spanisch-amerikanische Krieg und der Krieg in Südafrika sind die wenig erbaulichen Beispiele dieser Art. Beim amerikanischen Bürgerkriege wirkten materielle Motive erheblich mit.

I.

Stellung des Krieges im socialen Leben.

Die Regierungen aller Kulturstaaten unterhalten heute besondere Ministerien und ständige diplomatische Missionen, um ihre politischen Beziehungen untereinander fortlaufend zu regeln, und ein großer Theil ihrer Thätigkeit besteht darin, entstehende Streitfragen in friedlicher Weise zu lösen.

Niemals aber werden diejenigen Fälle ganz vermieden werden, in welchen jeder der streitenden Theile glaubt, dem anderen unmöglich nachgeben zu können, ohne sich selbst einen tödtlichen Stoß zu versetzen. Solche Fälle sind in unserem Zeitalter namentlich aus dem Bestreben der Nationalitäten nach Bildung einheitlicher und selbstständiger Staaten entstanden, welche nicht ohne Verletzung des früheren Besitzstandes geschaffen werden konnten. Aber auch Fragen der Macht und des Einflusses, selbst lediglich nationale Eifersucht und Nebenbuhlerschaft können solche Bedeutung gewinnen, daß politische Weisheit und diplomatische Kunst den friedlichen Ausgleich vergebens suchen.

Die neueste Zeit hat sogar gelehrt, daß lediglich um materieller Interessen willen, blutige Kriege möglich sind. Bei dem üppigen Gedeihen von Gewerbe und Handel, dem Anwachsen des Reichthums in fast allen Ländern der Erde, bei der Vermehrung der Beziehungen unter ihnen, hat die hohe Finanzwelt derart an Macht und Einfluß gewonnen, daß sie als eine der stärksten Gewalten im modernen Staatsleben erscheint. Sie hat schon mehrfach die Politik in ihre Dienste gezwungen und diese zum Kriege getrieben,*) wenn ihre Zwecke es erforderten. Daß dabei gleichzeitig noch weitere Ziele, wie die allgemeine Ausdehnung der Machtsphären, verfolgt oder zum Vorwande genommen wurden, erscheint natürlich. Ist der Krieg einmal beschlossen, strebt auch die Politik ihre eigenen Vortheile an.

Der Krieg ist also die Fortsetzung der Politik, nur ändern sich die zur Erreichung des Zweckes angewendeten Mittel.

---

*) Die mexikanische Expedition Napoleon III., der spanisch-amerikanische Krieg und der Krieg in Südafrika sind die wenig erbaulichen Beispiele dieser Art. Beim amerikanischen Bürgerkriege wirkten materielle Motive erheblich mit.

Der Gedanke, ihn durch Schiedsgerichte unmöglich zu machen, hat zu einem praktischen Ergebniß nicht geführt, weil die Macht fehlt, welche den Aussprüchen dieser Schiedsgerichte unbedingte und allgemeine Achtung zu verschaffen im Stande wäre. Daran scheiterte auch die große Friedens= konferenz der Mächte im Haag.

Das beste Mittel, den Frieden zu bewahren, sind tüchtige Heeres= verfassungen; denn den Starken greift man weniger leicht an, als den Schwachen. Mit der Größe und Macht der Heere wächst auch das Unheil, welches ihr Zusammenstoß herbeiführt; die Verantwortung für den Entschluß zum Kriege wird ernster, und dieser Entschluß daher schwerer gefaßt.

Kriegerisch schwache Staaten inmitten kräftigerer Nachbarn bilden deshalb eine Kriegsgefahr. Solche, welche ihre Heeresverfassung aus falschen Rücksichten vernachlässigen, beschwören jene Gefahr durch eigene Schuld herauf.

Das Gleiche gilt von Staaten mit einer schlaffen Regierung, welche nicht im Stande ist, die Volksleidenschaften zu zügeln; denn die erregten Massen werden leichter den Ruf nach Krieg erheben, als die Kabinette.

Die beste Heeresverfassung ist diejenige, welche alle intellektuellen und materiellen Mittel des Landes für den Fall eines Krieges zu dessen glücklicher Durchführung verfügbar macht. Es ist nicht gerechtfertigt, sich nur mit einem Theile der Kraft vertheidigen zu wollen, wo es sich um das Sein oder Nichtsein des Ganzen handelt.

Die Formen der Heeresverfassung, sowie deren Einzelheiten hängen vielfach vom inneren Zustande des Landes sowie vom internationalen Wetteifer ab. Sie bilden sich mit der allmählichen Aenderung des socialen Lebens der Völker um. Diejenige, in welcher die kriegerischen Kräfte unserer Tage meist erscheinen, ist die der sogenannten „Kadre=Heere“. Ein Theil der waffenfähigen Mannschaften bleibt in ständig erhaltenen Truppentheilen beisammen, welche zugleich die Waffenschule für das ge= sammte Volk und den Rahmen liefern, in den sich der Strom der Aus= gebildeten im Kriegsfalle ergießt. Nur wenige Staaten sind weiter zu einer Miliz=Verfassung fortgeschritten, bei welcher stehende Kadres, ab= gesehen von geringfügigen Lehrtruppen, gänzlich fehlen. Eine solche Ver= fassung kann da gerechtfertigt erscheinen, wo die natürliche Lage den Angriff durch eine schlagfertige Armee unmöglich macht, oder wo die geringe Ausdehnung und Volksmenge des Staats zu diesem Mittel greifen lassen, um eine wenigstens durch ihre Zahl beachtenswerthe Streitermasse aufzubringen.

Das Werbesystem findet nur noch ganz ausnahmsweise Anwendung und ist im Verschwinden begriffen.

II.

Die besondere Natur der heutigen Kriege.

Der Krieg erscheint heute im Allgemeinen in seiner natürlichen Gestalt, d. h. als ein blutiger Zusammenstoß der Völker, bei welchem jeder kämpfende Theil die völlige Niederwerfung, oder, wenn möglich, die Vernichtung des Gegners anstrebt.

Dies wird sich ebenso im Einzelnen bei der Art der Durchführung von Gefechten und Schlachten, als auch im Allgemeinen beim Aufgebot und im Gebrauch der Streitkräfte kund geben.

Von den unblutigen Kriegen, welche dem Scheingefecht der Bühnen= helden gleichen, und die ein schwächliches Zeitalter schon mehrfach gezeitigt hat, wollen wir nichts wissen.

Der Versuch, den Feind lediglich durch Bewegungen der Heeres= massen und drohende Stellungen derart zu erschrecken, daß er sich unserem Willen unterwirft, oder — wie es ein bekannter Militärschriftsteller noch zu Beginn des verflossenen Jahrhunderts ausgedrückt hat — „ohne Kampf, nur durch die Macht des Manövers, den Sieg zu erringen", wird nicht mehr zum Ziele führen. Die Erfahrung der napoleonischen Kriege hat gelehrt, daß ein solches Handeln sofort alle Wirkung verliert, wenn einer der beiden Theile den Entschluß faßt, Ernst zu machen und mit dem scharfen Schwerte dreinzuschlagen.

Der nordamerikanische Bürgerkrieg, die Feldzüge von 1866 und 1870/71 haben diesen Beweis erneut geliefert.*) Die Vorbereitungen, welche in allen großen Militärstaaten heute getroffen werden, sowie die Art der Truppen= und Führer=Erziehung künden noch einen Fortschritt in der Gewaltsamkeit der Kriegshandlung für die Zukunft an.

Ebensowenig, als bewaffnete Konflikte ohne wirkliche Waffenent= scheidung, sind heutzutage noch Kriege zu denken, bei denen die in Streit gerathenen Staaten nicht mit ihrer vollen Kraft vorgehen, auch nicht ein Niederwerfen des Gegners beabsichtigen, sondern nur einen Theil ein= setzen, um bis zu einem gewissen Punkte vorzudringen, an dessen Er= reichung allein sie ein Interesse haben.**) Ein solches Verfahren läßt sich vernünftigerweise nur denken, wenn das Objekt des Streites ein sehr

---

*) Nach einer vorübergehenden Periode von Erlahmung der Kriegsenergie, welche in die Jahre 1848—1851 fällt.

**) Wir müssen hierbei von besonderen Ausnahmen absehen, wo einmal ein schwacher Staat die Rechte eines stärkeren Nachbarn verletzt hat und aus blinder Leidenschaft oder anderen Gründen dessen Beschwerden sein Ohr verschließt, so daß dieser schließlich zur Waffengewalt greifen muß, um die Regelung der An= gelegenheiten zu erzwingen. Solche Kriege gleichen mehr militärischen Exekutionen und bilden nicht den Gegenstand unserer Betrachtungen. — Ebenso sehen wir von Kolonialkriegen gegen wilde Völkerschaften ab, die je nach der Natur des Landes und des Feindes jedesmal ganz eigenartige Verhältnisse herbeiführen werden.

geringfügiges ift. Um folcher Werthe willen wird es aber heute über=
haupt nicht zum Kriege kommen. Sollte dieses ausnahmsweise, zufolge
verkehrter Maßregeln der streitenden Regierungen, einmal geschehen, so
wird sofort das gereizte Nationalgefühl der Völker in Wirksamkeit treten
und dieses nicht erlauben, daß die Gewalthaber das Schicksal des ganzen
Krieges von dem Unfall eines geringen Theiles der Streitmittel abhängig
machen. Die öffentliche Meinung wird auf deren Verstärkung dringen,
der Gegner ein Gleiches thun und somit nach und nach, dem ursprüng=
lich Vorbedachten entgegen, doch die ganze Kraft eingesetzt werden.
Seitdem sich Staaten und Nationalitäten in den meisten Fällen nahezu
decken, gleichen dieselben Personen, welche ihr Leben lieber, als ihre
Ehre verlieren.

Es folgt hieraus auch, daß die oft erhobenen Vorstellungen von
einer methodischen Kriegführung, bei welcher zwar die ganze Streitkraft
bereitgestellt, von derselben aber kein rückhaltloser Gebrauch zur Waffen=
entscheidung gemacht wird, sondern statt dessen ein System von einzelnen,
mit Theilen der Kraft geführten Schlägen Anwendung finden soll, auf
einer Verkennung der Natur des heutigen Krieges beruhen. Nur ein
vollkommen ungeschickter und unthätiger Gegner würde sich dadurch hin=
halten lassen. Seit der Kulturzustand der Völker ein solcher geworden
ist, daß er durch jeden Krieg leidet, müssen die Streitenden bestrebt sein,
den Gegner so schnell als möglich zur Anerkennung der gewünschten
Friedensbedingungen zu zwingen. Da dies nun aber erst möglich ist,
wenn eine der beiden Parteien die Aussicht auf Erfolg ihres Wider=
standes gänzlich verloren hat, so drängt sich auch hier wieder die Noth=
wendigkeit des Niederwerfens oder Vernichtens auf.

So lange in den politischen Gebilden das Nationalitäts=Prinzip
das vorherrschende bleibt, werden diese Verhältnisse sich nicht ändern und
der Krieg seine absolute Gestalt bewahren.

Nur darf man sich dies Niederwerfen und Vernichten nicht als ein
wirkliches Tödten oder Kampfunfähigmachen aller feindlichen Streiter
denken. Der Verlust eines Theiles wird in der Regel bereits einen der=
artigen Eindruck auf die Gesammtheit machen, daß diese die Hoffnung
auf den Sieg fallen läßt und den Kampf aufgiebt. Als zerstörende
Kraft tritt also zur Wirkung der Waffen der moralische Eindruck hinzu;
ja es ist in der menschlichen Natur begründet, daß dieser an erster Stelle
thätig wird.

Wenn wir also vom Niederwerfen des Gegners sprechen, so meinen
wir damit, daß wir durch Zerstörung eines Theiles seiner Streitmacht
ihn zum völligen Verzicht auf eine spätere ihm günstige Wendung des
Waffenganges bringen; — und mit Vernichten haben wir im Sinne, ihn
in einen physischen und moralischen Zustand zu versetzen, daß er sich
augenblicklich zur Fortsetzung des Kampfes unfähig fühlt.

III.

Die Grundzüge der heutigen Kriegführung.

Der Gegner, bei dem wir die gleichen Beweggründe des Handelns wie bei uns selbst voraussetzen müssen, wird seine Truppen zu einem Heere zusammenziehen, um mit vereinter Kraft möglichst entscheidende Schläge zu führen.

Da, wo durch die Größe der ganzen Landmacht eines Staates die Aufstellung in verschiedenen Gruppen nöthig wird, weil die vereinigte Masse des Ganzen zu unbehülflich sein möchte, werden doch mehrere dieser Gruppen die Bestimmung zu gemeinsamem Handeln erhalten. Immer wird sich also ein zum Entscheidungskampfe bestimmter Theil der Streitmacht erkennen lassen, welchen wir als die feindliche „Hauptarmee" bezeichnen können. Diese nun verkörpert gleichsam den gegnerischen Widerstand. Es ist einleuchtend, daß, wenn die Hauptarmee erst geschlagen ist, die schwächeren Gruppen noch weniger auf den Sieg rechnen können. Sie werden vielleicht auf die Fortsetzung des Widerstandes überhaupt verzichten, und wir können möglicherweise mit dem einen großen Erfolge die ganze Arbeit des offenen Kampfes glücklich beenden. Es folgt hieraus, daß das nächste Ziel, gegen welches wir alle unsere Anstrengungen zu richten haben, die feindliche Hauptarmee sein muß.

An diesem ersten Grundsatze moderner Kriegführung wird dadurch nichts geändert, daß mitunter eine Reihe kleinerer Unternehmungen dem großen Zusammenstoße vorangeht. Grenzbefestigungen, welche die Straßen verschließen, hindern mitunter die gleichzeitige Bewegung großer Truppenmengen. Sie müssen also angegriffen und überwältigt werden, ehe die Haupthandlung beginnt. Beide streitenden Theile können versuchen, die Versammlung der gegnerischen Kräfte zu stören und es entspinnen sich hieraus einleitende Gefechte.

Aber bei diesen Einzelhandlungen wird kein selbständiger Zweck verfolgt; sie stehen durch die ihnen zu Grunde gelegte Absicht sowohl, als durch den Erfolg unmittelbar mit der Haupthandlung in Zusammenhang und gehören dieser an, wie das Wetterleuchten dem herankommenden Gewitter.

Das sicherste Mittel zur Besiegung der feindlichen Hauptarmee ist die Vereinigung einer überlegenen Streitmasse; denn Niemand kann mit Gewißheit im Voraus für sich in Anspruch nehmen, daß er den besseren Feldherrn an der Spitze seines Heeres haben, oder daß dieses tapferer sein werde, als der Feind. Bei der praktischen Lösung der uns im Felde gestellten Aufgaben dürfen wir freilich auch solche Dinge in Rechnung stellen, wenn wir davon überzeugt sind, daß wir sie auf unserer Seite haben. Allein die wissenschaftliche Untersuchung muß, falls nicht eine Abweichung besonders ausgesprochen ist, stets Truppen von gleicher Güte

auf beiden Seiten voraussetzen. Dann aber entscheidet, neben der Zweck=
mäßigkeit der Anordnungen, vor Allem die Zahl.

Daraus folgt ein zweiter allgemeiner Grundsatz der modernen Krieg=
führung, nämlich für die Stunde der Entscheidung, wenn möglich, alle
Kräfte zusammen zu bringen. Ein einziges Bataillon kann den letzten
Ausschlag in einer Schlacht geben.

Hiernach müßte jede Theilung und jede Entsendung von der Haupt=
macht fehlerhaft erscheinen. Da die großen Erfolge die kleinen mit=
bestimmen, so könnte man alle geringeren Gefahren unbeachtet lassen, um
nur nichts von der Streitmacht abzugeben. Es läßt sich dies indessen
nicht bis auf's Aeußerste durchführen. Selten werden wir im Stande
sein, den Zeitpunkt genau zu bestimmen, wenn die große Entscheidung
erwartet werden darf, und wir können nicht alle Zwecke zweiter Ordnung
auf unbestimmte Zeit hin vernachlässigen. Zudem werden sich immer
Punkte finden, die freilich außerhalb des geraden Weges zum Ziele liegen,
deren Ueberlassung an den Feind aber doch nicht ohne Einfluß auf unsere
Hauptstreitkraft bleiben und diese in ihrer Thätigkeit im wichtigsten Augen=
blick hemmen würde. Wir müssen sie also durch besondere Abtheilungen
sichern. Entsendungen sind unvermeidlich, und es kommt nur darauf an,
sie so einzurichten, daß entweder ihre Heranziehung zur Schlacht möglich
ist, oder, daß sie mittelbar zu deren glücklichem Ausgange beitragen.
Dies kann in der erfolgreichsten Weise derart geschehen, daß sie stärkere
feindliche Kräfte an einer vom Schlachtfelde entfernten Stelle festhalten.
— Entsendungen aber, welche sich in gar keine Beziehung mit dem Aus=
gange der Hauptentscheidung bringen lassen, sind jedesmal fehlerhaft.

Die Versammlung sehr großer Heeresmassen an einem Punkte bringt
naturgemäß manches Ungemach über diese, welches sich, wenn unglückliche
Zufälligkeiten, wie epidemische Krankheiten, dazutreten, bis zu einer ernsten
Gefahr steigern kann. Die Unterbringung aller Truppen in bewohnten
Orten wird unmöglich, ihre Ernährung meist weniger gut.

Ferner ist es schwerer, solche Massen in Bewegung zu setzen, wenn
sie nur an einem Orte versammelt sind, als wenn sie sich in Gruppen
getrennt aufstellen; denn von zwei oder mehreren Aufbruchsplätzen kann
man natürlich eine größere Anzahl von Straßen benutzen, als nur von
einem Punkte aus. Während der Bewegung wiederholt sich die Schwierig=
keit bei jedem Halt zur Nachtruhe und bei jedem Abmarsch von Neuem.
Es ist außerdem zu beachten, daß man nur 30—40 000 Mann auf der=
selben Straße vorgehen lassen darf, wenn man die ganze Masse am
nämlichen Tage im Kampfe verwenden will. Die letzten Abtheilungen
würden sonst nicht mehr vor Abend auf dem Schlachtfelde eintreffen
können. Auch dieser Umstand bedingt also ein Zerlegen der großen
Heeresmassen und der Lehrsatz vom Zusammenhalten der Kräfte ist nicht
so zu verstehen, daß diese unausgesetzt versammelt marschiren und lagern
sollen, sondern nur so, daß man sie im entscheidenden Augenblicke muß
vereinigen, oder doch zur gemeinsamen Wirksamkeit bringen können.

Die heutige Kriegführung stellt sich daher als ein unabläſſiges Trennen und Vereinigen der Maſſen dar. Sache des Feldherrn iſt es, die Trennung als den das Leben der Armee erleichternden und begünſtigenden Zuſtand im Allgemeinen zu erhalten, aber zugleich die Möglichkeit der rechtzeitigen Verſammlung zu wahren. „Dafür laſſen ſich keine allgemeinen Regeln geben, die Aufgabe wird jedesmal eine andere ſein."*) Alle verfügbaren Streitkräfte am Tage der Entſcheidung beiſammen zu haben, ohne daß ſie vorher durch dauerndes zu enges Aufeinanderhäufen litten, würde den Triumph der Kunſt im Trennen und Vereinigen darſtellen. —

Die einfache Fortdauer des Kriegszuſtandes iſt bei der Empfindlichkeit des hochentwickelten Verkehrslebens unſerer Zeit ſchon an ſich zu einer ſelbſtändig zerſtörenden und vernichtenden Kraft geworden, welche unter Umſtänden einen geradezu entſcheidenden Einfluß ausüben kann.

Es folgt hieraus, daß die heutige Kriegführung einen ununterbrochenen Fluß der Begebenheiten bis zur Entſcheidung mit ſich bringt. Ein Stillſtand kann ausnahmsweiſe z. B. da eintreten, wo eine der kämpfenden Parteien den Angriff der anderen zurückgewieſen hat, nun aber nicht ſtark genug zum Gegenangriffe iſt. Dies geſchah im letzten ruſſiſchtürkiſchen Kriege nach der zweiten Schlacht von Plewna, wo die Unterbrechung bis zum Falle dieſes Platzes mehr als 4 Monate dauerte. Hier war aber das beiderſeitige Kräfteverhältniß von Hauſe aus ein unnatürliches. Die Türkei, zu ſchwach, um nach glücklicher Abfertigung des Angreifers zum Nachſtoße überzugehen, hätte ohne ſichere Hülfe von Bundesgenoſſen, nicht zur Waffenentſcheidung ſchreiten ſollen. Ein urſprünglicher Fehler beim Entſchluſſe zum Kriege hat alſo hier die Ausnahme herbeigeführt; und dieſe beſtätigt nur die Regel. Im ſüdafrikaniſchen Kriege fand Aehnliches ſtatt. Aber auch dort ſind beſondere Umſtände zu erkennen. Die Verbündeten waren, der inneren Natur ihrer Streitkräfte nach, nicht im Stande, die befeſtigten Plätze, in welche ſie die vorderſten engliſchen Diviſionen beim erſten Angriffe zurückwarfen, gewaltſam zu nehmen; und dieſe hielten ſich hartnäckig. So kam die Offenſive zum Stehen. Die Entſatzverſuche der Engländer ſcheiterten während der erſten 4 Monate durch die Ungeſchicklichkeit ihrer Führer und an der unerſchütterlichen Tapferkeit der weit ſchwächeren Gegner. Verſtärkungen und ein Feldherr mußten erſt aus weiter Ferne herbeigeholt werden, um die Entſcheidung zu geben. Das verurſachte auch auf ihrer Seite vorübergehend einen Stillſtand. Dies ſind Verhältniſſe, wie ſie in einem Kriege zwiſchen benachbarten großen Mächten nicht zutreffen.

---

*) Feldmarſchall Moltke im Militärwochenblatt vom 18. November 1867. — Napoleon hat uns einen beherzigenswerthen Wink für die Löſung dieſer Aufgabe gegeben: Der Feldherr ſollte ſich täglich mehrmals vorſtellen, daß der Feind in der Front, in der einen oder der anderen Flanke ſeines Heeres erſcheine und ſich dann die Frage vorlegen, was zu thun ſei. Fände er ſich in Verlegenheit, ſo deute dies auf einen Fehler in den Anordnungen hin und derſelbe ſei ſogleich zu berichtigen.

Gar an die langen Pausen ohne sichtbar zwingende Ursache, wie ältere Kriege sie kennen, und die der Unlust zum Handeln, dem Mangel an klaren Gedanken über das zu Unternehmende, selbst gar wohl einer Gewohnheit, wie der Winterruhe, entsprangen, ist nicht mehr zu denken. Die Kosten der Unterhaltung der heutzutage in's Feld gestellten Heere sind so große, daß, schon um dieser erdrückenden Last ledig zu werden, die Regierungen auf den ununterbrochenen Gebrauch der Streitkräfte durch ihre Feldherrn dringen müssen.

Es ist damit aber noch nicht gesagt, daß die Dauer der Kriege eine kurze sein müsse. Ein hartnäckiger Gegner findet, selbst wenn die Waffenentscheidung gegen ihn ausgefallen ist, noch immer Mittel zur Verlängerung des Widerstandes. Da der Angriff größeren Kraftaufwand verlangt, als die Vertheidigung, bleibt dem anfangs Unterlegenen die Hoffnung, den Sieger zu ermüden, oder gar ihn endlich zu erschöpfen.*)

Der Fall ist sehr wohl denkbar, daß ein Staat die organisirte Heeresmacht eines anderen vernichtet, dessen Gebiet zum großen Theile überschwemmt, aber die Opfer, welche die Besetzung ihm auferlegt, auf die Dauer nicht tragen kann und dem Besiegten am Ende einen verhältnißmäßig vortheilhaften Frieden gewähren muß. Einen großen Vortheil genießt daher von vorn herein, wer den Krieg länger auszuhalten vermag.

Dies wird vielfach übersehen und die Vernichtung der feindlichen Hauptarmee irrthümlich für gleichbedeutend mit der vollständigen Erreichung des Kriegszweckes gehalten.

Länder von großem Flächeninhalt wie das russische Reich, mit einer durch Stammverwandtschaft eng verbundenen Bevölkerung, die nicht zu gedrängt wohnt und deren Lebensverhältnisse noch einfache, von der ungestörten Fortdauer des internationalen Verkehrs wenig abhängige sind, leiden unter dem Kriegszustande natürlich weit weniger als Kulturstaaten mit engen Grenzen, dichter Bevölkerung und nicht vollkommener Einheit oder Einigkeit des Ganzen. Diese Schwäche wird oft noch dadurch vermehrt, daß solche Staaten nicht im Stande sind, ihre Bevölkerung durch die Erzeugnisse des eigenen Landes zu ernähren, sondern auf die Zufuhr von Außen angewiesen bleiben, die durch den Krieg gestört oder ganz abgeschnitten werden kann.

Auch sociale Verhältnisse spielen dabei eine wichtige Rolle. Ist es nur ein auf dem platten Lande zerstreut wohnender Bauernstand, der vom Kriege betroffen wird, so behält die Regierung in ihren Entschlüssen meist vollkommen freie Hand; denn jener hat in der Regel nicht die Mittel, seiner Sehnsucht nach Frieden maßgebenden Ausdruck zu verleihen. Anders steht es dort, wo ein reicher handeltreibender, in großen Städten ansässiger Bürgerstand vorhanden ist, der durch die Störung der gewohn-

---

*) Die passive Widerstandsfähigkeit der Staaten ist durch das Nationalitätsprinzip, auf welchem die meisten von ihnen beruhen, erheblich gestärkt worden. Der innere Zusammenhang ist ein festerer; Landabtretungen als Friedenspreis sind dadurch sehr erschwert.

ten Verhältniffe Alles verliert. Er wird am eheſten, nach anfänglichen Niederlagen, zum Frieden geneigt ſein; zugleich aber beſitzt er in der Regel durch Beherrſchung der Preſſe und durch Einflüſſe aller Art, die Mittel, ſeinen Wünſchen Gehör zu verſchaffen. —

Napoleon ſcheiterte 1812 keineswegs daran, daß er die ruſſiſchen Heere nicht zu ſchlagen vermochte, wohl aber daran, daß die Niederlage dieſer Heere und ſelbſt der Verluſt der Hauptſtadt Moskau, das weit ausgedehnte, hartnäckige und ſchwer empfindlich zu treffende Rußland nicht zum Frieden zwang. Im großen amerikaniſchen Kriege blieben die Heere der Secessioniſten faſt bis zum Ende ſiegreich, aber dennoch unter= lagen ſie zuletzt, weil ſie zu keiner Zeit im Stande geweſen waren, einen derartigen Druck auf Land und Volk der Union auszuüben, daß dieſe ſich zum Frieden hätte bequemen müſſen.

Das Gegenſtück bietet der preußiſch=öſterreichiſche Krieg von 1866, der durch eine einzige Schlacht entſchieden wurde. Er hat vornehmlich den Glauben an die kurzen Kriege erzeugt. Man überſieht dabei jedoch, daß es für Oeſterreich garnicht zu einem Exiſtenzkriege kam. Die Ab= ſichten des ſiegreichen Preußens gingen nicht auf ſeine Vernichtung hinaus. Es handelte ſich vielmehr um eine Auseinanderſetzung über die beider= ſeitigen Machtſphären, und als Preußen ſeinen Erfolg geſichert, ſeinen Zweck erreicht ſah, ſchonte es in dem Gegner bereits den künftigen Bundes= genoſſen. Anders geſtalteten ſich die Dinge ſchon 1870/71. Nach einer nahezu vollſtändigen Vernichtung der organiſirten franzöſiſchen Streitmacht während der erſten drei Kriegsmonate wurden noch drei weitere noth= wendig, um den franzöſiſchen Volkswillen unter die bittere Nothwendigkeit des Friedensſchluſſes zu beugen. Der ſüdafrikaniſche Krieg, der eine über alles Erwarten hinausgehende Dauer gewann, bewies, wie ſehr ſelbſt ein unverhältnißmäßig ſchwacher Vertheidiger, wenn er zäh und entſchloſſen iſt, auf dem vaterländiſchen Boden den Widerſtand in die Länge ziehen kann.

Nach Zertrümmerung der feindlichen Hauptarmee iſt alſo in vielen Fällen noch die Erzwingung des Friedens als eine beſondere und unter Umſtänden ſchwierigere Aufgabe in's Auge zu faſſen, deren Löſung aber ſchon beim Entſchluſſe zum Kriege ſorgfältig zu erwägen ſein wird.

Namentlich iſt zu unterſuchen, ob die Organiſation der eigenen Wehrkraft ausreicht, um nach dem Siege auf dem Schlachtfelde das feind= liche Land die Laſten des Krieges ſtark genug fühlen zu laſſen, daß dort die Sehnſucht nach Wiederkehr der Ruhe die Neigung zur Fortführung des Kampfes überwiegt. In dieſem Punkte fehlte Napoleon I. Die Organiſation ſeiner Streitkräfte war nicht vollſtändig genug, um der zur Beſiegung und Vernichtung der ruſſiſchen Heere vorausmarſchirten großen Armee immer neue Truppenmaſſen folgen zu laſſen, welche das beim Vormarſche überfluthete feindliche Staatsgebiet hinreichend ſtark beſetzten, um eine Wiedereroberung in abſehbarer Zeit unmöglich zu machen. Wir waren 1870 hierin weit beſſer geſtellt als die Franzoſen 1812. Dennoch

2*

kamen auch wir schon zeitweise ernster Verlegenheit nahe, als unsere Heere vor Metz und Paris festlagen.*)

Von der Natur des Landes und Volkes wird es abhängen, welche Mittel anzuwenden sind, um den zur Erweckung des hinreichend starken Friedensbedürfnisses nothwendigen Druck auszuüben. Es kann dazu die Einnahme, vielleicht sogar, wie im russisch-türkischen Kriege und auch in dem von 1828 und 1829, schon die Bedrohung der Hauptstadt genügen. Es kann aber auch die Beschlagnahme der Häfen, Stapelplätze, der wichtigen Verkehrswege, Festungen und Werkstätten für kriegerische Ausrüstungen, also aller wichtigen, dem Volke und Heere zu seinem Bestehen nothwendigen Besitzthümer, ja die Beschlagnahme eines bedeutenden Theils oder des gesammten feindlichen Staatsgebiets nothwendig werden. Mitunter wird, wenn die Ernährung der Bevölkerung auf Schwierigkeiten stößt, deffen Absperrung gegen die Außenwelt genügen, wie die Union sie im amerikanischen Kriege gegen die Südstaaten mit großem Erfolge zur Anwendung brachte.

Das Vorherrschen der Absicht, nach dem Siege nur noch den Frieden zu erlangen, giebt der Kriegführung einen veränderten Charakter. Die Rücksicht auf die Erhaltung der eigenen Kräfte wird erheblich stärker in den Vordergrund treten, als vorher. Es kommt fortan mehr auf die Dauer, als auf die Intensität der Anstrengung an. Deutlich zeigt uns der deutsch-französische Krieg dieses verschiedene Gepräge der beiden Abschnitte. Er begann mit einem energischen Vorgehen des Angreifers von einer entscheidenden Schlacht zur andern, bis zur völligen Bezwingung des Feindes, und schloß dann mit einer Vertheidigung des besetzten Landstriches gegen die auf Wiedereroberung gerichteten Anstrengungen des bis dahin Unterlegenen. Nicht von weiteren Siegen im freien Felde, sondern von der Einnahme der inzwischen belagerten Hauptstadt wurde der Frieden erwartet.

Fassen wir nun die für die heutige Kriegführung bezeichneten Merkmale zusammen, so erkennen wir als solche:

die Aufbietung der Streitmittel des Landes bis zu einem Grade, daß nach dem Siege auch sogleich ein vortheilhafter Friede mit möglichster Beschleunigung erzwungen werden kann,

die Bereitstellung aller Kräfte gleich Anfangs des Krieges,

ein rastloser Verlauf ohne Innehalten, bis der geordnete Widerstand des Gegners in entscheidenden Schlachten gebrochen ist, und erst dann bis zum Friedensschlusse ein ruhigerer, das Kriegsinstrument mehr schonender Gang.

Es liegt in der Natur der Sache, daß in diesem letzten Abschnitte die Politik, welche den Krieg gebar, wieder mehr hervortritt, um endlich beim Abschlusse des Friedens-Vertrages ganz im Vordergrunde zu stehen.

---

*) Graf York v. Wartenburg. Napoleon als Feldherr II. S. 162.

IV.

Die Hauptformen der Kriegführung.

Man unterscheidet gewöhnlich in Angriff und Vertheidigung — Offensive und Defensive — die Hauptformen der Kriegführung und bezeichnet als den Angreifer denjenigen der beiden Streiter, welcher den Entschluß faßt, vorzugehen, den Feind aufzusuchen, zu schlagen und so zum Nachgeben zu zwingen, während der Vertheidiger auf Abwehr dieser gegen ihn gerichteten Unternehmungen bedacht ist.

Wer nur auf Abwehr sinnt, kann aber lediglich die eigene Niederlage verhüten. Das Ergebniß ist ein negatives; er vereitelt, was der Andere gewollt hat. Alle Anhänger der Vertheidigung empfehlen daher am Ende den Gegenangriff. Ihrer Weisheit letzter Schluß ist, daß man jene Form schließlich doch verlassen müsse, um etwas zu erreichen. So erscheint die Vertheidigung mehr als eine Episode in dem Verhalten der Kriegführenden, und nur ausnahmsweise wird sie von Anfang bis zu Ende des Kampfes inne gehalten werden. Dazu kann sich nur entschließen, wer selbst vom Gefühl der Schwäche beherrscht ist, zufrieden, den ihm zugedachten Untergang vermieden zu haben.

Es ist also auch keineswegs nothwendig, daß wir im Kriege immer dem Angreifer einen Vertheidiger gegenüber denken müssen. Im Gegentheil werden die Kämpfer, wenn sie annähernd gleich stark und beide vom Gefühl der Kraft beherrscht sind, gleichzeitig zum Angriff vorgehen. Es wird also nur zwei Angreifer geben, bis der eine von beiden durch das Ergebniß der ersten Zusammenstöße in seiner Sicherheit erschüttert und in seinen Hoffnungen so weit herabgestimmt ist, daß er sich mit Abwehr zu begnügen anfängt. Oft werden größere Schnelligkeit und Geschicklichkeit in der Bereitstellung der Mittel und das unerwartete Erscheinen einer Ueberzahl auf der einen Partei die andere gewaltsam zum Vertheidiger machen, wie dies 1870 den Franzosen geschah. Bei der Sorgfalt, mit welcher man heut zu Tage allgemein die Kriegsmittel muthmaßlicher Gegner und die Zeit, innerhalb welcher sie bereit zu stellen sind, nachrechnet, werden solche Ueberraschungen jedoch zu den Seltenheiten gehören.

Vorübergehend sehen wir wohl den Angreifer, wenn er eine vermehrte Kraftanstrengung vorbereitet, oder wenn er an einem Orte Streitkräfte sparen will, um am anderen desto stärker zu sein, sich der Vertheidigung als Aushülfsmittel bedienen.

Alles dieses läßt die Vertheidigung als die im Range untergeordnete der beiden Erscheinungsformen der Kriegführung und im Grunde genommen als unselbstständig erkennen.

Es ist indessen bequem, die einmal angenommene Eintheilung bestehen und Angriff und Vertheidigung als gleichberechtigte Hauptformen gelten zu lassen. Mit jedem dieser Worte wird zugleich die Rolle und die allgemeine Lage der betreffenden kriegführenden Partei gekennzeichnet, so daß wir uns sofort von ihren Aussichten und den Bedingungen, unter welchen sie handelt, ein deutlicheres Bild machen, als wenn wir sie nur als kriegführend im Allgemeinen bezeichnen.

Nur hat man sich zu vergegenwärtigen, daß mit „Angreifer" derjenige Theil gemeint ist, dessen Verfahren vorzugsweise ein angreifendes ist, und mit „Vertheidiger" derjenige, dessen Verhalten hauptsächlich auf Abwehr des Gegners eingerichtet ist. Man darf sich nicht vorstellen, daß der eine unausgesetzt nur angreift, der andere beständig nur abwehrt.

Das ganze Gebiet der Lehre kriegerischer Thätigkeit wird ferner eingetheilt in Strategie und Taktik. Im Allgemeinen beschäftigt sich die erstere mit den Maßnahmen im Großen, welche dazu dienen sollen, die Truppen unter den günstigsten Bedingungen in die Waffenentscheidung eintreten zu lassen; die Taktik hingegen umfaßt alle Anordnungen für diese Waffenentscheidung selbst.

Man nennt die Strategie auch: Die Lehre von der Heeresleitung — die Taktik: Die Lehre von der Truppenführung.

Zahlreiche Erläuterungen sind für beide Begriffe gegeben worden; meist erscheinen sie jedoch nicht bestimmt genug, weil die Scheidelinie nicht mit voller Sicherheit festzustellen ist. Clausewitz bezeichnet die Taktik als die Lehre vom Gebrauch der Streitkräfte im Gefecht, die Strategie als die Lehre vom Gebrauch der Gefechte zum Zwecke des Krieges.*) Das stimmt mit dem oben Gesagten etwa überein und wird es ermöglichen, sich von beiden Gebieten eine allgemein richtige Vorstellung zu machen. —

Auch diese Scheidung ist zweckmäßig, um mit einem Worte zu bezeichnen, welche Art von Kriegshandlung man meint; sie erleichtert die Uebersicht über die Gesammtlehre von der Kriegführung und es empfiehlt sich, daran festzuhalten, wenngleich Strategisches und Taktisches oft in einander übergeht.

Man spricht also vom strategischen und vom taktischen Angriff, von strategischer und taktischer Vertheidigung.**)

Hieraus ergeben sich wieder verschiedene Zusammenstellungen, welche später, bei der Abhandlung über die Wechselwirkung von Offensive und Defensive, einer gesonderten Betrachtung unterzogen werden. Die dadurch gekennzeichnete allgemeine Lage jeder der beiden Parteien wirkt natürlich auf die Bedeutung aller einzelnen Vorgänge zurück. Es

---

*) Clausewitz. Vom Kriege I. S. 89. (Vierte Auflage.)
**) Es ist hierbei jedoch zu beachten, daß nicht jedes Heer, welches um einige Märsche vorgeht, deshalb schon offensiv gedacht werden muß. Der Zweck der Bewegung kann ein rein negativer sein, derart, daß der Vertheidiger, entschlossen, des Gegners Handlungen abzuwarten, dies nur nicht in einem ungünstigen Gelände thun will, und er ein besseres aufsucht. Es kann auch sein, daß er sich von einem Objekte, welches er strategisch und taktisch zu schützen wünscht, in nicht allzugeringer Entfernung aufstellen mag. Immer wird die allgemeine Lage für die Bezeichnung maßgebend sein.

ist von vornherein klar, daß ein Erfolg in der Offensive anders zu be=
werthen ist, als in der Defensive.

Willisen hat in seiner „Theorie des großen Krieges" die möglichen
praktischen Ergebnisse der gewonnenen oder verlorenen Schlacht unter
solchen Umständen*) in einem Schema zusammengestellt, aus welchem zu
entnehmen ist, was man als Ergebniß zu gewärtigen hat.**) Solche
rechnungsmäßigen Voranschläge sind im Gebiete der Lehre vom Kriege
bedenklich; sie können leicht falsche Erwartungen und ein trügerisches Ver=
trauen erzeugen. Nebenumstände können jede Voraussicht zu Schanden
machen.

Aber das Schema läßt doch richtig erkennen, daß die höchsten
Resultate, die Vernichtung des Feindes und die Eroberung seines Landes
sich nur erreichen lassen durch die Vereinigung des strategischen und
taktischen Angriffs, während strategische und taktische Vertheidigung als
Ergebniß selbst im günstigsten Falle, völlige Unentschiedenheit herbei=
führen. —

Durch Lehrbücher, welche Vorzüge und Nachtheile von Angriff und
Vertheidigung abhandeln, wird oft die irrige Vorstellung erzeugt, als sei
die Thätigkeit des Heeres in dieser Hinsicht Sache der freien Wahl des
Feldherrn.

Das wird fast nie der Fall sein, sondern das Verhalten des
Heeres abhängig von höheren Nothwendigkeiten bleiben, welche das Gesetz
geben. —

Man darf nie vergessen, daß der Krieg aus der Politik hervorgeht
und sie fortsetzt; daß also für die strategische Offensive oder Defensive
zunächst die politische maßgebend sein wird; dieser wieder geht die
historische voran. Sehr deutlich sehen wir das im Alterthum an dem
Beispiel der Perser und Griechen, bei denen in ihren Kriegen mit dem
historischen auch der strategische Rollenwechsel in vollkommenster Gestalt
sich vollzogen hat. Ein Volk, welches in seinem geschichtlichen Ent=
wickelungsgange zur Ruhe gelangt ist, oder gar sich im Rückgange be=
findet, wird nicht politisch offensiv sein und daher nur gezwungen zum
Kriege schreiten. Hieraus geht schon hervor, daß es im Allgemeinen den
Angriff abwartet, also sich auf strategische Vertheidigung beschränkt,
welcher die taktische folgt.

Kräftig aufstrebenden Nationen und Staaten hingegen fehlt es nicht
an positiven Zwecken, in deren Verfolgung sie politisch offensiv werden,
sei es zur Erwerbung streitiger Grenzprovinzen, sei es behufs Vereinigung
mit unter fremder Herrschaft verbliebenen Stammesgenossen, sei es, um
die Eröffnung von Auswegen für Handel und Verkehr zu erzwingen,
welche ein Nachbarstaat verschließt. Solche Dinge aber lassen sich doch
nur durch strategischen Angriff erreichen; denn wenn wir abwarten, wird

---

*) Nämlich wenn man a) strat. defensiv und takt. defensiv, b) strat. defensiv
und takt. offensiv, c) strat. offensiv und takt. defensiv, d) strat. offensiv und takt.
offensiv verfährt.
**) I. Theil. S. 45.

der Gegner sie uns nicht entgegenbringen. Wer aber einmal strategisch offensiv ist, muß es auch taktisch sein; denn er kann unmöglich Halt machen, sobald er auf den Feind trifft, soll nicht seinem Stoße die scharfe Spitze fehlen.

Ausnahmefälle sind freilich denkbar. Der strategische Angriff kann ein Heer auf Punkte führen, deren Besetzung dem Gegner die Lebens= bedingungen raubt, so daß dieser angreifen muß, und ein zeitweiser Tausch eintritt, bei welchem sich an die strategische Offensive eine taktische Defensive anschließt und umgekehrt. Aber solche Lagen sind selten.*)

Strategisch defensive und taktisch offensive Haltung ist noch schwerer vereint zu denken; denn nur aus Gutmüthigkeit ist Niemand strategisch defensiv, sondern doch immer aus dem Gefühl der Schwäche oder wegen der Unbeholfenheit seiner Heere. Beides sind aber nicht die Elemente, aus denen plötzlich ein taktischer Angriff herauswachsen kann.

Vor allen Dingen aber suchen wir hier nicht in erster Linie nach den Ausnahmen, sondern nach der Regel, und diese ist, daß dem strategischen Angriff der taktische folgt, und daß ebenso strategische und taktische Ver= theidigung zusammengehen.

Auch die Heeres=Verfassungen spielen dabei eine wesentliche Rolle. Wer früher mit der Bereitstellung seiner Streitmacht fertig ist, wird meist diesen Vortheil zum schnellen Vorgehen benutzen wollen. Wer da ein= sieht, daß er seinen Aufmarsch später als der Gegner vollendet, der wird sich nothgedrungen, zunächst wenigstens, auf Abwehr gefaßt machen und an ein Vorgehen nicht denken können.

Jeder der streitenden Theile wird also seine Rolle als etwas durch die Umstände Gegebenes vorfinden und hinnehmen müssen. Um so müßiger ist der Streit, welche von beiden Formen der Kriegführung die vortheil= haftere sei. Vielmehr kommt es darauf an, die Eigenthümlichkeiten beider zu erkennen.

V.

Die Offensive.**)

1. Die strategische Offensive.

Die strategische Offensive entspringt, wie wir gesehen, dem politischen Streben nach irgend einem positiven Ziele, dem Gefühl der Kraft, dieses

---

*) Sie trat vorübergehend 1870/71 in Frankreich ein, als die Deutschen vor Paris standen und die Franzosen zu Befreiungsversuchen schreiten mußten. Im südafrikanischen Kriege erfolgte gleich zu Beginn ein solcher Rollenwechsel, als die Buren Ladysmith, Kimberley und Mafeking einschlossen.

**) Wir behalten die einmal gebräuchliche Bezeichnung durch das Fremdwort bei, dem der Sprachgebrauch eine erweiterte Bedeutung verliehen hat, da man mit „Offensive" nicht eine einzelne Angriffshandlung, sondern die gesammte auf Vernichtung der feindlichen Streitkraft hinauslaufende Thätigkeit umfaßt, während unter „Defensive" ebenso die Aeußerungen der Widerstandskraft im Allgemeinen,

Ziel zu erreichen und einem bestimmten Bewußtsein der Ueberlegenheit über den Gegner. Dem Feldherrn wird daher der Trieb innewohnen, alle diese ihm vortheilhaften Umstände auszunutzen, ehe die Zeit etwa einen Wechsel darin herbeiführt.

Schnelligkeit, Bewegung und Ueberraschung sind also das Lebens= element der strategischen Offensive.

Wir kennen bereits ihr erstes Objekt, die feindliche Hauptarmee.

Einbruch auf das von dieser besetzte Kriegstheater, um sie aufzu= suchen und unter möglichst vortheilhaften Bedingungen zur Schlacht zu zwingen, ist das Programm für den Beginn.

Wer nun aber mit dem Gefühl der Nothwendigkeit und Natur= gemäßheit der Vorwärtsbewegung das Werk beginnt, ist viel mehr an= geregt zu geistiger Thätigkeit, zu kühnen Entschlüssen, zum Handeln, als derjenige, welcher abwartet. Der Angreifer wird gewöhnlich von beiden Theilen der betriebsamere sein.

Schon bei Friedensübungen kann man den Einfluß der Offensive auf das Benehmen der Führer und die Haltung der Truppen erkennen.*) Unzweifelhaft trägt der Charakter aus der Uebernahme der Rolle des Angreifers einen wirklichen Gewinn davon, welcher durchaus nicht gering anzuschlagen ist.**)

Der Angreifer will den Gegner finden und schlagen. Ausgesprochener Wille fördert die Einsicht, erleichtert das Treffen der richtigen Maßregeln und vermindert das Feld für Fehler und Irrthümer, da der Handelnde sich des Ziels bewußt ist und nur in der Wahl des Weges fehl= greifen kann.

Die der strategischen Offensive innewohnende Bewegung erleichtert das Vereinigen der herankommenden Heeresmassen. Jeder Marsch nach vorwärts kann zugleich benutzt werden, dieselben näher aneinander zu rücken. Dies wird um so leichter, als allen Unterführern das gemein= same Ziel kenntlich ist. Ihr Zusammenwirken gestaltet sich einfacher,

---

nicht bloß ein einzelner Akt der Vertheidigung gemeint ist. Im Französischen ist die Trennung beider Begriffe leichter durch die verschiedenen Beziehungen: offensive, défensive für die Allgemeinheit der Handlung und attaque und défense für den einzelnen Akt.

*) Hieraus erklärt sich auch, daß, wo die Beurtheilung nicht sehr erfahren und umsichtig ist, sie bei Friedensübungen fast regelmäßig zu Gunsten des An= greifers ausfällt.

**) Vielfach hört man die Behauptung, man müsse die psychologischen Be= trachtungen aus der Lehre von der Kriegführung ausschließen, da sich seelische Kräfte und Regungen weder messen noch berechnen lassen. Sie sind indessen von so außerordentlicher Wichtigkeit, daß man zu großen Irrthümern verleitet würde, wenn man sie nicht erwähnte. Die Kenntniß der menschlichen Natur ist allerdings wohl der schwierigste aber auch zugleich der wichtigste Theil der allgemeinen Kenntniß des Krieges, über welche der Feldherr gebieten muß, um seinem hohen Berufe gewachsen zu sein. Mehr noch als in der „Kriegführung" tritt dies in der „Heerführung" hervor, die zum größten Theile auf psychologischen Grund= lagen beruht.

wie in der abwartenden Defensive, wo das Ziel erst in dem Augenblicke gegeben wird, in welchem der Feind vor der Stellung erscheint.

Diese natürliche Begünstigung des Zusammenwirkens durch das Wesen des Angriffs ist um so wichtiger, als es aller Strategie letztes Ziel sein muß, am entscheidenden Punkte so stark wie irgend möglich aufzutreten.

Die Offensive hat ferner ihr Spiel meist gewonnen, wenn es ihr an einem Punkte glückt; denn in der Regel werden die Stellungen des Vertheidigers ein organisches Ganze bilden, das seinen inneren Halt und Zusammenhang verliert, sobald es in einem Theile zerstört ist.

Hierbei kommt in Betracht, daß dem Angreifer noch das Mittel der Ueberraschung insofern zur Seite steht, als er den Punkt der Entscheidung wählt. Kann derselbe von dem Vertheidiger durch sorgfältige Erwägung aller Umstände häufig auch errathen werden, so wird dies doch sehr selten ohne Zweifel und Irrthümer in den Einzelheiten abgehen. Der Angreifer hat also ein gewisses in der Natur der Dinge beruhendes Recht, darauf zu hoffen, daß er den Vertheidiger am Punkte der Entscheidung nicht vollkommen vorbereitet findet. Erlaubt die Dauer größerer strate= gischer Operationen auch dem Vertheidiger noch eine Verbesserung be= gangener Fehler, so ist doch in solchem Falle auch mit größeren Ent= fernungen zu rechnen und die Abhülfe wird nicht vollkommen sein. Fehler in der ursprünglichen Versammlung der Streitkräfte werden beim Ver= theidiger schwer gut zu machen sein, denn man kann die Heeresmassen nicht bewegen wie Schachfiguren.

Nicht zu unterschätzen ist, daß der Angriff das Heer stets in neue Gegenden zu führen pflegt. In beschwerlichen Lagen ist der Wechsel an sich eine Wohlthat. Der Ortswechsel in der Offensive pflegt moralisch und materiell erfrischend auf die Truppen zu wirken. Dieser scheinbar geringfügige Umstand kann ein sehr wichtiges Element der Wiederbelebung für ein erschöpftes Heer werden. Man denke nur ein solches, das lange vor einer feindlichen Festung lag und dann wieder zum beweglichen Feld= kriege in's Land hineinmarschirt, wie es den Deutschen erging, als sie vor Metz erlöst wurden.

So hätten wir an der Offensive nur Vorzüge zu rühmen. Aber es ist nicht zu vergessen, daß sie große Ansprüche an die Truppen macht. Ihr Wesen fordert rücksichtslosen Gebrauch der Streitkräfte und die Be= wegung zehrt an diesen ebenso, wie die Angriffe, zu welchen sie führt.

Marschverluste sind im Kriege meist sogar größer als Gefechtsverluste.

Da der Angriff sich in stetig fortschreitender Handlung, wenn möglich ohne Unterbrechung bis zum Ziele, entwickeln soll, so läßt er keine Ruhe= pausen zum Erholen, zum Heranziehen der Nachzügler, zum Sammeln frischer Kräfte frei. Das preußische Gardekorps verlor, trotz seiner vor= trefflichen Disziplin, auf den Märschen von der Schlacht von St. Privat bis zu der von Sedan 5—6000 Mann.*)

---

*) Hohenlohe, Strategische Briefe I. S. 55.

Das Land, welches der Angreifer durchzieht, muß der Regel nach als feindliches gedacht werden; dasselbe ist also zu sichern.*) Die vorschreitende Armee muß Theile ihrer Kräfte zurücklassen, die bei den weiter folgenden Waffenentscheidungen nicht mitwirken können.

Besonderen Schutzes bedürfen meist noch die Verbindungslinien der Armee, auf denen ihr alle Lebensbedürfnisse und der Ersatz an Mannschaft zugeführt werden. Die Invasion weckt beim Gegner Kräfte, welche sonst schlummern würden. Sie ruft Volksaufstände hervor und diese wenden sich naturgemäß nicht gegen die Heere, sondern gegen Alles, was ihnen folgt. Die Empfindlichkeit langer Verbindungslinien in Feindesland kann mit der Zeit allein die Offensive zum Scheitern bringen.

Gleichzeitig entfernt sie sich von ihren heimathlichen Ergänzungsquellen. Verliert dieser Umstand in Kulturländern durch die modernen Verkehrsmittel viel von seiner Bedeutung, so behält er doch einen nicht unerheblichen Rechnungswerth als schwächendes Moment der Offensive; denn erstens kann man selbst auf Eisenbahnen in Feindesland, die man sich nutzbar gemacht hat, nicht so zählen, wie auf die eigenen, und sodann vermag man zumal nicht alle hinter dem angreifenden Heere befindlichen Abtheilungen diesem nachzuführen, während ein zurückgehendes Heer sich mit denselben auf die natürlichste Art vereinigt.

Belagerungen und Einschließungen von Festungen, welche man nicht unbeachtet bei Seite liegen lassen darf, kosten Truppen.

In der menschlichen Natur ist es begründet, daß bei einem guten Gange der Dinge, welcher die Dringlichkeit der Anstrengung nicht so deutlich zum Bewußtsein bringt, wie die Noth einer schlechten Lage, diese Anstrengung allmählich nachläßt. Das trifft für die Völker im Allgemeinen und für die fechtenden Truppen im Besonderen zu. In einem bestimmten Zeitpunkte stellt sich bei beiden derjenige Zustand ein, welchen man gewöhnlich als „Kriegsmüdigkeit" bezeichnet.**)

Endlich fordert der fortschreitende Angriff leicht den Neid, die Eifersucht oder die Besorgniß anderer Mächte heraus, und diese Beweggründe rufen eine dem Angreifer ungünstige Politik hervor, welche gleichfalls zu einem schwächenden Momente wird, sich sogar bis zu bewaffneter Intervention steigern kann.***) Dabei ist der Angreifer oft noch in Gefahr, Verbündete zu verlieren, die ihn zwar bis zu einem gewissen Punkte unterstützen, aber doch nicht auf ihre Kosten zu stark werden lassen wollen.

---

*) Freilich ist der Fall sehr wohl denkbar, daß der Angreifer im feindlichen Lande, wenn dessen Einwohner verwandten Stammes sind, durch diese unterstützt wird. Ein solches Verhältniß indessen ist ein ausnahmsweises und blos zufälliges, das nicht in der Natur des Angriffs liegt.

**) Nach den Siegen der Verbündeten im südafrikanischen Kriege am Tugela und am Modderriver, kurz vor der Katastrophe Cronje's am Paardeberge, befanden sich von dem kleinen Burenheere etwa 10,000 Mann beurlaubt in der Heimath.

***) Oesterreichs Verhalten im Krimkriege, dasjenige Englands im letzten russisch-türkischen Kriege, haben das Beispiel geliefert, wie empfindlich die Dazwischenkunft dritter Mächte, selbst ohne bewaffnetes Einschreiten werden kann.

Charakteristisch für den strategischen Angriff ist es, daß die am Feinde befindliche Spitze, welche die Schlachten schlägt, meist einen verhältnißmäßig sehr geringen Bruchtheil, oft nur $^1/_4$, selbst $^1/_8$, der verwendeten Gesammtstreitkraft ausmacht, während doch das Los des Ganzen von dem Erfolg oder Mißgeschick dieser Spitze abhängig bleibt. Angreifende Heere schmelzen wie der frische Schnee im Frühjahr.

Napoleon überschritt 1812 mit 442 000 Mann den Niemen, kam aber nach nicht vollen drei Monaten nur noch mit 95 000 bei Moskau an. Die Vernichtung dieses Fünftels seiner Streitmacht während des Rückmarsches ward dann entscheidend für den Verlust des ganzen Feldzuges und der Wendepunkt in seiner historischen Laufbahn. Noch auffallender ist das Beispiel des spanischen Feldzuges von 1810. Im Frühling dieses Jahres überschritten 400 000 Franzosen die Pyrenäen; sie blieben in unaufhaltsamem Vorschreiten und errangen zahlreiche Erfolge, aber dennoch brachte Marschall Massena am Ende nur 45 000 Mann bis vor die Linien von Torres Vedras bei Lissabon, wo die Entscheidung lag. Diese Streitmacht war zu schwach, um den letzten entscheidenden Stoß zu führen und das nahe Ziel ganz zu erreichen. Mit Naturnothwendigkeit ergab sich daraus ein verhängnißvoller Rückzug, welcher das Ende des französischen Waffenglücks auf der iberischen Halbinsel bezeichnete.

Feldmarschall Diebitsch behielt von den 160 000 Mann, welche Rußland zur Entscheidung des Feldzuges auf der Balkan-Halbinsel im Frühjahr 1829 aufgestellt hatte, bei Adrianopel kaum 20 000 Mann übrig. Er wäre, hätte er seinen Zug fortsetzen müssen, wie Moltke berechnet, mit höchstens 10 000 Mann vor Konstantinopel eingetroffen. Ein geschickt abgeschlossener Friede rettete ihn davor, daß seine Schwäche offenbar wurde und der Umschlag eintrat.

Aehnlich stand es 1878, wo die Russen von der großen Armee von 460 000 Mann, welche sie nach und nach über die Donau geführt hatten, kaum 100 000 Mann bis vor die Thore Konstantinopels brachten, und in diese Ziffer sind die Kranken eingerechnet, deren Zahl sich auf die Hälfte des Ganzen belaufen haben soll. Selbst die Deutschen, bei denen das Verhältniß ungewöhnlich günstig erscheint, brachten von den 372 000 Mann, mit denen sie 1870 die Grenze überschritten, nach sechswöchentlichem Feldzuge nur 171 000 Mann bis vor Paris und doch hätte eine Niederlage dieses Theils ihrer Macht unfehlbar dem ganzen Feldzuge eine andere Wendung gegeben.

Das auffallendste Beispiel bietet die Geschichte Schwedens. Nur 9000 Mann wurden bei Pultawa am 27. Juni 1709 geschlagen und die Niederlage dieser kleinen Schaar entschied das Schicksal der bis dahin ein Jahrhundert hindurch siegreichen nordischen Großmacht.

Mit Recht sprechen wir daher von der abnehmenden Kraft des Angriffs, als einer unvermeidlichen Erscheinung, mit der gerechnet werden muß, und welche immer mehr hervortritt, je länger die Linie wird, auf der sich der Angriff vorwärts bewegt. Dieser Umstand erfordert die nöthigen organisatorischen und strategischen Vorkehrungen, um die fechtende

Spitze des Heeres unausgesetzt durch nachgesendete Reserven verstärken zu können, von denen, wie Clausewitz sagt, die Heerstraßen hinter der Armee niemals leer werden dürfen.

In der richtigen Würdigung dieser Verhältnisse ist die wichtigste Grundlage für die Durchführung einer jeden Offensive zu suchen. Der kühnste und bestangelegte strategische Angriff führt zum endlichen Untergange, wenn die verfügbaren Mittel nicht ausreichen, um das letzte Ziel, dessen Besitznahme den Frieden verbürgt, noch glücklich zu erreichen. Es zeigt sich dies gerade am deutlichsten in dem Schicksale großer Feldherrn, von Hannibal bis auf Karl XII. und Napoleon I., die in diesem einen Punkte fehlten und daran scheiterten. Sie gleichen den genialen Unternehmern, deren Mittel nicht völlig hinreichen, um ihre Spekulationen bis zum Aeußersten durchzuführen, wo dann gelegentlich eines letzten, oft an sich geringfügigen Mißgeschicks alle glänzenden Errungenschaften der Vergangenheit mit einem Male wieder verloren gehen.¦

Verfolgen wir den Verlauf der Offensive, so finden wir, daß eine jede im Gegensatz zur Defensive, einen Kulminationspunkt hat, wo die anfängliche Ueberlegenheit durch die natürliche Schwächung auf einen Stand gerathen ist, daß sie zum Siege eben noch ausgereicht hat, aber künftig keinen Erfolg mehr verbürgt. Es ist Sache des richtigen Blickes beim Feldherrn, das Eintreten dieses Kulminationspunktes sogleich zu erkennen, um ihn, wie Diebitsch, zum Friedensschlusse zu benutzen, oder, um zur Vertheidigung überzugehen, in welcher das zuvor Gewonnene so lange behauptet wird, bis der Feind sich zum Frieden bequemt. Tritt der Kulminationspunkt zu früh, d. h. vor der Sicherstellung des gewünschten Friedens ein, so erfolgt der Rückschlag, der dann meist heftiger wird, als die Wirkung einer Niederlage in der Vertheidigung.

Die Offensive erfordert aber nicht nur eine hinreichende Menge der Streitkräfte und reichlich fließende Ersatzquellen, sondern auch besondere Eigenschaften im Heere.

Da die Bewegung das Element der Offensive ist, so müssen die Truppenmassen selbst beweglich sein, worauf nur bei guter Ausbildung zu rechnen ist. Häufige und selbständige Handlungen der einzelnen Theile werden verlangt, es muß also eine hinreichende Anzahl geübter und erfahrener Führer vorhanden sein. Den zerstörenden Elementen, welche sich im Verlaufe des Angriffs geltend machen, widerstehen nur innerlich fest gefügte Truppen mit guter Mannszucht, welche durch eine hinreichende Friedensdienstzeit an das Zusammenhalten gewöhnt sind.

Mit jungen wenig geschulten Heeren läßt sich eine strategische Offensive nur glücklich durchführen, wenn der Gegner von noch geringerer Beschaffenheit ist. Milizen eignen sich gar nicht dazu. Das hat gerade in unseren Tagen das Beispiel des Burenkrieges deshalb so schlagend bewiesen, weil es sich dabei um ein Aufgebot von sonst vortrefflichen soldatischen Eigenschaften handelte, welches in der Vertheidigung Erstaunliches geleistet hatte. Zu einer Offensive im größeren Stil nahm es nicht einmal einen ernsthaften Anlauf. Schon die Vorwärtsbewegung allein wird Milizen häufig auflösen.

Die strategische Offensive macht also den Besitz zahlreicher und guter Heere zur unerläßlichen Bedingung.

2. Die taktische Offensive.

In der taktischen Offensive stehen die Dinge insofern anders, als hier Truppenzahl und Truppen-Beschaffenheit eine im Vergleich zur strategischen Offensive veränderte Bedeutung erhalten. Die Wichtigkeit guter Eigenschaften tritt hier insofern noch entscheidender hervor, als es in der taktischen Offensive Aufgaben giebt, wie die Wegnahme von Schanzen, Engpässen, Brücken, befestigten Stellungen u. s. w., welche sich mit Truppen von mittlerer oder mangelhafter Beschaffenheit überhaupt nicht lösen lassen.

Ein einziges gutes Bataillon, welches die Wirkung des feindlichen Feuers nicht scheut, kann hinreichen, um eine schmale, vom Feinde vertheidigte Brücke zu stürmen, wo zehn schlechte rathlos davor stehen bleiben, oder eines nach dem anderen zehn matte Angriffe unternehmen, die nicht zum Ziele führen. Bilder solcher Art zeigt die Schlacht an der Lisaine. General v. Werder's ausgedehnte Schlachtlinie wäre von 40 000 Mann tüchtiger Truppen wahrscheinlich durchbrochen worden, während 120 000 Mann mittelmäßiger dazu nicht im Stande waren.*)

Im Allgemeinen beansprucht auch die taktische Offensive eine Ueberlegenheit an Zahl. Freilich ist diese nicht immer in Bezug auf die Gesammtstärke der auf dem Schlachtfelde anwesenden Streitkräfte unumgänglich nothwendig. Sie muß jedoch dort vorhanden sein, wo auf demselben die Entscheidung gesucht wird; denn der Vertheidiger stärkt sich hier durch die Gunst des Geländes und dadurch, daß er die Ausnutzung der Feuerkraft vorbereitet.

Es kommt indessen hier, wie bei der strategischen Offensive, der Umstand zur Sprache, daß die Bewegung die Versammlung nach dem zur Entscheidung ausersehenen Punkte naturgemäß erleichtert.

Sie steigert nicht minder bei den Führern die geistige Thätigkeit und das Handeln aus eigenem Antriebe. Sie erweckt ihre Erfindungsgabe durch das Darbieten wechselnder Gelegenheiten und regt Ehrgeiz und

---

*) Es soll damit kein Tadel gegen General v. Werder's Aufstellung ausgesprochen werden. Sie war vielmehr durchaus den Umständen angemessen, obschon den für gewöhnliche Fälle geltenden Regeln nicht entsprechend; denn die Ausdehnung von 30 Kilometern für 43 000 Mann ist eine übergroße. General v. Werder kannte aber seine Feinde sehr wohl und wußte, daß, wenn er denselben die Gelegenheit zu Umfassungs-Manövern nahm, sie aus ihrer großen Ueberlegenheit keinen Vortheil würden ziehen können. Da ein verhältnißmäßig schwacher Widerstand an jedem einzelnen Punkte genügte, um den unbehülflichen Gegner aufzuhalten, so war dies Verfahren durchaus gerechtfertigt. Aehnlich verfuhr Prinz Friedrich Karl vor der Schlacht von Orleans der französischen Loire-Armee gegenüber. Beide Beispiele lehren, wie sehr bei praktischer Anwendung der Regeln der Kriegführung man der Natur des Gegners Rechnung tragen muß.

Thatendrang an. Sie hilft der Truppe den Eindruck der Gefahr über=
winden und stärkt sie durch das Gefühl der Ueberlegenheit; denn Jeder=
mann weiß, daß der Führer sich nur in der Ueberzeugung vom Bestehen
einer solchen zum Angriffe entschlossen hat.

Deutlicher, als die strategische noch, macht die taktische Offensive
das gemeinsame Ziel kenntlich. Dort wird es aus den Anordnungen
errathen, hier gesehen. Dieser Umstand mindert die Gefahr des Ab=
irrens einzelner Theile der Streitkraft im Kampfe.

Das Moment der Ueberraschung steht der taktischen Offensive kräftiger
zur Seite als der strategischen, weil jene dem Feinde weniger Zeit zur
Abstellung der aus Mangel an Voraussicht begangenen Irrthümer läßt.
Das besondere Mittel des Angriffs von mehreren Seiten, der Umfassung
auf einem oder beiden Flügeln, das gleichzeitige Vorgehen gegen eine
Flanke und die Rückzugslinie des Vertheidigers stehen auch hier zu
Gebote.

Nicht zu unterschätzen ist ferner die durch die Bewegung und das
Sichtbarwerden des Ziels herbeigeführte Vereinigung der Feuerwirkung.
Die großen Schußweiten, zumal der heutigen Artillerie, machen es möglich,
daß Truppen, welche gar nicht zu den wirklich angreifenden gehören und
an deren Vorgehen keinen Theil genommen haben, doch durch ihre Ge=
schosse zur Entscheidung mitwirken können.

Endlich aber verbleibt auch der taktischen Offensive der Vortheil,
daß sie den Punkt der Entscheidung wählt, dort alle ihr zu Gebote
stehenden Mittel vereinigen kann, um die Feuerüberlegenheit zu erlangen
und daß — hier noch mehr als in der strategischen Offensive — der
Sieg gesichert ist, wenn ein entscheidender Vortheil an dieser einen Stelle
errungen wird. Ausgesprochener, als es bei den strategischen Maßregeln
des Vertheidigers der Fall ist, bildet bei den taktischen seine Aufstellung
ein Ganzes und wird in ihrer Festigkeit erschüttert, sobald ein Theil
zerstört ist, oder aus den Fugen weicht. Die Niederlage eines Flügels,
das Einbrechen des Gegners in eine Flanke pflegt das Schicksal der
Schlacht zu entscheiden. Wir sehen den Vertheidiger weichen, der nur
auf einem Viertel seiner Aufstellung in Nachtheil kam, während der An=
greifer, der auf drei Viertheilen der Front zurückgeschlagen wurde, doch
triumphirt, weil er auf dem letzten Viertel siegte, wie es am 18. August
1870 bei St. Privat der Fall war. Allen Kräften des Angreifers ist
der natürliche Weg nach der Einbruchsstelle in die feindliche Schlacht=
linie gezeigt und durch den Gang der Dinge selbst kommen Vereinigung
und Zusammenwirken derselben zu Stande. Der moralische Impuls des
Erfolges vermehrt die natürliche Wucht des Stoßes.

Nun wohnen aber auch der taktischen Offensive ihrer Natur nach
schwächende Momente inne. Die Bewegung allein birgt schon das erste.
Sie beraubt den Angreifer, ehe er die feindliche Linie erreicht, eines
Theils seiner Kraft durch die Ermüdung. Diese kann von allerhöchster
Wirkung werden, wenn nach weitem Anmarsche zur Schlacht noch be=

deutende Hindernisse im Gelände zu überwinden sind, wie es bei dem Angriff der preußischen Halb=Division Schwarzkoppen am 16. August 1870 der Fall war. Zahlreiche Mannschaften sanken dort vor Erschöpfung nieder und fielen dem Feinde wehrlos in die Hand.

Ein anderes schwächendes Moment von höchster Bedeutung ist es, daß die Bewegung das Feuer fast ganz unterbricht, der Angreifer also zeitweise die Waffenwirkung des Gegners zu ertragen hat, ohne antworten zu können.

Dies und der Umstand, daß er während der Bewegung auf schützende Deckung durch das Gelände verzichten muß, verursachen, daß der Regel nach die Verluste beim Angreifer bis zum Augenblicke des Einbruchs die bei Weitem größeren sein werden. Meist erst nach diesem Erfolge kann er Vergeltung üben, da nun auch der Vertheidiger in Bewegung gebracht ist und er deren Nachtheile doppelt auf sich nehmen muß, weil dieselbe eine rückgängige ist.

Als eine weitere erschwerende Bedingung für den taktischen Angriff müssen wir es ansehen, daß er meist an die Zeit gebunden ist. Die unentschiedene Schlacht wird oft mit dem Sonnenuntergange für den Vertheidiger eine gewonnene, für den Angreifer eine verlorene, wenn dieser seine Maßnahmen nicht von Hause aus für einen zweiten Schlacht= tag berechnet hatte. Wäre die Schlacht von Gravelotte=St. Privat in derselben Art, wie es am 18. August 1870 geschah, aber an einem Wintertage geschlagen worden, so würden die Franzosen aller Wahr= scheinlichkeit nach Sieger geblieben sein. Die Nacht hätte dem Angriff nach der Wegnahme von St. Marie aux Chênes Halt geboten und dem Marschall Bazaine die Zeit gewährt, seinen bedrohten rechten Flügel durch das ganze Gardekorps angemessen zu verstärken. Es ist sehr zweifelhaft, ob dieser Kräftezuwachs auf Seiten des Vertheidigers durch das Einsetzen des am nächsten Morgen noch frisch verfügbaren X. Armee= Korps ausgeglichen worden wäre.*) **)

---

*) Das gleichfalls noch in Reserve befindliche III. Armeekorps würde in der Mitte der Schlachtlinie zur Unterstützung des IX. nothwendig geworden sein.

**) Richtig ist bemerkt worden (Taktische und strategische Grundsätze der Gegenwart. 4. Beiheft zum Mil. Wochenbl. 1896), daß das gesammte Verfahren hier hätte ein anderes sein und die Arbeit getheilt werden sollen. Am Morgen des Schlachttages bildete die Front des deutschen Heeres einen rechten Winkel zu der des französischen, und der entscheidende linke Flügel hatte einen starken Marsch zurückzulegen, ehe er überhaupt an die Stellung des Gegners herankam. Ein erster Tag wäre also eigentlich nothwendig gewesen, um die richtigen Ausgangs= punkte für den Angriff zu gewinnen und dieser selbst hätte nicht vor dem nächsten Morgen erfolgen dürfen. Allein die wirkliche Lage der Dinge ist hier selbst von Moltke nicht richtig erkannt worden; sie wird auch in Zukunft oft schwer zu erkennen sein. Die Gefahr eines Irrthums beim Vorgehen zur Schlacht bleibt eine große, und ist die Entscheidung einmal in's Rollen gekommen, so läßt sie sich nicht mehr verschieben; die Arbeit muß meist noch an demselben Tage abgethan sein und dessen früheres oder späteres Ende gewinnt die große Be= deutung zurück.

Vielfach hebt man es auch als eine Schwäche des Angriffs hervor, daß er, in der Zwangslage handeln zu müssen, eher als der abwartende Vertheidiger dazu kommt, Fehler zu machen, welche derselbe dann zu benutzen vermag. Diese Schwäche wird aber dadurch ausgeglichen, daß der Angreifer sich der in der ursprünglichen Lage beim Vertheidiger vorhandenen Mängel bedienen, ja auf dieselben seinen Plan aufbauen kann.

Auch ist es eine der schwersten Aufgaben für den Feldherrn, Fehler des Gegners nicht nur sogleich zu erkennen, sondern auch auszunutzen; es setzt dies vorhergegangene sehr glückliche Anordnungen, zumal eine passende Vertheilung der Streitkräfte, voraus.

Keine Schwäche, wohl aber eine bedeutend erschwerende Bedingung für den Angriff liegt, wie schon angedeutet, dagegen in den hohen Anforderungen an die ausführenden Truppen. Sie sollen beweglich und zugleich sehr widerstandsfähig gegen die moralische Einwirkung der Gefahr sein. Sie bedürfen zahlreicher, hoch und niedrig gestellter Führer von großer Uebung. Das alles macht eine sehr tüchtige und hinreichend lange Vorbereitung in Friedenszeiten nothwendig. Mit ungeübten Heeren ist selbst bei dem Uebergewicht der Zahl der taktische Angriff noch weniger durchführbar, als der strategische.

Diese Bedingungen sind genau zu erwägen, ehe man sich zum Angriff entschließt. Hat man nicht wenigstens den größeren Theil derselben für sich, so wird man schwerlich einen Erfolg erzielen.

Es kommt auch in Betracht, daß die glückliche Durchführung des Angriffs bei dem Führer eine viel größere Härte gegenüber seinen Truppen erfordert, als die Vertheidigung. Diese erscheint als das geringste, unerläßliche, durch die Pflicht der Selbsterhaltung gebotene Maß der kriegerischen Leistung. Der Angriff erfordert gleichsam einen Ueberschuß, den zu verlangen nur ein starkes Gemüth vermag. Der Entschluß zum Angriff erschwert die Verantwortung für die bei der Ausführung entstehenden, meist sehr bedeutenden Verluste; und vor solcher Verantwortung scheut die Mehrzahl der Menschen zurück.

VI.

Die Defensive.

1. Die strategische Defensive.

Wir dürfen uns die strategische Defensive nicht als einfache Passivität derart denken, daß das Heer in einmal genommenen Stellungen ruhig abwartet, bis der Gegner herankommt und es angreift. Ein derartiges Verfahren kann nur in den seltensten Ausnahmefällen vorkommen und wird nie zum Ziele führen. Die strategische Defensive soll die Bewegung nicht ganz ausschließen und keineswegs in völligem Stillstande verharren.

Dies kann sich darin ausdrücken, daß der Vertheidiger eine Aufstellung nimmt, welche gestattet, dem Angreifer, wo er auch kommen möge, zunächst mit einem Theile des Heeres entgegenzutreten und ihn so lange aufzuhalten, bis die Massen sich nach jener Richtung hin vereinigt haben und gemeinsam zu handeln vermögen.

Dieser Art der Anlage einer strategischen Defensive begegnen wir in der Kriegsgeschichte bei dem schwächeren Theile am häufigsten. Sie folgt naturgemäß aus dem Bewußtsein einer ungünstigen Lage und der Erkenntniß, daß man zum Angriffe, welcher die größere Anstrengung erfordert, nicht die genügende Kraft besitzt. Zwar wohnen ihr besondere Vortheile nicht inne, allein sie erlaubt es, die in solcher Lage schwierige Entscheidung hinaus zu schieben und gewährt der Hoffnung auf günstige Zufälle freieren Spielraum.

Eine andere Art der Bewegung in der strategischen Defensive ist es, daß der Verfolgte vor dem Angreifer in das Innere des Landes zurückweicht, um die den Angriff schwächenden natürlichen Umstände erst eine gewisse Zeit lang wirken zu lassen, ehe es zur Entscheidung kommt. Oft kann hierbei gleichzeitig eine Stärkung des Vertheidigers eintreten, der sich inzwischen seinen Hülfsquellen nähert und mit Streitkräften verbindet, welche nicht gleich Anfangs und nicht in erster Linie verfügbar waren. Selbstredend ist ein solches Verfahren nur räthlich, wo genügender Raum vorhanden ist, um den, auf den Angriff wirkenden, zerstörenden Kräften die nothwendige Zeit zu lassen. Auch dürfen natürlich durch ein anfängliches Zurückweichen nicht so wichtige Theile des zu sichernden Besitzes aufgegeben werden, daß deren Verlust schon eine entscheidende Rolle spielt.

Die dritte Art, das Element der Bewegung in der Defensive zur Geltung zu bringen, ist es, nur die einleitenden Unternehmungen des Angreifers in der Ruhe abzuwarten, um seine Fehler oder Schwächen zu erspähen, und dann, diese benutzend, mit den inzwischen versammelten eigenen Kräften über ihn herzufallen.*) Man bezeichnet diese Art der Durchführung einer strategischen Defensive in der Regel als die wirksamste, als das eigentliche Ideal derselben. Sie stellt jedoch an den Scharfblick und die Entschlossenheit der Führung sehr hohe Ansprüche. Es wird dabei ferner, wie bereits gesagt worden ist, übersehen, daß hier die Defensive sich selbst aufgiebt und nicht als das eigentliche Prinzip des Handelns erscheint, sondern daß sie sich der Offensive unterordnet und zu einem Hülfsmittel derselben wird. Es handelt sich hier mehr um einen, den richtigen Augenblick abwartenden Angriff, als um Vertheidigung, und wir haben kein unbedingtes Recht, diese Art von Operation der Defensive hinzuzuzählen.

Der Grundgedanke einer jeden strategischen Defensive ist es, durch den langsameren Verbrauch der eigenen Kräfte, während sich die

---

*) Blume (Strategie 1. Aufl. S. 199) hat diese drei Arten der Durchführung einer Defensive mit Stellungs-, Rückzugs- und Ausfall-Defensive bezeichnet

gegnerischen im Angriffe schneller verzehren, ein anfänglich ungünstiges Verhältniß auszugleichen.

Begünstigt wird dieses Streben zunächst dadurch, daß in der Defensive das Element der Bewegung, welches, wie wir schon betont haben, an sich selbst eine zerstörende Kraft ist, eine geringere Rolle spielt, als in der Offensive. Man kann es daher viel eher wagen, sich mit weniger guten Truppen auf eine strategische Vertheidigung einzulassen, als auf einen strategischen Angriff.

Es treten aber noch andere stärkende oder erleichternde Umstände hinzu.

Dahin haben wir vor Allem zu rechnen, daß die Defensive unmittelbar nur negative Zwecke verfolgt und diese viel leichter zu erreichen sind, als die positiven. Die letzteren erfordern Handlung und diese kann eher un= günstige Zufälle herbeiführen, als das Abwarten. Wenn der Angreifer in seinen Maßnahmen Fehler begeht und sein Unternehmen durch diese scheitert, so kann der Vertheidiger sich einen Erfolg anrechnen, ohne viel gethan zu haben. Der Gegner hat die Zerstörung seiner Streitkraft be= schleunigt, und darauf geht die Defensive aus. Clausewitz sagt vom Vertheidiger „er erntet, was er nicht gesäet hat."

Selbst die Unterlassungen und der unnütze Zeitverlust im Verfahren des Angreifers kommen dem Vertheidiger zu Gute. Der Vortheil kann unter Umständen schon darum auf seiner Seite sein, daß er bis zu einem gewissen Zeitpunkt noch nicht entscheidend geschlagen ist. Dies wird ein= treten, wenn z. B., wie auf Seiten der Türkei im Beginn des Krim= krieges, ein Umschwung durch das Eingreifen mächtiger Bundesgenossen zu erhoffen ist. Die Zeit ist in der Regel des Vertheidigers Freund, da der Angriff, selbst wenn er an sich nicht zu schwach ist, oft schon dadurch erlahmt, daß der endliche Erfolg zu lange auf sich warten läßt.*) Dem Vertheidiger kommt es auf das Erhalten an, dem Angreifer auf das Gewinnen, und das erste ist kriegerisch im Allgemeinen leichter.

Der strategische Vertheidiger hat es ferner nicht nöthig, sich, wie der Angriff, von dem bekannten selbstgewählten und vielleicht besonders vorbereiteten Kriegstheater loszureißen, um sich auf unbekannten Boden zu begeben. Er ist mehr als der Angreifer gegen Unfälle gesichert, welche durch das unerwartete Auftauchen von Hindernissen verursacht werden können. Da man voraussetzen muß, daß der Vertheidiger die Kenntniß der Gegend, in welcher der Krieg geführt wird, in höherem Maße besitzt, als der Angreifer und er dort schon steht, während dieser erst ankommt, so werden seine Unternehmungen geringeren Reibungen unterworfen sein, wie die seines Gegners. Dem Vertheidiger können die Eisenbahnen des Kriegsschauplatzes viel wirksamere Dienste leisten, als

---

*) Nur wo die materiellen Mittel allzuverschieden sind, wie im amerikanischen Secessionskriege, findet das Umgekehrte statt. Den Krieg lange genug aushalten zu können, ist insbesondere eine der Grundbedingungen für glückliche strategische Vertheidigung. (S. S. 18). Sie kann auf das Vorhandensein dieses Elementes ihrer Stärke große Zuversicht setzen.

dem Angreifer, der meist nur über gewaltsam besetzte, ihres angehörigen
Personals beraubte, vielfach zerstörte und in Unordnung gerathene Linien
verfügt. Endlich vermag der Vertheidiger sich der natürlichen und künst=
lichen Verstärkungsmittel zu bedienen, welche das Land bietet, der Ströme,
Gebirgslinien, Wälder, Sümpfe oder Wüsteneien, die der Feind, um
heranzukommen, überwinden muß, und ebenso der Festungen, der Ver=
schanzungen, welche denselben aufhalten, oder zur Theilung seiner Macht
zwingen.

Ferner aber denken wir uns folgerichtig den Vertheidiger im eigenen,
den Angreifer im fremden Lande. Dann aber steht jenem auch die Hülfe
der Bewohner zu Gebote, welche, zumal für Erlangung von Nachrichten
und Ernährung der Truppen, von Bedeutung sein wird. Er verfügt
meist auch über den gewohnten Verwaltungsapparat des Kriegsschau=
platzes, der für Verpflegung und Unterkunft des Heeres, für Ersatz seiner
Verluste, für Anordnung großer Truppentransporte sehr viel zu thun im
Stande ist.

Im weiteren Sinne wird dem Vertheidiger der Beistand des ganzen
Volkes zu Theil, während der Angreifer sich von dieser Hülfe entfernt.
Man hat hierbei nicht sogleich an bewaffnete Erhebung zu denken, sondern
nur an den Vorschub, welchen ein patriotisches Volk in jeder Art der
Landesvertheidigung zu leisten vermag, während es dem Feinde Be=
wegung, Unterkunft und Ernährung im Lande erschwert.*) Die auf
Seiten der Vertheidigung sichtbarer werdende Gefahr für das Vater=
land und den eigenen Herd spornt zu erhöhten Leistungen an und kann
Leidenschaften entwickeln, welche die Kräfte des Widerstandes in vorher
ungeahntem Maße steigern, wie es 1808—12 in Spanien und 1813 in
Deutschland geschah, nach der Niederlage von Sedan auch in Frankreich.

Als die Engländer in die südafrikanischen Freistaaten eindrangen,
stellten sich dort Kinder von 14 Jahren und 70jährige Männer zum Dienste
mit der Waffe. Auf derartige Kräfte kann man für einen Angriffskrieg
außerhalb der eigenen Grenzen nicht rechnen.

Dem Angreifer, den das eigene Volk auf siegreicher Bahn in Feindes
Land fortschreitend denkt, ohne daß es die Schwierigkeiten und Gefahren,
mit denen derselbe kämpft, in der Nähe sieht, steht die sich steigernde Unter=
stützung, deren er oft bedarf, nur selten zur Seite. Zumal wird es schwer sein,

---

*) Hierbei ist allerdings vorausgesetzt, daß im Lande des Vertheidigers der
öffentliche Geist ein lebendiger sei und an allen Angelegenheiten des Staates
opferbereit Theil nimmt, sowie, daß das Volk an Leistungen für das Heer ge=
wöhnt ist. Trifft dies nicht zu, so kann es sich ereignen, daß gerade umgekehrt
das feindliche Heer, welches keine Rücksicht zu nehmen hat, besser lebt, als die
Vertheidiger auf eigenem Grund und Boden. Im Feldzuge von 1806 kamen
die preußisch-sächsischen Truppen in einem reichen Lande fast vor Hunger um, da
sie dessen Vorräthe nicht anzutasten wagten, während der Feind sich ihrer schrankenlos
bediente. Im Winterfeldzuge von 1870/71 geschah es, daß die französischen
Truppen bei bitterer Kälte in den Straßen der Städte bivouakirten, da man es
nicht für angängig hielt, sie in die Häuser reicher Bürger einzuquartieren, während
die nachfolgenden Deutschen es sich an deren Herd und Tisch bequem machten.

die fast unmerklichen, aber dem geübten Auge doch erkennbaren Anzeichen eines drohenden Umschwunges zum öffentlichen Bewußtsein zu bringen, so daß dem Angreifer die dringend nothwendige Unterstützung zur glück= lichen Beendigung des Feldzuges nahe am Ziele noch versagt wird, wie es Hannibal in Italien erging.

Die größere Freiheit, welche durch alle diese Umstände dem Ver= theidiger gewährt ist, erlaubt es ihm gelegentlich auch, dem Gegner Ueberraschungen zu bereiten. Er vermag, da er im Lande meist leben kann, wo er will, diejenige Richtung, in welcher er sich dem Angreifer zuerst entgegenstellte, plötzlich zu ändern, um seitliche Aufstellungen zu nehmen. Hierdurch wird auch der Angreifer gezwungen, unerwartet die Richtung zu verlassen, in der er sich bisher bewegte, und in welcher er seine Vorbereitungen für den Unterhalt seines Heeres getroffen hatte. Dies ist an sich eine nicht unerhebliche Schwierigkeit. Da ihm die Kenntniß der Gegend fehlt, dem Vertheidiger aber zu Gebote steht, so können außerdem bei diesem plötzlichen Wechsel auch noch Irrthümer und Unfälle vorkommen, welche das Uebel vergrößern.

Der Angreifer wird, da er wegen der vorwärts schreitenden Be= wegung seines Heeres mehr Mühe hat für den Unterhalt der Truppen zu sorgen, als der Vertheidiger, seine Streitkräfte öfter theilen müssen, um auf breiterem Raume vorzugehen und mehr Mittel aus dem Lande zu ziehen. Dies bietet dem Vertheidiger die Gelegenheit, mit versammelten Kräften über einen der Theile herzufallen, ehe die anderen zur Unter= stützung herankommen können. Glückt dies, so ergiebt sich die weitere Möglichkeit, mit denselben Truppen, welche eben siegreich gegen eine feindliche Heeressäule gefochten haben, noch gegen eine zweite oder gar dritte mit gleichem Erfolge vorzugehen. Napoleon hat bei seinem Ausfalle gegen die schlesische Armee in den Tagen vom 10. bis 14. Februar 1814 hiervon ein glänzendes Beispiel gegeben. Im großen Maßstabe führte Friedrich seine Vertheidigung im siebenjährigen Kriege ebenso durch.

So lange das Heer des Vertheidigers nicht entscheidend geschlagen ist, übt es eine ganz natürliche Anziehungskraft auf den Angreifer aus, wie der Magnet auf das Eisen. Dieser sucht es ja, um es zu schlagen, und sich so von dem Drucke zu befreien, den seine Nähe auf alle Unter= nehmungen ausübt. Also darf man im Allgemeinen annehmen, daß der Angreifer dorthin herankommen wird, wo der Vertheidiger seine Auf= stellung genommen hat. Das erleichtert seine Lage erheblich.

Sollte der Angreifer an einer, das Kriegstheater beherrschenden Stellung des Vertheidigers vorbeigehen wollen, so wird dieser sich meist nur zu regen haben, um die Anziehungskraft seines Heeres fühlbar zu machen. Selbst die wenig ausgesprochenen Bewegungen der türkischen Donau=Armee in der linken und der Vorstoß Osman Pascha's in der rechten Flanke des russischen Heeres im Sommer 1877 genügten, dieses von seinem voreilig eingeleiteten ersten Unternehmen über den Balkan zurückzurufen. Dem Versuche des Angreifers, an dem Vertheidiger nicht= achtend vorüberzuziehen, kann dieser stets wirksam durch einen Vorstoß gegen seine Flanke antworten, wie es Scharnhorst für das preußische Heer im Oktober 1806 vergeblich, für das verbündete im Mai 1813 bei Lützen aber mit Erfolg anrieth, und wie es General von Werder am 9. Januar 1871 bei Villersexel gegen General Bourbaki glücklich durchführte.

Der größeren Bewegungsfreiheit kann sich, zumal im eigenen Lande, der strategische Vertheidiger ohne ängstliche Sorge bedienen.

Als eine der wichtigsten Bedingungen für die strategische Offensive haben wir die Nothwendigkeit erkannt, früher als der Gegner mit der Bereitstellung der Streitkräfte fertig zu sein. Die Erfüllbarkeit dieser Bedingung hängt aber von der gesetzlichen Verfassung des Heeres ab, sowie von der systematischen Vorbereitung der Mobilmachung, vom Besitze einer reichlichen Ausrüstung und großer Transportmittel, ferner von der geographischen Gestalt und Beschaffenheit des Staatsgebietes, seines Eisenbahn= und Straßennetzes. Auch erfordert sie bedeutenden Geld= aufwand. Das Alles vereinigt sich schwer. Der Wetteifer in diesen Dingen mit Nachbarn, die in glücklicherer Lage sind, kann ein Land schon im Frieden dem Ruin nahe bringen.

Davon nun bleibt derjenige frei, der sich auf die strategische Defensive beschränkt. Er kann dem Gegner meist unbeschadet einen geringeren Vorsprung der Zeit überlassen, wenn derselbe nur nicht so beträchtlich ist, daß die zur Benutzung ausersehenen Vertheidigungslinien oder Stellungen vom Feinde erreicht werden, ehe sie von den eigenen Truppen besetzt sind.

In der Betrachtung über die Offensive haben wir gesagt, daß der Vertheidiger im Allgemeinen mehr Aussicht auf die Unterstützung anderer Mächte besitzt, als der Angreifer. Aus Edelmuth unterstützt freilich Niemand mehr den schwächeren Theil — das hat der südafrikanische Krieg zur Genüge bewiesen — wohl aber aus Eigennutz; und es hat sich gegenwärtig in Europa ein Zustand des Gleichgewichtes heraus= gebildet, an dessen Erhaltung alle Mächte ein gewisses Interesse besitzen. Sie werden daher einer Störung dieses Gleichgewichtes durch die Ver= nichtung der einen oder anderen Macht abhold sein, ihr entgegenwirken und einem Sieger, der in der Ausnutzung seiner Vortheile zu weit geht, in den Arm fallen. Wenn sich die Intervention der nicht unmittelbar am Kriege betheiligten Mächte 1866 zu Gunsten des unterliegenden Oesterreich nur in einer sehr schwächlichen diplomatischen Dazwischenkunft Napoleon III. und 1871 für das geschlagene Frankreich überhaupt nicht geltend machte, so lag der Grund dafür in der weisen Beschränkung, welche der Sieger sich in der Ausnutzung der gewonnenen Uebermacht selber auferlegte.

Die insgemein auf das Erhalten gerichtete Tendenz, welche, dem hohen Alter aller europäischen Staaten entspringend, heute politisch vor= herrscht, kommt naturgemäß der strategischen Defensive entgegen, deren Prinzip gleichfalls das des Erhaltens ist. Im siebenjährigen Kriege hat es das junge Preußen empfunden, wie gefährlich es sein kann, einen solchen gewordenen und allgemein als wünschenswerth angesehenen Zustand zu stören. Nur das ungewöhnliche Genie eines großen Fürsten rettete es damals vom Untergange.

Solchen, an die Wahl der strategischen Defensive sich knüpfenden Vortheilen stehen nun aber wesentliche Nachtheile gegenüber. Von einer allgemeinen Empfindung von Schwäche wird jene Form der Kriegführung überhaupt nicht zu trennen sein. Dieses Gefühl hat ja bereits den Entschluß geboren, sich auf die Vertheidigung zu beschränken.

Sodann müssen wir uns abermals dessen erinnern, daß mit der Abwehr allein nichts entschieden werden kann. Das Aeußerste, was man in der strategischen Defensive zu erreichen vermag, ist ein Frieden, den der Gegner aus Ermüdung gewährt. Einen solchen errang Friedrich der Große; doch kam ihm eine Umgestaltung der politischen Lage dabei zu Hülfe. Auch begünstigte ihn die Kampfweise seiner Zeit außerordentlich.

Der Versuch der Südstaaten im amerikanischen Secessionskriege, den überlegenen Gegner zu ermüden, mißlang, trotz äußerster patriotischer Anstrengung, trotz besserer Heere und tüchtigerer Feldherren. Auch im russisch-türkischen Kriege unterlag die strategische Defensive nach anfänglichem Erfolge. Der südafrikanische Krieg zeigte die gleiche Erscheinung. Wer nicht im Stande ist, aus der Vertheidigung am Schlusse zum Angriff überzugehen, kann im Allgemeinen als verloren angesehen werden. Sein Unterliegen wird zur Zeitfrage.

Die strategische Defensive muß in den meisten Fällen von Hause aus Land und damit Hülfsquellen aufgeben; denn eine genau an der Staatsgrenze durchgeführte Vertheidigung wird kaum jemals möglich sein.*) Nur, wenn es ihr nach glücklicher Beendigung gelingt, das Anfangs dem Gegner Ueberlassene wiederzugewinnen, kommt sie ohne Schaden davon. Mit Bezug auf das letzte Ziel erschwert sie sich selbst die Aufgabe.

Die moralischen Folgen, welche dem der Vertheidigung stets innewohnenden Gefühle der Schwäche und der erzwungenen Unthätigkeit beim Abwarten dessen, was der Feind thun wird, entspringen, fallen schwer in's Gewicht. Entwickelt die Bewegung beim Angreifer neue intellektuelle und moralische Kräfte, so stellt das Ausharren in der Ungewißheit bei der strategischen Defensive die vorhandenen auf eine harte Probe. Wir haben zwar gesagt, daß der Vertheidiger dem Angreifer Ueberraschungen bereiten könne, indem er seine Bewegungen beobachtet und über ihn herfällt, sobald er einen Fehler entdeckt, allein dies ist keineswegs leicht; denn niemals ist die Lage eine ganz klare. Der Angreifer wird den Vertheidiger nicht bloß an einem einzigen, sondern gleichzeitig an mehreren Punkten berühren. In der Regel vermuthen die zunächst Betroffenen an

---

*) Versucht wurde sie zu Anfang des thessalischen Krieges auf griechischer Seite, führte aber zu einer heillosen Zersplitterung der Streitkräfte, welche sich nur deshalb nicht gebührend strafte, weil der türkische Gegenangriff, der auf die ersten Feindseligkeiten folgte, zu langsam war.

jeder Stelle die Hauptgefahr. „Gewöhnlich ist da Noth in allen Ecken und Enden", sagt Clausewitz. Die Ungewißheit hat falschen Alarm und Anstrengungen zur Folge, die, wenn sie von der Truppe als unnütz erkannt werden, doppelt herabstimmend wirken. Nur ein sehr sicherer und geübter Blick vermag sogleich zu erkennen, wohin man sich zu wenden hat. Ferner wird die Ausnutzung der Fehler des Angreifers nur bei sehr schnellen Erfolgen gelingen und diese erfordern große taktische Ueberlegenheit. So ist auch hier der Vortheil der strategischen Vertheidigung bedingt und eingeschränkt.

Ihre rückwärtigen Verbindungen und ihre Basis d. h. ihre Ergänzungs- und Kraftquellen, wird sie sicherzustellen von Hause aus bedacht nehmen; denn da sie auf Dauer berechnet sein muß, ist sie von denselben sehr abhängig. Dennoch wird der Feind, welcher die Bewegung und die Initiative auf seiner Seite hat, sie durch die Richtung seines Vorgehens meist bedrohen können. Die besten Stellungen sind durch einen solchen Druck unhaltbar zu machen.

Führt ferner die strategische Offensive die Möglichkeit herbei, daß Bundesgenossen abfallen, welche mit uns nicht völlig gleiche Absichten hegen, so ist andrerseits die strategische Defensive ungeeignet, schwankende Mächte mit fortzureißen, oder andere von der Theilnahme am Kriege gegen uns abzuschrecken. Wenn Deutschland sich 1870 auf die strategische Defensive hätte beschränken wollen, so würde es wahrscheinlich Oesterreich, wohl auch Dänemark bald an Frankreichs Seite gesehen haben.

Endlich ist zu erwähnen, daß die strategische Defensive die Truppen den wohlthätigen Wechsel der Gegend sehr häufig lange entbehren läßt, wodurch die Gefahr verheerender Krankheiten wächst und in der Regel eine herabdrückende Einwirkung auf das Gemüth des Soldaten entsteht.

Doch alle diese Umstände fallen nicht so sehr in's Gewicht, als der eine grundsätzliche Mangel, daß man mittelst der strategischen Defensive — wie der Defensive überhaupt — nur die Niederlage vermeiden, nicht den Sieg erringen kann.

2. Die taktische Defensive.

Die meisten Eigenheiten und Bedingungen, welche die strategische Defensive beeinflussen, kommen auch in der taktischen zur Geltung. Einige wirken indessen in anderer Art.

Die taktische Defensive ist noch mehr als die strategische die natürliche Form für den Schwachen. Ihr unmittelbares Ziel ist die Abwehr des feindlichen Angriffs in einer bestimmten Stellung, also etwas ganz Negatives, das leicht zu erreichen ist.

Die erstaunlichen Fortschritte, welche die Feuerwaffen in neuerer Zeit gemacht haben, kommen der taktischen Defensive in erster Linie zu Gute. Namentlich trifft dies für das Kleingewehr zu.*) Daher kann sich auch

---

*) Vom Geschütz kann nicht ohne Weiteres das Gleiche behauptet werden. Die schwere Artillerie, welche jetzt von allen Feldherren mitgeführt wird, besitzt

der Starke, dem die Wahl offen steht, gelegentlich aus freien Stücken für die taktische Defensive entscheiden. Der Hauptvorzug, den er dann bei ihr suchen wird, ist, daß sie die Gefahr umgeht, die Truppen in verfehltem Ansturm gegen feindliche Stellungen zerschellen zu lassen. Hartnäckige Angreifer unterliegen, zumal in unübersichtlichem Gelände, leicht der Versuchung, große Anstrengung auf ein Ziel zu verwenden, dessen Erringung die Opfer nicht aufwiegt. Man denke nur an die Oesterreicher im Swiepwalde während der Schlacht von Königgrätz.*)

Selbst der Erfolg wird, der furchtbaren Feuerwirkung unserer Zeit gegenüber, oft so theuer erkauft werden, daß die Gesammtlage eher eine Verschlechterung als eine Verbesserung erfährt. Pyrrhussiege sind ein besonderes Verhängniß der taktischen Offensive. Nach trüben Erfahrungen durch die Verluste in den Angriffsschlachten regt sich meist selbst bei dem Sieger der Wunsch, die Rolle zu wechseln. In der That hat der Vertheidiger ja die fortdauernde Feuerwirkung für sich, während der Angreifer sie durch die Bewegung unterbrechen muß. Eingeschränkt wird dieser Vortheil nur durch die der Vertheidigung stets innewohnende Excentricität der Wirkung, während die des Angriffs der Natur der Sache nach concentrisch ist.

Sodann wird der Beistand des Geländes in der taktischen Defensive noch wirksamer, als in der strategischen. Der Vertheidiger sucht die Hindernisse aus, welche er den Gegner unter seinem Feuer überschreiten lassen will und kann sie oft noch künstlich verstärken. Ferner genießt der Vertheidiger den besonderen Vorzug, daß er seine Truppen verdeckt aufzustellen, also sie nicht nur gegen übermäßige Verluste zu schützen, sondern auch seine Anordnungen verborgen zu halten vermag, während der Angreifer offen und sichtbar, meist sogar auf den gebahnten Straßen herankommen muß. Die Schlachten am Tugela und am Modderriver in Südafrika haben gelehrt, wie groß heutzutage der Unterschied in der Einbuße hüben und drüben bei einem verfehlten Angriff sein kann. Verläuft die Vertheidigung glücklich, so wird nicht einmal mit einiger Sicherheit die Zahl der dabei betheiligten Streiter zu erkennen sein. Das Schnellfeuergewehr ist eine so gute Präcisionsmaschine, daß es weniger auf die Menge als die Geschicklichkeit der sie Bedienenden und auf reichen Munitionsvorrath ankommt.

Diese Vortheile der taktischen Defensive würden dem Vertheidiger noch häufiger, als die Kriegsgeschichte es verzeichnet, die Gelegenheit zu

---

ihre Hauptstärke in der Zerstörung von Hindernissen und in der Wirkung gegen gedeckte Truppen. Beides richtet sich gegen den Vertheidiger. Für diesen kann sie freilich beim einleitenden Geschützkampfe ihre großen Schußweiten und ihr mächtiges Sprenggeschoß in die Waagschale werfen. Gegen die beweglichen Truppenziele, welche beim Angreifer auftreten, wird sie wenig mehr als die schnellfeuernden Feldbatterien ausrichten.

*) 42²/₈ Bataillone, von 120 Geschützen unterstützt, mußten sich vergeblich ab, 14¹/₄ Bataillone, welche nur 24 Geschütze auf ihrer Seite hatten, aus dem Walde zu verdrängen und zehrten ihre Kräfte in diesem Ringen ergebnißlos auf.

Ueberraschungen gewähren, wenn es nicht sehr schwer wäre, die einmal in einer Stellung vertheilten Truppen aus dem Beharren heraus, so schnell wie es erforderlich ist, um die bemerkten Fehler des Gegners auszunützen, in Bewegung zu bringen. Das Bild, welches uns den Vertheidiger in seiner Stellung gleichsam auf der Lauer liegend zeigt, bis er einen Mißgriff des Feindes erspäht hat, um dann über ihn herzufallen, nimmt sich zwar gut aus, kommt aber selten zur Verwirklichung. Eine Armee vermag eben nicht wie ein Tiger, mit der Schnelligkeit des Gedankens auf die Beute loszuspringen. Der Blick braucht Zeit, um die Gelegenheit zu entdecken, der Entschluß, um zu reifen, der Befehl, um zur Truppe zu gelangen, und diese, um sich zum Vorbrechen zu ordnen und in Bewegung zu setzen. Das ergiebt eine Zeitsumme, welche es meist dem in fließender Bewegung befindlichen Angreifer ermöglicht, über den kritischen Augenblick hinweg zu kommen.

In der Schwierigkeit, einmal im Gelände vertheilte Truppen, namentlich nach einer anderen Richtung als ihrer Front hin in Bewegung zu bringen, liegt auch die Schwäche der Flanken einer jeden Aufstellung. Sonst müßte der Vertheidiger, der den kürzeren Weg hat, stets mit dem Frontwechsel früher fertig werden, als der Angreifer mit der Umfassung.

Von mehreren Seiten gleichzeitig angegriffen, in der Front beschäftigt und in einer oder beiden Flanken umfaßt, oder gar der Rückzugslinie beraubt zu werden, ist die prinzipielle Gefahr, der die taktische Vertheidigung unterliegt. Das weittragende Feuer macht die Lage des Umfaßten heute verderblich, und den Vortheil, den er früher zur Zeit der glatten Gewehre- und Kolonnen-Angriffe durch das enge Zusammenfassen seiner Kräfte für sich hatte, völlig trügerisch. Es ist hier schwerer, mit Gegenstößen zu antworten, wie in der strategischen Defensive, weil der Raum meist zu eng, die Zeit zu kurz ist, um dieselben ansetzen und zu voller Kraft entwickeln zu können. Gar ein Vorgehen mit denselben Truppen, erst gegen den einen, dann gegen den anderen Theil des feindlichen Heeres, also ein taktisches Operiren auf der inneren Linie, wird fast nie möglich sein, weil die Entfernung zwischen den getrennten gegnerischen Gruppen zu klein ist und man sich nicht nur zwischen zwei Gegnern, sondern auch zwischen zwei Feuern befindet.

Die taktischen Gegenstöße auf dem Schlachtfelde, anders als in der einfachsten Form, durch ein frontales Vorgehen, nachdem man den Angriff abgewiesen hat, erfordern hohe Meisterschaft in der Handhabung der Truppen, wie sie einem Napoleon eigen war. Bei Austerlitz gab er das nachahmenswerthe Beispiel davon, aber solche Beispiele sind selten. Meist werden Offensivstöße nur von frischen Truppen ausgehen können, welche im kritischen Augenblicke auf dem Schlachtfelde eintreffen, nicht von den schon vorher am Kampfe betheiligten.

Gelegentlich kann der Vertheidiger dem Angreifer Ueberraschungen dadurch bereiten, daß er im letzten Augenblicke vor der Waffenentscheidung, und wenn der Angreifer seinen Maßregeln schon eine bestimmte Richtung angewiesen hat, unerwartet sich in einer anderen zeigt. Der Angriff muß dann oft noch mit einer Frontveränderung verbunden werden, und das ist die fruchtbarste Gelegenheit für Verwirrung und Mißverständnisse. Große Geschicklichkeit ist hierzu aber auf Seiten der Vertheidigung noth= wendig.

Bildet die Stabilität der Truppen in der Vertheidigung eine gewisse Schwäche derselben, so bringt sie doch auf der anderen Seite den eigen= thümlichen Vortheil mit sich, daß man nicht nöthig hat, eben so hohe Anforderungen an ihre Gewandtheit und Festigkeit, sowie an die Uebung der Führer zu machen, als beim Angriff. Mit Truppen, welche nach ihrer ganzen Beschaffenheit keinen auch nur einigermaßen energischen An= griff durchzuführen im Stande wären, kann man immer noch eine ganz leib= liche, selbst erfolgreiche Vertheidigung in's Werk setzen. Zwischen beiden Aufgaben besteht ein großer Unterschied und, hat man die Wahl frei, so bietet die Defensive bei mangelhafter Beschaffenheit der Truppen oft den rettenden Ankergrund dar. Mehr aber wird sie nicht sein können. Darum soll man Erfolge in der taktischen Defensive auch nicht überschätzen. Das glückliche Abweisen eines Angriffs beweist weder, daß man der Stärkere der beiden Kämpfer sei, noch daß man gegründete Aussicht auf den endlichen Sieg habe.

VII.
Wechselwirkung von Offensive und Defensive.

Schwer ist es, bestimmte Regeln für die Wechselwirkung von Offen= sive und Defensive zu geben. Die Natur beider Formen muß sorgfältig in Betracht gezogen und nach Zeit und Raum diejenige gewählt werden, welche dem eigenen Heere zuträglicher und zur Erreichung des Zweckes förderlicher ist. Den rechten Augenblick für den Uebergang zu finden, ist Sache des Taktes. Der Feldherr muß die Armee gleichsam an den Puls fühlen, um zu wissen, ob ihr das Eine oder Andere zu= träglich ist.

Leichter fällt es, die Wechselwirkung räumlich anzuordnen; soldatischer Blick und richtige Beurtheilung des Geländes kommen dabei zur Geltung.

Im Element der Strategie wird man von der Offensive zur Defen= sive übergehen, sobald die zerstörende Wirkung, welche jene, wie wir ge= sehen,*) aus den allernatürlichsten Gründen auf die Armee übt, so groß geworden ist, daß die Ueberlegenheit über den Gegner, welche die Vor= aussetzung für den Angriff war, droht verloren zu gehen. Es wäre falsch, in dem Bestreben, jene anfängliche Ueberlegenheit auszunutzen, das Vorgehen so lange fortzusetzen, bis ein Zurückfallen in die Vertheidigung durch die Macht der Umstände eintritt. Dies ist um so verderblicher, als an den gewaltsamen Umschlag sich Verluste von moralischer und physischer Kraft knüpfen, welche dem Angreifer nicht mehr erlauben, auf dem höchsten

---

*) S. S. 26 u. ff.

vorher erreichten Punkte stehen zu bleiben, sondern ihn unter denselben wieder herabbrücken.

Der Feldherr muß selbst den Zeitpunkt zum Uebergang in die Defensive wählen, und die Kraft des Entschlusses zum freiwilligen Ver= zicht auf die Fortsetzung der Offensive besitzen, wenn er das einmal Ge= wonnene behaupten will. Nur hat er sich bei Abwägung der Lage gegenwärtig zu halten, daß die Verluste, welche er bei der eigenen Armee sieht, unwillkürlich einen größeren Eindruck auf ihn machen, als diejenigen, welche seine Phantasie ihm bei der feindlichen vorstellt. Er wird sonst zu früh den Angriff einstellen und seine Vortheile nicht bis zur letzten Grenze hin verfolgen. Erst in diesem äußersten Momente, dann aber aus eigenem, freiem Entschluß zur Vertheidigung überzugehen, ist die höchste Leistung der Kunst.

Taktisch machen sich dieselben regelnden Bedingungen geltend. Der zu weit getriebene Angriff führt meist einen verhängnißvollen Rückschlag herbei, da hier die Ereignisse schneller rollen, als auf dem Gebiete der Strategie und ein Aufhalten, wenn man einmal in das Zurückgleiten ge= rathen ist, doppelt schwer wird. Die Eindrücke des Augenblicks haben hier eine höhere Gewalt. Es ist indessen auf dem Gebiete der Taktik auch leichter, den rechten Zeitpunkt zum Wechsel zu treffen, als auf dem der Strategie. Das Abnehmen der Kräfte wird deutlicher sichtbar. Der Feldherr hat nicht nur das Heer unter seinen Augen, sondern vermag auch den Bühnenraum, auf welchem die gesammte Handlung sich abspielen muß, zu überblicken. Die Grenze wird besser erkennbar, bis zu welcher man vordringen kann und muß, um ohne Nachtheil zum Behaupten des Gewonnenen übergehen zu dürfen. Im Ganzen ist diese Grenze durch die Vertheidigungslinie des Feindes gebildet; im Einzelnen sind es Oertlichkeiten innerhalb derselben, Dörfer, feste Höfe, Wälder, Höhen= züge. Die Regeln der Taktik lehren uns bereits, nicht unmittelbar nach der Eroberung solcher Oertlichkeiten über dieselben hinaus vorzugehen, sondern sich erst darin festzusetzen, sich zu ordnen, den Besitz zu sichern, also zeitweise zur Defensive überzugehen.

Der Wechsel darf aber auch hier kein unfreiwilliger sein, sondern muß der Einsicht und dem vorbedachten Entschlusse des Führers ent= springen.

Ein Uebergang zur Defensive, weil die Entfernungen und die durch dieselben nothwendig werdenden Anstrengungen der Truppen zu groß sind, deutet einen Mangel in den Vorbereitungen an. Aber die Voraus= berechnung ist schwer und fordert eine sehr scharfe Kontrolle der eigenen Vorstellungen, die sich leicht nach geheimen Wünschen regeln und Illusionen erzeugen. Man hat Napoleon I. getadelt, weil er 1812 nach der Schlacht von Smolensk nicht innehielt, und zur Defensive überging, da seine Ver= anstaltungen für die Erhaltung der Armee, so großartig sie auch gewesen waren, sich doch unzureichend für die Fortsetzung erwiesen. Hat dieses große Genie nun solchen Irrthum begangen, wieviel eher wird er einem Anderen begegnen können.

Der Uebergang zur Vertheidigung nur aus dem Grunde, daß man aus der Gunst des Geländes Vortheil ziehen und eine starke Stellung strategisch oder taktisch benutzen will, wird selten zum gewünschten Ziele führen. Die Umstände, welche bisher den Angreifer in die Lage setzten, anzugreifen, den Vertheidiger aber nöthigten, sich auf die Vertheidigung zu beschränken, wirken in dem Augenblicke, wo man den Rollenwechsel gern sehen würde, noch fort. Es ist nicht anzunehmen, daß der Vertheidiger, der sich eben noch zu schwach fühlte, Stand zu halten, urplötzlich unseren Wunsch erfüllen und zum Angriff übergehen werde — dies noch dazu, wenn er eine starke und vortheilhafte Stellung vor sich hat.

Blutige Angriffe, welche durch die strategische Offensive herbeigeführt wurden, können den Wechsel nothwendig machen. Die Defensive gewährt die Zeit, Verstärkungen heranzuziehen, oder die Gelegenheit, dem Feinde durch Offensivschlachten, die er unter Umständen schlagen muß, für eine Zeit lang die größeren Opfer aufzuerlegen, so daß ein Ausgleich im Kräfteverbrauch eintritt, der das ursprüngliche Verhältniß wieder herstellt. Dies wird der Fall sein, wenn es uns gelingt, die feindliche Armee so einzuengen und einzuschließen, daß sie sich um jeden Preis Raum schaffen muß, oder daß wir sie von einer Verbindung abschneiden, ohne die sie nicht leben kann. Doch so glückliche Lagen sind selten. Die theoretische Betrachtung darf sie nicht ausschließen. In der Praxis wird man im Allgemeinen nicht darauf rechnen dürfen.

Prag 1757, Mantua 1796 und 97, Paris 1870 sind die klassischen Beispiele für den Scenenwechsel in strategischer Beziehung. Jedesmal hatte der Angreifer das feindliche Heer in einen festen Platz einzuschließen vermocht und der bisherige Vertheidiger mußte nun zum Angriff übergehen, um es zu befreien. Frisch zusammengezogene, oder gar neu gebildete Truppenmassen, für die ein Verharren in der Defensive noch zuträglicher gewesen wäre, schritten gezwungener Maßen zur Offensive. Doch ging der Rollenwechsel nicht auf das taktische Gebiet über; der strategisch zum Vertheidiger gewordene schritt, von einzelnen Ausnahmen — wie bei Beaune-la-Rolande und Bapaume — abgesehen, auf dem Schlachtfelde wieder zum Angriff — Friedrich der Gr. freilich bei Kolin zu seinem Unglück.

Vollkommen, nämlich strategisch und taktisch, fand der Uebergang im Beginn des südafrikanischen Krieges statt, als die Verbündeten durch schnellen Vormarsch und geschickte Vereinigung ihrer Kräfte drei englische Heeresabtheilungen in Ladysmith, Kimberley und Mafeking eingeschlossen hatten und sich dann ganz auf passive Abwehr der Entsatztruppen beschränkten. Doch fand der Uebergang hier augenscheinlich zu früh statt, und die anfängliche Gunst der Lage war nicht hinreichend ausgenutzt worden.

Die zeitliche Wechselwirkung in entgegengesetzter Richtung d. h. von der Defensive zur Offensive ist in strategischer Hinsicht leichter zu handhaben. Das Erlahmen eines strategischen Angriffs kann dem nicht ganz passiven Vertheidiger schwerlich lange verborgen bleiben. Die verminderte

Kraft der taktischen Handlung verräth es ihm, und die allgemeinen Verhältnisse werden ihn in die Offensive hineinziehen. Meist wird er dies auch abwarten können und dadurch der Gefahr entgehen, den Rollen= wechsel vorzeitig zu versuchen. Deutlich zeigt sich, wie der Vertheidiger durch die allgemeinen Verhältnisse in die Offensive hinübergezogen werden kann an Kutusow's Beispiel 1812. Selbst Daun, der Zauberer, ward durch Friedrich's Niederlage von Kolin fast widerwillig zum Angriff auf das preußische Kriegstheater getrieben. In voller Erkenntniß der Umstände und mit schlagfertiger Thatkraft vollzog sich der Umschlag 1815 in Blücher's Handeln, freilich nach einer vernichtenden Niederlage des bis dahin offensiv gewesenen Gegners.

Taktisch ist der Uebergang von Defensive zur Offensive weit schwieriger. Die Zeit ist für das Erkennen und den Entschluß sehr knapp bemessen. Das Erfassen des rechten Augenblicks aber hängt vom richtigen Urtheil über den Zustand des Feindes ab und diesen übersieht man heute während der Schlacht nur sehr unvollkommen. Die Entfernungen zwischen den Gefechtslinien bleiben groß und das allmälige Ausbrennen des Kampfes kann leicht darüber täuschen, daß auf des Gegners Seite der Kulminations= punkt in der Kraftäußerung schon überschritten ist. Jedenfalls ist recht= zeitiger Uebergang von der Vertheidigung zum Angriff auf dem Schlacht= felde heute ein Meisterwerk der Truppenführung geworden. Bei Waterloo war das noch anders. Selten werden die Dinge so einfach liegen, daß ein großer Zuwachs an Kräften auf unserer, eine deutlich sichtbare Ab= nahme auf feindlicher Seite den Uebergang zur Offensive geradezu aufdrängt.

Die räumliche Wechselwirkung gestaltet sich äußerlich einfacher; dennoch gehört sie zu den wichtigsten Elementen guter Kriegführurg. Sie gewährt das Mittel, an der entscheidenden Stelle stark zu sein. Eine glückliche erste Vertheilung der Streitkräfte gehört zu den vornehmsten Bürgschaften des Sieges. Auf strategischem Gebiete kommt es dabei hauptsächlich auf richtige Erkenntniß der allgemeinen Lage an. Man hat auf dem Kriegstheater überall dort Truppen zu sparen, wo ein Erfolg des Feindes nichts zu entscheiden vermag; sie dort zu häufen, wo hüben oder drüben die empfindlichen Stellen liegen. Die Natur des Landes, politische, sociale, ethnographische und Kultur=Verhältnisse, kurz die ge= sammten Umstände beider Parteien, kommen dabei zur Sprache und müssen vom Feldherrn mit weitem Blick übersehen werden.

Auf taktischem Gebiete gilt es, sich geschickt der Eigenschaft heutiger Vertheidigung zu bedienen, daß sie mit geringen Kräften weite Räume auch gegen große Uebermacht zu decken vermag. In Südafrika behaupteten Burenabtheilungen von 3—5000 Mann Fronten, wie sie einst Armeen einnahmen, nämlich von 8—10 Kilometern gegen englische Angriffe, denen es weder an Lebhaftigkeit und Energie, noch an der Vorbereitung durch Artillerie, noch gar an numerischer Ueberlegenheit fehlte. Aehnliches wird auch in Europa in künftigen Kriegen sich ereignen können. Die gegen Umfassung geschützte Vertheidigung kommt mit sehr geringen Kräften aus. Das giebt die Gelegenheit zur Ersparniß an Truppen auf dem einen Theile des Schlachtfeldes, um auf dem anderen der Ueberlegenheit sicher zu sein.

Eine eigenthümliche aber sehr kluge Anwendung der Vereinigung von Offensive und Defensive machten die Verbündeten im Herbstfeldzuge 1813, als sie sich entschlossen, überall da, wo Napoleon mit seinem Hauptheere erschien, vor ihm zurückzugehen, bis er die Verfolgung aufgab, hingegen mit aller Kraft über seine Marschälle herzufallen, wo diese sich an der Spitze von Seitenabtheilungen ihnen gegenüberstellten. Dort lag für sie die Aussicht auf den Sieg. Der eine Verstoß, den die Böhmische Armee am 26. und 27. August gegen dieses Prinzip des Handelns machte, strafte sich durch den Verlust der Schlacht bei Dresden. Es brachte hingegen der Nord= und der Schlesischen Armee die Siege von Groß=Beeren, bei Dennewitz und an der Katzbach ein. Allein ein solches Verfahren fordert einen sehr geübten Blick und schnelle Entschlossenheit. Als Meister zeigte sich Blücher darin, dem es zweimal gelang, den Kaiser hinter sich her nach Schlesien zu ziehen, ohne ihm die heißersehnte Gelegenheit zur Schlacht zu bieten. Beide Male mußte dieser von ihm ablassen, weil das Vorgehen der Hauptarmee aus Böhmen gegen Dresden ihn zurückrief. Er hatte bei dem Versuche, die strategische Defensive mit einzelnen Offensivstößen zu führen, am Ende nichts erreicht, als die Kräfte seiner Truppen zwecklos erschöpft. Doch ist die Ursache hierfür auch in seiner allgemeinen Lage mit dem versammelten Heere zwischen mehreren selbständigen feindlichen zu suchen.

Das Wesen der Vertheidigung liegt im Erhalten, das des Angriffs im Erwerben, und damit im Verbrauch der Kräfte. Wie ein guter Geschäftsmann soll der Feldherr seine Mittel nicht unnütz verausgaben, wo der Erfolg nicht lohnend ist, aber auch nicht geizen, wo lockender Gewinn in Aussicht steht. Von der glücklichen Vereinigung dieser Grundsätze hängt die richtige Kräftevertheilung nach Zeit und Raum ab, und davon der Erfolg. Ueberall gleich stark zu sein und die gleiche Anstrengung zu machen, ist das Kennzeichen unbeholfener Führung. Nur, wer da weiß auf den Punkten, wo auch ein Unfall keine entscheidenden Folgen haben kann, Kräfte zu sparen und dort zu laviren, wird in der Lage sein, an einem anderen scharf zuzugreifen und an dieser einen Stelle die Ueberlegenheit zu erlangen, worauf wir ja immer hinauswollen.

VIII.

Die Operationen.

1. Allgemeines.

Im Verlauf der kriegerischn Begebenheiten werden sich stets einzelne Gruppen abheben, die in einem engeren Zusammenhange stehen, als mit den vorhergehenden und nachfolgenden Ereignissen. Es sind die

Scenen im Drama. Die kriegerische Handlung strebt dabei mit lebhaf=
terem Interesse einem besonderen Ziele zu und läßt alle anderen Zwecke bei
Seite, oder ordnet sie unter, bis jenes erreicht ist. Dann vermag man ein
geringes Nachlassen, vielleicht eine kurze Erholungspause zu erkennen, bis
wieder ein schnellerer Gang angenommen und gleichsam ein neuer Ge=
danke, ein zweites Ziel sichtbar wird.

Jede solche Gruppe von Handlungen wird sich aus Märschen, Auf=
stellungen und Gefechten zusammensetzen und man nennt sie eine „Opera=
tion“. So spricht man in der Erzählung des deutsch=französischen Krieges
von einer Operation gegen die Saar, gegen die Mosel, den Operationen
um Metz u. s. w. Daß die verschiedenen Ereignißgruppen oder Opera=
tionen mit einander durch das Band eines gemeinsam leitenden Gedankens
verbunden sein müssen und sich nicht willkürlich oder zufällig aneinander
reihen dürfen, ist selbstverständlich und hebt die Unterscheidung nicht auf.

Zwischen einer Anzahl von Operationen wird nun meist wieder
eine engere Verwandtschaft dadurch eintreten, daß sie unter gleichartigen
Verhältnissen, in derselben Jahreszeit, gegen dasselbe feindliche Heer
geführt werden und sie sich durch zeitliche oder räumliche Bedingungen,
durch Wechsel des Gegners oder Aenderung in der Art der Kriegführung
von den übrigen Operationen abheben. Eine solche Gemeinschaft von
Operationen wird man passend einen „Feldzug“ nennen, der ein be=
stimmten Abschnitt des Krieges bildet. Ursprünglich wendete man diese
Bezeichnung nur auf die Jahreszeiten an und sprach von Winter= und
Sommerfeldzügen. Mit der Vergrößerung der Heere und der Erweiterung
der Kriegstheater hat sich die Unterscheidung nach räumlichen Verhältnissen
dazugesellt. So unterscheidet man 1870/71 z. B. einen Loirefeldzug,
einen Feldzug im Norden und im Osten Frankreichs u. s. w. Eine
praktische Bedeutung für die Kriegführung hat diese Eintheilung freilich
nicht; doch erleichtert sie die Uebersicht bei der Betrachtung des Ge=
schehenen sowohl, als bei Entwürfen für das Kommende. Daß ein Krieg
ausnahmsweise durch einen einzigen Feldzug beendet werden kann und
somit auch beide Bezeichnungen zusammenfallen, hat das Jahr 1866 in
Böhmen bewiesen.

Wenn wir gesagt haben, daß die Natur der heutigen Kriegführung
einen ununterbrochenen Fluß der Begebenheiten erfordert, so ist dies mit
Bezug auf einen ganzen Krieg oder Feldzug nicht wörtlich zu nehmen.
Keine Truppe kann Tag und Nacht unausgesetzt marschiren und fechten.
Ruhepausen werden eingelegt. Mit Bezug auf die einzelne Operation ist
es indessen strenger zu nehmen; denn der Feind wird ihren naheliegenden
Zweck bald errathen und kann jede Unterbrechung benutzen, um sie zu
vereiteln. Schon ein einziger unzeitig gewährter Rasttag kann, zumal
im Angriffe, großen Schaden thun. Bazaine wäre wahrscheinlich von
Metz aus entkommen, wenn die deutsche I. und II. Armee am 15. August
1870 hätte rasten wollen. Ihn wieder stürzte es in's Verderben, daß
er denselben Tag nur ungenügend für den Abmarsch benutzte. In der
Vertheidigung werden sich Unterbrechungen der Bewegung freilich oft von

selbst ergeben und zwar durch die Nothwendigkeit, abzuwarten, was der
Feind thut. Es bedeutet dies aber keinen Stillstand der Handlung in
Bezug auf den Zweck, der ja hier sehr häufig lediglich im Hinhalten und
im Zeitgewinn besteht.

Soll nun aber die Handlung inmitten ein und derselben Operation
womöglich ohne jede Unterbrechung fortgeführt werden, so muß vorher
Alles wohl besorgt sein, was die Truppen nöthig haben. Ihre Ver=
pflegung und der Nachschub an Schießbedarf ist für den ganzen Verlauf
auf's Sorgfältigste zu regeln. Die zurückzulegenden Entfernungen dürfen
nicht größer sein, als man sie, gleichsam in einem Anlaufe durchmessen
kann. In der Kriegsgeschichte begegnen wir selten Operationen, welche
mehr als 5—6 auf einander folgende Märsche in derselben Richtung,
ohne jeden Wechsel von Zweck und Ziel enthalten. Inmitten einer
Operation nur deshalb still zu stehen, weil die Erschöpfung der Mann=
schaft dies erheischt, ist verhängnißvoll für den Erfolg. Der Gegner
merkt leicht, daß man sich mehr vorgenommen, als man auszuführen
im Stande ist, und dies stärkt sein Vertrauen und seine Kraft. Sind
die Entfernungen zu bedeutende, so wird man die Operation besser theilen,
oder versuchen, noch vor dem eigentlichen Beginn seine Truppen unmerklich
näher an den Feind heranzuschieben, um einen Landstrich zu erreichen,
von dem aus man bis zum Ziele in einem Zuge zu gelangen ver=
mag. Dort werden dann Lebensmittel und Munition herangezogen, auch
die Vorbereitungen getroffen, um natürliche Hindernisse, die man auf
dem Wege finden kann zu überschreiten.*) An die Vollendung der letzten
unerläßlichen Einleitungen soll sich der Aufbruch unmittelbar anknüpfen.
Während der Bewegung dürfen die Verbindungen mit dem Landstrich,
in dem man jene Maßregeln getroffen hat, nicht abreißen, da man
seine Vorräthe von dort nachkommen lassen muß. Jener Landstrich
bildet das Fundament für den Aufbau der Operation. Dies führt uns
zu dem in der Lehre von der Kriegführung gebräuchlichen Begriffe
der Basis.

2. Die Operationsbasis.

Früher verstand man unter der Benennung „Operationsbasis" eine
geographisch fest bestimmte Linie, deren Besitz man durch besondere Vor=
kehrungen, wie die Anlage von Festungen, von Brückenköpfen, verschanzten
Lagern u. s. w. sicherte. Für die geworbenen Heere älterer Zeiten mit
ihrem steifen Verwaltungs= und Verpflegungs=Apparat hatte die Basis
einen um so höheren Werth, als die Verkehrsmittel schnellen Zuschub

*) Wenn Marschall Soult bei seinem Feldzuge nach Portugal im Jahre 1809
gezwungen wurde, einen Umweg von 30 deutschen Meilen zu machen, nur um
einen Uebergang über den unteren Minho zu finden, so strafte sich darin der
Leichtsinn in der Vorbereitung seines Unternehmens. Man hatte es unterlassen,
einen Brückenpark mitzunehmen, in der trügerischen Hoffnung, die Bevölkerung
ganz friedlich und die Brücken unzerstört zu finden.

von Bedürfnissen noch nicht wie heute erleichterten. Oft gingen die Operationen eines ganzen Feldzuges nur darauf hinaus, eine Basis für den nächsten zu gewinnen. Man begnügte sich damit, einige Festungen zu erobern, von denen aus man erst im folgenden Jahre in das feind= liche Land vordringen wollte. Zwischen den wichtigen Punkten der Basis mußte natürlich eine gute Verbindung bestehen und ebenso von derselben aus ein brauchbares Straßennetz nach vor= und nach rückwärts verfügbar sein. Als die beste Operationsbasis erschien daher, in diesem älteren Sinne des Wortes ein schiffbarer Fluß mit einer Reihe von Festungen an den Hauptübergangspunkten, welche beide Ufer beherrschten. Durch eine große Heerstraße verbundene Festungslinien leisteten ähnliche Dienste.

Längs der Basis wurden, durch die Festungen geschützt, die Ver= pflegungs=Magazine angelegt, die Vorräthe für Bekleidung und Be= schuhung aufgehäuft, der Schießbedarf für einen ganzen Feldzug zusammen= gebracht. Man errichtete dort Werkstätten für die Wiederherstellung des beschädigten, für den Ersatz des verlorenen Kriegsmaterials, brachte Ar= tillerie=, Brücken= und Fuhrparks zusammen, ja oft sogar die Rekruten= depots, um auch die Verluste an Menschenleben auszugleichen. Man richtete mit einem Worte die Armee häuslich ein, um sie, nach voran= gegangenen Anstrengungen und Verlusten, immer wieder in einen guten Zustand setzen zu können.

Rückte sie weiter vor, so nahm man Bedacht, ihr auch mit der Basis zu folgen und eine neue Linie, eine Gelegenheits= oder Zwischen= basis näher bei dem Operationsgebiete anzulegen. War hier die Ein= richtung auch nicht so vollständig, als auf der Hauptbasis, so mußte sie doch für den Zeitraum einiger Tage das Nothwendige gewähren.

Alle großen Feldherren haben, mögen ihre Kriegszüge auch den Stempel der Kühnheit tragen, dennoch dem Besitz einer guten Basis den höchsten Werth beigemessen. So sehr auch Alexander versucht war, nach seinen ersten Siegen über die Perser, den geschlagenen Heeren auf dem Fuße zu folgen, um den errungenen Vortheil auszubeuten, sehen wir ihn doch, sowohl nach der Schlacht am Granikus, als auch nach derjenigen vom Issus, sich erst den Küstenländern am Mittelmeere zuwenden, sich sogar langwierigen Belagerungen unterziehen, um die dort gelegenen Häfen und eine Verbindung mit der Heimath, sowie Stapelplätze für sein Heer zu gewinnen. Selbst die Eroberung Egyptens hielt er vor dem Marsche in's Innere erforderlich, um sich Seestreitkräfte zu verschaffen, deren er für die Ausdehnung seiner Eroberungen bedurfte. Von dem kleinen und ferngelegenen Macedonien ausgegangen, wechselte er nach seinem Eindringen in Asien die Basis und machte die gesammten Küsten des östlichen Mittelmeeres dazu.

Napoleon I. war nicht minder bedacht, sich für seine Operationen stets einen sicheren Boden zu schaffen. Besonders lehrreich sind in dieser Hinsicht seine Maßnahmen für den Feldzug von 1813 in Deutschland. Nachdem im Winter zuvor Weichsel= und Oderlinie verloren gegangen waren, wählte er die Elbe zur Operationsbasis. Anfangs dachte er vom

Unterlauf derselben aus eine großartig angelegte Offensive zu unternehmen, um die Verbindung mit den starken Besaßungen wiederzugewinnen, welche er in den Festungen des preußisch=polnischen Kriegstheaters zurückgelassen hatte. Er legte das höchste Gewicht darauf, den nördlichen Elblauf mit Magdeburg und Hamburg zu behaupten, um sich seiner als Basis zu bedienen und befahl dem Vicekönig Eugen, lediglich zu diesem Behufe, mit den Resten der aus Rußland heimkehrenden Armee vorwärts des ersteren Plaßes auf der Straße nach Berlin eine drohende Stellung ein= zunehmen.

Im zweiten Theile desselben Feldzuges wählte der Kaiser die mittlere Elbe als Basis für die Defensive, zu welcher er sich, seinen Neigungen ganz entgegen, in Anbetracht der allgemeinen Verhältnisse entschlossen hatte. Lehrreich zu verfolgen ist es, mit welcher Sorgfalt er sich dort einrichtete. Drei Festungen besaß er bereits an den Ufern des Stromes: Magdeburg, Wittenberg und Torgau, aber dies genügte ihm noch nicht. Hamburg und Dresden wurden gleichfalls noch befestigt, das erstere stark, um dem Feinde selbstständig für längere Zeit wider= stehen zu können, das zweite derart, daß es für acht Tage lediglich der Obhut seiner Garnison überlassen werden durfte. Länger glaubte der Kaiser unter keinen Umständen mit seinem Heere der Stadt fern zu bleiben. Er dachte sogar noch daran, im Laufe des Feldzuges zwei neue Waffenpläße hinzuzufügen, den einen an der Mündung des Plauen= schen Kanals in die Elbe, den anderen am Zusammenflusse von Havel und Elbe; doch kam es in der Folge nicht mehr dazu.

Auf diese Art wollte Napoleon jeder Sorge für die Sicherheit seiner Basis überhoben sein, während er zu kurzen kräftigen Offensiv= stößen gegen die Verbündeten vorging, welche ihn in weiten Bogen von Mecklenburg durch Schlesien bis nach Böhmen hin umschlossen hielten.

Alles Kriegsmaterial für sein Heer und reiche Lebensmittelvorräthe häufte er in den Elbfestungen an, so daß er mit Zuversicht einem langen und entscheidenden Feldzuge entgegensehen konnte.

Doch ist nicht zu vergessen, daß ein vorangegangener Waffenstillstand ihm geraume Zeit gelassen hatte, seine Basis gehörig auszustatten. Nicht immer werden die kriegerischen Ereignisse uns dazu nothwendige Frist gewähren; und ein reicher Landstrich mit guten Verbindungen, aus welchem man noch während der Operationen alles Nothwendige schnell heranziehen kann, ist deshalb eine außerordentliche Hülfe.

In einem weiteren Sinne bezeichnen wir auch diesen gesammten Landstrich als Basis, und sprechen davon, daß die Armee sich auf die eine oder andere Provinz basirt habe.

Die gänzliche Umgestaltung der Verkehrsverhältnisse, welche sich gegenwärtig vollzieht, ändert natürlich auch die Bedingungen für die Basirung der Heere vollkommen. Dampf und· Electricität eröffnen uns so viel neuartige Wege, daß es leicht wird, in wenig Tagen aus den entferntesten Gebietstheilen eines Reiches Verstärkungen und Vorräthe herbei zu holen. Selbst die Beschränkung auf einen Landstrich als Basis

4*

hört damit auf. Das ganze Staatsgebiet übernimmt diese Rolle. Da man aber, wo der Gegner nicht allzu systematische und gründliche Zer= störungen vorgenommen hat, die Eisenbahnen auch in Feindesland be= nutzen kann, so bildet sogar die Landesgrenze kein Hinderniß mehr. Jede enge geographische Umschreibung der Basis hört damit, wenigstens im europäischen Abendlande, auf und dies verwischt auch den Begriff, der vielfach schon als ein überflüssiger Rest alter Kriegsmethodik an= gesehen wird.

Das Wesen der Sache ist dennoch geblieben. Da der Krieg die vorhandenen Kräfte verbraucht, so bedarf jedes Heer nach wie vor einer wohlgeordneten Ersatzquelle mit guten Zuflüssen und sie bildet unsere Basis. Selbst die Vorstellung von der Basis als einer Linie kann be= stehen bleiben. Es wird die hinter der Armee zwischen dem regel= mäßigen Friedens= und dem Kriegsverkehr gezogene Scheidegrenze sein. Diese muß sich freilich je nach dem Fortgange der Kriegsoperationen unaufhörlich ändern.

Die Kriegführung unserer Zeit rechnet daher mit einer beweglichen Basis, und dies gehört zu denjenigen Vorzügen, welche ihr die äußerste Energie erlauben.

Es leuchtet ohne weiteren Nachweis ein, wie. günstig ein Heer gestellt ist, das über eine solche bewegliche Basis verfügt. Der Angreifer hat daher die Wiederherstellung der Eisenbahnlinien des Kriegstheaters über die anfangs von ihm beherrschten Endpunkte hinaus, sowie die Aufnahme des vom Feinde gestörten Betriebes von langer Hand sorgsam vorzubereiten, sonst wird der Vertheidiger bald im Vortheile sein. Dieser wieder soll darauf achten, daß die Bahnstrecken, die er aufgeben muß, der Benutzung durch den Gegner entzogen bleiben, sei es durch sperrende Festungen oder Forts, sei es durch gründliche Zerstörungen.

Eine wichtige Bedingung bleibt es für die Basis, daß sie hinreichend entwickelt ist. Je mehr sie sich gegen das Kriegstheater hin zusammen= schiebt, desto leichter wird es dem Gegner, die Armee, die sich darauf stützt, abzudrängen. Jedenfalls muß sie im richtigen Verhältniß zur Größe des Heeres stehen. Eine nach Hunderttausenden zählende Armee kann sich nicht hinreichend auf ein oder zwei Eisenbahnstationen oder kleine Festungen basiren. Die Versorgungs=Anstalten für so viele Menschen erfordern allein schon mehr Platz und eine große Zahl von An= und Abfuhrwegen. Alle Bewegungen werden gehemmt, wenn der Landstrich, zu dem man im Nothfalle zurückkehren muß, gar zu schmal ist. Die grundsätzliche Schwierigkeit von überseeischen Expeditionen beruht darin, daß sie meist auf nur einen, den Ausschiffungs=Punkt nämlich, an= gewiesen sind.

Selbst auf eine einzige Eisenbahnlinie stützt sich ein größeres Heer nur schlecht; denn sie wird ihm nur langsames Vorrücken erlauben. Es müssen deren mehrere in der Operations=Richtung vorhanden sein, will man einige Freiheit in den Bewegungen haben. —

Umgiebt die Basis das Kriegstheater auf zwei Seiten, so wird die Lage besonders günstig, zumal, wenn die Schenkel unter einem Winkel zusammentreffen, welcher dem rechten nahekommt. Der innerhalb des Winkels Operirende findet dann in zwei ganz verschiedenen Richtungen Stütze und Anhalt. Man spricht in diesem Falle von einer doppelten Basis. Eine solche suchte sich Napoleon I. im Jahre 1806 zu sichern, als er nächst der Mainlinie, von welcher er ausging, auch noch die Rheinlinie, welche zu seiner Linken lag, als Basis einrichtete.

Eine oder mehrere Eisenbahnlinien hinter sich zu haben, und sicher zu sein, beim Vormarsche bald auf andere zu treffen, welche von der Seite her das Kriegstheater erreichen, ist die vortheilhafteste Bedingung, unter der man den Feldzug eröffnen kann; doch muß das Kriegs=theater dazu eine sehr glückliche Gestalt haben.

Ein Wechsel der Operationsbasis, inmitten der Kriegshandlung ist auf alle Fälle recht schwierig. Das Hinüberschaffen der einmal auf=gestapelten Vorräthe in ein anderes Gebiet erfordert bei dem Wirrwarr, welcher meist hinter den großen Heeren der Gegenwart entsteht, und bei der Fülle und Verschiedenheit der Anforderungen, welche gleichzeitig an die dort thätigen Behörden gestellt werden, jedenfalls mehr Zeit, als die Ungeduld der Feldherrn es wünscht und die Bedürftigkeit der Truppen es fordert.

Völlige Neueinrichtung der Basis mit Hülfe der heimischen Ver=bindungswege wird meist vorzuziehen sein.

Leichter ist natürlich das einfache Vorschieben hinter dem vorauf=marschirten Heere; wo man nur die schon bestehenden Verbindungs=linien verlängert und die Eisenbahnen, welche von den vorrückenden Truppen besetzt werden, auch in Betrieb nimmt, so daß es sich lediglich darum handelt, die Daseins=Mittel der Armee gegen die neuen End=stationen hin zusammenzuschieben. —

Vortrefflich können sich Flotte und Landheer bei dem Vorschieben einer Basis unterstützen, sobald das Kriegstheater auf einer Seite vom Meere begrenzt ist. Ein hübsches Beispiel davon gaben uns die Japaner in ihrem Vordringen gegen China 1894 und 95. Sie besetzten zunächst das streitige Objekt Korea. Dann überschritten sie nach sieg=reichem Gefecht den Grenzfluß Jalu. Nunmehr dehnten sich die Ent=fernungen zwischen ihrem Heere und den Häfen Koreas, wo dasselbe ausgeschifft worden war, über die Gebühr aus. Die Flotte erschien daher mit einem zweiten Heerestheile vor dem seitwärts an der Küste belegenen Kriegshafen Port Arthur und nahm ihn. Später eroberte sie Wei=hai=wei. Beim weiteren Vordringen gewährten diese Punkte die Stütze für das Landheer. Beide beherrschen ihrer Lage nach das große Becken des Golfs von Petscheli. Nach jedem Küstenpunkte hin konnten Lebensmittel, Schießbedarf und Ersatz herangeschafft werden. Ein früheres Erscheinen der Angreifer vor den Hafenplätzen hätte sie der Einwirkung von Entsatzheeren ausgesetzt, ein späteres den Zweck verfehlt.

Im großen Stile sehen wir dasselbe im Alterthum von Alexander ausgeführt, der sein Landheer bei dem Marsche nach Indien und von dort zurück durch die Flotte des Nearch begleiten ließ. —

Ergiebigkeit und Sicherheit der Kraftquellen des Heeres gehören zu den ersten Bedingungen des Erfolges. Auch die kühnsten Führer haben das nicht außer Acht gelassen. Trotz aller Vorsichtsmaßregeln, welche er in dieser Hinsicht getroffen,*) sehen wir Napoleon I. zweimal aus Schlesien nach Sachsen zurückkehren, als die Elbe und Dresden durch die aus Böhmen vorrückende Hauptarmee der Verbündeten bedroht wurden.

Dennoch können es die Umstände zeitweise erfordern, daß man die Rücksicht auf die Basis ganz außer Acht läßt, und gleichsam nur nach vorwärts, nicht nach rückwärts sieht. Wir verfolgen dann ein Ziel, welches uns, wenn es erreicht ist, für die aufgegebene eine neue Stütze künftiger Unternehmungen gewährt. General Shermann's Zug von Atalanta nach Savannah, und von dort weiter durch Süd- und Nord-Carolina bis Goldsboro und Raleigh, hat das Beispiel einer solchen Operation gegeben, die vom größten Erfolge begleitet war. Aber es ist zu bemerken, daß dieselbe durch ein von feindlichen Truppen fast entblößtes Gebiet führte, und daß man die mitgenommenen Vorräthe im Lande zu ersetzen vermochte. Auch hatte der General in sicherer Aussicht vor sich die Wiedergewinnung einer anderen Basis an der Meeresküste.

Sorgfältige Vorbereitungen, eine sehr entschlossene Führung, die sich nicht aufhalten läßt, und bestimmt ausgesprochene Ueberlegenheit über den Feind sind dabei erforderlich.**) Dennoch ist das gänzliche Aufgeben der Basis immer ein Sprung in's Dunkle.

Die Stärke des Heeres spielt dabei eine wesentliche Rolle. Sie darf nicht außer Verhältniß zu den Mitteln des Landes stehen. Shermann befehligte bei seinem Zuge 65 000 Mann. Dies ist in einem dünn bevölkerten Gebiete wie Georgia und Süd-Carolina schon viel. Mit den Millionenheeren unserer Zeit wird man sich schwerlich völlig von seiner Verbindung mit der Basis loslösen dürfen; es sei denn, daß dies unmittelbar vor einer großen Waffenentscheidung geschehe, um für diese eine günstige Angriffsrichtung zu gewinnen, wie es am 18. August 1870 von den Deutschen bei St. Privat la Montagne gewagt wurde. Die siegreiche Schlacht giebt uns volle Freiheit wieder und eröffnet alle Verbindungen, die wir vorher aufgegeben hatten. Sache des richtigen Blickes ist es, im einzelnen Falle zu erkennen, wann und in welchem Umfange das Aufgeben der Basis geschehen darf, ohne die Erhaltung der Truppen zu gefährden. Rückschläge sind in einer solchen Lage meist verderblich, wie es der Untergang der „großen Armee der Vendée" bei

---

*) S. S. 50. 51.
**) Shermann führte auf seinen Wagen beim Abmarsche von Atalanta für mehr als 20 Tage Lebensmittel mit sich. John Bigelow. The Principles of Strategy. Philadelphia 1894.

ihrem Zuge nördlich der Loire im Dezember 1793 beweist.*) Dennoch
werden Generale, welche die Loslösung mehr scheuen, als sie den Erfolg
lieben, selten etwas wirklich Großes vollbringen. Diejenigen Feldherren,
welche die Einrichtung ihrer Basis und deren Sicherheit zur Alles be=
herrschenden Hauptsache machen, pflegen darüber die günstigen Augen=
blicke zum Handeln zu versäumen.

Ist es schon schwierig, sich freiwillig von seiner Basis zu trennen,
so muß es bedenklich werden, wenn dies durch die Einwirkung des
Feindes unerwartet geschieht. Das Abschneiden ist indessen nicht rein
geometrisch zu nehmen. Dadurch, daß ein feindlicher Heertheil über die=
jenigen Linien hinwegmarschirt, welche uns mit der Basis verbinden,
dürfen wir uns durchaus noch nicht schrecken lassen. Nur wenn er zu=
gleich diejenigen Anstalten trifft, ohne welche wir dauernd füglich nicht
leben können, entsteht eine ernste Gefahr.

Ist das Heer im Stande für eine Zeit.lang auf die Verbindung
mit der Basis zu verzichten, weil es inzwischen sich weiter vorwärts
neue Stützpunkte schafft, oder es sich in einem Landstrich bewegt, der
ihm die nothwendigen Mittel gewährt, so wird es sich durch die Nach=
richt, daß eine feindliche Abtheilung auf seinen bisherigen Verbindungen
stehe, nicht aufhalten lassen. — Die abschneidende Truppenmasse muß
auch an sich von einer achtunggebietenden Stärke sein. Nicht eine Minute
lang dachte Napoleon I. an Umkehr, weil der Herzog von Weimar
im Oktober 1806 mit einer Division des preußischen Heeres durch den
Thüringerwald bis auf diejenigen Straßen vorging, welche ihn mit seiner
Basis am Main und Rhein verbanden. Dies Vorgehen war ganz im
Stile der alten Kriegführung gedacht, wo man glaubte, den geometrischen
Beziehungen mehr Bedeutung beimessen zu müssen, wie der Zahl der
Streiter. Als Napoleon sich im August 1813 an der Elbe eingerichtet
hatte, beunruhigte ihn der Gedanke, daß die Oesterreicher von Böhmen
aus über Baireuth in das Herz Deutschlands vordringen könnten, durch=
aus nicht mehr. „Woran mir liegt“, schrieb er am 16. August an
St. Cyr, „ist, daß man mich nicht von Dresden und der Elbe ab=
schneide; wenig liegt mir daran, wenn man mich von Frankreich trennt“.
Sollten die Oesterreicher jenen Zug unternehmen, so war er im Voraus
entschlossen: „ihnen glückliche Reise zu wünschen und sie ziehen zu lassen“.
Sie hätten eben dort in Franken, Thüringen und Hessen nur einige
Nachschubtransporte aufgehoben oder vernichtet, aber. kein Objekt treffen
können, dessen Verlust des Kaisers Lage ernsthaft gefährdete, wie es der
Verlust seines befestigten Hauptstapelplatzes Dresden gethan haben würde.

3. Operationslinien, Verbindungslinien, Rückzugslinien.

Von dem Begriff der Basis gelangen wir naturgemäß zu dem=
jenigen der Operations= und Verbindungslinien. Die ersteren

---

*) Boguslawski. Der Krieg der Vendée gegen die französische Republik.
Berlin 1894. S. 199.

sind diejenigen Wege, auf denen das Heer von der Basis aus seinem Ziele entgegenrückt, die zweiten aber die Land= und Wasserstraßen oder Eisenbahnen, vermittelst welcher es sich dauernd ernährt und versorgt. Wer sich von seiner Basis gänzlich losgesagt hat, ist auch von der Sorge um seine Verbindungslinien frei. Als Ferdinand Cortez seine Schiffe verbrannte, nachdem er den Fuß auf mexikanischen Boden gesetzt, war er wohl der Ueberzeugung, daß er mit seiner kleinen Truppenmacht im volkreichen, fremden Lande den Verkehr zur Küste ohnehin nicht werde aufrecht erhalten können. So wurde er zweier Hemmnisse mit einem Schlage ledig.

Andererseits nützt die bestausgestattete Basis natürlich nichts, wenn die dahin führenden Straßen unsicher sind. Je größer das Heer ist, desto lebhafter wird der Verkehr in seinem Rücken, desto besser und zahl= reicher müssen die Verbindungslinien sein. Sie gewinnen mit dem An= schwellen der Truppenmassen derart an Bedeutung und Wichtigkeit, daß man die Strategie überhaupt schon als eine Lehre von den Ver= bindungslinien aufgefaßt hat — ein Begriff, der natürlich viel zu eng begrenzt ist.*)

Die sichersten Verbindungslinien sind gut gebaute Landstraßen, die der Feind zwar beunruhigen, unterbrechen, ja stellenweise zerstören, aber doch nur äußerst selten vollkommen absperren kann. Ist ein Weg uns verlegt, so bleibt ein anderer offen, und man kann die Hauptstraße auf Umwegen wieder erreichen. Die Benutzung von Landstraßen verursacht auch bei Aenderung der eingeschlagenen Richtung und Verlegung des ganzen Systems der Verbindungen einer Armee am wenigsten Schwierig= keiten. Aber der Marsch von Wagen und Tragthieren geht langsam von Statten. Die fortgeschafften Lasten sind verhältnißmäßig gering. Regen und Schnee üben den größten Einfluß auf den Marsch aus; selbst die bestgebaute Chaussee wird am Ende von den unablässig hin= und her= fahrenden Wagenzügen aufgewühlt. Gebirgswege verschließt der Winter unter Umständen vollkommen. Wendet man heute auch besondere Mittel an, um solche einfachen Verkehrslinien nützlicher zu machen, wie die hohen, mit schweren Pferden bespannten Frachtfuhrwerke, welche im Osten Europas üblich sind, die Pferdebahnen auf schnell gestreckten Holzschienen, die Lastzüge von Lokomobilen gezogen, Motorfahrzeuge, Förderbahnen für Dampfbetrieb u. s. w., so sind diese Aushülfen doch nur auf großen Kunststraßen oder in gut gangbarem Gelände, nicht auf Seitenwegen und Bergpfaden möglich, und niemals können sie die schnelleren Transport= mittel, welche den Handelsverkehr regeln, ganz ersetzen. Ein Heer von achtunggebietender Stärke, welches ausschließlich auf Landstraßen an= gewiesen wäre, würde in seinen Bewegungen gehemmt und für unsere heutigen Begriffe schwerfällig sein. Alle Feldzüge im Orient, auf der Balkanhalbinsel und in Anatolien, tragen, für unsere Augen, dieses Ge= präge. Sie sind nur dann richtig zu beurtheilen, wenn man dem Um=

---

*) Willisen. Theorie des großen Krieges. S. 33—35.

stande Rechnung trägt, daß in den meisten Fällen Lebensmittel und Schießbedarf auf Maulthier-, Pferde- und Kamelsrücken dem Heere nachgeschafft werden. Nur in flachen Gegenden sind Ochsenwagen, wie man sie im Lande findet, verwendbar. Erst jetzt beginnt das Schienen netz sich auch dort derart zu dichten, daß es militärische Bedeutung gewinnt. Die kürzlich vollendete Verbindungsbahn zwischen Thracien und Macedonien, welche von Dedeagatsch nach Salonik hinüberführt, spielte im griechischen Kriege von 1897 schon eine bedeutende Rolle. Trotz mangelhaften Betriebes beschleunigte sie den Aufmarsch der Armee um Wochen, ja vielleicht um Monate.

Wasserlinien, schiffbare Kanäle und Ströme geben vortreffliche Verbindungslinien ab. Schiffstransport ist am wohlfeilsten und erlaubt die gleichzeitige Fortschaffung der bedeutendsten Lasten. Heute, wo man, wie auf der Elbe, die an Ketten laufenden großen Lastkähne durch Dampfkraft ziehen läßt, leisten Wasserlinien ein Vielfaches mehr, als zu der Zeit, da man auf günstigen Wind, Ruder und Segel angewiesen war. Und dennoch wurde der Besitz der mittleren Elblinie, welche sein ganzes Kriegstheater durchschnitt, für Friedrich den Großen eines der Elemente seiner Ueberlegenheit über den Gegner bei allen Feldzügen in Sachsen und Böhmen.

Aber der Werth der Wasserlinien erleidet die Einschränkung, daß ein harter Winter sie durch Frost verschließen kann, und daß sie in ihrer Richtung nicht zu verlegen sind. Bei plötzlich eintretendem Wechsel der Operationen können sie also ihre Bedeutung verlieren.

Das Meer als Verbindungsmittel zwischen dem Heere und den Quellen seiner Kraft ist von diesen beiden Einschränkungen frei; es gefriert nicht, außer im hohen Norden, und es bindet die Schiffe nicht an eine bestimmte Linie. Nur darf man nicht an einen einzigen oder eine ganz geringe Anzahl von Häfen gebunden sein, namentlich so lange der Feind noch irgend welche Mittel besitzt, uns zur See gefährlich zu werden. Er würde dann unseren Transportschiffen bei der Einfahrt, gegen welche ihr Lauf sich richten muß, auflauern und sie vernichten. Auch ist zu bedenken, daß Häfen an den Küsten unserer Zone sich des Winters durch Eisschollen verschließen, daß Sturm und Unwetter die Seeverbindungen zeitweilig unterbrechen.

Den Vorzug geben wir daher den Eisenbahnen, dem schnellsten Verkehrsmittel, das weder von Wind und Wetter, noch von Hitze und Kälte abhängig ist. In der Möglichkeit der gleichzeitigen Fortschaffung großer Lasten stehen sie den Schiffen freilich nach, und sie haben, gemeinsam mit den Kanälen und Strömen, den Mangel, nicht nach Belieben des Heerführers verlegt werden zu können. Doch ist im Abendlande das Netz der Schienenwege enger, als das der schiffbaren Wasserstraßen, und, wo plötzlich das Heer eine andere Richtung einschlägt, wird es meist eine benutzbare Seiten- oder Querbahn vorfinden. Nur sind die absichtlichen Zerstörungen durch den Feind leichter zu bewerkstelligen, als bei den übrigen Verkehrslinien und, bei großer Ausdehnung wenigstens, kaum gegen seine Flanke antworten, wie es Scharnhorst für das preußische Heer im Oktober 1806 vergeblich, für das verbündete im Mai 1813 bei Lützen aber mit Erfolg anrieth, und wie es General von Werder am 9. Januar 1871 bei Villersexel gegen General Bourbaki glücklich durchführte.

Der größeren Bewegungsfreiheit kann sich, zumal im eigenen Lande, der strategische Vertheidiger ohne ängstliche Sorge bedienen.

Als eine der wichtigsten Bedingungen für die strategische Offensive haben wir die Nothwendigkeit erkannt, früher als der Gegner mit der Bereitstellung der Streitkräfte fertig zu sein. Die Erfüllbarkeit dieser Bedingung hängt aber von der gesetzlichen Verfassung des Heeres ab, sowie von der systematischen Vorbereitung der Mobilmachung, vom Besitze einer reichlichen Ausrüstung und großer Transportmittel, ferner von der geographischen Gestalt und Beschaffenheit des Staatsgebietes, seines Eisenbahn= und Straßennetzes. Auch erfordert sie bedeutenden Geld= aufwand. Das Alles vereinigt sich schwer. Der Wetteifer in diesen Dingen mit Nachbarn, die in glücklicherer Lage sind, kann ein Land schon im Frieden dem Ruin nahe bringen.

Davon nun bleibt derjenige frei, der sich auf die strategische Defensive beschränkt. Er kann dem Gegner meist unbeschadet einen geringeren Vorsprung der Zeit überlassen, wenn derselbe nur nicht so beträchtlich ist, daß die zur Benutzung ausersehenen Vertheidigungslinien oder Stellungen vom Feinde erreicht werden, ehe sie von den eigenen Truppen besetzt sind.

In der Betrachtung über die Offensive haben wir gesagt, daß der Vertheidiger im Allgemeinen mehr Aussicht auf die Unterstützung anderer Mächte besitzt, als der Angreifer. Aus Edelmuth unterstützt freilich Niemand mehr den schwächeren Theil — das hat der südafrikanische Krieg zur Genüge bewiesen — wohl aber aus Eigennutz; und es hat sich gegenwärtig in Europa ein Zustand des Gleichgewichtes heraus= gebildet, an dessen Erhaltung alle Mächte ein gewisses Interesse besitzen. Sie werden daher einer Störung dieses Gleichgewichtes durch die Ver= nichtung der einen oder anderen Macht abhold sein, ihr entgegenwirken und einem Sieger, der in der Ausnutzung seiner Vortheile zu weit geht, in den Arm fallen. Wenn sich die Intervention der nicht unmittelbar am Kriege betheiligten Mächte 1866 zu Gunsten des unterliegenden Oesterreich nur in einer sehr schwächlichen diplomatischen Dazwischenkunft Napoleon III. und 1871 für das geschlagene Frankreich überhaupt nicht geltend machte, so lag der Grund dafür in der weisen Beschränkung, welche der Sieger sich in der Ausnutzung der gewonnenen Uebermacht selber auferlegte.

Die insgemein auf das Erhalten gerichtete Tendenz, welche, dem hohen Alter aller europäischen Staaten entspringend, heute politisch vor= herrscht, kommt naturgemäß der strategischen Defensive entgegen, deren Prinzip gleichfalls das des Erhaltens ist. Im siebenjährigen Kriege hat es das junge Preußen empfunden, wie gefährlich es sein kann, einen solchen gewordenen und allgemein als wünschenswerth angesehenen Zustand zu stören. Nur das ungewöhnliche Genie eines großen Fürsten rettete es damals vom Untergange.

Solchen, an die Wahl der strategischen Defensive sich knüpfenden Vortheilen stehen nun aber wesentliche Nachtheile gegenüber. Von einer allgemeinen Empfindung von Schwäche wird jene Form der Kriegführung überhaupt nicht zu trennen sein. Dieses Gefühl hat ja bereits den Entschluß geboren, sich auf die Vertheidigung zu beschränken.

Sodann müssen wir uns abermals dessen erinnern, daß mit der Abwehr allein nichts entschieden werden kann. Das Aeußerste, was man in der strategischen Defensive zu erreichen vermag, ist ein Frieden, den der Gegner aus Ermüdung gewährt. Einen solchen errang Friedrich der Große; doch kam ihm eine Umgestaltung der politischen Lage dabei zu Hülfe. Auch begünstigte ihn die Kampfweise seiner Zeit außerordentlich.

Der Versuch der Südstaaten im amerikanischen Secessionskriege, den überlegenen Gegner zu ermüden, mißlang, trotz äußerster patriotischer Anstrengung, trotz besserer Heere und tüchtigerer Feldherren. Auch im russisch-türkischen Kriege unterlag die strategische Defensive nach anfänglichem Erfolge. Der südafrikanische Krieg zeigte die gleiche Erscheinung. Wer nicht im Stande ist, aus der Vertheidigung am Schlusse zum Angriff überzugehen, kann im Allgemeinen als verloren angesehen werden. Sein Unterliegen wird zur Zeitfrage.

Die strategische Defensive muß in den meisten Fällen von Hause aus Land und damit Hülfsquellen aufgeben; denn eine genau an der Staatsgrenze durchgeführte Vertheidigung wird kaum jemals möglich sein.*) Nur, wenn es ihr nach glücklicher Beendigung gelingt, das Anfangs dem Gegner Ueberlassene wiederzugewinnen, kommt sie ohne Schaden davon. Mit Bezug auf das letzte Ziel erschwert sie sich selbst die Aufgabe.

Die moralischen Folgen, welche dem der Vertheidigung stets innewohnenden Gefühle der Schwäche und der erzwungenen Unthätigkeit beim Abwarten dessen, was der Feind thun wird, entspringen, fallen schwer in's Gewicht. Entwickelt die Bewegung beim Angreifer neue intellektuelle und moralische Kräfte, so stellt das Ausharren in der Ungewißheit bei der strategischen Defensive die vorhandenen auf eine harte Probe. Wir haben zwar gesagt, daß der Vertheidiger dem Angreifer Ueberraschungen bereiten könne, indem er seine Bewegungen beobachtet und über ihn herfällt, sobald er einen Fehler entdeckt, allein dies ist keineswegs leicht; denn niemals ist die Lage eine ganz klare. Der Angreifer wird den Vertheidiger nicht bloß an einem einzigen, sondern gleichzeitig an mehreren Punkten berühren. In der Regel vermuthen die zunächst Betroffenen an

---

*) Versucht wurde sie zu Anfang des thessalischen Krieges auf griechischer Seite, führte aber zu einer heillosen Zersplitterung der Streitkräfte, welche sich nur deshalb nicht gebührend strafte, weil der türkische Gegenangriff, der auf die ersten Feindseligkeiten folgte, zu langsam war.

jeder Stelle die Hauptgefahr. „Gewöhnlich ist da Noth in allen Ecken und Enden", sagt Clausewitz. Die Ungewißheit hat falschen Alarm und Anstrengungen zur Folge, die, wenn sie von der Truppe als unnütz er= kannt werden, doppelt herabstimmend wirken. Nur ein sehr sicherer und geübter Blick vermag sogleich zu erkennen, wohin man sich zu wenden hat. Ferner wird die Ausnutzung der Fehler des Angreifers nur bei sehr schnellen Erfolgen gelingen und diese erfordern große taktische Ueber= legenheit. So ist auch hier der Vortheil der strategischen Vertheidigung bedingt und eingeschränkt.

Ihre rückwärtigen Verbindungen und ihre Basis d. h. ihre Er= gänzungs= und Kraftquellen, wird sie sicherzustellen von Hause aus Bedacht nehmen; denn da sie auf Dauer berechnet sein muß, ist sie von denselben sehr abhängig. Dennoch wird der Feind, welcher die Bewegung und die Initiative auf seiner Seite hat, sie durch die Richtung seines Vor= gehens meist bedrohen können. Die besten Stellungen sind durch einen solchen Druck unhaltbar zu machen.

Führt ferner die strategische Offensive die Möglichkeit herbei, daß Bundesgenossen abfallen, welche mit uns nicht völlig gleiche Absichten hegen, so ist andrerseits die strategische Defensive ungeeignet, schwankende Mächte mit fortzureißen, oder andere von der Theilnahme am Kriege gegen uns abzuschrecken. Wenn Deutschland sich 1870 auf die strategische Defensive hätte beschränken wollen, so würde es wahrscheinlich Oesterreich, wohl auch Dänemark bald an Frankreichs Seite gesehen haben.

Endlich ist zu erwähnen, daß die strategische Defensive die Truppen den wohlthätigen Wechsel der Gegend sehr häufig lange entbehren läßt, wodurch die Gefahr verheerender Krankheiten wächst und in der Regel eine herabdrückende Einwirkung auf das Gemüth des Soldaten entsteht.

Doch alle diese Umstände fallen nicht so sehr in's Gewicht, als der eine grundsätzliche Mangel, daß man mittelst der strategischen Defensive — wie der Defensive überhaupt — nur die Niederlage vermeiden, nicht den Sieg erringen kann.

------

2. Die taktische Defensive.

Die meisten Eigenheiten und Bedingungen, welche die strategische Defensive beeinflussen, kommen auch in der taktischen zur Geltung. Einige wirken indessen in anderer Art.

Die taktische Defensive ist noch mehr als die strategische die natür= liche Form für den Schwachen. Ihr unmittelbares Ziel ist die Abwehr des feindlichen Angriffs in einer bestimmten Stellung, also etwas ganz Negatives, das leicht zu erreichen ist.

Die erstaunlichen Fortschritte, welche die Feuerwaffen in neuerer Zeit gemacht haben, kommen der taktischen Defensive in erster Linie zu Gute. Namentlich trifft dies für das Kleingewehr zu.*) Daher kann sich auch

------

*) Vom Geschütz kann nicht ohne Weiteres das Gleiche behauptet werden. Die schwere Artillerie, welche jetzt von allen Feldherren mitgeführt wird, besitzt

der Starke, dem die Wahl offen steht, gelegentlich aus freien Stücken für die taktische Defensive entscheiden. Der Hauptvorzug, den er dann bei ihr suchen wird, ist, daß sie die Gefahr umgeht, die Truppen in verfehltem Ansturm gegen feindliche Stellungen zerschellen zu lassen. Hartnäckige Angreifer unterliegen, zumal in unübersichtlichem Gelände, leicht der Versuchung, große Anstrengung auf ein Ziel zu verwenden, dessen Erringung die Opfer nicht aufwiegt. Man denke nur an die Oesterreicher im Swiepwalde während der Schlacht von Königgrätz.*)

Selbst der Erfolg wird, der furchtbaren Feuerwirkung unserer Zeit gegenüber, oft so theuer erkauft werden, daß die Gesammtlage eher eine Verschlechterung als eine Verbesserung erfährt. Pyrrhussiege sind ein besonderes Verhängniß der taktischen Offensive. Nach trüben Erfahrungen durch die Verluste in den Angriffsschlachten regt sich meist selbst bei dem Sieger der Wunsch, die Rolle zu wechseln. In der That hat der Vertheidiger ja die fortdauernde Feuerwirkung für sich, während der Angreifer sie durch die Bewegung unterbrechen muß. Eingeschränkt wird dieser Vortheil nur durch die der Vertheidigung stets innewohnende Excentricität der Wirkung, während die des Angriffs der Natur der Sache nach concentrisch ist.

Sodann wird der Beistand des Geländes in der taktischen Defensive noch wirksamer, als in der strategischen. Der Vertheidiger sucht die Hindernisse aus, welche er den Gegner unter seinem Feuer überschreiten lassen will und kann sie oft noch künstlich verstärken. Ferner genießt der Vertheidiger den besonderen Vorzug, daß er seine Truppen verdeckt aufzustellen, also sie nicht nur gegen übermäßige Verluste zu schützen, sondern auch seine Anordnungen verborgen zu halten vermag, während der Angreifer offen und sichtbar, meist sogar auf den gebahnten Straßen herankommen muß. Die Schlachten am Tugela und am Moddderriver in Südafrika haben gelehrt, wie groß heutzutage der Unterschied in der Einbuße hüben und drüben bei einem verfehlten Angriff sein kann. Verläuft die Vertheidigung glücklich, so wird nicht einmal mit einiger Sicherheit die Zahl der dabei betheiligten Streiter zu erkennen sein. Das Schnellfeuergewehr ist eine so gute Präcisionsmaschine, daß es weniger auf die Menge als die Geschicklichkeit der sie Bedienenden und auf reichen Munitionsvorrath ankommt.

Diese Vortheile der taktischen Defensive würden dem Vertheidiger noch häufiger, als die Kriegsgeschichte es verzeichnet, die Gelegenheit zu

---

ihre Hauptstärke in der Zerstörung von Hindernissen und in der Wirkung gegen gedeckte Truppen. Beides richtet sich gegen den Vertheidiger. Für diesen kann sie freilich beim einleitenden Geschützkampfe ihre großen Schußweiten und ihr mächtiges Sprenggeschoß in die Waagschale werfen. Gegen die beweglichen Truppenziele, welche beim Angreifer auftreten, wird sie wenig mehr als die schnellfeuernden Feldbatterien ausrichten.

*) $42^2/_9$ Bataillone, von 120 Geschützen unterstützt, mußten sich vergeblich ab, $14^1/_4$ Bataillone, welche nur 24 Geschütze auf ihrer Seite hatten, aus dem Walde zu verdrängen und zehrten ihre Kräfte in diesem Ringen ergebnißlos auf.

Ueberraschungen gewähren, wenn es nicht sehr schwer wäre, die einmal in einer Stellung vertheilten Truppen aus dem Beharren heraus, so schnell wie es erforderlich ist, um die bemerkten Fehler des Gegners auszunützen, in Bewegung zu bringen. Das Bild, welches uns den Vertheidiger in seiner Stellung gleichsam auf der Lauer liegend zeigt, bis er einen Mißgriff des Feindes erspäht hat, um dann über ihn her= zufallen, nimmt sich zwar gut aus, kommt aber selten zur Verwirklichung. Eine Armee vermag eben nicht wie ein Tiger, mit der Schnelligkeit des Gedankens auf die Beute loszuspringen. Der Blick braucht Zeit, um die Gelegenheit zu entdecken, der Entschluß, um zu reifen, der Befehl, um zur Truppe zu gelangen, und diese, um sich zum Vorbrechen zu ordnen und in Bewegung zu setzen. Das ergiebt eine Zeitsumme, welche es meist dem in fließender Bewegung befindlichen Angreifer ermöglicht, über den kritischen Augenblick hinweg zu kommen.

In der Schwierigkeit, einmal im Gelände vertheilte Truppen, namentlich nach einer anderen Richtung als ihrer Front hin in Bewegung zu bringen, liegt auch die Schwäche der Flanken einer jeden Aufstellung. Sonst müßte der Vertheidiger, der den kürzeren Weg hat, stets mit dem Frontwechsel früher fertig werden, als der Angreifer mit der Umfassung.

Von mehreren Seiten gleichzeitig angegriffen, in der Front be= schäftigt und in einer oder beiden Flanken umfaßt, oder gar der Rück= zugslinie beraubt zu werden, ist die prinzipielle Gefahr, der die taktische Vertheidigung unterliegt. Das weittragende Feuer macht die Lage des Umfaßten heute verderblich, und den Vortheil, den er früher zur Zeit der glatten Gewehr= und Kolonnen=Angriffe durch das enge Zusammen= fassen seiner Kräfte für sich hatte, völlig trügerisch. Es ist hier schwerer, mit Gegenstößen zu antworten, wie in der strategischen Defensive, weil der Raum meist zu eng, die Zeit zu kurz ist, um dieselben ansetzen und zu voller Kraft entwickeln zu können. Gar ein Vorgehen mit denselben Truppen, erst gegen den einen, dann gegen den anderen Theil des feind= lichen Heeres, also ein taktisches Operiren auf der inneren Linie, wird fast nie möglich sein, weil die Entfernung zwischen den getrennten geg= nerischen Gruppen zu klein ist und man sich nicht nur zwischen zwei Gegnern, sondern auch zwischen zwei Feuern befindet.

Die taktischen Gegenstöße auf dem Schlachtfelde, anders als in der einfachsten Form, durch ein frontales Vorgehen, nachdem man den An= griff abgewiesen hat, erfordern hohe Meisterschaft in der Handhabung der Truppen, wie sie einem Napoleon eigen war. Bei Austerlitz gab er das nachahmenswerthe Beispiel davon, aber solche Beispiele sind selten. Meist werden Offensivstöße nur von frischen Truppen ausgehen können, welche im kritischen Augenblicke auf dem Schlachtfelde eintreffen, nicht von den schon vorher am Kampfe betheiligten.

Gelegentlich kann der Vertheidiger dem Angreifer Ueberraschungen dadurch bereiten, daß er im letzten Augenblicke vor der Waffenentscheidung, und wenn der Angreifer seine Maßregeln schon eine bestimmte Richtuug angewiesen hat, unerwartet sich in einer anderen zeigt. Der Angriff muß dann oft noch mit einer Frontveränderung verbunden werden, und das ist die fruchtbarste Gelegenheit für Verwirrung und Mißverständnisse. Große Geschicklichkeit ist hierzu aber auf Seiten der Vertheidigung nothwendig.

Bildet die Stabilität der Truppen in der Vertheidigung eine gewisse Schwäche derselben, so bringt sie doch auf der anderen Seite den eigenthümlichen Vortheil mit sich, daß man nicht nöthig hat, eben so hohe Anforderungen an ihre Gewandtheit und Festigkeit, sowie an die Uebung der Führer zu machen, als beim Angriff. Mit Truppen, welche nach ihrer ganzen Beschaffenheit keinen auch nur einigermaßen energischen Angriff durchzuführen im Stande wären, kann man immer noch eine ganz leidliche, selbst erfolgreiche Vertheidigung in's Werk setzen. Zwischen beiden Aufgaben besteht ein großer Unterschied und, hat man die Wahl frei, so bietet die Defensive bei mangelhafter Beschaffenheit der Truppen oft den rettenden Ankergrund dar. Mehr aber wird sie nicht sein können. Darum soll man Erfolge in der taktischen Defensive auch nicht überschätzen. Das glückliche Abweisen eines Angriffs beweist weder, daß man der Stärkere der beiden Kämpfer sei, noch daß man gegründete Aussicht auf den endlichen Sieg habe.

VII.
Wechselwirkung von Offensive und Defensive.

Schwer ist es, bestimmte Regeln für die Wechselwirkung von Offensive und Defensive zu geben. Die Natur beider Formen muß sorgfältig in Betracht gezogen und nach Zeit und Raum diejenige gewählt werden, welche dem eigenen Heere zuträglicher und zur Erreichung des Zweckes förderlicher ist. Den rechten Augenblick für den Uebergang zu finden, ist Sache des Taktes. Der Feldherr muß die Armee gleichsam an den Puls fühlen, um zu wissen, ob ihr das Eine oder Andere zuträglich ist.

Leichter fällt es, die Wechselwirkung räumlich anzuordnen; soldatischer Blick und richtige Beurtheilung des Geländes kommen dabei zur Geltung.

Im Element der Strategie wird man von der Offensive zur Defensive übergehen, sobald die zerstörende Wirkung, welche jene, wie wir gesehen,[*) aus den allernatürlichsten Gründen auf die Armee übt, so groß geworden ist, daß die Ueberlegenheit über den Gegner, welche die Voraussetzung für den Angriff war, droht verloren zu gehen. Es wäre falsch, in dem Bestreben, jene anfängliche Ueberlegenheit auszunutzen, das Vorgehen so lange fortzusetzen, bis ein Zurückfallen in die Vertheidigung durch die Macht der Umstände eintritt. Dies ist um so verderblicher, als an den gewaltsamen Umschlag sich Verluste von moralischer und physischer Kraft knüpfen, welche dem Angreifer nicht mehr erlauben, auf dem höchsten

----

*) S. S. 26 u. ff.

Diese kann nie vollkommen verborgen bleiben. Der Gegner wird Nachrichten darüber erhalten und aus denselben ersehen, was ihm bevorsteht. Der Wetteifer zwischen den großen Mächten hat dazu geführt, die Rüstung schon im Frieden und zwar auch dann vorzubereiten, wenn ein Krieg nicht in Aussicht steht. Grundsatz ist es dabei, alles Nothwendige vorräthig zu halten, das sich im Augenblicke, wo das Heer auf den Kriegsfuß gesetzt werden muß, nicht mehr, oder nur so langsam beschaffen läßt, daß dadurch die Fertigstellung des Ganzen hinausgeschoben würde. Ebenso wird jede, auch die kleinste Verwaltungsarbeit, die dazu erforderlich ist, auf dem Papier vorbereitet. Als das heute zu erreichende Ideal erscheint, daß die Armee in der Stunde, in welcher der letzte zu den Fahnen berufene Soldat einzutreffen vermag, auch marschbereit ist.

Diesen, bis in's Kleinste vorbereiteten Uebergang vom Friedensfuß auf den Kriegsfuß bezeichnet man als die Mobilmachung des Heeres.

Welche großen Vortheile die Mobilmachung vor der Rüstung hat, leuchtet ein. Sie ermöglicht die Ueberraschung und verräth den Zweck, den wir verfolgen, erst dann, wenn es für den Gegner schon zu spät ist, unsern Vorsprung einzuholen. Daß wir den Entschluß zum Kriege gefaßt haben, wird erst deutlich, wenn der Ausbruch unmittelbar bevorsteht.

Mit der Mobilmachung ist das Heer kriegsfertig gemacht, aber noch nicht bereitgestellt. Die gewonnene Zeit könnte wieder verloren gehen, wenn die Versammlung zu langsam verliefe. Auch diese muß deshalb in jeder Beziehung vorbereitet sein. Man wird einwenden, daß sich nicht voraussehen läßt, wo sie stattfinden müsse. Der folgende Abschnitt soll jedoch nachweisen, daß dies ein Irrthum ist. Es ist Sache des Operations-Entwurfes, festzustellen, wo, jeder benachbarten Macht gegenüber, unsere Streitkräfte am zweckmäßigsten versammelt werden können. Durch sorgsame Arbeit läßt sich eine Verbindung von Fußmärschen, Eisenbahn- und Schiffstransporten finden, der zufolge alle Truppen ohne Zeitverlust dort einzutreffen vermögen. Die Grenze des Erreichbaren wird bei europäischen Kriegen meist durch die Leistungsfähigkeit der Eisenbahnen gegeben. Wenn wir alle in die Versammlungszone mündenden Linien benutzen und jeder Linie täglich soviel Truppen zuführen, als auf derselben fortgeschafft werden können, dann erst ist die Versammlung gut geregelt.

Zu den Vorbereitungen gehört vor allen Dingen eine dauernde Unterbringung der Truppen — Friedens-Dislokation — welche die Einschiffung und die Fortschaffung zur Grenze auf's Aeußerste begünstigt, die hinreichende Ausstattung aller Linien mit rollendem Material, so daß die höchste Zahl von Zügen, welche die Beschaffenheit derselben erlaubt, auch verkehren kann, und endlich eine Vervollständigung des Eisenbahnnetzes nach militairischen Rücksichten. Diese dulden nicht, daß zwei oder mehrere Linien deshalb ohne volle Ausnutzung ihrer Leistungsfähigkeit bleiben, weil sie streckenweise in einen einzigen Schienenstrang zusammenlaufen. Das Gleiche gilt bezüglich der Stromübergänge. Der Wetteifer zwischen benachbarten Staaten hat dazu geführt, daß lediglich aus solchen Gründen ganz neue Linien erbaut worden sind. Die strategischen Eisenbahnen bilden eine besondere Erscheinung unserer Zeit.*)

Man rechnet bei der Versammlung der Heere fast schon nach Stunden. Aber es ist auch zu bedenken, daß, wenn Frankreich im Stande wäre den Aufmarsch seiner Heere drei Tage früher zu bewirken als Deutschland, es Metz und Diedenhofen eingeschlossen, Straßburg von seinen Verbindungen getrennt und mit den Kavalleriemassen die Saar überschritten hätte, ehe wir fertig sind. Die deutschen Heere wären genöthigt, ihre Versammlung etwa dahin zurück zu verlegen, wo sie 1870 stattfand. Viel bedeutender als der materielle Gewinn eines solchen Vorsprungs wäre noch der moralische, der Zuwachs an Vertrauen bei den Truppen. Schon ein Tag hätte viel zu bedeuten, und selbstverständlich wird keine Macht, die ihr Interesse versteht, sich ohne die drückendste Noth überflügeln lassen.

Die Vortheile des früher vollendeten Aufmarsches werden zu Versuchen führen, ihn beim Gegner gewaltsam zu verzögern. Verhältnißmäßig leicht ist dies, wo ein Theil seiner Truppen auf den Seeweg verwiesen ist. Selbst ohne Ueberlegenheit der Flotte wird man durch schnell und kühn geführte Schiffe große Störungen herbeiführen und dem Feinde namhafte Verluste beibringen können, welche um so empfindlicher wirken, als sie noch vor Beginn des eigentlichen Kampfes eintreten. In Erkenntniß dieser Gefahr verzichtete die Türkei beim Kriege gegen Griechenland überhaupt auf Benutzung des Seeweges,**) der ihr noch 1877/78 die größten Erleichterungen gewährt hatte.

Zu Lande eröffnet sich bei dieser Gelegenheit ein weites Feld der Thätigkeit für große Reitermassen, die dann aber freilich schon in Friedenszeiten an der Grenze zusammengehalten werden müssen, um sie im Augenblick der Kriegserklärung überschreiten zu können. Der Erfolg wird unter Umständen ein lohnender sein. Wo ein Staat durch die Gestaltung seines Gebiets für den Aufmarsch an der gefährdeten Grenze auf eine oder wenige Schienenwege beschränkt ist, vermag deren Durchbrechung einen verhängnißvollen Einfluß auf den gesammten Gang des Krieges auszuüben. Er wird daher Bedacht auf Schutzmaßregeln für seine Mobilmachung nehmen müssen. Zumal sind militairisch wichtige Eisenbahnen, die der Feind bedroht, nicht blos durch schnelle Truppenaufstellung, sondern auch durch Vertheidigungsmaßregeln aller Art zu sichern. Die bedeutenderen Kunstbauten, die Strom- und Thalübergänge, Tunnel, selbst die wichtigeren Stationen erhalten Anlagen mindestens zur Abwehr von Handstreichen. Im Laufe der Zeit ist hieraus ein besonderes Gebiet der Kriegsvorbereitung geworden.

---

*) Ihre Zahl ist in Rußland verhältnißmäßig am größten, weil der Privatverkehr der spärlich gesäeten Bevölkerung dort nicht so viel Bahnen erfordert, als die Rücksicht auf die Versammlung des Heeres es wünschenswerth macht.

**) Abgesehen von der kurzen Ueberfahrt der Truppen über das völlig geschützte Marmarameer.

---

5. Der Operations-Entwurf.

Obgleich man heutzutage darüber einig ist, daß ein vollständiger Plan für die Unternehmungen im Felde deshalb nicht möglich ist, weil wir dabei mit dem von uns unabhängigen Willen des Gegners zu rechnen haben, so wird man dennoch nicht ganz darauf verzichten wollen, im Voraus festzustellen, was geschehen soll. Es ist sogar im höchsten Grade wichtig, daß dies in ganz bestimmter Art gethan werde; denn Unklarheit über das, was man will, erzeugt Schwankungen im Entschluß und Unsicherheit in den Befehlen. Diese wieder hat unvollständige oder matte Ausführung seitens der Truppen zur Folge. Mangel an klarem Bewußtsein des Zweckes gebiert schlaffe Kriegführung und ist bereits der Keim der künftigen Niederlage. Es kommt nur darauf an, bei dem Entwurf von Operationen mit richtigem Takte zu erkennen, wie weit man gehen und namentlich wie tief man in die Einzelheiten eindringen darf. Auch muß man sich hüten, willkürliche Voraussetzungen als Ausgangspunkt für die daran geknüpften Forderungen unterlaufen zu lassen. Bedenklich ist es, ohne Weiteres einen Erfolg seiner ersten Schritte nur darum vorauszusetzen, weil sie an sich richtig gedacht sind, denn wir haben schon nachgewiesen, daß auch die besten Maßnahmen im Kriege durch Zufälligkeiten fehlschlagen können.*) Selten wird unsere materielle Ueberlegenheit so groß sein, daß wir sicher sind, trotz Mißgeschick und Irrthum den Gegner zu erdrücken. Wenn es der Fall sein sollte, so ist auch das Entwerfen eines Planes sehr leicht und bedarf keiner sinnreichen Erfindungen.

Es läßt sich nicht bestimmt lehren, wie man bei dem Durchdenken des muthmaßlichen Ganges eines kommenden Feldzuges, unter den sich darbietenden, für uns erreichbaren Möglichkeiten, diejenige zu treffen sicher ist, welche den höchsten Erfolg verspricht. Hierbei tritt nämlich wieder jene divinatorische Gabe in Thätigkeit, welche wir als den richtigen Blick zu bezeichnen pflegen, und die schwer zu erklären ist. Sie läßt sich durch Studium und Erfahrung wohl schärfen, aber nicht erzeugen, wo die Naturanlage fehlt.

Bekanntlich hat Napoleon I. behauptet, er habe nie einen Plan gehabt. Dennoch sehen wir, daß alle seine Unternehmungen von Anbeginn auf ein großes, ganz bestimmtes Ziel gerichtet sind, welches sich leicht erkennen läßt, sei es die Trennung des feindlichen Heeres von seinen Verbindungen wie 1800, sei es die Bedrohung der Hauptstadt, zu deren Schutz sich der Gegner unter allen Umständen dem Angriff in den Weg stellen und die Schlacht annehmen muß, wie 1806, oder Aehnliches.

Jomini errieth, sagt man, zur großen Ueberraschung des Kaisers vor demselben Feldzuge nicht nur das Ziel, das jener sich gesteckt, sondern auch den Weg, den er zunächst einschlagen werde. Beides war also für das Verständniß des aufmerksamen Beobachters zugänglich.

*) S. S. 1.

Die überraschenden Wendungen, die der große Meister des Krieges selbst nicht vorausgesehen, traten erst in der Ausführung je nach den Maßnahmen des Feindes, zumal je nach den Fehlern ein, die derselbe beging.

Damit wird klar, was Napolon gemeint hat. Der Plan soll fest=stellen, was man thun will und mit den vorhandenen Mitteln hofft erreichen zu können. Er kann nicht die einzelnen Bewegungen oder Unternehmnngen vorschreiben, durch welche man dazu gelangt. Vor allen Dingen übt auf diese das erste größere Zusammentreffen mit dem Feinde einen ganz entscheidenden Einfluß. Man denke nur an Wörth und Spicheren im Jahre 1870. Die materiellen oder moralischen Folgen einer jeden Schlacht werden bestimmend für dasjenige, was weiter zu thun ist. Da nun in den Kriegen unserer Zeit die Operationen mit dem eben vollendeten Aufmarsche beginnen, die ersten Kämpfe also unmittelbar folgen, so ergiebt sich, daß die äußere Umgrenzung des Entwurfs für gewöhnlich nicht über den Aufmarsch hinausgehen darf. Weiterhin bleibt als Leitstern für den Feldherrn nur der große allgemeine Zweck seiner Unternehmungen übrig.

Um diesen glücklich zu erfassen, ist vor allen Dingen ein richtiges Verständniß für die gesammte militairische und politische Lage, sodann aber ein feines Gefühl für die Leistungsfähigkeit des eigenen Heeres nöthig. Der im Jahre 1870 auf französischer Seite begangene Grund=irrthum war es, daß man glaubte, mit einem Heere, dessen große Ein=heiten sich erst bei der Versammlung bilden sollten, dessen Reserven erst im Aufmarschgebiete ankommen konnten, dessen Verwaltung auf's Strengste centralisirt war, so daß die Maschine natürlich langsam arbeitete, eine überraschende strategische Offensive ergreifen zu können — dies noch dazu gegen einen Feind, der die Mobilmachung seiner Streitkräfte und deren Aufmarsch auf's Sorgsamste vorbereitet hatte, bei welchem wohldurch=dachte Decentralisation die schnellste Ausführung ermöglichte, und die Heereskörper, wie sie im Kriege auftraten, schon im Frieden bestanden.

Richtig war es, daß sich die türkische Armee, die eben noch im serbischen und montenegrinischen Kriege offensiv verfahren war, im nach=folgenden russischen auf die Defensive beschränkte, da ihre ganze Ver=fassung eine Vorwärtsbewegung auf weite Entfernung unthunlich machte und der Gegner an Zahl und Beweglichkeit überlegen war. Nur hätte die Selbstbeschränkung nicht soweit gehen dürfen, daß man auf eine thätige Vertheidigung und einzelne Offensiv-Unternehmungen gänzlich ver=zichtete, welche den Aufmarsch des Feindes stören konnten, wie die Be=setzung und Sprengung der Brücke von Barboschi.

Wer mit einem ungefügen Aufgebote, dessen Führer nicht einmal Gelegenheit gehabt haben, sich in großen Friedens=Manövern die noth=wendige Uebung im Bewegen bedeutender Truppenmassen zu erwerben, eine strategische Offensive plant, welche Schnelligkeit und Energie er=fordert, baut ein Haus ohne Fundament. Dies muß einstürzen, wenn nicht besondere Glücksfälle hinzukommen.

Wer hingegen ein gut disciplinirtes Heer mit geübten Führern und zweckmäßiger Ausrüstung vor einem schlechteren Feinde auf die Vertheidigung beschränken will, ohne daß erdrückende Ueberzahl ihn dazu zwingt, der vergräbt einen Schatz.

Nun wird freilich nicht leicht Jemand einen derartigen Fehler mit Bewußtsein machen. Man höre die Wortführer selbst in einem gänzlich vernachlässigten Heere, und man wird meist finden, daß sie dieses für zum Höchsten berufen und fähig halten. Sie messen ihm entweder aus Mangel an Erfahrung oder auch aus Hochmuth die dazu nothwendigen Eigenschaften bei, und ersetzen die sachliche Grundlage ihrer Pläne durch gekünstelte Schlußfolgerungen. Da sollen die Mängel durch natürliche Begabung oder durch besondere ideale Kräfte, wie heroische Tapferkeit, Begeisterung, religiösen Fanatismus u. s. w. ausgeglichen werden.*) Es ist also zu allererst zum Erfassen des Kriegszweckes für den Operations-Entwurf Selbsterkenntniß in großem Stile nothwendig. — Oft muß man auch eine an sich gute Sache darum verwerfen, weil der Mann, in dessen Händen, nach Lage der Dinge, die Ausführung liegt, ihr nicht gewachsen ist. Entwirft der Feldherr selbst den Plan, so frage er sich aufrichtig und ohne Selbsttäuschung, ob er sich die großen Dinge auch wirklich zutraue, die er vorschlägt.

Auf diesem Wege wird der erste wichtige Gegenstand des Operations-planes zu entschieden sein, nämlich, wie der Krieg im Großen geführt werden soll, ob man zum Angriff auf den Feind vorgehen darf, oder in der Vertheidigung eine Besserung der eigenen Lage abwarten soll.

Hat man gleichzeitig mit mehreren Gegnern zu rechnen, so ist hinzuzufügen, gegen welchen die Hauptkräfte gerichtet werden sollen, welche anderen hingegen nebensächlicher behandelt werden können.

Dann stelle man die Frage an sich, was der Feind muthmaßlich thun werde. Schließt es auch die Lehre vom Kriege nicht ganz aus, Fehler desselben anzunehmen, wo wir glauben, solche aus besonderen Gründen mit Sicherheit erwarten zu dürfen, so wird es doch vorsichtig sein, im Allgemeinen bei ihm richtige Maßregeln vorauszusetzen, d. h. diejenigen, welche uns die empfindlichsten wären.

Sind wir zu einer bestimmten Annahme über das Verhalten des Feindes gekommen, so ist es möglich, sich ein Bild von dem Aufmarsche seiner Streitkräfte zu machen, für welchen dieselben Grundbedingungen gelten, als für den unsrigen. Der Zweck, den wir ihm zuschreiben, läßt uns den Landstrich erkennen, in dem die Versammlung seiner Heere stattfinden muß, der also seine Operationsbasis bilden wird. Die Friedens-Dislokation seiner Truppen, die uns nicht unbekannt sein darf, sowie die Lage und Abgrenzung seiner Militair-Verwaltungsbezirke geben uns die Ausgangspunkte, von denen seine Truppen aufbrechen. Die Eisenbahnen,

---

*) Die Bedeutung solcher Triebfedern darf freilich nicht geleugnet werden, aber noch falscher ist es, damit alle vom reifen und ruhigen Urtheile erkannten Schwächen des Heeres einfach verdecken zu wollen.

Land= oder Wasserstraßen, welche von dort zur Basis führen, lassen uns die Linien erkennen, auf denen sie herankommen. Wir können sie dort, wo jene enden, summiren und uns so ein Bild von der Versammlung der feindlichen Streitkräfte machen. Wenn die Arbeit sorgfältig war, kann dasselbe nicht ganz unrichtig ausfallen. Zugleich läßt sich daraus die natürliche Gruppirung der feindlichen Streitmacht in verschiedene Heere erkennen.

Hiernach ist der eigene Aufmarsch zu entwerfen. Dieser muß, wenn die Offensive erfolgen soll, vor allen Dingen das Zusammenwirken nach vorwärts begünstigen. Wenn er der Defensive zu dienen bestimmt ist, so wird die Vereinigung der Kräfte zum Widerstande nach derjenigen Richtung zur Hauptsache, in welcher man den entscheidenden Angriff erwartet. Dabei ist es vortheilhaft, ihn so nahe an den Feind heran= zuschieben, als die Sicherheit der Versammlung es erlaubt. Jede Rück= wärtsverlegung opfert Land, Mittel und Zeit.

Ein Plan für die Offensive kann sich dann noch näher über die Wege aussprechen, welche die verschiedenen Heersäulen zu nehmen haben, ferner den engen Vereinigungsraum vor der Schlacht und das besondere An= griffsziel bezeichnen, wie beispielsweise einen Flügel, eine Flanke, die Mitte der feindlichen Armee.

Darüber hinaus lassen sich nur ganz allgemeine Gesichtspunkte für das Handeln aufstellen. Meist werden dieselben darauf hindeuten, den Gegner von seinen wichtigsten Verbindungen zu trennen, ohne welche der Fortbestand seiner Streitkräfte nicht gesichert ist. Dies ist das leichteste Mittel, den Feind zu vernichten, in dem Sinne, wie wir das Wort militairisch nehmen.*) Daß diese Aufgabe schwerer zu lösen ist, als ehedem, geht aus dem Begriffe der beweglichen Basis hervor, auf welche sich der Vertheidiger insbesondere zu stützen vermag. Noch im großen amerikanischen Kriege vor 40 Jahren konnte das Schicksal einer Armee durch Abbrängung von einer einzigen Eisenbahnlinie entschieden werden. Das ist gegenwärtig auf einem europäisch=abendländischen Kriegsschauplatz nicht mehr möglich. Hier würde es sich um das Abbrängen von ganzen Landestheilen handeln, auf deren Mittel die Erhaltung des Heeres haupt= sächlich gegründet ist. Völlige Entscheidung kann, wenn nicht eine Ein= schließung erfolgt, erst durch das Zurückwerfen auf eine neutrale Grenze oder die Küste eines Meeres erreicht werden, das der Vertheidiger nicht beherrscht.

Endlich bildet ein Hinweis darauf, wie der Gegner zum Frieden gezwungen werden soll, den nothwendigen Schluß.

Der Plan für die Defensive wird noch mit einiger Bestimmtheit angeben, in welcher ersten strategischen Stellung der Widerstand zunächst aufgenommen werden, oder, wenn dieser nur ein vorübergehender sein soll, wo der entscheidende gedacht ist. Die Stelle desselben wird bei folgerichtigem Entwurfe mit derjenigen zusammenfallen, an welcher die

---

*) S. S. 14.

günstige Wandelung der allgemeinen Lage angenommen wird. Es ist dann noch nachzuweisen, aus welchen Quellen die Kraft fließen soll, die sie herbeiführt. Leicht erhellt, wie wichtig es ist, daß der Vertheidiger, so lange er zurückweicht, seine Richtung so wählt, daß sie ihn zu jenen hinleitet, den Feind aber womöglich von seinem Ziele ablenkt. Je schwieriger dessen Verbindungen, je besser die unsrigen sich im Verlauf der Operationen gestalten, desto eher wird der Umschwung eintreten. Mit der Klarlegung, wo und wie man sich diesen denkt, findet der Defensivplan seinen Abschluß. Derselbe führt also nicht, wie der für die Offensive bis zum letzten Ende, sondern kann nur die Aussicht auf die zweite Kriegsperiode eröffnen, welche einen Angriffsplan erfordert.

In weiser Beschränkung liegt vor Allem das Mittel, einem Opera=tions=Entwurfe Werth zu verleihen. Geht er räumlich und zeitlich zu weit, vertieft er sich zu sehr in Einzelheiten, die doch vom Zufall ab=hängig sind, so wird der Gang der Ereignisse ihn bald widerlegen.

Einige Zuthaten wird er indessen nicht entbehren können. Er muß den auf Neben=Kriegstheatern stehenden Heeren allgemeine Verhaltungs=maßregeln vorschreiben. Der Zweck derselben wird es sein, jede Ein=wirkung der dort stattfindenden Ereignisse auf die Haltung der Haupt=armee bis zur Entscheidungsschlacht zu verhüten.

Treten Festungen oder dauernd befestigte Stellungen in Beziehung zu den Operationen, so ist das Verfahren gegen diese festzusetzen, weil es auf den Aufmarsch rückwirkt. Ein Belagerungspark unserer Zeit läßt sich nur schwer aus einer einmal eingeschlagenen Richtung in eine andere versetzen. Es muß also von vornherein feststehen, welchen feindlichen Platz man durch Belagerung nehmen will. Ebenso ist schon im Opera=tions=Entwurfe zu bestimmen, an welcher Stelle man die Grenzbefestigungen durchbrechen soll, die uns den Weg zum Hauptheere des Gegners ver=schließen; denn die dorthin vorgehenden Truppen bedürfen einer besonderen Ausrüstung.

Endlich ist der Beziehungen der Operationen zur See mit denen auf dem Lande zu gedenken, wenn eine Flotte das Heer unterstützt.

So .wird der Operations=Entwurf eine Denkschrift bilden, welche mit einer allgemeinen Betrachtung der politisch=militairischen Lage, zumal einem Vergleiche der gegenüberstehenden Streitkräfte, beginnt, und hieraus die Richtschnur für das einzuschlagende Verfahren im Allgemeinen entnimmt.

Er hat sodann darzulegen, was der Feind thun kann und wo derselbe den Aufmarsch seiner Streitkräfte bewirken wird, um fernerhin festzustellen, wo die eigenen sich versammeln und wie sie gruppirt sein müssen.

Es folgt die Wahl der Richtungen für die ersten Bewegungen, deren Zweck es ist, die Entscheidungsschlacht gegen die feindliche Haupt=macht unter den günstigsten Bedingungen zu schlagen.

Dann trennen sich Offensiv= und Defensivplan. Der erste deutet die weiter verfolgenden Ziele im Allgemeinen, aber doch bis zur Er=zwingung des Friedens an; der zweite führt nur bis zum Zeitpunkt des

Umschwungs und eröffnet lediglich die Aussicht anf einen nachfolgenden Offensiv=Feldzug.

Beide sprechen sich endlich über die Nebendinge aus, die den Erfolg beeinflussen können.

6. Operationsbedingungen.

Truppen sind, wie schon einmal gesagt worden ist, keine Schach= figuren, welche man in jedem Augenblicke von einem Felde auf das andere versetzen kann.*) Man darf nie vergessen, daß sie, trotz aller Mannszucht, ihren eigenen Willen haben, welcher zur Geltung kommt, Unvorhergesehenes hervorruft, und mit dem man rechnen muß. Ehe= mals, zur Zeit der Lineartaktik, bewegten sich die Heere freilich als geschlossene Massen und gleichsam auf Kommando. Der Feldherr hielt sie sicherer in der Hand als heute, wo man es mit zahlreichen sich selb= ständig bewegenden Gliedern zu thun hat. Bei jeder Unternehmung wirkt nicht nur ein höchster Befehlshaber, sondern zugleich eine große Anzahl von Unterführern. Mit Recht werden diese zur Selbständigkeit erzogen, damit sie handeln, wo die Zeit nicht da ist, höhere Befehle ein= zuholen. Diese Selbständigkeit kann nicht nach Belieben gebannt und, wenn nöthig, wieder ins Leben gerufen werden. Ihr Einfluß ist nicht mehr auszuschließen. Sogar in dem gemeinen Soldaten suchen wir den Thatendrang anzuregen. Darin liegt aber nothgedrungen, neben großer Stärkung und wirksamer Unterstützung, auch eine gewisse Gefahr für die Führung. Sie verliert, wie die neuere Kriegsgeschichte beweist, häufig den Beginn oder Verlauf der Begebenheiten aus der Gewalt, ohne selbst daran Schuld zu sein. Gefechte entwickeln sich lediglich durch den Trieb der Truppen, an den Feind zu kommen. Die heutige Kampfweise begünstigt dies. Sie kennt nur noch die zerstreute Ordnung, große Ausdehnungen, weithinreichende Aufklärung.

Damit mehren sich die Gelegenheiten, welche den Stein ins Rollen bringen.

Die gegenseitige Anziehungskraft**) zwischen feindlichen Heerestheilen wird zu einer wichtigen bestimmenden Gewalt bei allen Kriegsvorgängen. Das Bestreben, die Stärke und Stellung des Gegners zu erkunden, läßt die beiderseitigen Späher auf einander stoßen; sie finden Unterstützung bei denjenigen Abtheilungen, von welchen sie ausgesandt wurden. So ist der Anfang gemacht und das Gefecht ruft andere Truppen herbei; der Kampf beginnt, ohne daß man ihn eigentlich gewollt hat.

Natürlich spielen Truppenzahl und Entfernung dabei eine große Rolle. Kleine Streifpartheien trennen sich wohl wieder, nachdem einige

---

*) S. S. 26.
**) Vergl. die Defensive, S. 37.

Schüsse gewechselt worden sind. Bei stärkeren Körpern aller drei Waffen muß der Abstand schon bedeutend sein, damit dies möglich wird. So lange nur ihre Patrouillen am Feinde sind, die größeren Verbände aber sich außerhalb Schußweite fern bleiben, liegt die Möglichkeit noch vor, von einander zu lassen. Sie schwindet jedoch auch in solcher Lage, wenn Truppenstärke und Entfernung nicht im richtigen Verhältnisse stehen. So braucht das Armeekorps, wenn es versammelt ist, für den fechtenden Theil allein wenigstens 6 Stunden, um auf einer Straße abmarschiren zu können. Steht ihm gegenüber nun ein Feind mit einem geringeren Abstand als 6 Stunden Marsch, so wird das Abrücken unmöglich, wenn der Feind gleichzeitig den Entschluß faßt, vorzugehen. Derselbe würde nämlich am Abmarschpunkte erscheinen, wenn dort noch Theile unseres Korps wartend stehen. Diese könnten mit Uebermacht angegriffen werden und die schon in Bewegung befindlichen Truppen müßten unter ungünstigen Umständen zur Unterstützung wieder umkehren. Falls sich Trains und Kolonnen beim Korps befinden, wird die Sache noch schlimmer. Es braucht dann einen ganzen Tag, um sich in Bewegung zu setzen und wird noch leichter vom Feinde festgehalten; denn derselbe wird, sobald er thätig ist, das erste Zeichen von Rückzug auf unserer Seite zum Vorrücken und Anfassen benutzen. Auf diese Art entstand bekanntlich die Schlacht von Colombey-Rouilly am Nachmittage des 14. August 1870 vor Metz. Marschall Bazaine sah sich in dem Augenblicke angegriffen, wo er den Durchzug durch den Platz eben eingeleitet hatte. Die Anziehungskraft machte sich grade hier in charakteristischer Weise geltend. Der Angriff wurde vom 1. und von der Avantgarde des 7. Armeekorps fast gleichzeitig eingeleitet. Das Generalstabswerk*) schildert den Vorgang wie folgt: „Die ersten Bewegungen beim Nachbarkorps vielleicht auch schon als Beginn des Gefechts ansehend, will einer dem andern sobald als möglich zur Seite treten und so drückt sich in den Meldungen der Generale von Manteuffel und von der Goltz derselbe Gedanke aus: Jeder von ihnen will vorwärts, weil er glaubt, der andere gehe in den Kampf." Weiter heißt es dann: „Aus dem preußischer Seits nur im Sinne einer stärkeren Recognoscirung begonnenen Gefechte entbrennt ein heißer und blutiger Kampf, in welchen nach und nach fast zwei Armeekorps verwickelt werden, ohne daß eine gemeinsame Oberleitung thatsächlich zur Einwirkung gelangt."

Dergleichen wird sich bei tüchtigen Truppen, immer von Neuem wiederholen, und die Erfahrung lehrt, daß feindliche Heere, ja selbst Armeekorps, welche sich auf weniger als Tagemarschlänge nahe gekommen sind, ohne Kampf nicht mehr auseinander gehen. Jeder der beiden Führer wird sich scheuen, eine Bewegung zu beginnen, weil er fürchtet, vom Feinde dabei ertappt zu werden. Liegt nicht ein unüberschreitbares Hinderniß zwischen ihnen, so sind sie nicht mehr Herr ihres Thuns; beide werden gezwungen sein, die taktische Entscheidung zu suchen; denn selbst

---

*) Band I S. 508/509.

der Stärkere wird von dem Schwächeren in diese hineingerissen. Die Durchführung bestimmter, nicht auf den Kampf hinzielender Absichten, muß einstweilen verschoben werden; jener tritt in sein Recht. Die Operationsfreiheit ist verloren gegangen.

Es ist einleuchtend, von welcher Wichtigkeit deren Erhaltung für jeden Feldherrn bis zu dem Augenblicke sein muß, wo er selbst den Waffengang will. Sie bildet die erste Lebensbedingung für die Strategie. Ohne sie folgt das Heer einem Zuge, welcher ihm ursprünglich fremd war.

Man wird einwenden, daß ein begonnenes Gefecht bei festem Entschluß des Befehlshabers wieder abgebrochen werden und daß dieser so seine Operationsfreiheit zurück gewinnen könnte. Dergleichen ist wohl möglich, wenn auf keiner Seite die ernste Absicht zum Schlagen bestand und große Kraft in der Führung herrscht, sonst nicht. Zudem ist man auch davon abhängig, wie weit sich der Kampf schon entwickelt hat. Geschützfeuer auf große Entfernung gestattet das freiwillige Abbrechen wohl noch. Hat aber der Infanteriekampf einmal begonnen, so wird dies meist nicht mehr gelingen. Zu viele Kämpfer sind bereits betheiligt und lassen sich nicht mehr gleichzeitig zurückrufen. Der eine folgt; der andere bleibt und wird vom Feinde lebhafter bedrängt. Deshalb kehrt der erste wieder um und dies vielleicht gerade in dem Augenblicke, wo auch jener schon im Begriff war, den Kampfplatz zu verlassen. Nun harren beide aus. Ist die Infanterie auf weniger als 1000 m Abstand im Gefecht, so wird es selbst nicht mehr möglich sein, sie noch zurück= zuhalten; die Entscheidung ist ins Rollen gekommen und muß ihren Lauf haben. Auch der festeste Entschluß des Führers nützt dann nichts mehr; denn er hat seine Entschlußfreiheit eingebüßt. Diese bis zu dem für die Entscheidung selbstgewählten Augenblicke sich zu bewahren, ist in der taktischen Thätigkeit nicht minder wichtig, als die Erhaltung der Operationsfreiheit in der strategischen.

Wie schwer es ist, selbst bei kräftiger Befehlsführung und tüchtiger Mannszucht im Heere, die Entschlußfreiheit nicht zu verlieren, beweist in der neuen Kriegsgeschichte am deutlichsten die Schlacht bei Wörth. Aus dem nahen Gegenüber entwickelte sich am Morgen des 6. August 1870 in der Mitte ein bedeutungsloses Vorposten-Gefecht, welches bald wieder ab= gebrochen wurde, da der Tag für die Deutschen der Ruhe gelten sollte. Der Kanonendonner war aber bereits von der 4. bayerischen Division zur Rechten gehört worden, und sie griff, um zu unterstützen, die französische Division Ducrot lebhaft an. Das Oberkommando befahl ihr, den Kampf abzubrechen. Während sie dabei war, diesen Befehl unter schwierigen Um= ständen auszuführen, trat nunmehr im Centrum das 5. Armeekorps zum entscheidenden Angriffe an; daher ging auch sie wieder vor um die Waffengefährten nicht im Stiche zu lassen. Das 5. Armeekorps war zu dem wichtigen Schritte durch Kanonendonner bewogen worden, welcher nach dem Abbrechen des ersten Vorpostengefechts von der Linken herüber= schallte. In der Sorge, daß die französische Armee sich mit Uebermacht

auf einen der deutschen Flügel werfen könne, hatte es beschlossen, mit
voller Kraft zu handeln, und alsbald seine gesammte Artillerie gegen die
vom Feinde besetzten Höhen hinter Wörth in Thätigkeit gebracht. „So
wurde — sagt eine Darstellung*) — ohne Einwirkung des Oberkommandos
lediglich durch die Initiative der Korpsführer und durch die magische
Wirkung des Kanonendonners aus einer Vorpostenplänkelei eine Schlacht".
Bei Wörth aber handelte es sich nicht einmal um eine Begegnungsschlacht;
denn die Franzosen standen in der von ihnen gewählten Stellung fest.
Viel leichter wird dergleichen vorkommen, wenn beide Theile in der Bewegung gegen einander sind.

Wie ein vorzeitiges Nahekommen die Operationsfreiheit gefährdet,
so setzen starke Entsendungen, unvorsichtig vorgeschobene Posten, zumal
die dicht vor der eigentlichen Schlachtlinie zur Behauptung von Oertlichkeiten, welche man dem Feinde nicht überlassen mag, genommenen Vorhut-
stellungen, die Entschlußfreiheit fast jedesmal auf's Spiel.

Wie schon erwähnt, braucht ein Armeekorps mit seinem Fuhrwesen
einen Tag, um sich auf einer Straße in Bewegung zu setzen. Steht
hinter ihm noch ein zweites Korps, so ist ersichtlich, daß man es nicht
gleichzeitig antreten lassen kann; es sei denn, daß man es seitlich hinaus-
schiebe, um eine freie Nachbarstraße zu gewinnen. Schlimmer wird die
Lage, wenn ein größeres Heer sich in ähnlicher Art zusammengeschoben
hat und es nun auch an den unbesetzten Nachbarstraßen fehlt. Es hat
seine Bewegungsfreiheit verloren, und muß erst auseinander gezogen
werden, um sie wieder zu gewinnen. Tritt gar in solchen Augenblicken
die Nothwendigkeit von Front oder Richtungsveränderungen ein, so wird
die Lösung der Aufgabe noch schwerer. Die Bewegungsfreiheit muß
erhalten bleiben bis zu dem Augenblicke, wo der entscheidende Kampf
alle Kräfte zusammenruft und man an die Schlacht, nicht mehr an
Operationen zu denken hat.**)

---

*) In Potens Handwörterbuch der gesammten Militair-Wissenschaft.

**) Am 28. Juni 1866 hatte bekanntlich Prinz Friedrich Karl, da er eine
Schlacht erwartete, die Elb- und I. Armee aus der Linie Nimes-Eisenbrod gegen
Podol und Münchengrätz zusammengezogen und so im Laufe des Tages
100000 Mann vorwärts beider Orte auf dem engen Raume von etwa 1 deutschen
Quadratmeile versammelt. Nur die 5. Division war bis Rowensko vorgeschoben.
Als nun der erwartete Entscheidungskampf nicht eintrat, sondern der Feind nach
kurzem Gefecht den Rückzug begann und somit die Vorwärtsbewegung der vereinigten Massen wieder nothwendig wurde, waren besondere Maßregeln erforderlich, um dies möglich zu machen. An 24 Stunden gingen verloren. Das
Generalstabswerk knüpft auf Seite 197 mit Recht folgende Warnung daran:
„An diesem Tage (dem 29. Juni) traten die großen Schwierigkeiten recht deutlich
hervor, welche in der Fortbewegung einmal versammelter Massen liegen. Es
leuchtet ein, wie wichtig es ist, so lange, wie irgend möglich, in der Trennung
der Kolonnen zu verharren. Denn mit der Verengung der Front mindert sich
die Zahl der für das Vorrücken verfügbaren Straßen und wächst auf ihnen die
Zahl der Echelons bis zur Ausdehnung von Tagemärschen. Die rechtzeitige
Concentration zur Entscheidung aber wird eben so sehr durch die Entfernungen
in der Tiefe, wie durch die in der Front bedingt."

In unsern mittel= und westeuropäischen Kulturländern ist das Netz der Kunststraßen heutzutage so eng geworden, daß man fast überall zahl= reiche Wege in der gleichen Richtung findet und selbst ein großes Heer ohne Schwierigkeit in dieser vorführen kann. Eine andere Rücksicht kommt dann aber zur Geltung. Die zerstreute Ordnung im Gefecht, die zahlreiche Artillerie, welche heute mitgeführt wird, bedingen es, daß jedes Armeecorps einen stattlichen Raum gebraucht, um sich überhaupt nur zum Kampfe entwickeln zu können. 5 km dürften selbst im Angriff seine mindeste Frontbreite betragen. Unbrauchbares Gelände, Bauten, Wasser= flächen, Sumpfstrecken, Felsen, dichter Busch, fallen dabei noch für die Benutzung häufig aus. Ein Ueberschuß freien Raumes in der Breite ist erwünscht. Fehlt er, so mag man wohl noch Truppen zur Verfügung haben, kann sie aber nicht mehr brauchen, weil der vorhandene Ent= wickelungsraum schon von anderen besetzt ist. Die bedeutendste Ueber= legenheit kann auf diese Weise unwirksam gemacht werden. Selbst bei großem Reichthum an Straßen darf man die Heeressäulen im Vor= marsche nicht so nahe aneinander schieben, daß es ihnen an Entwicklungs= raum fehlt, wenn sie in der Bewegung auf den Feind stoßen. Zu be= denken ist hierbei auch die große Tiefenwirkung des heutigen Feuers und die Durchschlagskraft aller Geschosse. Nichts ist verderblicher geworden, als eng zusammengedrängte, namentlich noch geschlossene Massen der überraschenden Waffenwirkung des Feindes auszusetzen. Diese Lehre hat der südafrikanische Krieg noch einmal in eindringlichster Weise wieder= holt. Wir sehen dort in den Gefechten der ersten 4 Monate den Stärkeren in gedrängter Ordnung von dem viel Schwächeren, der aber in der Auflösung kämpft, jedesmal umfaßt und mit schweren Verlusten geschlagen, während er selbst nur deren ganz geringfügige erleidet. Es ist heute wohl denkbar, daß große Massen tüchtiger und gewandter Truppen bei unvorsichtiger Führung überhaupt nicht mehr zur Ent= wicklung kommen, weil sie von weither durch einen dünnen Feuerkreis des Gegners umgeben und fast wehrlos zusammengeschossen werden. Recht= zeitige Entwicklung ist nicht minder wichtig als Operations= und Be= wegungsfreiheit, ja ihr Verlust ist noch gefährlicher, weil er leicht durch Vernichtung bestraft wird. Sie ist überdies besonders schwierig, weil eine vorzeitige und unnöthige Entwicklung die Kräfte der Truppen ver= braucht und man daher auch wieder den letzten Augenblick, wo sie noth= wendig wird, abwarten muß.

Operations=, Entschluß= und Bewegungsfreiheit, sowie die Ent= wicklungsfähigkeit, spielen in der Lehre der Kriegführung unserer Tage eine große Rolle. Ihre Bedeutung wird in den nachfolgenden Ab= schnitten noch klarer hervortreten.

IX.

Die Durchführung der strategischen Offensive.

1. Allgemeines.

Wir wissen bereits, daß der Zweck aller strategischen Offensiv=
Operationen die Herbeiführung der taktischen Entscheidung unter für uns
möglichst günstigen Bedingungen ist. Das erreichen wir, wenn wir mit
überlegenen Kräften auf die schwächste Stelle beim Feinde fallen. Ge=
lingt es uns, vor der Entscheidung durch die Schlacht alle Truppen
zusammenzubringen, die irgend heranzuholen sind, und sie in der Richtung
vorzuführen, wo es dem Feinde am empfindlichsten ist, dann haben wir
strategisch Alles gethan, was sich in der Offensive überhaupt thun läßt.
In dem Zwecke, am entscheidenden Punkte der Stärkere zu sein, löst sich
am Ende die ganze Lehre vom Kriege auf.

Bedingung für das Gelingen jedes einzelnen strategischen Angriffs,
also des Vorgehens, welches sich auf ein vom Feinde besetztes Kriegs=
theater richtet, ist, abgesehen davon, daß die Mittel überhaupt hinreichend
sein müssen, zunächst das Verbergen der Absicht. Der Feind darf die
Richtung unseres Stoßes erst erkennen, wenn es zu spät ist, mit einer
Versammlung aller seiner Kräfte noch vor der Schlacht zu antworten.
Es müssen also die am weitesten entfernten Theile unseres Heeres in
dem Augenblicke, wo die Bewegung soweit gediehen ist, daß der Gegner
sich über ihren Zweck nicht mehr täuschen kann, näher an dem Punkte
sein, an welchem der Zusammenstoß erfolgen muß, als diejenigen des
Feindes. Hat man vor Beginn der Operation gute Nachrichten, so wird
sich dies mit einiger Sicherheit berechnen lassen.

Sodann muß die Schnelligkeit des Vorgehens natürlich eine solche
sein, daß der Feind sie nicht überbieten kann, sonst wird er uns leicht,
in der Erkenntniß der ihm drohenden Gefahr, noch durch außerordentliche
Marschleistungen zuvorkommen. Kräftiges Handeln hat jede Zögerung
auszuschließen.

Diese Forderungen klingen so außerordentlich einfach, daß man
glauben möchte, man könne in ihrer Erfüllung gar nicht fehlgreifen. Was
sie erschwert, ist, daß in der Ausführung die Klarheit der Lage sehr bald
schwindet, die man beim Entstehen des Entschlusses vor Augen hatte.
Die Berührung der beiden kämpfenden Heere findet nicht an einem, sondern
an einer großen Zahl von Punkten statt. Soviele es deren aber giebt,
soviel Kräfte sind auch da, um uns aus der zuvor gewählten Bahn ab=
zulenken. Es steht mit den offensiven Unternehmungen nicht ganz so
schlimm, wie bei der Vertheidigung, wo bald „Noth an allen Ecken und
Enden" ist, aber doch ähnlich, so daß überall die Kräfte zu gering und
Verstärkungen erforderlich erscheinen. Nun soll man trotzdem unbekümmert
hier und dort Truppen fortziehen, um sie nach der entscheidenden Richtung

in Marsch zu setzen. Da regen sich die Zweifel, ob man diese glücklich gewählt habe. Statt des einen Zieles, das man ursprünglich beim Entwurf vor sich sah, tauchen deren mehrere auf. Man hatte in der Vorstellung das Gebiet abgegrenzt, wo man den Feind anzutreffen gedachte. Nun scheint er auch an anderen Punkten unerwartet stark zu sein. Sein Eingreifen gestaltet sich nicht so, wie vermuthet, und läßt die Lage anders erscheinen, als sie gedacht war. Mißgeschick im Gefecht einzelner Heertheile kann hinzutreten. Die Ungewißheit ist da, wo wir hofften, ganz sicher zu gehen. Es entstehen für das weitere Vorgehen thatsächliche Gefahren, welche wir nicht vorausgesehen haben.

Alles hängt in dieser Krisis davon ab, ob man mit richtigem Blicke das wichtigste Ziel oder mindestens ein wichtiges schnell herausfindet und es über sich gewinnt, die anderen, für den Augenblick, hintenanzusetzen. Dies stellt den Charakter auf eine harte Probe. Das Entscheidende wird sein, ob man sich unbeirrt jederzeit gegenwärtig hält, daß die Offensive meist ihr ganzes Spiel gewonnen hat, sobald sie an einem Punkte siegt, gleich=gültig, wie ihre Anstrengungen an den übrigen verlaufen. In der ge=schickten Ausnutzung dieser Eigenthümlichkeit der Offensive liegt das Geheimniß ihrer erfolgreichen Durchführung.

2. Die Wahl des Vereinigungspunktes.

Hat man sein Ziel gewählt und den Truppen die Richtung gegen dasselbe gegeben, so hängt doch noch sehr viel von der Wahl des Ver=einigungspunktes ab. Können die Kräfte in dem Augenblicke, wo wir auf den gesuchten Feind treffen, nicht zusammenwirken, so ist die Operation verfehlt; denn die nothwendige Ueberlegenheit wird nicht vorhanden sein.

Nun dürfte man, um dieses Uebel zu vermeiden, daran denken, von Anbeginn alle seine Streitkräfte vereinigt zu halten und im Zustande der Versammlung vorzurücken. Allein das ist nur in den seltensten Fällen möglich. Zunächst ist mit einer anfänglichen Lage zu rechnen, die wir nicht in unserer Gewalt hatten. Sie kann schon aus rein geographischen Gründen eine Versammlung vor dem Eintreten in die Offensiv=Unter=nehmung verhindern, wie es der preußischen Armee 1866 erging. Wollte man alle Truppen immer erst auf der Grundlinie zusammenziehen, ehe man sie in Bewegung setzt, so verlöre man so viel Zeit, daß sich darüber vielleicht die ganze Kriegslage geändert hätte und die Voraussetzungen hinfällig geworden wären, auf welchen unsere Entwürfe überhaupt beruhten.

Sodann wissen wir, daß jede Versammlung großer Massen Ungemach über das Heer bringt.*) Ernähren kann man sie vielleicht noch, wenn man ein sehr dichtes Eisenbahnnetz hinter sich hat. Schwieriger ist oft die Wasserversorgung. Jedenfalls ist die Zerlegung und Trennung zur Vorwärtsbewegung erforderlich. Die Nothwendigkeit, eine hinreichende Anzahl von gebahnten Straßen aufzusuchen, zwingt dazu.**) Dies aber

---

*) S. S. 16.
**) S. S. 16.

macht wieder die annähernde Vorausbestimmung eines Versammlungs=
punktes unerläßlich.

Derselbe kann noch vor demjenigen Raume liegen, in welchem wir
den Gegner im Augenblicke unseres Eintreffens vermuthen, oder auch
innerhalb desselben. Man spricht meist kurzweg von einer Versammlung
v o r, und einer Versammlung a u f dem Schlachtfelde, obschon es ja selbst=
verständlich sich oft nicht genau vorausberechnen läßt, wo es zur Schlacht
kommen werde.

Als Vertreter des ersten Prinzips sehen wir gemeinhin Napoleon I.
an, der am 28. April 1813 an den Vizekönig Eugen schrieb: „Vous
devez savoir, que mon principe est, de déboucher en masse“,
was doch nur besagen soll, daß er mit vorher schon vereinigten Kräften
den Stoß gegen den Feind zu beginnen wünschte. Die Mehrzahl seiner
Operationen stellen sich im Großen auch dar als ein Hineinfahren mit eng
versammelten Kräften zwischen zersplitterte Feinde, um sie zu trennen und
vereinzelt zu schlagen. Wo es ihm die Verhältnisse gestatteten, nahm er
Bedacht, die Versammlung durch ein deckendes Hinderniß im Gelände, eine
Gebirgskette, einen Flußlauf u. s. w. zu verbergen.

Derart sehen wir ihn schon in seinem ersten Feldzuge 1796 handeln.*)
In Eile versammelt er von seinen 4 Divisionen 3 überraschend in der
Riviera bei Savona und Finale, um zwischen die Heere der ihm gegen=
überstehenden Verbündeten vorzustoßen und dann jeden von ihnen mit
Ueberlegenheit anzufallen, ehe der andere ihn unterstützen kann. Der
österreichische Oberfeldherr Beaulieu hatte sich inzwischen an der Bochetta
aufgestellt, um von dort in die Riviera einzudringen, während sein rechter
Flügel unter Argenteau in den Apenninen langsam südwärts vorgehen
und sich der westlichen Pässe bemächtigen sollte. So gedachte er die
vermeintlich noch zerstreut stehenden Franzosen von 2 Seiten zu umfassen
und zu erdrücken. Rechts lehnte sich Argenteau an die bei Mondovi
und Ceva stehenden Piemontesen unter Colli.

Diesem ließ Bonaparte die Division Serrurier gegenüber, vor
Beaulieu aber nur eine halbe Brigade. Er selbst marschirte nordwärts
gegen Argenteau, schlug ihn und die herbeieilenden Verstärkungen am 11.
und 12. April bei Montenotte, am 13. bei Millesimo, am 14. bei Dego,
so daß auch der erschreckte Beaulieu zurückwich. Nun läßt der Sieger den
Oesterreichern nur die Division La Harpe gegenüber, vereinigt alles
Andere gegen Colli, wirft diesen am 17. April über Ceva und am 22.
über Mondovi auf Fossano an die Stura zurück; verdrängt ihn auch dort
und erzwingt am 28. April den Waffenstillstand mit Sardinien, der ihm
den ungestörten Besitz des südlichen Piemont sichert, und die freie Benutzung
des Po-Ueberganges von Valenza in Aussicht stellt. Beaulieu zieht auf
Lomello ab. In wenig Tagen ist ein folgenschwerer Feldzug gewonnen.

---

*) Hierzu Nr. I der Skizzentafel.

Vor dem Kriege gegen Preußen im Herbst 1806 stand die franzö=
sische Armee zwischen Rhein, Donau und Main.*) Napoleon erwartete
den Widerstand an der Elbe und versammelte seine ganze Armee von
160 000 Mann in dem Raume Bayreuth — Bamberg — Nürnberg —
Würzburg. Von dort begann der geschlossene Vormarsch auf 3 je um
einen Tagemarsch von einander entfernten Straßen über Hof, Kronach
und Coburg. Die Preußen nahm er am 7. Oktober bei Erfurt an, so
daß sein Vormarsch von Hause aus deren Verbindungen mit Berlin
und dem Herzen des eigenen Landes, wie auch Dresden und die Ver=
bindungen zwischen Preußen und Sachsen bedrohte. Auf diese Art war
er sicher, daß der Feind sich ihm zur Rettung des Staats in einer
Hauptschlacht stellen mußte. „Sie begreifen daß es eine schöne Sache
sein würde, sich in einem Bataillons=Karree von 200 000 Mann nach
diesem Platze (Dresden) vorwärts zu bewegen" schrieb er an Soult aus
Würzburg am 5. Oktober, so seiner Absicht Ausdruck gebend, die Ent=
scheidung in ungewisser Lage durch den massirten Vormarsch zu erzwingen.

Im Juni 1812 stand der Kaiser mit 220 000 Mann zwischen Goldap,
Gumbinnen und Tapiau,**) der Vizekönig Eugen mit 70 000 Mann bei
Oletzko und König Jérome mit 80 000 Mann bei Ostrolenka den Russen
gegenüber,***) deren Hauptmacht, 115 000 Mann unter Barclay bei
Wilna und am unteren Niemen, und deren 2. Armee, 35 000 Mann
unter Bagration, bei Wolkowisk den Einmarsch des Angreifers erwartete.
In dieser Lage beschloß er, mit seiner großen Ueberlegenheit, eng ver=
sammelt, bei Kowno und Pilona den Niemen zu überschreiten, den
anfangs zurückgehaltenen rechten Flügel unter Jérome aber über Grodno
folgen zu lassen und derart sein gewaltiges Heer wie einen Keil zwischen
die feindlichen Gruppen hineinzutreiben.

1813 vereinigt er die aus Frankreich herangeführten 140 000 Mann
mit dem 70 000 Mann zählenden Heere des Vizekönigs zu Ende April
an der Saale zwischen Merseburg und Weißenfels, um sodann mit der
ganzen Masse auf Leipzig vorzugehen und die Verbündeten aufzusuchen,
von denen er wußte, daß sie die Elbe bei Dresden überschritten hatten.†)

Als ihn, im August desselben Jahres, die Nachrichten über das
Vorgehen der verbündeten Hauptarmee durch die Pässe des Erzgebirges
gegen Dresden aus Schlesien abriefen, zog er sowohl die von dort
kommenden 80 000 Mann, als auch die aus den Pässen des Lausitzer
Gebirges herangeholten Heerestheile, also sämmtliche am rechten Elbufer
verfügbaren Truppen, für den 25. August bei Stolpen zusammen, um
von dort aus die Elbe bei Königstein und Pirna zu überschreiten und

---

*) Nr. II der Skizzentafel.
**) Nr. III der Skizzentafel.
***) Nicht mitgerechnet sind hier auf des Kaisers Seite das Korps des Fürsten
Schwarzenberg auf dem äußersten rechten und dasjenige Macdonalds auf dem
äußersten linken Flügel, welche beide Sonderaufträge hatten.
†) Deren wirkliche Aufstellung südlich Leipzig zwischen Elster und Pleiße
war ihm zur Zeit unbekannt. (Nr. IV der Skizzentafel.)

sich so mit dieser großen geschlossenen Masse in die rechte Flanke der Verbündeten zu werfen, oder auf ihre rückwärtigen Verbindungen zu begeben.*) Freilich sollte hierbei das in dem verschanzten Dresden stehende 14. Korps mitwirken, aber dieser Heertheil war im Vergleich zum Ganzen doch von zu geringer Bedeutung, als daß man hier vom selbständigen Zusammenwirken getrennter Heere zum einheitlichen Zweck reden kann.**)

Noch sein letzter Feldzug nach der Rückkehr von Elba begann aus ohnehin enger Versammlung mit dem gedrängten Vormarsche von 128 000 Mann gegen die nur wenige Kilometer von einander entfernten Sambre-Uebergänge von Charleroi und Marchiennes, um so in den Unterkunftsraum der preußischen Armee an der Stelle einzubrechen, wo er sich mit demjenigen des Heeres von Wellington berührte, die Preußen zu schlagen und die Verbündeten gleichzeitig von einander zu trennen.***)

Entgegengesetzt ist, was wir König Friedrich im Beginn des Feldzuges von 1757 ausführen sehen und ebenso die preußische Armee von 1866 vor der Schlacht von Königgrätz. Getrennte Kolonnen marschiren hier in den Feind hinein und wählen ihren Vereinigungspunkt innerhalb desjenigen Raumes, den dieser beherrscht. Es folgt dann die Umfassung des Gegners auf dem Schlachtfelde. Aehnliches wiederholt sich auf den Schlachtfeldern von 1870/71 bei Wörth, Sedan und in sehr auffallender Form bei Orleans und Le Mans auf Seiten des preußischen Heeres. Feldmarschall Moltke erscheint uns daher mit Recht als der Vertreter des anderen Prinzips der Vereinigung getrennter Kolonnen auf dem Schlachtfelde. Beide Prinzipe, das Napoleonische und das Moltkesche†) haben zu großen Ergebnissen geführt. Beide verfolgen den gleichen Zweck, in der Schlacht überlegene Kräfte zu gemeinsamer Wirkung zu bringen. Trotz der Meinung eines unserer bedeutendsten Militärschriftsteller,††) welcher noch nach 1870 das Moltkesche Prinzip dem Napoleonischen nicht für völlig gleichberechtigt erklärte, müssen wir beide auch für unsere Tage als vollwerthig anerkennen. Jedes entspricht einer bestimmten vorangehenden Sachlage und keines von ihnen kann willkürlich oder bloß einer Theorie zu Liebe angewendet werden.

Nun ist historisch der Nachweis versucht worden, daß zwischen Napoleon und Moltke ein grundsätzlicher Unterschied in den Anschauungen bezüglich der Wahl des Vereinigungspunktes überhaupt nicht bestanden

---

*) Nr. V der Skizzentafel.
**) Bekanntlich kam diese Operation nicht zur Ausführung; die Sorge, ob Dresden sich lange genug gegen die große Uebermacht der Verbündeten werde halten können, bewog den Kaiser, direkt dorthin zu marschiren.
***) Nr. VI der Skizzentafel.
†) Wir bezeichnen sie der Bequemlichkeit halber mit diesem Namen, obwohl, wie weiter unten ausgeführt wird, diese Benennung von der kriegsgeschichtlichen Kritik nicht als berechtigt anerkannt worden ist.
††) (Graf Yorck v. Wartenburg) Précis militaire de la campagne de 1813 en Allemagne. Leipzig 1881. S. 34.

habe,*) sondern daß dort, wo beide verschieden verfuhren, die allgemeinen Verhältnisse, die äußeren Bedingungen, unter denen sie handelten, die Maßregeln der Gegner und nicht zum Mindesten Temperament und Charakter die Ursache waren.

Ist dieser Nachweis erbracht, so kann das nur die Behauptung von der Anwendbarkeit der beiden Systeme bestätigen, wie es zugleich die alte Wahrheit wiederholt, daß Sterne erster Größe nicht von solchen abhängen und ihr Thun niemals nach Lieblingstheorien und vorgefaßten Meinungen, sondern nach Zweck, Mitteln und Umständen regeln. Sprechen wir trotzdem von einem Napoleonischen und einem Moltkeschen Prinzip des Handelns, so ist damit nur kurz eine bestimmte Art des Verfahrens bezeichnet, wie es an dem einen und andern der beiden Feldherrn in besonders glänzenden Beispielen charakteristisch hervortrat. Das Verständniß wird dadurch für den Leser wesentlich erleichtert.

Auffallend erinnern in der That manche Züge der Heerführung Napoleons an Moltkesche Anschauungs= und Handlungsweise.

Oesterreich hatte im Frühling 1866 bezüglich der Rüstungen zum Kriege Preußen einen Vorsprung abgewonnen. Diesen galt es durch schnelle Bereitstellung der preußischen Streitkräfte, welche aus Ost und West der weitgegliederten Monarchie heranrückten, wieder einzuholen. Hätte General von Moltke sie zunächst auf eigenem Boden an einem einzigen Punkte vereinigen wollen, so wäre darüber neuer Zeitverlust entstanden. Er stellte sie deshalb auf dem 30 deutsche Meilen messenden Kreisbogen von der Elbe über Görlitz bis Glatz, der Gestaltung der Landesgrenze entsprechend, zum Einmarsche nach Böhmen bereit.**) So nur konnten alle Eisenbahnlinien gleichzeitig und völlig für ihren Aufmarsch ausgenutzt und ferner die nöthige große Zahl von gesonderten Straßen zum Vormarsche gewonnen werden. Der natürliche Vereinigungspunkt, welcher von allen Theilen am schnellsten zu erreichen war, lag vorwärts auf österreichischem Boden in der Gegend der oberen Elbe. Zwar vermochte der Feind früher dort einzutreffen, aber nicht mit seinem ganzen Heere, von welchem einzelne Korps noch bei Lundenburg im südlichen Mähren standen, während die am weitesten entfernten preußischen Abtheilungen von Dresden und von Neiße aus, also jedenfalls schneller herankamen. So ward der gemeinsame Vormarsch in der Richtung auf Gitschin nicht als ein Wagniß beschlossen, das nur im Glücksfalle gelingen konnte, wie man es vielfach vermeint hat, sondern als das wohl überlegte geeignete Abhülfemittel für die ungünstige geographische Gestalt des preußischen Staatsgebiets.

Für Napoleon war 1805 ähnliche Eile geboten. Es galt, der werdenden europäischen Coalition zuvorzukommen. Seine Streitkräfte

---

*) Freiherr v. Freytag = Loringhoven. Die Heerführung Napoleons und Moltkes. Eine vergleichende Studie. Berlin 1897. E. S. Mittler & Sohn. Die hier angeführten geschichtlichen Beispiele sind zum Theil dieser Schrift entlehnt.
**) Nr. VII der Skizzentafel.

v. d. Goltz. Kriegführung.

rückten aus dem Inneren Frankreichs, vom Kanal, wo sie bis dahin England drohend gegenüber gestanden, aus Holland (Marmont) und Hannover (Bernadotte) heran. Ohne Zeitverlust konnte er sie nicht auf einen einzigen Sammelplatz berufen. Er vereinigte daher die Hauptkräfte am Rhein in der Linie Straßburg—Hagenau—Speier.*) Marmont er= hielt Mainz, Bernadotte Würzburg als Ziel zugewiesen; sodaß auch hier der Aufmarsch sich in einem Halbkreise vollzog, der eine ähnliche Aus= dehnung besaß, wie der preußische von 1866 zwischen der Elbe und Neiße, nämlich 250 km. Die Oesterreicher überschritten inzwischen Inn, Isar und Lech; die Russen bewegten sich langsam durch Mähren vorwärts. Als Napoleon am 20. September erfuhr, daß die Oesterreicher sich Ulm näherten, faßte er den Plan, sie zu schlagen, ehe die Russen heran seien. In der Front wollte er sie durch starke Reiterei an den Schwarzwald= pässen beschäftigen, während er den Vormarsch der Hauptarmee vom Rhein an den Neckarlauf zwischen Stuttgart und Neckarelz (bei Mosbach) anordnete. Marmont mußte sich Bernadotte anschließen und dieser mit der so vereinigten besonderen Heeresabteilung bis südlich Würzburg vor= gehen. Der Halbkreis verengerte sich in dieser Art bis zum 1. Oktober auf etwa 125 km. Die beiden getrennten Gruppen blieben jedoch weiter bestehen. Des Kaisers Absicht war es, mit der Rheinarmee gegen die Linie Ulm—Nördlingen, mit der vom Main kommenden Heeresgruppe gegen Weißenberg concentrisch zu wirken und so die Front auf 100 km zu verkürzen. Hierbei war dann freilich die Hauptmasse des Heeres auf 60 km zusammengezogen, die schwächere Gruppe Bernadottes um 40 links hinausgeschoben. Es war wohl gemeinsames Handeln, aber noch nicht die Vereinigung auf engem Raume angebahnt. Bernadottes Heertheil konnte sowohl gegen die Oesterreicher eingreifen, als sich auch gegen die herannahenden Russen wenden. Für die Rheingruppe des Heeres wurde später noch in der Voraussetzung, daß der Feind nicht an der Iller stehen bleiben, sondern sich der Entwicklung der französischen Armee aus der rauhen Alp widersetzen werde, die engere und mehr Sicherheit ge= währende Front Giengen—Nördlingen bestimmt. Auch für den weiteren Vormarsch besorgte der Kaiser, daß die Oesterreicher die Donau über= schreiten würden, sodaß es in der Gegend von Nördlingen oder Heiden= heim zur Schlacht kommen könnte. Er erwog daher Maßregeln zur gegenseitigen Unterstützung der Korps und zur Bedrohung der rückwärtigen Verbindungen der Oesterreicher, aber auch jetzt noch keine Versammlung zur Schlacht. Dem Korps, welches auf den Feind stößt, sollten die Nachbarkorps zur Hülfe eilen, die andern gegen Flanke und Rücken des Gegners vorgehen. „Meine Absicht ist", schrieb Napoleon, „wenn wir uns mit dem Feinde treffen, ihn von allen Seiten einzuschließen." Beim weiteren Vormarsch gegen die Donaulinie Donauwörth—Ingolstadt erfolgte ein engeres Zusammenschließen auf etwa 50 km, weil die Schlacht nörd= lich der Donau noch immer erwartet wurde, aber auch die Lech=Mündung

---

*) Nr. VIII der Skizzentafel.

sogleich östlich umgangen werden sollte. Als die Donaulinie leichten
Kaufs in Napoleons Hände kam und er jetzt die Möglichkeit übersah, die
Oesterreicher ganz von ihren Verbindungen zu trennen, erfolgte ein
excentrischer Vormarsch auf Ulm, Augsburg und auf München, wo der
Versuch, ihnen Hülfe zu bringen, abgewehrt werden sollte. Erst als am
12. Oktober Abends in Folge des Gefechts von Haslach Klarheit gewonnen
wird, daß die österreichische Hauptmacht noch bei Ulm steht, erfolgt die
Zusammenziehung aller verfügbaren Kräfte nach dorthin.

Wäre die Aehnlichkeit mit einer Moltke'schen Operation auch mehr
in die Augen springend, wenn sich Napoleons Vormarsch auf der kürzesten
Linie vom Rhein und Main aus gegen Front und Flanke der Oesterreicher gerichtet hätte, so finden sich doch im Einzelnen gleiche Züge
wieder. Der Aufmarsch auf weitem Kreisbogen, entsprechend der vorangegangenen Vertheilung der Truppen im Lande, ferner das Rechnen mit
den verschiedenen Anmarschrichtungen vom Rhein und vom Main und mit
der durch sie gegebenen räumlichen Trennung, welche für den Verlauf
der Operationen nutzbar gemacht wird, gehören dahin — endlich auch das
Verharren in dieser Trennung bei Erwartung der Schlacht, nachdem die
Heeresgruppen nahe genug an einander gerückt sind, um mit Sicherheit
zusammenwirken zu können. Wir dürfen zuletzt noch die dann folgende,
je nach der Lage wechselnde, Kräftegruppirung südlich der Donau zu den
an unsere neuen großen Kriege erinnernden Maßnahmen zählen.

Bei Bautzen sehen wir Napoleon sogar eine Vereinigung auf dem
Schlachtfelde in aller Form suchen.*) Er war nach dem Tage von
Gr. Görschen mit etwa 100 000 Mann dem Rückzuge der Russen über
Dresden gefolgt, während er den Marschall Ney mit 50 000 Mann bei
Torgau die Elbe überschreiten und auf Berlin vorgehen ließ. Irrthüm-
lich vermuthete er dort die Preußen. Diese hatten aber nach ihrem
Elbübergange bei Meißen den Anschluß an die Russen über Kamenz ge-
sucht und standen mit diesen vereint, etwa 85 000 Mann stark, bei
Bautzen hinter der Spree. Als Napoleon dies am 14. Mai erfuhr,
befahl er dem Marschall Ney, der inzwischen bis in die Gegend von
Luckau gekommen war, über Hoyerswerda heranzurücken. Als Zielpunkt
wird ihm Dreysa im Rücken der Verbündeten angegeben. Während die
Armee des Kaisers sich sodann am 20. Mai im Besitz der vorgeschobenen
Stellungen und der Spree-Uebergänge bei Bautzen setzte, kam es am 21.
zu dem concentrischen Angriffe Napoleons gegen die Front und Ney's,
von Klix her, gegen die rechte Flanke des Gegners.

Bei Moltke finden wir andrerseits Maßregeln, die wir napoleonische
zu nennen versucht sind.

Am 2. Juli 1866, unmittelbar vor der Schlacht von Königgrätz,
schrieb er an die Oberkommandos der beiden preußischen Armeen: „Die
Meldungen über Terrainverhältnisse und Stand des Feindes sind sofort
hierher zu richten. Sollte sich aus denselben ergeben, daß ein concentri-

---

*) Nr. IX der Skizzentafel.

scher Angriff beider Armeen auf die zwischen Josefsstadt und Königgrätz vorausgesetzte Hauptmacht des Feindes auf allzugroße Schwierigkeiten stößt, oder daß die österreichische Armee jene Gegend überhaupt schon verlassen hat, so wird dann der allgemeine Abmarsch in der Richtung auf Pardubitz fortgesetzt werden."

Hiernach hatte Moltke sich mit dem Gedanken eines geschlossenen Vormarsches der vereinigten Massen nach des Kaiser's Art befreundet, falls der erhoffte umfassende Angriff gegenstandslos werden oder unvortheilhaft erscheinen sollte.

Der Aufmarsch der deutschen Heere im Juli 1870 zeigt uns sogar die wirkliche Durchführung enger Vereinigung der Massen vor Beginn der entscheidenden Operation. Alle gegen Frankreich verfügbaren Kräfte werden in der südlichen Rheinprovinz und der Pfalz zusammengezogen, diesem Entschlusse zu Liebe sogar der ganze Oberrhein von Truppen entblößt. Auf einer Front von wenig über 100 Kilometern standen hier rund 400 000 Mann versammelt, um dann sogar zunächst einen excentrischen Vormarsch zu beginnen.

Daß Moltke in bestimmter Lage es keineswegs scheute, seine Kräfte vor der Schlacht zur Masse zu vereinigen, lehren auch die Tage von Sedan.*) Der Abend des 24. August brachte damals die ersten Nachrichten vom Marsche Mac Mahons auf Reims und Andeutungen über die Möglichkeit, daß es der Marschall versuchen werde, längs der belgischen Grenze dem in Metz schon eingeschlossenen Bazaine zu Hülfe zu kommen. Die Maas- und III. Armee befanden sich auf dem Marsche gegen Chalons, wo man Mac Mahon gesucht hatte, und am 25. August erreichte das 12. (Sächsische) Korps die Gegend westlich Verdun, das Gardekorps die von Triaucourt, das 4. Korps Laheycourt. Jedes stand dem andern links vorgeschoben, noch weiter links vorwärts bei Charmont das 2. bayerische, links rückwärts dagegen bei Bar le Duc das 1. bayerische Korps. Nun wurde zunächst durch einen Befehl von 11 Uhr Vormittags den beiden Armeen für den 26. August eine mehr nordwestliche Richtung gegeben. Wenn die ersten Nachrichten sich aber bestätigten, so galt es mit starken Kräften nach Norden vorzustoßen und dem französischen Entsatzheere den Weg zu verlegen. Hieran knüpft sich der Entwurf Moltkes zu einer gedrängten Vereinigung von 7 Korps, mit mehr als 150 000 Mann Infanterie, nämlich den ebengenannten fünf und dem 3. und 9. Korps, welche von der Einschließung von Metz herankommen sollten.**) Bis zum 28. August gedachte er dieses starke Heer ganz in der Gegend von Damvillers, Mangiennes und Azannes zusammenzuziehen, eine außerordentlich eng geplante Truppenanhäufung, auf einem Raume von nur 10 km im Quadrat. So massirt wollte der preußische Heerführer seine Streitkräfte der 100 000 Mann starken Armee von Chalons

---

*) Nr. X der Skizzentafel.

**) Feldmarschall Moltke rechnete auf diese beiden Korps. Thatsächlich brachen von Metz her das 2. und 3. auf.

bei Damvillers vorlegen, oder am 29. August gegen die nur 11 km messende Linie Longuyon — Marville heranführen, um dort den vielleicht weiter nördlich ausholenden Franzosen in die rechte Flanke zu fallen — ein ächt napoleonisch geschlossener Anmarsch zur Schlacht. Der Entwurf, der am 25. August in Bar le Duc niedergeschrieben wurde, kam nicht so, wie gedacht, zur Ausführung; aber er bildete gleich darauf die Grundlage für die nächsten Bewegungen der deutschen Heere und er ist von großem Interesse für die Beurtheilung Moltke'scher Führung. Der Grad der Ungewißheit der Lage, in welcher man sich befindet, spielt bei der Wahl des Vereinigungssystems eine große Rolle. Sie hat auch auf die beiden Feldherren gewirkt, auf deren Lehren unsere heutige Kriegführung beruht. Napoleon ließ die Massen getrennt, wenn er die Verhältnisse übersah und ihres Zusammenwirkens sicher war, wie Moltke eine enge Vereinigung wollte, wo er sich noch umklaren Verhältnissen gegenüber befand. So hat ein jeder dieser beiden großen Männer sich unter bestimmten Bedingungen auch desjenigen Prinzips bedient, welches man nach dem Namen des andern benennt.

Der Grundsatz der Massenbildung vor dem Einbruch hat den Vorzug, daß man, im Falle einer Ueberraschung, wenn man die Verhältnisse anders findet, als gedacht, doch alle seine Truppen bei der Hand, und daher nicht viel zu fürchten hat. So geschah es Napoleon I., als er im weiteren Verfolg der Bewegungen vom Oktober 1806*) die Preußen nicht vor sich auf der großen Straße über Leipzig nach Berlin, sondern noch in seiner linken Flanke hinter der Saale entdeckte, so auch, als er die Verbündeten am 2. Mai 1813 nicht nordöstlich jenseits Leipzig, sondern südöstlich zwischen Elster und Pleiße antraf.

Aber der gedrängte Vormarsch steigert die Beschwerden und Verluste. Die große Armee erlitt 1812 schon auf dem Wege nach Moskau die furchtbarste Einbuße, nicht erst beim winterlichen Rückzuge. Im Jahre 1813 ging Napoleon's Heer an dem Hin- und Hermarschiren der jungen, an Strapazen nicht gewöhnten Truppen bei enger Vereinigung zu Grunde. Die Oesterreicher litten 1859 und ebenso 1866 sehr darunter. Vermag der Feind gar, dem Stoße auszuweichen, wie es Blücher im August und Anfang September 1813 zweimal erfolgreich that, so kommt die vereinigte Masse bald in die Nothlage, entweder das Spiel aufzugeben, oder sich im Angesicht des Gegners zu trennen, und beides ist mißlich.

Endlich bedarf die Vereinigung vor dem Ziel eines gewissen Raumes zur Ausführung. Steht der Feind dicht vor unserer Front, so kann sie nur durch Zusammenziehung auf der Grundlinie geschehen. Das erfordert Flankenmärsche, die, wenn sie auch keineswegs so bedenklich sind, als die Lehre vom Kriege oft hat glauben machen, doch in allzugroßer Nähe vom Gegner leicht zu Ueberraschungen, Verwirrungen und unbeabsichtigten Einzelgefechten führen. Denkt man sich, wie es im Abendlande der Fall sein würde, beim Ausbruch eines Krieges die nach mehreren Hundert-

---

*) S. S. 79.

tausenden zählenden Heere, einander nahe gegenüber an der Grenze aufmarschirt, so erkennt man leicht, daß hier der Raum für einen Vor= marsch getrennter Heere zu gemeinsamen Wirken ebenso fehlen muß, wie zur Versammlung vor dem Ziel. Schon der Aufmarsch der Streitkräfte wird diese bringen und auch auf deutscher Seite Bilder zeigen, welche mehr denen vom Juli 1870, als denen aus dem Juni 1866 gleichen und die an napoleonische Massenanhäufung erinnern. Anders als zur Zeit des Schlachtenkaisers wird nur die innere organisatorische Gliederung unserer Streitmacht sein. Nicht als ein ungefüges Ganze, von dem nur, wo es die Umstände gerade herbeiführen, ein Theil abgesondert ist, sondern der Regel nach, in mehrere Heere, aus gleich starken Korps und Kavallerie=Devisionen gebildet, werden wir sie auftreten sehen. Diese aber handeln nicht nach fortlaufend zu empfangenden, einschränkenden Befehlen, welche mitunter sogar die Stunde für eine Kriegshandlung bestimmen,*) sondern selbständig nach freiem Ermessen und nur geleitet durch einen einheitlichen großen Operationsgedanken. Hierin mehr als in der Verschiedenheit theoretischer Grundanschauungen über Trennen und Vereinigen wird der Gegensatz zum Zeitalter des großen Kaisers bestehen.**)

Die Vereinigung innerhalb des vom Feinde schon beherrschten Raumes gestattet natürlich, bis zum letzten Augenblicke getrennt zu bleiben. Wenn jener ausweicht, vermag man den Vereinigungspunkt gleichfalls weiter vorzuschieben. Dies erleichtert das Leben und die Bewegung der Truppenmassen. Aber die grundsätzliche Gefahr dabei ist, daß die ein= zelnen Heersäulen von dem Gegner, der zwischen ihnen auftaucht, geschlagen werden können, ehe die anderen Hülfe leisten. Der Vereinigungspunkt ist deßhalb, wie 1866, grundsätzlich so zu legen, daß der Feind dort nicht vor uns mit überlegenen Kräften eintreffen kann. Dennoch ver= mag der Unfall oder das ungeschickte und unentschlossene Benehmen einer einzigen Kolonne den Rückzug aller nach sich zu ziehen; und der Vorzug der Offensive, daß sie meist siegt, wenn sie nur an einem Punkte im Vortheil bleibt, hat sich in den Nachtheil verwandelt, daß sie scheiterte, weil an einer einzigen Stelle ein Unglück eintrat.

---

*) Wie Napoleon sie z. B. Ney für das Eintreffen bei Preititz während der Schlacht von Bautzen bestimmte — eine Anordnung, an welche dieser sich auch pünktlich gebunden fühlte (Yorck, Napoleon als Feldherr. II. S. 238).

**) Man darf nicht vergessen, daß Napoleon's Heere nicht über das Maß dessen hinausgingen, was auch wir heute noch allenfalls in einer Armee vereinigen. Die Hauptgruppe beim Einmarsch 1812, welche der Kaiser führte, war nur so stark, wie die II. deutsche Armee unter Prinz Friedrich Karl beim Vormarsche gegen die Mosel im August 1870. Es kommt aber in Betracht, daß Wege und Kulturverhältnisse im Beginn des vorigen Jahrhunderts die Massenanhäufung weit schwieriger machten als heutzutage und daß darin vermehrter Anlaß zur Trennung lag. Uebrigens empfand auch Prinz Friedrich Karl, daß seine Armee im Beginn des Krieges für einen einheitlich geführten Körper zu groß und schwerfällig sei und vertraute seinem Tagebuche eine Notiz darüber an.

Je mehr sich das Heer über weiten Raum vertheilt, desto geringer wird natürlich der Einfluß des Oberbefehlshabers, desto größer die Selbständigkeit seiner Unterfeldherren. Deren Handlungsweise erhält ein schwereres Gewicht in Bezug auf den Gesammt-Erfolg. Die Vereinigung wird nicht gelingen, wenn nicht wenigstens die überwiegende Mehrzahl der Generale energisch, umsichtig und ganz nach dem Willen des obersten Führers handelt. Dieser kann leicht an den Fehlern jener zu Grunde gehen. Die II. preußische Armee ließ sich 1866 beim Einmarsche nach Böhmen durch das Versagen eines Korps-Kommandeurs nicht aufhalten. Allein es wäre vielleicht geschehen, wenn noch ein zweiter ausgeblieben wäre, wenn z. B. General Steinmetz bei Nachod ähnlich gehandelt hätte, wie Bonin bei Trautenau. Man muß also seine Leute kennen und sich in jeder Hinsicht unbedingt auf sie verlassen können. Auch dürfen die Truppen nicht von schwächlicher Verfassung sein, so daß Zufälligkeiten leicht die Auflösung einzelner Abtheilungen herbeiführen, wie es bei Oudinot's Heer am 23. August 1813 geschah.*) Schlechte Truppen gewinnen im Zusammensein einigen Halt. Der geschlossene Vormarsch leistet also große Gewähr gegen Unfälle, und wer seiner Sache nicht sicher ist, der wähle ihn, wenn ihm die Wahl überhaupt noch freisteht. Der getrennte dagegen verspricht für gewöhnlich den größeren Erfolg, weil die Ueberraschung des Gegners erleichtert wird, weil dieser, an verschiedenen Stellen zu gleicher Zeit angegriffen, schwerer das für ihn wichtigste Ziel erkennt, er nicht so schnell zu klarem Entschlusse und bestimmtem Handeln kommt, und weil die, ihm auf mehreren Punkten drohende Gefahr leicht Verwirrung und Irrthümer in seine Anordnungen bringt. Endlich läuft diese Art der Vereinigung, wenn sie gut durchgeführt wird, naturgemäß in die Umfassung des Feindes auf dem Schlachtfelde aus, und dies ist bei der Wirkung unserer modernen Waffen die beste Form für den taktischen Angriff.

Glücklich der Feldherr, dem es vergönnt ist, wie es bei Königgrätz geschah, von tüchtigen Unterführern gut bedient, seine Streitkräfte, bei möglichst langer Aufrechterhaltung der Trennung, doch zum vereinten Schlagen an den Feind zu bringen, sogleich noch dessen Rückzug bedrohend. Der Weg zum entscheidenden Siege ist ihm gebahnt. Die Strategie hat mit Herbeiführung dieser Lage ihr Bestes gethan und die Taktik nur noch das Werk zu vollenden. Aber es wäre unbillig, von jener zu verlangen, daß sie es allemal vollbringen müsse und eine Täuschung, zu glauben, daß wir nur so noch angreifen dürften. Wir können in diesem Punkte wohl auch heute noch Clausewitz folgen, der uns lehrt, daß, wenn der concentrische Angriff auch an sich das Mittel zu größeren Erfolgen ist, er dennoch hauptsächlich nur aus der ursprünglichen Vertheilung der Streitkräfte hervorgehen soll, und daß es nur

---

*) In der Schlacht bei Groß-Beeren, wo die Sprengung der Truppen Reynier's den Rückzug der ganzen, in drei Kolonnen herankommenden Armee nach sich zog.

wenig Fälle geben wird, wo man recht handelt, um seinetwillen die kürzeste und einfachste Richtung der Kräfte zu verlassen.*)

Ob man den Vereinigungspunkt für seine Heeresmassen nach dem einen oder anderen Prinzip wählen soll, das muß der geübte Blick aus der jedesmal verschiedenen Lage erkennen. Immer aber halte man sich vor Augen, daß es nicht der Zweck ist, ihn grundsätzlich auf die eine oder andere Art zu suchen, sondern alle Streitkräfte zum gemeinsamen Handeln auf das Schlachtfeld zu führen.

—

3. Das Vorgehen zum Vereinigungspunkte.
Nachtmärsche und Flankenmärsche.

Das Vorgehen zum strategischen Angriff ist in seinen Hauptlinien durch den Aufmarsch der Armee und die Lage des Ziels, oder, wenn man getrennt stand, die Wahl des Vereinigungspunktes gegeben. Die Anordnung der Einzelheiten aber ist noch von der größten Wichtigkeit. Kommt es doch darauf an, während der Vorwärtsbewegung die Lebens= bedingungen des Heeres und diejenigen der Führung zu erhalten: die Operations=, Entschluß= und Bewegungsfreiheit und im entscheidenden Augenblicke auch noch die nothwendige Entwicklungsfähigkeit.

Im französischen Kriege, wo sich mehr als 6—8 Armee=Korps nur zu Beginn in gleicher Richtung und zu gleicher Zeit in Marsch setzten, das Straßennetz Frankreich's aber fast schon die heutige Gestalt besaß, war es noch verhältnißmäßig leicht, die Heere vorwärts zu bringen. Die Erfahrungen von damals geben keinen richtigen Anhalt mehr ab; denn die Truppenzahl ist die doppelte oder mehrfache geworden und die Wegekarte zeigt sich nicht im gleichen Maße ergiebiger. Wenn man auch in dicht bevölkerten Gegenden von fester Bodenbeschaffenheit, wie in den deutsch=französischen Grenzgebieten, Chausseen und chaussirte Straßen, die bei jeder Witterung brauchbar sind, in hinreichender Zahl vorfindet, so wird sich doch oft am Ende, wo die Marschlinien auf die Stellungen des Gegners treffen, die Unmöglichkeit herausstellen, ein Massenheer von 10 oder 12 Armee=Korps zum Angriff zweckmäßig zu entwickeln. Wasser= flächen, Flußläufe, dichtes Gehölz, nasse Wiesenstreifen und Niederungen verbieten es, eine so große Truppenzahl im Zusammenhange und geordnet aufmarschiren zu lassen. Ueberall ist die Artillerie vermehrt worden. Die 24 Batterien, welche ein einziges Korps mit sich führt, haben häufig schon keinen hinreichenden Platz neben der Marschstraße. Nun soll sich aber die Infanterie noch zwischen die Artillerielinien hineinschieben und darf doch nicht zu gedrängt in's feindliche Feuer gerathen.

Es ist auch daran zu denken, daß hinter dem fechtenden Korps die Straße für das Heranführen des Schießbedarfs und des Mundvorraths

*) Clausewitz. Vom Kriege III. Skizzen zum 8. Buch. 9. Kapitel. Ange= führt bei Freytag—Loringhoven S. 17.

frei bleiben muß,*) da der Troß meist um einen Tagemarsch zurück=
gehalten wird und seine einzelnen Theile von dort nach Bedarf zur Front
herankommen sollen. Gerade dies macht es schwer, auf ein und der=
selben Marschstraße dem vorderen noch ein zweites Korps folgen zu
lassen. Man muß dann hinter dem fechtenden Theil des ersten sogleich
den des zweiten vorziehen. Die Trains halten die gleiche Ordnung
inne; jedes Korps wird also vorübergehend von seinem Fuhrwesen ge=
trennt, das erst nach dem Aufmarsche beider herangeholt werden kann,
und ein unbequemes Durcheinander bleibt rückwärts bestehen.

Sperrende Befestigungen beherrschen mit ihrem Geschütz heute ganz
andere Räume, als ehedem. Die äußersten Schußweiten mittlerer
Kaliber**) reichen schon bis zu 10 km.

Ein einziges Werk kann also das Straßennetz eines übersichtlichen
Landes bei Tage in 20 km Breite theils schließen, theils so unsicher
machen, daß regelrechter Verkehr darauf mißlich wird.

Zehn oder zwölf Armee=Korps, welche künftig erst eine Heeresmacht
von mittlerer Stärke darstellen, brauchen schon, um nebeneinander vor=
zugehen, einen völlig gangbaren Landstrich von 50—60 km Breite und
darin zehn bis zwölf benutzbare, in gleicher Richtung fortlaufende
Straßenzüge. Solche Räume werden sich in naher Zukunft auf west=
lichen Kriegsschauplätzen Europa's kaum noch vorfinden, ohne daß Befesti=
gungen in Frage kommen. Schwere Artillerie wird häufig erst durch
Zerstörung feindlicher Bollwerke die Vorwärtsbewegung ermöglichen müssen.
Aber ihr Vorziehen in die vorderste Linie unter Mitführung der zahl=
reichen, bedeutende Lasten ausmachenden, Munition ist allein schon ein
großes Erschwerniß.

Will man beim Einbruch in das vom Feinde besetzte Kriegstheater
nicht Gefahr laufen, selbst bei Ueberlegenheit an Zahl, von dem
schwächeren Gegner geschlagen zu werden, weil dieser schon kampfbereit
aufgestellt dasteht, während man als Angreifer sich erst nur mit wenigen
Korps aus Engwegen oder bedecktem Gelände herauswindet, so ist große
Vorsicht und Sorgfalt in der Anordnung der Märsche nothwendig. Sie
bildet in Zukunft einen der wichtigsten Abschnitte der Kunst — und Bazaine's
Beispiel vom 13. August 1870, der in seinem Befehl für den Abmarsch
der Rheinarmee nach Verdun nicht weniger als 5 Korps und 2 Kavallerie=
Divisionen auf die eine Straße von Metz bis Gravelotte verwies, soll
uns stets als Warnung dienen.***)

Ein tüchtiger Generalstab wird sich in künftigen Kriegen gerade auf
diesem Gebiete seiner Thätigkeit bewähren können. Er muß außerge=
wöhnliche Mittel zu Hülfe nehmen. Im Gegensatz zu den letzten Kriegen

---

*) Vergl. das über die Verbindungslinien S. 55 u. ff. Gesagte.

**) z. B. der langen 10 cm=Kanonen.

***) Großer Generalstab. Der deutsch=französische Krieg von 1870/71. Erster
Theil I. S. 460 u. 538.

werden es zumal die verkürzten Marschtiefen*) und die häufigere
Anwendung von Bewegungen außerhalb gebahnter Wege sein. Dies
letzte macht aber wieder schleunigen Kriegsstraßenbau in einem dicht
bedeckten Kulturgelände erforderlich. Er kann freilich nur in den
allereinfachsten Dingen, in der gewaltsamen Durchbrechung oder Ueber-
brückung der Hindernisse bestehen, die auf den querfeldein als gangbar
zu bezeichnenden Linien liegen. Zumal in der Periode vor großen taktischen Entscheidungen sollten wir uns von der sklavischen Abhängigkeit
vom Straßennetze — wenn auch immer nur für kurze Entfernungen —
frei machen. Nicht nur Napoleon I., sondern auch in neuester Zeit die
türkischen Truppen in Thessalien und die Engländer in Südafrika haben
uns, obschon, was die Stärkeverhältnisse anbetrifft, nur in kleinerem
Maßstabe, ein Beispiel gegeben. 1870 galt noch unerschüttert der Satz
„daß der Krieg nur auf den Wegen geführt werde", und als Prinz
Friedrich Karl beim Anmarsche zur Schlacht von St. Privat hiervon
abwich und die Korps in entwickelten Divisionsmassen marschiren lassen
wollte, fand dies herben Tadel, weil, bei der Neuheit der Maßregel,
Mißverständnisse und eine Kreuzung vorkamen. Heute denken wir anders
darüber.

Gerade bei solchen Gewaltleistungen kommt aber die gute Versorgung
der Truppen mit Wasser und Lebensmitteln als weitere Bedingung zur
Sprache, da, wie wir wissen,**) meist mehr Mannschaften auf Märschen
als im Gefecht zu Grunde gehen und Alles gethan werden muß, um die
Marschverluste zu mindern. Hemmend wird sich dabei fühlbar machen,
daß wir künftig weit mehr als in den letzten Kriegen vom Nachschub
und der Magazinverpflegung abhängig sind.***) Oft wird nur eine weitgehende Anwendung von Feldbahnen die Bewältigung der Aufgabe
möglich machen.

Wie wichtig gute Marschfähigkeit der Truppen ist, leuchtet ohne
Weiteres ein. Das besser marschirende Heer vermag dem Gegner die
umstrittenen Linien und Punkte abzugewinnen. Die äußersten Leistungen
sind darin zu erstreben. Sie ergeben sich bei einzelnen Völkern, wie bei
den meisten Bergvölkern des Südens, aus nationaler Gewohnheit und
der Landesnatur. In den Kulturstaaten mit nur seßhafter Bevölkerung
muß die systematische Uebung hierfür eintreten.†)

---

*) Durch Verbreiterung der Marsch-Kolonnen auf das Doppelte, was auf
guten Landstraßen und Chausseen meist angängig sein wird.

**) S. S. 26.

***) Vergl. das unter VIII. 3. S. 61 über die Verbindungslinien Gesagte.

†) Marschübungen rufen, zumal bei großer Hitze, im Frieden regelmäßig
einige Verluste an Menschenleben hervor und finden darum oft abfällige Beurtheilung. Man wendet ein, daß in den Kadreheeren im Kriege zum großen
Theil andere Mannschaften bei der Fahne sind, als während der Friedensübungen,
so daß diese, in Bezug auf die Gewöhnung an Anstrengungen, des unmittelbaren
Nutzens zu entbehren scheinen. Der Grund ist aber nicht stichhaltig; denn es
kommt nicht so sehr auf Einübung des einzelnen Mannes, als darauf an, in der

Die schwierige Anordnung der Märsche wird natürlich sehr er=
leichtert, wenn man an Stellen, wo man ein beengtes Gelände zu
überwinden hat, dem gewöhnlichen Tagesmarschmaße von 25—30 Kilo=
metern noch ein Erhebliches zulegen, oder gar bis auf das Doppelte
gehen kann, um von einzelnen Theilen des Heeres die Straßen für die
nachfolgenden frei machen zu laffen. Selbst größere Leistungen sind
noch möglich.*)

Am bequemsten sind Marschstraßen, welche von langer Grundlinie
ausgehend, sich gegen das Ziel hin allmählich einander nähern und erst
bei demselben zusammenfließen; denn hier wird anfangs der Truppe
große Freiheit und viel Raum gewährt und beide erleichtern ihr das
Leben. Da sie aber nicht Gegenstand der freien Wahl, sondern durch
ursprüngliche Bereitstellung der Kräfte, Ziel und Vereinigungsraum ge=
geben sind, so werden wir sie nehmen müssen, wie die Natur des Landes
sie uns giebt und nur auf die Bedingungen zu achten haben, welche aus
ihrer Lage hervorgehen.

Der gerade Vormarsch auf parallelen Straßen hat das Gute, den
einzelnen Heeressäulen während der Bewegung stets den gleichen Zwischen=
raum zu laffen, den sie für Unterbringung und Ernährung ausnutzen
können. Marschirt man nicht in zwei Treffen hintereinander, so besitzt
eine jede ihre eigene Verbindungslinie. Ein Durcheinander=Gerathen der
Truppen sowohl, als auch des ihnen folgenden Fuhrwesens wird ver=
hütet. Ohne Zweifel ist eine solche Anordnung für die Bewegung großer
Massen sehr bequem. Aber sie führt zur Vereinigung auf dem Schlacht=
felde nur da, wo die Marschlinien so dicht neben einander herlaufen,
daß aus ihnen der Aufmarsch zu einer zusammenhängenden Front möglich
ist, welcher zugleich hinreichenden Entwicklungsraum bietet; und das wird
nur selten zutreffen. Dann aber schwinden wieder durch das enge
Zusammendrängen die Vortheile besserer Unterkunft für die Truppen.
Ein solcher Vormarsch wird also meist nicht zur Schlacht, sondern nur dann
möglich sein, wenn nach gefallener Entscheidung der Raum von einem
eben gewonnenen Abschnitte bis zum andern zu durchmessen ist, ohne
daß ein Zusammenstoß mit dem Feinde erwartet wird. Das trat z. B.
bei den deutschen Armeen zwischen Saar und Mosel im August 1870
ein. Auch hier aber wurden schon Aenderungen nöthig, als die Franzosen
unerwartet hinter der Nied Halt machten.

Die Annäherung an den Feind erfordert den concentrischen Vor=
marsch. Doch darf nicht zu früh aus den parallelen Richtungen abgebogen
werden, um das Ziel nicht vorzeitig zu verrathen und die Unbequemlich=
keiten des engeren Zusammenschiebens nicht zu früh auf sich zu nehmen.

Truppe die Ueberlieferung von der Möglichkeit großer Anstrengungen zu erhalten.
Es werden sonst aus an sich billigen Rücksichten die Forderungen mehr und
mehr herabgesetzt, und allmählich schleicht sich eine Verweichlichung ein, welche
sich später im Felde auf das Härteste, bestraft.

*) Siehe „Volk in Waffen". 5. Auflage. S. 200.

Da der Vereinigungspunkt nicht im Voraus geographisch genau zu bestimmen ist, sondern er sich innerhalb eines gewissen Raumes bewegt, weil die feindliche Armee es gleichfalls thut, so wird, wie es auch 1866 von preußischer Seite geschah, die concentrische Richtung der Heersäulen nicht auf einen Punkt zugespitzt, sondern allgemeiner auf einen Landstrich gerichtet, bis man klar sieht, wo die taktische Entscheidung zu erwarten ist. Wir dürfen die Vereinigung auch niemals wörtlich nehmen, so daß alle Heertheile Arm an Arm auf dem nämlichen Felde stehen. Die Entwicklungsfähigkeit wäre dann nicht mehr vorhanden. Eine Armee ist vereinigt, wenn an demselben Tage auch ihre entferntesten Korps noch rechtzeitig auf dem Schlachtfelde eintreffen können.

Der excentrische Vormarsch ist, wo er nicht ausnahmsweise, wie 1870, eine erste einleitende Bewegung bildet, das Nachspiel der Schlacht, falls diese für den Angreifer glücklich war. Die Vereinigung, welche sie erfordert hatte, kann dann zum Besten der Truppen wieder gelöst werden. Gleiches tritt ein, wenn es sich nur noch darum handelt, nach dem Siege Land zu besetzen. Sich zu excentrischem Vormarsch in Gegenwart des Feindes zu trennen, ist bedenklich. Nie darf es geschehen, wenn man einen neuen Kampf von Bedeutung erwartet, oder auch nur für möglich hält.

Der Feldzug von 1814 zeigt uns auf Seiten der Verbündeten zweimal das sonderbare Schauspiel des Trennens, nur um den Gegner wieder umfassen und in die Enge treiben zu können. Das widerspricht Clausewitz' Lehre über die Berechtigung umfassenden Anmarsches.*) Doch wirkten hier auch innere Motive mit, zumal das Streben des einen Oberbefehlshabers, Blücher, sich größerer Selbstständigkeit und Freiheit des Handelns zu versichern, als sie in naher Verbindung mit der Hauptarmee möglich war. Der serbisch-türkische Krieg von 1876 gar begann auf serbischer Seite mit einer excentrischen Offensive in vier Heeresgruppen nach den drei Himmelsrichtungen, in denen feindliches Gebiet lag. Politische Beweggründe waren dabei überwiegend die leitenden und führten zum schnellen kläglichen Scheitern. Doch dies sind Ausnahmsfälle, welche sich nur selten wiederholen dürften. —

Wenn die Marschrichtung nicht gerade, sondern schräg auf die feindliche Front zuführt, oder sogar zeitweilig parallel mit derselben läuft, so daß die marschirenden Truppen dem Gegner die Flanke bieten, macht man einen „Flankenmarsch". Wir fügen daher hier schon einige Worte über Flankenmärsche an, obschon dieselben ebensogut in das Gebiet der Defensive fallen können, wenn es sich darum handelt, dem Feinde an einem seitlich gelegenen Punkte zuvorzukommen.

Bedenklich sind Flankenmärsche nur dann, wenn man sich selbst nicht darüber klar ist, daß man einen solchen Marsch ausführt und deshalb durch einen Angriff des Gegners von der Seite her überrascht wird. Eine marschirende Heersäule entwickelt sich schneller nach der Flanke als

---

*) S. S. 87.

nach der Spitze; denn die Wege sind kürzer. Natürlich darf man aber dem Feinde nicht allzu nahe marschiren; sondern muß sich den nöthigen Entwickelungsraum wahren. Auch würde die heute weithin gehende Aufklärung zur frühzeitigen Entdeckung führen. Die Sicherung des Flankenmarsches durch eine besondere Abtheilung, welche dem Feinde gegenüber aufgestellt wird, hat ihr Mißliches. Entweder ist sie schwach, dann ladet sie gerade in dem uns am wenigsten erwünschten Augenblicke den Feind zum Angriff ein, oder sie ist stark, dann verzögert sich durch ihr Nachrücken die Seitwärtsverschiebung des Ganzen. Sorgsame Auf= klärung, eine Aenderung der Marschordnung derart, daß man auch in der Mitte sehr tiefer Kolonnen über einige Kavallerie verfügt und Be= nachrichtigung der Unterführer, um sie wachsam und bereit zur Entwicke= lung nach der Flanke zu halten, sind die erforderlichen Vorkehrungen. Störend bleibt freilich ein Angriff während des Flankenmarsches immer; denn dieser ist auf ein schon ganz klar bestimmtes Ziel gerichtet, das man so schnell als möglich erreichen möchte. Jedes Gefecht aber, mag es auch glücklich enden, verursacht Aufenthalt. Befindet der Feind sich im Stillstande, so hat der Flankenmarsch darin einen gewissen Schutz, daß es zeitraubend ist, die in einer Stellung entwickelten und vertheilten Truppen in Bewegung zu setzen. Schwieriger wird die Lage, wenn der Gegner schon im Marsche ist und wir an den Spitzen seiner Kolonnen noch glücklich vorüber wollen, um ihm eine Seite abzugewinnen. Oft bleibt dann kein anderes Mittel, als jene durch einzelne Abtheilungen angreifen und überraschend zum Stehen bringen zu lassen, während alles Uebrige seinen Weg fortsetzt. Doch liegt die Gefahr nahe, daß man durch solche Theilgefechte in eine allgemeine Waffenentscheidung an einer Stelle hineingezogen wird, wo man sie nicht suchte.

Flankenmärsche sind unvermeidlich. Jede Vereinigung zuvor ge= trennter Heeresmassen in Gegenwart des Feindes wird zu halben oder vollen Flankenmärschen nöthigen. Sie müssen mit Vorsicht, im vollen Bewußtsein der Lage und des Zweckes, doch ohne Scheu unternommen werden.

Nicht minder ist die Furcht vor Nachtmärschen zu bannen, die sich in neuerer Zeit durch ängstliche Rücksicht auf Schonung der Truppen verbreitet hat. Sie können ebenso wenig ganz aus der strategischen Be= rechnung ausgeschlossen werden, wie die Flankenmärsche, oder die Märsche außerhalb der gebahnten Straßen. Viele Beispiele aus den Feldzügen Friedrich's und Napoleon's beweisen, daß gut geordnete Nachtmärsche ohne Schaden für den Zustand der Truppen möglich sind. In südlichen Breiten bilden sie zur heißen Jahreszeit die Regel. Osman Pascha machte im Juli 1877 zwischen Widdin und Plewna drei Nachtmärsche. Die darauf folgenden Kämpfe aber bewiesen, daß seine Truppen die Schlagfertigkeit nicht verloren hatten.

Unmittelbar vor der Schlacht werden Nachtmärsche große Dienste leisten können, um dicht gedrängte Truppenmassen noch vor Beginn des Angriffs bis nahe an die feindliche Stellung heranzuführen. Bei dem

Anwachsen der Heere werden sie künftig unentbehrlich sein, da man anders zwei hintereinander folgende Armeekorps sehr häufig nicht dieselbe Straße zur Wahlstatt benutzen lassen kann.

Zu scheuen hat man nur die gewohnheitsmäßige Störung der Nacht=
ruhe, welche sich durch rechtzeitige Befehlsertheilung für den folgenden Morgen sehr wohl vermeiden läßt.

---

4. Die Angriffsrichtungen.

Aus der Wahl des Vereinigungspunktes ergiebt sich bereits im All=
gemeinen auch die weitere Angriffsrichtung; denn nur ausnahmsweise wird sich nach der Vereinigung der Heeresmassen noch eine erhebliche Richtungsveränderung vollziehen. Dies ergiebt sich schon aus der geringen Beweglichkeit zusammengeschlossener Armeen. In beschränktem Maße kann die Richtungsveränderung hervorgerufen werden durch Bewegungen, die der Gegner im letzten Augenblicke noch unternommen hat — derart, daß man, statt auf einen Flügel, auf die Mitte stößt, oder umgekehrt, eine Front trifft, wo man nur eine schwache Flanke vermuthete u. s. w. Nicht genug kann davor gewarnt werden, das Ziel ohne Weiteres als ein feststehendes anzunehmen, wie es sich der Phantasie so leicht darstellt.

Immer soll man darauf gefaßt sein, statt des zum Ziele gewählten Theiles der feindlichen Stellung unter Umständen einen anderen zu treffen und danach auch seine Maßnahmen ändern zu müssen.

Der strategische Frontalangriff.

Wer da weiß, daß er seinen Gegner unter allen Umständen nieder=
zuwerfen vermag, geht geradeswegs auf ihn los, um ihn anzufallen, wo er ihn findet, ohne über Stoßrichtung und Angriffspunkt viel zu grübeln. So entsteht, wenn sich die Heere mit parallelen Fronten gegenüberstanden, ein strategischer Frontalangriff. Er ist der schlichteste Ausdruck über=
legener Kraft, und als solcher durchaus berechtigt.

Freilich wird dabei auf jedes künstliche Hülfsmittel verzichtet, um den durch die überlegene Stärke erzielten Erfolg zu vergrößern. Dessen Ausnutzung muß in der Energie des Handelns, namentlich bei der Ver=
folgung nach anfänglichen Siegen, gesucht werden. Die Flanken, die Verbindungs= und Rückzugslinien des Gegners bleiben unbedroht. Eine Ueberraschung durch die Richtung des Angriffs ist ausgeschlossen, sie ist nur durch die Schnelligkeit des Vorgehens zu erreichen. Allein die Er=
findung irgend einer Zuthat zu dem einfachen Frontalangriffe ist an sich weder ein Verdienst, noch eine besondere Kraftquelle. Da sie die Ab=
sonderung eines Theils der Truppen von der Hauptmacht erheischt, so bringt sie sogar zunächst eine Schwächung derselben mit sich. Erst später, wenn die Entsendung den Feind täuscht, überrascht, oder zu Fehlern verleitet, trägt sie ihren Nutzen. Wo also nicht besondere Gründe, die in der Gestalt des Geländes, des Straßennetzes, in der Stellung des Feindes oder der eigenen Kräfte zu einer Verbindung des frontalen

strategischen Angriffs mit anderen Unternehmungen auf natürliche Art einladen, soll man sich nicht scheuen, darauf zu verzichten und die ungekünstelte Form keineswegs für etwas an sich Untergeordnetes halten. Zweck ist, die Schlacht herbeizuführen und dies wird am schnellsten und kürzesten durch gerades Vorgehen erreicht.

Man hat auch strategisch weniger Freiheit zu Umfassungen und Umgehungen, als taktisch. Namentlich bei der Größe der heutigen Heere ist es sehr wohl denkbar, daß dieselben beim Aufmarsche auf beiden Flanken sichere Anlehnung an Meeresküsten, neutrale Grenzen, Festungssysteme u. s. w. finden. Taktisch ist das nur selten der Fall. Die einfachen Formen erleichtern die Führung und vermindern die Gefahr von Verwirrung, Mißverständnissen und Irrthümern.

Die Art, wie die taktische Entscheidung durchgefochten werden soll, wird durch die strategische Anlage auch keineswegs zum Voraus bestimmt. Sehr wohl kann man noch aus dem frontal-strategischen Angriff zum taktisch überflügelnden und umfassenden übergehen.

Die einfachste Art des Vorgehens auf parallelen Marschlinien, wobei der Feind auf allen Punkten seiner Front gleichmäßig berührt wird, verspricht natürlich auch das am wenigsten entscheidende Resultat. Sie mag ihre Anwendung finden, wo der Gegner so schwach ist, daß es sich nur darum handelt, ihn überzurennen, um dann das von ihm vertheidigte Gebiet ohne Aufenthalt zu besetzen, oder, wo man, auf nahezu unerschöpfliche Mittel gestützt, den Feind durch Verluste zu Grunde richten will, die er nicht mehr ersetzen kann — wie es Grant am Ende des Secessionskrieges durchführte.

In der Regel wird auch auf den parallelen Marschlinien die Kräftevertheilung keine gleichmäßige, sondern der eine Flügel stärker sein, der bestimmt ist, den ihm entgegengestellten feindlichen durch Uebermacht zu zertrümmern.

So allein vermag man bei rein frontalem Einbruche in das vom Feinde besetzte Kriegstheater dem Grundsatze Rechnung zu tragen, daß man an der entscheidenden Stelle so stark als möglich und dort, wo man nicht entscheiden will, mit der Bemessung der Kräfte so sparsam als angängig sein soll. Eine überall gleich starke Front ist auch überall gleich schwach und kann beim Vorgehen von feindlicher Minderheit aufgehalten werden. Das Gesetz ist dabei außer Acht gelassen, daß die Offensive vor allen Dingen danach trachten soll, zunächst nur an einer Stelle die Oberhand zu erlangen, um ihr ganzes Spiel zu gewinnen.

Man kann nun dem entscheidenden Flügel entweder dadurch größere Wucht verleihen, daß man die einzelnen Heersäulen stärker macht, oder daß man sie näher aneinander schiebt. Das letzte Mittel ist vorzuziehen, weil die stärkeren Kolonnen auch tiefer werden und man beim Aufmarsche Zeit verliert; — bei sorgfältigem Studium der Karte und richtiger Ausnutzung aller Wege wird man es meist auch anwenden können, zumal wenn man Märsche außerhalb der gebahnten Straßen streckenweise aushelfen läßt.

Der frontale strategische Angriff ist übrigens keineswegs immer so zu denken, daß sich alle Heertheile dabei auf gleicher Höhe vorwärts bewegen. Ein staffelweises Vorgehen wird sich oft schon aus dem Umstande ergeben, daß nicht alle Kräfte gleich beim Beginn bereit gestellt sind, während man mit dem Losbruch aus allgemeinen Gründen doch nicht zögern darf. Es kann auch absichtlich geschehen, wenn man durch das Stehenbleiben der anfangs zurückgehaltenen Theile seiner Macht den Gegner täuschen will. Derart waren Napoleon's Beweggründe, als er 1812 den Heertheil des Vicekönigs Eugen erst 4 Tage nach der Hauptmasse gegen den Niemen antreten ließ und König Jerôme wieder 6 Tage später als Eugen. Fürst Bagration bei Wolkowisk sollte damit irre geführt werden.*)

Der staffelweise Vormarsch kann auch beim Angriff auf eine Kette von Grenzbefestigungen von Nutzen werden, wenn eine voraufeilende Armee einen Theil derselben angreift und so den Vertheidiger zwingt, aus seiner Stellung herauszugehen, um den angegriffenen Werken Hülfe zu bringen. Dies kann den nachfolgenden Heeresstaffeln die Gelegenheit geben, ihn im freien Felde zu fassen und zu schlagen.**)

So ist der frontale strategische Angriff also durchaus nicht arm an fruchtbaren Gelegenheiten für einen erfinderischen Kopf.

Endlich aber wird der strategische Frontalangriff im weiteren Verlaufe oft zu convergirenden Marschlinien übergehen, die auf einen Punkt der feindlichen Stellung gerichtet sind. Dies führt zum:

strategischen Durchbruch.

Dieser, der die feindliche Linie sprengt und die einzelnen Theile des angegriffenen Heeres trennt, um sie hinterdrein einen nach dem andern zu schlagen, muß, wenn er gelingt, in hohem Grade wirksam sein und große Erfolge haben. Es kommt hinzu, daß die auseinander getriebenen Gruppen meist zugleich ihre natürlichen Verbindungslinien verlieren, da sie seitwärts auszuweichen gezwungen sind. Allein der Durchbrechende beschränkt sich selbst auf engeren Raum. Operationsfreiheit und Entwickelungsfähigkeit stehen ihm in geringerem Maße zur Verfügung, als dem auf den äußeren Seiten befindlichen Gegner, welcher, wenn auch getrennt, sich doch immerhin der leichteren Bewegung und des ungehinderten Gebrauchs seiner Streitkräfte erfreut. Dies wird sich fühlbar machen, sobald beim Angreifer die erste Stockung eintritt. Der Durchbruch birgt die grundsätzliche Gefahr, daß, wenn die treibende Kraft nicht groß genug ist, der Keil eingeklemmt stecken bleibt. Es liegt in der Natur der Sache, daß er vielfach, aus einer centralen Lage heraus, zu taktischen Frontalangriffen führt, welche heut in der hochentwickelten Feuerwirkung die äußersten Schwierigkeiten finden. Dies wird zumal eintreten, wenn der

---

*) Freytag-Loringhofen. Die Heerführung Napoleon's und Moltke's. S. 20. 21.
**) Bernhardi. Die Elemente des modernen Krieges. S. 16.

Gegner bereits vereinigt ist, oder er sich gleichzeitig mit dem Durchbruchs-versuche zu sammeln vermag, so daß alle Theile seines Heeres zur gleichzeitigen Wirksamkeit gelangen. Dann hat man Feinde vor sich und in beiden Flanken, wie ein in der Festung Eingeschlossener, der sich befreien will.

Der Augenblick für den strategischen Durchbruch liegt daher zeitlich v o r der Versammlung der feindlichen Streitkräfte.

So brach auch König Friedrich 1757 in Böhmen ein,*) als er die Oesterreicher noch in ihrer Ortsunterkunft zwischen Königgrätz und Eger zerstreut und mit den Zurüstungen für den kommenden Feldzug beschäftigt wußte. Er durfte hoffen, sie zu trennen, ihr Heer zu zerstückeln, und die Gruppen einzeln zu schlagen. Sein Erfolg war trotzdem nur ein theilweiser. Es gelang seinen Gegnern zwar nicht, zur Hauptschlacht bei Prag ihr ganzes Heer zu sammeln, aber zum vollständigen Triumphe hätte gehört, daß es ihm später geglückt wäre, den Ersatzversuch Daun's abzuwehren und damit die, nach der verlorenen Schlacht in Prag ein-geschlossene, Armee des Prinzen Karl von Lothringen zur Waffenstreckung zu zwingen. Friedrich selbst stand vor dem Einmarsch mit seinen Streit-kräften auf zu weitem Raume vertheilt und ließ sie durch die Elbe ge-trennt. Dies führte Zeitverlust herbei und minderte die Wucht des Stoßes.

Haben die einzelnen Theile des anzugreifenden Heeres bezüglich ihrer rückwärtigen Verbindungen verschiedenartige Interessen, so begünstigt dies den Durchbruch und fördert ihre Trennung. Hierauf rechnete auch Bonaparte im Jahre 1796, als er, der militärischen Welt jener Zeit völlig unerwartet, eines der glänzendsten Beispiele von strategischem Durchbruch gab.**)

Ein Zufall hat es, wie wir sahen,***) gewollt, daß sein letzter Feldzug einen sehr ähnlichen Anfang zeigte, während der Ausgang ein ganz anderer war. Als der Kaiser am 15. Juni 1815 an der Sambre zwischen Preußen und Engländer hineinstieß, hatten die Ersteren ihre Verbindungen gegen Nordosten zum Rhein, die Letzteren nach Nordwest zum Meere. Am 16. Juni schlug der Kaiser die preußische Armee bei Ligny; aber aus der Betrachtung über die Rückzugslinien wissen wir schon, daß die Führer dieser Armee die Absicht, sie von ihren Verbündeten zu trennen, schnell durchschauten und durch einen kühnen Gegenzug vereitelten.†) Sie erzwangen die Vereinigung mit jenen am 18. Juni zu Napoleon's Verderben. Ihre Geistesgegenwart und Charakterstärke ließ dessen, ursprünglich richtig angelegte, Operation völlig scheitern. Freilich hatte der Kaiser sich am Morgen des 17. Juni, nach der gewonnenen Schlacht von Ligny auch Zögerungen zu Schulden kommen lassen, welche den Erfolg seiner Gegner begünstigten. Es ist klar, daß der Angreifer unmittelbar

---

*) In der allgemeinen Richtung auf Leitmeritz.
**) Vergl. die bereits gegebene kurze Darstellung dieses Feldzuges S. 78.
***) S S. 80.
†) S. S. 62.

nach dem Durchbruche mit äußerster Schnelligkeit handeln muß, um die erste Bestürzung des Vertheidigers auszunützen, da dieser, wenn man ihm Zeit läßt, zur Besinnung zu kommen, meist die Mittel und Wege finden wird, den verlorenen Zusammenhang seiner Massen wieder her= zustellen.

In der Art, wie es damals geschehen, wird ein strategischer Durch= bruch sich in künftigen Kriegen wohl kaum noch je vollziehen. Da, wie wir wissen,*) Mobilmachung und Bereitstellung des Heeres an der Grenze zwischen den großen Militairmächten heutzutage fast auf Stunden abgestimmt sind, so wird es nur ausnahmsweise noch möglich sein, den Durchbruch in dem an sich günstigsten Augenblicke vor der Vereinigung des Gegners auszuführen. Meist wird man diesen schon versammelt finden. Die Größe der Heeresmassen macht ein blitzähnliches Herumwerfen nach napoleonischer Art, wie es dem strategischen Durchbruch homogen ist, unmöglich; an eine schnelle Entscheidung wie 1796 ist nicht zu denken. In vielen Fällen wird sogar der Raum fehlen, um überraschend den Keil bilden zu können. Dies kann sich erst während der einleitenden Kämpfe vollziehen, bei welchen der Angreifer seine Streitkräfte schneller gegen den Einbruchspunkt zusammenschiebt, als der Vertheidiger. Es wird sich mehr um ein gewaltsames Hindurcharbeiten, als um ein plötzliches Durchbrechen handeln. Da Grenzbefestigungen mehr und mehr in An= wendung kommen, so werden sich dabei Feld= und Festungskrieg mischen.

Ob bei einem Angriff auf den Vereinigungspunkt zweier feindlicher unter einander verbündeter Heere mit auseinandergehenden Interessen der Stoß noch von derselben Wirkung sein wird, wie ehedem, hängt natürlich ganz von den Umständen ab. Die politische Einsicht hat aus der Er= fahrung älterer Koalitionskriege gewonnen. Schon 1815 bewies dies. Wo heutzutage Verbündete wirken, sucht man auch volle Einheit der Handlung bei ihnen herzustellen. Die verschiedenen selbstständigen Heere einer großen Landmacht verfahren aber bis zu einem gewissen Grade ähnlich wie Verbündete, wenn auch festere Uebereinstimmung in Zwecken und Zielen bei ihnen vorausgesetzt werden muß. An den Stellen, wo sich ihre Flügel berühren, ist Alles, was geschieht, von zwei Willen ab= hängig, und dies pflegt nicht ohne eine Schwächung der Kraft vor sich zu gehen. Aus der Untersuchung ihres Aufmarsches vermag man die richtigen Punkte annähernd zu errathen und später im Felde bei hin= reichendem Scharfblicke bestimmter zn erkennen. Dort genießt der Angreifer den Vortheil einheitlicher Führung gegenüber getheiltem Befehl, bei welchem sich zwei Feldherren über ihre gemeinsame Thätigkeit durch den Telegraphen oder schriftlich verständigen müssen. Das wird schwieriger, je überraschender und kritischer sich die Lage gestaltet, d. h. je schneller und energischer jener handelt. Die inneren Flügel neben einander auf= marschirender selbstständiger Armeen werden also in Zukunft das beste Ziel für den strategischen Durchbruch sein.

---

*) S. S. 65.

Der Gefahr, zwischen den Heeren des Gegners die nothwendige Bewegungsfreiheit zu verlieren und am Ende gar in die hülflose Lage des taktisch Umfaßten zu gerathen, entgeht der strategische Durchbruch natürlich am schnellsten, wenn er unmittelbar nach dem ersten Stoße gleich noch den einen der getrennten Theile des Gegners entscheidend schlagen kann. Eine Anfangs auf dem betreffenden Flügel zurückgehaltene Heeresstaffel wird diese Aufgabe am besten übernehmen. Sie muß aber in genauester Uebereinstimmung mit dem durchbrechenden Heeresteile handeln und sogleich die höchste Energie entfalten. So vermag man wenigstens für die eine Flanke Freiheit zu erlangen, sich aus der engen Vereinigung für die weitere Vorwärtsbewegung wieder zu trennen und mehr Spielraum für fernere Anschläge zu gewinnen.

Den äußersten Glücksfall, daß man nach dem Durchbruch sofort und gleichzeitig beide feindliche Flügel zu schlagen vermag, können wir außer Betracht lassen, weil er eine Ueberlegenheit voraussetzt, welche das Spiel sehr leicht macht. —

Einen Ueberschuß an Kraft muß der Durchbrechende heutzutage, wo die Entscheidungen weit langsamer als in alten Zeiten verlaufen und ein geschlagener Gegner sich, vermöge der modernen Fechtweise immer noch an den Sieger hängt, auf alle Fälle besitzen. Wem es daran fehlt, der wird gut thun, sich mit Bescheidenerem zu begnügen.

Der strategische Flügelangriff.

Er richtet sich gegen einen der Flügel der strategischen Front des Gegners, trifft nur einen geringeren Theil von dessen Kräften, mit der Absicht, unter Zusammenfassung der eigenen Streitmittel, dort zunächst einen Erfolg zu erzielen und kann somit nicht von der vernichtenden Wirkung eines geglückten Durchbruchs sein. Aber er vermeidet auch die Gefahr, eingeklemmt und umfaßt zu werden, und an einen ersten, wenn auch nur partiellen Sieg können sich leicht weitere Vortheile knüpfen. So ist der strategische Flügelangriff recht eigentlich die Form für einen kühnen Angreifer, welcher nicht allzu reich an Mitteln ist, sich aber doch die Initiative nicht entgehen lassen will. Wer z. B. mit der Bereit=stellung seiner Kräfte früher fertig ist als der Gegner, aber voraussieht, daß dieser im Laufe der Operationen die numerische Ueberlegenheit für sich haben wird, mag zweckmäßig zum Flügelangriffe schreiten.

Natürlich darf aber die übrige strategische Front des Feindes nicht gänzlich unbeachtet bleiben, sonst wird dieser schwerlich ruhig zusehen, wie einer seiner Flügel überwältigt wird. Er kann entweder zu dessen Unter=stützung herbeieilen oder mit dem Centrum und dem nicht angegriffenen Flügel selbst zur Offensive übergehen. Dort muß er also so lange ge=täuscht, beschäftigt oder festgehalten werden, bis auf dem angegriffenen Flügel ein Erfolg erzielt ist. Die Täuschung kann nur gelingen, wenn wir an Kavallerie sehr überlegen sind, dem Gegner auf der ganzen Front den Einblick in unsere Maßnahmen rauben und ihn so fürchten laſſen, daß er auch dort, wo · er vorerſt noch nicht angegriffen iſt, es doch im nächſten Augenblicke ſchon ſein werde. Das Beſchäftigen iſt nur derartig zu denken, daß man dem zum Flügelangriff beſtimmten Heere andere Streitkräfte als zurückgehaltene Staffeln folgen läßt, welche bei ihrer Vorwärtsbewegung den Feind unabläſſig bedrohen, daß man alſo im Großen ausführt, was Friedrich auf taktiſchem Gebiet bei Leuthen that, oder, daß man mit ſchwächeren Kräften dort zu wirklichen Angriffen ſchreitet, die aber nicht ernſt gemeint ſind. Ein bedenkliches Spiel bleibt dies letztere immerhin. Zum Feſthalten würde gehören, daß dieſe unter= geordneten Heertheile doch bedeutend genug bemeſſen werden, um ihre Ueberwindung den Gegner mehr Zeit koſten zu laſſen, als wir ſelbſt auf dem von uns gewählten Angriffsfelde zur Entſcheidung nöthig haben.

Das Gelände kann dabei weſentliche Hülfe leiſten, wenn es dieſen Theilen unſerer Streitmacht in der Nähe gute Stellungen gewährt, auf welche ſie zurückweichen können, nachdem ſie mit dem Gegner an= gebunden haben.

Ganz naturgemäß entwickelt ſich aus dem Flügelangriff nach dem erſten Erfolge ein weiterer Vortheil, indem man gegen die übrigen Theile der feindlichen Armee einſchwenkt und dieſe zwingt, eine neue Front zu bilden, ſich meiſt aber zugleich in ungünſtige Lage zu ihren rückwärtigen Verbindungen zu ſetzen. Im Beginn des Krieges von 1870 wurde von den Deutſchen Aehnliches beabſichtigt. Es ſollte zuerſt der franzöſiſche rechte Flügel im unteren Elſaß zertrümmert und dann die Hauptgruppe der Armee in Lothringen ſüdlich umfaßt werden, um ſie von ihren Ver= bindungen auf Paris gegen Norden abzudrängen. Die Schlacht von Spicheren, welche die Franzoſen zum Rückzuge auf Metz veranlaßte, ſtörte zunächſt dieſen Plan. Später, jenſeits der Moſel, verwirklichte er ſich in veränderter Geſtalt durch die Operationen, welche zur Schlacht von Sedan führten. Der ſtrategiſche Flügelangriff wird vielleicht die in den kommenden Kriegen üblichſte Form ſein; er iſt einfach und entwickelt ſich in einer den Maſſen ſympathiſchen Breite. Es gelten dabei die Be= dingungen, daß der entſcheidende Flügel ſtark genug ſein muß, nach der Zertrümmerung des entgegenſtehenden feindlichen, ſogleich zum Aufrollen überzugehen, daß er dabei ſeine rückwärtigen Verbindungen nicht verliere und endlich, daß der verſagte Flügel den Gegner entweder im Schach zu halten vermag, oder die allgemeine Lage ein Zurückweichen deſſelben ge= ſtattet, ohne daß hierdurch allzugroße Nachtheile entſtehen.

Die ſtrategiſche Umfaſſung.

Wir verſtehen darunter den Angriff auf ein vom Feinde beſetztes Kriegstheater in der Front und in einer oder beiden Flanken zugleich. Naturgemäß liegt hierbei der Vereinigungspunkt für die Heere des An= greifers innerhalb des vom Gegner beſetzten Raumes, und es kommen alle diejenigen Betrachtungen zur Geltung, welche bezüglich einer ſolchen Wahl ſchon angeſtellt worden ſind. Alle Gefahren des Vor=

gehens auf getrennten Operationslinien, zwischen denen sich der Feind befindet, werden hier lebendig. Ist dieser mit seinen Zurüstungen fertig, so wird er mit einem Gegenstoße antworten und man muß dann so stark sein, daß jeder einzelne Heertheil diesen Stoß wenigstens eine Zeit lang aufzuhalten vermag.

Ist der Gegner zum Empfange noch nicht bereit, so wird das beim umfassenden Angriffe in verschiedenen Richtungen sich gleichzeitig fühlbar machende Vordringen denselben beirren, Aenderungen in seinen Anordnungen veranlassen, Zersplitterung der zur Vertheidigung verfügbaren Streitkräfte herbeiführen und so den Erfolg erleichtern.

Der Feldzug von 1866 zeigte den höchsten Erfolg des umfassenden strategischen Angriffs auf preußischer Seite. Er führte am Schluß zur Umklammerung und Niederlage des feindlichen Hauptheeres auf dem Schlachtfelde von Königgrätz. Die äußerste Konsequenz war hier unerbittlich gezogen worden, obschon die preußische Heeresleitung ursprünglich auf diese Gestaltung der Dinge garnicht ausgegangen war, der Natur der Sache nach auch nicht ausgehen konnte.

Es ist kennzeichnend für diese Operation, daß sie im glücklichen Falle alle Ergebnisse, die man von ihr zu hoffen hat, meist mit einem Schlage liefert. Der strategische Durchbruch bildet gleichsam nur die Einleitung zum Siege, der in seiner ganzen Bedeutung erst durch schnelles Hin- und Herfahren zwischen den getrennten feindlichen Gruppen und deren unablässige Verfolgung errungen werden kann. Die halbe oder volle Umklammerungsschlacht, die aus der strategischen Umfassung entsteht, kann nicht wohl anders als vernichtend ausfallen. Sie trägt ihre Früchte auf dem Schlachtfelde selbst; eine Verfolgung wird meist fehlen, da die auf concentrisch sich vereinigenden Linien heranrückenden Truppen im Augenblick des Triumphes naturgemäß derartig durcheinander gerathen, daß sie erst wieder entwirrt werden müssen. Sie sind nicht sogleich zu neuen Unternehmungen zu gebrauchen. Dieser Umstand erklärt zum Theil das Ausbleiben der Verfolgung nach der Schlacht von Königgrätz.*)

Um des Erfolges gewiß zu sein, darf die Umfassung nicht zu knapp angesetzt werden, obschon sich mit dem weiteren Herumgreifen der Flügel die Gefahr des Zersprengtwerdens steigert. Die Vertheidigung entzieht sich sonst, bei umsichtiger Leitung, im letzten Augenblicke durch eine kurze Rückwärtsbewegung der Umklammerung und der Angreifer geräth in für

---

*) Es ist bemerkt worden (Taktische und strategische Grundsätze der Gegenwart. Viertes Beiheft zum Mil.-Woch.-Bl. 1896. S. 270), daß hier nur dem 5. Armee-Korps der Auftrag hätte ertheilt werden dürfen, über das Schlachtfeld fortzumarschiren, um einer energischen Verfolgung sicher zu sein. In so glücklicher Lage, daß man am Ende der Schlacht noch ein volles frisches Armee-Korps zu seiner Verfügung hat, wird man aber nur selten sein. Außerdem wurde auch, bei dem entstandenen Durcheinander, das Ergebniß der Schlacht am Abende von Königgrätz viel zu wenig klar erkannt, um einen solchen Befehl natürlich erscheinen zu lassen. (Vergl.: Der Feldzug von 1866 in Deutschland. Redigirt von der kriegsgeschichtlichen Abtheilung des großen Generalstabes. Berlin 1867. S. 429. 430.)

ihn unbequemer Art vor die Front. Jede Umfassung muß also mit einer gewissen Verwegenheit eingeleitet werden.

Einer der kühnsten Angriffe dieser Art war in neuerer Zeit unzweifelhaft derjenige des Prinzen Friedrich Karl gegen General Chanzy bei Le Mans im Januar 1871. Das an Zahl schwächere Heer griff hier das stärkere auf beiden Flügeln umfassend an und führte das Unternehmen glücklich durch, obschon seine eigenen Heersäulen, durch weite Räume getrennt, nur in sehr lockerer Verbindung mit einander standen und sich nur mittelbar durch ihr Vordringen unterstützen konnten. Das Ergebniß war die Auflösung der feindlichen Armee, welche eine Anzahl Geschütze und zahlreiche Gefangene in den Händen der Sieger ließ. Aber die Gefahr, in welcher diese geschwebt, läßt sich auch hier leicht erkennen. Wäre General Chanzy, statt am 11. Januar den Kampf in einem weiten Halbkreise vorwärts Le Mans aufzunehmen, rechtzeitig über die Sarthe, die in seinem Rücken lag, ausgewichen, um sich jenseits aufzustellen, so würden die preußischen Truppen sich hinter ihm her in die ausgedehnte Stadt hinein ergossen haben und vor die Mitte seines Heeres gerathen sein. Sie von dort weiter zum frontalen Angriffe vorzuführen, wäre aber um so schwieriger gewesen, als der große und reiche Ort, der einst schon dem Heere Larochejaquelein's verhängnißvoll geworden war, naturgemäß eine starke Anziehungskraft auf die von Frost und Hunger leidenden Mannschaften ausgeübt hätte.

Weit ausgreifend und energisch durchgeführt, wird die strategische Umfassung freilich das geeignete Mittel, einen Feind festzuhalten, dem man die Absicht zuschreibt, sich der Entscheidung entziehen zu wollen. Gelingt es, dessen äußerste Flügel oder seine Flanken überraschend anzufallen, so wird auch die Mitte bleiben müssen. So war es General von Moltke's Absicht, die dänische Armee in der bekannten Danewerk-Stellung bei Schleswig auf beiden Flanken gewaltsam zu umfassen, um ihr Entkommen, durch welches sich der Krieg in die Länge gezogen hätte, gleich im ersten Augenblicke unmöglich zu machen. Sein Entwurf, im Dezember 1862 niedergeschrieben, kam nicht zur Durchführung, bildet aber doch ein sehr lehrreiches Beispiel.

Wer eine doppelte, das Kriegstheater auf zwei Seiten umgebende Basis besitzt, wird folgerichtig auf die strategische Umfassung verwiesen. Meist ist hier der Aufmarsch der Streitkräfte an einer Stelle unmöglich oder mit großem Zeitverluste verknüpft, wie es 1866 für das preußische Heer der Fall gewesen wäre. Die Truppen strömen auf natürliche Art auf beiden Schenkeln jener Basis zusammen; es ist also nichts anderes zu thun, als sie nach vorwärts hin zu vereinigen. Daraus ergiebt sich die Umfassung von selbst. Meist hat man in solcher Lage das angreifende Heer als das an Zahl oder Kriegsbrauchbarkeit überlegene zu denken, und in der That besteht kein Mittel, welches diese Ueberlegenheit dem Gegner schneller fühlbar machte.

Eine gleichmäßig gute Führung ist allerdings ein weiteres Erforderniß; denn nichts wirkt während eines solchen Angriffs störender, als plötzliche und unerwartete Niederlagen einzelner Heerestheile. In der Regel trägt das Gerücht die Nachrichten davon den anderen vergrößernd zu, und der üble moralische Eindruck wird um so stärker sein, als Jedermann die Gefahr der Lage leicht begreift.

Die wiederholten, kläglich gescheiterten Angriffe der Republikaner auf die Vendee im Jahre 1793 liefern den Beweis, daß bei solchem concentrischen und umfassenden Vorgehen der Vortheil der Zahl allein den Sieg keineswegs gewährleistet. Die Truppen müssen tüchtig genug sein, um selbst der Uebermacht trotzen zu können, wo sich der Vertheidiger mit aller verfügbaren Kraft auf eine Kolonne wirft; und in den Eigenschaften der Führer muß die Gewißheit liegen, daß kein Theil des Ganzen völlig versagt.

Ein neueres lehrreiches Beispiel falsch angelegter strategischer Umfassung ist auch der erste fehlgeschlagene Einbruch der Russen in das armenische Kriegstheater im April und Mai 1877. Trotz einer verhältnißmäßig großen Ueberlegenheit scheiterte er nach an sich nicht bedeutenden taktischen Unfällen gänzlich und endete mit eiligem Rückzuge, weil die Uebereinstimmung im Handeln der einzelnen Divisionen von Hause aus fehlte, und es bei der gebirgigen unwirthlichen Natur des Landes sowie der Größe der Entfernungen unmöglich wurde, im kritischen Augenblick Verbindung und Gemeinsamkeit des Handelns herzustellen. Der schwächere und taktisch weniger durchgebildete der beiden Gegner erfocht hier durch Achmed Mukhtar Pascha's Entschlossenheit und Schnelligkeit einen glänzenden Sieg. —

Wenn auch die strategische Umfassung auf beiden Flügeln, welche uns in neuerer Zeit gewissermaßen als normale Einleitung eines Feldzuges vorschwebte, im Falle des Gelingens große Erfolge verspricht, so dürfen wir doch kaum darauf rechnen, ihr in dem Beginn der nächsten Kriege oft zu begegnen. Wenn die Größe der Heere schon bei Ausbruch des deutsch-französischen Krieges, im Juli 1870, eine strategische Umfassung unausführbar machte, so wird dies künftig in erhöhtem Maße der Fall sein. Die modernen Heeresverfassungen haben die Zifferstärke der großmächtlichen Landstreitkräfte nahezu ausgeglichen. Es wird also zur Durchführung einer doppelt umfassenden strategischen Offensive an der auf einer Seite grundsätzlich erforderlichen Ueberlegenheit fehlen, ehe nicht die andere stark geschwächt ist. Die Ausdehnung der Aufmarschfronten würde ferner zu so weitem Ausholen nöthigen, daß die umfassenden Flügel Gefahr laufen, nach einander vereinzelt geschlagen zu werden, und daß es, trotz Eisenbahn und Telegraph überhaupt schwer sein wird, Uebereinstimmung in ihre Bewegungen zu bringen. Endlich bedingt es die Länge der Aufmarschfronten, daß sie meist eine natürliche Anlehnung finden, sei es die Grenze eines neutralen Staats, ein Festungssystem, ungangbares Gelände oder gar eine Meeresküste. So ist die Umfassung zum Mindesten auf einer Seite ausgeschlossen.

Auf natürliche Art entstehend, können wir uns die doppelte strategische Umfassung nur noch dort denken, wo die Landesgrenze schon eine entsprechende Gestalt hat, wie es z. B. jetzt bei einem Kriege Deutschlands gegen Oesterreich der Fall sein würde. Wahrscheinlich wird sie nur dort, wo Verbündete von verschiedenen Grundlinien aus gegen einen zwischen ihnen stehenden Gegner zum Angriff schreiten. Das könnte bei einem Einmarsche der deutschen und österreichischen Heere in das von den Russen vertheidigte ehemalige Königreich Polen geschehen.

Auch die Umfassung eines größeren Kriegstheaters in der Front und auf nur einem Flügel wird, zufolge der Länge und natürlichen Anlehnung der Aufmarschfronten erschwert und seltener werden.

Anders gestalten sich freilich die Verhältnisse im weiteren Verlaufe, wenn die Heere geschmolzen und die natürlichen Anlehnungen des Auf= marschgebietes verloren gegangen sind. Dann können in den späteren Kriegsperioden strategische Umfassungen wohl wieder in ihre alten Rechte treten

Die strategische Umgehung.

Wenn man den Gegner beim Angriffe nicht bloß umfaßt, sondern mit der Bewegung soweit ausholt, daß man zugleich seine Verbindungen bedroht und ihn in eine Lage bringt, wo er diese verlieren müßte, wenn er geschlagen würde, so ist die Umfassung zur Umgehung geworden.

Ist man einmal dem Feinde gegenüber in einer, seiner Front etwa parallelen, Linie aufmarschirt, so wird ein solches Unternehmen natürlich äußerst schwierig. Eine Seitwärtsverschiebung und die Zertrümmerung eines feindlichen Flügels kann dann wohl noch die Umfassung erlauben, aber der Feind wird nicht ruhig zusehen, daß wir vor seiner Front verschwinden, um uns auf weitem Bogen in seine Flanke oder gar in seinen Rücken zu begeben. Er wird uns dabei folgen, uns den Weg verlegen oder angreifen, so daß wir ihn höchstens nach einer Reihe von glücklichen Kämpfen zu umgehen vermöchten. Dann wird dies aber in vielen Fällen schon seine Bedeutung verloren haben, weil er inzwischen Zeit gewann, seine rückwärtigen Verbindungen zu verlegen, seine Front zu ändern und sich überhaupt auf die neuen Verhältnisse vorzubereiten.

Die Umgehung muß also mit dem Aufmarsche vereinigt und dieser von Hause aus in oder hinter der Flanke des Feindes vollzogen werden.

Dies fand auch bei den glänzendsten strategischen Umgehungen statt, welche Napoleon I. durchführte.

Im April 1800 standen die Oesterreicher siegreich am Var und vor Genua, bis wohin sie die französische Armee von Italien zurück= geworfen hatten. Das hinter ihr liegende Land hielten sie schwach be= setzt. Anscheinend drohte dort keine Gefahr, und die Alpen wurden als ausreichender Schutz für die durch Oberitalien nach der Heimath führen= den Wege gehalten. Längst aber hatte der erste Konsul Bonaparte die sogenannte Reserve=Armee, als deren Standort öffentlich Dijon angegeben wurde, in die Schweiz vorgeschoben und am Nordfuße des Gebirges ver= sammelt. Von dort her überschritt er im Mai den St. Bernhard und brach aus dem Gebirge vor, geradeswegs in den Rücken der feindlichen

Armee hinein. Mit dem Beginn der Operation stand er bereits auf deren Verbindungslinien.

Nicht anders erging es schließlich auch 1805, wo Mack ihn so hartnäckig mit der österreichischen Armee an der Iller, gegenüber dem Ostausgange der Schwarzwald=Pässe, erwartete, die Front nach Westen gewandt, während der Kaiser am Ende in seinem Rücken erschien. Die Umgehung hatte sich hier nach und nach folgerichtig aus dem Vormarsche von der Rhein= und Mainlinie entwickelt.*)

Sehr ähnlich gestalteten sich, obschon Napoleon hier ursprünglich keine Umgehung im Sinne hatte, die Dinge während des Feldzuges von 1806, wo er vom oberen Main bei Bayreuth, Bamberg und Schweinfurt her mit der vereinigten Armee zwischen der österreichischen Grenze und dem hinter der Saale aufmarschirenden preußischen Heere hindurch, auf Leipzig losmarschirte, sich so, schon vor der entscheidenden Schlacht, näher als jenes an Berlin stellend.**)

Es liegt in der Natur der Sache, daß die strategische Umgehung schließlich meistens in eine Schlacht mit verkehrter Front ausläuft. Auch der Umgehende, der dem Gegner die Verbindungen raubt, hat die seinigen dabei aufgegeben.***) Der entscheidende Kampf kann also nur mit völliger Niederlage eines der beiden Theile enden. Darauf indeß wollte Napoleon jederzeit hinaus.

Mehrere Umstände werden überraschende strategische Umgehungen, wie die napoleonischen, künftig zur großen Seltenheit machen, wo nicht ganz verhindern.†) Der Aufmarsch des Gegners, schon im Frieden an= nähernd errathen,††) bleibt uns nicht verborgen. Ein völlig uner= wartetes Vorgehen desselben erscheint ausgeschlossen. Die Unbeholfenheit der großen Heeresmassen drängt gebieterisch zur Einfachheit bezüglich der Form und Art der Bewegung; und endlich erschwert der weit mehr als früher entwickelte Aufklärungsdienst der Kavallerie es sehr, die Umgehung dem Gegner zu verbergen, während sie doch auf Ueberraschung be= rechnet ist.

Zu bedenken ist ferner, daß der Telegraph, die Zeitungs=Bericht= erstatter und deren Nährboden, die öffentliche Neugier, das lange Geheim= bleiben auffallender Thatsachen nicht mehr dulden. Selbst unbedeutende Ereignisse weiß heute die ganze gebildete Welt innerhalb 24 Stunden. Um wie viel eher werden wir von dem Einbrechen einer Armee auf

---

*) S. S. 81. 82.

**) S. S. 79.

***) Zwar verlangt Jomini, daß man dem Feinde die Verbindungen rauben solle, ohne die eigenen preiszugeben; aber nur bei sehr günstigen Verhältnissen wird es möglich sein, diese Forderung mit aller Strenge zu erfüllen.

†) Das Beispiel der Franzosen, welche zwischen dem 28. und 31. Mai 1859 den rechten Flügel der Oesterreicher von Alessandria nach Vercelli mit der Eisen= bahn umgingen (s. S. 58 Anmerkung) steht zu vereinzelt da, um beweisende Kraft zu haben.

††) S. S. 68.

unser Kriegstheater Nachricht erhalten. Erscheinungen, wie sie der eben erwähnte Feldzug von 1800 zeigte, wo Bonaparte nicht wußte, was aus Massena in Italien geworden war, und Melas nicht, daß Bonaparte bereits in der Schweiz stand, können sich wohl kaum noch wiederholen.

Im Beginn eines Krieges wird die strategische Umgehung wohl überhaupt nur noch zu denken sein, wenn die Aufmarschgebiete der beiden feindlichen Heere so zu einander liegen, daß die kürzesten und natürlichsten Operationslinien aus dem einen in der Richtung gegen und hinter die Flanke des anderen führen. So könnte eine an der Nordgrenze versammelte französische Armee die in Lothringen aufmarschirende deutsche wohl durch Belgien und Luxemburg umgehen und umgekehrt eine am Mittel- und Niederrhein erscheinende deutsche durch Belgien die an der mittlere Maas aufmarschirte französische. Die Ueberraschung würde aber wohl in beiden Fällen ausbleiben. Ein Blick auf die Karte genügt zudem, um zu erkennen, wie hierbei der Umgangene des Umgehenden rückwärtige Verbindungen durch einfaches Vorgehen bedrohen würde, und daß daher die ganze Operation wenig Wahrscheinlichkeit hat. Ebenso stünde es mit einer französischen Umgehung durch die trouée de Belfort über den Oberrhein nach Süddeutschland hinein. Sie böte nur dann einige Vortheile, wenn gleichzeitig die Schweiz widerstandslos in französische Hände geriethe, so daß die Gefahr für die rückwärtigen Verbindungen aufhört.

Die strategische Umgehung wird sich also meist ähnlich wie der Durchbruch erst nach einer Reihe einleitender Gefechte und Schlachten vollziehen, bei denen der zurückweichende Vertheidiger seine Verbindungen allmählich verliert und der siegreiche Angreifer sich ihrer in demselben Maße bemächtigt. Das Beispiel einer solchen Operation ist durch die Tage vor Metz im Jahre 1870 gegeben. Am 14. August stand das französische Heer noch im Osten dieses Platzes der I. deutschen Armee gegenüber, während die II. weiter südlich an die Mosel gerückt und im Begriff war, den Fluß zu überschreiten. Um dieser Umgehung auszuweichen, beschloß Marschall Bazaine den Rückzug. Aber derselbe wurde durch den unerwarteten Angriff der vor ihm stehenden deutschen Avantgarden aufgehalten und es kam am Nachmittage zur Schlacht von Colombey-Nouilly. In derselben sind Fronten und Verbindungslinien noch ganz normale, den geographischen Verhältnissen entsprechende. Inzwischen beginnt die II. Armee den Moselübergang, und der französische Oberbefehlshaber sieht sich genöthigt, die Rückwärtsbewegung wieder aufzunehmen. Aber die Deutschen haben nach Westen hin schon einen Vorsprung gewonnen. Nach dem Durchzuge durch Metz sieht sich Bazaine am 16. von Süden her angegriffen und festgehalten. Es entspinnt sich daraus die Schlacht von Vionville, in welcher die Front der kämpfenden Heere bereits im Allgemeinen eine öst-westliche Richtung hat und etwa einen rechten Winkel zu der des 14. August bildet. Trotz seiner Uebermacht gelingt es dem Marschall nicht, den Gegner abzuschütteln. Auch wagt er es ebensowenig, den Marsch nach Westen auf Umwegen fortzusetzen. Er schwenkt daher mit seinem Heere rückwärts gegen Metz herum und stellt sich auf der Hochfläche zwischen Roncourt und Le Point du jour auf, die Front nach Westen gegen Frankreich hin. In der Schlacht von Gravelotte und St. Privat la Montagne, am 18. August, sind daher die Fronten schon völlig verkehrt. Beide Heere haben drei Viertel eines Kreisbogens durchmessen und stehen in Bezug auf ihre Verbindungen gerade entgegengesetzt, als am 14. August. Die Franzosen haben die ihren mit Frankreich verloren, die Deutschen sie freiwillig mit dem Rhein aufgegeben. Wenn die Vernichtung des Unterliegenden hier nicht sogleich, sondern erst durch die Kapitulation vom 27. Oktober eintrat, so lag dies an dem Schutze, den derselbe vorübergehend unter den Kanonen der Festung gefunden hatte. Die Katastrophe war aber durch den 18. August schon unvermeidlich geworden.

Aehnliche Bilder werden die strategischen Umgehungen der Zukunft zeigen. Sie behalten ihren Werth, werden auch dieselben Folgen noch haben können, aber der Regel nach nicht mehr im Anfang des Krieges, sondern erst im Laufe der entscheidenden Operationen ihren Platz finden.

Die langsam und zögernd geleitete Umgehung hatte schon ehedem keine Aussicht auf Erfolg. Gewinnt der Umgangene die Ruhe, Besonnenheit und Zeit, um mit dem Gegenstoße zu antworten, so ist der Umgehende bald selbst von seinen Verbindungen fortgedrängt, während er auf das Abschneiden des Feindes ausging.

Bei Austerlitz haben die Verbündeten erfahren, daß der Gedanke der Umgehung allein den Sieg nicht gewährleistet. Ihre Bewegung ward kühn eingeleitet. Vom Lager von Olschau aus gedachten sie den bei Brünn gegenüberstehenden Feind auf dem abgekehrten Flügel südlich zu umgehen und ihn von dort her anzugreifen. Wenn er geschlagen wurde, so wäre er auf die preußischen Grenzen zurückgeworfen worden, wo ein starkes Heer sich eben gegen ihn sammelte. Aber es fehlte die nöthige Vorsicht und Umsicht bei der Ausführung. Schon am dritten Tage vor der Schlacht erkannte Napoleon die Absicht seiner Gegner, da diese, anfangs nach Westen marschirend, im offenen Gelände plötzlich gen Süden einbogen. Sodann aber vernachlässigten sie es, am Schlachttage selbst die Bewegung hinreichend gegen den Kaiser zu schützen. Dieser versagte, um sie in die Falle zu locken, den rechten Flügel seines Heeres, den ihr Stoß treffen sollte, absichtlich und fiel dann, als sie mit den Hauptkräften an seiner Front vorüberzogen, plötzlich über sie her, ihnen eine völlige Niederlage bereitend. Selten ist ein Angriff in gleich freudiger Siegesstimmung begonnen worden und ebenso elend gescheitert als hier.

Vergessen war es worden, daß selbst die beste strategische Erfindung erst dadurch ihre Bedeutung erlangt, daß sie zur glücklichen taktischen Entscheidung auf dem Schlachtfelde führt. Auch die strategische Umgehung ist nur bestimmt, die Truppen in einer Richtung an den Feind heranzuführen, die besonders günstig ist, in der er den Angriff nicht erwartet, oder in welcher ihm dieser gefährlicher als in anderen werden muß. Sie ist nicht der Zweck selbst, sondern nur ein Mittel zum Zweck.

Künstlich und den gegebenen Umständen entgegen sie nur um ihrer
selbst willen herbeiführen zu wollen, käme dem Verkennen der Natur
des Krieges gleich. Ein solcher Versuch wird fast immer zu Mißgeschick
und Niederlage führen.

Strategische Rücken= und Flankenangriffe.

Auf völlig durchgeführte Rückenangriffe, End=Ergebniß einer glück=
lichen strategischen Umgehung, ist heute nicht mehr zu rechnen. Aber in
der veränderten Gestalt des letzten entscheidenden Vorgehens gegen einen
durch frühere Niederlagen seiner Verbindungen beraubten Gegner können
sie wohl noch erscheinen. Ihr Wesen fordert sehr klaren Entschluß und
eine durch kein Bedenken aufzuhaltende Energie der Durchführung, bei
welcher der Feldherr außerdem voraussetzen muß, daß der Feind in der
Bewegung, nicht im Stillstande sei. Einen Mack findet man keineswegs
immer sich gegenüber.

Anders steht es mit dem Flankenangriffe, der sich leicht bei dem
Vorgehen gegen sehr starke Stellungen, namentlich bei den Kämpfen um
befestigte Grenzlinien, entwickeln kann. Ein Durchbrechen derselben in
der Front, wo die feindliche Armee zwischen den Werken steht, ist nur
bei sehr großer materieller und moralischer Ueberlegenheit denkbar. Meist
wird der Angreifer versuchen, den Vertheidiger über den wahren Durch=
bruchspunkt zu täuschen und ihn zu veranlassen, seine Heeresmassen an
falscher Stelle zur Abwehr zusammenzuziehen, während er selbst über=
raschend ein oder mehrere zur Seite gelegene, nicht durch Feldtruppen
geschützte Sperrfesten wegzunehmen trachtet. Gelingt dies, so trifft der
Angreifer jenseits der durchbrochenen Grenzlinie naturgemäß auf die
feindliche Flanke. Da aber der optische und elektrische Telegraph, das
Telephon, die Radfahrer und Parforcereiter heute alles Außergewöhnliche
eiligst melden, so muß man darauf gefaßt sein, bald auf die Spitzen
schnell herbeieilender feindlicher Heerestheile zu stoßen. Im günstigsten
Falle wird man also die erste Schlacht gegen einen in der Hast gebildeten
zurückgebogenen Flügel schlagen. Die Geschicklichkeit im schnellen Hervor=
ziehen und Entwickeln der Massen aus der Tiefe — eine Prüfungs=
Aufgabe für den Generalstab — wird den Sieg entscheiden.

Natürlich muß auch vorausgesetzt werden, daß der Feind, sei es
durch die Beschaffenheit der Front, sei es durch unsere Ueberzahl,
inzwischen verhindert war, unserem Unternehmen mit einem Gegenstoße
aus seiner Stellung heraus zu antworten. Dieser würde unsere Bewegung
nothwendigerweise unterbrochen und unseren Abmarsch in seine Flanke
verhindert haben.

Schlußbemerkung.

Wenn wir von Frontalangriff, Durchbruch, Flügelangriff u. s. w.
als von besonderen Formen der strategischen Offensive gesprochen haben,
welche nach ihren Eigenheiten zu trennen sind, so ist das doch keines=
wegs so gemeint, als ob es sich darum handele, zwischen ihnen das

Zusagende nach freiem Ermessen zu wählen. Diese Wahl steht fast niemals offen, sondern die eigene Lage und die des Feindes, das Verhältniß der Streitkräfte zu einander und die Natur des Kriegstheaters bedingen die Entscheidung darüber. Die Art des strategischen Angriffs ist meist ein Gegebenes. Es wäre höchst bedenklich, wenn der Feldherr in einer dieser Formen allein die sichere Gewähr des Sieges erblickte und sie unter allen Umständen zwangsweise zur Anwendung bringen wollte. Dies soll hier nochmals betont werden. — Wir haben gesehen,[*]) wie manigfaltig Napoleon I. und Moltke in ihren Maßnahmen waren, obschon man bestimmte Operationsweisen als typisch für sie bezeichnet hat, und dies soll uns zum Vorbilde dienen. Es handelt sich nicht darum, immer das Eine zu thun, sondern bei der Art des strategischen Angriffs, welche die Verhältnisse uns aufzwingen, die Eigenthümlichkeiten der Durchführung zu beachten und die Gefahren zu erkennen, welche sie mit sich bringen. Die Umstände werden uns den Weg andeuten, auf welchen zunächst zu einem Erfolge zu gelangen ist und es wäre in der bei weitem größten Zahl von Fällen unrichtig, auf denselben zu verzichten, nur um in einer für besonders wirksam gehaltenen Manier vorgehen zu können.

X.

Die Durchführung der taktischen Offensive.

1. Allgemeines.

Verhältniß der taktischen Offensive zur strategischen Einleitung.

Da alle strategischen Offensiv-Operationen erst durch die sich daran anschließende Waffenentscheidung ihre Bedeutung erhalten, so ist es folgerichtig, hier gleich hinzuzufügen, was sich über diese sagen läßt. Um unnöthige Wiederholungen zu vermeiden, soll dabei nur zur Sprache gebracht werden, in welchen Punkten sich eine grundsätzliche Verschiedenheit gegen die auf die strategischen Offensiv-Operationen bezüglichen Auseinandersetzungen ergiebt. Im Uebrigen können dieselben sinngemäß auf die taktischen Offensiv-Operationen übertragen werden.

Der Zweck aller taktischen Offensiv-Operationen ist der Angriff auf dem Schlachtfelde. Da dieser leichter sein wird, wenn man den Feind in der Bewegung trifft, als wenn derselbe sich schon zur Abwehr auf-

---

[*]) S. S. 78 u. ff.

gestellt hat,*) so folgt, daß der Angreifer unausgesetzt bemüht sein muß, den Gegner noch während der Märsche zum entscheidenden Kampfe zu zwingen.**)

Vorbedingung für das Gelingen ist die taktische Ueberlegenheit. Wohlbedachter, wenn auch kühner Angriff unterscheidet sich von blindem Draufgehen dadurch, daß der Entschluß auf gegründeter Ueberzeugung von dem Vorhandensein dieser Ueberlegenheit beruht. Wer voraussehen kann, daß er morgen stärker sein wird, aber dennoch heute schon angreift, begeht einen Fehler, falls er nicht hinlänglichen Grund zu der Befürchtung hat, daß der Feind ihm über Nacht entschlüpfen werde. Andererseits darf man im Warten auf die Gunst der Umstände nicht zu weit gehen. Das Ideal wäre es freilich, zur Schlacht alle Truppen beisammen zu haben, aber dasselbe verwirklicht sich nur in den seltensten Fällen.

Will man vorher nichts Ernstes thun, so wird darüber die Gunst der allgemeinen Zustände schwinden. Verlorene Augenblicke des Glückes kehren im Kriege ebenso wenig wieder, als im gewöhnlichen Leben. Es kommt nur darauf an, die strategische Einleitung hinreichend ausreifen zu lassen, ehe man sie durch den taktischen Angriff krönt.***) Dies zu er= fassen, ist Sache des militärischen Scharfblicks, in dem sich Naturanlage, Wissen und Erfahrung zu einer einzigen Eigenschaft vereinigen.

Es wird im Allgemeinen erreicht sein, wenn man den größten Theil der eigenen Streitkräfte so nahe aneinander gebracht hat, daß ihr Zusammenwirken auf dem gewählten Angriffsfelde gesichert ist. Zugleich muß man annähernde Gewißheit haben, daß der Feind dort nicht gleich= zeitig eine Ueberlegenheit zu entfalten vermag. Dies wird, wie schon früher angedeutet,†) oft in der Art gelingen, daß man feststellt, welche Heerestheile des Gegners zu entfernt stehen, um zum entscheidenden

---

*) Wie bedeutend der Unterschied ist, ergiebt ein Vergleich der Schlachten von Vionville und St. Privat am 16. und 18. August 1870. In der ersteren gelang es 2½ preußischen Armee=Korps, die ganze Armee Bazaine's siegreich aufzuhalten In der letzteren hatten acht Armee=Korps Mühe, dieselbe Armee aus ihrer Stellung zu drängen.

**) Obwohl die Bemerkung mehr in das Gebiet der Heerführung gehört, so kann sie doch hier schon nicht unterdrückt werden, daß nämlich die große Selbst= ständigkeit der Unterführer, welche sich 1870/71 in den deutschen Heeren kund gab, und die man heut zu Tage zu beschränken sucht, in diesem einen Grunde allein ihre Rechtfertigung findet. Wenn jeder in der ersten Linie befehligende, dicht am Feinde befindliche General erst an oberster Stelle anfragen wollte, ob er den Angriff, den ihm die Umstände zu empfehlen scheinen, unternehmen dürfe, so wird der Gegner allemal die Zeit gewinnen, sich zur Abwehr des Angriffs auf= zustellen, den er voraussieht.

***) Hierin fehlten die Verbündeten vor der Schlacht von Austerlitz. Preußen stand auf dem Fuße, sich für sie zu erklären. Mitte Dezember wollte es mit seinen Rüstungen fertig sein. Erzherzog Karl konnte, bei geschickten Anstalten, 40 bis 50,000 Mann nach Mähren heranführen. Drei Wochen später hätten sie weit stärker aufzutreten vermocht als Ende November. Die allgemeine Sachlage ud zum Abwarten ein. Trotzdem schritten sie übereilt zum Angriff.

†) S. S. 76.

Zusammenstoße noch rechtzeitig eintreffen zu können. Eine gute und zahlreiche Kavallerie leistet hierbei die ersprießlichsten Dienste.

Im Jahre 1866 genügte es dem General v. Moltke bekanntlich, zu wissen, daß in der Gegend von Gitschin, wohin er die Vereinigung der getrennten preußischen Heere verlegte, keinenfalls die ganze österreichische Armee früher versammelt sein konnte, daß er aber jeder feindlichen Streitmacht, welche nicht zugleich das Ganze darstellte, unbedingt überlegen sein würde. An solchen nur die Umrisse des Bildes vom Feinde gewährenden Ueberzeugungen wird man es sich oft genügen lassen und daraufhin seine Beschlüsse fassen müssen. Wer rechzeitig handeln will, darf mehr jedenfalls nicht verlangen.

Wie in der strategischen, so werden auch in der taktischen Offensive Schnelligkeit und Energie des Handelns, sowie Ueberraschung des Gegners die hauptsächlichsten Hülfsmittel für einen glücklichen Beginn sein. Während der Handlung muß die Ueberlegenheit in der Feuerwirkung hinzutreten, welche heute das Schicksal der Schlachten entscheidet. Die Thätigkeit der dem Schlachtfelde zuströmenden Heeressäulen in Uebereinstimmung zu bringen und zugleich das Zusammenwirken der Waffen harmonisch zu regeln, ist der Inhalt der Kunst des Truppenführers. Erstes Erforderniß ist die Erlangung des Uebergewichts im Artilleriekampfe. Nur selten wird ohne diese Einleitung der Infanterie-Angriff glücken. Immer noch bleibt es zweite unerläßliche Bedingung, am entscheidenden Punkte auch im Gewehrfeuer die Oberhand zu gewinnen. Wer es heute am besten versteht, dessen gewaltigen Strom nach seinem Willen zu lenken, hat die meiste Aussicht auf Erfolg.

Nicht ganz darf auf das wirkliche Herangehen an den Feind und auf das thatsächliche Einbrechen in seine Stellung verzichtet werden. Wer sich ausschließlich darauf verläßt, den Gegner aus derselben herauszuschießen, kann bittere Enttäuschungen erleben. Wenn der Vertheidiger sieht, daß es ihm gelingt, den Angreifer in der Bewegung aufzuhalten, muß sich seiner naturgemäß das Gefühl des Erfolges bemächtigen. Der Angreifer ist thatsächlich gezwungen, durch den ihm entgegengesandten Geschoßregen unaufhaltsam vorzudringen. Siegen heißt: Boden gewinnen. Zum wirklichen Zusammenstoß im Handgemenge wird es dann nur noch selten kommen, weil der Vertheidiger sich schon vorher von der Wirkungslosigkeit seines Hauptabwehrmittels überzeugt hat, und nicht wartet, bis ihm dies vom Gegner durch Kolben und Bajonette endgültig bewiesen wird.

2. Bereitstellung der Streitkräfte.
Ansetzen des Angriffs.

Das Zusammenwirken der Truppen, die Leitung ihres Feuers auf ein bestimmtes Ziel wird nur gelingen, wenn man sie bis zu dem Augenblicke, wo sie in den Bereich der feindlichen Geschosse eintreten, sicher in der Hand behalten und auf einen für den entscheidenden Angriff günstigen

Ausgangspunkt geführt hat. Haben sie zuvor schon auf eigene Faust hier und dort mit dem Feinde angebunden, so wird es sehr schwer sein, ihnen noch die gewollte Richtung zu geben.

Das wüthende Feuer der heutigen Schlacht löst die gewohnten Verbände schnell auf, und legt die thatsächliche Führung in zahlreiche Hände niedrigstehender Unterführer. Die wohlkommandirten Massenstöße der napoleonischen Zeit sind zur Unmöglichkeit geworden. Von einheit= licher Leitung bleibt nur übrig, was von den Gedanken des Feldherrn durch seine einleitenden Maßnahmen in das allgemeine Verständniß übergegangen ist. Diese gewinnen dadurch die größte Bedeutung. Das zweckmäßige Ansetzen der entscheidenden Angriffe, d. h. die glückliche Wahl der Ausgangspunkte für das Eintreten in den Kampf sowie die richtige Ordnung und Vertheilung der Truppen daselbst, gebiert den Erfolg.

Dieser ist natürlich wesentlich erleichtert, wenn die Absicht, die Waffenentscheidung zu suchen, schon fest stand, und die Schlacht eine vorbedachte ist. Man hat dann die freie Verfügung über seine Streit= kräfte und kann bestimmen, welche Theile davon sich der Einbruchsstelle gegenüber zum großen Schlage zu sammeln haben.

Schwieriger ist das Ansetzen in der Begegnungsschlacht, wo der Entschluß erst im Laufe der allmählichen Verwickelung mit dem Feinde entsteht. Abtheilungen des Heeres, welche den entscheidenden Schlag am besten führen könnten, sind da vielleicht schon tief in's Gefecht gerathen. Man muß sie belassen, wo sie sind und den ausschlaggebenden Schlachthaufen durch andere Truppen bilden, die man zu diesem Zwecke mühsam vereinigt. Die große Kunst .ist dann, der planlosen Veraus= gabung von Streitkräften zu steuern, den Feind mit den schon gebundenen weiter im Schach zu halten, und alle übrigen von der gefährlichen Ver= suchung, sich auf eigene Hand zu betheiligen, fern zu halten, um Masse zu bilden. Darin bestand Napoleon I. Meisterschaft, wie die Leitung seiner Schlachten beweist.

Viel mehr als das Ansetzen des Angriffs, die Bezeichnung des Ziels und der Wege dahin kann auch der, in einem Befehl ausgedrückte Angriffs=Entwurf nicht enthalten. Die Einzelheiten des Verlaufs hängen zu sehr von den Maßnahmen des Gegners ab, die man erst bei der Durchführung erkennt, als daß sich im Voraus dafür bestimmte Anordnungen treffen ließen. Diese müssen nach den Umständen, und innerhalb derselben nach den allgemeinen Grundsätzen der Truppen= Verwendung geregelt werden.

Von größter Wichtigkeit ist dabei das richtige Verhältniß zwischen Breite und Tiefe in der Entwickelung der Truppenmassen. Ueber diese Frage wird viel gestritten und doch nichts entschieden, weil sie sich eben nicht einheitlich entscheiden läßt.

Zur Wirksamkeit gelangen nur die in der vordersten Linie kämpfen= den Mannschaften. Ihnen nachfolgende Reserven, welche nicht im Feuer sind, thun dem Feinde keinen Schaden. Die Zeit, da sie durch die Wucht des Stoßes ihrer geschlossenen Masse dessen Schlachtlinie durch=

brechen konnten, sind unwiderbringlich vorüber. Sie selbst aber leiden durch das Feuer des Gegners oft mehr, als die vorn fechtenden Schützen= ketten. Man entwickelt also die höchste Kraft und vermeidet zugleich am besten unnütze Opfer, wenn man alle Gewehre in die vorderste Linie bringt.

Allein man hat dann bei unerwarteten Wendungen im Gefecht nichts mehr in der Hand, kann neu auftauchenden Gefahren nicht begegnen und Ueberraschungen nicht unschädlich machen. Der ideale Fall, daß man von Hause aus des Feindes kämpfende Front genau übersieht und abzu= schätzen im Stande, zugleich auch sicher ist, daß er über keinerlei Reserven mehr verfügt, so daß man alle eigenen Streitmittel in vorderster Linie zu verwenden vermag, wird kaum jemals eintreten. Man bleibt stets in Ungewißheit, und muß zunächst noch für unvorhergesehene Fälle Kräfte zurückhalten. Je näher man der völligen Klarheit über des Feindes Stärke und Lage kommt, desto schwächer werden dieselben sein dürfen, je weiter man davon entfernt ist, desto stärker soll man sie bemessen. Eine andere Regel giebt es hierbei nicht.

Mit der sich steigernden Unsicherheit der Lage wächst also auch die Tiefe, in der man seine Truppen ordnen und an den Feind bringen muß. Mit der wachsenden Gewißheit dürfen sie sich in die Breite dehnen. Erkennt man endlich, daß der Feind seinerseits Alles im Kampfe hat und uns keine unwillkommene Ueberraschung durch frisch auftretende Truppen mehr bereiten kann, so ist der Augenblick gekommen, Alles einzusetzen, um mit der höchsten Wirkung auch den größtmöglichen Erfolg zu erreichen.

3. Das Vorgehen zur taktischen Entscheidung.

Dem Ansetzen des Angriffs muß natürlich die Bestimmung der Angriffsrichtungen vorangegangen sein. Der Natur der Sache nach werden sie nur dort einfach parallel neben einander herlaufen, wo man einstweilen noch nichts entscheiden will. Ein einfaches frontales Ueber= rennen durch die Wucht der anrückenden Masse ist heutzutage durch die Wirkung unserer Waffen in den allermeisten Fällen ausgeschlossen.

Die unter dem Feuer des Feindes durch Tod, Verwundung und Zurückbleiben von Leuten entstehenden Lücken müssen unausgesetzt gefüllt werden. Wenn man daher vor der feindlichen Front verhältnißmäßig ebenso stark eintreffen will, als man es auf der Ausgangslinie war, so muß man am Anfange wohl eine doppelt so lange aber gleich starke Front einnehmen als am Ende; denn die Zahl der Kämpfer wird sich trotz alles Nachschubs von rückwärts her im gleichen Verhältnisse herab= mindern. Hieraus ergeben sich, der Natur der Sache nach, für den Angriff, selbst wenn dieser frontal erfolgt, die concentrischen Richtungen gegen die Einbruchsstelle.

Näheres darüber, wie sie festgelegt werden müssen, ist schwer zu sagen. Anfangs sind die Truppen an die bestehenden Straßen, später

an die im Gelände sich darbietenden Deckungen gebunden, welche einigen
Schutz gegen den feindlichen Geschoßhagel gewähren können. Scharfer
Blick und praktische Erfahrung müssen die glückliche Wahl treffen. Bei
größeren Verhältnissen ist richtiges Verständniß der Karten von Wichtig=
keit. Sodann ist wieder an die Beweglichkeit des Ziels zu denken.
Selbst wo der Gegner in seiner Aufstellung wartet, hat diese doch ihre
Tiefe, und der Irrthum, die Gefechtslinie der Vortruppen für die ent=
scheidende zu halten, ist leicht möglich. Man hüte sich, die Angriffs=
kolonnen beim Vorgehen zu früh aneinander zu schieben.

Wir wissen, daß jede Theilung und Zersplitterung auch eine
Schwächung ist.*) Excentrische Richtungen im taktischen Angriffe können
daher nur eine Ausnahme bilden. Sie werden sich dort ergeben, wo
während des Angriffs eine Einwirkung des Feindes auf unsere
Flanken fühlbar wird und wir derselben nothgedrungen entgegentreten
müssen. Um dabei nicht in eine verderbliche, allzu beengte, centrale
Lage zu gerathen, geschieht dies meist besser durch Entgegengehen, als
durch die Einnahme einer Abwehrstellung. Selbst eine Minderzahl kann
dies wagen; denn ihre Aufgabe ist nicht, die Kräfte, welche der Feind
von seitwärts heranführt, über den Haufen zu werfen und zu schlagen,
sondern nur, sie so weit abzuhalten, daß ihr Feuer nicht unser Angriffs=
feld erreicht. Es gilt Zeit zu gewinnen, bis am entscheidenden Punkte unser
Uebergewicht hergestellt ist. Dieses giebt dann den Ausschlag auch für
das Schicksal der Kämpfe auf den Nebengefechtsfeldern. Für jeden
Angriff ist es die wesentlichste Bedingung des Erfolges, sich vor der
Krisis freien Raum zur vollen Kraftentfaltung zu verschaffen, — die
Armfreiheit, welche der Streiter zum tüchtigen Zuschlagen gebraucht.

Freiwillig können excentrische Angriffsrichtungen zur Anwendung
kommen, wo wir auf entfernten Punkten des Schlachtfeldes Theile des
feindlichen Heeres festhalten wollen. Hier entsteht die Gemeinsamkeit der
Wirkung mittelbar, indem wir den Feind an der wichtigen Stelle durch
Ausbleiben erwarteter Hülfe schwächen. Aber es gilt dabei natürlich die
Bedingung, daß es uns gelinge, mit einem excentrisch vorgeschobenen
Kleineren ein Größeres des Gegners von der Theilnahme an der Haupt=
handlung auszuschließen, sonst käme die Entsendung einer Verschwendung
gleich.

----

4. Die Wahl der Einbruchsstelle.

Mit völliger Bestimmtheit wird sich die Stelle, an welcher der
Widerstand des Gegners am ehesten gebrochen, also die Grundlage für
den Sieg gelegt werden kann, erst im Verlaufe des Kampfes erkennen
lassen, wenn dieser erlaubt, die Maßnahmen des Vertheidigers deutlicher
als im Beginn zu übersehen. Aber aus der allgemeinen Lage, der
Erkundung, den eingehenden Nachrichten und dem Studium der Karte

----

*) S. S. 16.

vermag man sie doch schon in ihren Umrissen festzustellen. Es sollte grundsätzlich derjenige Theil der feindlichen Stellung sein, auf welchem, den großen strategischen Beziehungen nach, eine Niederlage am empfind= lichsten wirken muß. Nur wenn der Ausgang zweifelhaft erscheint, wird es räthlich sein, vor Allem nach der schwächsten Stelle zu suchen, ledig= lich um des taktischen Sieges sicher zu sein. Man verzichtet dann aber von Hause aus auf den höchsten erreichbaren Erfolg, der uns nur noch durch das Eintreten besonders glücklicher Zufälligkeiten als ein unverdientes Geschenk zufallen kann.

Aeußerlich ist die Wahl einfach. Es handelt sich um die Front, um eine oder beide Flanken; der Rücken wird nur ganz ausnahmsweise in Frage kommen. Das Abwägen der Vortheile, welche das Eine oder Andere bietet, ist aber doch meist recht schwer und das Gefühl großer Verantwortung macht es doppelt peinlich.

Der taktische Frontalangriff und der Durchbruch.

Irgend eines natürlichen materiellen Vortheils gegenüber der Ver= theidigung kann sich der frontale Angriff nicht rühmen. Im Gegentheile erscheinen, bis auf den moralischen Schwung, welche jede Vorwärts= bewegung der Truppe giebt, die Nachtheile sämmtlich auf seiner Seite, da die Concentricität, die Kraft verleihende Form für den taktischen Angriff, fehlt.

„Feuerüberlegenheit im Einzelnen, wie im Großen erzielen, ist das erste taktische Prinzip der Gegenwart und Zukunft".*) Hat der Ver= theidiger seine Front hinreichend besetzt, und kann ihm der Angreifer nur eine gleiche entgegenstellen, so ist nicht abzusehen, wie diese Ueber= legenheit erzielt werden soll, wenn Truppen und Bewaffnung gleich sind. Es bliebe da nur ein einziges Mittel übrig, nämlich größerer Reichthum an Streitern, derart, daß der Angreifer seine in der Feuerlinie ent= stehenden Verluste immer wieder zu ersetzen vermag, der Vertheidiger am Ende nicht mehr. Da dieser jedoch des Vortheils der besseren Deckung genießt, so erleidet er die geringeren Verluste. Das Mehr an Zahl müßte also beim Angreifer ein ganz unverhältnißmäßig hohes sein, um den Ausschlag zu geben.

Es ist dabei aber noch ausdrücklich vor gleichzeitiger übermäßiger Massenanhäufung der Kräfte zu warnen, welche allein den Sieg nicht mehr erzwingen kann. Die heutigen Feuerwaffen sind so schnell arbeitende Maschinen, daß die Ziffer der sich als Ziel darbietenden Streiter ihre Wirkung nimmermehr erschöpfen kann. Das geschieht nur durch geschickte Gegenwirkung.

Die Hoffnung auf den Sieg ist beim frontalen Angriff also nur auf größere Thätigkeit und bessere Ausbildung der Truppen, auf zweck= mäßiges Zusammenwirken der verschiedenen Waffen, sowie auf höhere

---

*) Liebert. Die Verwendung der Reserven in der Schlacht. 1. Beiheft zum Militär-Wochenblatt 1895.

Willensstärke, Erfahrung und Einsicht der Führer gegründet, d. h. zum
Theil auf Kräfte, deren Berücksichtigung die theoretische Betrachtung der
Formen der Kriegführung eigentlich ausschließt.

Allein wir dürfen darum, auch rein theoretisch, den frontalen
Angriff noch nicht einfach als etwas an sich Falsches verwerfen. Es
giebt Fälle, wo er nothgedrungen durchgeführt werden muß. Das kann
beispielsweise geschehen, wenn des Feindes Flügel angelehnt sind, oder
wenn der Anmarsch unerwartet auf eine breitere Entwicklung des Gegners
stößt und Raum und Zeit zum Ansetzen einer Umfassung in dieser Lage
fehlen. Fast immer wird auch der frontale Angriff als Gehülfe des
umfassenden angesetzt werden müssen: denn dieser ist nur im Vortheil,
wenn es gelingt, zu gleicher Zeit die Front des Vertheidigers festzuhalten,
damit aus derselben keine Verstärkungen nach dem bedrohten Flügel
abrücken. Fällt ihm hier auch nicht die entscheidende Rolle zu, so wird
er doch immer ernsthaft durchgeführt werden müssen, weil schwächliche
oder gar Scheinangriffe den Zweck nicht erfüllen. Selbst der umfassende
Angriff gestaltet sich im Einzelnen, bei großen Verhältnissen, für viele
Truppen zum frontalen Kampfe gegen eine Defensivflanke.

Muß frontal gefochten werden, so bleibt nichts anderes übrig, als
auf Moral und Zahl der Truppen zu rechnen und beide geschickt auszunutzen. Die glückliche Lösung dieser Aufgabe ist eine schönere und
schwierigere Leistung der Kunst, als ein erfolgreicher, umfassender Angriff,
und es lohnt der Mühe, sich darin zu vertiefen.

Ein Umstand kommt dem Angreifer in solcher Lage grundsätzlich
zur Hülfe. Selbst ein mittelmäßiger Mensch wird dadurch, daß er vor
eine schwierige Aufgabe gestellt ist, oft an innerer Kraft gewinnen und
Dinge verrichten, die wir ihm nicht zugetraut hatten. Es werden dabei
Eigenschaften lebendig, die eines sehr starken Erregungsmittels bedurften,
um aus dem Schlummer zu erwachen. Gerade so geht es mit der
Truppe. Das Bewußtsein, Schweres ausführen zu müssen, verleiht zunächst den Führern einen höheren Aufschwung, welcher sich in energische
Anspannung aller Kräfte umsetzt; und von den Führern überträgt sich
dieser Prozeß auf die Mannschaft. Dem Vertheidiger wird oft das
Gefühl der Sicherheit gefährlich, das ihn lässig macht. Der moralische
Rückschlag, welcher folgt, wenn diese Sicherheit als trügerisch erkannt
wird, ist dann ein besonders vernichtender.

Frontale Angriffe können auch in der Zukunft immer noch zu schönen
Erfolgen führen.

Ob sie sich bis zum förmlichen taktischen Durchbruch ausdehnen
werden, ist eine andere Frage. Ein Vertheidiger, welcher, mit modernen
Schnellfeuerwaffen versehen, sich einmal in einer Stellung eingenistet hat
und nicht ganz muthlos ist, wird schwer zu vertreiben sein. Einmal
verdrängt, hat er gelernt, sich wieder festzusetzen, wo eine Bodenwelle,
ein Graben, ein Waldrand dazu die Gelegenheit bietet. Die gefährlichen
Feuerzonen sind viel breiter geworden als ehedem, die Kämpfe gehen
langsam vorwärts. Selbst der geschlagene Gegner verschwindet nicht aus

der Arena, sondern hängt sich an den Sieger. Weiß er doch, daß ein unaufhaltsames Zurückfluthen unter dessen Feuer viel gefährlicher ist, als die Fortsetzung der Gegenwehr. Die Schlachtlinie ist kein Stab mehr, den man brechen kann, wie zur Zeit der Lineartaktik, sondern ein starkes, aber elastisches Band, das sich um unsere Seiten legt, wenn wir es in seiner Mitte zurückdrücken.

Alle diese Umstände erschweren es, sie wirklich zu durchstoßen. Die Feuerwirkung füllt mittelbar ganz beträchtliche Lücken aus. Mehrere Kilometer Raum, die früher ein hinreichend breites Thor für ein Heer gewesen sein würden, werden heute von den Seiten her völlig beherrscht. Die Befreiungsversuche der in Metz, Paris und später in Plewna ein= geschlossenen Heere führten naturgemäß zu Durchbruchsschlachten, aber in allen scheiterte am Ende der Angreifer.

Der taktische Durchbruch wird wohl nur noch in der Bewegungs= schlacht vorkommen, wenn das eine der beiden Heere auf nahe neben= einander herlaufenden Marschlinien eng vereint anrückt und es die Spitzen der auf weiteren Raum vertheilten Heersäulen des Gegners vor der Entwickelung antrifft oder, wenn es auf die inneren Flügel zweier feindlichen Heere mit gesondertem Oberbefehl stößt. Selbst eine solche Ueberraschung ist nicht mehr von gleicher Wirkung wie ehedem. Von der Entscheidung eines Kampfes in wenigen Minuten wie bei Roßbach, ist keine Rede mehr. Es kann sich nur um langsames Zurückdrängen handeln, und darüber gewinnen die Nachbarkolonnen Zeit, um heran= zukommen und den Bedrängten Hülfe zu bringen. Ihnen steht dann der Vortheil der leichteren Entwickelung und die verderbliche concentrische Waffenwirkung zur Seite.

Die innere Widerstandskraft bedeutenderer Truppen=Einheiten erlaubt es heute einer Division, am Morgen den Kampf gegen ein doppelt so starkes feindliches Armee=Korps ohne Bedenken aufzunehmen, wenn sie nur sicher ist, um Mittag durch eine andere Division unterstützt zu werden. Sollte sie selbst allmählich unterliegen, so dauert dies doch so lange, daß inzwischen die Hülfe da sein muß.*) Kann man in der Begegnungsschlacht den einen Heertheil des Feindes hinter ein Hinderniß, wie einen Strom, zurückwerfen und ihn dort festhalten, während man sich gegen den anderen wendet, um ihn zu schlagen, so mag der taktische Durchbruch wohl noch gelingen. Im Allgemeinen aber werden Durch= bruchsschlachten in den Kriegen der Zukunft zu den größten Selten= heiten gehören.

---

*) Die Kaisermanöver in Ostpreußen vom Jahre 1894 gaben auf eine der Wirklichkeit sehr entsprechende Art ein Beispiel davon. An zwei hintereinander folgenden Tagen standen die beiden Divisionen des 1. Armee=Korps um einen Tagemarsch von einander entfernt, und dennoch gelang es, mit einer derselben den Kampf gegen das geschlossene anrückende 17. Armee=Korps am Morgen hin= zuhalten, bis die andere herankam und den ersten Tag eine Niederlage abwehrte, am zweiten sogar einen Vortheil errang.

Man könnte die Schlacht von Orléans am 3. und 4. Dezember 1870 als eine Durchbruchsschlacht bezeichnen. Aber die große Ausdehnung der vom Angriff in drei Theile zerschnittenen französischen Armee, die Art des Kampfes, welcher sich in Theilgefechte auflöste, geben ihr mehr den Charakter einer strategischen, als einer taktischen Operation.

Die taktische Umfassung.

Da die Stärke des Angriffs in seiner Concentricität liegt, so ist die Umfassung für ihn die von Natur vortheilhafteste Form. Die meisten Schlachten der letzten Kriege sind durch dieselbe entschieden worden, und auf allen europäischen Uebungsplätzen haben wir sie während der Jahrzehnte nach 1870 immer wieder von den Truppen nachahmen sehen. Dem schon versammelten Feinde gegenüber wird man bei der Schwierigkeit des Frontalangriffs auch gern zur Umfassung greifen, wo es die Umstände irgend erlauben. Die große Tragweite unserer Feuerwaffen, welche einen im Innern der Umfassung liegenden Raum ganz beherrscht, auch wenn er mehrere tausend Meter breit ist, läßt dieselben an Furchtbarkeit gewinnen.

Die Schwierigkeit der Ausführung beruht auch hier im Ansetzen. Von hundert umfassend gedachten Angriffen gerathen erfahrungsmäßig achtzig am Ende vor die feindliche Front. Das zeigt sich schon bei größeren Friedens-Uebungen und wird im Kriege noch deutlicher hervortreten. Die Ursache liegt darin, daß die Schußweiten heuzutage das Ansetzen aus verhältnißmäßig bedeutender Entfernung erfordern. Die erste Entwickelungslinie wird also, wenn man sie sich als ein Stück Kreisbogen denkt und den Feind als Centrum, meist viel zu ausgedehnt erscheinen. Ein versammelter oder aus einer Richtung anrückender Angreifer muß sich noch dazu wieder trennen, um am Ziele umfassend wirken zu können. Diese Trennung in Gegenwart des Feindes aber macht auf das Auge einen beunruhigenden Eindruck. Der Entschluß wird um so schwerer gefaßt werden, als in den meisten Fällen auch noch die volle Klarheit über die Ausdehnung der feindlichen Stellung fehlt. So entstehen die zu knapp angesetzten taktischen Umfassungen. Es ist nothwendig, sich klar zu machen, daß der Vertheidiger sich nicht ohne Weiteres zum Vorstoße in einen offenen Bogen hineinbegeben darf. Die Schwierigkeit der Gegenstöße aus besetzter Stellung heraus ist schon früher beleuchtet worden.*) Die Gefahr, während der taktischen Umfassung von einem unternehmenden Vertheidiger angefallen und gesprengt zu werden, ist also mehr eine eingebildete, als eine wirkliche. Die taktische Umfassung genießt hierin vor der strategischen eines entschiedenen Vorzugs. Sie kann mit großer Freiheit handeln. Je weiter und kühner sie die Ausgangspunkte seitwärts absetzt, desto mehr kann sie auf volles Gelingen rechnen. Gute Truppen und sichere Führung sind freilich Bedingung.

*) S. S. 42.

Nun ist zu beachten, daß die taktische Umfassung der Regel nach aus der strategischen entspringt. Der Fall, daß ein Truppentheil aus der schon versammelten Masse eigens herausgezogen wird, um später umfassen zu können, kommt, zumal bei Friedens=Uebungen, in kleineren Verhältnissen öfters vor, selten aber in der Wirklichkeit der großen entscheidenden Schlacht. Er widerspricht auch dem natürlichen Gesetze, daß man die einfachsten und nächsten Wege wählen soll, um seine Streit=kräfte an den Feind heranzuführen, und es gilt hier taktisch, was Clausewitz in Bezug auf die größeren strategischen Verhältnisse von den Umfassungen sagt.*)

So entwickelt sich die taktische Umfassung und das Ansetzen der einzelnen dabei mitwirkenden Heerestheile am natürlichsten von den großen Anmarschlinien her, wie es in mustergültiger Art bei Königgrätz am 3. Juli 1866 auf preußischer Seite geschah. Damit wird auch meist dem engen Zusammendrängen der Angreifer auf dem umfaßten Flügel vorgebeugt.**)

Wichtig ist auch, daß die umfassenden Kolonnen mit richtigen Fronten gegen das Ziel angesetzt werden. Das ist verhältnißmäßig leicht, wenn der Feind in seiner Stellung stillsteht, schwer, wenn er sich bewegt, zumal, wenn er aus dem Kreise der drohenden Umklammerung zurückweicht, und oft wird in dieser Hinsicht gefehlt. Schon bei Friedens=Uebungen sieht man häufig, die Truppen, welche nebeneinander fechten sollten, sich vor= oder hintereinander schieben. Im Kriege wird das noch leichter eintreten. Nur die geschickte Wahl der Richtungs=punkte für die einzelnen selbstständig vorgegangenen Heereskörper, welche dem Entwickelungsbedürfniß am Ziel von Anbeginn Rechnung trägt, kann das verhüten. Alle Stufen der Führung werden hierin sorgsam und wohldurchdacht zu befehlen haben. Am besten ist es, den inneren sich berührenden Flügeln der großen Einheiten den gleichen oder zwei dicht neben einander gelegene Richtungspunkte anzugeben und sie sich nach außen entwickeln zu lassen. Giebt man beiden Flügeln jeder Einheit einen besonderen Richtungspunkt an, so läuft man stets Gefahr, sie aus=einander zu reißen oder zu eng zusammenzuschieben.

Bedenklicher noch, als im Handeln der verschiedenen umfassenden Truppenkörper, ist der Mangel an Uebereinstimmung zwischen Umfassung und Frontalangriff. Daß dieser letzte spätestens gleichzeitig mit jener ausgeführt werden muß, ist selbstredend; denn sonst ließe man dem Ver=theidiger volle Freiheit, auf dem bedrohten Flügel eine starke zurück=gebogene Flanke zu bilden, oder mit seinen Reserven die Umfassungs=truppen aufzurollen. Nun kann aber der frontale Angriff ebenso leicht zu früh an den Feind gerathen und zerschellen, als auch die Umfassung

---

*) S. S. 88.

**) Bourbaki that an der Lisaine das Entgegengesetzte, indem er die Division Cremer aus der natürlichen durch den strategischen Anmarsch gegebenen Richtung über Lure und Frahier abrief, machte dadurch die Umfassung unwirksam und verlor seine Schlacht.

zu spät eintreten, und der eine Theil nach dem andern in vereinzelter Anstrengung erliegen. Die große Ausdehnung der Schlachtfelder macht die Uebereinstimmung besonders schwierig, wie die Vorgänge am 18. August 1870 bei St. Privat beweisen.

Der frontale Angriff soll sich in dem Augenblicke ernsthaft ent= wickeln, wo die Umfassung auf dem Punkte steht, dem Gegner fühlbar zu werden, und der umfassende Angriff wieder schnell genug in die entscheidende Phase treten, um ein Zurückfluthen der in der Front vor= gegangenen Truppen zu verhüten. Den Nachtheil, daß diese Truppen geraume Zeit in großer Nähe des Gegners und bei erheblichen Verlusten ausharren müssen, ganz zu beseitigen, ist unmöglich.

Das frühzeitige Einsetzen des Frontalangriffs hat mitunter den Vortheil, dem Feinde die Zeit zu einem verhängnißvollen Fehler zu gewähren, nämlich zum vorzeitigen Verbrauch derjenigen Reserven, welche später zur Abwehr der Umfassung hätten dienen sollen. Es vergrößert aber die Gefahr für das Gelingen des Ganzen und absichtlich wird wohl Niemand darauf ausgehen.

Die umfassenden Heertheile haben mit der Gefährdung ihrer äußeren Flanke zu rechnen, auf welche der Vertheidiger seine Gegen= maßregeln richten wird. Sie müssen deshalb von starken Reserven ge= folgt sein.

Eine doppelte Umfassung auf beiden Flügeln erleichtert den Angriff sehr. Die Gefahr des Durchbruchs der Mitte ist nahezu ausgeschlossen; denn, ist die Front nicht gar zu gedehnt, so erhält sie schon durch das Feuer der umfassenden Flügel Schutz. Aber daran ist nur bei sehr großer Ueberlegenheit des Angriffs zu denken, wie die Deutschen sie in der Schlacht von Wörth besaßen, dem für doppelte Umfassung beachtens= werthesten Beispiele aus der neueren Kriegsgeschichte.*)

Die taktische Umgehung.

Bei Friedens = Uebungen wird meist gegen taktische Umgehungen lebhaft geeifert. Im Kriege werden sie trotzdem unvermeidlich sein — dies zumal heutzutage, wo die Feuerwirkung das Mittel gewährt, Engwege frontal mit nahezu vollständiger Sicherheit abzusperren. Gebirgspässe würden oft gar nicht anders als durch Umgehung zu nehmen sein, wie zahlreiche Beispiele in der Kriegsgeschichte von der Niederlage des Leonidas in den Thermopylen bis auf das Gefecht von Blumenau vor Preßburg und Gurko's Vorgehen durch den Hain=Boghas darthun.

Bei der Umgehung wird die Lücke zwischen den sich trennenden Gruppen so groß, daß sie sich nicht mehr durch Feuer mittelbar schließen läßt und die Gefahr des Zersprengtwerdens näher als bei der taktischen Umfassung liegt. Weite Umgehungen fordern den Feind zum Gegenstoße

---

*) Bei der Umzingelungsschlacht, wie Sedan, liegt der Schwerpunkt ent= schieden auf dem Gebiete der strategischen Maßnahmen. Wir führen sie deshalb hier nicht an, obschon sie äußerlich genommen, als der vollendetste Ausdruck der doppelten Umfassung erscheint.

heraus. Es kommt also darauf an, daß besondere Umstände diesen unwahrscheinlich machen. Das kann durch die Unbeholfenheit seiner Truppen geschehen oder auch durch die Art des Geländes herbeigeführt werden. Finden wir einen Strom vom Gegner besetzt und suchen uns den Uebergang durch eine Umgehungs=Abtheilung zu öffnen, so würde jener erst selbst über das Hinderniß vorgehen müssen, ehe er diese abbrängen und den Verband unserer Streitkräfte zerreißen könnte. Im Gebirge besteht häufig zwischen den verschiedenen Pässen keine brauchbare Querverbindung. Der Vertheidiger kann also gegen die Umgehungs= kolonne, die einen Engweg offen gefunden hat, gar nicht anders als von rückwärts her wirken, und ein Abbrängen ist nicht zu befürchten. Um= gehungen können also sehr erfolgreich sein und oft das einzige Mittel bieten, ein vom Feinde vertheidigtes Hinderniß zu überwinden. Der Gebirgskrieg ist das vornehmliche Gebiet für ihre Anwendung. Nur soll man die Umgehung ebenso wenig als die Umfassung für etwas an sich Nützliches oder Verdienstliches ansehen. Innere Nothwendigkeit muß sie jedesmal rechtfertigen.

Am meisten Ueberlegung fordert die Bemessung der Stärke für die, mit der Umgehung beauftragten Truppentheile. Sind sie zu schwach, so mögen sie vielleicht durch ihr überraschendes Erscheinen wirken, werden aber schwerlich ihrem Erfolge die Dauer verleihen können, deren der Haupttheil bedarf, um ihn auszunutzen. Sind sie zu stark, so wird dieser Letztere bedenklich geschwächt sein und die Ueberraschung schwieriger werden, weil der Feind starke Kräfte leichter entdeckt als schwache. Von wesentlichem Einflusse ist die Entfernung, in welcher man die Umgehung ausführt. Jede Umgehungs=Abtheilung übernimmt gewisser= maßen eine Avantgardenrolle. Sie muß stark genug sein, um sich nach Erreichung der Stelle, von welcher aus später die Hauptkräfte zum weiteren Angriffe angesetzt werden sollen, so lange, auch gegen große Uebermacht behaupten zu können, bis jene herangekommen und entwickelt sind.

Das glücklichste Verhältniß ist es, wenn die Hauptkräfte, ohne ihre Verbindungen preiszugeben, selbst die Rolle der Umgehungskolonne über= nehmen können, so daß an die Ueberraschung, welche die Umgehung dem Gegner bereitet, sich sogleich die entscheidende Handlung knüpfen kann.

Taktische Rücken= und Flankenangriffe.

Taktische Rückenangriffe können sich aus gelungenen Umgehungen entwickeln und werden dann um so entscheidender sein, als sie den Feind überraschen und ihm zugleich Rückzug und Verbindungen nehmen. Aber der hochentwickelte Aufklärungsdienst wird sie zur großen Seltenheit machen.*) Bezüglich einzelner Heertheile können sie in sehr verwickelten Schlachten und Gefechten aus Verwirrung und Irrthum entstehen. So

---

*) Bei Blumenau am 22. Juli 1866 wäre es dazu gekommen, wenn der Waffenstillstand den Kampf nicht vor der Entscheidung unterbrochen hätte.

Ausgangspunkt geführt hat. Haben sie zuvor schon auf eigene Faust hier und dort mit dem Feinde angebunden, so wird es sehr schwer sein, ihnen noch die gewollte Richtung zu geben.

Das wüthende Feuer der heutigen Schlacht löst die gewohnten Verbände schnell auf, und legt die thatsächliche Führung in zahlreiche Hände niedrigstehender Unterführer. Die wohlkommandirten Massenstöße der napoleonischen Zeit sind zur Unmöglichkeit geworden. Von einheit= licher Leitung bleibt nur übrig, was von den Gedanken des Feldherrn durch seine einleitenden Maßnahmen in das allgemeine Verständniß übergegangen ist. Diese gewinnen dadurch die größte Bedeutung. Das zweckmäßige Ansetzen der entscheidenden Angriffe, d. h. die glückliche Wahl der Ausgangspunkte für das Eintreten in den Kampf sowie die richtige Ordnung und Vertheilung der Truppen daselbst, gebiert den Erfolg.

Dieser ist natürlich wesentlich erleichtert, wenn die Absicht, die Waffenentscheidung zu suchen, schon fest stand, und die Schlacht eine vorbedachte ist. Man hat dann die freie Verfügung über seine Streit= kräfte und kann bestimmen, welche Theile davon sich der Einbruchsstelle gegenüber zum großen Schlage zu sammeln haben.

Schwieriger ist das Ansetzen in der Begegnungsschlacht, wo der Entschluß erst im Laufe der allmählichen Verwickelung mit dem Feinde entsteht. Abtheilungen des Heeres, welche den entscheidenden Schlag am besten führen könnten, sind da vielleicht schon tief in's Gefecht gerathen. Man muß sie belassen, wo sie sind und den ausschlaggebenden Schlachthaufen durch andere Truppen bilden, die man zu diesem Zwecke mühsam vereinigt. Die große Kunst ist dann, der planlosen Veraus= gabung von Streitkräften zu steuern, den Feind mit den schon gebundenen weiter im Schach zu halten, und alle übrigen von der gefährlichen Ver= suchung, sich auf eigene Hand zu betheiligen, fern zu halten, um Masse zu bilden. Darin bestand Napoleon I. Meisterschaft, wie die Leitung seiner Schlachten beweist.

Viel mehr als das Ansetzen des Angriffs, die Bezeichnung des Ziels und der Wege dahin kann auch der, in einem Befehl ausgedrückte Angriffs=Entwurf nicht enthalten. Die Einzelheiten des Verlaufs hängen zu sehr von den Maßnahmen des Gegners ab, die man erst bei der Durchführung erkennt, als daß sich im Voraus dafür bestimmte Anordnungen treffen ließen. Diese müssen nach den Umständen, und innerhalb derselben nach den allgemeinen Grundsätzen der Truppen= Verwendung geregelt werden.

Von größter Wichtigkeit ist dabei das richtige Verhältniß zwischen Breite und Tiefe in der Entwickelung der Truppenmassen. Ueber diese Frage wird viel gestritten und doch nichts entschieden, weil sie sich eben nicht einheitlich entscheiden läßt.

Zur Wirksamkeit gelangen nur die in der vordersten Linie kämpfen= den Mannschaften. Ihnen nachfolgende Reserven, welche nicht im Feuer sind, thun dem Feinde keinen Schaden. Die Zeit, da sie durch die Wucht des Stoßes ihrer geschlossenen Masse dessen Schlachtlinie durch=

brechen konnten, sind unwiderbringlich vorüber. Sie selbst aber leiden durch das Feuer des Gegners oft mehr, als die vorn fechtenden Schützen= ketten. Man entwickelt also die höchste Kraft und vermeidet zugleich am besten unnütze Opfer, wenn man alle Gewehre in die vorderste Linie bringt.

Allein man hat dann bei unerwarteten Wendungen im Gefecht nichts mehr in der Hand, kann neu auftauchenden Gefahren nicht begegnen und Ueberraschungen nicht unschädlich machen. Der ideale Fall, daß man von Hause aus des Feindes kämpfende Front genau übersieht und abzu= schätzen im Stande, zugleich auch sicher ist, daß er über keinerlei Reserven mehr verfügt, so daß man alle eigenen Streitmittel in vorderster Linie zu verwenden vermag, wird kaum jemals eintreten. Man bleibt stets in Ungewißheit, und muß zunächst noch für unvorhergesehene Fälle Kräfte zurückhalten. Je näher man der völligen Klarheit über des Feindes Stärke und Lage kommt, desto schwächer werden dieselben sein dürfen, je weiter man davon entfernt ist, desto stärker soll man sie bemessen. Eine andere Regel giebt es hierbei nicht.

Mit der sich steigernden Unsicherheit der Lage wächst also auch die Tiefe, in der man seine Truppen ordnen und an den Feind bringen muß. Mit der wachsenden Gewißheit dürfen sie sich in die Breite dehnen. Erkennt man endlich, daß der Feind seinerseits Alles im Kampfe hat und uns keine unwillkommene Ueberraschung durch frisch auftretende Truppen mehr bereiten kann, so ist der Augenblick gekommen, Alles einzusetzen, um mit der höchsten Wirkung auch den größtmöglichen Erfolg zu erreichen.

3. Das Vorgehen zur taktischen Entscheidung.

Dem Ansetzen des Angriffs muß natürlich die Bestimmung der Angriffsrichtungen vorangegangen sein. Der Natur der Sache nach werden sie nur dort einfach parallel neben einander herlaufen, wo man einstweilen noch nichts entscheiden will. Ein einfaches frontales Ueber= rennen durch die Wucht der anrückenden Masse ist heutzutage durch die Wirkung unserer Waffen in den allermeisten Fällen ausgeschlossen.

Die unter dem Feuer des Feindes durch Tod, Verwundung und Zurückbleiben von Leuten entstehenden Lücken müssen unausgesetzt gefüllt werden. Wenn man daher vor der feindlichen Front verhältnißmäßig ebenso stark eintreffen will, als man es auf der Ausgangslinie war, so muß man am Anfange wohl eine doppelt so lange aber gleich starke Front einnehmen als am Ende; denn die Zahl der Kämpfer wird sich trotz alles Nachschubs von rückwärts her im gleichen Verhältnisse herab= mindern. Hieraus ergeben sich, der Natur der Sache nach, für den Angriff, selbst wenn dieser frontal erfolgt, die concentrischen Richtungen gegen die Einbruchsstelle.

Näheres darüber, wie sie festgelegt werden müssen, ist schwer zu sagen. Anfangs sind die Truppen an die bestehenden Straßen, später

an die im Gelände sich darbietenden Deckungen gebunden, welche einigen Schutz gegen den feindlichen Geschoßhagel gewähren können. Scharfer Blick und praktische Erfahrung müssen die glückliche Wahl treffen. Bei größeren Verhältnissen ist richtiges Verständniß der Karten von Wichtigkeit. Sodann ist wieder an die Beweglichkeit des Ziels zu denken. Selbst wo der Gegner in seiner Aufstellung wartet, hat diese doch ihre Tiefe, und der Irrthum, die Gefechtslinie der Vortruppen für die entscheidende zu halten, ist leicht möglich. Man hüte sich, die Angriffskolonnen beim Vorgehen zu früh aneinander zu schieben.

Wir wissen, daß jede Theilung und Zersplitterung auch eine Schwächung ist.*) Excentrische Richtungen im taktischen Angriffe können daher nur eine Ausnahme bilden. Sie werden sich dort ergeben, wo während des Angriffs eine Einwirkung des Feindes auf unsere Flanken fühlbar wird und wir derselben nothgedrungen entgegentreten müssen. Um dabei nicht in eine verderbliche, allzu beengte, centrale Lage zu gerathen, geschieht dies meist besser durch Entgegengehen, als durch die Einnahme einer Abwehrstellung. Selbst eine Minderzahl kann dies wagen; denn ihre Aufgabe ist nicht, die Kräfte, welche der Feind von seitwärts heranführt, über den Haufen zu werfen und zu schlagen, sondern nur, sie so weit abzuhalten, daß ihr Feuer nicht unser Angriffsfeld erreicht. Es gilt Zeit zu gewinnen, bis am entscheidenden Punkte unser Uebergewicht hergestellt ist. Dieses giebt dann den Ausschlag auch für das Schicksal der Kämpfe auf den Nebengefechtsfeldern. Für jeden Angriff ist es die wesentlichste Bedingung des Erfolges, sich vor der Krisis freien Raum zur vollen Kraftentfaltung zu verschaffen, — die Armfreiheit, welche der Streiter zum tüchtigen Zuschlagen gebraucht.

Freiwillig können excentrische Angriffsrichtungen zur Anwendung kommen, wo wir auf entfernten Punkten des Schlachtfeldes Theile des feindlichen Heeres festhalten wollen. Hier entsteht die Gemeinsamkeit der Wirkung mittelbar, indem wir den Feind an der wichtigen Stelle durch Ausbleiben erwarteter Hülfe schwächen. Aber es gilt dabei natürlich die Bedingung, daß es uns gelinge, mit einem excentrisch vorgeschobenen Kleineren ein Größeres des Gegners von der Theilnahme an der Haupthandlung auszuschließen, sonst käme die Entsendung einer Verschwendung gleich.

---

4. Die Wahl der Einbruchsstelle.

Mit völliger Bestimmtheit wird sich die Stelle, an welcher der Widerstand des Gegners am ehesten gebrochen, also die Grundlage für den Sieg gelegt werden kann, erst im Verlaufe des Kampfes erkennen lassen, wenn dieser erlaubt, die Maßnahmen des Vertheidigers deutlicher als im Beginn zu übersehen. Aber aus der allgemeinen Lage, der Erkundung, den eingehenden Nachrichten und dem Studium der Karte

---

*) S. S. 16.

vermag man sie doch schon in ihren Umrissen festzustellen. Es sollte grundsätzlich derjenige Theil der feindlichen Stellung sein, auf welchem, den großen strategischen Beziehungen nach, eine Niederlage am empfind= lichsten wirken muß. Nur wenn der Ausgang zweifelhaft erscheint, wird es räthlich sein, vor Allem nach der schwächsten Stelle zu suchen, ledig= lich um des taktischen Sieges sicher zu sein. Man verzichtet dann aber von Hause aus auf den höchsten erreichbaren Erfolg, der uns nur noch durch das Eintreten besonders glücklicher Zufälligkeiten als ein unverdientes Geschenk zufallen kann.

Aeußerlich ist die Wahl einfach. Es handelt sich um die Front, um eine oder beide Flanken; der Rücken wird nur ganz ausnahmsweise in Frage kommen. Das Abwägen der Vortheile, welche das Eine oder Andere bietet, ist aber doch meist recht schwer und das Gefühl großer Verantwortung macht es doppelt peinlich.

Der taktische Frontalangriff und der Durchbruch.

Irgend eines natürlichen materiellen Vortheils gegenüber der Ver= theidigung kann sich der frontale Angriff nicht rühmen. Im Gegentheile erscheinen, bis auf den moralischen Schwung, welche jede Vorwärts= bewegung der Truppe giebt, die Nachtheile sämmtlich auf seiner Seite, da die Concentricität, die Kraft verleihende Form für den taktischen Angriff, fehlt.

„Feuerüberlegenheit im Einzelnen, wie im Großen erzielen, ist das erste taktische Prinzip der Gegenwart und Zukunft".*) Hat der Ver= theidiger seine Front hinreichend besetzt, und kann ihm der Angreifer nur eine gleiche entgegenstellen, so ist nicht abzusehen, wie diese Ueber= legenheit erzielt werden soll, wenn Truppen und Bewaffnung gleich sind. Es bliebe da nur ein einziges Mittel übrig, nämlich größerer Reichthum an Streitern, derart, daß der Angreifer seine in der Feuerlinie ent= stehenden Verluste immer wieder zu ersetzen vermag, der Vertheidiger am Ende nicht mehr. Da dieser jedoch des Vortheils der besseren Deckung genießt, so erleidet er die geringeren Verluste. Das Mehr an Zahl müßte also beim Angreifer ein ganz unverhältnißmäßig hohes sein, um den Ausschlag zu geben.

Es ist dabei aber noch ausdrücklich vor gleichzeitiger übermäßiger Massenanhäufung der Kräfte zu warnen, welche allein den Sieg nicht mehr erzwingen kann. Die heutigen Feuerwaffen sind so schnell arbeitende Maschinen, daß die Ziffer der sich als Ziel darbietenden Streiter ihre Wirkung nimmermehr erschöpfen kann. Das geschieht nur durch geschickte Gegenwirkung.

Die Hoffnung auf den Sieg ist beim frontalen Angriff also nur auf größere Thätigkeit und bessere Ausbildung der Truppen, auf zweck= mäßiges Zusammenwirken der verschiedenen Waffen, sowie auf höhere

---

*) Liebert. Die Verwendung der Reserven in der Schlacht. 1. Beiheft zum Militär-Wochenblatt 1895.

Willensstärke, Erfahrung und Einsicht der Führer gegründet, d. h. zum Theil auf Kräfte, deren Berücksichtigung die theoretische Betrachtung der Formen der Kriegführung eigentlich ausschließt.

Allein wir dürfen darum, auch rein theoretisch, den frontalen Angriff noch nicht einfach als etwas an sich Falsches verwerfen. Es giebt Fälle, wo er nothgedrungen durchgeführt werden muß. Das kann beispielsweise geschehen, wenn des Feindes Flügel angelehnt sind, oder wenn der Anmarsch unerwartet auf eine breitere Entwicklung des Gegners stößt und Raum und Zeit zum Ansetzen einer Umfassung in dieser Lage fehlen. Fast immer wird auch der frontale Angriff als Gehülfe des umfassenden angesetzt werden müssen: denn dieser ist nur im Vortheil, wenn es gelingt, zu gleicher Zeit die Front des Vertheidigers festzuhalten, damit aus derselben keine Verstärkungen nach dem bedrohten Flügel abrücken. Fällt ihm hier auch nicht die entscheidende Rolle zu, so wird er doch immer ernsthaft durchgeführt werden müssen, weil schwächliche oder gar Scheinangriffe den Zweck nicht erfüllen. Selbst der umfassende Angriff gestaltet sich im Einzelnen, bei großen Verhältnissen, für viele Truppen zum frontalen Kampfe gegen eine Defensivflanke.

Muß frontal gefochten werden, so bleibt nichts anderes übrig, als auf Moral und Zahl der Truppen zu rechnen und beide geschickt auszunutzen. Die glückliche Lösung dieser Aufgabe ist eine schönere und schwierigere Leistung der Kunst, als ein erfolgreicher, umfassender Angriff, und es lohnt der Mühe, sich darin zu vertiefen.

Ein Umstand kommt dem Angreifer in solcher Lage grundsätzlich zur Hülfe. Selbst ein mittelmäßiger Mensch wird dadurch, daß er vor eine schwierige Aufgabe gestellt ist, oft an innerer Kraft gewinnen und Dinge verrichten, die wir ihm nicht zugetraut hatten. Es werden dabei Eigenschaften lebendig, die eines sehr starken Erregungsmittels bedurften, um aus dem Schlummer zu erwachen. Gerade so geht es mit der Truppe. Das Bewußtsein, Schweres ausführen zu müssen, verleiht zunächst den Führern einen höheren Aufschwung, welcher sich in energische Anspannung aller Kräfte umsetzt; und von den Führern überträgt sich dieser Prozeß auf die Mannschaft. Dem Vertheidiger wird oft das Gefühl der Sicherheit gefährlich, das ihn lässig macht. Der moralische Rückschlag, welcher folgt, wenn diese Sicherheit als trügerisch erkannt wird, ist dann ein besonders vernichtender.

Frontale Angriffe können auch in der Zukunft immer noch zu schönen Erfolgen führen.

Ob sie sich bis zum förmlichen taktischen Durchbruch ausdehnen werden, ist eine andere Frage. Ein Vertheidiger, welcher, mit modernen Schnellfeuerwaffen versehen, sich einmal in einer Stellung eingenistet hat und nicht ganz muthlos ist, wird schwer zu vertreiben sein. Einmal verdrängt, hat er gelernt, sich wieder festzusetzen, wo eine Bodenwelle, ein Graben, ein Waldrand dazu die Gelegenheit bietet. Die gefährlichen Feuerzonen sind viel breiter geworden als ehedem, die Kämpfe gehen langsam vorwärts. Selbst der geschlagene Gegner verschwindet nicht aus

der Arena, sondern hängt sich an den Sieger. Weiß er doch, daß ein unaufhaltsames Zurückfluthen unter dessen Feuer viel gefährlicher ist, als die Fortsetzung der Gegenwehr. Die Schlachtlinie ist kein Stab mehr, den man brechen kann, wie zur Zeit der Lineartaktik, sondern ein starkes, aber elastisches Band, das sich um unsere Seiten legt, wenn wir es in seiner Mitte zurückdrücken.

Alle diese Umstände erschweren es, sie wirklich zu durchstoßen. Die Feuerwirkung füllt mittelbar ganz beträchtliche Lücken aus. Mehrere Kilometer Raum, die früher ein hinreichend breites Thor für ein Heer gewesen sein würden, werden heute von den Seiten her völlig beherrscht. Die Befreiungsversuche der in Metz, Paris und später in Plewna eingeschlossenen Heere führten naturgemäß zu Durchbruchsschlachten, aber in allen scheiterte am Ende der Angreifer.

Der taktische Durchbruch wird wohl nur noch in der Bewegungsschlacht vorkommen, wenn das eine der beiden Heere auf nahe nebeneinander herlaufenden Marschlinien eng vereint anrückt und es die Spitzen der auf weiteren Raum vertheilten Heersäulen des Gegners vor der Entwickelung antrifft oder, wenn es auf die inneren Flügel zweier feindlichen Heere mit gesondertem Oberbefehl stößt. Selbst eine solche Ueberraschung ist nicht mehr von gleicher Wirkung wie ehedem. Von der Entscheidung eines Kampfes in wenigen Minuten wie bei Roßbach, ist keine Rede mehr. Es kann sich nur um langsames Zurückdrängen handeln, und darüber gewinnen die Nachbarkolonnen Zeit, um heranzukommen und den Bedrängten Hülfe zu bringen. Ihnen steht dann der Vortheil der leichteren Entwickelung und die verderbliche concentrische Waffenwirkung zur Seite.

Die innere Widerstandskraft bedeutenderer Truppen-Einheiten erlaubt es heute einer Division, am Morgen den Kampf gegen ein doppelt so starkes feindliches Armee-Korps ohne Bedenken aufzunehmen, wenn sie nur sicher ist, um Mittag durch eine andere Division unterstützt zu werden. Sollte sie selbst allmählich unterliegen, so dauert dies doch so lange, daß inzwischen die Hülfe da sein muß.*) Kann man in der Begegnungsschlacht den einen Heertheil des Feindes hinter ein Hinderniß, wie einen Strom, zurückwerfen und ihn dort festhalten, während man sich gegen den anderen wendet, um ihn zu schlagen, so mag der taktische Durchbruch wohl noch gelingen. Im Allgemeinen aber werden Durchbruchsschlachten in den Kriegen der Zukunft zu den größten Seltenheiten gehören.

---

*) Die Kaisermanöver in Ostpreußen vom Jahre 1894 gaben auf eine der Wirklichkeit sehr entsprechende Art ein Beispiel davon. An zwei hintereinander folgenden Tagen standen die beiden Divisionen des 1. Armee-Korps um einen Tagemarsch von einander entfernt, und dennoch gelang es, mit einer derselben den Kampf gegen das geschlossene anrückende 17. Armee-Korps am Morgen hinzuhalten, bis die andere herankam und den ersten Tag eine Niederlage abwehrte, am zweiten sogar einen Vortheil errang.

Man könnte die Schlacht von Orléans am 3. und 4. Dezember 1870 als eine Durchbruchsschlacht bezeichnen. Aber die große Ausdehnung der vom Angriff in drei Theile zerschnittenen französischen Armee, die Art des Kampfes, welcher sich in Theilgefechte auflöste, geben ihr mehr den Charakter einer strategischen, als einer taktischen Operation.

Die taktische Umfassung.

Da die Stärke des Angriffs in seiner Concentricität liegt, so ist die Umfassung für ihn die von Natur vortheilhafteste Form. Die meisten Schlachten der letzten Kriege sind durch dieselbe entschieden worden, und auf allen europäischen Uebungsplätzen haben wir sie während der Jahr= zehnte nach 1870 immer wieder von den Truppen nachahmen sehen. Dem schon versammelten Feinde gegenüber wird man bei der Schwierig= keit des Frontalangriffs auch gern zur Umfassung greifen, wo es die Umstände irgend erlauben. Die große Tragweite unserer Feuerwaffen, welche einen im Innern der Umfassung liegenden Raum ganz beherrscht, auch wenn er mehrere tausend Meter breit ist, läßt dieselben an Furcht= barkeit gewinnen.

Die Schwierigkeit der Ausführung beruht auch hier im Ansetzen. Von hundert umfassend gedachten Angriffen gerathen erfahrungsmäßig achtzig am Ende vor die feindliche Front. Das zeigt sich schon bei größeren Friedens=Uebungen und wird im Kriege noch deutlicher hervor= treten. Die Ursache liegt darin, daß die Schußweiten heuzutage das Ansetzen aus verhältnißmäßig bedeutender Entfernung erfordern. Die erste Entwickelungslinie wird also, wenn man sie sich als ein Stück Kreisbogen denkt und den Feind als Centrum, meist viel zu aus= gedehnt erscheinen. Ein versammelter oder aus einer Richtung an= rückender Angreifer muß sich noch dazu wieder trennen, um am Ziele umfassend wirken zu können. Diese Trennung in Gegenwart des Feindes aber macht auf das Auge einen beunruhigenden Eindruck. Der Entschluß wird um so schwerer gefaßt werden, als in den meisten Fällen auch noch die volle Klarheit über die Ausdehnung der feindlichen Stellung fehlt. So entstehen die zu knapp angesetzten taktischen Umfassungen. Es ist noth= wendig, sich klar zu machen, daß der Vertheidiger sich nicht ohne Weiteres zum Vorstoße in einen offenen Bogen hineinbegeben darf. Die Schwierigkeit der Gegenstöße aus besetzter Stellung heraus ist schon früher beleuchtet worden.*) Die Gefahr, während der taktischen Umfassung von einem unternehmenden Vertheidiger angefallen und gesprengt zu werden, ist also mehr eine eingebildete, als eine wirkliche. Die taktische Umfassung ge= nießt hierin vor der strategischen eines entschiedenen Vorzugs. Sie kann mit großer Freiheit handeln. Je weiter und kühner sie die Ausgangs= punkte seitwärts absetzt, desto mehr kann sie auf volles Gelingen rechnen. Gute Truppen und sichere Führung sind freilich Bedingung.

*) S. S. 42.

Nun ist zu beachten, daß die taktische Umfassung der Regel nach aus der strategischen entspringt. Der Fall, daß ein Truppentheil aus der schon versammelten Masse eigens herausgezogen wird, um später umfassen zu können, kommt, zumal bei Friedens-Uebungen, in kleineren Verhältnissen öfters vor, selten aber in der Wirklichkeit der großen entscheidenden Schlacht. Er widerspricht auch dem natürlichen Gesetze, daß man die einfachsten und nächsten Wege wählen soll, um seine Streit- kräfte an den Feind heranzuführen, und es gilt hier taktisch, was Clausewitz in Bezug auf die größeren strategischen Verhältnisse von den Umfassungen sagt.*)

So entwickelt sich die taktische Umfassung und das Ansetzen der einzelnen dabei mitwirkenden Heerestheile am natürlichsten von den großen Anmarschlinien her, wie es in mustergültiger Art bei Königgrätz am 3. Juli 1866 auf preußischer Seite geschah. Damit wird auch meist dem engen Zusammendrängen der Angreifer auf dem umfaßten Flügel vorgebeugt.**)

Wichtig ist auch, daß die umfassenden Kolonnen mit richtigen Fronten gegen das Ziel angesetzt werden. Das ist verhältnißmäßig leicht, wenn der Feind in seiner Stellung stillsteht, schwer, wenn er sich bewegt, zumal, wenn er aus dem Kreise der drohenden Umklammerung zurückweicht, und oft wird in dieser Hinsicht gefehlt. Schon bei Friedens- Uebungen sieht man häufig, die Truppen, welche nebeneinander fechten sollten, sich vor- oder hintereinander schieben. Im Kriege wird das noch leichter eintreten. Nur die geschickte Wahl der Richtungs- punkte für die einzelnen selbstständig vorgegangenen Heereskörper, welche dem Entwickelungsbedürfniß am Ziel von Anbeginn Rechnung trägt, kann das verhüten. Alle Stufen der Führung werden hierin sorgsam und wohldurchdacht zu befehlen haben. Am besten ist es, den inneren sich berührenden Flügeln der großen Einheiten den gleichen oder zwei dicht neben einander gelegene Richtungspunkte anzugeben und sie sich nach außen entwickeln zu lassen. Giebt man beiden Flügeln jeder Einheit einen besonderen Richtungspunkt an, so läuft man stets Gefahr, sie aus- einander zu reißen oder zu eng zusammenzuschieben.

Bedenklicher noch, als im Handeln der verschiedenen umfassenden Truppenkörper, ist der Mangel an Uebereinstimmung zwischen Umfassung und Frontalangriff. Daß dieser letzte spätestens gleichzeitig mit jener ausgeführt werden muß, ist selbstredend; denn sonst ließe man dem Ver- theidiger volle Freiheit, auf dem bedrohten Flügel eine starke zurück- gebogene Flanke zu bilden, oder mit seinen Reserven die Umfassungs- truppen aufzurollen. Nun kann aber der frontale Angriff ebenso leicht zu früh an den Feind gerathen und zerschellen, als auch die Umfassung

---

*) S. S. 88.

**) Bourbaki that an der Lisaine das Entgegengesetzte, indem er die Division Cremer aus der natürlichen durch den strategischen Anmarsch gegebenen Richtung über Lure und Frahier abrief, machte dadurch die Umfassung unwirksam und verlor seine Schlacht.

zu spät eintreten, und der eine Theil nach dem andern in vereinzelter Anstrengung erliegen. Die große Ausdehnung der Schlachtfelder macht die Uebereinstimmung besonders schwierig, wie die Vorgänge am 15. August 1570 bei St. Privat beweisen.

Der frontale Angriff soll sich in dem Augenblicke ernsthaft entwickeln, wo die Umfassung auf dem Punkte steht, dem Gegner fühlbar zu werden, und der umfassende Angriff wieder schnell genug in die entscheidende Phase treten, um ein Zurückfluthen der in der Front vorgegangenen Truppen zu verhüten. Den Nachtheil, daß diese Truppen geraume Zeit in großer Nähe des Gegners und bei erheblichen Verlusten ausharren müssen, ganz zu beseitigen, ist unmöglich.

Das frühzeitige Einsetzen des Frontalangriffs hat immer den Vortheil, dem Feinde die Zeit zu einem verhängnißvollen Fehler zu gewähren, nämlich zum vorzeitigen Verbrauch derjenigen Reserven, welche später zur Abwehr der Umfassung hätten dienen sollen. Es vergrößert aber die Gefahr für das Gelingen des Ganzen und absichtlich wird wohl Niemand darauf ausgehen.

Die umfassenden Heertheile haben mit der Gefährdung ihrer äußeren Flanke zu rechnen, auf welche der Vertheidiger seine Gegenmaßregeln richten wird. Sie müssen deshalb von starken Reserven gefolgt sein.

Eine doppelte Umfassung auf beiden Flügeln erleichtert den Angriff sehr. Die Gefahr des Durchbruchs der Mitte ist nahezu ausgeschlossen; denn, ist die Front nicht gar zu gedehnt, so erhält sie schon durch das Feuer der umfassenden Flügel Schutz. Aber daran ist nur bei sehr großer Ueberlegenheit des Angriffs zu denken, wie die Deutschen sie in der Schlacht von Wörth besaßen, dem für doppelte Umfassung beachtenswerthesten Beispiele aus der neueren Kriegsgeschichte.*)

Die taktische Umgehung.

Bei Friedens-Uebungen wird meist gegen taktische Umgehungen lebhaft geeifert. Im Kriege werden sie trotzdem unvermeidlich sein — dies zumal heutzutage, wo die Feuerwirkung das Mittel gewährt, Engwege frontal mit nahezu vollständiger Sicherheit abzusperren. Gebirgspässe würden oft gar nicht anders als durch Umgehung zu nehmen sein, wie zahlreiche Beispiele in der Kriegsgeschichte von der Niederlage des Leonidas in den Thermopylen bis auf das Gefecht von Blumenau vor Preßburg und Gurko's Vorgehen durch den Hain-Boghas darthun.

Bei der Umgehung wird die Lücke zwischen den sich trennenden Gruppen so groß, daß sie sich nicht mehr durch Feuer mittelbar schließen läßt und die Gefahr des Zersprengtwerdens näher als bei der taktischen Umfassung liegt. Weite Umgehungen fordern den Feind zum Gegenstoße

---

*) Bei der Umzingelungsschlacht, wie Sedan, liegt der Schwerpunkt entschieden auf dem Gebiete der strategischen Maßnahmen. Wir führen sie deshalb hier nicht an, obschon sie äußerlich genommen, als der vollendetste Ausdruck der doppelten Umfassung erscheint.

heraus. Es kommt also darauf an, daß besondere Umstände diesen unwahrscheinlich machen. Das kann durch die Unbeholfenheit seiner Truppen geschehen oder auch durch die Art des Geländes herbeigeführt werden. Finden wir einen Strom vom Gegner besetzt und suchen uns den Uebergang durch eine Umgehungs=Abtheilung zu öffnen, so würde jener erst selbst über das Hinderniß vorgehen müssen, ehe er diese abdrängen und den Verband unserer Streitkräfte zerreißen könnte. Im Gebirge besteht häufig zwischen den verschiedenen Pässen keine brauchbare Querverbindung. Der Vertheidiger kann also gegen die Umgehungs= kolonne, die einen Engweg offen gefunden hat, gar nicht anders als von rückwärts her wirken, und ein Abdrängen ist nicht zu befürchten. Um= gehungen können also sehr erfolgreich sein und oft das einzige Mittel bieten, ein vom Feinde vertheidigtes Hinderniß zu überwinden. Der Gebirgskrieg ist das vornehmliche Gebiet für ihre Anwendung. Nur soll man die Umgehung ebenso wenig als die Umfassung für etwas an sich Nützliches oder Verdienstliches ansehen. Innere Nothwendigkeit muß sie jedesmal rechtfertigen.

Am meisten Ueberlegung fordert die Bemessung der Stärke für die, mit der Umgehung beauftragten Truppentheile. Sind sie zu schwach, so mögen sie vielleicht durch ihr überraschendes Erscheinen wirken, werden aber schwerlich ihrem Erfolge die Dauer verleihen können, deren der Haupttheil bedarf, um ihn auszunutzen. Sind sie zu stark, so wird dieser Letztere bedenklich geschwächt sein und die Ueberraschung schwieriger werden, weil der Feind starke Kräfte leichter entdeckt als schwache. Von wesentlichem Einflusse ist die Entfernung, in welcher man die Umgehung ausführt. Jede Umgehungs=Abtheilung übernimmt gewisser= maßen eine Avantgardenrolle. Sie muß stark genug sein, um sich nach Erreichung der Stelle, von welcher aus später die Hauptkräfte zum weiteren Angriffe angesetzt werden sollen, so lange, auch gegen große Uebermacht behaupten zu können, bis jene herangekommen und entwickelt sind.

Das glücklichste Verhältniß ist es, wenn die Hauptkräfte, ohne ihre Verbindungen preiszugeben, selbst die Rolle der Umgehungskolonne über= nehmen können, so daß an die Ueberraschung, welche die Umgehung dem Gegner bereitet, sich sogleich die entscheidende Handlung knüpfen kann.

Taktische Rücken= und Flankenangriffe.

Taktische Rückenangriffe können sich aus gelungenen Umgehungen entwickeln und werden dann um so entscheidender sein, als sie den Feind überraschen und ihm zugleich Rückzug und Verbindungen nehmen. Aber der hochentwickelte Aufklärungsdienst wird sie zur großen Seltenheit machen.*) Bezüglich einzelner Heertheile können sie in sehr verwickelten Schlachten und Gefechten aus Verwirrung und Irrthum entstehen. So

---

*) Bei Blumenau am 22. Juli 1866 wäre es dazu gekommen, wenn der Waffenstillstand den Kampf nicht vor der Entscheidung unterbrochen hätte.

gegen die Maus abgedrängte französische Richtungen, die sich zu den Ihrigen durchschlagen wollen, der innerste rechte Flügel der Deutschen nächster Stelle zu Hülfe zu ... Es handelt sich daher hier mehr um Uebersicht als regelrechte Gefechte. Für das ganze Ganze wird zergliedern nicht möglich sein. Auch der Zurückkommen, der überrascht und ohne die Entfernung durch eine Entwicklung sich erwehren, ist nur unter ungewöhnlichen Verhältnissen und bei großer Bescholkenheit des Gegners möglich. Wenn bei aufgeweichter Boden oder ..her Schnee die Thätigkeit der Kavallerie hemmen, kann hier es wohl dazu kommen, wie bei Larivé (Eveure) am 10 Januar 1871, wo eine französische Brigade an der 5. deutschen Truppen ... wiedermarschirte, dann aber von dieser entdeckt, angefallen und geschlagen wurde. Im Allgemeinen ist aber natürlich noch mehr als immerhin nur mit dem ... Zusammentreffe zu rechnen, der naturgemäß im Gefolge der Umfassung liegt.

Schlußbemerkung.

Unwillkürlich sind wir bei Besprechung der Angriffsrichtungen und Einbruchsstellen dazu gekommen, uns den Feind wieder im Wesentlichen stillstehend und nur ausnahmsweise in der Bewegung zu denken. Die Erörterung des Angriffs gegen die verschiedenen Theile einer Stellung machen dies auch zunächst nothwendig. Um so mehr muß nochmals daran erinnert werden, daß in Wahrheit das Verhältniß meist ein umgekehrtes sein und wir den Feind häufiger in Bewegung als im Stillstande antreffen werden: denn auch der Vertheidiger hat heute gelernt, jene als ein Mittel der Stärke auszunutzen. Treffen wir aber auf einen nicht feststehenden Gegner, so fällt die Möglichkeit der Wahl, ob wir Mitte oder Flügel angreifen, durchbrechen oder umgehen wollen, meist ganz von selbst fort. Wir werden oft garnicht einmal feststellen können, wo die Ziele für diese Angriffsrichtungen zu suchen sind. Daraus erhellt, wie fehlerhaft es auch auf dem Gebiete der Taktik sein würde, eine Angriffsart durchweg bevorzugen und ihr besondere siegverleihende Kraft beimessen zu wollen. Die Umstände werden jedesmal ergeben, welches Verfahren im Augenblick das beste ist: und auf dem Schlachtfelde ebenso wie in den weiteren Kreisen der strategischen Operationen wird es fast immer das Klügste sein, unbefangen abzuwägen, wo und wie sich vor Allem ein wesentlicher Vortheil im Kampfe erlangen läßt, an den man dann das Weitere anknüpfen kann. Selten thut man gut, von einer so einfachen Auffassung der Dinge abzuweichen.

XI.

Die Durchführung der strategischen Defensive.

1. Allgemeines.

Die strategischen Defensiv = Operationen verfolgen meist den Zweck, der Entscheidung zunächst auszuweichen, um sie erst unter günstigeren Umständen zu suchen. Diese werden von der Erschöpfung des Feindes, von dem Erreichen einer besonders vortheilhaften Stellung oder von dem Eintreffen anfangs nicht verfügbarer Streitkräfte erwartet. Der für das Studium solcher Operationen lehrreichste Feldzug ist der schon mehrfach erwähnte Napoleon's von 1813 nach dem Waffenstillstande.

Außerdem kann es sich um einfaches Abwarten handeln, bis der Feind an einer der Vertheidigung besonders zusagenden Linie ankommt; doch ist hierbei von „Operationen" wenig die Rede.

Zeitgewinn als Zweck kommt dem Ausweichen gleich — mit der besonderen Einschränkung jedoch, daß darüber nicht viel Land aufgegeben werde.

Bedingung für das Gelingen ist, daß der Zuwachs an Kraft, den man während der strategischen Vertheidigung zu erwarten hat, die materielle und moralische Einbuße übertrifft, welche mit dem Zurückgehen, dem Abwarten oder in die Länge ziehen stets verbunden sein wird. Ist man am Ende einer Defensiv=Operation im Verhältniß zum Gegner nicht stärker, als zum Beginn, so hat man nichts gewonnen, und es wäre besser gewesen, die taktische Entscheidung gleich anfangs zu wagen; denn ein Verlust an Zuversicht wird bei der Truppe inzwischen immer eingetreten sein. Das Ausweichen und Zögern lediglich aus Sorge vor einer ungünstigen Entscheidung kann man keine Operation nennen, denn es fehlt der bewußte Zweck, der einer solchen innewohnen muß. Es kann auch nur nützlich werden, wenn sehr viel Raum und Zeit zur Verfügung steht, so daß man im Laufe der Ereignisse noch Vortheile und Mittel der Vertheidigung zu entdecken vermag, an die man zuvor nicht gedacht hat. So geschah es bei den russischen Heeren im Jahre 1812, welche anfangs allein deshalb ins Innere des Landes zurückwichen, weil sie getrennt waren und sich nicht stark genug zum Widerstande fühlten, deren Führer dann aber aus diesem Verfahren ein System machten, als sie die zerstörende Gewalt erkannten, welche die Fortdauer der Operationen auf den Angreifer ausübte.

Zeit, Raum oder Hindernisse, welche das Land dem Vordringenden entgegenstellt, sowie die künstlichen Vertheidigungs=Anlagen, wie Festungen, sind die hauptsächlichen Hülfsmittel jeder Defensiv=Operation.

Die wirksamste Handhabe, die Dinge dabei nach unserem Wunsche zu leiten, ist und bleibt die Anziehungskraft, welche ein zurückgehendes

Ausgangspunkt geführt hat. Haben sie zuvor schon auf eigene Faust hier und dort mit dem Feinde angebunden, so wird es sehr schwer sein, ihnen noch die gewollte Richtung zu geben.

Das wüthende Feuer der heutigen Schlacht löst die gewohnten Verbände schnell auf, und legt die thatsächliche Führung in zahlreiche Hände niedrigstehender Unterführer. Die wohlkommandirten Massenstöße der napoleonischen Zeit sind zur Unmöglichkeit geworden. Von einheitlicher Leitung bleibt nur übrig, was von den Gedanken des Feldherrn durch seine einleitenden Maßnahmen in das allgemeine Verständniß übergegangen ist. Diese gewinnen dadurch die größte Bedeutung. Das zweckmäßige Ansetzen der entscheidenden Angriffe, d. h. die glückliche Wahl der Ausgangspunkte für das Eintreten in den Kampf sowie die richtige Ordnung und Vertheilung der Truppen daselbst, gebiert den Erfolg.

Dieser ist natürlich wesentlich erleichtert, wenn die Absicht, die Waffenentscheidung zu suchen, schon fest stand, und die Schlacht eine vorbedachte ist. Man hat dann die freie Verfügung über seine Streitkräfte und kann bestimmen, welche Theile davon sich der Einbruchsstelle gegenüber zum großen Schlage zu sammeln haben.

Schwieriger ist das Ansetzen in der Begegnungsschlacht, wo der Entschluß erst im Laufe der allmählichen Verwickelung mit dem Feinde entsteht. Abtheilungen des Heeres, welche den entscheidenden Schlag am besten führen könnten, sind da vielleicht schon tief in's Gefecht gerathen. Man muß sie belassen, wo sie sind und den ausschlaggebenden Schlachthaufen durch andere Truppen bilden, die man zu diesem Zwecke mühsam vereinigt. Die große Kunst ist dann, der planlosen Verausgabung von Streitkräften zu steuern, den Feind mit den schon gebundenen weiter im Schach zu halten, und alle übrigen von der gefährlichen Versuchung, sich auf eigene Hand zu betheiligen, fern zu halten, um Masse zu bilden. Darin bestand Napoleon I. Meisterschaft, wie die Leitung seiner Schlachten beweist.

Viel mehr als das Ansetzen des Angriffs, die Bezeichnung des Ziels und der Wege dahin kann auch der, in einem Befehl ausgedrückte Angriffs-Entwurf nicht enthalten. Die Einzelheiten des Verlaufs hängen zu sehr von den Maßnahmen des Gegners ab, die man erst bei der Durchführung erkennt, als daß sich im Voraus dafür bestimmte Anordnungen treffen ließen. Diese müssen nach den Umständen, und innerhalb derselben nach den allgemeinen Grundsätzen der TruppenVerwendung geregelt werden.

Von größter Wichtigkeit ist dabei das richtige Verhältniß zwischen Breite und Tiefe in der Entwickelung der Truppenmassen. Ueber diese Frage wird viel gestritten und doch nichts entschieden, weil sie sich eben nicht einheitlich entscheiden läßt.

Zur Wirksamkeit gelangen nur die in der vordersten Linie kämpfenden Mannschaften. Ihnen nachfolgende Reserven, welche nicht im Feuer sind, thun dem Feinde keinen Schaden. Die Zeit, da sie durch die Wucht des Stoßes ihrer geschlossenen Masse dessen Schlachtlinie durch brechen konnten, sind unwiderbringlich vorüber. Sie selbst aber leiden durch das Feuer des Gegners oft mehr, als die vorn fechtenden Schützen=ketten. Man entwickelt also die höchste Kraft und vermeidet zugleich am besten unnütze Opfer, wenn man alle Gewehre in die vorderste Linie bringt.

Allein man hat dann bei unerwarteten Wendungen im Gefecht nichts mehr in der Hand, kann neu auftauchenden Gefahren nicht begegnen und Ueberraschungen nicht unschädlich machen. Der ideale Fall, daß man von Hause aus des Feindes kämpfende Front genau übersieht und abzu=schätzen im Stande ist, zugleich auch sicher ist, daß er über keinerlei Reserven mehr verfügt, so daß man alle eigenen Streitmittel in vorderster Linie zu verwenden vermag, wird kaum jemals eintreten. Man bleibt stets in Ungewißheit. und muß zunächst noch für unvorhergesehene Fälle Kräfte zurückhalten. Je näher man der völligen Klarheit über des Feindes Stärke und Lage kommt, desto schwächer werden dieselben sein dürfen, je weiter man davon entfernt ist, desto stärker soll man sie bemessen. Eine andere Regel giebt es hierbei nicht.

Mit der sich steigernden Unsicherheit der Lage wächst also auch die Tiefe, in der man seine Truppen ordnen und an den Feind bringen muß. Mit der wachsenden Gewißheit dürfen sie sich in die Breite dehnen. Erkennt man endlich, daß der Feind seinerseits Alles im Kampfe hat und uns keine unwillkommene Ueberraschung durch frisch auftretende Truppen mehr bereiten kann, so ist der Augenblick gekommen, Alles einzusetzen, um mit der höchsten Wirkung auch den größtmöglichen Erfolg zu erreichen.

3. Das Vorgehen zur taktischen Entscheidung.

Dem Ansetzen des Angriffs muß natürlich die Bestimmung der Angriffsrichtungen vorangegangen sein. Der Natur der Sache nach werden sie nur dort einfach parallel neben einander herlaufen, wo man einstweilen noch nichts entscheiden will. Ein einfaches frontales Ueber=rennen durch die Wucht der anrückenden Masse ist heutzutage durch die Wirkung unserer Waffen in den allermeisten Fällen ausgeschlossen.

Die unter dem Feuer des Feindes durch Tod, Verwundung und Zurückbleiben von Leuten entstehenden Lücken müssen unausgesetzt gefüllt werden. Wenn man daher vor der feindlichen Front verhältnißmäßig ebenso stark eintreffen will, als man es auf der Ausgangslinie war, so muß man am Anfange wohl eine doppelt so lange aber gleich starke Front einnehmen als am Ende; denn die Zahl der Kämpfer wird sich trotz alles Nachschubs von rückwärts her im gleichen Verhältnisse herab=mindern. Hieraus ergeben sich, der Natur der Sache nach, für den Angriff, selbst wenn dieser frontal erfolgt, die concentrischen Richtungen gegen die Einbruchsstelle.

Näheres darüber, wie sie festgelegt werden müssen, ist schwer zu sagen. Anfangs sind die Truppen an die bestehenden Straßen, später

an die im Gelände sich darbietenden Deckungen gebunden, welche einigen
Schutz gegen den feindlichen Geschoßhagel gewähren können. Scharfer
Blick und praktische Erfahrung müssen die glückliche Wahl treffen. Bei
größeren Verhältnissen ist richtiges Verständniß der Karten von Wichtig=
keit. Sodann ist wieder an die Beweglichkeit des Ziels zu denken.
Selbst wo der Gegner in seiner Aufstellung wartet, hat diese doch ihre
Tiefe, und der Irrthum, die Gefechtslinie der Vortruppen für die ent=
scheidende zu halten, ist leicht möglich. Man hüte sich, die Angriffs=
kolonnen beim Vorgehen zu früh aneinander zu schieben.

Wir wissen, daß jede Theilung und Zersplitterung auch eine
Schwächung ist.*) Excentrische Richtungen im taktischen Angriffe können
daher nur eine Ausnahme bilden. Sie werden sich dort ergeben, wo
während des Angriffs eine Einwirkung des Feindes auf unsere
Flanken fühlbar wird und wir derselben nothgedrungen entgegentreten
müssen. Um dabei nicht in eine verderbliche, allzu beengte, centrale
Lage zu gerathen, geschieht dies meist besser durch Entgegengehen, als
durch die Einnahme einer Abwehrstellung. Selbst eine Minderzahl kann
dies wagen; denn ihre Aufgabe ist nicht, die Kräfte, welche der Feind
von seitwärts heranführt, über den Haufen zu werfen und zu schlagen,
sondern nur, sie so weit abzuhalten, daß ihr Feuer nicht unser Angriffs=
feld erreicht. Es gilt Zeit zu gewinnen, bis am entscheidenden Punkte unser
Uebergewicht hergestellt ist. Dieses giebt dann den Ausschlag auch für
das Schicksal der Kämpfe auf den Nebengefechtsfeldern. Für jeden
Angriff ist es die wesentlichste Bedingung des Erfolges, sich vor der
Krisis freien Raum zur vollen Kraftentfaltung zu verschaffen, — die
Armfreiheit, welche der Streiter zum tüchtigen Zuschlagen gebraucht.

Freiwillig können excentrische Angriffsrichtungen zur Anwendung
kommen, wo wir auf entfernten Punkten des Schlachtfeldes Theile des
feindlichen Heeres festhalten wollen. Hier entsteht die Gemeinsamkeit der
Wirkung mittelbar, indem wir den Feind an der wichtigen Stelle durch
Ausbleiben erwarteter Hülfe schwächen. Aber es gilt dabei natürlich die
Bedingung, daß es uns gelinge, mit einem excentrisch vorgeschobenen
Kleineren ein Größeres des Gegners von der Theilnahme an der Haupt=
handlung auszuschließen, sonst käme die Entsendung einer Verschwendung
gleich.

---

4. Die Wahl der Einbruchsstelle.

Mit völliger Bestimmtheit wird sich die Stelle, an welcher der
Widerstand des Gegners am ehesten gebrochen, also die Grundlage für
den Sieg gelegt werden kann, erst im Verlaufe des Kampfes erkennen
lassen, wenn dieser erlaubt, die Maßnahmen des Vertheidigers deutlicher
als im Beginn zu übersehen. Aber aus der allgemeinen Lage, der
Erkundung, den eingehenden Nachrichten und dem Studium der Karte

---

*) S. S. 16.

vermag man sie doch schon in ihren Umrissen festzustellen. Es sollte grundsätzlich derjenige Theil der feindlichen Stellung sein, auf welchem, den großen strategischen Beziehungen nach, eine Niederlage am empfindlichsten wirken muß. Nur wenn der Ausgang zweifelhaft erscheint, wird es räthlich sein, vor Allem nach der schwächsten Stelle zu suchen, lediglich um des taktischen Sieges sicher zu sein. Man verzichtet dann aber von Hause aus auf den höchsten erreichbaren Erfolg, der uns nur noch durch das Eintreten besonders glücklicher Zufälligkeiten als ein unverdientes Geschenk zufallen kann.

Aeußerlich ist die Wahl einfach. Es handelt sich um die Front, um eine oder beide Flanken; der Rücken wird nur ganz ausnahmsweise in Frage kommen. Das Abwägen der Vortheile, welche das Eine oder Andere bietet, ist aber doch meist recht schwer und das Gefühl großer Verantwortung macht es doppelt peinlich.

Der taktische Frontalangriff und der Durchbruch.

Irgend eines natürlichen materiellen Vortheils gegenüber der Vertheidigung kann sich der frontale Angriff nicht rühmen. Im Gegentheile erscheinen, bis auf den moralischen Schwung, welche jede Vorwärtsbewegung der Truppe giebt, die Nachtheile sämmtlich auf seiner Seite, da die Concentricität, die Kraft verleihende Form für den taktischen Angriff, fehlt.

„Feuerüberlegenheit im Einzelnen, wie im Großen erzielen, ist das erste taktische Prinzip der Gegenwart und Zukunft".*) Hat der Vertheidiger seine Front hinreichend besetzt, und kann ihm der Angreifer nur eine gleiche entgegenstellen, so ist nicht abzusehen, wie diese Ueberlegenheit erzielt werden soll, wenn Truppen und Bewaffnung gleich sind. Es bliebe da nur ein einziges Mittel übrig, nämlich größerer Reichthum an Streitern, derart, daß der Angreifer seine in der Feuerlinie entstehenden Verluste immer wieder zu ersetzen vermag, der Vertheidiger am Ende nicht mehr. Da dieser jedoch des Vortheils der besseren Deckung genießt, so erleidet er die geringeren Verluste. Das Mehr an Zahl müßte also beim Angreifer ein ganz unverhältnißmäßig hohes sein, um den Ausschlag zu geben.

Es ist dabei aber noch ausdrücklich vor gleichzeitiger übermäßiger Massenanhäufung der Kräfte zu warnen, welche allein den Sieg nicht mehr erzwingen kann. Die heutigen Feuerwaffen sind so schnell arbeitende Maschinen, daß die Ziffer der sich als Ziel darbietenden Streiter ihre Wirkung nimmermehr erschöpfen kann. Das geschieht nur durch geschickte Gegenwirkung.

Die Hoffnung auf den Sieg ist beim frontalen Angriff also nur auf größere Thätigkeit und bessere Ausbildung der Truppen, auf zweckmäßiges Zusammenwirken der verschiedenen Waffen, sowie auf höhere

---

*) Liebert. Die Verwendung der Reserven in der Schlacht. 1. Beiheft zum Militär-Wochenblatt 1895.

Willensstärke, Erfahrung und Einsicht der Führer gegründet, d. h. zum Theil auf Kräfte, deren Berücksichtigung die theoretische Betrachtung der Formen der Kriegführung eigentlich ausschließt.

Allein wir dürfen darum, auch rein theoretisch, den frontalen Angriff noch nicht einfach als etwas an sich Falsches verwerfen. Es giebt Fälle, wo er nothgedrungen durchgeführt werden muß. Das kann beispielsweise geschehen, wenn des Feindes Flügel angelehnt sind, oder wenn der Anmarsch unerwartet auf eine breitere Entwicklung des Gegners stößt und Raum und Zeit zum Ansetzen einer Umfassung in dieser Lage fehlen. Fast immer wird auch der frontale Angriff als Gehülfe des umfassenden angesetzt werden müssen; denn dieser ist nur im Vortheil, wenn es gelingt, zu gleicher Zeit die Front des Vertheidigers festzuhalten, damit aus derselben keine Verstärkungen nach dem bedrohten Flügel abrücken. Fällt ihm hier auch nicht die entscheidende Rolle zu, so wird er doch immer ernsthaft durchgeführt werden müssen, weil schwächliche oder gar Scheinangriffe den Zweck nicht erfüllen. Selbst der umfassende Angriff gestaltet sich im Einzelnen, bei großen Verhältnissen, für viele Truppen zum frontalen Kampfe gegen eine Defensivflanke.

Muß frontal gefochten werden, so bleibt nichts anderes übrig, als auf Moral und Zahl der Truppen zu rechnen und beide geschickt auszunutzen. Die glückliche Lösung dieser Aufgabe ist eine schönere und schwierigere Leistung der Kunst, als ein erfolgreicher, umfassender Angriff, und es lohnt der Mühe, sich darin zu vertiefen.

Ein Umstand kommt dem Angreifer in solcher Lage grundsätzlich zur Hülfe. Selbst ein mittelmäßiger Mensch wird dadurch, daß er vor eine schwierige Aufgabe gestellt ist, oft an innerer Kraft gewinnen und Dinge verrichten, die wir ihm nicht zugetraut hatten. Es werden dabei Eigenschaften lebendig, die eines sehr starken Erregungsmittels bedurften, um aus dem Schlummer zu erwachen. Gerade so geht es mit der Truppe. Das Bewußtsein, Schweres ausführen zu müssen, verleiht zunächst den Führern einen höheren Aufschwung, welcher sich in energische Anspannung aller Kräfte umsetzt; und von den Führern überträgt sich dieser Prozeß auf die Mannschaft. Dem Vertheidiger wird oft das Gefühl der Sicherheit gefährlich, das ihn lässig macht. Der moralische Rückschlag, welcher folgt, wenn diese Sicherheit als trügerisch erkannt wird, ist dann ein besonders vernichtender.

Frontale Angriffe können auch in der Zukunft immer noch zu schönen Erfolgen führen.

Ob sie sich bis zum förmlichen taktischen Durchbruch ausdehnen werden, ist eine andere Frage. Ein Vertheidiger, welcher, mit modernen Schnellfeuerwaffen versehen, sich einmal in einer Stellung eingenistet hat und nicht ganz muthlos ist, wird schwer zu vertreiben sein. Einmal verdrängt, hat er gelernt, sich wieder festzusetzen, wo eine Bodenwelle, ein Graben, ein Waldrand dazu die Gelegenheit bietet. Die gefährlichen Feuerzonen sind viel breiter geworden als ehedem, die Kämpfe gehen langsam vorwärts. Selbst der geschlagene Gegner verschwindet nicht aus

der Arena, sondern hängt sich an den Sieger. Weiß er doch, daß ein unaufhaltsames Zurückfluthen unter dessen Feuer viel gefährlicher ist, als die Fortsetzung der Gegenwehr. Die Schlachtlinie ist kein Stab mehr, den man brechen kann, wie zur Zeit der Lineartaktik, sondern ein starkes, aber elastisches Band, das sich um unsere Seiten legt, wenn wir es in seiner Mitte zurückdrücken.

Alle diese Umstände erschweren es, sie wirklich zu durchstoßen. Die Feuerwirkung füllt mittelbar ganz beträchtliche Lücken aus. Mehrere Kilometer Raum, die früher ein hinreichend breites Thor für ein Heer gewesen sein würden, werden heute von den Seiten her völlig beherrscht. Die Befreiungsversuche der in Metz, Paris und später in Plewna eingeschlossenen Heere führten naturgemäß zu Durchbruchsschlachten, aber in allen scheiterten am Ende der Angreifer.

Der taktische Durchbruch wird wohl nur noch in der Bewegungsschlacht vorkommen, wenn das eine der beiden Heere auf nahe nebeneinander herlaufenden Marschlinien eng vereint anrückt und es die Spitzen der auf weiteren Raum vertheilten Heersäulen des Gegners vor der Entwickelung antrifft oder, wenn es auf die inneren Flügel zweier feindlichen Heere mit gesondertem Oberbefehl stößt. Selbst eine solche Ueberraschung ist nicht mehr von gleicher Wirkung wie ehedem. Von der Entscheidung eines Kampfes in wenigen Minuten wie bei Roßbach, ist keine Rede mehr. Es kann sich nur um langsames Zurückdrängen handeln, und darüber gewinnen die Nachbarkolonnen Zeit, um heranzukommen und den Bedrängten Hülfe zu bringen. Ihnen steht dann der Vortheil der leichteren Entwickelung und die verderbliche concentrische Waffenwirkung zur Seite.

Die innere Widerstandskraft bedeutenderer Truppen-Einheiten erlaubt es heute einer Division, am Morgen den Kampf gegen ein doppelt so starkes feindliches Armee-Korps ohne Bedenken aufzunehmen, wenn sie nur sicher ist, um Mittag durch eine andere Division unterstützt zu werden. Sollte sie selbst allmählich unterliegen, so dauert dies doch so lange, daß inzwischen die Hülfe da sein muß.*) Kann man in der Begegnungsschlacht den einen Heertheil des Feindes hinter ein Hinderniß, wie einen Strom, zurückwerfen und ihn dort festhalten, während man sich gegen den anderen wendet, um ihn zu schlagen, so mag der taktische Durchbruch wohl noch gelingen. Im Allgemeinen aber werden Durchbruchsschlachten in den Kriegen der Zukunft zu den größten Seltenheiten gehören.

---

*) Die Kaisermanöver in Ostpreußen vom Jahre 1894 gaben auf eine der Wirklichkeit sehr entsprechende Art ein Beispiel davon. An zwei hintereinander folgenden Tagen standen die beiden Divisionen des 1. Armee-Korps um einen Tagemarsch von einander entfernt, und dennoch gelang es, mit einer derselben den Kampf gegen das geschlossene anrückende 17. Armee-Korps am Morgen hinzuhalten, bis die andere herankam und den ersten Tag eine Niederlage abwehrte, am zweiten sogar einen Vortheil errang.

Man könnte die Schlacht von Orléans am 3. und 4. Dezember 1870 als eine Durchbruchsschlacht bezeichnen. Aber die große Ausdehnung der vom Angriff in drei Theile zerschnittenen französischen Armee, die Art des Kampfes, welcher sich in Theilgefechte auflöste, geben ihr mehr den Charakter einer strategischen, als einer taktischen Operation.

Die taktische Umfassung.

Da die Stärke des Angriffs in seiner Concentricität liegt, so ist die Umfassung für ihn die von Natur vortheilhafteste Form. Die meisten Schlachten der letzten Kriege sind durch dieselbe entschieden worden, und auf allen europäischen Uebungsplätzen haben wir sie während der Jahr= zehnte nach 1870 immer wieder von den Truppen nachahmen sehen. Dem schon versammelten Feinde gegenüber wird man bei der Schwierig= keit des Frontalangriffs auch gern zur Umfassung greifen, wo es die Umstände irgend erlauben. Die große Tragweite unserer Feuerwaffen, welche einen im Innern der Umfassung liegenden Raum ganz beherrscht, auch wenn er mehrere tausend Meter breit ist, läßt dieselben an Furcht= barkeit gewinnen.

Die Schwierigkeit der Ausführung beruht auch hier im Ansetzen. Von hundert umfassend gedachten Angriffen gerathen erfahrungsmäßig achtzig am Ende vor die feindliche Front. Das zeigt sich schon bei größeren Friedens-Uebungen und wird im Kriege noch deutlicher hervor= treten. Die Ursache liegt darin, daß die Schußweiten heuzutage das Ansetzen aus verhältnißmäßig bedeutender Entfernung erfordern. Die erste Entwickelungslinie wird also, wenn man sie sich als ein Stück Kreisbogen denkt und den Feind als Centrum, meist viel zu aus= gedehnt erscheinen. Ein versammelter oder aus einer Richtung an= rückender Angreifer muß sich noch dazu wieder trennen, um am Ziele umfassend wirken zu können. Diese Trennung in Gegenwart des Feindes aber macht auf das Auge einen beunruhigenden Eindruck. Der Entschluß wird um so schwerer gefaßt werden, als in den meisten Fällen auch noch die volle Klarheit über die Ausdehnung der feindlichen Stellung fehlt. So entstehen die zu knapp angesetzten taktischen Umfassungen. Es ist noth= wendig, sich klar zu machen, daß der Vertheidiger sich nicht ohne Weiteres zum Vorstoße in einen offenen Bogen hineinbegeben darf. Die Schwierigkeit der Gegenstöße aus besetzter Stellung heraus ist schon früher beleuchtet worden.*) Die Gefahr, während der taktischen Umfassung von einem unternehmenden Vertheidiger angefallen und gesprengt zu werden, ist also mehr eine eingebildete, als eine wirkliche. Die taktische Umfassung ge= nießt hierin vor der strategischen eines entschiedenen Vorzugs. Sie kann mit großer Freiheit handeln. Je weiter und kühner sie die Ausgangs= punkte seitwärts absetzt, desto mehr kann sie auf volles Gelingen rechnen. Gute Truppen und sichere Führung sind freilich Bedingung.

*) S. S. 42.

Nun ist zu beachten, daß die taktische Umfassung der Regel nach aus der strategischen entspringt. Der Fall, daß ein Truppentheil aus der schon versammelten Masse eigens herausgezogen wird, um später umfassen zu können, kommt, zumal bei Friedens=Uebungen, in kleineren Verhältnissen öfters vor, selten aber in der Wirklichkeit der großen entscheidenden Schlacht. Er widerspricht auch dem natürlichen Gesetze, daß man die einfachsten und nächsten Wege wählen soll, um seine Streit= kräfte an den Feind heranzuführen, und es gilt hier taktisch, was Clausewitz in Bezug auf die größeren strategischen Verhältnisse von den Umfassungen sagt.*)

So entwickelt sich die taktische Umfassung und das Ansetzen der einzelnen dabei mitwirkenden Heerestheile am natürlichsten von den großen Anmarschlinien her, wie es in mustergültiger Art bei Königgrätz am 3. Juli 1866 auf preußischer Seite geschah. Damit wird auch meist dem engen Zusammendrängen der Angreifer auf dem umfaßten Flügel vorgebeugt.**)

Wichtig ist auch, daß die umfassenden Kolonnen mit richtigen Fronten gegen das Ziel angesetzt werden. Das ist verhältnißmäßig leicht, wenn der Feind in seiner Stellung stillsteht, schwer, wenn er sich bewegt, zumal, wenn er aus dem Kreise der drohenden Umklammerung zurückweicht, und oft wird in dieser Hinsicht gefehlt. Schon bei Friedens= Uebungen sieht man häufig, die Truppen, welche nebeneinander fechten sollten, sich vor= oder hintereinander schieben. Im Kriege wird das noch leichter eintreten. Nur die geschickte Wahl der Richtungs= punkte für die einzelnen selbstständig vorgegangenen Heereskörper, welche dem Entwickelungsbedürfniß am Ziel von Anbeginn Rechnung trägt, kann das verhüten. Alle Stufen der Führung werden hierin sorgsam und wohldurchdacht zu befehlen haben. Am besten ist es, den inneren sich berührenden Flügeln der großen Einheiten den gleichen oder zwei dicht neben einander gelegene Richtungspunkte anzugeben und sie sich nach außen entwickeln zu lassen. Giebt man beiden Flügeln jeder Einheit einen besonderen Richtungspunkt an, so läuft man stets Gefahr, sie aus= einander zu reißen oder zu eng zusammenzuschieben.

Bedenklicher noch, als im Handeln der verschiedenen umfassenden Truppenkörper, ist der Mangel an Uebereinstimmung zwischen Umfassung und Frontalangriff. Daß dieser letzte spätestens gleichzeitig mit jener ausgeführt werden muß, ist selbstredend; denn sonst ließe man dem Ver= theidiger volle Freiheit, auf dem bedrohten Flügel eine starke zurück= gebogene Flanke zu bilden, oder mit seinen Reserven die Umfassungs= truppen aufzurollen. Nun kann aber der frontale Angriff ebenso leicht zu früh an den Feind gerathen und zerschellen, als auch die Umfassung

---

*) S. S. 88.

**) Bourbaki that an der Lisaine das Entgegengesetzte, indem er die Division Cremer aus der natürlichen durch den strategischen Anmarsch gegebenen Richtung über Lure und Frahier abrief, machte dadurch die Umfassung unwirksam und verlor seine Schlacht.

zu spät eintreten, und der eine Theil nach dem andern in vereinzelter Anstrengung erliegen. Die große Ausdehnung der Schlachtfelder macht die Uebereinstimmung besonders schwierig, wie die Vorgänge am 18. August 1870 bei St. Privat beweisen.

Der frontale Angriff soll sich in dem Augenblicke ernsthaft ent=wickeln, wo die Umfassung auf dem Punkte steht, dem Gegner fühlbar zu werden, und der umfassende Angriff wieder schnell genug in die entscheidende Phase treten, um ein Zurückfluthen der in der Front vor=gegangenen Truppen zu verhüten. Den Nachtheil, daß diese Truppen geraume Zeit in großer Nähe des Gegners und bei erheblichen Verlusten ausharren müssen, ganz zu beseitigen, ist unmöglich.

Das frühzeitige Einsetzen des Frontalangriffs hat mitunter den Vortheil, dem Feinde die Zeit zu einem verhängnißvollen Fehler zu gewähren, nämlich zum vorzeitigen Verbrauch derjenigen Reserven, welche später zur Abwehr der Umfassung hätten dienen sollen. Es vergrößert aber die Gefahr für das Gelingen des Ganzen und absichtlich wird wohl Niemand darauf ausgehen.

Die umfassenden Heertheile haben mit der Gefährdung ihrer äußeren Flanke zu rechnen, auf welche der Vertheidiger seine Gegen=maßregeln richten wird. Sie müssen deshalb von starken Reserven ge=folgt sein.

Eine doppelte Umfassung auf beiden Flügeln erleichtert den Angriff sehr. Die Gefahr des Durchbruchs der Mitte ist nahezu ausgeschlossen; denn, ist die Front nicht gar zu gedehnt, so erhält sie schon durch das Feuer der umfassenden Flügel Schutz. Aber daran ist nur bei sehr großer Ueberlegenheit des Angriffs zu denken, wie die Deutschen sie in der Schlacht von Wörth besaßen, dem für doppelte Umfassung beachtens=werthesten Beispiele aus der neueren Kriegsgeschichte.*)

Die taktische Umgehung.

Bei Friedens = Uebungen wird meist gegen taktische Umgehungen lebhaft geeifert. Im Kriege werden sie trotzdem unvermeidlich sein — dies zumal heutzutage, wo die Feuerwirkung das Mittel gewährt, Engwege frontal mit nahezu vollständiger Sicherheit abzusperren. Gebirgspässe würden oft gar nicht anders als durch Umgehung zu nehmen sein, wie zahlreiche Beispiele in der Kriegsgeschichte von der Niederlage des Leonidas in den Thermopylen bis auf das Gefecht von Blumenau vor Preßburg und Gurko's Vorgehen durch den Hain=Boghas darthun.

Bei der Umgehung wird die Lücke zwischen den sich trennenden Gruppen so groß, daß sie sich nicht mehr durch Feuer mittelbar schließen läßt und die Gefahr des Zersprengtwerdens näher als bei der taktischen Umfassung liegt. Weite Umgehungen fordern den Feind zum Gegenstoße

---

*) Bei der Umzingelungsschlacht, wie Sedan, liegt der Schwerpunkt ent=schieden auf dem Gebiete der strategischen Maßnahmen. Wir führen sie deshalb hier nicht an, obschon sie äußerlich genommen, als der vollendetste Ausdruck der doppelten Umfassung erscheint.

heraus. Es kommt also darauf an, daß besondere Umstände diesen unwahrscheinlich machen. Das kann durch die Unbeholfenheit seiner Truppen geschehen oder auch durch die Art des Geländes herbeigeführt werden. Finden wir einen Strom vom Gegner besetzt und suchen uns den Uebergang durch eine Umgehungs=Abtheilung zu öffnen, so würde jener erst selbst über das Hinderniß vorgehen müssen, ehe er diese abdrängen und den Verband unserer Streitkräfte zerreißen könnte. Im Gebirge besteht häufig zwischen den verschiedenen Pässen keine brauchbare Querverbindung. Der Vertheidiger kann also gegen die Umgehungs= kolonne, die einen Engweg offen gefunden hat, gar nicht anders als von rückwärts her wirken, und ein Abdrängen ist nicht zu befürchten. Um= gehungen können also sehr erfolgreich sein und oft das einzige Mittel bieten, ein vom Feinde vertheidigtes Hinderniß zu überwinden. Der Gebirgskrieg ist das vornehmliche Gebiet für ihre Anwendung. Nur soll man die Umgehung ebenso wenig als die Umfassung für etwas an sich Nützliches oder Verdienstliches ansehen. Innere Nothwendigkeit muß sie jedesmal rechtfertigen.

Am meisten Ueberlegung fordert die Bemessung der Stärke für die, mit der Umgehung beauftragten Truppentheile. Sind sie zu schwach, so mögen sie vielleicht durch ihr überraschendes Erscheinen wirken, werden aber schwerlich ihrem Erfolge die Dauer verleihen können, deren der Haupttheil bedarf, um ihn auszunutzen. Sind sie zu stark, so wird dieser Letztere bedenklich geschwächt sein und die Ueberraschung schwieriger werden, weil der Feind starke Kräfte leichter entdeckt als schwache. Von wesentlichem Einflusse ist die Entfernung, in welcher man die Umgehung ausführt. Jede Umgehungs=Abtheilung übernimmt gewisser= maßen eine Avantgardenrolle. Sie muß stark genug sein, um sich nach Erreichung der Stelle, von welcher aus später die Hauptkräfte zum weiteren Angriffe angesetzt werden sollen, so lange, auch gegen große Uebermacht behaupten zu können, bis jene herangekommen und entwickelt sind.

Das glücklichste Verhältniß ist es, wenn die Hauptkräfte, ohne ihre Verbindungen preiszugeben, selbst die Rolle der Umgehungskolonne über= nehmen können, so daß an die Ueberraschung, welche die Umgehung dem Gegner bereitet, sich sogleich die entscheidende Handlung knüpfen kann.

Taktische Rücken= und Flankenangriffe.

Taktische Rückenangriffe können sich aus gelungenen Umgehungen entwickeln und werden dann um so entscheidender sein, als sie den Feind überraschen und ihm zugleich Rückzug und Verbindungen nehmen. Aber der hochentwickelte Aufklärungsdienst wird sie zur großen Seltenheit machen.*) Bezüglich einzelner Heertheile können sie in sehr verwickelten Schlachten und Gefechten aus Verwirrung und Irrthum entstehen. So

---

*) Bei Blumenau am 22. Juli 1866 wäre es dazu gekommen, wenn der Waffenstillstand den Kampf nicht vor der Entscheidung unterbrochen hätte.

griffen vor Le Mans abgedrängte französische Abtheilungen, die sich zu
den Ihrigen durchschlagen wollten, den äußersten rechten Flügel der
Deutschen nächtlicher Weile im Rücken an. Es handelte sich dabei aber
mehr um Ueberfall als regelrechtes Gefecht. Für das große Ganze wird
dergleichen meist ausgeschlossen sein. Auch der Flankenangriff, der über=
raschend und ohne die Einleitung durch eine Umfassung sich entwickelt,
ist nur unter außergewöhnlichen Verhältnissen und bei großer Unachtsam=
keit des Gegners möglich. Wenn tief aufgeweichter Boden oder
hoher Schnee die Thätigkeit der Kavallerie hemmen, dann kann es wohl
dazu kommen, wie bei Parigné l'Evêque am 10. Januar 1871, wo
eine französische Brigade an der 5. preußischen Division erst vorüber=
marschirte, dann aber von dieser entdeckt, angefallen und geschlagen wurde.
Im Allgemeinen ist aber taktisch noch mehr als strategisch nur mit dem=
jenigen Flankenangriffe zu rechnen, der naturgemäß im Gefolge der
Umfassung liegt.

Schlußbemerkung.

Unwillkürlich sind wir bei Besprechung der Angriffsrichtungen und
Einbruchsstellen dazu gekommen, uns den Feind wieder im Wesentlichen
stillstehend und nur ausnahmsweise in der Bewegung zu denken. Die
Erörterung des Angriffs gegen die verschiedenen Theile einer Stellung
machen dies auch zunächst nothwendig. Um so mehr muß nochmals
daran erinnert werden, daß in Wahrheit das Verhältniß meist ein um=
gekehrtes sein und wir den Feind häufiger in Bewegung als im Still=
stande antreffen werden; denn auch der Vertheidiger hat heute gelernt,
jene als ein Mittel der Stärke auszunutzen. Treffen wir aber auf einen
nicht feststehenden Gegner, so fällt die Möglichkeit der Wahl, ob wir
Mitte oder Flügel angreifen, durchbrechen oder umgehen wollen, meist
ganz von selbst fort. Wir werden oft garnicht einmal feststellen können,
wo die Ziele für diese Angriffsrichtungen zu suchen sind. Daraus er=
hellt, wie fehlerhaft es auch auf dem Gebiete der Taktik sein würde,
eine Angriffsart durchweg bevorzugen und ihr besondere siegverleihende
Kraft beimessen zu wollen. Die Umstände werden jedesmal ergeben,
welches Verfahren im Augenblick das beste ist; und auf dem Schlacht=
felde ebenso wie in den weiteren Kreisen der strategischen Operationen
wird es fast immer das Klügste sein, unbefangen abzuwägen, wo und
wie sich vor Allem ein wesentlicher Vortheil im Kampfe erlangen läßt,
an den man dann das Weitere anknüpfen kann. Selten thut man gut,
von einer so einfachen Auffassung der Dinge abzuweichen.

XI.

Die Durchführung der strategischen Defensive.

1. Allgemeines.

Die strategischen Defensiv-Operationen verfolgen meist den Zweck, der Entscheidung zunächst auszuweichen, um sie erst unter günstigeren Umständen zu suchen. Diese werden von der Erschöpfung des Feindes, von dem Erreichen einer besonders vortheilhaften Stellung oder von dem Eintreffen anfangs nicht verfügbarer Streitkräfte erwartet. Der für das Studium solcher Operationen lehrreichste Feldzug ist der schon mehrfach erwähnte Napoleon's von 1813 nach dem Waffenstillstande.

Außerdem kann es sich um einfaches Abwarten handeln, bis der Feind an einer der Vertheidigung besonders zusagenden Linie ankommt; doch ist hierbei von „Operationen" wenig die Rede.

Zeitgewinn als Zweck kommt dem Ausweichen gleich — mit der besonderen Einschränkung jedoch, daß darüber nicht viel Land aufgegeben werde.

Bedingung für das Gelingen ist, daß der Zuwachs an Kraft, den man während der strategischen Vertheidigung zu erwarten hat, die materielle und moralische Einbuße übertrifft, welche mit dem Zurückgehen, dem Abwarten oder in die Länge ziehen stets verbunden sein wird. Ist man am Ende einer Defensiv-Operation im Verhältniß zum Gegner nicht stärker, als zum Beginn, so hat man nichts gewonnen, und es wäre besser gewesen, die taktische Entscheidung gleich anfangs zu wagen; denn ein Verlust an Zuversicht wird bei der Truppe inzwischen immer eingetreten sein. Das Ausweichen und Zögern lediglich aus Sorge vor einer ungünstigen Entscheidung kann man keine Operation nennen, denn es fehlt der bewußte Zweck, der einer solchen innewohnen muß. Es kann auch nur nützlich werden, wenn sehr viel Raum und Zeit zur Verfügung steht, so daß man im Laufe der Ereignisse noch Vortheile und Mittel der Vertheidigung zu entdecken vermag, an die man zuvor nicht gedacht hat. So geschah es bei den russischen Heeren im Jahre 1812, welche anfangs allein deshalb ins Innere des Landes zurückwichen, weil sie getrennt waren und sich nicht stark genug zum Widerstande fühlten, deren Führer dann aber aus diesem Verfahren ein System machten, als sie die zerstörende Gewalt erkannten, welche die Fortdauer der Operationen auf den Angreifer ausübte.

Zeit, Raum oder Hindernisse, welche das Land dem Vordringenden entgegenstellt, sowie die künstlichen Vertheidigungs-Anlagen, wie Festungen, sind die hauptsächlichen Hülfsmittel jeder Defensiv-Operation.

Die wirksamste Handhabe, die Dinge dabei nach unserem Wunsche zu leiten, ist und bleibt die Anziehungskraft, welche ein zurückgehendes

an die im Gelände sich darbietenden Deckungen gebunden, welche einigen
Schutz gegen den feindlichen Geschoßhagel gewähren können. Scharfer
Blick und praktische Erfahrung müssen die glückliche Wahl treffen. Bei
größeren Verhältnissen ist richtiges Verständniß der Karten von Wichtig=
keit. Sodann ist wieder an die Beweglichkeit des Ziels zu denken.
Selbst wo der Gegner in seiner Aufstellung wartet, hat diese doch ihre
Tiefe, und der Irrthum, die Gefechtslinie der Vortruppen für die ent=
scheidende zu halten, ist leicht möglich. Man hüte sich, die Angriffs=
kolonnen beim Vorgehen zu früh aneinander zu schieben.

Wir wissen, daß jede Theilung und Zersplitterung auch eine
Schwächung ist.*) Excentrische Richtungen im taktischen Angriffe können
daher nur eine Ausnahme bilden. Sie werden sich dort ergeben, wo
während des Angriffs eine Einwirkung des Feindes auf unsere
Flanken fühlbar wird und wir derselben nothgedrungen entgegentreten
müssen. Um dabei nicht in eine verderbliche, allzu beengte, centrale
Lage zu gerathen, geschieht dies meist besser durch Entgegengehen, als
durch die Einnahme einer Abwehrstellung. Selbst eine Minderzahl kann
dies wagen; denn ihre Aufgabe ist nicht, die Kräfte, welche der Feind
von seitwärts heranführt, über den Haufen zu werfen und zu schlagen,
sondern nur, sie so weit abzuhalten, daß ihr Feuer nicht unser Angriffs=
feld erreicht. Es gilt Zeit zu gewinnen, bis am entscheidenden Punkte unser
Uebergewicht hergestellt ist. Dieses giebt dann den Ausschlag auch für
das Schicksal der Kämpfe auf den Nebengefechtsfeldern. Für jeden
Angriff ist es die wesentlichste Bedingung des Erfolges, sich vor der
Krisis freien Raum zur vollen Kraftentfaltung zu verschaffen, — die
Armfreiheit, welche der Streiter zum tüchtigen Zuschlagen gebraucht.

Freiwillig können excentrische Angriffsrichtungen zur Anwendung
kommen, wo wir auf entfernten Punkten des Schlachtfeldes Theile des
feindlichen Heeres festhalten wollen. Hier entsteht die Gemeinsamkeit der
Wirkung mittelbar, indem wir den Feind an der wichtigen Stelle durch
Ausbleiben erwarteter Hülfe schwächen. Aber es gilt dabei natürlich die
Bedingung, daß es uns gelinge, mit einem excentrisch vorgeschobenen
Kleineren ein Größeres des Gegners von der Theilnahme an der Haupt=
handlung auszuschließen, sonst käme die Entsendung einer Verschwendung
gleich.

------

4. Die Wahl der Einbruchsstelle.

Mit völliger Bestimmtheit wird sich die Stelle, an welcher der
Widerstand des Gegners am ehesten gebrochen, also die Grundlage für
den Sieg gelegt werden kann, erst im Verlaufe des Kampfes erkennen
lassen, wenn dieser erlaubt, die Maßnahmen des Vertheidigers deutlicher
als im Beginn zu übersehen. Aber aus der allgemeinen Lage, der
Erkundung, den eingehenden Nachrichten und dem Studium der Karte

------

*) S. S. 16.

vermag man sie doch schon in ihren Umrissen festzustellen. Es sollte grundsätzlich derjenige Theil der feindlichen Stellung sein, auf welchem, den großen strategischen Beziehungen nach, eine Niederlage am empfindlichsten wirken muß. Nur wenn der Ausgang zweifelhaft erscheint, wird es räthlich sein, vor Allem nach der schwächsten Stelle zu suchen, lediglich um des taktischen Sieges sicher zu sein. Man verzichtet dann aber von Hause aus auf den höchsten erreichbaren Erfolg, der uns nur noch durch das Eintreten besonders glücklicher Zufälligkeiten als ein unverdientes Geschenk zufallen kann.

Aeußerlich ist die Wahl einfach. Es handelt sich um die Front, um eine oder beide Flanken; der Rücken wird nur ganz ausnahmsweise in Frage kommen. Das Abwägen der Vortheile, welche das Eine oder Andere bietet, ist aber doch meist recht schwer und das Gefühl großer Verantwortung macht es doppelt peinlich.

Der taktische Frontalangriff und der Durchbruch.

Irgend eines natürlichen materiellen Vortheils gegenüber der Vertheidigung kann sich der frontale Angriff nicht rühmen. Im Gegentheile erscheinen, bis auf den moralischen Schwung, welche jede Vorwärtsbewegung der Truppe giebt, die Nachtheile sämmtlich auf seiner Seite, da die Concentricität, die Kraft verleihende Form für den taktischen Angriff, fehlt.

„Feuerüberlegenheit im Einzelnen, wie im Großen erzielen, ist das erste taktische Prinzip der Gegenwart und Zukunft".*) Hat der Vertheidiger seine Front hinreichend besetzt, und kann ihm der Angreifer nur eine gleiche entgegenstellen, so ist nicht abzusehen, wie diese Ueberlegenheit erzielt werden soll, wenn Truppen und Bewaffnung gleich sind. Es bliebe da nur ein einziges Mittel übrig, nämlich größerer Reichthum an Streitern, derart, daß der Angreifer seine in der Feuerlinie entstehenden Verluste immer wieder zu ersetzen vermag, der Vertheidiger am Ende nicht mehr. Da dieser jedoch des Vortheils der besseren Deckung genießt, so erleidet er die geringeren Verluste. Das Mehr an Zahl müßte also beim Angreifer ein ganz unverhältnißmäßig hohes sein, um den Ausschlag zu geben.

Es ist dabei aber noch ausdrücklich vor gleichzeitiger übermäßiger Massenanhäufung der Kräfte zu warnen, welche allein den Sieg nicht mehr erzwingen kann. Die heutigen Feuerwaffen sind so schnell arbeitende Maschinen, daß die Ziffer der sich als Ziel darbietenden Streiter ihre Wirkung nimmermehr erschöpfen kann. Das geschieht nur durch geschickte Gegenwirkung.

Die Hoffnung auf den Sieg ist beim frontalen Angriff also nur auf größere Thätigkeit und bessere Ausbildung der Truppen, auf zweckmäßiges Zusammenwirken der verschiedenen Waffen, sowie auf höhere

---

*) Liebert. Die Verwendung der Reserven in der Schlacht. 1. Beiheft zum Militär-Wochenblatt 1895.

Willensstärke, Erfahrung und Einsicht der Führer gegründet, d. h. zum Theil auf Kräfte, deren Berücksichtigung die theoretische Betrachtung der Formen der Kriegführung eigentlich ausschließt.

Allein wir dürfen darum, auch rein theoretisch, den frontalen Angriff noch nicht einfach als etwas an sich Falsches verwerfen. Es giebt Fälle, wo er nothgedrungen durchgeführt werden muß. Das kann beispielsweise geschehen, wenn des Feindes Flügel angelehnt sind, oder wenn der Anmarsch unerwartet auf eine breitere Entwicklung des Gegners stößt und Raum und Zeit zum Ansetzen einer Umfassung in dieser Lage fehlen. Fast immer wird auch der frontale Angriff als Gehülfe des umfassenden angesetzt werden müssen; denn dieser ist nur im Vortheil, wenn es gelingt, zu gleicher Zeit die Front des Vertheidigers festzuhalten, damit aus derselben keine Verstärkungen nach dem bedrohten Flügel abrücken. Fällt ihm hier auch nicht die entscheidende Rolle zu, so wird er doch immer ernsthaft durchgeführt werden müssen, weil schwächliche oder gar Scheinangriffe den Zweck nicht erfüllen. Selbst der umfassende Angriff gestaltet sich im Einzelnen, bei großen Verhältnissen, für viele Truppen zum frontalen Kampfe gegen eine Defensivflanke.

Muß frontal gefochten werden, so bleibt nichts anderes übrig, als auf Moral und Zahl der Truppen zu rechnen und beide geschickt auszunutzen. Die glückliche Lösung dieser Aufgabe ist eine schönere und schwierigere Leistung der Kunst, als ein erfolgreicher, umfassender Angriff, und es lohnt der Mühe, sich darin zu vertiefen.

Ein Umstand kommt dem Angreifer in solcher Lage grundsätzlich zur Hülfe. Selbst ein mittelmäßiger Mensch wird dadurch, daß er vor eine schwierige Aufgabe gestellt ist, oft an innerer Kraft gewinnen und Dinge verrichten, die wir ihm nicht zugetraut hatten. Es werden dabei Eigenschaften lebendig, die eines sehr starken Erregungsmittels bedurften, um aus dem Schlummer zu erwachen. Gerade so geht es mit der Truppe. Das Bewußtsein, Schweres ausführen zu müssen, verleiht zunächst den Führern einen höheren Aufschwung, welcher sich in energische Anspannung aller Kräfte umsetzt; und von den Führern überträgt sich dieser Prozeß auf die Mannschaft. Dem Vertheidiger wird oft das Gefühl der Sicherheit gefährlich, das ihn lässig macht. Der moralische Rückschlag, welcher folgt, wenn diese Sicherheit als trügerisch erkannt wird, ist dann ein besonders vernichtender.

Frontale Angriffe können auch in der Zukunft immer noch zu schönen Erfolgen führen.

Ob sie sich bis zum förmlichen taktischen Durchbruch ausdehnen werden, ist eine andere Frage. Ein Vertheidiger, welcher, mit modernen Schnellfeuerwaffen versehen, sich einmal in einer Stellung eingenistet hat und nicht ganz muthlos ist, wird schwer zu vertreiben sein. Einmal verdrängt, hat er gelernt, sich wieder festzusetzen, wo eine Bodenwelle, ein Graben, ein Waldrand dazu die Gelegenheit bietet. Die gefährlichen Feuerzonen sind viel breiter geworden als ehedem, die Kämpfe gehen langsam vorwärts. Selbst der geschlagene Gegner verschwindet nicht aus

der Arena, sondern hängt sich an den Sieger. Weiß er doch, daß ein unaufhaltsames Zurückfluthen unter dessen Feuer viel gefährlicher ist, als die Fortsetzung der Gegenwehr. Die Schlachtlinie ist kein Stab mehr, den man brechen kann, wie zur Zeit der Lineartaktik, sondern ein starkes, aber elastisches Band, das sich um unsere Seiten legt, wenn wir es in seiner Mitte zurückdrücken.

Alle diese Umstände erschweren es, sie wirklich zu durchstoßen. Die Feuerwirkung füllt mittelbar ganz beträchtliche Lücken aus. Mehrere Kilometer Raum, die früher ein hinreichend breites Thor für ein Heer gewesen sein würden, werden heute von den Seiten her völlig beherrscht. Die Befreiungsversuche der in Metz, Paris und später in Plewna eingeschlossenen Heere führten naturgemäß zu Durchbruchsschlachten, aber in allen scheiterte am Ende der Angreifer.

Der taktische Durchbruch wird wohl nur noch in der Bewegungsschlacht vorkommen, wenn das eine der beiden Heere auf nahe nebeneinander herlaufenden Marschlinien eng vereint anrückt und es die Spitzen der auf weiterem Raum vertheilten Heersäulen des Gegners vor der Entwickelung antrifft oder, wenn es auf die inneren Flügel zweier feindlichen Heere mit gesondertem Oberbefehl stößt. Selbst eine solche Ueberraschung ist nicht mehr von gleicher Wirkung wie ehedem. Von der Entscheidung eines Kampfes in wenigen Minuten wie bei Roßbach, ist keine Rede mehr. Es kann sich nur um langsames Zurückdrängen handeln, und darüber gewinnen die Nachbarkolonnen Zeit, um heranzukommen und den Bedrängten Hülfe zu bringen. Ihnen steht dann der Vortheil der leichteren Entwickelung und die verderbliche concentrische Waffenwirkung zur Seite.

Die innere Widerstandskraft bedeutenderer Truppen=Einheiten erlaubt es heute einer Division, am Morgen den Kampf gegen ein doppelt so starkes feindliches Armee=Korps ohne Bedenken aufzunehmen, wenn sie nur sicher ist, um Mittag durch eine andere Division unterstützt zu werden. Sollte sie selbst allmählich unterliegen, so dauert dies doch so lange, daß inzwischen die Hülfe da sein muß.*) Kann man in der Begegnungsschlacht den einen Heertheil des Feindes hinter ein Hinderniß, wie einen Strom, zurückwerfen und ihn dort festhalten, während man sich gegen den anderen wendet, um ihn zu schlagen, so mag der taktische Durchbruch wohl noch gelingen. Im Allgemeinen aber werden Durchbruchsschlachten in den Kriegen der Zukunft zu den größten Seltenheiten gehören.

---

*) Die Kaisermanöver in Ostpreußen vom Jahre 1894 gaben auf eine der Wirklichkeit sehr entsprechende Art ein Beispiel davon An zwei hintereinander folgenden Tagen standen die beiden Divisionen des 1. Armee=Korps um einen Tagemarsch von einander entfernt, und dennoch gelang es, mit einer derselben den Kampf gegen das geschlossene anrückende 17. Armee=Korps am Morgen hinzuhalten, bis die andere herankam und den ersten Tag eine Niederlage abwehrte, am zweiten sogar einen Vortheil errang.

Man könnte die Schlacht von Orléans am 3. und 4. Dezember 1870
als eine Durchbruchsschlacht bezeichnen. Aber die große Ausdehnung der
vom Angriff in drei Theile zerschnittenen französischen Armee, die Art
des Kampfes, welcher sich in Theilgefechte auflöste, geben ihr mehr den
Charakter einer strategischen, als einer taktischen Operation.

Die taktische Umfassung.

Da die Stärke des Angriffs in seiner Concentricität liegt, so ist die
Umfassung für ihn die von Natur vortheilhafteste Form. Die meisten
Schlachten der letzten Kriege sind durch dieselbe entschieden worden, und
auf allen europäischen Uebungsplätzen haben wir sie während der Jahrzehnte nach 1870 immer wieder von den Truppen nachahmen sehen.
Dem schon versammelten Feinde gegenüber wird man bei der Schwierigkeit des Frontalangriffs auch gern zur Umfassung greifen, wo es die
Umstände irgend erlauben. Die große Tragweite unserer Feuerwaffen,
welche einen im Innern der Umfassung liegenden Raum ganz beherrscht,
auch wenn er mehrere tausend Meter breit ist, läßt dieselben an Furchtbarkeit gewinnen.

Die Schwierigkeit der Ausführung beruht auch hier im Ansetzen.
Von hundert umfassend gedachten Angriffen gerathen erfahrungsmäßig
achtzig am Ende vor die feindliche Front. Das zeigt sich schon bei
größeren Friedens-Uebungen und wird im Kriege noch deutlicher hervortreten. Die Ursache liegt darin, daß die Schußweiten heuzutage das
Ansetzen aus verhältnißmäßig bedeutender Entfernung erfordern. Die
erste Entwickelungslinie wird also, wenn man sie sich als ein Stück
Kreisbogen denkt und den Feind als Centrum, meist viel zu ausgedehnt erscheinen. Ein versammelter oder aus einer Richtung anrückender Angreifer muß sich noch dazu wieder trennen, um am Ziele
umfassend wirken zu können. Diese Trennung in Gegenwart des Feindes
aber macht auf das Auge einen beunruhigenden Eindruck. Der Entschluß
wird um so schwerer gefaßt werden, als in den meisten Fällen auch
noch die volle Klarheit über die Ausdehnung der feindlichen Stellung fehlt.
So entstehen die zu knapp angesetzten taktischen Umfassungen. Es ist nothwendig, sich klar zu machen, daß der Vertheidiger sich nicht ohne Weiteres
zum Vorstoße in einen offenen Bogen hineinbegeben darf. Die Schwierigkeit
der Gegenstöße aus besetzter Stellung heraus ist schon früher beleuchtet
worden.*) Die Gefahr, während der taktischen Umfassung von einem
unternehmenden Vertheidiger angefallen und gesprengt zu werden, ist also
mehr eine eingebildete, als eine wirkliche. Die taktische Umfassung genießt hierin vor der strategischen eines entschiedenen Vorzugs. Sie kann
mit großer Freiheit handeln. Je weiter und kühner sie die Ausgangspunkte seitwärts absetzt, desto mehr kann sie auf volles Gelingen rechnen.
Gute Truppen und sichere Führung sind freilich Bedingung.

*) S. S. 42.

Nun ist zu beachten, daß die taktische Umfassung der Regel nach aus der strategischen entspringt. Der Fall, daß ein Truppentheil aus der schon versammelten Masse eigens herausgezogen wird, um später umfassen zu können, kommt, zumal bei Friedens=Uebungen, in kleineren Verhältnissen öfters vor, selten aber in der Wirklichkeit der großen entscheidenden Schlacht. Er widerspricht auch dem natürlichen Gesetze, daß man die einfachsten und nächsten Wege wählen soll, um seine Streit=kräfte an den Feind heranzuführen, und es gilt hier taktisch, was Clausewitz in Bezug auf die größeren strategischen Verhältnisse von den Umfassungen sagt.*)

So entwickelt sich die taktische Umfassung und das Ansetzen der einzelnen dabei mitwirkenden Heerestheile am natürlichsten von den großen Anmarschlinien her, wie es in mustergültiger Art bei Königgrätz am 3. Juli 1866 auf preußischer Seite geschah. Damit wird auch meist dem engen Zusammendrängen der Angreifer auf dem umfaßten Flügel vorgebeugt.**)

Wichtig ist auch, daß die umfassenden Kolonnen mit richtigen Fronten gegen das Ziel angesetzt werden. Das ist verhältnißmäßig leicht, wenn der Feind in seiner Stellung stillsteht, schwer, wenn er sich bewegt, zumal, wenn er aus dem Kreise der drohenden Umklammerung zurückweicht, und oft wird in dieser Hinsicht gefehlt. Schon bei Friedens=Uebungen sieht man häufig, die Truppen, welche nebeneinander fechten sollten, sich vor= oder hintereinander schieben. Im Kriege wird das noch leichter eintreten. Nur die geschickte Wahl der Richtungs=punkte für die einzelnen selbstständig vorgegangenen Heereskörper, welche dem Entwickelungsbedürfniß am Ziel von Anbeginn Rechnung trägt, kann das verhüten. Alle Stufen der Führung werden hierin sorgsam und wohldurchdacht zu befehlen haben. Am besten ist es, den inneren sich berührenden Flügeln der großen Einheiten den gleichen oder zwei dicht neben einander gelegene Richtungspunkte anzugeben und sie sich nach außen entwickeln zu lassen. Giebt man beiden Flügeln jeder Einheit einen besonderen Richtungspunkt an, so läuft man stets Gefahr, sie aus=einander zu reißen oder zu eng zusammenzuschieben.

Bedenklicher noch, als im Handeln der verschiedenen umfassenden Truppenkörper, ist der Mangel an Uebereinstimmung zwischen Umfassung und Frontalangriff. Daß dieser letzte spätestens gleichzeitig mit jener ausgeführt werden muß, ist selbstredend; denn sonst ließe man dem Ver=theidiger volle Freiheit, auf dem bedrohten Flügel eine starke zurück=gebogene Flanke zu bilden, oder mit seinen Reserven die Umfassungs=truppen aufzurollen. Nun kann aber der frontale Angriff ebenso leicht zu früh an den Feind gerathen und zerschellen, als auch die Umfassung

---

*) S. S. 88.

**) Bourbaki that an der Lisaine das Entgegengesetzte, indem er die Division Cremer aus der natürlichen durch den strategischen Anmarsch gegebenen Richtung über Lure und Frahier abrief, machte dadurch die Umfassung unwirksam und verlor seine Schlacht.

zu spät eintreten, und der eine Theil nach dem andern in vereinzelter Anstrengung erliegen. Die große Ausdehnung der Schlachtfelder macht die Uebereinstimmung besonders schwierig, wie die Vorgänge am 18. August 1870 bei St. Privat beweisen.

Der frontale Angriff soll sich in dem Augenblicke ernsthaft entwickeln, wo die Umfassung auf dem Punkte steht, dem Gegner fühlbar zu werden, und der umfassende Angriff wieder schnell genug in die entscheidende Phase treten, um ein Zurückfluthen der in der Front vorgegangenen Truppen zu verhüten. Den Nachtheil, daß diese Truppen geraume Zeit in großer Nähe des Gegners und bei erheblichen Verlusten ausharren müssen, ganz zu beseitigen, ist unmöglich.

Das frühzeitige Einsetzen des Frontalangriffs hat mitunter den Vortheil, dem Feinde die Zeit zu einem verhängnißvollen Fehler zu gewähren, nämlich zum vorzeitigen Verbrauch derjenigen Reserven, welche später zur Abwehr der Umfassung hätten dienen sollen. Es vergrößert aber die Gefahr für das Gelingen des Ganzen und absichtlich wird wohl Niemand darauf ausgehen.

Die umfassenden Heertheile haben mit der Gefährdung ihrer äußeren Flanke zu rechnen, auf welche der Vertheidiger seine Gegenmaßregeln richten wird. Sie müssen deshalb von starken Reserven gefolgt sein.

Eine doppelte Umfassung auf beiden Flügeln erleichtert den Angriff sehr. Die Gefahr des Durchbruchs der Mitte ist nahezu ausgeschlossen; denn, ist die Front nicht gar zu gedehnt, so erhält sie schon durch das Feuer der umfassenden Flügel Schutz. Aber daran ist nur bei sehr großer Ueberlegenheit des Angriffs zu denken, wie die Deutschen sie in der Schlacht von Wörth besaßen, dem für doppelte Umfassung beachtenswerthesten Beispiele aus der neueren Kriegsgeschichte.*)

Die taktische Umgehung.

Bei Friedens-Uebungen wird meist gegen taktische Umgehungen lebhaft geeifert. Im Kriege werden sie trotzdem unvermeidlich sein — dies zumal heutzutage, wo die Feuerwirkung das Mittel gewährt, Engwege frontal mit nahezu vollständiger Sicherheit abzusperren. Gebirgspässe würden oft gar nicht anders als durch Umgehung zu nehmen sein, wie zahlreiche Beispiele in der Kriegsgeschichte von der Niederlage des Leonidas in den Thermopylen bis auf das Gefecht von Blumenau vor Preßburg und Gurko's Vorgehen durch den Hain-Boghas darthun.

Bei der Umgehung wird die Lücke zwischen den sich trennenden Gruppen so groß, daß sie sich nicht mehr durch Feuer mittelbar schließen läßt und die Gefahr des Zersprengtwerdens näher als bei der taktischen Umfassung liegt. Weite Umgehungen fordern den Feind zum Gegenstoße

---

*) Bei der Umzingelungsschlacht, wie Sedan, liegt der Schwerpunkt entschieden auf dem Gebiete der strategischen Maßnahmen. Wir führen sie deshalb hier nicht an, obschon sie äußerlich genommen, als der vollendetste Ausdruck der doppelten Umfassung erscheint.

heraus. Es kommt also darauf an, daß besondere Umstände diesen unwahrscheinlich machen. Das kann durch die Unbeholfenheit seiner Truppen geschehen oder auch durch die Art des Geländes herbeigeführt werden. Finden wir einen Strom vom Gegner besetzt und suchen uns den Uebergang durch eine Umgehungs-Abtheilung zu öffnen, so würde jener erst selbst über das Hinderniß vorgehen müssen, ehe er diese abdrängen und den Verband unserer Streitkräfte zerreißen könnte. Im Gebirge besteht häufig zwischen den verschiedenen Pässen keine brauchbare Querverbindung. Der Vertheidiger kann also gegen die Umgehungs-kolonne, die einen Engweg offen gefunden hat, gar nicht anders als von rückwärts her wirken, und ein Abdrängen ist nicht zu befürchten. Um-gehungen können also sehr erfolgreich sein und oft das einzige Mittel bieten, ein vom Feinde vertheidigtes Hinderniß zu überwinden. Der Gebirgskrieg ist das vornehmliche Gebiet für ihre Anwendung. Nur soll man die Umgehung ebenso wenig als die Umfassung für etwas an sich Nützliches oder Verdienstliches ansehen. Innere Nothwendigkeit muß sie jedesmal rechtfertigen.

Am meisten Ueberlegung fordert die Bemessung der Stärke für die, mit der Umgehung beauftragten Truppentheile. Sind sie zu schwach, so mögen sie vielleicht durch ihr überraschendes Erscheinen wirken, werden aber schwerlich ihrem Erfolge die Dauer verleihen können, deren der Haupttheil bedarf, um ihn auszunutzen. Sind sie zu stark, so wird dieser Letztere bedenklich geschwächt sein und die Ueberraschung schwieriger werden, weil der Feind starke Kräfte leichter entdeckt als schwache. Von wesentlichem Einflusse ist die Entfernung, in welcher man die Umgehung ausführt. Jede Umgehungs-Abtheilung übernimmt gewisser-maßen eine Avantgardenrolle. Sie muß stark genug sein, um sich nach Erreichung der Stelle, von welcher aus später die Hauptkräfte zum weiteren Angriffe angesetzt werden sollen, so lange, auch gegen große Uebermacht behaupten zu können, bis jene herangekommen und entwickelt sind.

Das glücklichste Verhältniß ist es, wenn die Hauptkräfte, ohne ihre Verbindungen preiszugeben, selbst die Rolle der Umgehungskolonne über-nehmen können, so daß an die Ueberraschung, welche die Umgehung dem Gegner bereitet, sich sogleich die entscheidende Handlung knüpfen kann.

Taktische Rücken- und Flankenangriffe.

Taktische Rückenangriffe können sich aus gelungenen Umgehungen entwickeln und werden dann um so entscheidender sein, als sie den Feind überraschen und ihm zugleich Rückzug und Verbindungen nehmen. Aber der hochentwickelte Aufklärungsdienst wird sie zur großen Seltenheit machen.*) Bezüglich einzelner Heertheile können sie in sehr verwickelten Schlachten und Gefechten aus Verwirrung und Irrthum entstehen. So

---

*) Bei Blumenau am 22. Juli 1866 wäre es dazu gekommen, wenn der Waffenstillstand den Kampf nicht vor der Entscheidung unterbrochen hätte.

griffen vor Le Mans abgedrängte französische Abtheilungen, die sich zu den Ihrigen durchschlagen wollten, den äußersten rechten Flügel der Deutschen nächtlicher Weile im Rücken an. Es handelte sich dabei aber mehr um Ueberfall als regelrechtes Gefecht. Für das große Ganze wird dergleichen meist ausgeschlossen sein. Auch der Flankenangriff, der überraschend und ohne die Einleitung durch eine Umfassung sich entwickelt, ist nur unter außergewöhnlichen Verhältnissen und bei großer Unachtsamkeit des Gegners möglich. Wenn tief aufgeweichter Boden oder hoher Schnee die Thätigkeit der Kavallerie hemmen, dann kann es wohl dazu kommen, wie bei Parigné l'Evêque am 10. Januar 1871, wo eine französische Brigade an der 5. preußischen Division erst vorübermarschirte, dann aber von dieser entdeckt, angefallen und geschlagen wurde. Im Allgemeinen ist aber taktisch noch mehr als strategisch nur mit demjenigen Flankenangriffe zu rechnen, der naturgemäß im Gefolge der Umfassung liegt.

Schlußbemerkung.

Unwillkürlich sind wir bei Besprechung der Angriffsrichtungen und Einbruchsstellen dazu gekommen, uns den Feind wieder im Wesentlichen stillstehend und nur ausnahmsweise in der Bewegung zu denken. Die Erörterung des Angriffs gegen die verschiedenen Theile einer Stellung machen dies auch zunächst nothwendig. Um so mehr muß nochmals daran erinnert werden, daß in Wahrheit das Verhältniß meist ein umgekehrtes sein und wir den Feind häufiger in Bewegung als im Stillstande antreffen werden; denn auch der Vertheidiger hat heute gelernt, jene als ein Mittel der Stärke auszunutzen. Treffen wir aber auf einen nicht feststehenden Gegner, so fällt die Möglichkeit der Wahl, ob wir Mitte oder Flügel angreifen, durchbrechen oder umgehen wollen, meist ganz von selbst fort. Wir werden oft garnicht einmal feststellen können, wo die Ziele für diese Angriffsrichtungen zu suchen sind. Daraus erhellt, wie fehlerhaft es auch auf dem Gebiete der Taktik sein würde, eine Angriffsart durchweg bevorzugen und ihr besondere siegverleihende Kraft beimessen zu wollen. Die Umstände werden jedesmal ergeben, welches Verfahren im Augenblick das beste ist; und auf dem Schlachtfelde ebenso wie in den weiteren Kreisen der strategischen Operationen wird es fast immer das Klügste sein, unbefangen abzuwägen, wo und wie sich vor Allem ein wesentlicher Vortheil im Kampfe erlangen läßt, an den man dann das Weitere anknüpfen kann. Selten thut man gut, von einer so einfachen Auffassung der Dinge abzuweichen.

XI.

Die Durchführung der strategischen Defensive.

1. Allgemeines.

Die strategischen Defensiv-Operationen verfolgen meist den Zweck, der Entscheidung zunächst auszuweichen, um sie erst unter günstigeren Umständen zu suchen. Diese werden von der Erschöpfung des Feindes, von dem Erreichen einer besonders vortheilhaften Stellung oder von dem Eintreffen anfangs nicht verfügbarer Streitkräfte erwartet. Der für das Studium solcher Operationen lehrreichste Feldzug ist der schon mehrfach erwähnte Napoleon's von 1813 nach dem Waffenstillstande.

Außerdem kann es sich um einfaches Abwarten handeln, bis der Feind an einer der Vertheidigung besonders zusagenden Linie ankommt; doch ist hierbei von „Operationen" wenig die Rede.

Zeitgewinn als Zweck kommt dem Ausweichen gleich — mit der besonderen Einschränkung jedoch, daß darüber nicht viel Land aufgegeben werde.

Bedingung für das Gelingen ist, daß der Zuwachs an Kraft, den man während der strategischen Vertheidigung zu erwarten hat, die materielle und moralische Einbuße übertrifft, welche mit dem Zurückgehen, dem Abwarten oder in die Länge ziehen stets verbunden sein wird. Ist man am Ende einer Defensiv-Operation im Verhältniß zum Gegner nicht stärker, als zum Beginn, so hat man nichts gewonnen, und es wäre besser gewesen, die taktische Entscheidung gleich anfangs zu wagen; denn ein Verlust an Zuversicht wird bei der Truppe inzwischen immer eingetreten sein. Das Ausweichen und Zögern lediglich aus Sorge vor einer ungünstigen Entscheidung kann man keine Operation nennen, denn es fehlt der bewußte Zweck, der einer solchen innewohnen muß. Es kann auch nur nützlich werden, wenn sehr viel Raum und Zeit zur Verfügung steht, so daß man im Laufe der Ereignisse noch Vortheile und Mittel der Vertheidigung zu entdecken vermag, an die man zuvor nicht gedacht hat. So geschah es bei den russischen Heeren im Jahre 1812, welche anfangs allein deshalb ins Innere des Landes zurückwichen, weil sie getrennt waren und sich nicht stark genug zum Widerstande fühlten, deren Führer dann aber aus diesem Verfahren ein System machten, als sie die zerstörende Gewalt erkannten, welche die Fortdauer der Operationen auf den Angreifer ausübte.

Zeit, Raum oder Hindernisse, welche das Land dem Vordringenden entgegenstellt, sowie die künstlichen Vertheidigungs-Anlagen, wie Festungen, sind die hauptsächlichen Hülfsmittel jeder Defensiv-Operation.

Die wirksamste Handhabe, die Dinge dabei nach unserem Wunsche zu leiten, ist und bleibt die Anziehungskraft, welche ein zurückgehendes

Heer auf den Gegner ausübt.*) Clausewitz hat in fesselnder Weise
hierauf aufmerksam gemacht. Er bemerkt, daß die russische Armee im Jahre
1812, nach dem ersten Rückzuge in das Innere des weiten Reichs hinein,
einen zweiten aus dem Innern gegen die Grenze hätte ausführen können,
um gleichzeitig mit der geschwächten feindlichen Armee, welche ihr noth=
gedrungen folgen mußte, an derselben wieder anzukommen.**)

In dem Gefühl der Schwäche liegt es, daß sehr oft der Ver=
theidiger sich der Wucht dieser Anziehungskraft nicht recht bewußt wird.
Sein Rückzug gewinnt dann den Charakter einer Flucht, auch wenn er
langsam geht; denn er hängt ganz vom Gegner ab. Ein beherzter und
geschickter Vertheidiger hingegen findet in der magnetisch wirkenden
Eigenschaft seines Heeres oft noch das Mittel, trotz der allgemeinen
Ungunst der Sachlage, das Gesetz des Handelns zu geben.

Natürlich kommt es sehr darauf an, · in wie weit beim Entschluß
zum Rückzuge der eigene Wille und in welchem Maße der Zwang durch
die allgemeinen Umstände dabei betheiligt war. Wer diesem und nicht
dem eigenen Triebe gehorcht, wird schwer · den Muth und die Zuversicht
wiedergewinnen, die Initiative in den Operationen an sich zu reißen.
Wo der eigene Wille noch überwog, war der Vertheidiger auch Herr
seiner Handlungen, und von diesem Gefühle gestärkt, vermag er selbst=
bewußt aufzutreten. „Je mehr die Vertheidigung aus eigener Wahl
entstanden ist, um den ersten Stoß sicher zu führen, um so kühnere
Schlingen darf der Vertheidiger dem Gegner legen“ — sagt Clausewitz
in dieser Beziehung.***)

Die Anziehungskraft des Vertheidigers ist natürlich um so größer,
je geringer die Uebermacht des Angreifers wird. Dem nur wenig
schwächeren Vertheidiger müßte es stets gelingen, den Angreifer nach sich
zu ziehen, wohin er will, wenn ihm das Kriegstheater nur einigen
Spielraum läßt.

Dazu gehört freilich, daß er bei der Wahl seiner Stellungen nicht
die eigene Sicherheit als oberste Rücksicht gelten läßt, sondern die Be=
drohung des Gegners. Er muß diejenigen wählen, welche für diesen,
wollte er weiter vorwärts gehen, am gefährlichsten sind. In solcher Art
läßt sich, auch ohne Offensivstöße bis zu einem gewissen Grade eine aktive
Vertheidigung führen.

Die Rücksicht auf Erhaltung der Anziehungskraft macht es dem
Vertheidiger oft auch zum strengen Gesetze, den Kampf vorübergehend zu
meiden. Wo ein Heertheil die Aufgabe hat, einen überlegenen Feind
durch seine Manöver von bestimmten Zielen zurückzuhalten, bis andere
Streitkräfte herankommen können, trifft dies am Deutlichsten zu. Läßt
er sich schlagen, so giebt er dem Feinde damit freie Hand; erleidet er

---

*) S. S. 37.
**) Clausewitz. Hinterlassene Werke 1. Band S. 121.
***) Vom Kriege 3. Theil. Skizzen zum 8. Buch, 8. Kapitel.

gar eine entscheidende Niederlage, wird dieser sich überhaupt nicht mehr um ihn kümmern und auf das Ziel losgehen.

2. Wahl des Endpunktes.

Schon in der Abhandlung über den Operations-Entwurf ist gesagt worden, daß jede planvoll geleitete Defensive einen Endpunkt in's Auge fassen muß, an welchem sie den Umschlag zu ihren Gunsten annimmt.*)

Wird die glückliche Wendung lediglich von der Erschöpfung des Gegners erwartet, so ist der Endpunkt natürlich um so tiefer im Innern des Landes zu suchen, je stärker der Angriff ist. Man vermag ihn dann nur ganz allgemein zu bestimmen, da man im Voraus nicht sicher berechnen kann, wo der Kulminationspunkt der Offensive liegen wird. Dies hängt von den während der Operationen beim Gegner durch Schlachten, Gefechte, Märsche oder Mangel und Krankheiten eintretenden Verlusten ab. Dennoch darf der Endpunkt nicht soweit zurück verlegt werden, daß darüber die eigene Armee die Möglichkeit ihres Weiterbestehens verliert. Dies Verfahren — die Rückzugs-Defensive in absoluter Gestalt — ist nur zulässig, wo das Kriegstheater sehr ausgedehnt ist. In keinem der abendländischen Kulturstaaten würde sie unter gewöhnlichen Umständen möglich sein; der Verlust an Mitteln, welche man dabei aufgibt, wäre viel größer, als die Einbuße des Gegners. Selbst die türkische Heeres-Oberleitung irrte, als sie nach dem Verlust der Balkanlinie das Land bis zur Hauptstadt zu entvölkern suchte. Die Operationslinien waren nicht ausreichend lang, das Land nicht mittellos genug, um allein den Angreifer aufzuhalten; und der Strom der Flüchtlinge, der in der Hauptstadt eine Kalamität wurde, trug viel dazu bei, daß sich die Regierung zum ungünstigen Frieden bequemte. Etwas anderes wäre es gewesen, wenn der russische Hauptangriff den Weg durch Anatolien gewählt hätte, während die türkische Flotte das Schwarze Meer beherrschte. Dort wäre der Versuch am Platze gewesen, den Feind durch Mangel und Erschöpfung zur Umkehr zu zwingen.

Findet die Rückzugs-Defensive am Ende einer längeren Operationslinie einen starken Zufluchtsort, dessen Wegnahme dem mittlerweile geschwächten Angreifer nicht mehr möglich ist, so wendet sich das Blatt. Sie läßt sich dann wohl auch auf anderen, als gerade einem russischen Kriegstheater anwenden. Setzen wir den Fall, daß im Jahre 1870 Mac Mahon's Armee nicht bei Sedan aufgehoben, sondern nur unter einer Reihe fortgesetzter Kämpfe geschwächt und am Ende in die befestigte Hauptstadt zurückgedrängt worden wäre. Die Verluste der deutschen III. und Maasarmee hätten sich dann bis zum Eintreffen vor derselben noch erheblich gesteigert, mehr wohl als durch die Operation von Sedan. Es ist also höchst zweifelhaft, ob sie noch stark genug gewesen wären, Paris mit seiner vermehrten Garnison wirksam einzuschließen.

---

*) S. S. 69.

Wahrscheinlich würde sich herausgestellt haben, daß die deutschen Heere, trotz ihrer anfänglichen Uebermacht, doch zu schwach waren zum Angriff auf das große, reiche und bevölkerte Land.

Diese Annahme liegt gar nicht so weit von der Wirklichkeit ab, als daß sie nicht in den Kreis der Betrachtungen gezogen werden dürfte. —

Deutlicher noch spricht Wellington's Beispiel bei Torres Vedras. Im Frühjahr 1810 standen die Dinge für die spanische Sache im Kriege gegen Frankreich hoffnungslos. Die iberische Halbinsel war bis auf das kleine Portugal erobert. Napoleon, auf dem Zenith seines Ruhmes angelangt, hatte eben Oesterreich niedergeworfen und konnte daran denken, nun auch dort ein Ende zu machen. Er bildete unter Massena's Befehl eine Hauptarmee, welche 123 000 Mann zählen sollte und mehr als hinreichend erschien, die noch auf dem Festlande stehenden 30 000 Engländer auf ihre Schiffe zu treiben. Aber der kluge Herzog wich vor dem Stoße langsam und kämpfend bis in den äußersten Landwinkel vor Lissabon aus, wo er sich an das befreundete Element des von den englischen Flotten beherrschten Meeres lehnte. Rechts, links und im Rücken schützte ihn dort das Wasser, und in der Front hatte er sich eine starke Stellung geschaffen, welche auf den herankommenden Angreifer einen um so größeren Eindruck machte, als ihr Bestehen demselben vollkommen unbekannt war. In Folge des Zurücklassens sichernder Abtheilungen, der Verluste und Entsendungen auf langer Operationslinie sah er sich dicht vor dem Ziele zu schwach, dies ganz zu erreichen. Von der Stunde an, da dies klar wurde, begann der Umschwung im Halbinselkriege, ja in Napoleon's Waffenglück überhaupt.

Aehnliches hätte sich ereignet, wenn die türkischen Heere, nach dem Verluste Plewnas und der Balkanlinie in die von Meer zu Meer reichende Stellung von Czataldcza vor Konstantinopel zurückgegangen, dort aber festen Fußes stehen geblieben wären. Die geschwächt ankommende russische Armee würde die verschanzten Linien weder haben nehmen, noch umfassen oder umgehen können, zumal wenn England sich entschloß, die Pforte nicht blos mit diplomatischen Noten, sondern auch mit Truppen zu unterstützen. Auf beiden Flanken hätten feindliche Flotten die Angreifer beunruhigt, und das Vorgehen einer, in dem von den Türken noch behaupteten Festungsviereck an der Donau leicht zu sammelnden, verbündeten Armee hätte den Rückzug der Sieger zur Nothwendigkeit gemacht. Nie ist in der neueren Kriegsgeschichte eine Lage, welche, anscheinend hoffnungslos, dennoch bei näherer Untersuchung alle Mittel zu einer glänzenden Rettung bot, so achtlos übersehen worden.*)

Allerdings erfordert eine solche, bis zum Aeußersten durchgeführte, Rückzugs-Defensive einen Feldherrn von sehr festem Willen, ein gehorsames

---

*) Diese Thatsache allein giebt der Lehre vom Kriege, der man so oft den Vorwurf macht, sich in Gemeinplätzen zu bewegen, volles Recht, an so einfache Dinge, wie sie hier vorgetragen werden, immer von Neuem zu erinnern.

Heer, eine entschlossene Regierung und ein ihr vertrauendes Volk, sonst wird der Zusammenbruch der moralischen Kraft die Katastrophe vor Erreichung des in weite Ferne gerückten Zieles herbeiführen und das Schwinden aller Hoffnung auf endlichen Sieg zu einem für den Vertheidiger ungünstigen Frieden führen. Politische Gewalten spielen bei dieser Art der Abwehr oft die Hauptrolle. Wird sie durch die natürlichen Umstände in Land und Volk begünstigt, so ist sie die wirksamste von allen; denn die Niederlage muß sich, beim Eintreten des Umschwunges, zufolge der Länge der Operationslinien, die der Angreifer hinter sich hat, für diesen vernichtend gestalten.

Wird der Umschwung von dem Erreichen einer Stellung erwartet, so kommt Alles darauf an, in derselben mit einem noch nicht ernsthaft erschütterten oder geschlagenen Heere anzukommen. So einfach dies unserem Ohre klingt, ist es doch auch schon vergessen worden.*) Hat man keine Aussicht darauf, so ist es zweckmäßiger, erst bei anderen Truppen Schutz und Kraftzuwachs zu suchen, ohne welche auch die stärkste Vertheidigungsstellung werthlos wäre.

Die grundsätzliche Gefahr jeder Defensive ist es, daß man durch den Feind zur Unzeit in entscheidende Kämpfe hineingezogen werde. Strategisch ist das noch schwerer zu verhüten, als taktisch, weil der Oberbefehlshaber das Heer nicht unter Augen hat und Mißverständnisse der Unterfeldherren die unerwünschte Verwickelung herbeiführen können. Andererseits artet widerstandsloser Rückzug leicht in Flucht aus und bringt großen moralischen Nachtheil. Es ist also die richtige Mitte zwischen Kampflust und Rettungsbedürfniß zu halten, und dazu gehört ein so scharfer Blick und so fester Wille, wie Blücher ihn 1813 in Schlesien, Robert Lee ihn mehrfach bei seinen Feldzügen in Nordvirginien bewies.

Anders liegen die Dinge, wenn die günstige Aenderung der Lage von der Vereinigung mit herannahenden Verstärkungen, z. B. einer im ersten Augenblicke noch nicht bereiten verbündeten Armee, erwartet wird. Freilich ist es im Allgemeinen auch hier empfehlenswerth, daß bei der Vereinigung noch keine von beiden Gruppen stark gelitten habe. Aber es giebt eine Ausnahme.

Ist die Verstärkung noch so weit entfernt,**) oder noch so unfertig, daß längere Operationen der zunächst dem Feinde gegenüber entwickelten Heeresmasse auf alle Fälle nothwendig werden, so mag diese dort, wo sich einigermaßen günstige Gelegenheit bietet, tapferen Widerstand dem einfachen Rückzuge vorziehen. Starke Stellungen zu erreichen, deren

---

*) Massenbach erwartete für den französischen Krieg zu Anfang des vorigen Jahrhunderts alles Heil von der Stellung auf dem Ettersberg bei Weimar, und der unglückselige Phantast forderte noch nach der verlorenen Schlacht von Jena, die führerlos flüchtenden Heertrümmer auf, dorthin zu eilen, als ob der Berg allein Napoleon Halt gebieten könnte.

**) Wobei auch angenommen wird, daß sie nicht mit der Eisenbahn heranzuziehen ist.

Wegnahme für den Feind verlustreich und zeitraubend ist, wird dann wichtiger als die schnelle Annäherung der erwarteten Hülfe.

Es kommt dabei nämlich zu Ungunsten des Angreifers zur Sprache, daß die Kraft einer jeden Armee im Ertragen von Kriegsbeschwerden keine unbegrenzte ist, sondern sich, selbst bei gutem Fortgange, erschöpft. Auch der Sieger wird nach einer gewissen Zeit des Krieges müde. Je höher civilisirt ein Volk ist, desto stärker tritt diese Schwäche hervor. Sehr schwer ist die Unlust zu überwinden, welche sich bei Truppen und Führern geltend macht, wenn ein erster Feldzug zu Ende geht, und sie dann auf einen neuen Feind stoßen, um, die Heimathssehnsucht bereits im Herzen, die Arbeit von vorn zu beginnen. Napoleon's Winterfeldzug von 1807 beweist es deutlich. Als er, nach einem Siegeszuge sonder= gleichen gegen die preußische Armee, in Polen auf die schwächere aber frische russische stieß, kamen seine Operationen unwillkürlich zum Stehen. Aehnliches erfuhren die Deutschen, als sie 1870, nach dem Siege über die Heere des Kaiserreichs, noch unerwartet einen ernsten Kampf gegen diejenigen der Republik aufnehmen mußten.

Der leitende Gedanke für eine strategische Defensive kann also sehr wohl auf diese Wahrnehmung aufgebaut werden. Die ursprüngliche Absicht der preußischen Heerführer, im Spätherbst 1806 Napoleon I. erst durch einen ermüdenden Feldzug hinzuhalten, um ihm, die Russen mit frischen Kräften an ihrer Seite, im Frühjahr 1807 den entscheidenden zu liefern, war an sich so übel nicht. Nur hätte freilich die Ausführung eine weniger traurige sein müssen.

Wichtig wird bei solchem Zurückgehen auf verbündete oder später im Operationsbereiche erscheinende Heere das räumliche Verhältniß sein, in welches beide Theile sich zu einander setzen. Die nächste und sicherste Unterstützung findet das weichende Heer stets bei einem directen Rückzuge auf das zur Verstärkung herankommende. Deshalb ist die Versuchung groß, diese Richtung zu wählen. Für die weitere Durchführung der Operationen aber ist sie keineswegs die vortheilhafteste. Zunächst über= trägt sich dabei etwas von dem moralisch herabstimmenden Eindruck, unter welchem das schon mit dem Feinde in Berührung gewesene Heer wohl meistens stehen wird, auch auf das frisch erscheinende. Sodann wird beider Bewegungsfreiheit, vielleicht gar die Entwickelungsfähigkeit, beeinträchtigt. Besser sind jedenfalls die seitlichen Stellungen für eines der Heere. So bewahren sie sich volle Freiheit des Handelns, und meist werden außerdem des Angreifers Verbindungen durch die seitlich zurück= gegangenen Kräfte bedroht sein. Eine solche mittelbare, nicht unmittelbare Vereinigung sollte stets angestrebt werden, wo der bereits zurückgedrängte Theil überhaupt noch Herr seiner Entschlüsse ist.

Im Jahre 1806 blieb der preußischen Armee nach den unglücklichen Oktoberschlachten überhaupt nichts Anderes übrig, als ununterbrochener Rückzug gegen den fernen Osten der Monarchie. Wären die Dinge aber weniger schlecht verlaufen, so würde der Rückzug auf Schlesien, während die Russen zur mittleren Oder heranrückten, der Erwägung werth gewesen sein, obschon er den Weg nach Berlin offen ließ.

Im Jahre 1813 war es für Napoleon verhängnißvoll, daß die österreichische Armee, welche nach dem Waffenstillstande auf die Seite der Verbündeten trat, nicht, wie diese, in seiner Vormarschrichtung, sondern in seiner rechten Flanke stand. Durch dies Verhältniß wurde er, zum ersten Male in seiner Feldherrnlaufbahn, für den Herbstfeldzug von Hause aus auf die strategische Defensive verwiesen.

3. Bereitschafts=Stellung in der strategischen Vertheidigung.

Vorläufiges Ausweichen vor dem stärkeren Angriff (concentrischer und excentrischer Rückzug).

Der Endpunkt kann räumlich dem Ausgangspunkt der ganzen strategischen Defensiv=Operation sehr nahe liegen. Es ist selbst denkbar, daß er überhaupt in vorderster Linie gewählt sei und der Vertheidiger nur das Herankommen des Angreifers abwarten will. Das wird immer geschehen, wenn man die Schlacht wünscht, aber sich doch nicht stark genug zum Angriffe fühlt, der einen Kraftüberschuß erfordert. So ging es Napoleon I. vor der Schlacht von Austerlitz. Absichtlich sprengte er deshalb Nachrichten über die schlechte Lage seines Heeres aus und erreichte auch seinen Zweck. Die Verbündeten kamen und griffen ihn unvorsichtig an.*)

Ein Heer in befestigter Grenzstellung wie das französische Deutschland gegenüber, kann ähnlich verfahren. Es läßt sich wohl denken, daß es sich gern zwischen und hinter der Fortlinie angegriffen sähe, da der Angriff hier ohne Zweifel weit schwieriger ist, als im freien Felde. Auch der Umstand, daß man arbeitsvolle Jahre und Millionen an Geld aufgewendet, um die Vertheidigung vorzubereiten, ladet zum Abwarten ein. Eine gewisse, moralische Nothwendigkeit liegt nahe, sich des künstlich geschaffenen Schlachtfeldes zu bedienen. Aber eine solche Bereitschafts= stellung rechtfertigt sich im Allgemeinen nur, wenn für den Feind auch ein Zwang besteht, anzugreifen. Auf einen so gefälligen Gegner, wie Napoleon ihn bei Austerlitz fand, darf man nicht immer rechnen.

Die Lösung der Aufgabe läuft bei einer strategischen Bereitschafts= stellung schließlich darauf hinaus, seine Truppen schnell nach der Seite zu versammeln, welche der Feind zum Einbruch wählt. Gute Quer= verbindungen hinter der Front und eine zweckmäßige, dem Straßennetze geschickt angepaßte Vertheilung der Streitkräfte sind dabei Hauptsache. Die Eisenbahnen können für die Infanterie des Vertheidigers hierbei auch während der Operation eine Rolle spielen. —

---

*) S. S. 107 und 110 Anmerkung.

Strategische Bereitschaftsstellungen größeren Stils werden in Zukunft jedoch eine gegen die Vergangenheit wesentlich veränderte Gestalt erhalten. Früher dachte man sie sich stets als eine enge Versammlung der Streitkräfte in einer centralen Aufstellung, aus welcher sie über den noch getrennt erscheinenden Gegner herfallen sollten. Man maß diesem Verfahren eine ganz besonders kräftige Wirkung bei, obgleich die kriegsgeschichtliche Bestätigung dafür schwer zu erbringen sein dürfte. Ein Heer, welches heute noch so vorgehen wollte, müßte bald an seiner Unbehülflichkeit scheitern. Der getrennt anmarschirende Gegner wäre ihm an Beweglich= keit, Freiheit des Entschlusses, sowie an der Fähigkeit, sich schnell mit großen Kräften zur taktischen Handlung zu entwickeln, überlegen. Der zusammengeballte Vertheidiger würde kaum bei frontalem Angriff des Feindes im Stande sein, noch rechtzeitig die hinreichend starke und breite Front zu bilden, geschweige denn in dem Falle, wo er überraschend aus anderer Richtung angegriffen wird.

Man denke sich eine bedeutende, aus mehreren Armeen bestehende Heeresmacht in einer einzigen starren Linie aufmarschirt, und man erkennt leicht, welche kaum lösbare Aufgabe für den obersten Feldherrn entstehen würde, wenn dabei plötzlich die Bedrohung in einer Flanke eintritt, nach der nun abmarschirt werden soll. Die Lösung wurde schon in der Vorwärtsbewegung und getrennter Anordnung der Kräfte am 25. August 1870 der Moltke'schen Kunst nicht leicht, obschon es sich nur um 5 Armee=Korps handelte.*) Wer mag es mit der doppelten Zahl oder mehr aus dem Stillstande und eng gedrängtem Beisammensein unternehmen? Auch dem strategischen Flügelangriff gegenüber ist der Vertheidiger hülflos, wenn seine Front eine ungebrochene Aufmarschlinie bildet. Jedenfalls ist das Manövriren aus einer solchen heraus, um den angegriffenen Flügel zu unterstützen, weit schwieriger, als aus jeder ge= staffelten, gegliederten oder überhaupt nur räumlich getrennten Bereitschaft der Kräfte.

So ergeben sich bei Berücksichtigung der Größe der Heere und durch die Nothwendigkeit der Bewahrung ihrer Bewegungsfreiheit und Lebensbedingungen auch für den strategischen Vertheidiger im Allgemeinen die getrennten Aufstellungen, aus denen er erst im Augenblick der Ent= scheidung zur Vereinigung schreitet. Immerhin mag dabei die Anordnung seiner Kräfte eine etwas gedrängtere sein, wie beim Angreifer. Das wird ihm den Vortheil einbringen, seine ganze Macht schneller zur Entscheidung auf einem Punkte beisammen zu haben, als der Gegner. Nie aber sollte er in der geschlossenen Masse abwarten, was jener unter= nimmt.

Die getrennte Aufstellung wird in der strategischen Vertheidigung oft auch schon deshalb nothwendig sein, weil man dem Angreifer einigen Widerstand entgegen setzen muß, sobald er die Peripherie des zu ver= theidigenden Kriegstheaters berührt. Man wird sonst oft nicht wissen,

---

*) S. S. 84.

ob es sich um den ernsten entscheidenden Vorstoß oder nur um eine untergeordnete Bewegung handelt. Die Hauptmasse des Heeres müßte sich zur Abwehr in Bewegung setzen und könnte sich leicht in Hin- und Hermärschen, sowie in Luftstößen erschöpfen. Ist der Feind aber genöthigt, erst eine unserer Armeen oder ein Korps mit Ueberlegenheit zurückzudrängen, so erlangen wir Gewißheit über seine Stärke und Absichten und können unsere Anordnungen danach sicher treffen.

Freilich ergiebt sich hieraus, mit welchem Takte gerade die strategische Defensive handeln muß, sollen Theilniederlagen vermieden werden, indessen liegt das in der Natur der Defensive überhaupt, da sie auf das Beobachten des Gegners und das Abwarten seiner ersten Schritte angewiesen ist.

Eine starke Kavallerie ist ihr im Grunde genommen nicht weniger nothwendig, als der strategischen Offensive, damit sie klar sehen kann, ohne diesem Zwecke besondere Opfer in einleitenden Gefechten bringen zu müssen. Sie bedarf auch sehr frühzeitiger und schneller Entschlüsse; denn sie überläßt dem Feinde zunächst die Initiative, kommt mit ihren Maßnahmen hinterdrein und soll doch schon fertig sein, sobald er heran ist und der Zusammenstoß erfolgt. Oft sind auch noch Vorbereitungen zu treffen, um den Widerstand künstlich zu stärken.

Getrennte Aufstellungen allein gestatten dem strategischen Vertheidiger, die für den zunächst vom Feinde angegriffenen Theil herangeführten Unterstützungen aus den wirksameren seitlichen Richtungen eingreifen zu lassen oder seine rückwärtigen Verbindungen zu bedrohen, wenn er tiefer in unser Kriegstheater eindringt.

Als die II. deutsche Armee im November 1870 der französischen Loirearmee gegenüber bei ihrer Defensive vor dem Walde von Orleans in der Trennung ihrer Korps verharrte, hat man diese Maßregel vielfach noch lebhaft getadelt. In Zukunft wird man sie in der großen Mehrzahl der Fälle nachahmen.

Auch das weitere Zurückweichen auf dem Kriegstheater, sei es, um den Feind erst die natürliche Schwächung durch längeren Vormarsch erfahren zu lassen, sei es, um sich nachfolgenden Verstärkungen zu nähern, oder die Gunst des Geländes zu suchen, wird sich aus der Trennung immer leichter vollziehen, als aus versammelter Aufstellung. Diese erfordert Zeit zur Einleitung der Bewegungen und birgt daher die Gefahr, daß der Feind uns ereile und zu dem Kampfe zwinge, den wir noch vermeiden wollten.

Ein gerades Zurückweichen aus der ersten Aufmarschfront in eine rückwärts gelegene Linie deutet für gewöhnlich einen voraufgegangenen Irrthum an,*) wo nicht wichtige politische Gründe die Strategie beeinflußt haben. Man geht in dieser Art nur zurück, wenn man, beim Heran-

---

*) Es sei denn, daß es sich um ein systematisches, mehrfach wiederholtes Verfahren dieser Art, eine sogenannte abschnittsweise Vertheidigung handele, welche darauf berechnet ist, den Feind zu ermüden.

9*

kommen des Gegners, die Stellung, in der man steht, nicht hinreichend
stark für erfolgreichen Widerstand findet. Diese Erkenntniß hätte aber
schon zuvor da sein können. Es würde nicht der Schlachten von Wörth
und Spicheren bedurft haben, um die Franzosen von der Schwäche ihrer
Aufmarschlinie an der deutschen Grenze zu überzeugen. Sie hätten
genau dasselbe aus einem sorgsamen und objektiven Vergleiche der beiderseitigen Streitmittel ersehen, und den Rückzug gegen die stärkere Mosel-
linie auch ohne Kampf antreten können. Würden ihre Hauptkräfte dort
stehen geblieben sein, um die Vertheidigung vorzubereiten, während die
Vortruppen an die Grenze eilten, so wären sie besser gefahren.

Wenn man im Zweifel ist, ob man mit der Entwickelung der
Armee noch vor dem Feinde fertig sein, oder ob dieser die Operationen früher
eröffnen werde, wird die Wahl einer rückwärts gelegenen Versammlungs-
stellung freilich zur gebotenen Vorsichtsmaßregel. Prinz Friedrich Karl
hatte beim Aufmarsche der II. Armee eine solche Stellung bei Göllheim
in der Pfalz gewählt.

Der concentrische Rückzug bezweckt die Vereinigung der Heere in
günstiger, zuvor ausgewählter Stellung, welche in der Operationsrichtung
des Gegners liegt. Man möchte mit scheinbarem Rechte einwenden, daß
es zweckmäßiger sei, die Streitkräfte von Hause aus dort zu versammeln.
Wichtige Gründe aber können dies verhindern. Mit einer großen
Armee vermag man vielleicht wegen der Schwierigkeit des Unterhalts
nicht allzulange in jener Stellung vereinigt zu bleiben. Man will das
vorwärts bis zur Grenze gelegene Land nicht ohne Weiteres aufgeben
und entwickelt das Heer dort, um es erst beim Erscheinen des Gegners
zurückweichen zu lassen. Man kann auch besorgen, daß vorgeschobene
Avantgarden allein nicht genug Anziehungskraft ausüben werden, um den
Feind heranzuziehen.

Die gesammte Armee wird dies weit eher vermögen; denn ihre
magnetische Kraft ist natürlich größer. Der Feind wird ihr folgen, schon,
um sie noch vor der Vereinigung zu erhaschen und zu schlagen. So
zerrt sie ihn gewaltsam hinter sich her. Nimmt der Vertheidiger von
Anbeginn seine entscheidende Stellung ein, so erleichtert er dem Angreifer
sehr wesentlich das Spiel. Er läßt denselben sofort erkennen, wo er
seinen Vereinigungspunkt zu wählen habe; er gestattet ihm, sich frühzeitig
über die Angriffsrichtung zu entscheiden und erlaubt ihm, bis zum letzten
Augenblick in bequemer Trennung zu verharren, zugleich auch auf die
Bedrohung unserer rückwärtigen Verbindungen auszugehen. Der Vertheidiger zieht gleichsam selbst den Vorhang fort, der seine Maßnahmen
verhüllen sollte.

Der concentrische Rückzug in eine rückwärtige Stellung ist auch das
naturgemäße Aushülfemittel bei einer Ueberraschung. Die centrale Lage
erleichtert das Sammeln. So ergab sich den Oesterreichern, als König
Friedrich im Jahre 1757 über sie herfiel, der allgemeine Sammelplatz
bei Prag ganz von selbst. Endlich können einleitende Gefechte die Unmöglichkeit eines vorher geplanten offensiven Verfahrens erweisen. Das

Zurückfallen in eine centrale Stellung, wie das der Oesterreicher 1866 hinter die Bistritz, bildet dann den Uebergang zur Defensive.

Der concentrische Rückzug ist die erste und am nächsten liegende Operation für denjenigen, der seine Schwäche erkennt. Das „Rückwärts=concentriren" hat darum auch gerade keinen guten Klang in der Kriegführung und wird in Zukunft noch übler beleumdet sein, weil sich meist alle taktischen Nachtheile eingeengter Lagen daran knüpfen. Es ist nahe verwandt den Centralstellungen, von denen man rühmt, daß man aus ihnen nach allen Richtungen hin gleich gut vorgehen könne, die man aber meist wählt, weil man nicht recht weiß, wohin man sich wenden soll.

Der excentrische Rückzug zu einer seitlich gelegenen Stellung wird bei einer Ueberraschung meist nicht mehr möglich sein. In solchen Augenblicken thut man das natürlichste und einfachste; das aber ist ein seitliches Ausweichen nicht. Dieses erfordert, daß das Heer vorher schon nahezu versammelt sei und sich fest in der Hand des Führers befinde. Man kann Marschall Bazaine's Rückzug in die Stellung an der französischen Nied, nach dem 6. August, als einen excentrischen bezeichnen; denn er versetzte seine Armee in die rechte Flanke der deutschen Heere, welche zur Mosel vordrangen. Der Nutzen des excentrischen Rückzuges, daß er dem Feinde eine Ueberraschung bereitet, ihn zur Aenderung seiner Anordnungen und seiner Marschordnung nöthigt und ihm jedenfalls Zeitverluste verursacht, wäre auch hier nicht ausgeblieben, hätte der Marschall diese Wirkungen abgewartet.

Der doppelt excentrische Rückzug, welcher die Kräfte absichtlich theilt, beraubt das Heer vorübergehend der Fähigkeit, mit dem Feinde zu schlagen, und man hat diese Art des Rückzuges deshalb grundsätzlich verworfen. Allein es giebt Lagen genug im Kriege, wo man zeitweise das größte Interesse hat, jede Berührung mit dem Gegner zu vermeiden, dafür aber den Truppen leichtere Bewegung, Ernährung und Unterkunft zu gönnen. Nach verlorener Schlacht bietet der excentrische Rückzug oft das beste Mittel, sich der Verfolgung zu entziehen. Zunächst erleichtert die Benutzung einer größeren Anzahl von Straßen das Davonkommen. Sodann aber führt der excentrische Rückzug den Sieger in Bezug auf die Richtung irre, welche die Hauptkräfte der zurückweichenden Armee eingeschlagen haben. Das Beispiel der Franzosen nach der Schlacht von Orleans vom 4. Dezember 1870 ist in dieser Hinsicht lehrreich. Das siegreiche Heer des Prinzen Friedrich Karl hatte, als es die in der Mitte der feindlichen Stellung gelegene Stadt genommen, den weichenden Gegner sowohl rechts im Westen, als links im Osten und auch im Süden vor sich. Wie es bei der durch die Schlacht erzeugten Verwirrung nicht anders sein konnte, traf man in allen drei Richtungen Mannschaften der verschiedensten französischen Heertheile gemischt an, und es entstanden vorübergehend ernste Zweifel über den Verbleib der Hauptmasse.

Der doppelt excentrische Rückzug hat also unter Umständen seine Vortheile und kann sehr wohl in Betracht kommen.

Ein bedeutendes Hinderniß im Rücken, das man angesichts des feindlichen Heeres überschreiten muß, wird gleichfalls dazu nöthigen, wenn man, wie bei einem großen Strome, darauf angewiesen ist, bestimmte, von einander entfernt liegende Uebergangspunkte zu gewinnen.

Aehnliches kann aus dem Umstande hervorgehen, daß man die Hülfe einer rückwärts herankommenden Armee erwartet und nach verlorener Schlacht deren unmittelbare Folgen zunächst aufheben will. Die Trennung darf dann natürlich nur als eine vorübergehende aufgefaßt werden, die Wiedervereinigung muß zuvor schon bestimmt in's Auge gefaßt sein.

Ein Stützpunkt für diese ist natürlich nothwendig. Er kann in einer starken Stellung, in Befestigungs-Anlagen oder Verstärkungen an Truppen bestehen.

Gerade, weil der excentrische Rückzug dem Feinde das klare Ziel entrückt, wird die Verfolgung früher enden und das Zusammenziehen der Streitmassen von neuem möglich werden. Hierbei können die Eisenbahnen gute Dienste leisten. Gelang es doch den Franzosen, nach der Orleans-schlacht eine ganze Armeegruppe mittelst derselben auf ein anderes Kriegs-theater zu versetzen, ohne daß dies im deutschen Lager sogleich bekannt wurde. Ein centrales Zusammenziehen auf leistungsfähigem Schienen-wege ist, wenn es rechtzeitig geplant und vorbereitet wird, sicherlich nicht schwerer.

4. Entscheidende Aufstellungen. Verhalten am Endpunkte der strategischen Vertheidigung.

Der Vertheidiger, welcher sich im Laufe der Operationen hinreichend erstarkt fühlt, dem durch das Vorangegangene geschwächten Angreifer gerades-wegs entgegenzutreten und ihm in entscheidender Schlacht den Weg zu verlegen, der wird auch meistens diese einfachste aller Maßnahmen für den Abschluß seiner Operationen wählen. Sie ist die sicherste, mindert die Gefahr von Irrungen und erlaubt es dem Gegner nicht, an uns vorüberzugehen. Man behält Verbindungs= und Rückzugslinien hinter sich und kann den Widerstand, wenn er in einer ersten Linie nicht ge-lingt, in einer rückwärts gelegenen wieder aufnehmen, falls man nicht gerade bis ans äußerste Ende seines Kriegstheaters zurückgegangen war. Aber freilich zieht man den Gegner meist in der Richtung, in der er selbst vorzugehen wünscht, hinter sich her, und muß daher sicher sein, ihn an irgend einer Stelle vor dem Ziele aufhalten zu können, d. h. man muß dort eine Aufstellung finden, welche für die nun folgende taktische Entscheidung besondere Vortheile verspricht.

Das System der strategischen Flankenstellungen.

Wo die Sicherheit fehlt, auf dem geraden Wege die Erfolg ver-sprechende Gelegenheit zur Schlacht zu finden, da wird man als verstärken-des Hülfsmittel die Ausnutzung der strategischen Flankenstellungen hinzunehmen. Was sich allgemein über diese sagen läßt, ist bekannt.*) Nur ihre vorbedachte Anwendung bedarf noch der Erörterung. Der Haupt=vortheil besteht darin, daß man den Gegner aus der Richtung zum Ziele ablenkt und auf solche Art dieses, welches man unmittelbar nicht glaubte schützen zu können, mittelbar sicher stellt. Die Richtungs=Veränderung erschwert außerdem dem Feinde die Arbeit erheblich.**)

Allein in den meisten Fällen macht man doch auch die eigene Lage schwieriger. Man nimmt seine Verbindungs= und Rückzugslinien in die eine Flanke und kann sie leicht verlieren. Wird man geschlagen, so ist auch die Gelegenheit vorüber, dem Gegner vor dem Ziele noch einmal in zweiter Stellung den Weg zu verlegen. Das Gekünstelte, was in dem System der Flankenstellungen immerhin liegt, führt leichter einen Unfall herbei; es macht erhöhte Ansprüche an die Geschicklichkeit der Führer.

Jedenfalls ergeben sich besondere, erschwerende Bedingungen. Zu=vörderst muß das vertheidigende Heer stark genug sein, um die hinreichende Anziehungskraft auf die Masse des Gegners ausüben zu können. Ist die Ueberzahl des Angreifers sehr groß, so stellt er dem zur Seite aus=gewichenen Vertheidiger einen geringeren Bruchtheil seiner Streitkräfte gegenüber und benutzt mit der Masse den ihm frei gelassenen geraden Weg. Jede strategische Flankenstellung muß daher zugleich eine gute Ausgangslinie für die Offensive sein. Wer sich hinter einen breiten und tiefen Strom stellt und die Brücken abwirft, kann zwar in einer Flanken=stellung stehen, geht aber aller Vortheile derselben verlustig. Er ver=schließt sich selbst die Thür zum Operationstheater.

Die Flankenstellung darf ferner nicht zu früh erkannt werden, sonst biegt der Feind bei Zeiten gegen dieselbe aus und man erntet höchstens einigen Zeitgewinn.

Der Rückzug aus der Flankenstellung soll nicht unmöglich sein, sondern durch die Natur der Gegend wenigstens auf Umwegen begünstigt werden, sonst wird man vom Angreifer dort eingesperrt und unschädlich gemacht. Ist der Rückzug nach verschiedenen Richtungen angängig, so verfügt man über die werthvolle Möglichkeit, den Gegner erst bis an die Flanken=stellung heran und dann durch langsames Zurückweichen noch weiter hinter sich her von seiner ursprünglichen Richtung abzulenken.

Hieraus geht wieder hervor, daß das ganze System viel Spielraum im Lande und ein gutes Straßennetz erfordert. Die Bewegung muß frei sein. Eine strategische Flankenstellung muß Hinterland haben, und die besten solcher Stellungen liegen dort, wo sie ein noch unberührtes seitliches Kriegstheater decken, auf das sich die Armee stützen und aus dem sie Verstärkungen heranziehen kann. Jomini's hohe Meinung von einer solchen Basis ist angeführt worden.***) Daß diese meist nur der Vertheidiger im eigenen Lande findet, ist klar.

---

*) S. S. 37 u. 63.
**) S. S. 37.
***) S. S. 63.

Einige Beispiele werden das Wesen der Operation noch klarer machen.

Clausewitz sagt bei Besprechung des Feldzuges von 1812: „Wenn man bedenkt, daß bei Borodino nur 130 000 Franzosen gegen 120 000 Russen standen, so kann kein Mensch bezweifeln, daß eine andere Richtung des Feldzuges, z. B. die auf Kaluga, Moskau ganz aus dem Spiele gebracht hätte." Bei Kaluga würde die russische Armee noch Land genug hinter sich gehabt haben, um leben, ja sich mit der Zeit selbst verstärken zu können, und die Franzosen hätten ihr um der eigenen Sicherheit halber folgen müssen, während ihnen zugleich der nöthige Kraftüberschuß fehlte, auch Moskau noch zu besetzen.*) Daß man thatsächlich nicht so gehandelt, findet Clausewitz freilich erklärlich, weil niemand das schnelle Zusammenschmelzen der französischen Streitkräfte voraussehen konnte, und weil keine Anstalten für den seitlichen Abmarsch der Armee getroffen waren, wie sie in einem verhältnißmäßig menschenleeren Lande nöthig gewesen wären.

Bei der Besprechung der Vertheidigung Frankreichs gegen die Verbündeten im Jahre 1814, schlägt er eine Aufstellung Napoleon's im Südosten von Paris vor; doch hätte diese Hauptstadt gegen einen einfachen Handstreich geschützt sein müssen, denn die bloße Besetzung derselben konnte aus politischen Gründen das Schicksal des Kaiserreichs entscheiden.

Es ist dies eine letzte Bedingung für die glückliche Durchführung, daß nämlich das zu schützende Objekt, wenn es eine überwiegende Bedeutung hat, immerhin eine Sicherheitsbesatzung haben muß.

Moltke hat, wie unlängst bekannt geworden ist,**) im Jahre 1860 für den Fall eines österreichisch-preußischen Krieges die Vertheidigung Berlins durch eine Flankenstellung vorgeschlagen. Er hielt bei den damaligen Stärkeverhältnissen der Heere eine direkte Vertheidigung gegen die im Vorrücken von Böhmen her angenommene feindliche Armee für unvortheilhaft. Eine unglückliche Schlacht mußte als möglich in Betracht gezogen werden. Mit derselben hätte man aber auch Berlin verloren und wäre, bei energischer Verfolgung durch den Feind, auf Stettin zurückgeworfen worden. Stelle sich — führt er weiter aus — das preußische Heer hingegen an der Elbe zwischen Torgau und Wittenberg auf, so sei von jeder Offensive aus dieser Flankenstellung heraus die beste Wirkung zu erwarten. Sie zwänge den Feind, dorthin Front zu machen, seine Verbindungen nach Böhmen aufzugeben, würfe ihn im glücklichen Falle auf Schlesien zurück, böte aber bei einem Fehlschlage dem Heere Schutz hinter dem Strome, und durch den Besitz der Festungen die Gelegenheit, bald wieder vorzubrechen. Berlin freilich müßte gleichzeitig für einige Tage gegen einen unmittelbaren Angriff selbstständig geschützt werden.

---

*) Clausewitz. Hinterlassene Werke. 2. Aufl. VII. Band S. 119.

**) Feldmarschall Graf Moltke's Ansichten über Flankenstellungen. Erstes Beiheft zum Militär-Wochenblatt 1895. S. 5.

In seiner Denkschrift von 1868, in welcher die Möglichkeit eines Krieges gegen Frankreich und Oesterreich in's Auge gefaßt wird, ist ein ähnliches Verfahren gegenüber der zweiten Macht angerathen. Hier kam nun noch hinzu, daß die in der Flankenstellung an der Elbe stehende Armee mit dem preußischen Heere an der französischen Grenze in guter Verbindung geblieben wäre und im Nothfalle von dort her Verstärkungen heranziehen konnte. Dies würde die Lage der, an der Flanken= stellung vorbei, auf Berlin marschirenden Oesterreicher noch unsicherer gemacht haben.

Das offensive Element im Systeme der strategischen Flankenstellungen ist von Moltke noch stärker betont worden, als von Clausewitz. In der That bilden sie die beste Grundlage für eine Ausfall=Defensive, die sich hier durch vortheilhafte Richtung und Ueberraschung stärkt.

Wir haben übrigens nicht nur mit Flankenstellungen zu rechnen, die von zurückweichenden Heeren eingenommen werden. Sie können sich ebenso aus der Offensiv=Operation gegen die Flanke des Angreifers entwickeln, wie Osman Pascha's Beispiel bei Plewna beweist, dessen Einwirkung auf die russischen Operationen gegen den Balkan um so kräftiger war, je weniger sein Erscheinen erwartet wurde.*)

Für die Beurtheilung dieser Einwirkung spielt es keine Rolle, daß es ursprünglich seine Absicht garnicht war, eine Flankenstellung gegen den russischen Vormarsch einzunehmen, sondern daß es sich beim Beginn nur um einen Marsch zur engeren Vereinigung der türkischen Hauptkräfte an der Donau handelte. In eigenthümlicher Art zeigte sich hier im Anfange des letzten Balkankrieges der Vortheil getrennter Aufstellung in der strategischen Defensive, obwohl die Entfernungen zwischen den drei Armee= Abtheilungen sehr große waren und es dem zwischen ihnen in ver= sammelter Ordnung eindringenden Feinde dadurch erleichtert gewesen wäre, sie einzeln abzuthun. Der Vortheil der Lage wurde indessen auf türkischer Seite nicht erkannt und daher auch nicht folgerichtig ausgenutzt.

Wenn die Flankenstellungen der strategischen Vertheidigung unbestreit= bare Vortheile bieten, so wäre es dennoch falsch, sie grundsätzlich wählen zu wollen. Schon diese kurze Besprechung hat erkennen lassen, wie viel Bedingungen sich vereinigen müssen, um sie nützlich zu machen. Außer= dem aber ist noch das Gewicht der Persönlichkeit des Feldherrn, das Ansehen, welches seine Armee beim Feinde genießt und so manches Andere in Betracht zu ziehen. General de Curten befand sich am

---

*) Man hat ihm in der Kritik zwei Vorwürfe gemacht, beide mit Unrecht, nämlich, daß er seine Offensive, namentlich nach den ersten bei der Vertheidigung errungenen Erfolgen nicht fortgesetzt habe, und daß er so lange in seiner Stellung verblieben sei, bis er sie nicht mehr verlassen konnte. Zum Ersten fehlte ihm die hinreichende Truppenzahl, und seinem Heere zudem die nothwendige taktische Aus= bildung und Beweglichkeit. Was den zweiten Punkt anbelangt, so handelte er gegen den eigenen Wunsch und die eigene Einsicht auf bestimmten höheren Befehl, über den sich ein türkischer Heerführer sehr viel weniger hinwegzusetzen vermag, als ein deutscher, französischer oder selbst russischer.

6. Januar 1871 mit seiner Division in einer geographisch höchst wirksam erscheinenden Richtung auf der linken Flanke der Armee des Prinzen Friedrich Karl, welche den Loir bei Vendôme angriff, aber niemand dachte daran, sich deshalb aufhalten zu lassen. Weder von dem feind= lichen General, den man nicht kannte, noch von seinen Truppen, welche kürzlich erst neu gebildet waren, befürchtete man Ernsthaftes. Man ging, unter schwacher Deckung nach der Seite, achtlos an ihnen vorüber.

Die Operationen auf der inneren Linie.

Sie bilden ein vielbesprochenes Thema der Lehre vom Kriege, weil sie wiederholt glänzende, die Welt überraschende Erfolge gezeitigt haben. Wenn der Vertheidiger sich auf einen Punkt stützt, den der Gegner von mehreren Stellen eines ihn umgebenden Kreisbogens auf getrennten Vor= marschlinien angreift, so sagt man, daß jener sich auf der inneren Linie befände. Dasselbe trifft zu, wenn er eine Stellung inne hält, die der Gegner mit einem Theile seiner Kräfte geradeswegs angreift, mit dem andern zu umgehen trachtet. Man hat den Begriff dann verallgemeinert und auf die Lage jedes Heeres übertragen, das sich zwischen verschiedenen feindlichen Gruppen befindet und seine Streitkräfte innerhalb des von denselben umschlossenen Raumes in Verbindung setzen kann, ehe der Feind im Stande ist, sie mit Ueberlegenheit anzugreifen.

Das Wesen dieser Operationen wird am besten durch die Maß= regeln Napoleon I. in den Tagen vom 10. bis 14. Februar 1814 er= läutert.*) Vor den verbündeten Heeren auf Paris zurückweichend, befand sich der Kaiser am 9. Februar mit dem Haupttheil seiner Steitmacht bei Sézanne. Nördlich, durch den Petit=Morin und sein sumpfiges Thal von ihm getrennt, zog die schlesische Armee unter Blücher eben gegen die Hauptstadt hin vorüber. Sie war nicht vereinigt, sondern auf zwei Straßen, nämlich längs der Marne, sowie auf dem kürzeren Wege über Champaubert getheilt. Auf jeder von beiden folgten die Armee=Korps einander noch dazu in größeren Abständen. Das waren allerdings günstige Umstände zum überraschenden Angriffe, zumal wenn sie sich einem Napoleon darboten. Dieser bemächtigte sich zunächst des Ueber= ganges über den Petit=Morin. Dann eilte er, denselben benutzend, hinüber auf die südliche Straße des Blücher'schen Heeres und sprengte am 10. Februar das zunächst stehende russische Korps Olsuwief bei Champaubert. Am 11. eilte er dem dort schon voraufmarschirten Sacken= schen Korps nach und schlug es bei Montmirail. Die von der nördlichen Straße an der Marne zu Sacken's Unterstützung herangeeilten Truppen des preußischen Korps von York wurden am 12. bei Chateau=Thierry über jenen Fluß zurückgeworfen. Darauf kehrte der Kaiser nach der südlichen Straße um, wo aus dem Hintergrunde noch Blücher mit dem preußischen Korps von Kleist und dem russischen von Kapczewitsch heran= kam. Am 14. Februar erlitt auch Blücher bei Etoges eine vollständige

---

*) Nr. XI der Skizzentafel.

Niederlage und mußte sein Heer rückwärts bei Châlons erst wieder sammeln, ehe er Weiteres unternehmen konnte. In fünf Tagen hatten alle Theile des schlesischen Heeres vereinzelte Niederlagen erlitten und schwere Verluste gehabt, die für den Gegner dem Ergebniß einer großen gewonnenen Schlacht gleichkamen.

An sich ist die Lage auf der inneren Linie keineswegs immer günstig. Man kommt in dieselbe der Regel nach nur hinein, wenn der Gegner in der Ueberlegenheit ist. Aber in dem Umstande, daß er sich zwischen dessen Operationslinien befindet, vermag der Vertheidiger seine Rettung zu finden. Sie liegt in der Möglichkeit des mehrfachen Gebrauchs derselben Streitmacht gegen verschiedene feindliche Gruppen. An der Spitze von 30 000 Mann kann man nach einander drei Abtheilungen von 20 000 Mann schlagen, während der Kampf gegen die vereinigten 60 000 aussichtslos wäre.

Die Bedingungen für die Möglichkeit solchen Handelns sind zunächst sehr große Entschlossenheit der Führung, welche keine Stunde verliert, da der Feind in der Bewegung zur Vereinigung ist, und diese die Lage in's Gegentheil verändern würde. Sodann ist große Tüchtigkeit der Truppen nöthig; denn der mehrfache Gebrauch muß sie natürlich stärker abnutzen, als der einfache. Das Hin- und Hermarschiren ermüdet; es erschwert den Unterhalt.*) Endlich sind es günstige Entfernungen. Werden diese zu klein, so setzt sich der Vertheidiger dem aus, daß während des Kampfes gegen eine Heersäule des Feindes die anderen herankommen und ihn umfassen oder einschließen. Sind sie zu groß, so muß man, mit einem Gegner beschäftigt, die übrigen lange Zeit hindurch aus dem Auge lassen, und diese können unbehindert ihre eigenen Vortheile verfolgen. Es sind also mittlere Abmessungen nöthig, die sich bei concentrischem Vorgehen des Angreifers nur für eine kurze Zeitspanne ergeben. Diese glücklich zu erfassen und auszunutzen, ist bei der im Kriege herrschenden Ungewißheit schwer.

Endlich muß man zum Gelingen noch ein unvollkommenes Einverständniß zwischen den Heersäulen des Angreifers voraussetzen. Handeln dieselben indessen, wie die Verbündeten im Jahre 1813, wo Napoleon mit seiner großartig angelegten Operation auf der inneren Linie von Dresden aus scheiterte,**) so wird der Erfolg leicht vereitelt.***)

Im Beginn der Kriege steht heute außerdem noch die große Truppenzahl der Heere dem Erfolge im Wege. Die Massen, welche in

---

*) Aus diesem Grunde stehen erfolgreiche Operationen auf der inneren Linie meist nur dem Vertheidiger im eigenen Lande zu Gebote.

**) S. S. 47.

***) Um sie zu täuschen und die Gemeinsamkeit im Handeln der Gegner zu stören, muß der auf der inneren Linie Operirende meist denjenigen feindlichen Heersäulen, gegen welche er sich nicht mit seiner Hauptmacht wendet, einige, wenn auch schwache Kräfte zur Beobachtung gegenüber lassen. So hatte auch Napoleon, als er sich nach Montmirail und Ch. Thierry wendete, Marmont zurückgelassen, um Blücher zu überwachen.

unserer Zeit aufgeboten werden, kann man nicht auf den inneren Linien hin= und herwerfen, wie Napoleon seine Korps in den ruhmreichen Februartagen.

Die unerläßlichen Bedingungen der Beweglichkeit und Entwicklungs= fähigkeit, deren der Vertheidiger zu den schnellen Erfolgen, auf die er rechnen muß, dringend bedarf, erfüllen sich schwer in dem verhältniß= mäßig engen Raum, in dem er sich meist zwischen den Kräften des Gegners befindet. Auch die Ueberraschung, welche damals viel zum Gelingen beitrug, hört auf, wo der Telegraph zahlreiche Nachrichten über den augenblicklichen Standpunkt des im innern Raum sich bewegenden Vertheidigers bekannt werden läßt. Dasselbe Mittel steht zudem dem Angreifer zu Gebote, um die Wirksamkeit seiner getrennt handelnden Heertheile in Uebereinstimmung zu bringen. Endlich kommt heute hinzu, daß die Eisenbahnen dem auf den äußeren Linien Befindlichen mehr Nutzen bringen, als dem auf den inneren Operirenden. Man ver= mag sich immer nur derjenigen Schienenwege zu bedienen, welche man durch seine eigenen Truppen deckt. Das geschieht beim Angriff in der einfachsten Art durch den Vormarsch selbst, während der Vertheidiger nicht in der Lage sein wird, die gesammte Peripherie des Operations= gebietes, in dem er sich hin und her bewegen will, durch entsendete Abtheilungen zu sichern, wodurch allein er sich die Benutzung der Bahnen bis dorthin ermöglichen würde.*)

Glückliche Operationen auf der inneren Linie werden wir in künftigen Kriegen wohl nur erleben, wenn länger andauernde Kämpfe die einzelnen Truppenkörper schon geschwächt haben und die Ermattung zudem die Anspannung und Aufmerksamkeit des einen der kämpfenden Theile mindert.

In ganz großen Abmessungen, wo das strategische Verhältniß in ein politisches übergeht, mögen sie denkbar werden. So stünde eine russische Armee im Königreich Polen natürlich auf den inneren Linien zwischen einer österreichischen in Galizien und einer deutschen in Preußen und Posen. Sie würde, wenn es ihr gelingt, rechtzeitig fertig zu werden, ihre Lage gewiß zu doppeltem Gebrauch der Streitkräfte einmal süd= und das andere Mal nordwärts ausnutzen. Deutsch= land befände sich bei einem gleichzeitigen Kriege in Ost und West eben= falls auf der inneren Linie und könnte darin ein Mittel zur Stärkung seiner Widerstandskraft finden. Gelingt es, auf einer Grenze die Operationen des Feindes zum Stehen zu bringen, so würde das sehr vollständige Eisenbahnnetz es erlauben, bedeutende Truppenmassen schnell nach der anderen zu schaffen, um hier das Uebergewicht zu erlangen. Aber schnellster Entschluß und eine ebensolche Ausführung wären von= nöthen; denn lange wird unser Beginnen nicht geheim bleiben. Friedrich des Großen Verfahren gegen Oesterreich, Frankreich und Rußland während des siebenjährigen Krieges war derart. Die Bewegungen gingen

---

*) Leer. Positive Strategie. Deutsch von Eugen Opacic. Wien 1871. S. 321

damals langsam, aber ebenso die Mittheilungen davon, und noch viel langsamer die Verständigung zwischen den verbündeten Höfen über das gemeinsame Verfahren.

Schlußbemerkung.

Selten wird die eine oder andere der hier dargestellten Operations= weisen in ganz reiner Form anders vorkommen, als für kurze Zeitspannen und auf einem kleinen durchweg gleichartig gestalteten Operationstheater. Es liegt schon in der Vielseitigkeit der Bedingungen, unter denen die kämpfenden Parteien einander begegnen, in der Vielgestaltigkeit des Bodens, der zum Kampfplatze dient, daß sich die Art des Widerstandes ändert, offensive und defensive Operationen sich mischen oder auf ver= schiedenen Bühnen neben einander hergehen. Je fruchtbarer die Ver= theidigung im geschickten Wechsel der Gegenwehrmittel ist, desto mehr Aussicht hat sie auf endlichen Triumph. Der Vertheidiger handelt nur dem Wesen seiner Aufgabe entsprechend, wenn er mit seinen Kräften ausweicht, wo es augenblicklich ohne dauernden Nachtheil geschehen kann, aber vorgeht, wo sich die Aussicht auf einen Vortheil bietet, um so eine Anzahl von Theilerfolgen allmählich zu einem erdrückenden Gesammt= gewichte zu vereinigen. Aehnlich war das System der Verbündeten im Feldzuge von 1813 nach dem Waffenstillstande. Was hierüber zu sagen ist, hat schon in dem Abschnitt über Wechselwirkung von Offensive und Defensive seinen Platz gefunden. Geräumigkeit des Kriegstheaters ist erforderlich, nicht minder aber die Unterstützung der Vertheidiger durch das Gelände wenigstens auf einem Theile desselben. Blücher's erfolg= reiches Handeln gegen die Franzosen wurde in jenem Feldzuge durch die Natur Schlesiens mit seinen Wasseradern in tief eingeschnittenen Thälern sehr begünstigt. Festungen und befestigte Stellungen können ähnlichen Vorschub leisten; sie erlauben es, unter Umständen einen strategischen Flügel zeitweise sehr schwach zu machen, und so für den anderen die Streitmittel zum kräftigen Gegenstoße zu erübrigen.

So ergiebt sich denn auch hier, wie bei der Betrachtung des strategischen Angriffsverfahrens, daß es sich nicht darum handelt, zwischen Methoden entscheidend zu wählen und nur eine zu bevorzugen, sondern darum, die Grundsätze des Handelns mit den Umständen in Einklang zu bringen.

XII.
Die Durchführung der taktischen Defensive.

1. Allgemeines.

Die Einzelheiten gehören in ein Lehrbuch der Taktik. Hier sind nur die allgemeinen Beziehungen zu erörtern, in denen die taktische Defensive zu den strategischen Operationen steht.

Dieselbe kann, im Gegensatz zur taktischen Offensive, einen doppelten Zweck haben, nämlich Abwehr des Gegners auf dem Schlachtfelde und Zeitgewinn. Es ist keineswegs immer nothwendig, daß man zu ernstem Widerstand entschlossen ist, wo man sich dem Gegner stellt. Das Wesen der Defensive hat uns erkennen lassen, daß die Zeit ihr Verbündeter ist, daß der Vertheidiger es sich oft als einen Erfolg anrechnen darf, wenn er nur bis zu einer bestimmten Stunde noch keine Niederlage erlitten hat.*) Sobald ein Heer nach verlorener Schlacht vom Feinde lebhaft gedrängt wird und seine Nachhut stehen läßt, um den nöthigen Vorsprung zu gewinnen, dessen es zum Einrücken in eine schützende Stellung bedarf, hat jene ihre Aufgabe meist völlig erfüllt, wenn sie nur einige Stunden lang Stand zu halten vermag. Wurde gegen Abend Halt ge= macht, so genügt es, wenn der Widerstand andauert, bis die Dunkelheit hereinbricht. Die Nacht ist dann für den zu erreichenden Zweck gewonnen.

Zeitgewinn kann also einen beinahe vollwichtigen Ersatz für den Gefechtsvortheil bilden; während man in der Offensive den letzteren um jeden Preis haben muß.

Bedingung ist natürlich, daß der jedesmalige Zweck der taktischen Defensive nicht mit zu großen Verlusten erkauft werde; da man sonst beispielsweise durch den Kampf einen gewollten Aufschub in den Opera= tionen erlangt, oder eine Stellung behauptet, auf welche man Werth legt, aber an Verlusten zu Grunde geht und den Krieg nicht mehr fort= führen kann. Die Summe der Mittel, deren sich die Defensive bedienen kann, nämlich Feuerwirkung, Gelände, künstliche Vertheidigungs=Anlagen oder Ermüdung des Gegners soll in jedem Falle hoch genug sein, um Aussicht auf ein Gleichgewicht mit dessen bisheriger Ueberlegenheit zu gewähren.

Zu erklären ist, wie man die Ermüdung des Gegners als ein Mittel zu denken hat, dessen sich der Vertheidiger bedienen kann. Feuer= wirkung, Gelände und künstliche Verstärkungen sind in ihren Eigenschaften ohne Weiteres verständlich.

Wir wissen, daß der glückliche Verlauf eines Angriffs sehr wesent= lich vom geschickten Ansetzen und der zweckmäßigen Entwickelung der Truppen abhängt. Macht der weichende Vertheidiger auf der Rückzugs= straße Halt, so kann der Angreifer nicht einfach anrennen, sondern er muß seine Truppen erst aus der Tiefe der Marschkolonnen hervorholen. Hat des Vertheidigers Stellung einige Breite und bediente er sich klug der Vortheile des Geländes, so ist dieselbe erst zu erkunden. Dann sind die Annäherungswege zu finden und die Truppen auf denselben vorzuführen, zugleich aber gefechtsmäßig auseinander zu ziehen. Dies muß außerhalb des wirksamen Geschützfeuers geschehen, welches man heute für die Feld= artillerie mindestens bis auf 3000 Meter rechnet, für die schwere Artillerie

---

*) S. S. 35.

des Feldheeres auf das Doppelte.*) Die Aufmarschlinie wird also erheb=
lich ausgedehnter, als die feindliche Stellung sein, und die Bewegungen
bis zu derselben gehen querfeldein. Das verbraucht die Kräfte der
Soldaten. Je größer die Truppeneinheit, desto länger dauert die Ent=
wickelung, desto stärker wirkt die Ermüdung. Ist gar der Boden auf=
geweicht, oder bedeckt tiefer Schnee die Felder, so kann die Mühsamkeit
des Vorwärtskommens geradezu eine Kalamität werden. Auch die Fecht=
weise muß sich dabei ändern; denn die Thätigkeit der Kavallerie hört
nahezu auf, die der Artillerie wird sehr eingeschränkt, die Last fällt fast
ganz auf die Infanterie. Rechnet man noch die Kürze der Wintertage,
die sich mit diesen Umständen meist vereinigt, so ist es erklärlich, daß
nicht zu Ende geführte, sondern vor der vollen Entscheidung durch die
Dunkelheit unterbrochene Gefechte unter solchen Verhältnissen zur gewöhn=
lichen Erscheinung werden. Man denke nur an die Tage von Le Mans.

Bei dem Wiedereinfädeln der Truppen in die Straßen nach dem
Gefechte wiederholt sich das gleiche Bild, wie bei der Entwickelung.
Schon aus der Betrachtung der Marschtiefen allein ergiebt sich, daß ein
Armee=Korps Tags nur ein einziges Mal ganz zum Gefecht entwickelt
werden kann. Eine Division vermöchte bei äußerster Anstrengung sich
einmal zu entwickeln, wieder in Bewegung zu setzen und nochmals in
Kampfordnung aufzumarschiren. Aber die zweite Anstrengung wäre schon
nutzlos, weil vor Abend keine Zeit zum Gefechte mehr übrig bliebe.

Nichts ist für den Angreifer verderblicher, als vorzeitige und un=
nöthige Entwickelungen, welche seine Truppen lediglich erschöpfen; und
der gewissenhafte Führer wird nichts mehr scheuen, als einen Irrthum
in dieser Hinsicht. Die heute sehr hoch stehende Geschicklichkeit gut
ausgebildeter Truppen in der Geländebenutzung, die großen Schußweiten
der modernen Waffen, die geringe Raucherzeugung des Pulvers, welche
oft garnicht erkennen läßt, woher einschlagendes Gewehrfeuer kommt,
begünstigen die Täuschungen. Je mehr indirektes Schießen aus Feldwurf=
geschütz in Anwendung kommt, desto leichter werden dieselben eintreten.

Diese Umstände sind ganz zu Gunsten der taktischen Defensive.
Vermag sie eine große feindliche Truppen=Einheit durch Täuschung zur
Gefechts=Entwickelung zu veranlassen und sich ihr dann ohne erheblichen
Verlust zu entziehen, so hat sie einen Tag gewonnen. Oft wird das
übersehen, und ein kostbares Mittel, durch bloße Drohung mit dem
Kampfe seinen Zweck zu erreichen, bleibt unbenutzt.

Der gefürchteten Umfassung beider Flügel gegenüber kann der Ver=
theidiger in geeignetem Gelände die List brauchen, eine vorgeschobene,
nicht zu hartnäckiger Gegenwehr bestimmte Linie zu besetzen und aus der=
selben langsam in eine weiter rückwärts gelegene ernst gemeinte Aufstellung
zurückzuweichen, sobald der Angreifer die Umfassung angesetzt und mit

---

*) Die äußersten Schußweiten moderner schwerer Artillerie des Feldheeres
reichen bekanntlich weiter; doch wird man ernsthaft nur die Grenze des wirk=
samen Shrapnelfeuers in Betracht zu ziehen haben.

der Entfaltung seiner Truppen begonnen hat. Dieser geräth dann leicht vor die Front und wird ein Durcheinander seiner Streitkräfte kaum verhüten können.

Natürlich gehört zur glücklichen Anwendung solcher Mittel Geschick= lichkeit des Führers und gute Gefechts=Disciplin der Truppe. Bei dem Versuche, Zeit zu gewinnen, wird man leicht wider Willen festgehalten und zu der nicht beabsichtigten Waffenentscheidung gezwungen. Dies zu verhüten, ist zuvörderst ergiebiger Gebrauch der Artillerie auf größte Schußweiten nöthig. Die Wirkung wird dabei freilich beeinträchtigt, aber man wünscht ja auch weniger zu wirken, als zu täuschen. Anwendung sehr lichter Schützenschwärme der Infanterie, Theilung der Batterien, um den Feind zunächst an die Anwesenheit einer größeren Zahl glauben zu machen, Mischung der verschiedenen Arten von Reiterei bilden eine durch= aus berechtigte List. Fronten, welche viel ausgedehnter sind, als die Truppenstärke sie sonst erlaubt — Entwickelung einer sehr starken ersten Linie, bei, für den ernsthaften Widerstand unzureichenden, Reserven, sind gleichfalls oft mit Nutzen anzuwenden.

Ueberschätzen dürfen wir freilich den Werth dieser Mittel nicht, ihnen vor allen Dingen keine entscheidende Kraft beimessen; denn sonst kämen wir auf Massenbach's Glauben an die „Macht des Manövers" zurück. Aber sie sind auch nicht zu verwerfen und werden im Kriege unter Umständen leichter ihren Zweck erreichen, als im Frieden, wo der Aufklärungsdienst Leistungen verzeichnet, hinter denen er im bitteren Ernst der Wirklichkeit weit zurückbleibt. Der Vertheidiger ist an sich als der Schwächere zu denken, und ihm kommt es zu, Nichts zu ver= nachlässigen, was dazu helfen kann, das Mißverhältniß der Kräfte aus= zugleichen.

Am schwersten ist der Augenblick zu erkennen, in dem man, bei dem Versuch, den Gegner zu täuschen, seinen Zweck als erreicht ansehen darf. Hat man ihn verstreichen lassen, so folgt augenblicklich die Strafe. Der Schein wird zur Wirklichkeit, d. h. der ernste entscheidende Kampf beginnt, auf den man nicht vorbereitet war, oder den man doch noch nicht gewollt hat. Zumal muß man sich immer vor Augen halten, daß, wenn die Infanterie einmal ernsthaft mit dem Feinde angebunden hat, das Gefecht bis zur Entscheidung durchgefochten werden muß, weil es nicht mehr möglich ist, sie zurückzurufen, ohne daß sie die schwersten Verluste erleidet. Das Abbrechen muß also vor diesem Augenblick erfolgen. Dies ist nicht leicht; denn der Feind wird es bemerken und bald lebhaft zu drängen anfangen.

2. Anwendung der verschiedenen Methoden des Widerstandes.

Wann ist Zeitgewinn, wann das Ermüden des Gegners, wann ent= scheidender Kampf am Platze?

Dieser letzte soll den Endpunkt der gesammten Defensiv=Operation bezeichnen und den Umschwung einleiten. Der Entscheidungskampf ist also anzunehmen, sobald man glaubt, über das höchste Maß von Widerstandsfähigkeit zu verfügen. Diese setzt sich aus der Zahl der Truppen, ihrem Zustande, der Stärke der Stellung im Gelände und moralischen Größen zusammen. Sie ist nicht absolut, sondern im Vergleiche mit dem Feinde abzumessen.

Erwartet man noch einen Zuwachs, welcher die bis zu seinem Eintreffen entstehenden Verluste wahrscheinlich überragt, so ist das Hinhalten ohne Entscheidung bis zu jenem Punkte wichtig, und der Zeitgewinn wird zur Hauptsache.

Ermüden des Gegners, unter Umständen das gefährlichste Mittel des Vertheidigers, das den Angreifer zur völligen Entkräftung führen kann, wird alleiniger Zweck der taktischen Defensive werden, sobald sich deren Endpunkt überhaupt noch nicht erkennen läßt.

Die richtige Wahl zwischen entscheidendem und ermüdendem Verfahren sieht an sich sehr klar und einfach aus. Es ist aber nicht leicht, sie auf die Praxis zu übertragen und sein Verhalten danach einzurichten; denn dem Bilde, das man im Felde vor Augen hat, fehlt die nothwendige Deutlichkeit. Kann man auch mit einiger Sicherheit voraussehen, wann und wo man selbst Verstärkungen erhalten wird, so entzieht es sich doch meist dem Urtheil, ob nicht beim Gegner inzwischen dasselbe eintreten und unseren Vortheil wieder aufheben wird. Noch weniger vermag man die bevorstehenden Verluste mit Sicherheit abzumessen. Bei Beurtheilung des Zustandes, in welchem sich der Gegner befindet, sind erhebliche Irrthümer möglich. Wir wissen, wie sehr sich die Verbündeten vor der Schlacht von Austerlitz in diesem Punkte täuschten.*) Der Auszehrungsprozeß, welcher sich 1812 an der französischen Armee in Rußland vollzog, wurde dem Gegner erst sehr spät wahrnehmbar. Kutusow hatte ihn selbst in seiner Stellung von Kaluga noch nicht völlig erkannt. Der Angreifer ist in dieser Hinsicht besser daran, als der Vertheidiger. Sein Marsch führt über Gefechtsfelder und Lagerplätze des Feindes hinweg; denn er schlägt vielfach Wege ein, welche dieser vor ihm benutzte. Spuren von Auflösung werden ihm schwerlich entgehen; er hat mehr Gelegenheit, Gefangene zu machen. Dem weichenden Vertheidiger stehen solche Mittel nicht zu Gebote, und, befindet er sich auf fremdem Boden, so werden ihm nicht einmal ausreichende Nachrichten von den Landeseinwohnern zufließen. Die Lebhaftigkeit, welche der Angreifer in den Gefechten zeigt, bildet wohl einen Maßstab für die Beurtheilung seiner physischen und moralischen Kraft, doch darf man nicht übersehen, daß dieselbe vielleicht durch die größere oder geringere Energie seiner Absichten bedingt sein kann.

Sind also auch die Stützpunkte theoretisch festzustellen, auf welchen das Urtheil über den Feind ruhen soll, so wird dieses selbst dennoch oft in Ungewißheit umhertasten. Die Diagnose muß nach der Gesammtheit der Umstände gestellt werden. Kriegserfahrung und Kenntniß der menschlichen Natur finden dabei am ehesten den rechten Weg.

---

*) S. S. 129.　　　　　　— - -

3. Aufstellung zum Kampf.

Für jede Art von Kampf muß der Vertheidiger sich über eine Auf=
stellung seiner Kräfte entscheiden, welche ein organisches Ganze bildet.
Läßt er sich in der Bewegung erfassen und vertheidigt sich nur, wie es
die Umstände an den Stellen, wo sich seine Truppen befinden, gerade
erlauben, so giebt er die Leitung aus der Hand und macht sich abhängig
vom Gegner. Der Zweck der vorangegangenen Defensiv=Operationen,
welcher doch nur darin bestehen konnte, die günstigsten Bedingungen für
den Kampf zu erlangen, wäre verfehlt.

Handelt es sich um ernsten entscheidenden Widerstand am Endpunkte
der Operation, so ist der oberste Gesichtspunkt bei der Wahl der zu
benutzenden Stellung die Bedrohung des Gegners und die Begünstigung
der Feuerwirkung. Die Bedrohung ist erforderlich, um den Feind zu
zwingen, daß er sich auf den gesuchten Kampf einläßt. Die Feuerwirkung
bildet für ihn das größte Annäherungs=Hinderniß. Dieses darf man jetzt
nicht mehr in der Schwierigkeit bei Ueberwindung des Geländes suchen.
Wünscht der Vertheidiger die Schlacht dort, wo er steht, so ist es durch=
aus nicht günstig, die natürliche passive Stärke die erste Rolle spielen zu
lassen und ein gar zu beträchtliches Hinderniß vor sich zu nehmen; denn
dieses veranlaßt den Feind möglicherweise zu Bewegungen, welche der
Stellung ihre Bedeutung rauben, so daß sie aufgegeben werden muß. Eine
scheinbare Schwäche, wie bei Austerlitz auf dem rechten Flügel Napoleon's,
kann vortheilhaft sein, weil sie den Feind zum Vorgehen in leicht erkenn=
barer Richtung verleitet. Freilich ist es bequem, wenn ein Theil der
Front von Natur stark ist; denn im großen Ganzen muß man sich den
Vertheidiger als den Schwächeren der beiden Kämpfer vorstellen, und
wenn er wenigstens auf einem Theile des Schlachtfeldes sicher die Ober=
hand behalten will, so muß er auf dem anderen mit seinen Truppen sehr
sparsam sein dürfen.*)

Wie weit man heute darin gehen kann, wird durch die Kämpfe am
Tugela und Modderriver in Südafrika hinlänglich bewiesen. Dünne
Schützenketten, gut gedeckt, reichlich mit Munition versehen und energisch
befehligt, haben, mit dem heutigen Gewehr in der Hand, keine Ursache
mehr, Massenangriffe zu fürchten, welche sich, in übersichtlichem Gelände,
rein frontal gegen sie richten.

Eine fernere Bedingung ist ein gedeckter innerer Raum, der durch
den Feind nicht leicht übersehen werden kann. Früher genügten vor=
liegende Bodenanschwellungen, jetzt, wo man vom gefesselten Luftballon
herab über ganz bedeutende Höhen hinwegblickt, ist ein durch Anbau,

---

*) Auch für die Aushülfe durch künstliche Verstärkung ist es nützlich, wenn
ihr auf einem Theil der Schlachtlinie von der Natur des Geländes Vorschub ge=
leistet wird.

Wäldchen, Gehöfte und Gärten verhülltes Gelände vortheilhafter.*) Es vermag dem Feinde die Vertheilung unserer Kräfte zu verbergen.

Damit verbunden soll aber leichte Gangbarkeit sein, und diese Bedingungen sind schwer zu vereinigen. Bedeckter Boden findet sich zumal in hochkultivirten Landstrichen und diese sind reich an Bewegungshindernissen. Fehlen auch unüberschreitbare Wasserlinien, steile Schluchten, Sumpfstrecken und dergleichen, so treten dafür Gartenmauern, Drahtzäune, Abzugsgräben, tief durchgrabene Felder und ähnliche Zuthaten einer gesteigerten Bodenbearbeitung an ihre Stelle. Zahlreiche Wege oder doch gangbare Richtungen zur vorderen Gefechtslinie und gegen die Flanken hin sind erforderlich. Immer soll man an die Möglichkeit denken, daß eine Frontveränderung nothwendig werden kann.

Ist die Wahl der Stellung derart angängig, daß der Gegner vor dem Herankommen an dieselbe ein, nur an wenigen Punkten gangbares, Hinderniß überschreiten muß, wie einen Fluß, bei dem er auf die Brücken verwiesen ist, so genießt der Vertheidiger des Vortheils, daß er im Voraus weiß, in welchen Richtungen er seine Feuerwirkung zu vereinigen hat. Auch sind die Bewegungen des Angreifers dann gebunden und der Vertheidiger kann sich ein Bild von dem machen, was er zu erwarten hat.

Bei den geringen Aussichten des frontalen Angriffs muß des Vertheidigers Vorsorge vornehmlich den Flanken zugewendet sein. Diese wird der Gegner aufsuchen und sie finden schwerer sicheren Schutz im Gelände, als bei strategischen Vertheidigungsstellungen.**) Wenigstens aber soll man für einen Flügel Anlehnung erstreben, zumal für denjenigen, der von Natur der stärkere und an Truppen deshalb der schwächere ist. Auf dem anderen sind die Streitkräfte zusammengeschoben, und der Ueberschuß zu lebendigem Flankenschutze ist vorhanden.

Die Art, wie derselbe anzuordnen ist, wird sich aus der Gestalt des Kampfplatzes ergeben.

Ein sehr einfaches Mittel ist die Verlängerung der Aufstellung, nachdem der Angreifer schon seine Umfassung angesetzt hat, so daß diese vor die Front geräth. Dazu sind Reserven hinter dem Flügel nothwendig. Aber ein weit hinausgereckter Flügel wird leicht schwach, vom Gegner zertrümmert oder verjagt, wie der französische bei Roncourt am 18. August 1870, und seine Niederlage wird nahezu ebenso erschütternd auf das Heer wirken, wie eine Umfassung. Stärker ist meist eine zurückgebogene Flanke, zumal wenn der Angreifer sie nicht eher zu entdecken vermag, als bis er den Flügel der Stellung erreicht hat. Sein Weg bis zur Gefechtslinie wird dann weiter, als derjenige, den unsere Reserven zu durchmessen haben, und es bleibt ihm als Vortheil nur die Concentricität seines Angriffs.

---

*) Die Ballonbeobachtungen werden, bei der Treffsicherheit der neuen Feldartillerie freilich auf die Entfernungen außerhalb des Schrapnelschusses derselben beschränkt.

**) S. S. 103.

Am besten ist der Flankenschutz durch rückwärts = seitwärts des Flügels aufgestellte Truppen. Oft kann dort die Hauptreserve stehen; denn die Front bedarf ihrer nicht und der angelehnte Flügel ist mit Minderem sicher zu stellen. Diese anfangs zurückgehaltene Streitkraft vermag dann überraschend gegen die Umfassung vorzugehen. Der Angreifer, welcher, gerade in dieser Bewegung begriffen, sich oft schon am Ziele wähnt, wird davon stets wirksam getroffen werden. Glaubt man der Hauptreserve anderweitig zu bedürfen, so scheide man für den gleichen Zweck eine selbstständige Abtheilung aus und lasse sie gegen die Umfassung manövriren. Kann sie diese auch nicht schlagen, so wird sie dieselbe doch im entscheidenden Augenblicke hinzuhalten und des Einflusses auf die Entscheidung zu berauben vermögen. Dies gelang an der Lisaine der schwachen Abtheilung des Generals v. Keller bei Chenebier am 17. Januar 1871 gegenüber den zur Umfassung angesetzten französischen Divisionen Cremer und Penhoat.

Sind beide Flügel im Gelände ohne Anlehnung, so gebührt der stärkere Schutz dem gefährdeteren. Dies ist in der Mehrzahl der Fälle derjenige, wo eine Niederlage die bedeutenderen strategischen Folgen haben würde, wo nahe hinter demselben unsere Verbindungs= oder Rückzugslinien vorüberführen, oder wo wir eine Verstärkung erwarten, von der uns abzudrängen des Gegners Interesse gebietet.

Ganz abweichende Rücksichten gelten, sobald die Stellung dem Zeitgewinn dienen soll, wie es schon aus dem hervorgeht, was über das Wesen einer darauf ausgehenden taktischen Defensive gesagt worden ist.*) Eine unzugängliche Front wird dann zum großen Vorzug; denn, wenn sie den Feind vom Angriff abschreckt und zu Umgehungen nöthigt, so ist der Zweck nur auf wohlfeilere Art erreicht worden. Eine Flanken= Anlehnung ist nicht unbedingtes Erforderniß; weil selbst die Umfassung dem Gegner Zeit raubt und dem Vertheidiger Gewinn bringt. Schwer überschreitbare Flüsse, tief eingeschnittene sumpfige Thäler mit steilen Rändern; schroff zur Ebene abfallende, schwer ersteigbare Höhen, sind keineswegs geeignet für die entscheidende Vertheidigungs=Schlacht, wohl aber für einen Kampf, den man um des Zeitgewinnes halber führt.

Zu achten ist dabei nur auf die Möglichkeit rechtzeitigen Abzuges und die allgemeinen strategischen Beziehungen der Stellung, damit man nicht in derselben festgehalten oder während des durch den Kampf verursachten Aufenthaltes seiner Verbindungen beraubt werden kann.

Anders wieder steht es, wenn es sich um ein Ermüden des Gegners handelt. Es wird dabei mehr als ein bloßes Hinhalten, mehr als der Schein des Widerstandes nothwendig werden. Ernstere Gefechte sind angebracht, bei denen es aber doch nicht zu einer endgültigen Entscheidung kommt. Ein Zusammentreffen günstiger Umstände des Geländes, der

---

*) S. S. 35 u. 142.

Jahreszeit, der Bewaffnung und Eigenschaften der Truppen müssen das Gelingen fördern. Was man für gewöhnlich „abschnittsweise Vertheidigung" nennt, findet hier ein Feld. Die Zähigkeit wird zur Haupttugend, wie es im Angriffe die Energie ist. Eine schwer übersichtliche, dicht bewachsene, vielfach durchschnittene Gegend leistet dabei den meisten Vorschub. Sie erschwert den Gebrauch der Ueberlegenheit, die Entwickelung großer Massen, schränkt die Feuerwirkung ein, erlaubt dem Geschlagenen, sich der Vernichtung zu entziehen, dem Weichenden, seinen Widerstand nach kurzem Zurückgehen wieder aufzunehmen. Landstriche wie die Elbherzogthümer, die Bretagne und Vendée sind dieser Art. Der bewundernswerthe Widerstand der Vendéer und Chouans gegen die erste Republik in Frankreich erklärt sich zum Theil aus der Natur des Landes.

Wir sehen somit die mannigfachsten Gesichtspunkte bei der Wahl der Stellung für die taktische Vertheidigung maßgebend werden, und deren Beurtheilung fällt danach ganz verschieden aus. Art und Ort der Aufstellung müssen mit dem die Operation leitenden Gedanken, mit dem augenblicklich durch dieselbe verfolgten Zwecke in Einklang stehen. Nicht jede Stellung ist gut, nur weil sie von Natur stark ist, und nicht jede Aufstellung schon deshalb richtig, weil sie sich den Formen des Geländes geschickt anschmiegt.

---

4. Anordnungen zum Gegenstoße.

Den Abschluß jeder taktischen Defensive soll ein Uebergang zur Offensive, der Gegenstoß, bilden.*) Der Wille hierzu wird sich bei den Aufstellungen zum Vertheidigungskampfe in verschiedener Stärke der anfangs zurückgehaltenen Kräfte kundgeben. Je lebhafter der offensive Hintergedanke hervortritt, desto reichlicher werden die Reserven bemessen sein, um von denselben bis zum Ende noch einen möglichst großen Ueberschuß in der Hand zu behalten und ihn zu brauchen, sobald der erschöpfte Angreifer in seinen Anstrengungen nachläßt.

Diese Absicht kann die ursprünglichen Maßnahmen soweit beeinflussen, daß die erste Aufstellung schon auf diesen Schlußakt hauptsächlich eingerichtet ist. Damit gelangt man zur

Hinterhalts-Defensive.

Die Wortführer der taktischen Offensive können die Alles überwindende Gewalt der Feuerwirkung nicht leugnen; die der Defensive nicht den moralischen Aufschwung, welchen die zielbewußte Vorwärtsbewegung jeder Truppe giebt. Die Hinterhalts-Defensive ist aus dem Wunsche entstanden, jene auszunutzen, aber auf diese nicht zu verzichten, sondern beide gleichwerthig zu betheiligen. Das würde möglich sein, wenn man den Feind erst an einer guten Stellung anlaufen und starke Verluste

---

S. S. 21.

erleiden ließe, dann aber, aus der Stellung heraus, oder durch das Nachbargelände auf einem der Flügel vorgehend, über ihn herfällt. Blume's Ausfall-Defensive,*) auf das taktische Gebiet übertragen, sähe etwa so aus. Daß man mit denselben Truppen, welche die anfängliche Abwehr zu übernehmen haben, den Ausfall meist nicht führen kann, ist bereits früher nachgewiesen worden.**) Es müssen also zu diesem Zwecke andere verborgen zurückgehalten werden, und zwar, wenn der offensive Schlag die entscheidende Rolle spielt, der größere Theil der Gesammt-kräfte. Man legt dem Feinde also gleichsam einen Hinterhalt; denn die Truppen, welche sich ihm zur Abwehr seines Angriffs entgegenstellen, sollen im Wesentlichen nur seine Aufmerksamkeit von dem kommenden Gegenstoße und den dazu bereit gehaltenen Mitteln ablenken, ihn also täuschen und in eine Falle locken.

Austerlitz bietet das bisher unerreichte Beispiel einer solchen, aber man darf nicht vergessen, daß Napoleon I. auch ein unerreichter Meister in der Kunst war.

Wäre die Hinterhalts-Defensive leicht durchzuführen, so würde man künftig nur diese Art der Vertheidigung noch annehmen sehen. Aber es ist natürlich, daß die Abwehrtruppen, die man sich dem Angreifer gegen-über naturgemäß in der Minderzahl denken muß, bald in Noth sein werden. Da das ganze Manöver nicht glücken kann, wenn der Feind sie vorzeitig schlägt, so muß man sie unterstützen und einen Bruchtheil der Ausfalltruppen frühzeitig ihrer Bestimmung entziehen. Der Rest wird dann leicht zu schwach, um noch Ernsthaftes ausrichten zu können. Soll der Vorstoß durch die Vertheidigungsfront hindurch geführt werden, so liegt ferner die Gefahr nahe, daß er in dieser hängen bleibt, sie allen-falls etwas vorwärts trägt, aber den eigentlichen Zweck verfehlt; denn das Gefecht zieht die Ankommenden an sich heran und hemmt die Bewegung. Hinter den Flügeln oder rückwärts-seitwärts derselben stände die zurückgehaltene Truppenmasse besser; sie hätte freies Feld für ihre Thätigkeit vor sich. Dort aber entdeckt der Feind sie leichter und zieht sie vorzeitig in's Gefecht hinein. Sie unterliegt auch wohl selbst der Versuchung, zur Unterstützung der für die defensive Aufgabe bestimmten Kräfte, welche in ihrer Nähe fechten, eigenmächtig einzugreifen, und aus dem Ausfall wird eine Frontverlängerung oder die Entwickelung zur Defensivflanke.

Die Vorsicht gebietet deshalb, solche, zu einem Gegenschlage be-stimmten Truppen niemals zu nahe an die zum Abfangen des Gegners eingenommene Front heranzustellen. Eine halbe Tagemarschlänge dürfte das mindeste Entfernungsmaß sein, wie eine ganze das äußerste ist, da sonst der Stoß den Feind nicht mehr am Schlachttage treffen würde.

Am ehesten durchführbar ist diese Vertheidigungsart, wenn die zum offensiven Schlage bestimmten Kräfte erst im entscheidenden Augenblicke

---

*) S. S. 34.
**) S. S. 42.

auf dem Schlachtfelde eintreffen, wie Blücher's Heer bei Waterloo oder die zweite preußische Armee unter Kronprinz Friedrich Wilhelm bei König= grätz. In dieser Form wird die Hinterhalts=Defensive sich auch in der Zukunft verwirklichen können, wo getrennte Armeen in geringer Entfernung von einander vorrücken. Fällt der schon versammelte Feind dann die eine mit überlegenen Kräften an, so ist es deren Rolle, ihn so lange auf= zuhalten und durch geschickten Widerstand zu schwächen, bis die anderen herankommen und zum Gegenangriff übergehen können. Hier fällt aber das Hauptgewicht ersichtlich schon in das Gebiet der strategischen Maß= nahmen, nämlich auf das glückliche Heranführen der Streitkräfte zur Waffenentscheidung, und es kann daher eigentlich von einem taktischen Hinterhalt nicht mehr die Rede sein.

Man vermag die Hinterhalts=Defensive, wenn man wenig Truppen besitzt, in einer abgeschwächten Art zu verwenden, sobald das Gelände dabei mithilft. Ist die Front stark, aber zu ausgedehnt im Verhältniß zu den Streitkräften, so ist sie zum vorübergehenden Widerstande zu be= nutzen, der den Feind zur Entscheidung über seine Hauptangriffsrichtung und dazu zwingt, seine Stärke zu zeigen. Mit der hinter dieser schützenden Linie verborgenen Hauptmacht fällt man dann über ihn her, wo dies am meisten Erfolg verspricht. Ist die Frontlinie so gestaltet, daß der Feind, wenn er sie nimmt, Engwege zu durchschreiten hat, so genießt der Ver= theidiger, außer daß er durch die einleitenden Gefechte schon gut unter= richtet ist, noch den Vortheil, mit entwickelten Truppen auf erscheinende Spitzen tiefer Kolonnen zu stoßen.

Auf alle Fälle bedarf der Vertheidiger zur Durchführung der Hinterhalts=Defensive eines großen Vertrauens auf seine Kraft, wie es auch Napoleon bei Austerlitz besaß. Er muß den Umschwung in der allgemeinen Lage schon deutlich herannahen fühlen; denn er soll das bisherige Hauptelement seiner Stärke, die Beschränkung auf die Abwehr verlassen und zu einem unsicheren übergehen, welches ihm bis dahin versagt war.

Taktische Flankenstellungen.*)

Sie unterliegen denselben Regeln wie die strategischen, nur ist der engere Raum zu berücksichtigen, in dem sie sich bewegen. Die Gefahr,

---

*) Wir führen hier die meisterhafte Erklärung an, welche Feldmarschall Moltke für diese Art von Stellungen in der Lösung zur 63. taktischen Aufgabe gegeben hat: „Eine Flankenstellung ist eine Stellung, die neben und parallel der Operationsrichtung des Feindes genommen wird — eine Stellung, an welcher der Feind nicht vorbeirücken kann, ohne seine Verbindungen preiszugeben — eine Stellung, bei welcher das siegreiche Gefecht und die Verfolgung vom ursprüng= lichen Ziel ablenken. Dabei müssen wir freilich bedenken, daß auch wir auf unsere Rückzugslinie verzichten. Eine Flankenstellung läßt sich daher in der Regel nur im Inlande nehmen, wo ein befreundetes Hinterland vorhanden ist, aus dem wir leben können. In Feindesland wird dies viel schwieriger sein. Sodann kehren wir dem Feinde einen Flügel zu; es ist daher Bedingung, daß dieser Flügel eine starke Stütze im Terrain findet — sonst marschirt der Gegner auf der Diagonale vor und rollt unsere Stellung von dort auf."

daß sie entdeckt werden, ist größer, nicht minder die Wahrscheinlichkeit, daß sie selbst vom Angreifer in der diesem zugekehrten Flanke gefaßt werden.

Diese muß daher vor allen Dingen eine sichere Anlehnung haben, der betreffende Flügel außerdem durch seine Lage versagt, der dem Feinde abgekehrte etwas vorgeschoben sein. Soll der Gegner sich über die ihm so gelegte Falle täuschen, so wird man die gerade Straße zum Ziele nicht ganz frei lassen dürfen. Ein Nachtrab muß dort zurückgehen, um ihn hinter sich her zu ziehen. Sodann soll die Stellung nicht weiter als Geschütz-Tragweite seitlich entfernt liegen, sonst behält der Angreifer zu viel Freiheit für eine Richtungs-Aenderung, Entwickelung und Einleitung des Kampfes.

Auch muß es leicht sein, aus der Flankenstellung selbst zum Angriffe vorgehen zu können. Der offensive Gedanke wirkt hier nicht ganz so kräftig, als bei der Hinterhalts-Defensive, aber er liegt doch durchaus im Bereiche der Beweggründe, welche ein Heer zur taktischen Flankenstellung führen. Man läßt dem Feinde den geraden Weg zum Ziele offen und stellt sich seitwärts auf, aber doch immer mit dem Bedacht, ihn zu zwingen, daß er jene Richtung gleichfalls verläßt. Dazu gehört, daß man den Gegner anzufallen und zu strafen vermag, wenn er es trotz Allem versuchen sollte, achtlos vorüber zu gehen, um seine Zwecke zu verfolgen. Endlich muß man sich selbst, wenn man die Hauptstraße verläßt und die Flankenstellung einnimmt, nicht ganz seines Rückzugs berauben, sondern einen solchen immer noch frei behalten. Auch hier also müssen eine Anzahl von Vorbedingungen sich vereinigen, um die Ausführung möglich zu machen, von denen ein großer Theil fortfällt, wenn man sich dem Feinde geradeswegs auf seiner Straße zum Ziele entgegenstellt.

Besonders wirksam werden taktische Flankenstellungen dann sein, wenn sie dem Feinde Zweifel erregen, ob er in derselben noch die vor ihm zurückweichenden Truppen, oder die Vorhut neu herankommender zu suchen hat. Liegt hinter der Flankenstellung irgend ein wichtiges Defilee, aus welchem zur Armee des Vertheidigers gehörende Truppen zu erwarten sind, oder eine Eisenbahnstation, auf welcher solche eintreffen können, so wird die Unsicherheit der Lage für den Angreifer noch größer, zumal wenn das Gelände zwischen der Flankenstellung und jenem Punkte bedeckt und unübersichtlich ist. Tritt eine so günstige Lage ein, dann kann der Vertheidiger selbst mit ganz geringen Kräften den größten Vortheil daraus ziehen.

Das beste Beispiel hierfür hat Feldmarschall Moltke zwar nicht in der Praxis des Krieges, aber durch eine taktische Aufgabe geliefert. Eine schwache Abtheilung steht bei Gravelotte westlich Metz und soll ein feindliches Heer, welches zur Belagerung dieses Platzes herankommt und schon mit der Spitze bei Vionville eingetroffen ist, wenigstens einen Tag lang aufhalten, damit die Kriegsbesatzung in voller Stärke eintreffen kann.*)

---

*) Nr. XII der Skizzentafel.

In irgend einer Stellung, welche dem Feinde den Weg unmittelbar verlegt, wäre das ganz unmöglich; die Uebermacht des Feindes ist dazu viel zu groß. Daher soll sich jene Abtheilung südlich, seitwärts der großen Straße von Vionville nach Metz, am Waldrande des Bois des Ognons aufstellen. Ihre Stärke ist dort nicht zu übersehen; dichter Wald liegt im Rücken, und hinter demselben das Städtchen Ars mit zwei Moselbrücken und einem großen Bahnhofe, von wo her in jedem Augenblicke Verstärkungen erwartet werden könnten. Der Angreifer hätte in Zweifel gerathen müssen, ob er es nur mit einer vorgeschobenen Entsendung der Festungsbesatzung, oder mit dem Vortrab einer herankommenden Heersäule zu thun habe. Ehe dieser Zweifel nicht durch den Kampf gelöst ist, vermöchte er Weiteres nicht zu unternehmen. Selbst die Eroberung des Waldrandes, welche allein schon geraume Zeit erfordert, würde die Ungewißheit noch nicht heben; denn niemand könnte wissen, was etwa im Walde dahinter steckt. Erst wenn es gelänge, die Vertheidiger bis gegen Ars hin zurückzudrängen, ohne daß eine Vermehrung ihrer Kräfte wahrgenommen würde, wäre Klarheit geschaffen. Dann aber ist auch die nöthige Zeit durch die Abtheilung gewonnen und ihre Aufgabe gelöst. —

Glückt die Abwehr in einer Flankenstellung, so erntet die Vertheidigung noch den Vortheil, daß der Angreifer den Rückzug unter schwierigen Verhältnissen antreten muß, weil er dabei nur durch eine Wendung in die natürliche, ihm zusagende Richtung wieder hineinkommen kann. Ein Vorstoß aus der Flankenstellung vermag ihn dann von dieser ganz abzudrängen.

Am wirksamsten sind taktische Flankenstellungen, wenn sie dem Gegner unmittelbar nach dem Durchschreiten eines Defilees bereitet sind, z. B. wenn dieser soeben die Brücke über einen großen Strom passirt hat. Es wird alsdann auch, im Falle des Mißlingens, der Rückzug für den Angreifer am peinlichsten, weil er ihn durch eine Enge bewerkstelligen muß, die ihm zur Seite liegt.

Bei einer solchen Anordnung wird ferner am ehesten der gefährlichste Feind der taktischen Flankenstellungen entwaffnet, den wir in dem hochentwickelten Aufklärungsdienste unserer Zeit erblicken müssen. Dieser dehnt sich, bei einigermaßen guter Handhabung derart in die Breite aus, daß ein Gegner, welcher nicht mehr als Kanonenschußweite seitwärts von der Marschlinie entfernt sein darf, kaum noch unentdeckt bleiben kann, wenn der Reiterei das Streifen rechts und links nicht dadurch unmöglich gemacht wird, daß sie auf einen Stromübergang oder sonst eine Enge angewiesen ist.

Ist sie in ihrer Thätigkeit nicht gehemmt, so treffen ihre Späher frühzeitig auf die der Angriffsrichtung zugewendete Flanke des Vertheidigers, die nunmehr des Gegners erstes Ziel wird, wenn sie nicht im Gelände eine ganz sichere Anlehnung findet. Die Flankenstellung trifft dann das Mißgeschick, vom äußeren Flügel her aufgerollt zu werden. Die von General v. Moltke in seinen taktischen Aufgaben geplanten Flankenstellungen, welche zu ihrer Zeit gewiß noch wirksam gewesen wären, sind es heute nicht mehr. Wir werden ihresgleichen in künftigen Kriegen noch seltener als früher begegnen und nur in dem Bereiche der Strategie bleiben die Flankenstellungen noch von lebendiger Wirkung.

Eine überlegene Kavallerie kann unter Umständen die dem Gegner in einer Flankenstellung gelegte Falle wohl noch seinen Blicken verbergen. Aber auch dann muß man noch große Sorglosigkeit bei ihm voraussetzen; denn sonst müßte sein Verdacht dadurch rege werden, daß die Masse unserer Reiterei, die den äußeren Flügel vor Allem zu decken hätte, sich in einer auffälligen Richtung zeigt.

———

XIII.

Gelände. Künstliche Verstärkungen.

Man erzählt, daß Feldmarschall Moltke die Entwürfe für seine Feldzüge stets nach einer Eisenbahnkarte von Mittel-Europa bearbeitet habe. Hiernach würde das allein Wichtige auf einem Kriegsschauplatze das Netz der Verbindungswege sein und dem Gelände ein Antheil an der Gestaltung der Operationen nicht zufallen. Wenn man die Kriegführung nur in ganz großen Zügen auffaßt, so hat dies auch bis zu einem gewissen Grade seine Richtigkeit. Das Verhältniß der lebendigen Streitkräfte zu einander ist im Kriege, gegenüber den sonstigen Bedingungen, von so ausschlaggebender Bedeutung, daß diese völlig zu verschwinden scheinen. Handelt es sich beispielsweise darum, ob die Hauptmacht eines Staates an dieser oder jener Landesgrenze, gegen den einen oder anderen Feind verwendet werden soll, so ist es sicherlich am besten, nur eine Uebersichtskarte kleineren Maßstabes zu Rathe zu ziehen, welche dem Auge die Lage der Reiche, ihrer Grenzprovinzen, der wichtigsten Plätze und Linien zu einander vergegenwärtigt, damit der Blick nicht durch Einzelheiten verwirrt werde. Solchem Zwecke würde thatsächlich eine Eisenbahnkarte genügen; denn, im Abendlande wenigstens durchbrechen oder überschreiten die Schienenwege alle natürlichen Hindernisse und führen die Truppenmassen über sie hinweg, so daß sie die Entscheidung dort geben können, wo es der obersten Heeresleitung nach den allgemeinen Verhältnissen am wirksamsten erscheint.

Dennoch spielt das Gelände auch heute noch bei jedem kriegerischen Vorgange eine nicht zu unterschätzende Rolle. Zunächst ist zu beachten, daß es auf die Ausbildung des Netzes der Verkehrswege aller Art bei dessen Entstehung schon einen nicht unbeträchtlichen Einfluß ausgeübt hat. Die alten Heerstraßen folgten den ihnen von der Natur vorbezeichneten bequemsten Richtungen, ihnen wieder in neuerer Zeit die Chausseen, auch die ersten Eisenbahnlinien. Mit der Entwickelung der Industrie, welche die ihr nach natürlicher Ausstattung zusagenden Plätze aufsuchte, sowie mit dem Bedürfniß die dort entstehenden großen Arbeitsstätten unter=einander zu verbinden, kam erst die Künstlichkeit und Gewaltsamkeit in die Ausbildung des Verkehrsnetzes hinein. Für große militärische Be=wegungen haben aber gerade die älteren Hauptlinien einen vorzugs=weisen Werth.

Kann so bereits eine Bedeutung des Geländes für die Kriegführung auch heute noch anerkannt werden, so wird dies in verstärktem Maße der Fall sein, wenn man von der Anlage des Feldzuges im Ganzen zum Entwurf der strategischen Operationen im Einzelnen übergeht. Hier giebt uns der Blick auf die Karte, welche uns ein treues Bild des Bodens liefern soll, der zum Kampfplatze dient, die erste Anregung für den leitenden Operationsgedanken. Das Gelände hilft uns erfinden. Es zeigt uns beispielsweise, ob ein frontaler Angriff rathsam, eine Umfassung oder Umgehung möglich sei, wo sich die Truppen am besten vorwärts bringen und entwickeln lassen u. s. w. Gelände und Karte werden zu unseren Mitarbeitern in der Heerführung. Auf taktischem Gebiete, wo es sich viel unmittelbarer, wie auf dem strategischen, um die Benutzung der natürlichen Formen des Bodens handelt, tritt dies noch lebhafter hervor.

Machen wir also auch nicht mehr, wie es ehedem wohl geschah, die Kriegführung und ihre Regeln vom Gelände völlig abhängig, so daß sich dieselben zu einer Art angewandter Erdkunde gestalten, so dürfen wir doch andererseits nicht achtlos über die Bedingungen hinwegsehen, welche uns die Natur und der Zustand des Landes stellen, in dem wir uns mit unseren Heeren bewegen. Je weniger Kultur und Civilisation auf jenes eingewirkt und seine ursprüngliche Gestalt verändert haben, desto größer wird sein Einfluß auf die Thätigkeit der Heere sein. In wilden, noch ganz unkultivirten Ländern endlich gewinnt die Natur für alle kriegerischen Unternehmungen die entscheidende Bedeutung zurück. In der Wüste artet die Strategie zu einer Lehre von der Eroberung der vorhandenen Quellen und Brunnen aus. Doch solche Ausnahmezustände bilden für uns, wie schon mehrfach erwähnt, nicht den Gegenstand der Betrachtung.

In strategischer Hinsicht werden es also die Wege, Straßen, Chausseen, Eisenbahnen und Wasserlinien sein, welche uns hauptsächlich in Anspruch nehmen. Die letzteren spielen die doppelte Rolle, Heeresbewegungen zu erleichtern,*) z. B. in ihrer Eigenschaft als Verbindungslinien, und sich ihnen als Hindernisse entgegen zu stellen.**)

Die Gebirge haben in Mittel=Europa den größten Theil ihrer Be=deutung verloren; denn sie sind durch die Landeskultur fast durchweg so gangbar geworden, daß sie kein Hemmniß mehr bilden. Sie sind heute

---

*) S. S. 57.
**) Der Kampf um Stromlinien und Gebirge findet weiter unten seine weitere Abhandlung.

Durchzugsgelände, welches im allgemeinen nicht zum Kampfplatze dient. Aehnliches trifft zu, wo ein Heer breite Flußthäler oder Niederungs= streifen im Angesicht des dahinterstehenden Gegners zu durchschreiten hat, selbst dort wo das Hinderniß durch eine schwer gangbare Waldzone ge= bildet wird. Für den Angreifer wird es immer darauf ankommen, schnell hinüber zu kommen, für den Vertheidiger, den Augenblick der Schwäche auszunutzen, der beim Angreifer entstehen muß, während er sich mit seinen Kräften aus dem Engen herauswindet.

So richtet sich die Bedeutung des Geländes in strategischer Hinsicht für die Gestaltung der Operationen hauptsächlich danach, in welchem Ver= hältniß die Uebergänge über Hindernisse, oder das Kommunikationsnetz von Durchzugsgegenden zur Entwicklungsmöglichkeit in den freieren Land= strichen stellt, in welchen taktische Entscheidungen zu erwarten sind.

Was nun diese anbetrifft, so hat sich in Bezug auf dieselben nicht die Bedeutung des Geländes so sehr geändert, als der Werthmesser ein anderer geworden ist, nach dem man sie beurtheilen muß. Früher war die Gangbarkeit taktisch die Hauptsache. Wer eine Stellung wählte, sah hauptsächlich danach, ein starkes Hinderniß vor seine Front zu legen, da= mit der Feind ermüdet an ihn herankomme.

Ferner suchte man Deckung gegen den Geschoßregen. Baumstämme, niedrige Erdwälle, Gräben, Mauern, Gebäude und dergl. mehr, boten diese in hinreichendem Maße. Dörfer, Wälder, steile Höhe wurden zu Stütz= oder, wie man es auch nannte, zu Schlüsselpunkten der Stellung, mit deren Behauptung oder Fall der Kampf entschieden ward.

Heute bildet die Feuerwirkung einen neuen Maßstab und hat den Gegenständen im Gelände eine ganz veränderte Bewerthung für die Sicherheit der dahinter sich bergenden Truppen gegeben. Wie schon ge= legentlich erwähnt,*) besteht jetzt das größte Annäherungshinderniß in der weithingehenden Wirkung unserer Waffen. Auf die in der Natur sich vorfindenden Hemmnisse für die Truppenbewegung legt man haupt= sächlich nur insofern Werth, als sie den Feind in unserem Geschoßhagel aufhalten. Weicher Boden, Sumpf= oder schwer gangbare Wiesenstreifen, Weinberge, Felder mit tiefen Kulturen, die wir mit unserem Feuer beherrschen, erscheinen uns von höherem Nutzen als beispielsweise ein steiler Abhang vor der Front, der schwer zu erklimmen ist. Am liebsten sind uns weithin sich erstreckende, kahle und flach gesenkte Böschungen, welche sich völlig übersehen lassen; denn dort findet der Feind, wenn auch kein Hinderniß, so doch auch keine Deckung gegen unsere ver= nichtenden Waffen.

Nicht nur deren Tragweite, sondern zumal auch deren Durchschlags= kraft zeitigt früher nicht gekannte Erscheinungen. Die Gewehrkugel durch= bohrt starke Bäume, schmale Erdanschüttungen, selbst schwache Mauern. Gebäude geben nur noch selten Schutz. Hier kommt vornehmlich die gewaltige Wirkung der, der Feldartillerie hinzugetretenen, leichten und

_____
*) S S. 146.

schweren Haubitzen in Betracht. Unter der Detonation der Brisanzgranaten stürzen Häuser zusammen und werden gewöhnliche Gewölbe durchschlagen. Baulichkeiten, wie Kirchen und alte Schlösser, welche früher den starken Rückhalt für zähe Vertheidigung abgaben und deren alleiniger Besitz oft die Wiedereroberung eines schon verlorenen Ortes möglich machten, haben nur noch geringen Werth. Sie können, wo sie dem Feuer der schweren Artillerie besonders ausgesetzt sind, geradezu eine Gefahr für ihre Besatzung werden.

Von eigenthümlicher Bedeutung für die Beurtheilung des Geländes wirkt ferner die außerordentliche Treffsicherheit moderner Gewehre und Geschütze. Sie ist in der That eine erstaunliche, aber abhängig von genauer Beobachtung der einschlagenden Geschosse. Die Vorzüglichkeit der Waffen mindert deren Streuung und die Anzahl der Zufallstreffer, auf welche man in früheren Zeiten einen verhältnißmäßig großen Antheil am Ergebniß rechnen durfte. So hängt denn die Waffenwirkung heutzutage sehr wesentlich von der Beobachtungsfähigkeit der Ziele ab. Daher ist es erste Regel, im Gelände alle stark markirten Punkte zu vermeiden, bei welchen sich leicht feststellen läßt, wo sie liegen und wie groß die Entfernung vom eigenen Standpunkte aus bis zu ihnen ist. Hatten sie früher schon den Nachtheil, die Aufmerksamkeit des Angreifers und daher vermehrtes Feuer an sich zu ziehen, so ermöglichen sie ihm jetzt noch dessen genaue Berechnung und Correktur. Eine fast absolute Treffsicherheit und damit eine vernichtende Wirkung werden erzielt. Man hat bei der Auswahl der Stellung deshalb vor Allem nach Linien und Punkten zu suchen, welche sich von Feindesseite her, selbst mit Hülfe der Karte, in ihrer genauen Lage schwer bestimmen lassen. Man meidet sie, wenn in der Nähe befindliche Geländemarken, einzelne Gebäude, Kirchthürme, Baumreihen, welche sich nicht schnell beseitigen lassen u. s. w., als Hülfsziele dienen können. Vor Allem aber achtet man darauf, daß es schwer sei, von drüben zu erkennen, wo die in der Nähe herabfallenden Geschosse einschlagen. Ein Abhang hinter der Front, welcher jeden Weitschuß in der Tiefe verschwinden läßt, ist jetzt oft von größerem Werth, als ein solcher vor der Front, der den Feind nur beim Herankommen ermüdet; und ein Hintergrund, welcher das Bild der Stellung verschwimmen läßt, kann nützlicher sein, als manche, einst hochgeschätzten Vortheile in der Linie selbst. Hauptsache bleibt immer, daß die gewählte Stellung, die sich nicht mehr durch Pulverdampf dem Auge des Feindes abzeichnet, sich auch sonst auf keine Art verrathe.

Wenn man sagt, daß Ortschaften in Zukunft überhaupt nicht mehr Gegenstand der Kämpfe sein werden, so geht man freilich zu weit; denn ihre Lage an den Schnittpunkten der Straßen wird sie immer eine Rolle in der Bewegung des Gefechtes spielen lassen. Aber Häuser und Mauern werden nicht mehr vertheidigt. Die Infanterie giebt unscheinbaren, bergenden Linien im nahen Vorgelände, wie Gräben, Knicks, Bodenwellen u. s. w., den Vorzug. Den Baulichkeiten fällt meist nur noch die Rolle zu, der Sicht zu entziehen, was etwa an Truppen dahinter steht.

Batterien suchen ihre Stellung seitwärts, um bei ausbrechender Feuers-
brunst nicht vom Rauch belästigt zu werden. Bei sehr ausgedehnten
Ortschaften vermag man wohl auch noch im Innern an einem passenden
Abschnitt von einiger Breite die Vertheidigung zu organisiren, wo sie nicht
von fern her erkannt und vom feindlichen Geschütz erschüttert werden
kann. Der vordere Rand ist dann zum Scheine leicht besetzt. Bei
Wäldern zieht man die Vertheidigung immer etwas ins Innere zurück,
so daß die am Boden liegenden Schützen gerade noch hinaus ins Freie
zu sehen und zu feuern vermögen, selbst aber nicht entdeckt werden.
Kleine Wäldchen, welche nach allen Richtungen vom Geschoßhagel durch-
fegt werden können, sind ein übles Geschenk für jede Vertheidigungsstellung. Große Wälder haben noch allenfalls den Vortheil, welchen
jedes unübersichtliche Gelände bietet, daß man den Feind täuschen und
im Unklaren über die Stärke derjenigen Kräfte lassen kann, welche man
ihm dort entgegenstellt.

Als die besten Stellungen erkennen wir freie Höhenlinien, Gelände-
wellen, zumal wenn sie nicht vereinzelt sind, sondern andere sich davor
und dahinter lagern, so daß sie der Infanterie und der Artillerie eine
entsprechende Gliederung nach der Tiefe gestatten und die eine Waffe nicht
mehr unter dem gegen die andere gerichteten Feuer leidet. Natürlich
müssen sie auch ein übersichtliches Vorfeld besitzen. Entwickelungs-
schwierigkeiten vor der Front, die der Feind schon im Bereiche unserer
Geschosse überwinden muß, sind eine werthvolle Zuthat; denn nichts ist
für jenen verhängnißvoller, als wenn er in denselben noch in geschlossener
Ordnung eintreten muß, sei es auch nur an der äußersten Grenze der
Schußweiten.

Jede uns zur Wahl sich darbietende Stellung müssen wir also unter
dem Gesichtswinkel prüfen: „Wie kann der Feind und wie können wir
selbst hier unsere Waffen zur Geltung bringen?" Fällt danach der
Vortheil auf unsere Seite, so ist die Stellung eine gute.

Das beste Sicherungsmittel gegen die Feuerwirkung sind, nächst der
geschickten Wahl des Kampfplatzes, künstliche Geländeverstärkungen.
Sie wurden sehr lebhaft nach den Kriegen von 1870/71 und 1877/78
empfohlen, wo sich zuerst in den blutigen Schlachten auf französischem
Boden die vernichtende Wirkung moderner Feuerwaffen im vollen Maße
zeigte und später, durch den langen Widerstand der Türken in Plewna,
ein ungeahnt hoher Werth von Verschanzungen zu ergeben schien. Selbst
im Angriff sollte die Infanterie sich eiligst künstliche Deckungen schaffen,
und man begann scherzweise vom „Offensivspaten" zu reden. Das hat
sich in neuerer Zeit geändert. Vollkommen sichere Schutzmittel sind schnell
und feldmäßig gegen das Feuer der Infanterie nur noch schwer, gegen
Artillerie überhaupt nicht mehr herzustellen.[*] Der Nutzen, welchen man
beim Vordringen gegen den Feind von einem flüchtig aufgeschaufelten

---

[*] Zumal gegen das Steilfeuer der Haubitzen.

Erdhaufen haben kann, wiegt sicherlich nicht mehr den Nachtheil auf, welchen inzwischen die Unterbrechung des eigenen Feuers gebracht hat. Schwache Deckungen können eher schädlich als vortheilhaft wirken, weil sie die Front sichtbar machen, ohne doch einen wirklichen Schutz gegen Geschosse zu bieten. Nur starke und mit Eindeckungen gegen das von oben kommende Shrapnelfeuer versehene Schützengräben haben noch eine ernsthafte Bedeutung. Großer Werth ist aber darauf zu legen, daß sie geschickt, der Farbe des umliegenden Bodens entsprechend, verkleidet und so dem Auge des Feindes entzogen werden. Ebenso wichtig ist die Gewandtheit der Schützen, sich der künstlichen oder natürlichen Deckungen zu bedienen. Das Vorbild hierfür haben uns die Buren im südafrikanischen Kriege gegeben. Freilich war ihre Bekleidung und Ausrüstung für diesen Zweck eine passendere, als in den meisten europäischen Heeren. Nach übereinstimmenden Versicherungen englischer Offiziere hatte die angreifende Infanterie dort das Gefühl, gegen „feuernde Steinblöcke" zu fechten. Künstliche Fronthindernisse, welche die natürlichen verstärken, wie beispielsweise Drahtzäune an mit Bäumen bestandenen Gräben entlang, haben gleichfalls ihre Bedeutung; denn sie zwingen den Gegner, sich unter unserem Feuer länger aufzuhalten, als es sonst der Fall wäre. Das Freimachen des Schußfeldes, wozu wir freilich im Feldkriege nur selten die Zeit finden werden, kann eine Stellung erheblich verbessern.

Die geschlossenen Werke, deren enger innerer Raum unter dem Shrapnelfeuer heut nicht mehr zu halten ist, fallen, wie die Stütz= und Schlüsselpunkte, fast immer fort. Stellungen des Feldkrieges bestehen nur noch aus den, dem Gelände geschickt angeschmiegten, sich kaum über den Boden erhebenden Linien. In der Anordnung der Schützengräben sind dabei die taktischen Verbände der Truppen zu berücksichtigen, zu den rückwärtigen Unterstützungen gute Verbindungen anzulegen. Die Arbeit an Deckungen wird hauptsächlich für die Bereitschaftsabtheilungen hinter der Gefechtslinie aufgewendet, um sie vor dem Eintritt in den eigentlichen Kampf gegen unnütze Verluste zu schützen. Uebersicht und Führung müssen in der ganzen Anordnung der künstlichen Verstärkungen eine Erleichterung finden.

Arbeiten dieser Art können auch in der Zukunft immer noch große Dienste leisten. Sie ersparen Kräfte und verringern die Verluste, machen das eigene Feuer ruhiger und sicherer, geben der Truppe einen Anhalt für den Widerstand, indem sie ihr die Linie vorschreiben, welche unter allen Umständen gehalten werden muß, und fesseln sie so an den Boden. Sind sie geschickt angelegt, so ist das für die passive Vertheidigung kein Nachtheil. Fehlerhafte Schanzarbeiten wirken freilich meist schlimmer als der gänzliche Mangel daran; denn man entschließt sich schwer, sie unbeachtet zu lassen und kommt auf diese Art dazu, mit einer ungünstigen Stellung fürlieb zu nehmen. — Nicht zu unterschätzen ist endlich die moralische Wirkung der Geländeverstärkungen auf den Angreifer, die erfahrungsmäßig erheblich ist. Sie machte sich selbst bei den siegreichen deutschen Truppen geltend, als diese sich im Dezember 1870 der Stellung bei Orleans näherten, von deren Befestigung allerdings weit übertriebene Gerüchte verbreitet waren.

<hr />

XIV.

Die Schlacht.

1. Allgemeines.

Die Schlacht ist die taktische Haupthandlung, welche über alle Vor= gänge zweiten Ranges mit entscheidet, für die Operationen vor und nachher maßgebend wirkt und neue Gesichtspunkte für die kommende Feld= zugsperiode nothwendig macht. Aus diesem Grunde hat Feldmarschall Moltke auch erklärt, daß sich über die erste bedeutende Schlacht hinaus ein Kriegsplan kaum mit einiger Sicherheit feststellen ließe.

Die Bezeichnung „Schlacht" wird kriegshistorisch nicht immer richtig angewendet. Die bloße Berührung zweier gegenüberstehender Heere im Kampfe dürfte, auch wenn dieser große Dimensionen annimmt, nicht so genannt werden; es sei denn, daß durch außerordentliche Verluste eine allgemeine Nachwirkung auf den Gang der Operationen und des Krieges herbeigeführt werde. Streng genommen, soll vor der Schlacht die strategische Lage sich derartig zugespitzt haben, daß eine Entladung unver= meidlich wird, daß die Heere sich nicht ohne die große Kraftprobe wieder zu trennen vermögen und die taktische Entscheidung das strategische Werk vollenden muß. Königgrätz, Vionville, St. Privat und Sedan sind dieser Art.

Die Schlacht kann im letzten Augenblicke, wenn die Operationen auf einen Brennpunkt gekommen sind, immer noch durch Zufall, früher als gewollt, aus der Berührung der feindlichen Heereskörper entstehen. Sie kann auch, gerade zu dem Zeitpunkt, da sie beabsichtigt war, eintreten, zumal wenn auf beiden Seiten die Führung eine sehr feste und klare ist. Wir sprechen daher für gewöhnlich von der Begegnungs= und von der vorbedachten Schlacht und unterscheiden das Verfahren, welches in dem einen und dem anderen Falle zu beobachten ist.*)

Der Unterschied wird im Großen der sein, daß bei dem Begegnungs= verfahren, wo die marschirenden Heeressäulen unerwartet auf einander treffen, sich naturgemäß Aufmarsch der Truppen und Kampf mischen werden, während für die vorbedachte Schlacht der Aufmarsch vollendet sein soll, ehe der Kampf beginnt. Im ersten Falle tritt der Gebrauch der Streitkräfte mehr nach augenblicklicher Eingebung und drängender Nothwendigkeit ein, im zweiten nach vorgefaßtem Plane. Dieser hat die zweckmäßigste Verwendung gegen die schon fertige Aufstellung des Feindes

<hr />

*) Begegnungskampf und Kampf gegen schon eingenommene vorbereitete Stellungen.

zum Ziel. Wer die Natur des Krieges kennt, weiß freilich, daß die Trennung nicht mit voller Schärfe aufrecht zu erhalten ist, daß der vorbedachten Schlacht sehr wohl einzelne unerwartet eintretende Theilgefechte vorangehen können, während andererseits die Begegnungsschlacht, namentlich bei langer Dauer, im Laufe der Handlung oft zur vorbedachten übergehen wird. Aber es ist dennoch nützlich, sich die Grundsätze und die Verschiedenheiten der beiden Methoden klar zu machen, damit der Uebergang von der einen zur andern im rechten Augenblicke mit dem Bewußtsein des Zwecks und deshalb um so sicherer vorgenommen werde.

2. Die Begegnungsschlacht.

Das Charakteristische bei dem Begegnungsverfahren ist der Zeitgewinn, da man auf den lange dauernden Aufmarsch und die Entwickelung der gesammten Streitmacht noch vor dem Kampfe verzichtet. Es wird also überall dort Platz greifen müssen, wo man den Feind mit den Spitzen seiner Heersäulen erhascht, im Gefühl der Kraft den Kampf sucht, oder fürchtet, daß der Gegner demselben ausweiche und entschlüpfe. Bei lebhafter Kriegführung, mit energischen Truppen, in denen die Empfindung der Ueberlegenheit vorherrscht, wie es den Deutschen 1870 erging, wird sich die Mehrzahl der Kämpfe im Begegnungsverfahren entwickeln. Daß Täuschungen dabei möglich sind, hat uns Spicheren bewiesen. Dennoch ist vielleicht der schlimmste Fehler, welcher in dieser Lage begangen werden kann, das systematische Zurückhalten der Truppen, oder gar das Wieder=Herausziehen aus dem bereits zum Ernste vorgeschrittenen Kampf. Es liegt darin der gefährlichste Keim der Niederlagen. Die Enthaltsamkeit ist nur bis zu dem Punkte nützlich, wo die Klingen noch nicht gekreuzt sind. Sobald die Kanonen zu donnern begonnen haben, müssen sogar manche Bedenken schweigen, welche, der allgemeinen Lage zu Folge, sich gegen den Kampf überhaupt geltend machen lassen. Die Strategie hört in diesem Augenblicke auf; die Taktik fängt an und tritt in ihr Recht.

Man darf sich unter dem Begegnungsverfahren auch keineswegs die Planlosigkeit in der Verwendung der Truppen vorstellen, die freilich noch 1870 gelegentlich einriß. Der Plan hat nur mit einem schon fertigen Anfang zu rechnen, den er nicht bestimmte. Er wächst während der Handlung aus dieser heraus und kann allmählich die volle Herrschaft über die Anordnungen gewinnen. Napoleons Meisterschaft zeigte sich gerade in diesem Punkte; ihm erwuchsen die Ideen für seine besten Schlachten erst aus dem Kampfe selbst. Sein bekanntes Wort: „On s'engage un peu partout et puis l'on voit" entsprang dem Gefühl seiner großen Begabung für den Begegnungskampf. Ausgeschlossen ist nur der einheitliche, planmäßige Gebrauch der gesammten Streitmittel. Ein Theil derselben hat zunächst den Feind zu fesseln und nur der andere wird recht eigentlich dazu verwendet, ihn zu schlagen. Dieser aber darf nicht mehr übereilt und den einzelnen Forderungen der augenblicklichen Gefechtslage folgend eingesetzt werden, sondern nur noch zu dem großen Zweck des einheitlichen entscheidenden Stoßes. „Wir haben dem Begegnungsgefecht das Joch der Gesetzmäßigkeit aufzuerlegen", erklärt uns General von Schlichting, welcher die Unterscheidung zwischen den beiden Arten des Verfahrens in der Schlacht am klarsten und eingehendsten behandelt hat*.)

Bezeichnend für den Begegnungskampf wird immer im Beginn eine gewisse Eile, ein Durcheinander der Truppen, die Mischung ihrer Verbände und sehr häufig auch Unklarheit oder wenigstens ein schnell aufeinander folgender Wechsel in der Leitung sein, je nachdem die Führer durch den überraschend beginnenden Kampfeslärm herbeigerufen werden. Hieraus geht sogleich eine Regel hervor, daß nämlich der höchste Befehlshaber, der auf der betreffenden Anmarschstraße zu verfügen hat, möglichst frühzeitig an Ort und Stelle sein soll. Je weiter er sich zurückhält, desto mehr wird auch der Wirrwarr eingerissen sein, ehe er selbst seinen Willen geltend machen kann. Man räth es ihm häufig an, nicht vorn zu sein, um nicht durch die Gefechtserscheinungen an einer Stelle in seiner Aufmerksamkeit gefesselt zu werden und den Ueberblick über das Ganze zu verlieren. Dabei setzt man jedoch einen Temperamentsfehler voraus, welcher bei Erörterung des richtigen Verfahrens nicht als Ausgangspunkt genommen werden darf. Je früher der Entschluß für die Art der Durchführung des Kampfes gefaßt wird, desto besser; ein desto größerer Theil der Gesammtstreitmacht wird für die Haupthandlung verfügbar bleiben. Daher ist schnelles Erscheinen am Platze so wichtig. Freilich dürfen nun die Anordnungen sich nicht auf die nächsten Truppen beschränken, sondern müssen von Hause aus weit genug greifen, damit die hinten nachfolgenden ihre Bestimmung rechtzeitig erhalten und sich nicht gegen die Absicht des Führers in den Kampf hineinziehen lassen.

Das erste, was der höchste Befehlshaber bei seinem Eintreffen an Ort und Stelle zu thun haben wird, ist, die schon fechtenden Truppen soweit zu verstärken, daß sie für einige Zeit sich selbst überlassen bleiben können. Wir denken uns bei der Begegnungsschlacht unwillkürlich beide Theile gegeneinander im Vormarsche; denn diese ist das bei weitem gewöhnlichste Bild. Dann fällt die Rolle, sich zunächst mit dem Feinde abzufinden, der Avantgarde zu. Diese ist also vorerst auf eine Truppenzahl zu bringen, daß sie sich aus eigener Kraft helfen kann. Vorangegangene Erwägungen haben sie vielleicht so schwach bemessen lassen, daß sie zur Durchführung eines selbständigen Gefechts gar nicht befähigt war. Dies wird nun zu ändern sein und es ist gut, hierbei nicht zu karg zu verfahren, wenn man nicht bei den nachfolgenden Anordnungen ununterbrochen durch die Bitte um Unterstützung gestört werden will. Hatte sie z. B. keine Artillerie, so wird ihr diese in hinreichender Batteriezahl**)

---

*) Taktische und strategische Grundsätze der Gegenwart. 3. Theil. Truppenführung. 2. Buch 3. Kap. 2 Hauptfechtarten.

**) Bei der Avantgarde einer Division z. B. eine Abtheilung, bei der eines Korps ein Regiment.

zuzuführen fein; daraus ergiebt fich in der Regel auch schon ein ungefähres Maß für die Infanterie.

Ist die Avantgarde in die Lage gebracht, daß sie sich dem bisher vor ihr erkannten Feinde gewachsen fühlt, so wird als zweites die Wahl des Aufmarschgeländes für die Hauptkraft zu treffen sein. Bei dieser Wahl sprechen bereits wichtige aus der Gesammtlage hervorgehende Rück= sichten bestimmend mit. Grade deshalb ist es nothwendig, daß der Führer sich einige Zeit Ruhe und Muße für die Ueberlegung verschaffe. Der Aufmarsch muß natürlich so liegen, daß er für die etwa zu erwartenden Unterstützungen und für das Eingreifen anderer Heertheile zweckmäßig ist, mit denen man gemeinsam handeln soll.

Verhältnißmäßig am einfachsten ist die Entscheidung, wenn der ins Gefecht gehende Truppentheil isolirt auftritt. Er hat dann nur an fich felbst und an das Gelände zu denken. Sein Aufmarsch kann, wenn dieses nichts anderes vorschreibt, meist zu beiden Seiten der Marschstraße geschehen. Die Reserven werden die Flügel zu stützen haben, wenn auch je nach den Umständen in verschiedener Stärke. Sind hinreichende Kräfte vorhanden, um in der Offensive mit Aussicht auf Erfolg die Ent= scheidung zu suchen, so wird der Aufmarsch den einen Flügel zum Ent= scheidungsflügel gestalten und den andern so knapp bemessen, als es geschehen kann, wenn er nicht überrannt werden soll.

Ist die Lage zweifelhaft, und der Gedanke, dem stärkeren Feinde vielleicht weichen zu müssen, von Hause aus ins Auge gefaßt, so wird der Aufmarsch eine Front annehmen müssen, die den Rückzug auf die= jenigen anderen Heertheile offen läßt, mit denen man später vereint wirken kann. Darauf wird auch der kühnste Führer Bedacht nehmen; denn nirgends ist blinde Energie so wenig am Platze, als in der Begegnungsschlacht des isolirten Heertheils.

Aber die völlige Isolirung der auf einer Straße vorgehenden Kräfte ist nur dort zu denken, wo ein einzelnes Armeekorps mit be= sonderem Auftrage versehen ist, welcher es von der übrigen Armee trennt, und das ist immerhin ein seltener Fall. Sie kann auch wohl eintreten, wo, in Folge von Fehlern und Irrthümern, benachbarte Streit= kräfte unerwartet nach anderer Richtung abgerufen wurden. Im Allge= meinen haben wir uns für die Schlacht jedoch nicht ein vereinzeltes Korps vorzustellen, sondern ein solches, das im Armeeverbande in naher Beziehung zu anderen auftritt.

Dann aber wird es darauf ankommen, ob die nächste große Truppen= einheit, welche in den Kampf eingreifen kann, von rückwärts oder von seitwärts her zu erwarten ist.

Folgt dem vorn in den Kampf getretenen Armee=Korps auf der gleichen Straße ein zweites, so wird es von Hause aus klar, daß diesem nachfolgenden Korps nicht ein Aufmarschgelände zugewiesen werden darf, welches weit seitwärts der geraden Richtung gelegen ist; denn wir wissen ja, daß es, selbst mit den vordersten Truppen, erst sehr spät auf dem Schlachtfelde eintreffen kann und gar nicht mehr die Zeit findet, fich zur

Entwickelung erheblich zur Seite zu ziehen. Wir würden also auf feine Hülfe am gleichen Tagen verzichten und dürften sie erst für den nächsten Morgen in Rechnung stellen.

Da der Angriff nach concentrischer Wirkung, also nach der Umfassung mindestens eines feindlichen Flügels strebt, so muß das vordere Korps die hierzu nöthige Offensivflanke selbst bilden. Es wird dies natürlich von dem Flügel aus thun, welchen es im Aufmarsch schon stark gemacht hatte. Die Front kann schwach gehalten werden, weil dort die später von rückwärts kommenden Verstärkungen am ehesten einzugreifen vermögen. Auch der andere, nicht entscheidende, Flügel darf spärlich bedacht werden, sobald er sich nicht allzuweit von der Anmarschstraße entfernt. Wird er zurückgedrängt, so nähert er sich von selbst der Unterstützung, deren Weg zur Gefechtsfront sich abkürzt, wenn diese sich auf dem Flügel zurück= biegt. Bei Pr. Eylau ward die geschlagene Linke der Russen sogar von dem auf der Rechten erscheinenden preußischen Hülfskorps gerettet, welches hinter der ganzen Schlachtlinie entlang marschirte, um an der gefährdeten Stelle in den Kampf zu treten. Dergleichen kann heute nicht mehr leicht vorkommen, weil die Waffenwirkung zu weit über die vorderste Gefechts= linie hinausreicht und der Umweg, den man machen muß, um sie zu vermeiden, ein allzugroßer werden möchte. Es ist also darauf Rücksicht zu nehmen, daß der schwächere Flügel, welchen wir zur Noth schlagen lassen dürfen, doch so stehe, daß er noch rechtzeitig von der nachrückenden Truppeneinheit aufgenommen werden kann.

Aus dieser Betrachtung geht hervor, daß es nicht immer zweckmäßig ist, nach dem vordersten Punkte hin aufzumarschiren, welchen man einmal erreicht hat. Man erschwert dadurch das Herankommen der Verstärkungen von rückwärts, ebenso aber, wenn man nicht allzu reich an Kräften, oder die Zeit knapp ist, die Bildung der Offensivflanke. Ein Verzicht auf die Behauptung von Gelände, das man schon in der Gewalt hatte, um weiter rückwärts sich mit größerer Sicherheit zu entwickeln, ist oft ein weiser Entschluß.*) Es verdient dies besondere Erwähnung, weil man bei unseren Manövern sehr häufig einen Wettlauf der beiden Parteien um den Besitz einer zwischen ihnen liegenden Oertlichkeit beobachten kann. Dies hat seinen Grund darin, daß in dem eng begrenzten Raume, in welchem sich die Manöverkämpfe gewohnheitsmäßig abspielen, oft nur eine Stellung liegt, der man es im Voraus ansieht, daß ihr Besitz das Schicksal des Tages entscheiden soll.**)

Wenn die Truppenkörper, welche mit dem zunächst auf den Feind gestoßenen gemeinsam handeln sollen, seitlich herankommen, so wird ihnen naturgemäß auch die Bildung der Offensivflanke zufallen und ihre

---

*) Allerdings beginnt man aus moralischen Gründen das Gefecht ungern mit einer rückgängigen Bewegung, aber es genügt, wenn dieser Grundsatz hin= sichtlich der Masse der Truppen festgehalten wird.

**) Auch bei den großen Manövern des Jahres 1900 trat ein ähnliches Bestreben mehrfach hervor, trotzdem der oben angegebene Grund nicht vorlag.

Marschrichtung bereits darauf berechnet sein. Dann aber darf der Auf=
marsch dem nicht vorgreifen, also der betreffende Flügel des schon
fechtenden Korps nicht zu weit nach der Richtung der Offensivflanke
hinausreichen. Diese geräth sonst in die Front hinein oder gar hinter
dieselbe, wenn sie nicht vorsichtig weit ausgeholt hat. Die eigenen
Reserven kann man auf dem entgegengesetzten Flügel verwenden, wenn
dort nicht gleichfalls ein mithandelnder Heertheil zu erwarten steht. Ist
dies Letztere der Fall, so wird die Bildung einer verhältnißmäßig langen
Front und die schnelle Benachrichtigung der Nachbarkolonnen zweckmäßig,
damit diese weiter und freier ausholen, ihre umfassende Thätigkeit also
wirksamer gestalten. Die Reserven gehören in solchem Falle hinter die
Mitte, wo man sie sonst nur noch selten finden wird.

Es erhellt, wie sehr die Rücksicht auf die übrigen mithandelnden
Kolonnen den Aufmarsch eines jeden im Armeeverbande operirenden
Heertheils von Hause aus beeinflussen muß. Die richtige Beurtheilung
dieses Einflusses ist aber deswegen so wichtig, weil sich danach schon die
Verwendung der Masse der Artillerie regelt, welche alsbald zur Deckung
des Aufmarschgeländes in Thätigkeit zu bringen ist. Die Linie für ihre
Entwickelung wird in großen Zügen durch die Erwägungen über den
Aufmarsch mitbestimmt.

Das nächste Erforderniß wird das Erkennen des mit den verfüg=
baren Kräften erreichbaren höchsten Zieles sein. Ob sie alle rückhaltlos
eingesetzt werden dürfen, oder ein Theil zurückbleiben muß, um für
Entscheidungen der obersten Heeresleitung verfügbar zu sein, kann nur
nach der Gesammtlage entschieden werden. Der einzelne Heertheil soll
sich hüten, zu weit zu gehen, weil er damit zugleich der Thätigkeit der
Nachbarn Zwang auferlegt und also unberechtigten Einfluß über das
Ganze ausübt.

In der Durchführung des Kampfes wird das Schwierigste die Be=
rechnung der Zeit sein, welche bis zu den Augenblicken noch vergehen
muß, wo durch das Herankommen der Verstärkungen eine Aenderung im
Kräfteverhältniß der beiden Parteien zu einander eintritt. Danach nämlich
ist das Einsetzen und der Verbrauch der verfügbaren Truppen zu berechnen
und auch der Beginn der entscheidenden Handlung, z. B. des Vorgehens
der Offensivflanke zum letzten Angriff, festzulegen.

Wenden wir uns von den zuerst auf den Feind gestoßenen Heertheilen
nunmehr zu den später herankommenden, so erkennen wir leicht, daß
deren Handlungsweise vornehmlich vom Stande des Gefechts abhängig
ist, welchen sie vorfinden. Das wichtigste für sie wird immer sein, wenn
sie von der Seite eingreifen, ihre Marschrichtung so zu wählen, daß
ihnen volle Freiheit der Entwickelung gewahrt bleibt und der Stoß wirk=
sam wird. Je näher dieser den Feind an seinen rückwärtigen Ver=
bindungen trifft, desto fühlbarer muß er ausfallen. Wenn die Zeit nicht
drängt, so wird hierbei vollständiger Aufmarsch vor dem Angriff rathsam
sein; denn es handelt sich immer nur um eine kurze aber kräftige Hand=
lung, wie sie der am 3. Juli 1866, in der österreichischen rechten Flanke

bei Königgrätz herankommenden II. preußischen Armee zufiel. Für den von rückwärts her eintreffenden Heertheil ist es Hauptsache, sein Eingreifen in den Kampf richtig nach der Dringlichkeit zu berechnen. Am besten verschafft sich sein Befehlshaber den genügenden Eindruck davon, wenn er, seinen Truppen voran, auf's Gefechtsfeld eilt. Bei ernstem Stande wird es meist geboten sein, das Erscheinen der Verstärkungen dadurch fühlbar zu machen, daß die vordersten Abtheilungen schnell dort in die Gefechtslinie geworfen werden, wo die Noth am höchsten ist. Die Herstellung größerer Verbände kann man dabei nicht erst abwarten, so wünschenswerth es sonst auch wäre. Allein der tropfenweisen Verwendung der Kräfte muß doch bald Einhalt gethan werden, sollte darüber selbst einiger Boden verloren gehen. Der Aufmarsch stärkerer Truppenkörper ist durchzuführen, so frühzeitig es irgend angeht. Es wird hier also ein Verfahren Platz greifen, das sich von dem Begegnungsverfahren des zuerst in den Kampf gerathenen Heertheils doch schon nicht wenig entfernt.

Aufgabe des obersten Befehlshabers der gesammten Armee ist vornehmlich das Zusammenbringen aller getrennt anmarschirenden Heeressäulen und die Zuweisung der besten Richtungen für dieselben. Später ist seine Sache hauptsächlich die Ueberwachung des Kräfteverbrauchs und die immer wieder erneute Bildung hinreichender Reserven aus verfügbar werdenden Truppen nach Verausgabung der ersten, wovon General von Göben in der Schlacht von St. Quentin ein so glänzendes Beispiel gab.

Nicht nur das unvorhergesehene Aufeinandertreffen der Marschkolonnen in der strategischen Bewegung, sondern auch das bewußte Streben, ein wichtiges Ziel, den Ausgang aus einer Bergenge, die Brücke über einen großen Strom, eine beherrschende Höhenstellung u. f. w., vor dem Feinde zu erreichen, führt zur Begegnungsschlacht. Der Wunsch, die zufällig gelungene Ueberraschung eines Theils der feindlichen Armee auszunutzen, führt leicht das gleiche Ergebniß herbei. Den deutschen Truppen mit ihrem Drange nach vorwärts, mit ihrer an schnellen Entschluß und energisches Handeln gewöhnten Führung, sagt die Begegnungsschlacht besonders zu. Sie ist die Frucht des Begegnungskrieges, den wir immer erstreben und in dem, während der letzten großen Kriege, vornehmlich unsere Ueberlegenheit über unsere Gegner sich zeigte. Sie hat Unbequemlichkeiten, sorgenvolle Augenblicke und hin und wieder auch unnöthig große Verluste über uns gebracht. Daran aber waren meist Uebereilungen Schuld, oft vielleicht das Streben der Führer, sich thätig zu zeigen und den Vorwurf mangelnder Initiative zu meiden. Mehr Ruhe und Ueberlegung werden in Zukunft an den höheren Befehlshaberstellen von Vortheil sein. Aber es wäre falsch, die Begegnungsschlacht bannen zu wollen. Das käme dem Vernichten unserer besten Kraft gleich. Nur studiren sollen wir sie mit Aufmerksamkeit und uns in ihrer Beherrschung, im Vergleiche zu 1870, vervollkommnen.

3. Die vorbedachte Schlacht.

In der vorbedachten Schlacht soll Alles ruhiger und systematischer vor sich gehen. Die Aufgabe ist für den Angreifer schwieriger, die Arbeit meist blutiger als in der Begegnungsschlacht. Die Erkundung der feindlichen Stellung, wenn irgend angängig, vom Oberbefehlshaber und seinem Stabe selbst ausgeführt, wird bei günstigem Ergebniß einen vollständigen Angriffsentwurf ermöglichen. Diesem entsprechend, müßte der Aufmarsch der in vorderster Linie an den Feind zu führenden Streitkräfte dem Angriffe vorangehen und dieselbe sich in einer, wenigstens in den Hauptzügen vorher festgestellten, Art und Weise entwickeln. Den Vertheidiger wieder dürften die Maßregeln des Angreifers nicht unerwartet treffen, da er seine Stellung hat wählen und alle Möglichkeiten, welche sich ihm darin bieten, im Voraus übersehen können. Er wird, wenn die Dinge glatt verlaufen, mit schon vorbereiteten Gegenzügen antworten. Alle Regeln, welche wir für die taktische Offensive und Defensive aufzustellen versucht haben, werden also bei dem Verhalten in der vorbedachten Schlacht ihre Anwendung finden. Dies liegt daran, daß wir, um eine einigermaßen sichere Unterlage für die theoretische Untersuchung zu gewinnen, uns meist den Vertheidiger feststehend und nur den Angreifer in Bewegung dachten.

Da die taktischen Maßnahmen aus den strategischen hervorgehen, so ist die strategische Einleitung schon um der Richtungen halber, welche sie den einzelnen Heertheilen gegen das feststehende Ziel gegeben hat, in der vorbedachten Schlacht von entscheidender Bedeutung. Deutlich zeigt sich dies am Beispiel der Schlacht von Königgrätz, von der man gesagt hat, sie sei schon vor dem ersten Kanonenschuß gewonnen gewesen. Beim Begegnungsverfahren war von der strategischen Einleitung mit Sicherheit nur abhängig, ob alle Truppen überhaupt zur Entscheidung herankommen konnten. Für die Richtung, in welcher dieselben eingriffen, ist sie weniger verantwortlich zu machen.

So sind denn Anmarsch und Aufmarsch der Hauptsache nach schon im Voraus bestimmt. Das Entscheidende wird sein, ob sie aus einer oder mehreren Fronten hervorgehen. Das letztere wird meist für den Feind das Empfindlichere, für uns das Vortheilhaftere sein, denn es erleichtert die Bildung der Offensivflanken, die Ueberflügelung oder Umfassung.

Die Entwickelung der einzelnen Heere oder Heertheile aus ihren Marschrichtungen ist vom Vorgelände der feindlichen Stellung bedingt. Von der Natur desselben hängt zumal ab, wie weit von der Schlachtlinie entfernt sie begonnen werden muß. In freier Gegend ist es nöthig, sie außer wirksamer Kanonenschußweite, also rund 4000 m von den vordersten Artilleriestellungen des Gegners entfernt, vorzunehmen. Ein bergiges, durchschnittenes oder bedecktes Gelände kann wohl erlauben, sie von Hause aus näher heran zu schieben. Dadurch wird der Weg, der von den Truppen in breiter Front querfeldein zurückzulegen ist, verkürzt, aber

diese Raumersparniß ist auch nothwendig, weil derartige Bodenverhält=
nisse das Vorgehen wieder besonders ermüdend machen.

Zu bestimmen bleibt noch der Grad, bis zu welchem die Entwickelung
vor dem Angriff durchzuführen ist, und die Stelle, an welcher man den
Widerstand des Feindes vornehmlich brechen will. Die strategischen
Erwägungen müssen hierbei, noch mehr als im Begegnungsverfahren,
zurücktreten und die taktischen vorangestellt werden, weil auch der Feind
seine Maßregeln nach taktischen Rücksichten getroffen hat.

Der Aufmarsch aller Kräfte wird, trotzdem man mit Vorbedacht
handelt, nicht sogleich nothwendig sein. Wir wissen, daß ein Korps dazu
sechs Stunden braucht; solange würden also auch die vordersten Truppen der
feindlichen Stellung abwartend gegenüberstehen, bis das letzte Bataillon
in der Aufmarschlinie eingetroffen ist. Es wird in der Mehrzahl der
Fälle genügen, wenn zunächst nur diejenigen Theile aufmarschiren, welche
man braucht, um die feindliche Stellung ernsthaft anzufassen. Das
Uebrige kann dann noch aus den Marschkolonnen heraus sich während
des Kampfes bereitstellen.

Auch der Feind wird nicht sogleich seine ganze Stärke in der ge=
wählten Hauptvertheidigungslinie erscheinen lassen, sondern diese zuerst
nur schwach besetzen und die Hauptkräfte in Bereitschaftsstellungen ver=
fügbar halten, aus denen sie nach Bedarf allmählich zum Vorschein
kommen. So wird die Schlacht mit einer Art von Wettkampf im Auf=
marsche beginnen, in welchem sich die Kunst der Führer hüben und
drüben bewähren kann. Im Allgemeinen muß man natürlich den Vor=
sprung darin auf Seiten des Vertheidigers voraussetzen, der sich früher
darauf vorbereiten konnte.

Während dieser Einleitung der Schlacht ist für die Unterführer
Zurückhaltung in der Selbstthätigkeit geboten. Der Feind hat dem
Angreifer die Initiative überlassen und ihm, soweit die vorangegangenen
Operationen die Freiheit nicht beschränkt haben, die Wahl von Richtung
und Art des Angriffs erlaubt. Dieser Vortheil darf dem obersten Feld=
herrn nicht durch ein vorzeitiges und allzu ernsthaftes Zugreifen eines Theils
seines Heeres geraubt werden. Der stürmische Angriff des 9. Armee=
korps bei Vernéville beeinflußte, wie bekannt, den gesammten Gang der
Entscheidungsschlacht vom 18. August 1870, welcher sich anders gestaltete,
als er von Moltke und Kaiser Wilhelm gedacht und gewollt war.

Nach dem Aufmarsche gilt es, die Waffen zur vollen Wirkung zu
bringen. Unsere Vorschriften verlangen das Erringen der Feuerüberlegen=
heit über den Vertheidiger.*) Der grundsätzliche Unterschied im Vergleich
zum Begegnungsverfahren wird nun hier sein, daß ein einheitlicher Plan
für die Verwerthung der Waffenwirkung und nicht minder eine einheitliche
Feuerleitung möglich ist, während in der Begegnungsschlacht beides von
den Gegenzügen des Feindes stark bedingt war.

---

*) Exerzir = Reglement für die Infanterie. Abdruck von 1899. II. Theil
81—82.

Zu erklären bleibt noch, was unter Feuerüberlegenheit zu verstehen ist. Vielfach hält man sie völlig von dem vorangehenden Uebergewicht der Artillerie abhängig. Bei Friedensübungen, zumal den theoretischen Lösungen taktischer Aufgaben auf dem Plane, wird durchgängig daran festgehalten. Man zählt die Batterien auf beiden Seiten ab und entscheidet danach, wer im Geschützkampfe im Vortheil sei. Ehe die Waage sich nicht bestimmt auf die Seite des Angreifers neigt, wird ihm nichts Weiteres gestattet. Diese Methode, in die Praxis übersetzt, müßte allmählich zu häufigen Wiederholungen der Kanonade von Valmy zurückführen. Die Stückzahl ist keineswegs mehr allein ausschlaggebend; die geschickte Art, ins Feuer zu treten, und gute, von Feindesseite her schwer zu erkennende Aufstellung der Batterien, sind nicht minder wichtig. Sehr ist darauf zu achten, daß man mit seiner Artillerie nicht zu gedrängt stehe. Aus den Kämpfen am Tugela im Boerenkriege wird berichtet, daß ein einziges, gut verdeckt aufgestelltes Geschütz der Vertheidiger nach und nach eine ganze englische Batterie außer Gefecht gesetzt habe. Ferner hängt das Erringen der Feuerüberlegenheit sehr wesentlich vom engen Zusammenwirken der Infanterie und Artillerie ab; ja dieses wird hauptsächlich entscheidend werden. Auch die Bewegung gehört dazu; denn das Infanteriefeuer wird wirksamer, je näher es rückt. Der Eindruck, den sie hervorruft, wenn sie nicht zum Stocken geräth, macht schließlich den Vertheidiger unsicherer im Schießen. Am Ende wird dann gar die herandrängende Zahl der Angreifer bedeutungsvoll. Alles dies ist aber nur auf dem einen Theile der Schlachtlinie erforderlich, den der Angreifer sich zum Einbruch ausersehen hat.

Je mehr der Vertheidiger seine Stellung künstlich verstärkt, je sorgfältiger er dieselbe wählte und vorbereitete, je fester er endlich in derselben steht, desto schwieriger muß es natürlich werden, die Feuerüberlegenheit über ihn zu erringen. Das Verhalten des Angreifers nähert sich dann mehr und mehr der Art eines Festungsangriffs. Oft wird er zur Durchführung zwei oder mehrere Tage nothwendig haben, weil die ganze Arbeit nicht an einem einzigen Tage abgethan werden kann. Das tritt namentlich ein, wenn die Stellung eine gewisse Tiefe besitzt und erst vorwärts gelegene Posten zu nehmen sind, ehe man an die Hauptvertheidigungslinie herankommt. Am ersten Tage wird man dann nur bis an den wirksamen Feuerbereich der Stellung heranrücken und das Vorgelände in Besitz nehmen. Die darauf folgende Nacht kann zweckmäßig angewendet werden, um Anhaltpunkte für das weitere Vorgehen zu schaffen. Hier wird nun das Eingraben, die eilige Herstellung möglichst starker Schützengräben gegenüber denen des Vertheidigers, am Platze sein. Aus denselben vermögen sich die Angreifer gegenseitig zu unterstützen und auch das Zwischengelände zu beherrschen, um dort das Vorbringen anderer Infanterie zu ermöglichen. Von nun ab heißt es dann, sich systematisch und mit Bedacht weiter an den Feind heranarbeiten. Auch die Artillerie wird oft nur in ähnlicher Art vorwärts zu bringen sein.

Das Schicksal des Tages hängt zuletzt immer noch von der Einheit der Schlußhandlung im Angriffe ab. Diese zu erzielen, ist ein Problem, dessen Lösung im Frieden nur selten gelingt. Doch mag daran zum großen Theile die bei Uebungen und Manövern herrschende Eile die Schuld tragen. Vor allen Dingen wird es nothwendig sein, den Angriff auch während eines einzigen Kampftages räumlich in Abschnitte zu zer= legen; denn die Einheitlichkeit ist nicht möglich, wenn der zu durch= messende Weg lang ist. Es muß endlich eine entscheidende Feuerstellung, in welcher alle Waffen zu Thätigkeit zu bringen sind, wenigstens ganz allgemein bestimmt werden. Aus ihr heraus erfolgt der letzte Stoß. Im Festungskriege legt man der Sturmstellung die Bedeutung bei, daß sie die Einheitlichkeit des Sturmes gewährleiste. Beim Angriff fester Stellungen wird man ähnlich verfahren können, nur ohne, kurz vor dem Schluß der Gesammthandlung noch einmal zum Spaten zu greifen. Schwierig bleibt die gelungene Durchführung auf alle Fälle. Es darf ja auch hier die Gunst des Augenblicks, die sich einzelnen Theilen der herandrängenden Linie darbietet, nicht versäumt werden. Nimmt man sie wiederum wahr, so gefährdet man damit die Gleichmäßigkeit. Das geschickte, unermüdliche und tapfere Heranarbeiten der einzelnen Unter= abtheilungen vermag es allein, das Ganze nahe genug an den Feind zu bringen, um im letzten Augenblick sich mit vereinten Kräften und gleich= zeitig auf diesen zu stürzen.

Das Bild des Angriffs in der vorbedachten Schlacht läßt leicht erkennen, daß die Anordnungen der höheren Führer, ja selbst der obersten Heeresleitung weit mehr in die Einzelheiten eingehen müssen, als es bei dem Begegnungsverfahren möglich oder räthlich war. Die im allgemeinen gewiß berechtigte Scheu vor zu tiefem Eindringen in die Details und einem gewissen Schematismus in der Führung, kann hier am ehesten fallen, weil er durch die Umstände erforderlich gemacht wird.

Schlußbemerkung

Wenn die Verhältnisse hier so dargestellt worden sind, als ob die Begegnungs= und vorbedachte Schlacht zwei ganz streng geschiedene Erscheinungen und von Hause aus an ihren charakteristischen Merkmalen leicht zu erkennen wären, so ist doch daran zu erinnern, daß diese Unter= scheidung in der Theorie leichter ist, als in der rauhen Wirklichkeit des Krieges. Dort lassen sich die einzelnen Vorgänge nicht so genau von einander abgrenzen und in Kategorieen eintheilen, wie in den Lehrbüchern. Sie fließen weit mehr in einander über, und erschweren dem Blicke das Erkennen. Die Scenen des Kampfes gleichen in ihrem fortwährenden Wechsel den bunten Bildern im Kaleidoskop weit mehr als klar gezeich= neten geometrischen Figuren.

Oft wird der Feind seine Stellung erst im letzten Augenblicke ein= nehmen, wo der Angreifer seinen Anmarsch nicht mehr zu ändern vermag.

Vielleicht ist dieser auch nicht mehr im Stande, einzelne Heersäulen, die zu nahe herangerathen sind, noch aufzuhalten, so daß sie unerwartet auf die schon fertige Vertheidigungslinie des Gegners stoßen. Dieselbe wird im ersten Augenblick nicht einmal immer als solche zu erkennen sein. Die einleitenden Anordnungen werden dann naturgemäß dem Begegnungs= verfahren entsprechen. Andere Kolonnen glückt es dagegen, noch recht= zeitig davon in Kenntniß zu setzen, was ihnen bevorsteht. Sie werden handeln, wie es in der vorbedachten Schlacht zweckentsprechend erscheint. Oft wird der Feind nach vorangegangenen Kämpfen in eine nahe feste Position zurückweichen. Man glaubt ihn dann wohl noch in Bewegung und prallt unversehens auf eine starke und vorbereitete Front. Der Vor= sprung einer Nacht kann unter Umständen dem Vertheidiger genügen, sich mit allen Kräften zur Abwehr des Angriffs bereitzustellen und dies wird dann zu Ueberraschungen führen. Wir wollen nicht vergessen, wie lange am 18. August 1870 die Zweifel auf deutscher Seite bestanden, ob die Franzosen im Abmarsche gegen Nordwesten wären, oder sich vor Metz aufgestellt hätten, oder ob beides zugleich der Fall sei. Im Großen Hauptquartier endete die Ungewißheit zwar noch im Laufe des Vormittags, immerhin aber doch zu vorgerückter Stunde.*) An den anderen Befehls= haberstellen dauerte sie noch erheblich länger an. Selbst die Fort= pflanzung des Feuers von Amanwillers gegen St. Privat hin, als am Nachmittage der Anmarsch der Deutschen fühlbar wurde, sah noch so aus, als habe man das Heer des Marschall Bazaine bei dem Versuche betroffen, sich über Briey dem Angriff zu entziehen. Welchen Einfluß diese Täuschung auf die Führung der einzelnen Grade geübt und wie weit sie auf die Handlungsweise der Truppen eingewirkt hat, würde heute nur noch schwer genau festzustellen sein. Wenige Jahre nach den Kriegen haben sich schon die Eindrücke des Augenblicks unter der Fülle des Erlebten und Gehörten verwischt. Man glaubt dann leicht, im Moment empfunden zu haben, was sich erst später als das Wirkliche herausstellte.

Die Schuld an den irrigen Vorstellungen, von welchen man auf deutscher Seite in der großen Schlacht ausging, ist der höheren Führung und dem nicht zulänglichen Aufklärungsdienste beigemessen worden. Niemand aber wird behaupten wollen, daß die deutsche Armee im Jahre 1870 in diesen beiden Hinsichten besonders übel bedient gewesen sei. Aehnliches kann also auch in Zukunft wieder vorkommen. Wir

---

*) Um $9^1/_2$ Uhr früh besagte noch die vom Großen Hauptquartier an das Oberkommando der II. Armee gerichtete Mittheilung: „Auf dem rechten Flügel des 7. Korps unbedeutendes Tirailleurgefecht. Die auf der Höhe gegen Metz sichtbaren Truppen scheinen sich nördlich, also wohl gegen Briey zu bewegen." Erst der um $10^1/_2$ Uhr ebenfalls an das Oberkommando der II. Armee erlassene Befehl begann: „Nach den eingegangenen Meldungen darf angenommen werden, daß der Feind sich zwischen Point du jour und Montigny la Grange behaupten will." Wie bedeutend die hierin enthaltene Täuschung über die Ausdehnung der französischen Stellung war, ist bekannt. (Der deutsch= französische Krieg 1870/71, redigirt von der kriegsgeschichtlichen Abtheilung des Großen Generalstabs. I. Theil. II. Band. S. 691.)

haben aus den Ereignissen gelernt; aber jeder neue Krieg bringt neue
Erfahrungen und damit auch wieder Ueberraschungen. Es besser zu
machen wie damals, dürften wir mit Bestimmtheit nur hoffen, wenn der
Feind sich verpflichten möchte, nicht anders zu handeln, wie zu jener Zeit.
Wir dürfen uns wohl anheischig machen, genau dieselben Fehler, die wir
schon einmal begingen, nicht zu wiederholen; aber es wäre unvorsichtig
zu glauben, daß auch alle Fehler verwandter Art nicht mehr vorkommen,
und wir künftig immer sogleich wissen werden, ob das Begegnungs=
verfahren oder dasjenige der vorbedachten Schlacht einzuschlagen sei.
Täuschungen hierin drohen uns sicherlich, und unliebsame Wendungen
wird auch noch manche Schlacht der Zukunft bringen. Wichtig ist es
daher vor Allem, sich die taktischen Grundelemente des Kampfes stets
gegenwärtig zu halten und sie nach dem augenblicklichen Urtheil über die
Lage mit Besonnenheit anzuwenden, statt blindlings draufzugehen. Oft
wird uns instinktives Handeln in kritischen Momenten leiten und das ist
nicht zu verwerfen; denn es drückt sich darin die Summe unseres geistigen
Könnens aus. Allein es muß durch genaue Kenntniß der materiellen
Größen*) und eifriges vorangegangenes Nachdenken über ihre beste Ver=
werthung geregelt sein.

———

XV.

Operationen unter besonderen Bedingungen.

1. Allgemeines.

Aus den Betrachtungen über das Gelände geht hervor, daß alle
Operationen durch die Gestalt und Natur des Kriegstheaters ein be=
stimmtes Gepräge erhalten. Früher maß man derselben sogar eine ent=
scheidende Bedeutung bei. Man benannte danach besondere Arten der
Kriegführung. So galt beispielsweise der Gebirgskrieg als etwas ganz
Selbstständiges, seine Kenntniß gleichsam als eine besondere Wissenschaft.
Eigene Grundsätze wurden dafür aufgestellt.

Ebenso gab es eine abgeschlossene Lehre von der Vertheidigung und
dem Angriffe von Stromlinien u. s. w.

Innere Nothwendigkeit besteht für diese völlige Scheidung nicht,
wenigstens nicht in Bezug auf die allgemeinen Gesetze. Man wird die=
selben, bei näherer Betrachtung auch in den, unter besonderen Be=
dingungen geführten, Operationen immer wiederfinden, wenigstens solange
wir von ganz unwirthlichen, unkultivirten Gegenden, von Wüste, Wildniß

———

*) Truppenzahl, Bewegung und Waffenwirkung.

und Urwald absehen. Natürlich sind die Formen, in denen sich die Truppen bewegen und kämpfen, dem Boden anzupassen, auf welchen sie angewendet werden.

Straßenlose Landstriche, Bergzüge, Wasserläufe u. s. w. sind vor allen Dingen in ihrer Bedeutung als Bewegungshindernisse zu betrachten. Sie kommen im Allgemeinen der Vertheidigung zu Gute. Ihren Einfluß auf die Kriegführung im Einzelnen zu erläutern, kann besonderen Lehr= schriften vorbehalten bleiben. Für den Umfang und den Zweck dieses Buches genügt es, an einigen Beispielen zu zeigen, in welcher Art der= selbe bei Betrachtung größerer Operationen festzustellen sein wird.

2. Operationen im Gebirge.

Denkt man sich den Vertheidiger im Besitze einer Gebirgskette, so genießt derselbe des Vortheils, eine Front zu haben, die für einen Angriff mit großen Truppenmassen aller drei Waffen nur an bestimmten Punkten verwundbar ist, nämlich dort, wo Wege durch die Berge führen. Diese Punkte sind, ein jeder für sich, mit verhältnißmäßig geringen Kräften zu vertheidigen und unter einander nach unserer ursprünglichen Vorstellung durch ein unüberschreitbares Hinderniß verbunden, so daß die Kette wie eine geschlossene Front erscheint. Es handelt sich hier also um einfache frontale Vertheidigung, zu welcher die gesammten Um= stände einzuladen scheinen. Man ist geneigt, sie für sehr stark zu halten. Allein der Schein trügt in diesem Falle. Zunächst ist, wie schon die Abhandlung über das Gelände betonte, zu beachten, daß im Abendlande alle Gebirge von der Kultur leicht zugänglich gemacht worden und von guten Straßen*) durchschnitten sind. Clausewitz konnte noch sagen: „Der Einfluß des Gebirges auf die Kriegführung ist sehr groß, der Gegenstand also für die Theorie sehr wichtig" — aber die von ihm gleich darauf gegebene Schilderung eines Marsches durch das Gebirge**) zeigt recht deutlich, wie sehr sich die Verhältnisse seither geändert haben. Sodann darf man auch nicht Unwegsamkeit sofort mit Ungangbarkeit ver= wechseln, wie es der türkischen Heeresleitung 1829, 1877 und 1878 mit der Balkankette erging.***) Endlich findet man Gebirge von kurzer Ausdehnung, welche sich trotzdem auf beiden Enden sicher anlehnen, wie an Meeresküsten, äußerst selten. Gebirgsstellungen sind entweder sehr

---

*) Unsere Chausseen im Gebirge sind meist von der besten Beschaffenheit, weil sie auf festem Boden ruhen und geeignetes Baumaterial überall leicht zur Hand ist.

**) Clausewitz. Vom Kriege. 4. Aufl., 2. Theil, 6. Buch, 15. Kapitel. Gebirgs=Vertheidigung S. 218.

***) Infanterie überwindet heute die größten Hindernisse, wovon schon im Frieden die italienischen und französischen Alpentruppen Beweise geben. Das Maulthier folgt dem Fußgänger auf erstaunlich schwierigen Wegen. Auch Ge= birgs=Artillerie kommt daher sehr weit.

ausgedehnt und damit, trotz der Festigkeit des einzelnen Punktes im Ganzen doch verhältnißmäßig schwach, oder sie werden in ihren Flanken gefährdet sein. Diese Gefahr ist doppelt ernst, weil die einzelnen in der Front stehenden Gruppen wenig Verbindung mit einander haben und sich gegenseitig nicht zu Hülfe kommen können.

Diese Umstände wohl kennend, wird der Angreifer, welcher eine besetzte Gebirgslinie vor sich findet, den Vertheidiger in der Front nur beschäftigen, ihn aber gleichzeitig auf unbewachten Wegen an einem oder beiden Flügeln zu umgehen suchen. Hierbei darf er sehr dreist sein, da er keine Gefahr läuft, weil der Feind schwerlich aus seinen Gebirgs=stellungen vorbrechen wird, um ihn zu strafen. Dehnt der Vertheidiger sich, um der Umgehung entgegenzutreten, mehr und mehr aus, indem er eine immer größere Zahl von seitwärts gelegenen Pässen besetzt, so giebt er dem Angreifer Gelegenheit, mit schnell gesammelten stärkeren Kräften die Linie irgendwo zu durchstoßen. Hierbei wird derselbe einen Posten am Ende überwältigen und die benachbarten durch schwächere Angriffe an ihren Plätzen festhalten. Ueberstürzter Rückzug derselben, wenn die Nachricht von geglücktem Durchbruch eintrifft, ist die schließliche Folge.*) Die Stabilität, in welche sich der Vertheidiger begeben hat, und die ihn an jedem einzelnen Punkte zu passivem Verhalten verurtheilt, straft sich am Ende. Sie gewährt dem Angriffe im Großen wieder seine natürliche Ueberlegenheit.

Der Vertheidiger wird nun freilich seinerseits den Gang der Dinge voraussehen und es vorziehen, wenn nicht besondere Umstände ihn auf das Gebirge selbst verweisen, die Kette mit ihren Pässen nur leicht zu besetzen, seine Hauptkräfte aber dort nicht zu binden. Wer den Entschluß zum energischen Widerstande faßt, verzichtet lieber auf den entscheidenden Kampf im Gebirge und sucht dafür freieres Gelände auf. Nur ein numerisch sehr unterlegener Vertheidiger wird es in der Hoffnung auf Zeitgewinn oder Ermüdung des Gegners dazu ausnutzen, denn natürlich kommt dort das Mißverhältniß der Kräfte bei Weitem nicht so zur Geltung wie in offener Gegend. Die Entwickelung großer Truppen=massen, also auch einer Uebermacht, ist sehr erschwert, die Feuerwirkung oft, zumal im Waldgebirge, auf kurze Entfernungen beschränkt; taktische Combinationen sind beinahe ausgeschlossen und so wird es überhaupt nicht zu großen Kämpfen kommen. Machen die Vorgänge vom 20. bis 27. August und 17. September 1877 im Schipkapasse eine Ausnahme, so ist dabei doch in Betracht zu ziehen, daß es sich dort nicht um einen wirklichen, zwischen engen Bergwänden gelegenen Paß, sondern vielmehr um ein mit Berggruppen besetztes Plateau handelte. Uebrigens fochten im Augenblick des größten Aufgebots immer nur 26 500 Türken gegen höchstens 20 000 Russen. Waren die Kämpfe auch heftig, die

---

*) Die verunglückte Vertheidigung der Balkanlinie durch die Türken im Winter 1877/78 ist das neueste warnende Beispiel dieser Art. Sie löste die Armee auf, welche, bei Adrianopel vereinigt, noch einen langen Widerstand hätte leisten können.

Verluste groß, so darf man doch von einer Schlacht in der richtigen Bedeutung dieses Worts nicht reden. Gefechte größeren Stils können sich wohl auch noch entspinnen, wenn die beiden Parteien, gleichzeitig im Vorgehen begriffen, unvermuthet im Gebirge aufeinanderprallen. Gemeinhin wird dann ein Wettlauf um den Besitz der Paßhöhe entstehen, und es kann dort zum heftigen und hartnäckigen Ringen der von rückwärts her unterstützten Avantgarden kommen. Es darf auch nicht ohne weiteres als unzweckmäßig angesehen werden, wenn der Vertheidiger im letzten Augenblicke dem ins Gebirge bereits eingetretenen Angreifer entgegengeht, um ihn darin festzuhalten. Er heimst dann zum mindesten den Vortheil ein, keine unnöthigen Paßbesetzungen vorzunehmen, da er sich auf dieselbe Gruppe von Straßen beschränken kann, die auch der Feind benutzt. Derartige Lagen werden indessen selten vorkommen.

Im Allgemeinen wird der Vertheidiger das Gebirge zum Verbergen benützen. Auch der Angreifer kann dieses thun, wenn er seine Kräfte noch sammelt, die Vortruppen aber schon ins Gebirge hineinzuschieben vermag. Dieses hält seiner Natur nach jede Aufklärung von Feindesseite her zurück. Eine im Wesentlichen auf die Kunststraßen beschränkte Kavallerie wird wenig im Erkundigungsdienste leisten. Tscherkessen- und Kurdenpferde bringen allerdings im Klettern Unglaubliches zu Wege; den abendländischen Kavallerie-Remonten aber fehlen im Allgemeinen die gleichen Eigenschaften; jedenfalls wird ihnen hinreichende Uebung und Gewohnheit mangeln. Ihre Thätigkeit kann vollkommen gehemmt werden, wo dichter Wald die Felsen und Höhen bedeckt. Charakteristisch ist ferner, daß kleine Posten in Bergpässen eine große Widerstandsfähigkeit erlangen und selbst bedeutende Uebermacht geraume Zeit aufzuhalten vermögen.*) Der Feind kann sie freilich umfassen, jedoch nur außerhalb der Straßen, indem er durch seine Infanterie die seitlichen Hänge erklimmen läßt. Allein das Gebirge gewinnt dann natürlich seine alte, vor der jetzigen Kulturperiode ihm inne wohnende Eigenschaft, Truppenbewegungen auf's Aeußerste zu erschweren, mit einem Schlage wieder. Außerhalb der Chausseen sieht es noch aus, wie ehedem. Es kann Stunden, ja mitunter im Hochgebirge halbe Tage dauern, bis eine die Paßvertheidigung beherrschende Stellung vom Angreifer gewonnen ist. Nun wird jene freilich unhaltbar, aber der Rückzug der Besatzung ist immer noch ungefährlich, wenn sie sich nicht zu lange aufgehalten hat, und sie vermag den Widerstand sogar noch zu erneuern, beispielsweise wenn sich ihr Parallelketten als Anhalt darbieten. Immer muß sie freilich auf rechtzeitigen Rückzug bedacht sein.

Hierin liegt das eigentliche Kriterium der Gebirgs-Vertheidigung.

---

*) General von Schlichting macht sehr richtig darauf aufmerksam, daß diejenigen Stellen, an welchen die Karte Serpentinen der Kunststraßen verzeichnet, meistens die hierzu geeigneten Punkte des Geländes andeuten. (Viertes Beiheft zum Mil.-Wochenblatt 1896. Taktische und strategische Grundsätze der Gegenwart S. 227.)

Der Widerstand ist nur für Zeit möglich, nicht für die Dauer, und auch nicht entscheidend.

Das Aufhalten und Erkennen des Gegners wird als Hauptvortheil demjenigen zufallen, der sich des Gebirges in der Defensive bedient. Der Angreifer kann mit einem Heere nicht auf einer Straße vorgehen, sondern muß eine ganze Gruppe von Pässen benutzen, um das Hinderniß schon in einiger Breite zu überwinden und sich so die Entwickelung jenseits desselben zu erleichtern. Dauert der Durchmarsch lange, vollzieht er sich unter Gefechten, so wird eine Ablösung der vorderen Truppen nothwendig werden. Der Vertheidiger hat also Gelegenheit, verhältniß= mäßig viel zu erfahren. Hohe Aussichtspunkte bieten ihm sogar bequemen Einblick in die Marschkolonnen des Feindes, namentlich, wo breite Längs= thäler von ihnen zu durchschreiten sind. Der Mangel an Querverbindungen bringt es mit sich, daß die einmal auf eine Paßstraße gesetzten Truppen meist auch bis zum Ausgang auf derselben bleiben müssen, so daß eine Verschiebung zwischen ihnen und eine Aenderung der Kräftevertheilung, die dem Vertheidiger verborgen bleiben könnte, in der Regel ausgeschlossen ist. Handelt es sich um den Durchzug durch ein breites Gebirge, ist die Jahres= zeit ungünstig, so kann daraus für diesen als Vortheil auch noch eine Ermüdung und Schwächung des Gegners durch Marschverluste hervor= gehen. Verpflegungsmangel und namentlich Schwierigkeiten der Unter= bringung werden meist hinzukommen.

Seine Hauptkräfte wird der Vertheidiger hinter dem Gebirge bereit halten, um über den Angreifer herzufallen, wenn dieser mit seiner Ent= wickelung noch nicht fertig ist. Er selbst kann natürlich bereits auf= marschirt sein, die volle Kraft gebrauchen und den vorwärts der Bergengen erscheinenden Gegner umfassen. So stellt sich die Gebirgsvertheidigung als eine Hinterhalts=Defensive großen Stiles dar und ist wie diese zu behandeln. Die Gefahr, welche ihr droht, besteht lediglich in der Ueber= flügelung durch weiter seitwärts über das Gebirge herabsteigende Kolonnen des Gegners, welche nicht in den Kreis der Umfassung hineingerathen. Sie werden in den Flanken des Vertheidigers wirksam werden, wenn dieser den von ihm zuerst gesuchten Erfolg nicht schnell erringt. Das aber ist schwer für ihn. Der Feind kann da, wo er beim Erscheinen aus dem Gebirge heraus angegriffen wird, vorübergehend zurückweichen. Gewöhnlich finden sich gute Stellungen am Gebirgsfuße, die auch nicht leicht zu umgehen sind. Selten stürzt ein Gebirge mit einem einzigen geschlossenen Abhang zur Ebene hinab. In der Regel sind sanftere Höhenzüge vorgelagert, welche den Avantgarden des Angreifers Gelegen= heit geben, sich zu behaupten, wenn sie dieselben einmal erst erreicht haben. Im Bewußtsein ihrer gefährdeten Lage und der Wichtigkeit ihrer Aufgabe werden sie alsdann unter äußerster Anspannung der Kräfte selbst großer Uebermacht Widerstand leisten, bis die Unterstützung heran ist. Unbedingt ist man also, auch bei richtigem und energischem Verfahren, des Erfolges durchaus noch nicht sicher. Trotzdem darf in den hier geschilderten Maßregeln die einzige Art starker und wirksamer

Gebirgsvertheidigung unter großen Verhältnissen erblickt werden. Eine Kettenstellung, welche die Gesammtkräfte in kleinere Einheiten theilt, ist dazu ungeeignet, weil das Zusammenziehen im entscheidenden Augenblicke unmöglich wird; Zersprengung und Verderben sind die fast sicheren Folgen davon. Dem Angreifer kann im Grunde genommen nichts Besseres begegnen, als eine solche Anordnung vor sich zu finden, obwohl die erste Ueberraschung, daß alle Pässe verhältnißmäßig stark besetzt sind, keine angenehme sein wird. Die Zersplitterung bildet das Grundübel aller Gebirgsvertheidigungen.

„Ein Feldherr, der sich in einer ausgedehnten Gebirgsstellung auf das Haupt schlagen läßt, verdient vor ein Kriegsgericht gestellt zu werden," erklärt der sonst über Fehler und Irrthümer in der Kriegführung so milde denkende Clausewitz.*)

Aus dem bisher Gesagten geht hervor, daß die europäischen Mittelgebirge für strategische Aufstellungen auch keine Anlehnung gewähren. Das ist zu erwähnen, weil man sie vor noch nicht allzulanger Zeit für eine solche angesehen hat. Die Vogesen konnten, wie sie zur deutsch-französischen Grenzscheide wurden, noch insofern als ein Bewegungshinderniß gelten, daß man größere Truppenbewegungen quer über ihren Kamm hinweg für ausgeschlossen hielt. Dies wurde wichtig für die Vertheidigung des oberen Rheins; denn das mit derselben beauftragte Heer durfte sich im Stromthale, den Rücken gegen Straßburg gewendet, aufstellen und hoffen, daß der aus der trouée de Belfort hervorbrechende Feind gezwungen sein würde, vor seiner Front zu erscheinen, ohne seine rechte Flanke zu umfassen. Es konnte dann stromabwärts zurückgehen und den Gegner, der es nicht aus dem Auge verlieren durfte, hinter sich herziehen. Gesicherter Uferwechsel hätte ihm dann Gelegenheit zur schnellen Kräfteverschiebung von einer zur andern Seite des Rheins und abwechselnd überraschende Schläge hier oder dort gestattet. Das ist heute schon ganz anders geworden, wo der an die Vogesen gelehnte Flügel auf einer größeren Zahl von Straßen von starken Kräften bald umfaßt, ja im Rückzug bedroht sein würde.

Wir kommen am Schluß zu dem eigentlichen Gebirgskriege, wie ihn unsere Phantasie sich gewöhnlich vorstellt, und wie ihn wilde kriegerische Völkerschaften im Hochgebirge gegen die größte Uebermacht oft mit beispielloser Hartnäckigkeit durchgeführt haben. Wir denken dabei nicht an den Widerstand der Tiroler gegen Napoleon I. allein, sondern noch an zahlreiche andere Beispiele. Einzelne Bezirke von Hochalbanien haben von Alexander des Großen Zeiten an bis auf den heutigen Tag eine bedingte Unabhängigkeit behauptet. Skanderbeg gab dort ein Menschenalter hindurch in seinem Widerstande gegen die Heere Mehemet's des Eroberers das glorreichste Beispiel von Gebirgsvertheidigung. Der Widerstand der Tscherkessen im Kaukasus, der Montenegriner in den schwarzen Bergen, des Sphakioten auf Kreta, der Karlisten in den baskischen Provinzen,

---

*) Clausewitz vom Kriege. 4. Auflage. 2. Theil, 6. Buch, 17. Kapitel S. 244.

der Drusen im Hauran und kurdischer Stämme in ihren Alpen haben ähnliche Züge zu verzeichnen. Wenig bekannt und doch sehr merkwürdig ist die Thatsache, daß die Pomaken*) in den Gebirgsthälern von Tumrusch**) ihre Unabhängigkeit von 1878 an bis 1886, wo sie wieder dem türkischen Reiche einverleibt wurden, gegen die bulgarischen Nachbarn behaupteten, denen ihr Gebiet durch den Berliner Vertrag zugesprochen worden war. Bemerkenswerth ist auch der Widerstand der Armenier im Hochlande von Zeitun gegen die türkische Uebermacht im Jahre 1895. Die Grundbedingung für den Erfolg bei diesen Kämpfen war, daß der Vertheidiger im Hochgebirge selbst die Quellen seiner Existenz fand und von diesen, bei ihrer geschützten Lage, nicht verdrängt werden konnte. Auch kommt hinzu, daß in der Regel für eine angreifende größere Macht, zumal für einen Culturstaat, der Siegespreis die Opfer einer bis zum Aeußersten gehenden Anstrengung meistens nicht aufwiegt und im Hinblick auf wichtigere Interessen von einer solchen abgesehen wird.

Für die Kriegführung im Großen ist diese Art der Kämpfe im Gebirge nicht von Wichtigkeit; denn es handelt sich dabei meistens nur um Beunruhigung der Paßstraßen, gegen welche sich die Vorstöße des Bergvolks naturgemäß richten.

---

3. Angriff und Vertheidigung von Stromlinien.

Jeder Strom von einiger Bedeutung kommt der Landesvertheidigung zu Gute. Nicht nur, daß die Ueberschreitung den Angreifer Mühe kostet, wenn die Brücken zerstört sind; auch seine rückwärtigen Verbindungen erleiden einen gewissen Zwang, da sie meist auf wenige neu hergestellte oder wieder brauchbar gemachte Uebergänge angewiesen sind. Das erleichtert dem Vertheidiger, den wir uns hier natürlich auf eigenem Boden denken, die Unterbrechung, wenn andererseits auch die Sicherung nicht so schwer als im Gebirge sein wird.

Mit Bergketten hat der Strom die Aehnlichkeit, daß er die Aufklärung erschwert; er ist also geeignet, zum Verbergen bereit gestellter Kräfte. Gelangen die Reiterpatrouillen des Angreifers ans Ufer, während der Vertheidiger im Zurückgehen über die Brücken ist, so vermögen sie unter Umständen Bataillone, Batterien und Eskadrons abzuzählen. Ebenso vermag der Vertheidiger die Stärke des Angreifers zu erkennen, wenn seine Späher sich noch irgendwo am Wasser verborgen halten, während dieser schon den Uebergang bewerkstelligt. Das Erkennen ist aber nur am Strome selbst möglich. Sind die beiden Parteien durch denselben von einander geschieden, so werden sie über die Kräftevertheilung gegenseitig im Unklaren sein und daher gewaltsame

---

*) Nachkommen von ehemaligen polnischen Kriegsgefangenen, welche bis auf den heutigen Tag ihre Sprache bewahrt haben, aber Muhamedaner geworden sind.
**) Landschaft in Despoto Dagh an der Südgrenze von Ostrumelien.

Stromübergänge meist eine plötzliche Ueberraschung mit sich bringen. Da dem Angreifer die Initiative zufällt, der Vertheidiger abwarten muß, so liegt hierin ein großer Vortheil für den Angreifer. Fortgesetzte Beobachtung wird dem Vertheidiger nur bei Strömen im Gebirge möglich werden, wo er eine weite Uebersicht über das feindliche Ufer genießt und er den Vormarsch gegen den Strom frühzeitig entdecken kann. Die beiden großen Geländeformen vereinigen sich hier zu seinen Gunsten.

Bezüglich des Kampfes um Stromlinien kommt zunächst in Betracht, daß der Angreifer über Defileen der engsten Art, nämlich über Brücken, vorgehen und seine Kräfte aus denselben heraus entwickeln muß. Allerdings wird die darin liegende Schwierigkeit durch die großen Fortschritte gemäßigt, welche in neuerer Zeit im militärischen Brückenschlage gemacht worden sind. Selbst bei schnell und stark strömenden Gewässern braucht eine gut und hinreichend starke Pioniertruppe mit fertigem Kriegsmaterial, die Vorbereitungen am Ufer eingerechnet, nicht mehr als eine Minute für den laufenden Meter der Strombreite zum Bau. Führt die Armee eine hinreichende Zahl von Brückentrains mit sich, so wird die gleichzeitige Herstellung mehrerer Uebergänge nicht schwer sein. Auch im Fährenbau und Uebersetzen von Truppen wird heutzutage erheblich mehr als ehedem geleistet. Man wird dies Mittel natürlich zu Hülfe nehmen, während der Brückenschlag beginnt und damit fortfahren, so lange die dazu nöthigen Fahrzeuge nicht für den Einbau nothwendig werden. Immerhin bleibt der Stromübergang ein Unternehmen, welches dem Vertheidiger Gelegenheit giebt, den Angreifer mit Verlusten zurückzuweisen, wenn er nur rechtzeitig zur Stelle ist.

Die Vertheidigung wird sich ähnlich gestalten wie bei einer Gebirgskette; denn sollte auch der Fluß selbst an keiner Stelle ein unüberwindliches Hinderniß bilden, so wird die Zahl derjenigen Punkte, an welchen ein Brückenschlag ausführbar erscheint, schon durch die Rücksicht auf die Gangbarkeit des Thals und die zum Ufer hinabführenden Wege eine beschränkte sein. Diese gleichen den Pässen, zu welchen die Vortruppen vorgeschoben werden müssen. Die stärkeren Kräfte sind dahinter gruppenweise zusammenzuhalten, um den Feind beim Uebergange anzugreifen. Für ihre Vertheilung giebt Clausewitz folgende Regel*): „Die Zeit, welche zur Schlagung einer Brücke erforderlich ist, bestimmt die Entfernung, in welcher die Korps, die den Fluß vertheidigen sollen, von einander aufgestellt werden dürfen. Dividirt man diese Entfernungen in die ganze Länge der Vertheidigungslinie, so erhält man die Anzahl der Korps; dividirt man mit dieser in die Masse der Truppen, die Stärke derselben. Vergleicht man nun die Stärke der einzelnen Korps mit den Truppen, die der Feind während des Baues der Brücke durch anderweitige Mittel übergesetzt haben kann, so wird sich beurtheilen lassen, ob auf einen glücklichen Widerstand zu rechnen ist. Denn nur dann darf

---

*) Clausewitz vom Kriege. 4. Auflage. 2. Theil, 6. Buch, 18. Kapitel S. 247, wo auch ein Beispiel der praktischen Anwendung gegeben ist.

man annehmen, daß der Uebergang nicht erzwungen werden kann, wenn es dem Vertheidiger möglich ist, mit einer beträchtlichen Ueber= legenheit, also etwa dem Doppelten, die übergesetzten Truppen an= zugreifen, ehe die Brücke vollendet ist."

Das klingt sehr klar und der Erfolg scheint sicher zu sein. Zu bedenken ist jedoch, daß der Vertheidiger leicht einer Täuschung unter= liegen kann. Zwar soll er grundsätzlich seine Späher jenseits des Flusses haben; aber der Feind wird sie dort nicht dulden, und wir haben schon gesagt, daß dann in den meisten Fällen die hinreichende Beobachtung der Maßnahmen des Angreifers aufhören wird. Clausewitz räth zwar an, die Inseln stark zu besetzen, weil ein ernstlicher Angriff des Feindes auf dieselben den Uebergangsort in der sichersten Weise zu erkennen gäbe. Allein unsere regulirten Stromläufe sind heutzutage inselfrei und der Angreifer kann immerhin auch dort, wo Inseln vorhanden sind, auf deren Benutzung verzichten.

Ferner ist die Wirkung einer moralischen Größe nicht außer Betracht zu lassen, welche bei dem Angriff auf einen über den Strom vordringenden Gegner immer in Kraft tritt. Die Lage ist für die angegriffenen Truppen eine so klare, daß auch der einfachste Soldat sie begreift. Er sieht, während der Feind vor ihm erscheint, den Strom hinter sich und weiß, daß hier ein Weichen unmöglich ist*), daß andererseits mit jeder Viertel= stunde weiteren Widerstandes die Aussicht auf Hülfe und auf den Sieg wächst. Das stärkt die Kraft und Zähigkeit der Truppen außerordentlich, denen überdies die leichtere Aufgabe passiver Abwehr zufällt. Die kriegsgeschichtliche Erfahrung lehrt denn auch, daß es in den meisten Fällen nicht gelang, einen bereits über den Strom gegangenen Feind wieder zurückzuwerfen. Das neueste Beispiel dafür giebt der Donau= Uebergang der Russen bei Simnitza am 27. Juni 1877.

Die Schwäche einer solchen ganz direkten Stromvertheidigung durch dahinter aufgestellte Truppen liegt, ähnlich wie bei den Gebirgsketten, und hier noch schärfer ausgesprochen, in der großen Länge der Linie, die auf allen Punkten zu behaupten ist. Strombarrieren sind in den modernen Kriegen, nach kürzerer oder längerer Frist, noch immer über= wunden worden. Das veranlaßt uns nach anderen Anordnungen für die Vertheidigung zu forschen, die wir fast vollständig in dem schriftlichen Nachlaß des größten Kriegsmeisters der Neuzeit behandelt finden. Napoleon I. correspondirte im Jahre 1813 mit dem Vizekönige Eugen über die Vertheidigung der Oder und Elbe. Am 15. März schrieb er aus Trianon: „Nichts ist gefährlicher, als der Versuch, einen Fluß ernsthaft zu vertheidigen, indem man den jenseitigen Uferrand besetzt, denn, ist dem Feinde der Uebergang einmal geglückt — und er glückt

---

*) Vor der Schlacht von Nisib hatte Feldmarschall Moltke dem türkischen Oberbefehlshaber Hafis=Pascha vorgeschlagen, sein Heer, mit dem Rücken gegen den reißenden Euphrat gekehrt, den Egyptern gegenüber zu stellen. Dort mußte es sich zur Wehr setzen, und er war der Ansicht, daß, bei dem Zustande beider Kämpfer, derjenige Sieger bleiben würde, der nur einigen Widerstand leistete.

ihm immer — so findet er die Armee in einer sehr ausgedehnten Ver=
theidigungsstellung und verhindert sie, sich zu sammeln."

Die Art, wie er die Vertheidigung organisirt wissen will, deutet
der Kaiser in folgenden Worten an: „Nie ist ein Fluß als ein
Hinderniß angesehen worden, welches den Feind mehr als einige Tage
aufhalten könnte. Der Uebergang kann nur verhindert werden, indem
man starke Truppenmassen in Brückenköpfen auf's andere Ufer stellt, wo
sie bereit sind, in dem Augenblicke die Offensive wieder zu ergreifen, in
welchem der Feind mit dem Uebergange beginnt. Will man sich aber
auf die Abwehr beschränken, so bleibt nichts anderes übrig, als die
Truppen so zu disponiren, daß man sie in Masse vereinigen kann, um
über den Feind herzufallen, ehe er seinen Uebergang vollendet hat; allein
Bedingung ist dabei, daß die Oertlichkeit dies erlaube und daß alle
Anordnungen im Voraus getroffen sind."

So ist denn des Kaisers Meinung, daß die wirksamste Art der
Stromvertheidigung die sein wird, sich mit seinem Heere vor dem Hinder=
nisse aufzustellen. Etwas ähnliches deutet Clausewitz an, wenn er sagt:
„Ein Vertheidigungsheer, welches einen bedeutenden Fluß nahe (doch nicht
unter einem gewöhnlichen Marsch) hinter sich hat, und an diesem Flusse
eine hinreichende Menge gesicherte Uebergänge besitzt, ist unstreitig in
einer viel stärkeren Lage, als es ohne den Fluß sein würde; denn wenn
es durch die Rücksicht auf die Uebergangspunkte in allen seinen Be=
wegungen etwas an Freiheit verliert, so gewinnt es viel mehr durch
die Sicherheit seines strategischen Rückens, d. h. hauptsächlich seiner Ver=
bindungslinien." *)

In der That wird es für einen kühnen und kräftigen Vertheidiger
nichts Wirksameres geben, als sich vorwärts des Flusses zu halten, um
sich überraschend auf den Gegner zu werfen, wenn dieser, im Begriff
überzugehen, mit einem Theil seiner Truppen auf der einen, mit dem
übrigen auf der andern Seite ist. Natürlich aber darf man bei der
Stellung vorwärts des Stromes sich dem Feinde nicht geradezu in den
Weg stellen, weil man dann die Schlacht nur mit einem unbequemen
Hinderniß im Rücken schlägt und den Feind nicht einmal aus der von
ihm selbst gewählten Richtung ablenkt. Die zweckmäßige Aufstellung liegt
seitwärts von dessen Anmarschstraße in einer Flankenstellung. Dies führt
auf den weiteren Gedanken, daß man einen Fluß auch vertheidigen kann,
indem man sich zu beiden Seiten desselben aufstellt, mit der Absicht,
nöthigenfalls längs desselben auszuweichen. Die Aufstellung muß dann
so gewählt sein, daß der heranrückende Feind nicht auf die ihm zuge=
wendete Flanke trifft, sondern vorwärts der Front an den Fluß gelangt.
Stehen wir dann nahe genug, um Beachtung zu erzwingen, so wird er
sich zunächst gegen uns wenden müssen, um sich Luft für den Uebergang
zu schaffen. Wir können dann zurückgehen und, wenn er nunmehr das

---

*) Clausewitz setzt hier den Vertheidiger im eigenen Lande voraus. (Vom
Kriege. 4. Auflage. 2. Theil, 6. Buch, 19. Kapitel S. 266.)

Gewässer zu überschreiten sucht, wieder offensiv werden. Dies kann je nach den Umständen auf der einen oder anderen Flußseite geschehen. Durch eine solche Art der Vertheidigung kann zum Mindesten sehr viel Zeit gewonnen werden; nur darf man sich nicht festhalten und zur ent= scheidenden Schlacht zwingen lassen, ehe man diese selbst will.

Ist der Vertheidiger hierbei ebenso gestellt wie der Angreifer, so daß er sich die Uebergänge und deren Sicherung erst im Augenblicke des Handelns schaffen muß, so wird er höchstens bei den Uferwechseln den Vortheil einer gewissen Initiative für sich haben. Die Gefahr ist aber sonst die Gleiche für ihn wie für den Angreifer. Diese Art der Strom= vertheidigung muß daher, um ihren vollen Nutzen zu gewähren, von langer Hand vorbereitet sein. Das geschieht am besten durch dauernd angelegte Verstärkungen. Dies führt uns auf die Bedeutung der Stromfestungen, die jedoch besonders abgehandelt werden soll.

Den Betrachtungen hat bisher die Vorstellung von einem großen Strome zu Grunde gelegen, dessen Wasserfläche ein wirkliches Hinderniß bedeutet und auch eine leichte Uebersicht gestattet. Ganz anders gestalten sich die Dinge bei kleinen Flüssen, namentlich solchen, welche in vielen und stark ausgeprägten Windungen ihr Bett durchziehen. Dort wird die Verhinderung des Uebergangs am Wasser selbst sehr schwierig. Es kommt hinzu, daß solche Wasserläufe meist von Baumwuchs und Culturen begleitet sind, und daß auch eine Reihe von Ortschaften an ihrem Ufer liegt. Hier ist lediglich der Fluß selbst in seiner Bedeutung als Bewegungshinderniß für den Feind, nicht als Barriere zu betrachten, welche den Anhalt für eine Vertheidigung großen Stiles giebt. Diese Rolle kann dann unter Umständen das Thal übernehmen, wenn es seiner Natur nach dazu geeignet ist, eine breite freie Sohle und schwer angreif= bare Ränder besitzt.

Wie bei den Gebirgsketten, so ist auch bei den Stromlinien in der passiven Vertheidigung die grundsätzliche Gefahr der Kräftezersplitterung vorhanden. Im Gebirge ist noch die Wiederholung des Widerstandes möglich, wenn er einmal an einem Punkte gebrochen ist. Bei Strömen fehlt dies; das Schicksal der Vertheidigung entscheidet sich mit einem Schlage, und dies ist um so bedenklicher, als der wirkliche Uebergangs= punkt immer erst erkannt werden wird, wenn es die höchste Zeit zu den Gegenmaßregeln ist. Die aktive Vertheidigung verdient deshalb unter allen Umständen den Vorzug.

------

4. Befestigungen und Festungskrieg.

Wir unterscheiden an künstlichen Vertheidigungs=Anlagen: befestigte Stellungen, verschanzte Lager und Festungen.

Unter den ersteren verstehen wir jedoch nicht solche, welche mit blos feldmäßigen Mitteln während der Operationen selbst hergestellt werden, sondern solche, die von langer Hand vorbereitet, oder ausgebaut worden sind, also auch eine größere passive Stärke besitzen. Wir verlangen, daß

sie nicht ohne Weiteres von Feldtruppen mit Aussicht auf Erfolg an=
gegriffen werden können, sondern daß sie mindestens die Heranführung
schwerer Artillerie erfordern. Die leichteren Anlagen sind als Gelände=
verstärkungen schon behandelt worden.

Befestigte Stellungen sollen entweder eine starke und auch in
ihren Flanken geschützte Front schaffen, in welcher man mit einem
schwachen Heere dem überlegenen Feinde entscheidenden Widerstand ent=
gegensetzen kann, oder sie haben die Bestimmung, nur einen Theil der
Front zu stärken, um dort Kräfte sparen und sie auf dem anderen an=
häufen zu können.

Jene bedürfen eines ganz bestimmten Anhaltes im Gelände und
spielen vorzugsweise eine strategische Rolle. Die Linien von Torres
Vedras, sowie die Danewerk=Stellung zum Schutze von Nord=Schleswig
und Jütland, die sich von Meer zu Meere ausdehnte, gehören hierher.*)
Gegenwärtig geben Czataldcza und die feste französische Grenzlinie gegen
Deutschland, welche von einem neutralen Gebiete zum andern reicht, das
Beispiel solcher Vertheidigungs=Anlagen.

Sie sind aus einem Gefühl von Schwäche hervorgegangen und daher
zunächst auch auf rein passive Vertheidigung berechnet. Torres Vedras
und Czataldcza gewähren zugleich das eigenthümliche Beispiel einer
Küstenvertheidigung mit verkehrter Front, nämlich gegen das Innere hin
gerichtet. Unbedingte Herrschaft über die benachbarten Meere gehört
dazu; doch ergeben sich alsdann außerordentlich feste Positionen, welche
nur frontal angegriffen werden können, und bei denen die Flügel des
Angreifers so weit gefährdet sind, als die Schiffsartillerie zu reichen
vermag. Sie eignen sich zu einem letzten starken Zufluchtsort.**)

Im Jahre 1860 spielte Gaëta in kleinem Maßstabe eine ähn=
liche Rolle.

Ein kräftigerer Entschluß liegt schon dem Entstehen einer Grenz=
stellung zu Grunde. Sie soll den Feind überhaupt am Eindringen in
das Kriegstheater hindern. Hier liegt der Uebergang zu offensiven
Absichten näher. Die französische Befestigungslinie an der deutschen und
belgischen Grenze wird heute auch keineswegs mehr nur als die Ver=
stärkung der Defensive, sondern ebenso als eine Stütze für den strategi=
schen Angriff betrachtet.

Die zweite Art befestigter Stellungen war bisher vorwiegend
taktischer Natur. Die sichere Anlehnung beider Flügel fehlte fast immer,
und die verschanzte Linie bildete nur ein Stück der Front, wo man eben
an Truppen schwach sein wollte. Die Umfassung wird hier voraus=
gesehen und ein Schlachtfeld neben der Stellung schon von Hause aus
gewählt, auf dem man den in der Vertheidigung erübrigten Truppen=
vorrath erfolgreich zu verwerthen gedenkt.

---

*) Auch der amerikanische Bürgerkrieg hat mehrere Beispiele dieser Art
aufzuweisen.

**) S. S. 126.

Die im Vergleich zu früher überraschend vergrößerten Schußweiten der Festungsgeschütze gestatten es heutzutage, dieselbe Anordnung auf das strategische Gebiet zu übertragen und damit eine neue Erscheinung hervorzurufen, welche unsere Aufmerksamkeit erfordert. Seit man mit einer geringen Anzahl von Werken ganze Landstriche absperren kann,*) liegt der Gedanke nahe, ein Operationstheater in derselben Art vorzubereiten, wie bisher ein Schlachtfeld. Man schützt einen Theil desselben durch Befestigungen, um hier mit geringen Kräften auszukommen und für die auf dem anderen beabsichtigten entscheidenden Schläge doppelt stark zu sein. Zu gleicher Zeit wird dadurch oft der Schutz für einen bedrohten Aufmarsch bewirkt und somit auch für bevorstehende Offensiv=operationen eine werthvolle Unterstützung geschaffen. Die defensive Absicht ist bei der gesammten Anlage keineswegs ausschlaggebend. Gilt es doch nur, für sich selbst auf einem bestimmten Gebiete volle Freiheit der Bewegung und Entwickelung zu wahren, während man sie dem Gegner raubt. Diese Absicht ist auch in der Gestalt einzelner Theile der französischen Grenzbefestigung zum Ausdruck gelangt. Freilich ist man später in der Vervollständigung der Linie durch vorgeschobene Posten und Zwischenwerke zu weit gegangen. Dies entsprach dem Zwecke, lediglich ein Bewegungshinderniß zu schaffen, wo die Natur es daran hat fehlen lassen, nicht mehr. Es bringt die Gefahr mit sich, die beweglichen Streitkräfte auf zu vielen Stellen an die Scholle zu fesseln, ihre Vereinigung im entscheidenden Augenblicke unmöglich zu machen und der ganzen Anordnung eine für die heutige Kriegsweise unvortheilhafte Starrheit zu geben.**)

Daß man zwischen weit von einander gelegenen beherrschenden Forts oder befestigten Gruppen bei Nacht und Nebel hindurchgehen kann, ist nicht zu bestreiten, aber auch ohne Bedeutung, da man mit dem errungenen Erfolge bei hellem Tage umsoweniger etwas wird anfangen können, als die Verbindung nach rückwärts für Marschkolonnen und Nachschub unterbunden bleibt. Größere Unternehmungen, Operationen von Heeren, werden immer die Wegnahme mehrerer der festen Punkte bedingen.

Der Vortheil, eine befestigte strategische Front mit geringen Kräften halten und die Masse derselben auf dem einen oder anderen Flügel bereitstellen zu können, wird sich umsomehr fühlbar machen, als der Feind bei solcher Lage sich entweder, der Fortslinie ausweichend, theilen, oder, wenn er dies vermeiden will, auf einer geringeren Zahl von Straßen in größerer Tiefe mit mehreren Staffeln hinter einander vorwärts bewegen muß. Dies gewährt uns die Gelegenheit, mit entwickelter Front über die herankommenden Spitzen der vordersten Staffel herzufallen, ehe die rückwärtigen sie unterstützen können.

---

*) S. S. 89.

**) In neuerer Zeit ist daher bekanntlich durch Gesetz die Bestimmung getroffen worden, daß für einen großen Theil der weniger wichtigen Werke im Frieden Mittel nicht mehr aufgewendet werden sollen.

Leichter ausgebaute aber doch dauernd befestigte Stellungen werden zum Schutze von Eisenbahnen, zur Sicherung gefährdeter Grenzstriche und der dort zu treffenden Kriegsvorbereitungen von Nutzen sein können. Sie sollen aber nur einen Widerstand auf kurze Zeit begünstigen und ähneln Feldstellungen, welche man nur im Frieden schon ausbaute, weil man fürchtete, daß im Kriegsfalle die Zeit dazu fehlen würde.

Das verschanzte Lager schützt auch den Rücken; es bildet eine geschlossene Figur und hat die Front nach allen Seiten, doch ist es der befestigten Stellung darin gleich, daß es einer Armee bedarf, um seine Bedeutung zu gewinnen. Von dieser verlassen, wird es werthlos, wie das Lager von Conlie bei Le Mans im Jahre 1871. Ein verschanztes Lager soll dem Heere als Stütze oder Zufluchtsort dienen, wobei dieses sich zeitweise entschließt, Verbindungen und Rückzugslinie aufzugeben.*) Die türkische Stellung von Plewna, obwohl erst unter den Augen des Gegners mit den einfachsten Mitteln geschaffen, gestaltete sich im Laufe der Zeit dazu.

Man kann sich eines verschanzten Lagers auch wohl als Stützpunkt bedienen, um beispielsweise einen Flügel anzulehnen, während der andere manövrirt, oder um von einer wichtigen Stelle, wie einem großen Stromübergange, während kurzer Abwesenheit der Hauptkräfte nicht abgedrängt zu werden. Dann gewinnt jedoch das Lager den Charakter einer provisorischen oder Aushülfe=Festung, die nur nicht so stark gebaut wird, als die wirkliche. Dresden spielte 1813 eine solche Rolle und war preußischerseits 1866 wieder dazu bestimmt.

Lager und Aushülfe=Festungen werden in künftigen Kriegen Mittel=Europa's voraussichtlich nur noch selten eine Rolle spielen. Die Anlage der ersteren leidet, zufolge der großen Schußweiten der Artillerie, daran, daß ihre Ausdehnung eine übermäßige werden müßte, wenn das Innere auch nur einigermaßen gegen feindliches Feuer geschützt sein soll. Allen provisorischen Bauten aber haftet heute der Mangel an, daß sie gegen die Durchschlagskraft und Sprengwirkung schwerer Artilleriegeschosse keinen sicheren Schutz mehr gewähren. Dabei werden sie bei ihren, über Feldwerke hinausgehenden, Abmessungen, allzu sichtbar, und so fehlt ihnen die hauptsächlichste Gewähr für erfolgreichen Widerstand gegen andauernde Beschießung, nämlich die geringe Beobachtungsfähigkeit. Meist wird also der Werth einer Aushülfe=Festung die darauf verwendete Mühe und Arbeitskraft nicht lohnen.**)

Die Festung ist selbstständiger, als das Lager. Sie ist stärker ausgebaut, kann mit Mitteln des Feldkrieges nicht genommen werden, besitzt alle Anstalten für die Versorgung und den Unterhalt ihrer Be-

---

*) Die Gefahren einer solchen Lage sind weiter unten beleuchtet.

*) Das beste Hülfsmittel für provisorische Bauten bleiben vorbereitete Eisen=konstruktionen, wie die Panzerlaffeten, welche Geschütz= und Schutzgehäuse vereinigen, und die Wellblech=Unterstände, denen man Betoneindeckungen giebt. Die Ausführung erfordert jedoch erhebliche Zeit und Arbeitskräfte, ferner sehr sorgfältige Vorbereitung und Niederlegung des Materials an Ort und Stelle.

fatzung, und foll auch ohne die Anwesenheit einer Armee ihre Bedeutung haben.

Hieraus geht hervor, daß Festungen zunächst am Platze find, wo wir einen vom Kriegstheater abgelegenen Besitz behaupten wollen, aber für diesen Zweck keine besondere Armee aufzustellen vermögen. Liegen Provinzen vom Reiche entfernt, ohne gute Verbindung mit dem- selben, oder doch fo, daß die Versammlung eines Heeres daselbst zu einer unvortheilhaften Zersplitterung der Gesammtstreitkraft führen würde, dann mag man dort eine wichtige Stadt befestigen, welche durch eine verhältnißmäßig schwache Besatzung vertheidigt wird, und deren Weg- nahme durch regelrechte Belagerung längere Dauer beanspruchen würde. Man kann alsdann, auch wenn der offene Landstrich rings umher vom Feinde überschwemmt ist, beim Friedensschlusse sein Besitzrecht geltend machen und läuft nicht Gefahr, die entlegene Provinz zu verlieren. Das türkische Reich hat beispielsweise zwei solcher bedrohten Gebietstheile, Epirus an der griechischen und das albanesische Becken an der montene- grinischen Grenze. Wenn fremde Flotten die See beherrschen, fo find auf dem Landwege Truppen nur mit äußerster Schwierigkeit dorthin zu entsenden, und einmal daselbst gebunden, könnten sie auch nicht das Ge- ringste zur allgemeinen Reichsvertheidigung beitragen. Hier ist also voller Grund gegeben, die beiden Hauptorte jener Landstriche, Janina und Scutari zu befestigen, so daß sie von den an Ort und Stelle immer verfügbaren Kräften gehalten werden können. Königsberg in Ostpreußen würde unter Umständen in einem hartnäckigen, lange andauernden Kampfe, welcher Deutschlands Streitkräfte auf mehreren Kriegstheatern in Anspruch nimmt, eine sehr ähnliche Rolle für die Behauptung des Landes jenseits der Weichsel spielen.

Wir erkennen aber leicht, daß bei solcher Anlage von Festungen politische Erwägungen die militairischen überwiegen. Wir wollen nur ein Pfand für unsere Ansprüche beim Friedensschlusse in der Hand haben. Darum reicht hier auch ein rein passiver Widerstand hin, der sonst niemals zum Ziele führen kann.

Die Zuthat kleinerer fester Punkte mag in dieser Lage nützlich werden, weil damit ein ganzer Landstrich in unserer Gewalt bleibt und dies die Geltendmachung unseres Besitzrechtes wesentlich unterstützt. General Brialmont's „régions fortifiées" sehen so aus und erfüllen den Zweck am besten. Sie lassen die Einschließung nicht zu, und ihre Bezwingung erfordert mehrere Angriffe, von denen ein jeder durch die Nachbarplätze erschwert sein würde. Nur muß bei dieser Anordnung, um die Verbindung zu erhalten, eine geringe Truppenmacht in freiem Felde verfügbar sein, wenn sie auch nicht groß genug ist, als selbst- ständige Feldarmee eine Rolle zu spielen.

In allen anderen Fällen erscheinen auf den ersten Blick die feste Stellung oder das Lager genügend, da das Feldheer anwesend ist, oder doch durch seine Anwesenheit die zu sichernden Punkte mittelbar schützt, also eine vollständige Unabhängigkeit und Selbstständigkeit derselben nicht unerläßlich nothwendig erscheint. Die Befürchtung, von einem oder dem anderen wichtigen Platze mit der Feldarmee sich zu lange entfernen zu müssen, führt aber auch hier dazu, Festungen anzulegen, welche zu Stützpunkten für die Operationen bestimmt sind. So wollte Napoleon I. im Jahre 1813 Hamburg zur wirklichen Festung machen, um die Unter-Elbe nicht zu verlieren. An der Mittel-Elbe, wo sein Heer stand, begnügte er sich, wie oben erwähnt, Dresden zum festen Lager umzugestalten.

Der Vertheidiger kann annehmen, daß er einen wichtigen Ort nahe der Grenze vorerst wird verlassen müssen, während er doch, sobald er alle seine Streitkräfte aus dem Innern herangezogen hat, sich desselben wieder bedienen will. Eine solche Rolle spielte Kars im Beginn des russisch-türkischen Krieges auf asiatischer Seite 1877.

Der Gedanke an die Gemeinsamkeit von Festung und Feldtruppen hat dazu geführt, jene jetzt stets mit einem Lager zu versehen, indem man sie mit vorgeschobenen Werken umgiebt, welche den Raum für ein Heer durch ihre Kanonen schützen.*)

In solcher Gestalt werden die Festungen in Verbindung mit dem Heere folgende Rolle übernehmen:

Dieses kann sie, vor dem stärkeren Feinde weichend, vor sich lassen, gleich einem Strebepfeiler, der vor der Brücke steht und bestimmt ist, die erste Kraft der andrängenden Schollen zu brechen. Der Feind wird den Platz einschließen, oder vor ihm eine stärkere Beobachtungsabtheilung aufstellen müssen. Er trifft also, beim weiteren Vorgehen mit geringerer Stärke vor denjenigen Stellungen ein, welche der Vertheidiger später nimmt, um Widerstand zu leisten. Dessen Aussichten auf Erfolg heben sich. So gelang es Achmed Mukhtar Pascha am 25. Juni 1877 bei Zewin die erste russische Offensive abzuweisen, nachdem sich dieselbe durch die Ein-

*) Diese Werke erhielten zugleich die Bestimmung, den Kern des Platzes gegen das weittragende Geschütz des Angreifers zu sichern. Da dieses sich mehr und mehr vervollkommnete, so wurden sie weiter hinausgeschoben, dadurch aber einsamer und gefährdeter. Man hat deshalb nach und nach auch den äußeren Ring stärker ausgebaut und ist so dazu gekommen, zwei Festungen in einander zu schachteln, ein Ding, das ursprünglich niemand gewollt hat. Die Besatzungen wachsen natürlich dementsprechend und werden am Ende so groß, daß sie auch als Heere ohne Festung zur Erreichung des Zweckes genügt hätten. Unstreitig ist man damit auf einen Abweg gerathen, den zu verlassen im Interesse der Oekonomie der Kräfte geboten ist. Der richtige Weg wird dabei der sein, in der Umgebung der Plätze auf den beherrschenden Punkten selbstständige Gruppen von Batterieen und Infanterie-Stellungen anzulegen, welche von einer geringen Sicherheitsbesatzung gehalten werden können und dahinter, je nach den Umständen entweder auf die Stadtumschließung zu verzichten, oder eine solche lediglich gegen Ueberraschungen anzulegen. Beweglichen Kräften, namentlich auch bespannter schwerer Artillerie wird die Aufgabe zufallen, die Zwischenräume zwischen den befestigten Gruppen zu vertheidigen und dort den regelrechten Angriff des Feindes abzuweisen. — Daß sich der Uebergang von einem zum anderen Befestigungssystem nur sehr langsam vollziehen kann, ist natürlich; denn erstens ist das Bestehende nicht ohne Weiteres zu beseitigen und zweitens kostet das Neue viel Geld.

schließung von Kars geschwächt hatte. Wenn, wie in diesem Falle, die Feldarmee des Vertheidigers kurz zuvor noch im Bereich der Festung gestanden hat, so wird der Erfolg um so sicherer sein, als der Gegner nicht wissen kann, wieviel Truppen sie etwa in dem Platze zurückgelassen haben mag. Der Angreifer darf denselben dann um so weniger achtlos bei Seite lassen.

Bedingung ist freilich, daß die Festung groß und die Besatzung stark genug sei, um der angreifenden Armee gegenüber überhaupt in's Gewicht zu fallen. Außerdem darf die Stellung des Vertheidigers, in der er schlagen will, der Festung nicht zu nahe liegen, sonst zieht der Angreifer das Einschließungskorps zur Schlacht heran, um es später wieder zurück zu schicken.

Sodann kann die Festung als Flankenanlehnung benutzt werden, wobei in Betracht kommt, daß sie mit ihren Außenwerken und weittragenden Geschützen meist einen Raum von mehreren Tagemärschen Breite beherrscht. Sie bildet also zugleich ein tüchtiges Stück Front, Es ist dabei nicht einmal erforderlich, daß die Armee sich unmittelbar dem Platze anschließe. Unbeschadet darf sie zwischen ihrer Stellung und demselben eine Lücke lassen, die um so größer sein kann, je stärker das Heer ist. Schon 1870 reichten die Geschosse des Forts auf dem Mont St. Quentin bis Ars sur Moselle, eine deutsche Meile von Metz. Hätte sich die zurückgehende französische Rhein-Armee hinter der Mosel zwischen Pont à Mousson und Novéant aufgestellt, so würde die Festung immer noch ihren linken Flügel gesichert haben. Der schmale, von den Kanonen der Forts nicht beherrschte Strich zwischen Ars und Novéant würde für das Vordringen der deutschen Heere, ja selbst für die Entwickelung einer starken Umfassung nicht hingereicht haben. Die Lage von Metz wäre doppelt vortheilhaft gewesen, weil dasselbe vor die Vertheidigungslinie vorgeschoben war und die Angreifer in der rechten Flanke bedrohte. Theile der Feldarmee, welche in der Front nicht gebraucht wurden, hätten während des Kampfes durch die Festung vorgehen und eine kräftige Offensive gegen jene Flanke ergreifen können. —

Dies läßt zugleich erkennen, daß ein Platz an Bedeutung gewinnt, wenn er an einem Strome liegt und einen gesicherten Uferwechsel erlaubt.

Die Stromfestung beansprucht heutzutage ein ganz besonderes Interesse und besitzt es für Deutschland umsomehr, als fast alle unsere großen Festungen dieser Art angehören.

Sie gestattet zunächst die Vertheidigung einer Flußlinie durch Aufstellung vorwärts derselben;*) denn der Vertheidiger ist von der Besorgniß frei, daß er im Falle einer Niederlage auf den Fluß und seine Brücken geworfen wird, während der Feind nachdrängt. Er findet, sobald der Kampf eine ungünstige Wendung zu nehmen droht, Aufnahme hinter den Werken des Platzes, kann in Sicherheit auf das andere Ufer gehen und sich an demselben zu neuem Widerstande aufstellen. Dort gewährt

---

*) S. S. 181.

die Festung ihm noch eine Flanken=Anlehnung, wie wir dies soeben an dem Beispiele von Metz nachgewiesen haben. Der Angreifer wird noth= gedrungen, namentlich während er versucht, den Uebergang zu erzwingen, die Festung stark überwachen müssen, da er zu gewärtigen hat, daß der Vertheidiger aus derselben, gerade im kritischen Augenblicke, wieder zum Vorschein kommt.

Ebenso ist die Vertheidigung einer Stromlinie durch Flankenstellung auf einem oder beiden Ufern nur räthlich, wo sie sich auf einen festen Platz stützen kann. Sie wird dann aber auch äußerst stark. Der Ver= theidiger vermag sich gegen das Aufrollen dadurch zu schützen, daß er sich zunächst auf das dem feindlichen Anmarsche abgewendete Ufer stellt und erst durch den Platz zurückkehrt, wenn der Gegner so weit gekommen ist, daß er zur Flankenbedrohung nicht mehr ausholen kann.

Wenn der Feind nun seinen Marsch über den Strom einstweilen aufgiebt, um sich im Flußthale stromauf oder stromab gegen uns zu wenden und uns entscheidend zu schlagen,*) so bietet die Festung das Mittel, uns dem zu entziehen, und doch drohend auf seiner Flanke zu bleiben. Wir rauben ihm die Operationsfreiheit, verschwinden, wenn die Verhältnisse ungünstig werden, treten aber nicht von der Bühne ab; denn wir bleiben bereit, offensiv zu werden, wenn er, von dem Spiele ermüdet, am Ende den Uebergang doch versucht. — Nur die Ein= schließung des Vertheidigers kann den Angreifer wieder zum Herren seiner Bewegungen machen, und dieselbe ist bei einer Stromfestung schwerer zu bewerkstelligen, als bei jeder anderen.

Natürlich muß der Vertheidiger sehr geschickt und schnell handeln, sein fester Brückenkopf außerdem ein doppelter, also ein geschlossener Platz sein, da uns der Besitz der Uebergänge und die Freiheit des Ufer= wechsels nur durch einen solchen Schutz völlig gewährleistet wird. Ledig= lich dort kann eine Ausnahme stattfinden, wo der Brückenkopf zu einer am anderen Ufer gelegenen Stellung gehört, welche ihm den Rücken deckt.

Selbst in der rein frontalen Vertheidigung behält die Stromfestung ihren Nutzen. Es ist klar, wie schwer ohne deren Besitz jeder Ausfall, überhaupt jeder offensive Gegenzug sein muß. Die Benutzung eines Erfolges wird dem Vertheidiger auf andere Art selten möglich sein, da sonst ein einfacher Rollenwechsel erfolgt und die Umstände, welchen er eben seinen Vortheil verdankte, auf die Seite des Gegners treten, sobald er nun versucht, unter dessen Augen seinerseits über den Strom zu gehen.

Beherrscht der Platz den Vereinigungspunkt mehrerer bedeutenden Wasseradern, so steigt seine Wichtigkeit. Küstrin ist eine Festung dieser Art, und Napoleon 1. tadelte den Vicekönig Eugen auf das lebhafteste, daß er bei dem Rückzug im Februar 1813 keinen Nutzen aus dem Besitz derselben gezogen hatte. Zwanzig Tage seien dort zu gewinnen gewesen, um Berlin zu sichern, — schrieb er ihm. In der That hätte Eugen zunächst eine Stellung vorwärts Küstrin, auf den Höhen des rechten

---

*) S. S. 181, 182.

Oderufers, nehmen und damit den Feind abhalten können, die Oder zu überschreiten. Sobald dieser sich dann mit überlegenen Kräften gegen ihn gewendet, wäre es ihm möglich gewesen, aus einem der Abschnitte zwischen den Flüssen in den anderen überzugehen.

Denkt man sich noch einen dritten und vierten Fluß oder Bach im sumpfigen Thale gegen den gemeinsamen Mittelpunkt fließend, so kann sich das gleiche Spiel noch öfter mit Erfolg wiederholen und die Armee, die Festung als Anlehnung benutzend, in den Richtungen der Windrose um dieselbe herumschwenken.

Die Gefahr dabei ist nur, in den Platz zurückgeworfen und dort eingeschlossen zu werden. Der äußere Flügel muß also der starke sein, eine einfache Regel, deren Wichtigkeit Jedermann leicht versteht, und die doch von einem so erfahrenen Heerführer, wie Marschall Bazaine, am 16. und 18. August 1870 übersehen wurde. Die unnöthige Sorge, von der Festung abgedrängt zu werden, ließ ihn seine Reserven hinter den inneren Flügel stellen.

Der einmal in der Festung Eingeschlossene ist, wenn er sich wieder befreien will, auf den taktischen Durchbruch einer zur Vertheidigung besonders vorbereiteten Stellung verwiesen, dessen Schwierigkeiten wir kennen,*) und die hier noch dadurch erhöht werden, daß die feindlichen Verstärkungen naturgemäß aus der Einschließungslinie von rechts und links, also in der wirksamsten Richtung, gegen seine Flanken herankommen. Die Kriegsgeschichte weist auch nur sehr wenig Beispiele von der Selbstbefreiung einer einmal eingeschlossenen Truppenmacht auf. Sie gelang selbst dem Heroismus eines Osman Pascha nicht.

Es liegt in der Natur der Sache, daß die Nähe der schützenden Festung in schwierigen Lagen eine große Anziehungskraft auf das Heer ausüben muß, und es sehr viel leichter ist, eine Armee hinter deren Wälle und Kanonen zurück=, als sie aus diesem sicheren Asyl wieder vorzuführen.**) Die Benutzung als Stütz= und Drehpunkt für Operationen birgt daher zahlreiche Klippen, an denen die Führung scheitern kann. Es hat dies einen neueren Schriftsteller zu dem sehr treffenden Ausspruche veranlaßt, daß die Festung eine Sphynx sei, welche denjenigen in's Verderben stürze, der ihr Räthsel nicht löse.

Hierdurch erledigt sich schon, was über die letzte Art der Verwendung zu sagen ist, welche unsern großen Lagerfestungen zugedacht wird, nämlich, den im Feldkriege geschlagenen oder hart bedrängten Armeen als Zufluchts= ort zu dienen, wo sie sich ausruhen, stärken und mit allem Nöthigen

---

*) S. S. 116 u. ff.

**) Jedem einzelnen Soldaten ist das Gefühl nahe gelegt, daß die Armee dem Gegner im freien Felde nicht mehr gewachsen sei und eines künstlichen Schutzes bedürfe. Dies Gefühl ist aber keineswegs geeignet, die Moral der Truppe zu heben und ihr das Vertrauen auf den Erfolg wiederzugeben. Außerdem fehlt es ihr an der Möglichkeit, die durch Gefechte und Krankheit entstehenden Verluste zu ersetzen, das Unterkommen ist meist mangelhaft. Auch die materiellen Vorzüge der Lage schwinden also bei näherer Betrachtung.

versehen sollen, um dann die Operationen im freien Felde wieder auf=
zunehmen. Die ganze Vorstellung ist eine mehr theoretische, als daß sie
sich in der Praxis des Krieges bewähren könnte. Metz ist das große
warnende Beispiel dafür.

Nur, wo die Unterstützung von außen in absehbarer Zeit mit Be=
stimmtheit zu erwarten ist, und wo es gilt, ein schwächeres Heer der
Vernichtung durch den überlegenen Feind zu entziehen, um es bis zu dem
Augenblicke zu erhalten, wo es die gemeinsame Operation mit anderen
Heeren aufnehmen kann, mag die Ausnahme gelten. Prag leistete 1757
den Oesterreichern solche rettenden Dienste, im Burenkriege Ladysmith,
Kimberley und Mafeking den Engländern.

———

Es ist noch der Bestimmung der Befestigungen zum Schutze der
Landes=Hauptstädte zu gedenken. Man vermag derselben entgegenhalten,
daß der Angreifer, welcher im Stande ist, die Heere bis in die Haupt=
stadt zurückzuwerfen, auch die Kraft besitzen wird, diese noch zu über=
wältigen, daß es sich also höchstens um einen Zeitgewinn handele.
Indessen ist nicht zu vergessen, daß ein solcher, mit Rücksicht auf die
Hülfe von Verbündeten, von Werth sein kann.

Ausnahmen finden ferner statt. Hauptstädte, die in ihrem Lande
aus inneren Gründen eine beherrschende Rolle spielen, aber in ihrer Lage
einem Angriffe sehr ausgesetzt sind, müssen befestigt sein. Konstantinopel,
Kopenhagen, selbst Lissabon gehören dazu. Ein Feind, der das Meer
beherrscht, könnte sich ihrer durch einen Handstreich bemächtigen und damit
die Machtentfaltung des ganzen Staates lähmen. Die politischen Gründe
treten hier in den Vordergrund. Auch vermag die befestigte Hauptstadt
den Kern einer systematisch vorbereiteten Landesvertheidigung zu bilden.
Indessen ist das Uebel nicht zu beseitigen, daß eine so große Festung
eine starke Anziehungskraft auf die für den Feldkrieg bestimmten Streit=
kräfte übt, sie nicht nur stützt, sondern zugleich auch fesselt und einen
bedeutenden Theil derselben ganz unmittelbar als Besatzung zurückhält.
Die Gefahr vorzeitiger Einschließung und Waffenstreckung des Heeres liegt
auch hier nahe. Die Bedenken wachsen, je bedeutender der Platz im
Vergleich zur Stärke der Feldarmee wird. Bukarest kann für Rumänien
leichter verhängnißvoll werden, als Paris für Frankreich.

Will man alle, für die Landesvertheidigung wichtigen, Orte mit einer
modernen Lagerfestung versehen, so müßte deren Anzahl eine sehr große
werden. Dennoch wird man die Erfahrung machen, daß hinterdrein,
wenn die Operationen des Feldkrieges eine unvermuthete Wendung nehmen,
sie gerade dort fehlen, wo man ihrer bedürfte. Frankreich ermangelte
1870 der festen Plätze durchaus nicht; dennoch fehlten solche an den
beiden Stellen, wo sie während des ganzen zweiten Theils des Krieges
am werthvollsten gewesen wären, bei Orléans und Amiens.

Dies führt auf den wahrscheinlich richtigsten Ausweg, um zu ver=
meiden, daß ein Staat 10 oder 12 große Festungen mit ganzen Armeen

als Besatzung dauernd unterhalten muß, damit im Kriegsfalle eine oder zwei davon nutzbar werden, an denjenigen Punkten aber, an welchen man ihrer schließlich am nöthigsten bedarf, womöglich gar keine vorhanden ist.

Man wird mit einiger Sicherheit voraussehen können, welche Geländestriche oder Punkte bei großen Operationen unter allen Umständen eine Rolle spielen müssen und vermag ihre Behauptung durch einzelne permanente Werke vorzubereiten, welche nur geringe Mittel und eine verhältnißmäßig schwache Besatzung erfordern. Die Ergänzung der so im Gerippe hergestellten Vertheidigung bleibt den Feldtruppen überlassen. Das ergiebt dann freilich keine geschlossenen und ganz selbstständigen Plätze, sondern nur halboffene Festungen. Sich selbst überlassen, würden sie dem Feinde keinen sehr langen Widerstand leisten können, aber die Wahrscheinlichkeit, daß dieser sie angreifen oder gar belagern sollte, wenn kein Heer in ihrer Nähe steht und sich ihrer für Operationszwecke bedient, ist meist auch eine sehr geringe. Die Versuchung, sich dort einschließen zu lassen, tritt keinem Feldherrn nahe. Das Gefährliche der Lagerfestung fällt also fort, und doch kann der große strategische Zweck erfüllt werden. Die unbedingte Sicherung des Ortsbesitzes tritt also bei dieser Art von Anlagen gegen die Absicht, die Thätigkeit der Feldarmeen zu fördern, stark in den Hintergrund.

Die moderne Art der Anordnung von Befestigungen, welche, ohne an eine bestimmte Figur gebunden zu sein, nur aus, im Gelände nach taktischen Rücksichten vertheilten, Batterien und sichernden Infanterieposten bestehen, sowie die weiterreichende Wirkung des Festungsgeschützes, geben allen künstlichen Verstärkungen erhöhte Biegsamkeit und Anpassungsfähigkeit. Sie gewähren große Freiheit in der Anwendung und erleichtern die Verflechtung mit bestimmten Operationsentwürfen.

Damit wird ein ganz neues Element in die Landesbefestigung hineingetragen, welches indessen nur dem allgemeinen Zuge der Zeit entspricht, die Mittel einer hoch entwickelten Technik immer mehr und mehr für die Zwecke des Krieges zu verwerthen.

Dieser Eigenthümlichkeit entspricht es lediglich, wenn auch der Festungskrieg beweglicher und mannigfaltiger in seinen Erscheinungen geworden ist, wie bisher.

Vauban's wohldurchdachtes aber im Voraus an ganz bestimmte Formen und Abmessungen, an eine geometrisch genau festgelegte Vereinigung von Parallelen und Batterien gebundenes System, welches zwei Jahrhunderte hindurch eine fast unbedingte Herrschaft behauptet hat, verschwindet in dem Bereiche des nur noch geschichtlich Interessanten.

Die Grundsätze des Feldkrieges werden heute mehr und mehr auch auf den Festungskrieg übertragen, wenngleich die Zeiträume für die einzelnen aufeinander folgenden Phasen natürlich sehr viel größere werden.

Hier sind nur die wesentlichen Züge desselben kurz zu beleuchten; die Einzelheiten bilden eine besondere Lehre.

Wir gehen vom Kampfe um einen, mit vorgeschobenen Werken versehenen, Platz aus, weil hierbei der Unterschied in der allgemeinen Lage des Angreifers und Vertheidigers am schärfsten hervortritt. Er drückt sich zunächst darin aus, daß der Vertheidiger, sobald er eingeschlossen wird, unter dem Einfluß aller Nachtheile einer centralen, vom Feinde mit concentrischer Wirkung bekämpften Stellung steht. Ihm fehlen Bewegungsfreiheit und manche Existenzbedingung, wie das freie Feld sie bietet. Seine Verluste müssen sich steigern.

Die Einleitung des Angriffes bildet, wie in der Schlacht, ein großartiger Artilleriekampf, nur daß derselbe hier nicht Stunden, sondern tage-, ja selbst wochenlang andauern kann. Dabei steht der Vertheidiger, welcher seine Artillerie gemeinhin nur zwischen oder hinter den Außenwerken, d. h. in der, den Kern des Platzes umgebenden Fortslinie entwickelt, drei- oder vierfach so eng gedrängt, wie der Angreifer. Jedes einschlagende Geschoß kann in gleichem Maße vergrößerten Schaden thun, den selbst die sorgfältigste Vorbereitung von Sicherungen nicht völlig verhütet, da ein Theil der Ziele, zumal aber der Verkehr bei und hinter den Batterien zum großen Theil ungedeckt bleiben muß.

Der Angreifer hat die freie Wahl für die Aufstellung seiner Batterien der Festung gegenüber und wird dabei nur durch die Grenze der wirksamen Schußweiten beschränkt. Er ist ferner darauf bedacht, seine schwere Artillerie beweglich zu machen, um überraschend auftreten und je nach Bedarf den Ort wechseln zu können. In allen diesen Dingen ist der Vertheidiger schlechter gestellt. Er kann in dem eingeschlossenen Platze nicht die Anzahl von Bespannungen ernähren wie der Angreifer. Die Straßen, auf welchen er sich bewegen muß, liegen weit mehr unter feindlichem Feuer, als es bei jenem der Fall ist. Umwege, welche ihn der Wirkung der Geschosse entziehen, stehen ihm nicht zu Gebote. Er wird im Allgemeinen in der Front und zugleich flankirend bekämpft und hat auf seiner Seite den einzigen Vortheil, daß er den Aufmarsch seiner Batterien durch Anlage von Schienenwegen, Munitions-Magazinen und Schuträumen für die Mannschaften hat vorbereiten können. Das sichert ihn aber nicht dagegen, daß er innerhalb der enggezogenen Grenzen und, mehr an den Boden gekettet wie der Feind, unverhältnißmäßig stärker leiden wird, wenn er sich passiv verhält.

Hieraus geht für die Vertheidigung der Festungen ein erster und wichtigster Grundsatz hervor, nämlich daß sie zunächst Alles daransetzen soll, den Aufmarsch des Gegners überhaupt unmöglich zu machen, wie auch in der Feldschlacht der schon vorbereitete Vertheidiger versuchen wird, den Angreifer an der Entwickelung seiner Batterien zu hindern. Das Mittel dazu bietet sich ihr in der Beschießung der Anmarschwege bis auf größte Entfernungen, sowie der Batteriebauplätze des Gegners und der Geschüt- und Munitionstransporte zu diesen hin. Auch Depots, Lager und Unterkunftsstätten des Belagerers theilen dies Schicksal.

Gelingt dem Angreifer dennoch sein Aufmarsch, so muß der Vertheidiger weiter unermüdlich danach trachten, sich aus den Fesseln, in

benen er liegt, so viel als möglich zu befreien und sich vermehrten Raum zu schaffen.

Der Angreifer wird natürlich von Hause aus mit seinen Artillerie= massen überraschend und so stark als möglich erscheinen wollen. Der Vertheidiger kann ihm zunächst nur frontal entgegentreten, da er zwar zu errathen vermag, vor welcher Front des Platzes er den Angriff erwarten muß, nicht aber, wie weit sich die feindliche Artilleriestellung ausdehnen wird. Ist diese aber einmal durch das beginnende Feuer erkannt, so muß er sofort seinen Gegenzug unternehmen. Er wird ent= weder den Flügeln, oder gar den Flanken der Batterielinien des Angreifers gegenüber Aufstellungen finden, wo er mit Erfolg seine bis dahin noch zurückgehaltene Geschützreserve einsetzen und das Uebergewicht ganz oder doch zeitweise gewinnen kann. So allein vermag er die Initiative wieder an sich zu reißen, welche er in der Einleitung des Kampfes dem Gegner überlassen mußte. Er darf sich dabei nicht scheuen, selbst über die Fortslinie hinaus zu gehen, und die Infanteriebesatzung der Festung hat ihre ganze Kraft einzusetzen, um ihm dies zu ermöglichen und seine vorgeschobenen Batterien zu schützen. Gewiß ist ein solches Unternehmen gefährlich, aber das Gefährlichste von Allem ist für ihn die einfache passive Abwehr in der vom Feinde umfaßten Angriffsfront; denn dabei wird seine Niederlage lediglich zu einer Zeitfrage.

Bewegtes Gelände in der nächsten Umgebung kann dem Vertheidiger sehr wohl die günstige Gelegenheit zu einem solchen Auftreten gewähren. Bei Stromfestungen wird er von dem Ufer, auf welchem er nicht an= gegriffen ist, mit schnell erscheinenden Batterien häufig erfolgreich nach demjenigen hinüberwirken können, auf welchem er angegriffen ist.

So gestaltet sich der große Artilleriekampf nicht wie früher zu einem Duell zwischen zwei einander gegenüber gestellten starren Geschützlinien, sondern zu einem beweglichen und wechselvollen Ringen.

Spielte bisher diese Artillerieschlacht vor der Festung als ein gesonderter Akt für sich, von dessen Ausgang der Angreifer es abhängig machte, ob nunmehr die Infanterie in Scene treten sollte oder nicht, so wird dieses künftig anders. Artillerie und Infanterie handeln vor der Festung gemeinsam, wie sie es im freien Felde thun. Die letztere wird nicht mehr passiv in einer Schutzstellung für die Batterien deren Erfolg abwarten und dem großartigen Schauspiel der Artillerieschlacht thatenlos zusehen. Gerade die Tage des Geschützkampfes sind für sie die günstigsten, um gegen den Platz vorwärts zu kommen; denn die Artillerie des Ver= theidigers ist durch diejenige des Belagerers völlig gebunden. Sie hat nur mit der gegnerischen Infanterie zu rechnen und diese ist naturgemäß die bei Weitem schwächere. In das Getöse des Geschützes wird sich daher heftiges Infanteriefeuer mischen. Bei Tage und bei Nacht, ver= einzelt, in kleinen Gruppen oder in Schützenschwärmen, laufend und kriechend, jede Gelegenheit wahrnehmend und jede Deckung benutzend, wird die angreifende Infanterie Boden zu gewinnen suchen, den sie sofort, von den Pionieren angeleitet und unterstützt, durch schnell aufgeworfene

Erddeckungen sicher stellt. Ihr Streben muß es sein, so nahe an die Artillerie des Vertheidigers heranzukommen, daß sie auch mit ihrem Geschoßregen wirksam zur Entscheidung des allgemeinen Kampfes beitragen kann.

Die Infanterie des Vertheidigers wird ihr in ähnlicher Art entgegentreten. Deren Aufgabe ist es, die eigene Artillerie gegen die Beunruhigung durch Gewehrfeuer zu schützen, damit diese sich ungestört dem Kampfe mit den feindlichen Batterien widmen kann. Sie ist, wie schon gesagt, an Zahl unterlegen; denn eine Besatzung kann an Infanterie niemals ein Heer ausmachen. Aber sie genießt dafür den Vortheil, daß sie sich ihre Stellung vorwärts der eigenen Batterien schon im Voraus hat einrichten können. Dies gleicht das Mißverhältniß einigermaßen aus.

Nichtsdestoweniger muß auch sie beweglich sein, alle sich ihr im Kampfe darbietenden Vortheile wahrnehmen, und Punkte neu besetzen, welche sie dem Feinde entreißen kann, und die ihr gute Wirkung gestatten.

Ausfälle größeren Stils sind nur unter günstigen Umständen und dort räthlich, wo ein ganz bestimmter Zweck damit verbunden wird. Ein bloßes Anrennen gegen die Stellungen, welche sich der Angreifer vor der Festung geschaffen hat, um den offensiven Geist zu bethätigen, wird blos dazu dienen, die Besatzung vorzeitig zu Grunde zu richten. Ist diese im Anfange sehr stark, so mag sie besonders leicht zu vertheidigende Punkte im Vorgelände halten. Sie kann ferner auch mit der Artillerie der ersten Geschützaufstellung gemeinschaftlich versuchen, den Artillerieaufmarsch des Gegners zu hindern. Später muß sie behutsamer werden. Gilt es indessen, Stellungen zu erobern, von welchen aus ein kräftiges und erfolgreiches Eingreifen in den Geschützkampf möglich ist, so dürfen wieder alle Kräfte daran gesetzt werden, diese zu nehmen und auch dauernd zu halten.

Der Vertheidiger muß überhaupt nicht bloß darauf ausgehen, dem Angreifer zu widerstehen, sondern danach streben, ihm vor der Festung eine Niederlage zu bereiten. Beschränkt er sich auf die möglichste Verlängerung seines Widerstandes, so wird dieser schwächliche Gedanke von Haufe aus seine Niederlage besiegeln; denn er lähmt seine Thatkraft.

Auf Zeitgewinn, der durch die Hoffnung auf einen Entsatz bedeutsam werden kann, darf der Vertheidiger erst ausgehen, wenn er die eigentliche Schlacht des Festungskrieges schon verloren hat und nur noch auf den Wällen kämpft, um sein Leben theuer zu verkaufen. In dieser Phase der Belagerung wird der Angreifer auch zu dem systematischen Vorgehen mit zusammenhängenden Infanteriestellungen, ähnlich dem alten Angriffsverfahren, wieder zurückkehren können, wenn er nicht anders vorwärts kommt. Er arbeitet sich dann bis zu der sogenannten Sturmstellung allmählich heran, von welcher aus er glaubt, die Wegnahme der belagerten Werke in einem Athem durchführen zu können.

Für den Minenkrieg bleibt gegenwärtig nur wenig Raum übrig; die Zeitspanne, welche der letzte Verzweiflungskampf unmittelbar vor den Festungsgräben einnehmen kann, reicht dafür nicht aus. Auch wird der

Boden in der nächsten Umgebung der Werke durch die 8—10 m ein=
dringenden schweren Geschosse der Steilfeuergeschütze zu tief aufgewühlt.
um den unterirdischen Kampf noch durchführbar zu machen. Die Wirkung
des Infanteriefeuers wird zuletzt zur Hauptsache werden. Der Angriff
richtet sich vor dem Eindringen in den Platz zumal auf die Zwischen=
räume der Forts. Diese werden fallen, wenn es dem Belagerer gelingt,
die Linie zu durchbrechen und sie von allen Seiten zu fassen. Das
Anhäufen von Truppenmassen ist dabei weniger von Bedeutung als ge=
schicktes und kühnes Vorgehen einzelner Abtheilungen. Der Vertheidiger
wird natürlich jedes Stück Boden und jedes Werk, mag es auch nur
noch wie ein Schutthaufen aussehen, zähe festhalten müssen. Hinter den
Forts kann er sich, unter Verwendung des geretteten Geschützmaterials,
improvisirte Zwischenstellungen schaffen, und endlich bleibt ihm die
Stadtumwallung als letzter Halt für den Widerstand. —

Der Angriff auf ein befestigtes Lager wird ähnlich verlaufen; doch
fehlen hier die Zwischenstellung und die Stadtumwallung. Der gewalt=
same Angriff hat mehr Aussicht auf Gelingen. Eine Befestigung des
inneren Raumes, wie sie von Osman Pascha bei Plewna durch zurück=
gezogene Werke geschaffen worden war, hat großen Werth, da mit
dem Eindringen des Angreifers in den äußeren Kreis der Vertheidi=
gung keineswegs das Ganze fällt, sondern dieses Stück für Stück genommen
werden muß.

Der Angriff auf befestigte Stellungen nähert sich noch mehr dem=
jenigen des Feldkrieges. Ein schnelleres Vorgehen, welches sich auf die
Zwischenräume der Werke richtet, um deren baldige vollständige und
enge Einschließung zu bewirken, ist hier am Platze. Namentlich bei der
Wegnahme von Sperrfortsketten wird darauf hingearbeitet werden müssen.
Die Feuerkraft des einzelnen Forts ist nur eine verhältnißmäßig geringe,
sodaß es, einmal isolirt, durch das Massenfeuer des Angreifers beherrscht
werden kann. Bei dem beengten inneren Raume, den ein solches Werk
besitzt, treten die Nachtheile der Centrallage gegenüber dem umfassenden
Feuerkreise am schärfsten hervor. Zumal die Artilleriewirkung wird eine
furchtbare sein. Sturmstellung und Sturm können unter Umständen ganz
erspart werden. Allein das ist nicht sicher und der Angreifer wird immer
darauf gefaßt und gewappnet bleiben müssen, den letzten Widerstand durch
Ersteigung der Wälle zu brechen.

Die wirksamste Gegenmaßregel des Vertheidigers befestigter Stellungen
wird in der Offensive bestehen, für welche ihm die ganze Anlage ja die
Kräfte gewähren sollte. Diese Offensive schützt auch die einzelnen Werke
am besten gegen die Wegnahme. Ist dieselbe mißglückt und er auf die
Passive zurückgedrängt, so tritt das zähe Festhalten jedes einzelnen
Punktes in sein Recht; denn ein jeder hemmt zum mindesten noch die
Bewegungsfreiheit des Gegners.

So gewährt der Festungskrieg sehr wechselnde Bilder und ein
fruchtbares Gebiet für eine mit allen Mitteln der Technik rechnende
Taktik, zu deren Anwendung er die Zeit läßt. Zu wiederholen ist hier,

was an anderer Stelle gesagt worden ist,*) daß der steigende Reichthum in allen Landen darauf hindrängt, feindliche Invasionen mit künstlichen Mitteln zu erschweren und die eigene Offensive zu erleichtern. Kämpfe um Befestigungen werden damit häufiger als bisher zu erwarten sein. So wächst auch die Bedeutung der Kenntnisse des Festungskrieges und macht jedem Soldaten dessen Studium mehr und mehr zur Pflicht.

XVI.

Einfluß der Operationen zur See auf die Kriegführung.

Welche Beziehungen zwischen der Beherrschung der Meere und der Weltherrschaft bestehen, hat zum ersten Male Mahan's Buch über den Einfluß der Seemacht auf die Geschichte erläutert. Sie sind bis dahin nicht im richtigen Umfange gewürdigt worden.

Aber auch die Bedeutung, welche die Theilnahme von Seestreit=kräften für die Führung des Landkrieges gewinnt, ist vielfach unterschätzt worden, weil die großen Kämpfe, welche im verflossenen Jahrhundert in unserem Erdtheil ausgefochten wurden, zu sehr von der mittelbaren Einwirkung der Vorgänge auf dem Meere ablenkten.

Im Krimkriege fanden die Verbündeten in ihren zahlreichen Flotten das einzige Mittel, Rußland gefährlich zu werden. Daß England die Unterwerfung der Buren-Republiken Südafrikas ohne die Seeherrschaft und seine gewaltigen maritimen Transportmittel niemals erreicht hätte, unterliegt wohl keinem Zweifel. Es verdankt den Sieg nur seinen über=raschenden Leistungen im Verschiffen von großen Truppenmassen über das Weltmeer. In diesem einen Punkte haben sich seine Gegner bitter getäuscht.

Auch während der einzelnen Entwickelungsphasen eines Krieges läßt sich der große Nutzen der Mitwirkung einer Flotte wohl nachweisen.**)

Die Beihülfe der Flotte beim Aufmarsche der Heere durch Ueber=nahme großer Truppentransporte kann eine sehr wichtige werden. Das türkische Reich wäre 1877 ohne solche Hülfe gar nicht im Stande ge=wesen, seine Armeen zusammenzubringen. Während des Krieges verdankte es die Wiederherstellung des Sommerfeldzuges auf der Balkan-Halbinsel der Flotte, welche die Armee Suleiman Pascha's von der albanesischen Küste nach der thracischen hinüberschaffte.

---

*) Das Volk in Waffen. 7—12. Tausend. S. 2. 3.
**) E. E. Callwell. The effect of maritime command on land campaigns since Waterloo.

Wie nützlich die Mitarbeit von Seestreitkräften bei dem Vorschieben der Basis und dem Anknüpfen neuer Verbindungen sein kann, wenn die Operationen zu Lande gelegentlich die Küste berühren, haben wir am Beispiel des japanisch-chinesischen Krieges erkannt.*) 1813 ward es England durch seine unbedingte Herrschaft zur See möglich, die Operationsbasis seiner gegen Frankreich im Felde stehenden Heere mit einem Schlage von Lissabon nach Satannder zu verlegen. Im italienischen Feldzuge von 1859 brachte die Ueberführung eines großen Theils der französischen Armee von Marseille nach Genua die von Oesterreich gegen Sardinien eingeleitete Offensive zum Stillstande. Die Entwickelung der Eisenbahnen hat die Bedeutung der Flotten in dieser Hinsicht wohl gemindert, aber nicht aufgehoben.

Die Beherrschung der See, welche dem Landheere erlaubt, sich an jedem, einen guten Hafen darbietenden, Punkte, auf die Küste zu stützen, ist für den Vertheidiger nicht minder werthvoll, als für den Angreifer. Ein Blick auf die Karte genügt, um die große Wichtigkeit zu erkennen, welche es für Deutschland hat, im Falle eines Krieges in Ost und West, das baltische Meer sicher zu beherrschen. In Bezug auf das polnische Kriegstheater hätten die deutschen Heere eine ganz andere Operationsfreiheit, wenn es in ihrem Belieben stünde, nöthigenfalls auf Königsberg oder Danzig auszuweichen, als nur in westlicher Richtung gegen die Oder.

Die Beherrschung der See erübrigt oft kostspielige und ausgedehnte Befestigungsanlagen. So lange die ottomanische Seemacht das schwarze Meer hielt und zugleich stark genug war, jeder anderen die Dardanellen zu sperren, konnte die Befestigung von Konstantinopel als ein Luxus angesehen werden. London dürfte nicht offen daliegen, wenn England die Meere nicht in seiner Gewalt hätte.

Die zur See stärkere von zwei kämpfenden Mächten behält unter allen Umständen den Rücken frei und die Verbindung mit der übrigen Welt offen, um aus derselben Widerstandsmittel heranzuziehen. Sie vermag die internationale Industrie zur Bewaffnung und Ausrüstung ihrer Streitkräfte in Anspruch zu nehmen. Nimmermehr hätte Frankreich 1870, nach der Niederlage des Kaiserreichs, so Großartiges in der Aufstellung neugebildeter, aber mit allem Nöthigen wohlversehener Heere leisten können, wenn feindliche Flotten seine Küsten blockirt hätten. Wie viel schneller und leichter wir Deutsche 1870 zum Ziele gelangt sein würden, wenn gleichzeitig mit dem Erscheinen unserer Heere vor Paris auch unsere Flotten vor den französischen Häfen eingetroffen wären, ist unschwer zu ermessen. Das Beispiel des amerikanischen Secessionskrieges zeigt ferner, daß die Abschließung zur See ein großes Land, welches nicht genug für die Ernährung seiner Bevölkerung erzeugt, förmlich aushungern und alle seine Erfolge zu Lande schließlich nutzlos machen kann. Zwischen annähernd gleich starken Gegnern wird am Ende demjenigen der Sieg

---

*) S. S. 53.

zufallen, der auf dem Meere Herr bleibt. Er wird des anderen finanzielle Kraft durch Vernichtung seines Handels und Störung alles überseeischen Verkehrs erschöpfen und daher auch seine kriegerische untergraben.

Somit spielt die Seemacht noch im letzten Akte des Kriegsdramas, nämlich bei der Erzwingung des Friedens nach der eigentlichen Waffen= entscheidung, ihre Rolle. Wer das Meer beherrscht, kann den Krieg länger aushalten; und wir wissen, welche Bedeutung dies für den endlichen Erfolg hat.*)

Darüber hinaus ist heute zu beachten, daß die überseeischen Inter= essen aller europäischen Staaten in lebhaftem Wachsthum begriffen sind und daß sie eine gewaltige Rückwirkung auf das Mutterland ausüben.**) Sie bedingen schon im Frieden seine materielle Kraft und geistige Regsamkeit in hohem Grade. Ohne Stärke zur See aber lassen sie sich im Kriege nicht aufrecht erhalten.

Außer dieser mittelbaren, auf politischem Gebiete der strategischen Kriegführung im Großen liegenden, ist aber auch noch eine unmittelbare Unterstützung der Landoperationen durch die Thätigkeit der Flotte möglich, wenn die Gestalt des Kriegstheaters sie begünstigt.

Ein Heer, welches einer Küste folgt, kann durch begleitende Kriegs= fahrzeuge die eine seiner Flanken unbedingt sicher stellen und hat nur für die andere Sorge zu tragen. Durch Vorauseilen und Beschlagnahme von Küstenorten vermag die Seestreitmacht den Marsch zu fördern. Der Angriff auf feste Stellungen oder Plätze, welche am Meere liegen, ist ohne die Theilnahme einer Flotte wenig aussichtsvoll. Bleibt dem Ver= theidiger die Verbindung mit dem Meere, so ist ihm der Ersatz an Mannschaft, Lebensmitteln, Geschütz und Schießbedarf nicht zu nehmen, und er kann die Gegenwehr unabsehbar in die Länge ziehen.

Freilich ist dem gegenüberzuhalten, daß Flottenoperationen ohne Unterstützung durch ein Landheer meist nicht minder fruchtlos bleiben. Dies erfuhren die Geschwader der Verbündeten im baltischen Meere während des Krimkrieges.

Selten werden bedeutende Wasserlinien die Möglichkeit gewähren, daß eine Flotte das Eindringen in ein Kriegstheater unmittelbar zu unterstützen vermag. Doch weist der große amerikanische Bürgerkrieg auch hierfür ein Beispiel auf. Es war einer der wichtigsten Gründe für die Niederlage der Südstaaten, daß die Geschwader der Union sich, gleich= zeitig vom Meere und vom Oberlaufe aus vordringend, des Mississippi= Stroms nach und nach vollständig bemächtigten, um so den Süden zu durchschneiden und die beiden Theile dauernd getrennt zu halten.

Den Vertheidiger werden die Seestreitkräfte unmittelbar durch Sicherung fester Plätze an der Küste, Ausfälle gegen Blockadegeschwader,

---

*) S. S. 18.
**) S. S. 3.

Aufrechterhaltung der Seeverbindungen zwischen getrennten Gebietstheilen oder Heeresgruppen, sowie durch Sicherung von Flanken und Rücken der Landheere unterstützen.

Diese Unterstützung kann bei besonders günstigen Umständen ent=scheidend werden. Sie macht es dem Vertheidiger möglich, den Endpunkt für seine strategische Defensive weit rückwärts in eine äußerste Landspitze zu verlegen, bis wohin sich dann die eigene Kraft auf's Höchste steigert, und die Länge der Operationslinie die des Angreifers schwächt.*) —

Am Ende haben wir noch das Wesen und die Bedeutung von Landungen kurz zu berücksichtigen. Das Eigenthümliche dieser Unter=nehmungen ist, daß sie, indem sie sich auf den Punkt, den sie zunächst zum Objekt wählen, auch basiren, unabhängig von der Verbindung mit den übrigen Heerestheilen sind. Sie vermögen besetztes feindliches Gebiet zu überspringen und unerwartet in, vom Kriege noch ganz unberührten, Landestheilen zu erscheinen. Sie eignen sich vorzugsweise zu Rücken= und Flankenbedrohungen.

Bei dem Entwurf einer Vertheidigung der Linien von Czataldcza am Ende des russisch=türkischen Krieges, haben wir daher eine solche auch in Aussicht genommen. Sie würde durch den Besitz des bulgarischen Festungs=Vierecks und die Anwesenheit nicht unbeträchtlicher türkischer Streitkräfte in demselben, ganz besonders wirksam gemacht worden sein.

Wenn die Landungen im Allgemeinen dem Angreifer mehr als dem Vertheidiger zu Gute kommen, so liegt es daran, daß dieser seltener in der Lage ist, über den nothwendigen Ueberschuß an Kräften zu verfügen. Sie würden ihm sonst das Mittel zu Ausfällen gegen den Rücken und die Verbindungen des stärkeren Feindes bieten. Hannibal's Angriff auf Italien scheiterte am Ende daran, daß Rom ihn von Hause aus zwang, seine Basis in Spanien zu suchen, ihm die Verbindungen über das west=liche Mittelmeer abschnitt, den Ersatz seiner schwindenden Kräfte unmög=lich machte und endlich das Mutterland selbst bedrohte, um ihn zur Rückkehr nach Afrika zu zwingen.

Die Schwäche aller Landungs=Unternehmen besteht darin, daß, bei der Schwierigkeit der Ueberführung von Truppen zur See, deren Zahl zunächst eine beschränkte und namentlich die Ausstattung an Kavallerie, Artillerie und Fuhrwesen mangelhaft sein wird. Dies macht gelandete Heerestheile ungeeignet zu schnellem und weitem Vordringen von der Küste aus; das doch andererseits gerade nöthig wäre, um freien Raum zu gewinnen und die Basis zu erweitern.

Nur durch rasch auf einanderfolgende Staffeln, sowie durch gleich=zeitige Landung an vielen Punkten kann diese Schwäche ausgeglichen werden. Napoleon I. Vorbereitungen zu einer Landung in England können darin vielleicht noch heute als Muster dienen; doch fehlt auch hier der Beweis durch praktische Erprobung.

---

*) S. S. 126.

In hochkultivirten und dichtbevölkerten Ländern mit einer modernen, die gesammte Nationalkraft umspannenden, Wehrverfassung haben Landungen nur wenig Aussicht auf Erfolg. Das Netz der Verkehrsmittel ist heutzutage viel zu entwickelt, als daß es nicht möglich sein sollte, gegen ein gelandetes Heer, dessen Stärke im Beginn 60—~~80 000~~ Mann kaum je überschreiten wird, eine erdrückende Ueberlegenheit zu versammeln. Dies Verhältniß ändert sich freilich, wenn die gelandeten Truppen sofort Verstärkung durch eine Volkserhebung oder die Streitkräfte einer verbündeten Macht erfahren, welche nur auf den Anstoß zum Beginn der Feindseligkeiten gewartet hat. Eine französische Landung in einem Kriege mit Deutschland könnte allein durch eine Verbindung mit Dänemark einige Bedeutung erhalten. Der Zeitpunkt für solche Unternehmungen liegt gleich im Beginn der Feindseligkeiten, wo alle Feldtruppen sich auf der Ueberführung nach der Grenze befinden und die Störung am empfindlichsten ist, oder ganz am Ende gegen einen bereits erschöpften und des Krieges müden Vertheidiger.

Ausnahmen finden statt, wenn ein wichtiges Operationsobjekt an der Küste selbst oder nahe derselben liegt, so daß schon eine vorübergehende Wegnahme bedeutenden Einfluß auf den Gang des Krieges haben müßte. Politische Erwägungen können die Wichtigkeit einer Landungs-Expedition bei solchen Umständen wesentlich erhöhen, so überall da, wo die Hauptstadt am Meere liegt. Mit der schnellen Beschlagnahme derselben mag man eine schwankende Regierung zur Theilnahme oder zu einer erwünschten Neutralität zwingen. Ein solcher Zweck rechtfertigt das Wagniß, das mit überseeischen Unternehmungen stets verbunden ist.

In Sebastopol wollten die Verbündeten während des Krimkrieges die Wiege der russischen Seemacht im schwarzen Meere vernichten, und dieser besondere Grund gab dem sonst nicht sehr wichtigen Platze die nothwendige Bedeutung, welche dem großen Landungs-Unternehmen entsprach.

Im Allgemeinen sind Kolonialkriege und Konflikte mit den militärisch weniger entwickelten Reichen fernerer Welttheile das Gebiet für die Landungs-Expeditionen. Dort fällt ein numerisch schwaches, aber gut gerüstetes und ausgebildetes europäisches Truppenkorps bei Entscheidung politischer Zwistigkeiten ausschlaggebend in's Gewicht. Mit der zunehmenden Eröffnung dieser Länder für den Weltverkehr und die europäische Civilisation engt sich aber auch hier die Wirkungssphäre solcher Unternehmungen ein. So dürfte die Zeit, in der einige Tausend Mann französischer oder englischer Truppen, von einem Geschwader begleitet, in Ostasien, wie früher, die Regierungen großer und volkreicher Länder zur Erfüllung ihres Willens zu zwingen vermochten, mit dem japanisch-chinesischen Kriege endgültig vorüber sein.

Schon die Expedition der verbündeten europäischen Mächte nach China hat ganz andere Dimensionen angenommen, als einst im Jahre 1860 der englisch-französische Zug auf dem gleichen Boden, obwohl es sich jetzt nicht einmal um einen förmlichen Krieg handelt. Die Zukunft wird aber vermuthlich noch weitere Ueberraschungen bringen. Truppenmassen, wie sie England nach Südafrika schaffte, können für Staaten, deren Machtfülle von auswärtigem Besitz abhängig ist, in kommenden Colonial- kriegen leicht wieder erforderlich werden, um eine Entscheidung herbei- zuführen.

Schlußbemerkung.

Wir dürfen diese Bilderreihe aus der Lehre von der Kriegführung nicht schließen, ohne noch einmal darauf hinzuweisen, daß sie durchaus nicht den ganzen Inhalt derselben erschöpfen soll.

Alle hier erläuterten Grundsätze und zur Darstellung gebrachten Formen sind einfach und ohne Schwierigkeit zu verstehen. Sie inne zu haben, ist keineswegs ein großes wissenschaftliches Verdienst, das im be- wegten Treiben des Krieges den Erfolg verbürgen könnte. Jeder gebildete Soldat kennt sie, aber nicht jeder ist darum schon ein tüchtiger General, und die allerwenigsten entwickeln sich zu wahrhaft bedeutenden Heer- führern.

Bei der Uebertragung der Grundsätze, die man sich theoretisch ge- macht hat, auf die Praxis kommen schon soviel Geheimnisse der Menschen- natur in Betracht, daß sie nur dem Scharfblicke glückt, der die letzteren mit der Schnelligkeit des Gedankenfluges durchschaut und ihre Wirkung ohne lange Arbeit der Ueberlegung in Rechnung zu stellen vermag.

Politische, sociale, materielle Umstände und Bedingungen aller Art müssen dabei erwogen werden.

Die Durchführung aber erfordert dann noch immer ein starkes Gemüth und einen festen Charakter; denn nur ein solcher bleibt im stürmischen Drange kriegerischer Ereignisse sich selber und seinen Ueber- zeugungen treu. Gewalt über die Menschen, die manchem ausgezeichneten Manne versagt ist, wird ein weiteres Erforderniß; Zweckbewußtsein und jenes schwer definirbare Talent des instinktiven Erfassens aller günstigen Umstände, welches wir im gewöhnlichen Leben als Glück bezeichnen, sind unerläßlich.

Durch diese Bedingungen wird die Kunst der Heerführung ebenso schwer gemacht, als die theoretische Erkenntniß der Kriegführung uns leicht erscheint.

Heerführung.

Winke für die Leitung größerer Truppenmassen im Felde
und die Anwendung der Lehren der Kriegführung.

Allgemeine Bedingungen für die Thätigkeit des Heerführers.

Die Lehre von der Kriegführung hat nur leicht Verständliches ge=
bracht. Es handelte sich um Stellungen und Bewegung von Truppen=
massen, zu deren Anwendung keinerlei große Erfindungsgabe nothwendig
ist, und um Kämpfe, welche sich aus diesen Bewegungen als etwas
Selbstverständliches entwickeln.

Hiernach könnten die Fragen der Heerführung auf den ersten Blick
weit leichter erscheinen, als beispielsweise die Lösung einer Aufgabe der
bildenden Kunst. Bei dem Entwurfe eines Denkmals für einen großen
Verstorbenen drängt sich dem Künstler eine Fülle von Gedanken und
Bildern gleichzeitig auf, zwischen denen die Wahl schwer fällt. Bei der
Durchführung eines Angriffs im Kriege ist meist keine andere Entscheidung
zu treffen, als diejenige zwischen frontalem und umfassendem Vorgehen;
denn ein ganz ausgesprochener Flankenstoß kommt schon selten, ein
Rückenangriff fast niemals vor.

Dem in die Praxis des Krieges nicht Eingeweihten fällt es daher
schwer, sich klar zu machen, worin denn die große Schwierigkeit bestünde,
die Gesetze der Kriegführung auf den gegebenen Fall richtig anzuwenden,
also ein guter Heerführer zu werden.

Aber man vergegenwärtige sich zunächst, daß der Feldherr nicht wie
der Künstler in voller Ruhe lediglich Verstand und Talent in Thätigkeit
zu setzen hat, sondern daß bei ihm zugleich Herz und Gemüth in Be=
wegung gerathen, deren Regungen die geistigen Kräfte keineswegs immer
klären, sondern sie gerade in einen Nebel von Besorgnissen hüllen.
Folgt doch im Kriege dem Fehler die Strafe meist auf dem Fuße, und
zwar eine solche, daß nicht nur Ruhm, Ehre und Glück des Irrenden
selbst in Gefahr sind, sondern auch die Sicherheit seines Vaterlandes
und das Leben vieler Tausende. Dergleichen erträgt kein gewöhnlicher
Sterblicher mit Gleichmuth und ohne daß das Spiel seiner Verstandes=

kräfte dadurch beirrt werden sollte. Ernste Naturen haben hierbei den schwersten Stand.*)

Dem Baumeister, dem Gelehrten sind die Bedingungen ihrer Aufgabe gegeben. Der Feldherr muß sie im Verhalten des Gegners suchen. Diesen aber sieht er nicht klar vor sich, sondern immer nur in verschleierten Umrissen. Das feindliche Heer erscheint uns im Felde wie ein hinter halbdurchsichtigem Vorhange sich regendes Wesen. Hin und wieder wird der Schatten eines Gliedes, wird eine Bewegung sichtbar, aber die Form der ganzen Gestalt bleibt uns verborgen und wir sind vielfach auf Muthmaßungen angewiesen. So fürchten wir denn, wenn wir mit der scharfen Klinge zustoßen, um tödtlich zu treffen, selbst einen Luftstoß zu machen, aber gleichzeitig unseres Widersachers Schlag an anderer Stelle zu spüren. Wie im Schattenspiel sich alle Abmessungen gespenstig vergrößern, so geht es auch im Felde. Das Unbekannte erscheint meist drohender und gewaltiger, als es in Wirklichkeit ist.

In Bezug auf die Unsicherheit der Voraussetzungen, unter welchen der Heerführer zu handeln berufen ist, läßt sich seine Lage am ehesten mit derjenigen des Spielers oder Spekulanten vergleichen, obschon uns dieser Vergleich nicht sympathisch sein mag. Beide sind selbst beim feinsten Schachzuge des Erfolges nie ganz sicher, da sie die Gegenzüge ihres Widersachers nicht kennen. Auch im großen Börsenspiel der Welt tragen Kühnheit und kalter Entschluß oft den Sieg über die gediegenste Ueberlegung davon. Das Glück spielt dort, wie im Kriege seine Rolle, und der Zufall zerstört, in Gestalt unerwarteter Nachrichten, plötzlich die besten Kombinationen. Die jeden einzelnen Fall beherrschenden augenblicklichen Verhältnisse sind es, von denen die Heerführer abhängen, und durch deren richtige Beurtheilung sie sich als Meister zeigen sollen.

Selbst die Anwendung der Kriegführungslehre auf der Karte und bei Studienritten ins Gelände giebt uns kein ganz zutreffendes Bild der Wirklichkeit; denn dabei ist die Lösung der Aufgabe mit einem richtigen Entschluß beendet, im Kriege fängt sie mit demselben erst an. Am meisten vermag die Führung bei großen Manövern uns vorzubereiten; doch fehlen hier immer noch die volle Schwere der Verantwortung und die Einwirkung der eigenen Lebensgefahr.

Nun kommt noch ein anderes hinzu, das die Anwendung der Lehren der Kriegführung außerordentlich erschwert: die Natur des zur Verfügung stehenden Heeres. Was man auch sage, alle sind verschieden, und ein jedes will anders geführt sein.

Die Aufgabe des Feldherrn ist also wohl die schwierigste, welche dem menschlichen Genius gestellt werden kann.

---

*) Nur die Leichtfertigkeit wird jenen alten braven General tadeln, der in schwieriger Lage den Befehl an seine Offiziere mit den Worten schloß: „Meine Herren, ich werde natürlich den Feind angreifen, wo ich ihn finde; am liebsten aber wäre es mir, ich fände ihn überhaupt nicht." Nur wenige an seiner Stelle würden heimlich anders empfunden, keiner vielleicht aber den Muth besessen haben, sich so offen auszusprechen.

Der Heerführer bedarf deshalb zunächst voller Unabhängigkeit des Willens und unbeschränkter Selbstständigkeit im Handeln, damit er die ihm zu Gebote stehende Begabung frei zur höchsten Leistung entfalten kann.*)

Nur mit Widerstreben aber wird die Staatsgewalt der Einwirkung auf den Gang der Dinge im Felde entsagen. Sie vertritt ein noch höheres Interesse als dasjenige des Heeres allein. Sie steht auf einem anderen Standpunkte als dessen Führer; sie wird meist geneigt sein, zu glauben, daß sie die Lage der Dinge besser als dieser übersähe, weil sie dieselbe von einem allgemeineren Gesichtspunkte aus betrachtet. Sie wird wünschen, die kriegerischen Begebenheiten nach ihren Zwecken zu regeln, und dem Feldherrn dementsprechend ihre Forderungen stellen, während dieser von den Maßregeln des Feindes und der Gunst des Augenblicks abhängig ist. Legt sich die Staatsgewalt nicht die weiseste Selbstbeschränkung auf, so müssen sich aus diesem Verhältniß Reibungen ergeben, welche die Führung der Heere beeinträchtigen.

Am glücklichsten ist das Volk daran, bei welchem im Falle des Krieges die Staatsgewalt und die oberste Heerführung in der Hand seines Fürsten vereinigt wird. Hier ist die Einheit des Willens gegeben und damit die Möglichkeit gewährt, der Handlung die größte Kraft zu verleihen.

Ist der Feldherr von einem Herrscher abhängig, der das Heer nicht selbst führen will oder kann, so wird ihn die Rücksicht auf dessen Willen und Meinungen doch meist bis zu einem gewissen Grade binden. Da nun der Souverain zum Wenigsten auf die eigene Beurtheilung dessen, was beim Heere geschieht, nicht wird verzichten wollen, so ist es natürlich, wenn er sich, nach seinem Vertrauen, noch einen persönlichen Berather wählt. Das Heer kommt dann leicht in die üble Lage, zwei Feldherrn zu besitzen, von denen der eine öffentlich, der andere insgeheim wirkt. Die Schwierigkeit wächst, wenn ein solcher Souverain mit seinem Gefolge das Heer begleitet, ohne es jedoch anerkanntermaßen zu führen. Aus den Rücksichten für ihn, sowie einmal aus seiner Einmischung, das andere Mal aus seiner Zurückhaltung müssen dann unfehlbar Verwirrung oder Versäumnisse entstehen. Die Beispiele Friedrich Wilhelm III. von 1806, Alexander I. von 1812 und Napoleon III. von 1870 dienen in dieser Hinsicht zur Warnung. Die Anwesenheit der drei verbündeten Monarchen im Hauptquartier der böhmischen Armee während der Freiheitskriege ertheilt, trotz des siegreichen Ausganges, die nämliche Lehre. Man kann hier indessen anführen, daß sie das politische Zusammenwirken der drei Mächte unter den damaligen Verkehrsverhältnissen sehr wesentlich erleichterte.

---

*) Es ist hier natürlich von dem obersten Heerführer aller im Felde stehenden Streitkräfte die Rede, nicht von dem Befehlshaber eines einzelnen Heeres, der durch höheren militärischen Befehl gebunden ist und selbst nur einen Theil der Heerführungsgewalt darstellt.

Ist die Staatsgewalt in ihrem Willen wieder selbst bedingt, sei es durch die Rücksicht auf ein Parlament, oder auf politische Parteien, selbst nur auf die öffentliche Meinung, so wird das Verhältniß ein ganz unheilvolles, weil sich dann Einwirkungen auf die Heerführer geltend machen, welche mit der Natur des Krieges in keinerlei verwandtschaftlichem Verhältniß stehen, und die außerdem auch nicht einmal mit dem allgemeinen Staatsinteresse in gleicher Richtung laufen. Wehe zumal dem Heere, dessen Führer genöthigt sind, auf blinde Volksleidenschaft zu achten, und deren Befriedigung selbst über die eigene Ueberzeugung zu stellen. Die Dänen von 1864, Mac Mahon auf seinem Zuge nach Sedan und zuletzt noch 1897 das griechische Heer in Thessalien haben erfahren, daß sicheres Verderben die unausbleibliche Folge ist.

Die Leichtigkeit der Mittheilung auf größere Entfernung hin, wie sie heute besteht, kann unvermerkt zu einer über das richtige Maß hinausgehenden Einwirkung der Staatsgewalt auf die Heerführung verleiten. Es liegt eine augenscheinliche Gefahr darin, welche sich in künftigen Kriegen fühlbar machen wird. Den türkischen Oberbefehlshaber Edhem Pascha begleitete ein unabhängiger Telegraph, der mit dem Palaste des Großherrn in Verbindung stand, während des griechischen Krieges bis aufs Gefechtsfeld; und manche seiner Zögerungen wird sich unschwer daraus erklären lassen, daß er den Aeußerungen dieses Telegraphen nicht vorzugreifen wagte.

So verlockend es auch für die Inhaber der Staatsgewalt sein mag, ausgerüstet mit den Mitteln der Neuzeit, den eigenen Willen oder die eigene Einsicht bei der, anderen Händen anvertrauten, Heerführung zur Geltung zu bringen, sie sollten der Versuchung widerstehen. Die Geschichte lehrt, daß der Schaden davon meist größer war, als der Nutzen. Ihre Sache ist es, den rechten Augenblick für den Beginn des Krieges zu wählen und später denjenigen Zeitpunkt zu erfassen, in welchem sich aus der kriegerischen Lage der höchste politische Erfolg erzielen läßt. Es ist genug für sie, Fundament und Krönung des Gebäudes in der Gewalt zu haben, falls sie den Bau nicht selbst leiten wollen.

Aehnliches, wie in Bezug auf die Staatsgewalt, ist für den Heerführer auch in den Beziehungen zu seiner Umgebung zu sagen, und hier nicht minder wichtig, weil nur Sterne erster Größe keines Raths benöthigen und ihre Pläne ganz in sich verschließen. Im Allgemeinen ist es ein Bedürfniß des menschlichen Geistes, sich mitzutheilen, und auch Fremdes in sich aufzunehmen. Jedermann unterliegt in seinem Urtheil mehr oder minder der Einwirkung dessen, was ihm von außen zugetragen wird. Bei der Rolle, welche die Erfahrung in kriegerischen Dingen spielt, ist dies auch durchaus berechtigt. Das Urtheil seiner, von der Verantwortung nicht unmittelbar belasteten, Gehülfen wird dasjenige des Feldherrn vor Trübungen bewahren. Ihre Aufmerksamkeit kann oft entscheidende Umstände entdecken, welche ihm entgangen sind. Die Scheu, beeinflußt zu erscheinen, ist meist auch nur schwachen Charakteren eigen, welche sich ihrer Sache nicht sicher fühlen. Der starke Mann nimmt gern guten Rath. Häufig sind stolze Gemüther freilich eifersüchtig auf den befugten Einfluß ihrer Umgebung, aber zugänglich für das, was sie hören, wenn es nur so vorgebracht wird, als sei es nicht für sie be= stimmt. Hier ist dann ein Umweg für die Einwirkung zu wählen, den ein taktvoller Berather leicht herausfinden wird.

Das Wichtige bleibt, daß der fremde Rath nicht herrsche, sondern diene. Mit äußerster Strenge hat der Heerführer zu prüfen, ob die eigene Ueberzeugung dem ertheilten Rathe wirklich gefolgt sei, oder ob sie sich nur durch eine glänzende Dialektik habe fangen lassen. Wo jene sich sträubt, werden ihr nicht immer gleich logische Gründe für die Ab= wehr zu Gebote stehen. Aber es ist dies auch nicht nothwendig; denn nicht Alles entwickelt sich im Kriege, wo menschliche Leidenschaft eine Rolle spielt, nach den Gesetzen der Logik. Ein inneres Empfinden, dessen Entstehungsart wir oft nicht zu analysiren wissen, tritt dann an die Stelle der folgerichtigen Beweisführung. Es ist indessen berechtigt; denn es drückt sich darin die Aeußerung eines Geistes aus, welcher die Gesammtheit der Umstände mit einem Blicke erfaßt und daraus seinen Entschluß zieht, ohne die ganze Stufenleiter der Folgerungen nöthig zu haben, welche ein langsamer Kopf durchlaufen muß. Für den richtigen Entwurf finden sich die rechtfertigenden Gründe manchmal erst hinterdrein.

Nicht umsonst rühmen wir an großen Soldaten ihren militärischen Blick, mit dem sie sofort in jeder Lage das Zweckmäßige treffen. Sie werden sich weder durch den Eindruck einer imponirenden Persönlichkeit, noch durch die schöne Form, in welcher ihnen ein, von dem eigenen ab= weichender Gedanke vorgetragen wird, blenden lassen. Diese innere Sicherheit ist ein nothwendiges Attribut für den Heerführer. Massenbachs falsche, aber für den Geschmack seiner Zeit bestechende Wissenschaftlichkeit war das Unglück des Fürsten Hohenlohe, der im Grunde ein viel begabterer Soldat war als er, sich seiner aber nicht zu erwehren wußte.*) Das bleibt ein warnendes Beispiel für alle Zeit.

Die Verstandesthätigkeit des Heerführers soll unabhängig von den Regungen des eigenen Gemüths sein. Das wird unter den bestürmenden Eindrücken des Krieges um so schwerer fallen, je temperamentvoller seine Persönlichkeit ist; und eine solche wünschen wir uns andererseits, da vieles in der Heerführung Temperamentssache ist. Oft hat Eitelkeit sonst klugen Männern einen Streich gespielt, indem sie dieselben durch

---

*) v. Clausewitz. Nachrichten über Preußen in seiner großen Katastrophe. Kriegsgeschichtliche Einzelgeschichten, herausgegeben vom Großen Generalstabe. Heft X. Berlin 1888 S. 437. „Hohenlohe wäre ganz zum Gehorchen gemacht gewesen, Massenbach bildete ihm ein, daß sie beide die Stützen der Monarchie wären, und die erste Rolle spielen müßten, und regte so seinen Ehrgeiz zum Widerstreben auf; Hohenlohe wäre ganz der Mann gewesen, sich ritterlich durch= zuschlagen; Massenbach überwältigte ihn mit seiner konfusen Theorie und ver= wickelte ihn bei Prenzlau in den eigenen Geistesbankerott."

die willkürliche Vorstellung von einer Rolle irre führte, zu der sie be=
rufen seien. Selbst gute Eigenschaften, wie ein ungezügelter Muth, können
üble Berather werden, wenn nicht kühle Ueberlegung und große Ruhe
ihm die Waage halten. Das vorherrschende Gefühl des Muthes kann
falsche Sicherheit erzeugen. Es war Prinz Louis Ferdinands Unglück
bei Saalfeld. „Er erlag der eisernen Nothwendigkeit, weil er nicht
mit dem Verstande, sondern bloß mit dem Herzen hatte widerstehen
wollen."*)

Der Heerführer darf nicht einmal eine Lieblingsidee oder eine bevor=
zugte Theorie mit sich ins Feld nehmen. Er steht, wie die Geschichte
lehrt, in jedem beginnenden Kriege vor einer neuen Aufgabe. Selbst
alte schon einmal von ihm bekämpfte Gegner werden meist ihre Fecht=
weise geändert haben. Ein früher bewährtes Verfahren verspricht darum
noch keinen zweiten Erfolg. Die Lage der Dinge muß immer so ge=
nommen werden, wie sie sich im Augenblicke darbietet. Die Verfolgung
einer vorgefaßten Idee, welche sich nicht auf dieselbe gründet, bringt stets
die Gefahr mit sich, daß man die Wirklichkeit verkennt. Wer einem
selbstgebildeten Ideale von kriegerischer Operation nachjagt, versäumt
darüber gar leicht, was im Augenblicke zu thun nothwendig ist. Der
Glaube an eine allein Erfolg versprechende Methode, an „einen" einzigen
Plan, welcher Sieg verleihen könne, hat noch immer ins Verderben ge=
führt, wie es den Mack und Massenbach begegnete. Vom eigenen
Ideengange gefesselt, glichen sie Männern, welche, im eifrigen Gespräch
begriffen, nicht sehen, wohin sie den Fuß setzen und so in den Abgrund
stürzen.**)

Die großen Feldherren waren daher stets frei von bevorzugten
Methoden und wendeten die Mittel zu ihren Zwecken an, wie sie die=
selben fanden. Der freieste von allen war vielleicht der letzte von ihnen,
Feldmarschall Moltke, dem man nachgesagt hat, daß er in der rauhen
Praxis des Krieges seine eigene Friedenslehre mißachtet habe. In dieser
spielte allerdings, zumal auf taktischem Gebiete, die Defensive mit
einer gewissen Vorliebe für Flankenstellungen eine bedeutende Rolle,
während er in Wirklichkeit immer offensiv war.

---

*) v. Clausewitz. Nachrichten S. 438.
**) Clausewitz wendet diesen treffenden Vergleich auf Hohenlohe und Massen=
bach während der Oktobertage von 1806 an. Schwartz, Leben des Generals Carl
von Clausewitz und der Frau Marie von Clausewitz. II. S. 277. — Er sagt
an anderer Stelle außerordentlich treffend: „Wer sich in einem Element bewegen
will, wie es der Krieg ist, darf durchaus aus den Büchern nichts mitbringen, als
die Erziehung seines Geistes: bringt er fertige Ideen mit, die ihm nicht der Stoß
des Augenblicks eingegeben, die er nicht aus seinem eigenen Fleisch und Blut er=
zeugt hat, so wirft ihm der Strom der Begebenheiten sein Gebäude nieder, ehe
es fertig ist. Er wird den Anderen, den Naturmenschen niemals verständlich
sein und wird gerade bei den ausgezeichnetsten unter ihnen, die selbst wissen,
was sie wollen, das wenigste Vertrauen genießen." (Hinterlassene Werke.
Bd. VII S. 35.)

Taktische und strategische Orthodoxie sind im Kriege ein gefährliches Ding; denn es giebt keine allein seligmachende Theorie. Wir haben schon gesagt, daß im einzelnen Falle die Heerführung sich sehr wohl eines Mittels bedienen darf, welches von der gültigen Lehre der Krieg=führung verworfen wird.*)

Mit Recht fragt man nun, wo denn überhaupt der Werth der Kriegführungslehre bleibe, wenn ihre Anwendung so vielseitig bedingt ist, und ob der Heerführer dann nicht besser thäte, statt ihrer einen freien Naturalismus walten zu lassen. Allein die Antwort ist nicht schwer. Die Lehre schärft den Blick, regelt das Urtheil, bereichert die Erfindungs=gabe und stärkt das Vertrauen bei der Lösung jeder einzelnen Aufgabe. Selbst die Kenntniß kriegsgeschichtlicher Beispiele, die Erinnerung an historisch nachweisbare ähnliche Lagen und deren Ueberwindung, die Zusammenstellung einmal gemachter praktischer Erfahrungen**) sind für den Heerführer von ganz unmittelbarem Nutzen. Sie bilden das Arsenal für die Waffen seines Geistes, regen diesen an und zeigen ihm Wege, welche er sonst vielleicht nicht gefunden hätte. Nur soll er das Ueber=lieferte nicht sklavisch nachahmen wollen.

Der Theorie bleibt ein ehrenvoller Platz gewahrt; der Feldherr bedarf ihrer wie der Maler der Farbenkenntniß und der Bildhauer der Anatomie.

Nicht leicht ist es für den Heerführer, sich die nothwendige Un=abhängigkeit vom Einfluß zufälliger umgebender Umstände zu wahren. Wir sehen dabei ganz ab von den Wirkungen, welche diese auf seine seelische Stimmung üben, sondern halten uns an rein Aeußerliches. Es ist sehr bedeutsam, aus welcher Richtung und an welchem Punkte er das Schlachtfeld zuerst betritt, welches Bild im Beginn sein Auge fesselt. Leicht entsteht daraus eine Vorstellung, die ohne Berechtigung eine herrschende wird, seinen Gedanken eine bestimmte Richtung giebt und bald unausrottbar geworden ist. Der Weg, den der vorderste Truppen=theil gegen eine Stellung des Feindes rein zufällig einschlug, ist schon oft bestimmend für nachfolgende Heere geworden, und Niemand fragte während der Handlung, warum? Wer will heute noch erklären, wie es geschah, daß am 18. August 1870 der rechte Flügel der Deutschen sich durch das verderbenschwangere Defilee von St. Hubert vorwärts gegen die Front der französischen Schlachtlinie drängte, während ein brauchbarer, sicherer Weg über Mancemühle in deren linke Flanke führte. Stunden änderten daran nichts. Wie ein Bann lag es hier über dem Thun erfahrener und erprobter Generale. Ebensowenig ist heute zu erklären, wie an demselben 18. August auf deutscher Seite die Auffassung entstand, daß die Stellung der französischen Armee vor Metz nach Norden

---

*) Vergl Kriegführung. Einleitung S. 8.
**) Vergl. Kriegführung. Einleitung S. 9 Anmerkung.

hin nur bis Amanweiler, oder gar nur bis Montigny=la=grange reiche, wo sich thatsächlich ihre Mitte befand. Keinerlei bestimmte Meldung eines Beobachters hatte dies behauptet, keine persönliche Erkundung eines höheren Führers dies irrthümliche Ergebniß gezeigt. Aus den Lücken der wirklich stattgehabten Aufklärung, aus Muthmaßung und Annahme des für wahrscheinlich Gehaltenen war die Vorstellung herausgewachsen und hatte so schnell Wurzel geschlagen, daß die leitenden Persönlichkeiten nicht dazu kamen, ihre Richtigkeit zu prüfen. Die langen Morgenstunden vor Beginn der Schlacht hätten dazu reichlich die Zeit gewährt.

Das Beispiel beweist, wie schwer es für den Heerführer ist, sich ganz frei von der Herrschaft willkürlicher Annahmen zu halten und den umgebenden Umständen gegenüber jederzeit ein objektives Urtheil zu wahren, weder zufällig Gehörtem noch besonders starken Eindrücken, die das Auge aufnimmt, zu große Gewalt über die eigene Verstandesthätig= keit einzuräumen und mit nüchternem Blick, nur auf Wirkliches gestützt, alle Möglichkeiten mit gleicher Klarheit und Unparteilichkeit abzuwägen. Dennoch besteht gerade hierin seine Aufgabe, durch deren glückliche Lösung er beweisen soll, daß er seiner Rolle würdig war.

Clausewitz räth, sich die ungetrübte Erkenntniß der Vorgänge und das klare Bewußtsein seiner Zwecke dadurch zu erhalten, daß man sich die zu lösenden Fragen immer wieder auf einen großen Gesichtspunkt zurückführt und sich vergegenwärtigt, von welchen allgemeinen Absichten man ausgegangen ist. Diese Controle wird davor bewahren, sich durch eine Fülle kleiner Zwischenfälle und Hindernisse vom Ziele ablenken zu lassen. So faßte Feldmarschall Moltke unter dem überraschenden Ein= drucke der Schlacht von Vionville, welche bei den Betheiligten eine Fülle von Zweifeln über das Kommende zu erregen geeignet war, seinen Rath und sein Urtheil in die bekannten Worte zusammen: „Nach diesseitiger Ansicht beruht die Entscheidung des Feldzuges darin, die von Metz weichende Hauptmacht des Feindes nördlich zurückzuwerfen."*) Damit war das Ziel wieder in voller Klarheit hingestellt und die Anordnungen für die nächsten Tage konnten sich daran aufbauen.

Auch ein anfänglich gefaßter Entschluß kann dem Heerführer zur Fessel werden. Von Beginn unserer Laufbahn an wird uns eingeschärft, daß es vor Allem darauf ankäme, einen Gedanken festzuhalten und ihn mit unerschütterlichem Willen durchzuführen, statt lange nach dem besten zu suchen, oder zwischen verschiedenen Lösungen zu schwanken. Dies er= zeugt leicht die Empfindung, daß es unsoldatisch sei, das einmal Gewollte aufzugeben, oder auch nur umzuwandeln, sobald die Verhältnisse sich der Verwirklichung entgegenstellen. Daraus entsteht dann eine Starrheit, welche leicht zum Verderben führen kann. Auch bei den Frontalangriffen durch das Defilee von St. Hubert am 18. August 1870 scheint etwas davon seine Rolle gespielt zu haben. Energie kann zum Eigensinn aus=

---

*) An das Oberkommando der II. Armee. Pont à Mousson, den 16. August 1870, Abends 8½ Uhr.

arten, sobald sie nicht mehr mit dem Ergebniß ruhiger Einsicht in Einklang steht.

An großen Feldherren können wir in ihren besten Feldzügen gerade die Biegsamkeit der Entwürfe und Anordnungen bewundern, so bei Napoleon I. 1805 während des Vormarsches an die Donau und später zur Einschließung Macks in Ulm, so bei Moltke während der Operationen, welche zur Schlacht von Sedan führten. Beide regelten die Bewegungen der Heere wechselnd je nach den Fortschritten, welche ihre Kenntniß vom Feinde machte und je nach dem Wachsen ihrer Hoffnung auf einen immer vollständigeren Sieg.*) Der ursprüngliche Entschluß darf also die Seele des Heerführers nur so lange beherrschen, als seine innere Ueberzeugung demselben noch unbeirrt zur Seite steht. Die Herrschaft muß aufhören, wo jene, unbefangen befragt, einen besseren Weg zum Ziele angiebt. Freilich dürfen nicht mehrere Entschlüsse und mehrere leitende Gedanken in der Seele des Feldherrn hin- und herschwanken, ihn bald in der einen, bald in der anderen Richtung fortziehend; sondern es darf jedes- mal nur einer der herrschende sein. Dieser aber muß biegsam und nach dem Einfluß der Umstände modulationsfähig bleiben, um dem Spiel der Verstandeskräfte folgen zu können, wie das Schiff dem Steuerruder. So ist auch nur die Lehre vom Festhalten eines ersten Entschlusses richtig zu verstehen.

Unabhängigkeit der Stellung und vorurtheilsfreie Selbstständigkeit des Geistes bilden also die wichtige allgemeine Grundlage für die Thätigkeit des Heerführers.

II.

Aeußere Beziehungen des Heerführers zum Heere.

Der elektrische Telegraph kürzt alle Entfernungen für die Zwecke der Heerführung derart, daß Unterschiede in dieser Hinsicht bedeutungs- los werden. Insofern der Befehlshaber nicht sein persönliches Eingreifen bei den Truppen für erforderlich hält, ist es ohne Bedeutung, ob er sich um einige Kilometer oder um viele Meilen hinter denselben befindet. Hier und dort erhält er die Meldungen ziemlich gleich schnell und kann ebenso seine Anordnungen bekannt geben. Je höher gestellt, desto weniger kommt aber die unmittelbare Einmischung der eigenen Person in Frage. Armee-Oberkommandos holen ihr Heer meist nur an den Gefechtstagen ein und sehen davon gewöhnlich nichts anderes, als kleine Bruchtheile,

---

*) Bergl: „Die Heerführung Napoleons und Moltke's" von Frhr. von Freytag-Loringhoven. Berlin 1897 — eine vortreffliche vergleichende Studie.

oder mühsam sich nachschleppende Wagenzüge. Eine unmittelbare Ver=
bindung mit dem fechtenden Theil*) fehlt also im Allgemeinen, und meist
gerade in jenen Augenblicken, wo schwerwiegende Entscheidungen über
große Operationen getroffen werden müssen.**) Nur nach großen
Schlachten fallen sie in Gegenwart der Heere, wie es am 17. und
19. August 1870 geschah.

Die oberste Heeresleitung der gesammten Streitkräfte wird sich noch
unbedenklicher von deren unmittelbarer Nähe losmachen können. Im
Jahre 1866 blieb das Hauptquartier König Wilhelms bis zum 30. Juni
früh in Berlin und ging dann erst auf den böhmischen Kriegsschauplatz
ab, trotzdem dort schon seit dem 27. Juni lebhaft gefochten wurde.
Niemand wird dies unrichtig finden. In Berlin liefen von den beiden
Heeresgruppen, welche nach Böhmen einmarschirten, die Nachrichten am
besten zusammen. Alles, was man zur Beschlußfassung brauchte, war
dort am leichtesten zu haben. Sodann übersah man in Berlin auch den
Gang der Dinge auf dem westlichen Schauplatz am besten; und erst als
ein Zusammenwirken der getrennten Heere gegen die österreichische Haupt=
macht bevorstand, war die Anwesenheit des Königs bei ihnen von
Bedeutung.***) 1870 wählte das Große Hauptquartier Mainz, den
wichtigsten Punkt hinter der Mitte der Heere, zum ersten Aufenthalt.
Es folgte dann wechselnd denjenigen Theilen, bei welchen die Vorgänge
entscheidend wurden, ohne die anderen aus den Augen zu verlieren und
leitete am Schlusse von Versailles aus zu gleicher Zeit die Operationen
an der Somme, der Loire und im Jura, ohne daß sich entscheidende
Schwierigkeiten fühlbar gemacht hätten.†) Der schriftliche Verkehr wird
natürlich trotz der Eisenbahn durch größere Entfernung leiden; aber
Dinge, welche man im Kriege schriftlich betreibt, haben der Mehrzahl
nach keine Eile; es sei denn, daß es sich um Befehle oder Meldungen
handelte, welche man durch Reiter und Radfahrer befördert.

---

*) So bezeichnet man bekanntlich die wirklich mit der Waffe in den Kampf
eingreifenden Glieder des Heeres.

**) Aus diesem Grunde kommt die Thätigkeit der höheren Führer bei gut
geleiteten Generalstabsreisen äußerlich derjenigen im Kriege sehr viel näher als
man gemeinhin annimmt. Es fehlen dort freilich die Truppen; aber auch im
Felde sieht der Heerführer diese und den Feind meist nicht vor Augen, wenn er
seine Entschlüsse faßt, welche aus dem Studium der ihm vorliegenden Nachrichten
und aus deren Beurtheilung auf der Karte in seinem Arbeitszimmer entstehen.
Freilich wird die Gemüthsverfassung des Arbeitenden beide Male eine ver=
schiedene sein.

***) Wie einsam und entblößt von Truppen der eigenen Armee das Große
Hauptquartier bei seiner Ankunft in Reichenberg am 30. Juni Abends war,
schildert Fürst Bismarck drastisch in seinen Denkwürdigkeiten. II. S. 32.

†) Am Ende des Feldzuges ereignete sich die merkwürdige Thatsache, daß
General von Manteuffel in der Nacht vom 1. zum 2. Februar 1871 die erste
bestimmte Nachricht vom Uebertritt der französischen Armee, mit welcher er den
Tag über noch gefochten hatte und mit der er in enger Berührung stand, auf
schweizerischem Boden, telegraphisch über Berlin erhielt.

Man könnte also nach rein technischen Gründen der unlängst aus=
gesprochenen Meinung beipflichten, daß das Große Hauptquartier aller
deutschen Heere in einem künftigen Kriege, der an zwei Grenzen statt=
findet, am besten in Berlin bliebe.*) Allein wichtige Bedenken stellen
sich dem entgegen. Die Erfahrung lehrt, daß der Einfluß, welcher
dauernd von weit her auf die Bewegungen der Heere geübt wird, am
Ende niemals günstig wirkte. Psychologische Ursachen geben dabei den
Ausschlag. Der Heerführer, welcher mit seinen Berathern im sicheren
Port der Hauptstadt verweilt, muß am Ende die innere Fühlung mit
seinen Heeren und die Empfindung dafür verlieren, was diese im Augen=
blick zu leisten im Stande sind. Jederzeit soll er den Pulsschlag seiner
Truppen deutlich fühlen und dazu gehört, daß er mindestens auf dem
gleichen Boden lebe wie sie, und auch dieselben Gewalten auf sich wirken
lasse. Sonst wird er das eine Mal Unmögliches fordern, das andere
Mal die Leistungsfähigkeit der Heere nicht im vollen Umfange ausnutzen.

Der Krieg ist ein außergewöhnlicher Zustand; er stellt auch außer=
gewöhnliche Ansprüche. Wer sein Element als Heerführer beherrschen
will, muß sich über die Alltäglichkeit erheben. In der Hauptstadt aber
werden die leitenden Männer sich niemals ganz von den Einflüssen und
Rücksichten frei machen können, unter deren Einwirkung sie dort seit
Jahren standen. Im Felde stellen sich die Personen, welche man vom
Friedensleben her kennt, ganz anders dar als dort. Sie treten in unserer
Werthschätzung in neuer Reihenfolge auf. Das beweist, wie anders die
treibenden Kräfte, alle, dem Menschen innewohnenden, Gaben in den beiden
verschiedenen Lagen entwickeln. Eine glänzende Beredsamkeit und ein
sprühender Geist tragen am grünen Tisch meist den Sieg über ruhige
Bedachtsamkeit fort. Sie versagen aber häufig bei der unmittelbaren
Berührung mit der Gefahr und den Reibungen, welche die praktische
Durchführung einer Idee im Kriege immer mit sich bringt. Schon um die
rechten Männer für ihre Zwecke herauszufinden, sollte die oberste Heeres=
leitung den Ereignissen so nahe bleiben, daß das Ungemach und die
Schrecken des Krieges wenigstens mittelbar auf sie zu wirken vermögen.

Es hieße zudem auch von dem bedeutendsten Manne zuviel ver=
langen, wenn man forderte, daß er mit der Stunde der Kriegserklärung,
ohne seine Umgebung zu wechseln, die Aufmerksamkeit plötzlich von allen
Dingen abwenden soll, welche Herz, Sinn und Geist bis dahin fesselten.
Die meisten der Fäden, welche das Leben um ihn geschlungen hat, würden
ihre Zugkraft zu üben fortfahren, wenn man sie nicht schnell durch=
schneidet.**) Wie könnte wohl der Einfluß von Freunden und Gesinnungs=

---

*) General von Schlichting. Taktische und strategische Grundsätze der
Gegenwart. II. S. 25.

**) Ein großer Vorzug der Generalstabsreisen und Uebungsritte ist es, daß
die Theilnehmer für eine gewisse Zeit ihrer täglichen Beschäftigung und der ge=
wohnten Lebensweise gänzlich entrückt werden, um, durch nichts Anderes in ihrer
Aufmerksamkeit abgelenkt, ganz dem Nachdenken und der Arbeit über kriegerische
Operationen nachgehen zu können.

genossen, die sonst das Ohr des Handelnden besaßen, urplötzlich gebannt werden, um demjenigen eines dienstlich berufenen Beraters das Feld zu räumen. Die wichtige Rolle des Generalstabschefs möchte beim Verbleiben in der Hauptstadt ungemein erschwert und die demselben zufallende Aufgabe kaum lösbar sein.

Es wird daher auch in den kommenden Kriegen das Große Hauptquartier sich auf einen der Kriegsschauplätze begeben müssen, falls auf mehreren zugleich gefochten wird. Naturgemäß wählt es den wichtigsten, d. h. denjenigen, auf welchem der Voraussicht nach die ersten großen Entscheidungen fallen. Richtig ist, daß die Anwesenheit an der einen Grenze des Reichs der Einwirkung auf die Heerführung an der andern nicht gerade zu Statten kommt. Es läßt sich aber das Auskunftsmittel finden, daß dem dort befehligenden General um so größere Vollmacht und Freiheit im Handeln gewährt wird.

Nicht nur die Beispiele aus älterer österreichischer und spanischer Kriegsgeschichte sprechen gegen eine oberste Heerführung von der Hauptstadt aus, bei der in der Stille des Arbeits-Kabinets die Beschlüsse gefaßt werden, sondern auch der letzte große Balkankrieg von 1877/78 und der jüngste thessalische Feldzug von 1897. Mac Mahons verhängnißvoller Zug nach Sedan mahnt gleichfalls dazu, den Schwerpunkt für alle Entschlüsse auf den Boden des Kriegsschauplatzes selbst zu verlegen.

Dabei ist noch von der moralischen Einwirkung, welche die Anwesenheit des höchsten Befehlshabers beim Heere auf dieses ausübt, abgesehen worden. Sie wird in glücklichen Lagen vielleicht entbehrlich erscheinen, aber nicht, wenn die Dinge sich ernst gestalten und Niederlagen die Hoffnung auf einen guten Ausgang erschüttern. Friedrich der Große hätte den 7jährigen Krieg niemals von Berlin aus zu einem glorreichen Ende geführt, auch wenn ihm Telegraphenlinien ohne Zahl zu Gebote standen. Wird bei der Größe der Heere auch immer nur ein geringer Theil den obersten Feldherrn sehen und seine Einwirkung auf den Gang der Dinge persönlich wahrnehmen können, so wirkt doch schon das Bewußtsein seiner Nähe belebend, dasjenige seiner Abwesenheit aber beunruhigend auf die Masse. Dem schlichten Sinne des Soldaten wird es niemals begreiflich erscheinen, daß der in der Hauptstadt daheim gebliebene Feldherr dort wirklich an seinem Posten sei; und auf das Gefühl des gemeinen Mannes kommt im Kriege viel an.

Nur in der ersten Zeit, so lange eine ernsthafte Berührung mit dem Feinde noch nicht eingetreten ist, und plötzliche, folgenschwere Entscheidungen nicht zu fällen sind, wird das über mehrere Armeen an einer Landesgrenze verfügende Hauptquartier seinen Platz so wählen, daß es von allen etwa gleich weit entfernt ist und auch ungefähr gleiche Verbindungen mit ihren Oberkommandos vorfindet. Der Beginn der Bewegungen wird es bald abberufen und oft an eine der Armeen ketten, von deren Operationsgebiet aus die für die Folge entscheidenden Beobachtungen sich am besten machen lassen. Es kann dabei, trotz aller Größe der heutigen Heere und der Weite der Räume, über welche sie sich ausdehnen, recht wohl nöthig werden, daß sich der Heerführer mit seinem Gefolge bis in die vorderste Linie begiebt. Es wird geschehen müssen, sobald er das Herannahen einer entschiedenen Wendung in den Operationen vorauszusehen beginnt. Freilich werden das nur seltene und besonders spannende Lagen sein; aber es wäre ebenso falsch, dann auf die eigene Wahrnehmung zu verzichten, als es heute unrichtig ist, seine Entschlüsse regelmäßig nur von solchen abhängig zu machen. Unstreitig würde es 1870 von höchstem Werth gewesen sein, wenn das Große Hauptquartier am Abend der Schlacht von Spicheren in Saarbrücken,*) oder am 15. August auf den Höhen von Flavigny eingetroffen wäre. Beide Male bereitete sich ein vollständiger Umschwung im Gange der Dinge vor, und das Kommende ließ sich von jenen Stellen aus am schnellsten und klarsten übersehen. Man wird dagegen anführen, daß der Feldherr seine Gehülfen habe, welche in solchen Fällen für ihn sehen müssen, und im gewöhnlichen Verlauf der Ereignisse wird das auch durchaus genügen. In den, von den himmlischen Gewalten für die Ent=scheidung der Völkergeschicke ausersehenen Augenblicken aber kann eine Meldung, sei sie auch völlig klar und bestimmt, niemals in der Seele des zur höchsten Leitung Berufenen den gleichen Eindruck machen, als der Augenschein. Dieser erzeugt jedenfalls kräftigere Ueberzeugungen

Napoleon I. Verhalten an kritischen Tagen, wie am 13. Oktober 1806, kann in dieser Hinsicht auch heute noch als Vorbild dienen.**) Freilich stand ihm damals noch die volle körperliche Rüstigkeit zur Ver=

---

*) Prinz Friedrich Karl beabsichtigte, sich von Homburg aus nach Saar=brücken zu begeben, ließ sich aber umstimmen. Der Chef des Generalstabes und der Oberquartiermeister der Armee riethen wohl ab, weil sie bei den, mit dem Oberkommando der I. Armee bestehenden, Differenzen neue Schwierigkeiten auf dem Schlachtfelde befürchteten. Diese Besorgniß war nicht unbegründet; die Absicht des Prinzen aber an sich richtig. Auch die Bewegungen der II. Armee, welche der Prinz befehligte, hingen von dem ab, was bei Spicheren am 6. August geschah.

**) In der Frühe dieses Tages erledigte er zu Gera eine Reihe von Befehlen auf Grund der ihm in der Nacht zugegangenen Meldungen. Er wußte bereits, daß die preußische Armee, welche er früher in der Richtung auf Leipzig ver=muthet hatte, noch westlich der Saale stehe. Aber das Dunkel war nicht voll=kommen gelichtet; denn er nahm sie bei Erfurt an und entwarf die Versammlung seiner Streitkräfte gegen Weimar hin. Lannes, der bei Jena stand, konnte am ehesten Aufklärung verschaffen. Kurz nach 7 Uhr Morgens traf dessen Meldung ein, die erkennen ließ, daß die Preußen nahe an der Saale stünden. Sofort folgten ergänzende Anordnungen des Kaisers für schnelles Zusammenziehen der Armee dorthin. Dann eilte er zu Wagen über Köstritz nach Jena — 6 deutsche Meilen —, stieg daselbst zu Pferde, ritt auf den Landgrafenberg, welchen Lannes mit einem Theile seines Korps bereits besetzt hatte, und begab sich zu Fuß bis auf Schußweite an die preußischen Linien heran. Von da aus erkundete er persönlich, überzeugte sich schnell von der Anwesenheit der preußischen Armee, faßte den Entschluß zur Schlacht am nächsten Tage und vervollständigte seine Anordnungen für diese, soweit er sie nicht schon auf der Fahrt getroffen. Dann sorgte er persönlich für die Sicherung des Landgrafenberges durch das ganze Lannes'sche Korps und verblieb die Nacht hindurch bei den vordersten Truppen.

fügung, welche nothwendig ist, um solchen Lagen gerecht zu werden. Auch er hat ihnen in der Folge nicht immer entsprochen.*)

Aehnliche Grundsätze wie während der Operationen, gelten hinsichtlich der Wahl des Aufenthalts für den Heerführer auch in der Schlacht. Die landläufige Regel, daß er den einmal gewählten Standpunkt nicht verlassen dürfe, damit er jederzeit leicht aufzufinden sei, wird nur selten ohne Nachtheil für die Leitung strenge zu befolgen sein. Nur in den wenigsten Fällen kann gleich im Beginn des Kampfes ein Platz erreicht werden, von welchem aus die entscheidende Krisis zu beobachten ist. Die vorbedachte Schlacht, bei der man die feindliche Stellung schon erkannt und danach die eigenen Truppenmassen in Bewegung gesetzt, sogar ihren Aufmarsch schon entworfen hat, mag dies gelegentlich wohl noch erlauben und dem Heerführer gestatten, den anfänglich gewählten Ort bis zum Ende innezuhalten. In der Begegnungsschlacht schließt aber die natürliche Entwicklung der Dinge dies vollkommen aus; und nur ein Zufall könnte das Gleiche wie dort herbeiführen. Ein Wechsel wird sonst immer nothwendig werden, und der richtige und rechtzeitige Wechsel ist sogar von höchster Wichtigkeit.

Man eifert gewöhnlich dagegen, daß der Heerführer sich beim Anmarsche gegen den Feind an der Spitze des eigenen Truppenzuges befinde. Trotzdem ist die Entscheidung der ersten und wichtigsten Frage, ob das Gefecht überhaupt anzunehmen sei oder nicht, mit voller Sicherheit nur nach eigener Wahrnehmung zu treffen, und dies erheischt wieder, daß sich der Befehlshaber vorn befindet. Die Regel, daß er sich weit zurückhalte, muß also schon hier mit Recht eine Ausnahme erleiden, wenn nicht das Schicksal der Armee in die Hände des Avantgardenführers gelegt sein soll. Wörth, Spicheren und Colombey-Nouilly im Jahre 1870 haben dies bewiesen. Aehnlich hat auch der Korpskommandeur bei seinem Armeekorps zu handeln.**) Allein der Feldherr darf nicht zu lange dort verbleiben, sonst werden die Gefechtserscheinungen seine Aufmerksamkeit an die Einleitung des Kampfes fesseln und ihn vom recht-

---

*) So bekanntlich am 15. bis 18. Juni 1815. Die Anlage dieses Feldzugs erinnert an diejenige seines ersten von 1796 und steht hinter derselben in nichts zurück. Der Ausgang aber wurde ein vollkommen entgegengesetzter. Abgesehen davon, daß seine Feinde — wenigstens soweit es Blücher anbetraf — andere geworden waren und nach anderen Grundsätzen handelten, als ehedem, fehlte in der Durchführung die frische und rastlose Energie des jungen Bonaparte. Er trieb seine Truppen nicht mehr genug vorwärts und ließ sich selbst, freilich durch körperliche Leiden geplagt, Zeitversäumnisse zu Schulden kommen. In den Memoiren von St. Helena hat er dies selbst anerkannt. „Es ist gewiß", sagt er dort, „daß unter diesen Umständen ich in mir nicht mehr das Gefühl des endgültigen Erfolges hatte: es war nicht mehr mein ursprüngliches Vertrauen, sei es, daß dasjenige Alter, welches gewöhnlich das Glück begünstigt, mir zu entschlüpfen begann, sei es, daß in meinen eigenen Augen, in meiner eigenen Einbildung das Wunderbare meiner Laufbahn verletzt war, immerhin ist es sicher, daß ich in mir fühlte, daß mir etwas abging."

**) Schlichting. Taktische und strategische Grundsätze der Gegenwart. II. S. 125.

zeitigen Vorausdenken an die Entscheidung ablenken. Gerade dies Vorausdenken aber ist des obersten Führers erste Pflicht. Viele Leute werden im Augenblicke der Entscheidung wissen, was zu thun ist; wenige aber das Nothwendige rechtzeitig vorbereitet haben. Um dies zu vermögen, muß man sich von der unmittelbaren Einwirkung der Gefechtseindrücke nach der Einleitung wieder los machen. Der richtige Augenblick hierfür wird derjenige sein, in welchem das Aufmarschgebiet der zur Durchführung des begonnenen Gefechts herangeholten Kräfte erkannt ist. Später muß der Oberbefehlshaber dem Zuge des Entscheidungskampfes folgen.

Es war wohl richtig, daß das Große Hauptquartier König Wilhelms sich am 18. August zunächst zur I. Armee nach Gravelotte begab; denn dort konnte es die ersten Eindrücke von der Stellung und Haltung des Feindes gewinnen.*) Sobald das geschehen, wäre aber ein Ritt hinüber zur II. Armee am Platze gewesen. Das Oberkommando dieser Armee wieder konnte unzweifelhaft nicht besser handeln, als zunächst nach Verneville zum 9. Armeekorps zu reiten; denn vom Verhalten dieses, zuerst an den Feind gerathenden Korps hing der Gang der Schlacht und zumal auch die Richtung ab, welche den benachbarten Heerestheilen des linken Flügels gegeben werden mußte. Zu bedauern ist nur, daß Prinz Friedrich Karl dort nicht noch früher eintraf als es geschah, um den übereilten entscheidenden Angriff des Korps zu verhüten, welcher die ganze Bewegung der Armee auf abschüssiger Bahn vorwärts zog. Später wäre es geboten gewesen, den Standpunkt des Oberbefehlshabers weiter nach Norden in die Gegend von Ste. Marie=aux=Chênes zu verlegen; denn dort erst ließ sich der Umfassungsmarsch der Sachsen übersehen, welcher auf das Vorgehen des Gardekorps seinen Einfluß üben mußte.

Ein Vorbild richtiger Wahl des Standpunktes für die hohen Führer bietet die Schlacht von Noisseville dar. Prinz Friedrich Karl leitete sie vom Bergvorsprunge Horimont, bei Fèves über dem Moselthale, aus. Von dort übersah er nicht nur die eigene Armee, sondern auch die feindliche und nahm in der Ferne den Gang der Schlacht wahr. Seine Aufgabe blieb vornehmlich die Heranführung von Verstärkungen nach dem von den Franzosen angegriffenen Theile der Einschließungslinie vor Metz. Auf dem Kampfplatze selbst leitete General von Manteuffel die Abwehr. Der Prinz hätte durch einen schnellen Ritt wohl das Schlachtfeld erreichen können. Er blieb aber, da seine Anwesenheit dort minder dringlich war, auf dem Horimont. Nur wenn der Durchbruch der Franzosen gelang, wollte er selbst sich an Ort und Stelle begeben, weil dann eine ganz neue Lage eintrat und sein persönliches Eingreifen nothwendig wurde.

Besprechungen des Oberbefehlshabers mit seinen Unterfeldherren zur Aufklärung über die großen leitenden Gesichtspunkte bei Operationen und

---

*) Wenn auch die Schlacht von Gravelotte = St. Privat keine Begegnungs=schlacht war, so dürfen wir doch dieses allbekannte Beispiel wählen, weil das Verfahren des Angreifers mehr demjenigen einer solchen als der geplanten Schlacht gleicht. S. Kriegführung S. 32.

Schlachten sind von Zeit zu Zeit gewiß gut. Aber sie werden doch nur dann nützlich sein, wenn die Autorität des ersteren bereits ein unumstrittene ist und sein Wort Gewicht genug besitzt, um mit voller Aufmerksamkeit und geistiger Unterordnung der Zuhörer aufgenommen zu werden. Die Erfahrung lehrt sonst nämlich, daß jeder von diesen etwas Verschiedenes versteht, weil er zuviel von der eigenen Meinung beimischt, und daß am Ende die Versammelten sich, ein jeder mit einer anderen Ansicht über die Lage, von welcher die Rede war, trennen. So ist dann nicht Einigung sondern grade Verwirrung das Ergebniß. Die Vorsicht gebietet deshalb, das Besprochene noch einmal in Kürze schriftlich an die Betheiligten gelangen zu lassen. Irrthümer in der Auffassung kommen dann wenigstens noch rechtzeitig zur Sprache. Allzuhäufige Besprechungen haben ferner das Bedenkliche, daß sie dem unberechtigten Einflusse redegewandter Leute, welche sonst nicht dazu berufen wären, die Wege bahnen. Es pflegen sich dabei die Bedenklichkeiten zu häufen; denn durch den Hinweis auf Gefahren, welche die übrigen Betheiligten nicht sahen, gelangt der Einzelne am ehesten zu dem Ansehen, besonders scharfblickend zu sein. Männer, welche überall sogleich die bevorstehenden Schwierigkeiten herausfinden, pflegen aber niemals positive Naturen zu sein, die auf dem praktischen Gebiet des Krieges Großes leisten. Durch zu häufige Besprechungen gleitet man unversehens in das Fahrwasser eines regierenden Kriegsraths hinüber und damit ist der Heerführung alle Energie unwiederbringlich verloren.

In einem Kriegsrathe werden gerade die extremsten Richtungen, welche an sich auch immer den entscheidendsten Erfolg versprechen, von der Gegenpartei mit größter Leidenschaftlichkeit und einem Scheine von Recht bekämpft werden, daher auch fallen müssen, wenn unter dem Drucke der Nothwendigkeit eine Einigung zu Stande gebracht wird. So kommt es auf ganz natürliche Art dazu, daß von allen verschiedenen Vorschlägen die minderwerthigen Theile zusammengeschmiedet werden und schließlich etwas völlig Saft- und Kraftloses herauskommt. Von dem Zeitverlust, welchen ein solches Verfahren für den Betrieb der Armeeleitung mit sich bringt, ist dabei noch garnicht die Rede. Er kann unter Umständen allein verhängnißvoll werden.

Verhandelt der Oberbefehlshaber über die kommenden Operationen oft mit Denjenigen, die zur Ausführung berufen sind, so betrachten es diese am Ende als ein Gewohnheitsrecht befragt zu werden und sind verstimmt, wo das einmal ausbleibt. Sie werden auch leichter geneigt sein, willkürlich nach eigenem Gutdünken zu handeln und sich über die Meinung des obersten Feldherrn hinwegzusetzen, weil sie sich bis dahin als berechtigte Theilhaber an der höchsten Führung ansahen. Die Autorität und die Einheit des Willens in der Führung des Ganzen sind damit in bedenklicher Art durchbrochen.

Von besonderer Wichtigkeit wird natürlich das Zusammentreffen des Oberbefehlshabers mit seinen hochgestellten Unterführern während oder kurz vor und nach großen Entscheidungen sein können. Es ist aber auch

hier darauf zu halten, daß die Zusammenkunft und die Besprechung nicht
zu lange dauert, sondern daß sich jeder betheiligte Führer mit seinem
Stabe bald wieder auf den eigenen Platz begiebt. Es muß dies sofort
geschehen, wenn Verständigung und Klarheit über den beabsichtigten Gang
des Kampfes oder der Operationen im Großen geschaffen sind. Sonst
mischen sich die Gefolge, die Meinungen werden ausgetauscht, Diskussionen
entwickeln sich und der eine Stab legt die Thätigkeit des andern brach.
Die Verantwortlichkeit tritt einem Jeden lebendiger vor Augen, wenn er
allein auf dem eigenen Felde wirkt.

Für den Verlauf des zwischen den Schlachten von Vionville und
St. Privat liegenden 17. August war es von wesentlichem Einfluß, daß
das Große Hauptquartier mit dem Oberkommando der II. Armee auf
den Höhen von Flavigny nicht nur zusammentraf, sondern auch bis zum
Nachmittage unausgesetzt zusammenblieb. Gewiß mußten der König und
Moltke sich über das Vorgefallene und die augenblickliche Stellung der
am Feinde befindlichen Truppen mündlich berichten lassen. Dann aber
hätte jede der beiden Kommandobehörden wieder für sich weiter arbeiten
sollen. Da man vereint blieb und die Stäbe sich dauernd mischten, so
wurden alle diejenigen Männer, welche im Augenblicke zur Arbeit berufen
gewesen wären, durch Fragen und Antworten in Anspruch genommen.
Der Austausch von Erlebnissen und Muthmaßungen wirkte naturgemäß
fesselnd. Die Zeit verstrich, ohne daß man es merkte. Unwillkürlich
herrschte im Oberkommando der II. Armee die Empfindung, daß jetzt,
wo das Große Hauptquartier zur Stelle sei, alles Weitere von diesem
ausgehen werde, während man hier wohl wieder annahm, daß die nothwendigen Anordnungen auf dem Schlachtfelde durch das erstere zu treffen
seien. So rechnete gleichsam eine Behörde auf die andere, und der
Nachmittag kam heran, ehe entscheidende Befehle ergingen. Viel Zeit
war über dem Abreiten des Schlachtfeldes und in Gesprächen mit verwundeten Offizieren und Mannschaften verstrichen. Sie wäre besser
energischer Aufklärung über den Verbleib des Feindes gewidmet gewesen.

Das beste Mittel zum Austausch der Ansichten und zum Ausgleiche
etwaiger Meinungsverschiedenheiten bleibt immer die Absendung von
Offizieren der höheren Behörde zur niederen und umgekehrt. Man verglich
im Jahre 1870 diese Sendboten, wenn sie vom Großen Hauptquartier
zu den Armeen kamen, scherzweise den französischen Convents-Deputirten;
doch stimmt diese Bezeichnung insofern nicht, als sie keinerlei beherrschenden
Einfluß ausüben sollten.

Ihre Aufgabe war es und wird es auch in künftigen Fällen sein,
nur zu beobachten und zu berichten. Da sie persönlich von keiner Verantwortung für den Gang der Dinge belastet sind, so wird es ihnen
leicht fallen, unbeirrt und objektiv zu urtheilen. Ihre Meldungen werden
meist weniger durch augenblickliche Umstände und unmittelbare Eindrücke
beeinflußt sein, als diejenigen der an Ort und Stelle an der Führung
Betheiligten. Ihnen steht auch mehr Zeit und Ruhe zur Abstattung zu
Gebote; es wird ihnen leichter, klar, deutlich und vollständig zu schreiben.

Wer gleichzeitig zu kommandiren hat, dem fehlt in kritischen Augenblicken die Muße zum Melden, was er stets auch als das minder Wichtige ansehen wird. So bilden die von den großen Hauptquartieren zu den unterstellten Oberkommandos und von diesen zu den Korps u. s. w. abgesendeten Offiziere das geeignetste Mittel, um die höchste Stelle in Kenntniß von den Vorgängen in der Front zu erhalten und rege Verbindung zwischen allen Theilen herzustellen. Man pflegt sie heute als „Nachrichten-Offiziere" zu bezeichnen. Daß sie, zumal wenn man sie in nicht zu geringem Range wählt, auch einen wohlthätigen Einfluß auf die Führung im Sinne des Oberbefehlshabers ausüben können, liegt in der Natur der Sache, da sie dessen Ansichten und Wünsche genauer kennen, als die selbstständig handelnden Untergebenen. Sie vermögen aufklärend zu wirken, Mißverständnisse, welche aus rein schriftlichem Verkehr leicht entstehen können, zu verhüten und bei hinreichendem Takt und geläuterter Einsicht eine nicht unbedeutende Rolle zu spielen. Bekanntlich spricht General von Verdy in seinen Erinnerungen aus dem Großen Hauptquartier von 1870/71 von einem Falle gleich zu Beginn des Krieges, wo es ihm gelang, den Keim zu einer Verstimmung zwischen dem Großen Hauptquartiere und dem Oberkommando der III. Armee durch eine persönliche Sendung zu dem letzteren glücklich zu beseitigen. Dieses genau kennend, übersah er, daß eine Depesche, welche wiederholt zum Vorgehen nach dem unteren Elsaß aufforderte, dort durch ihre Form wahrscheinlich verletzen werde, wenn natürlich auch ohne jede Absicht. Durch die kurze Fahrt von Mainz nach Speier und persönliche Darlegung der Sachlage erlangte er das Gewollte, während die Absendung des Telegramms vielleicht ein Oberkommando geschaffen hätte, welches für den ganzen Feldzug von Hause aus eine schroffe Stellung gegen das Große Hauptquartier eingenommen haben würde.*)

Wichtig werden durch ihre beobachtende Thätigkeit die Generalstabsoffiziere des Hauptquartiers zumal auch in der Schlacht. Der Oberbefehlshaber vermag nicht Alles selbst zu sehen, und, wenn er auf Meldungen wartet, wird er oft im Dunkeln tappen, während seine Truppen ohne Weisungen bleiben. Noch 1870 kam das in den ernstesten Gefechtslagen vor, und man hörte in den Oberkommandos die Klagen über das Fehlen genauer Nachrichten,**) ohne daß daran gedacht wurde, wie nichts einfacher sei, als schnell eigene Beobachtungsoffiziere an die Brennpunkte des Kampfes zu entsenden. Wie sehr sich dieser Mangel am 18. August 1870 auf dem rechten deutschen Flügel fühlbar machte, ist bekannt***). Nicht nur blieb der brauchbare Weg, der in die rechte Flanke der Franzosen führte, ungenützt, sondern es kam auch keine Kunde davon, daß die Steinbrüche von Rozericulles, welche fast schon innerhalb

---

*) J. v. Verdy du Vernois: Im Großen Hauptquartier 1870/71. S. 51.
**) Das Nachrichtenwesen wird noch weiter unten in dem Abschnitte, der vom Entschlusse im Kriege handelt, kurz besprochen.
***) S. Heerführung S. 211.

der feindlichen Stellung lagen, zweimal von tapferen aber zu schwachen Infanterie-Abtheilungen genommen waren, bis an die höheren Befehlshaber. Jene blieben in Folge dessen ohne Unterstützung und der Gewinn ging wieder verloren. „Vorne mußten die Truppen nicht, was sie sollten und die höhere Führung wußte nicht, wo die Truppen waren, was uns gehörte und was uns nicht gehörte. Zwischen der fechtenden Linie und der Leitung bestand keine Verbindung und nun tappten beide im Dunkeln." *)

Fortschritte sind in dieser Hinsicht für künftige Kriege sicherlich noch nothwendig und auch möglich.

Die Vertheilung der eigenen Offiziere über das Operationsgebiet oder auf dem Schlachtfelde durch das Oberkommando ist also eine sehr nützliche Einrichtung, doch dürfen solche Sendboten sich nicht in den Vordergrund drängen und auffällig nach Beherrschung der Führer streben, zu denen sie geschickt sind, noch soll ihnen gar eine solche wirklich aufgetragen werden. Sie erscheinen dann bald unbequem und müssen einen Führer von nicht allzu starkem Charakter befangen machen, wenn sie auch nur den Verdacht erregen, daß Derartiges in ihrem geheimen Auftrage läge.

Regelmäßigkeit, ja sogar eine gewisse Pedanterie in Bezug auf das äußere Verhalten des Heerführers während der Operationen und bei der Leitung der Kämpfe ist unzweifelhaft wichtig. Man verfolge nur die Genauigkeit und Strenge, mit welcher Napoleon in dieser Beziehung verfuhr. Foucart's Beobachtungen geben darüber Auskunft.**) Ueberall sehen wir den Kaiser mit seinem Gefolge die richtige Mitte zwischen Stabilität und Beweglichkeit innehalten, welche allein allen Bedürfnissen der Heerführung entsprechen kann.***)

---

*) Fritz Hoenig. 24 Stunden Moltke'scher Strategie. 3. Aufl. S. 219.

**) Foucart. Campagne de Prusse. Paris. Berger-Levrault & Cie. 1887 u. s. w.

***) Ueber die Plätze, welche Napoleon während des Vormarsches im Oktober 1806, der bekanntlich in 3 Kolonnen stattfand, eingenommen hat, macht Foucart folgende Zusammenstellung (Campagne de Prusse, Jena. S. 546):

1. Der Oberbefehlshaber hält sich am beständigsten in der Höhe des Centrums. Die Kolonne des Centrums ist die wichtigste. Sie deckt die Operationslinie. Ihr folgen die Parks.

2. Das Hauptquartier befindet sich an jedem Abend zwischen dem Korps der zweiten Linie und dem der Reserve.

3. Der Oberbefehlshaber begiebt sich zur Avantgarde so oft er es für nöthig hält, um sich schneller aufzuklären oder Erkundungen zu leiten, oder auch sich über die Gegend einen Augenschein zu verschaffen; aber er bleibt dort nicht, er hat Ruhe nöthig, die er dort nicht findet, um die eingehenden Meldungen zu vergleichen, über die Absichten des Feindes zu urtheilen u. s. w. Er begiebt sich auch zu den Flügelkolonnen, um ähnliche Zwecke

III.

Innere Beziehungen des Heerführers zum Heere.

Sie sind schwer theoretisch zu erörtern, dabei aber doch von höchster Bedeutung. Von allen bewegenden Kräften im Kriege ist augenscheinlich der Einfluß der Persönlichkeit des Feldherrn am wichtigsten. Man vergleiche nur die Macedonier zu Alexanders Lebzeiten mit denen nach seinem Tode, die preußischen Heere unter Friedrich mit jenen, welche 1806 zu Felde zogen, die französischen des ersten und des dritten Kaiserreichs und man wird sich dieser Beobachtung nicht verschließen können. Das Problem erscheint um so merkwürdiger, als neben diesen Sternen erster Größe stets eine Reihe von Männern zu ermitteln ist, welche an Kenntniß der Kriegführung und auch an militärischer Tüchtigkeit ihnen gleich oder nahe kamen, so daß der Unterschied, der doch in der Wirkung sichtbar wird, nicht ohne Weiteres zu erklären ist. Zu ihren Lebzeiten wurden deshalb die Heroen der Kriegsgeschichte weit häufiger abfällig kritisirt und niedriger gestellt, als später, wo man die einzelnen Vergleichspunkte aus dem Auge verliert und nur die Erscheinung im Ganzen überblickt. Nicht bloß Prinz Heinrich selbst hielt sich für einen bedeutenderen und einsichtsvolleren General als Friedrich, sondern viele seiner hervorragenden Zeitgenossen theilten diese Meinung. Es sind eben nicht Einzelheiten, sondern es ist die Gesammtheit der Eigenschaften und die Harmonie, in denen diese untereinander stehen, was die großen Männer ausmacht. Welcher Natur solche gottbegnadeten Feldherrn sind, ist an anderer Stelle erläutert worden.*) Hier haben wir nur zu untersuchen, wie die inneren Beziehungen beschaffen sein sollen, deren ein j e d e r Führer zu seinem Heere bedarf, um seinen Platz auszufüllen; denn die Lehre von der Heerführung rechnet nicht mit den Ausnahmen, welche in Jahrhunderten nur einmal erscheinen, sondern mit dem Durchschnitt der Menschen.

---

zu verfolgen, kehrt aber Abends in den zum Hauptquartier bestimmten Ort zurück.

4. Den 9. Oktober begiebt sich der Kaiser zur Avantgarde und wohnt dem Gefecht von Schleiz bei; er ruht Nachts vor dem 3. Korps in Ebersdorf auf dem linken Ufer der Saale. Den 10. geht das Hauptquartier mit dem 3. Korps nach Schleiz Den 11. begiebt sich der Kaiser nach Gera, kommt aber zur Nacht nach Auma, inmitten des 3. Korps, zurück. Am 12. wird das Hauptquartier nach Gera in zweite Linie verlegt. Der Kaiser fürchtet nichts mehr für seine Rechte; die Frontveränderung ist eingeleitet. Den 13. früh kündigt der Kaiser dem Großherzog an, daß er nach Jena kommen werde; er sieht einen allgemeinen Kampf voraus und hat bestimmte Nachrichten nöthig.

*) Volk in Waffen. 7.—12. Tausend Seite 54 u. ff.

Zum großen Theile sind diese inneren Beziehungen ein Ergebniß der äußeren, aber sie hängen nicht allein davon ab. Es besteht auch ein seelischer Rapport zwischen Feldherr und Heer. Dieses hat seine Eigenschaften wie ein Individuum, welche aus dem National=Charakter, der Erziehung, dem Friedensleben, der materiellen und sozialen Stellung, der Tradition, dem nachwirkenden Einflusse maßgebender Persönlichkeiten hervorgehen. Daraus entsteht, was man für gewöhnlich den „Geist" des Heeres nennt, richtiger aber wohl als die „Seele" desselben zu be= zeichnen hätte. Mit ihr muß der Feldherr rechnen und harmoniren. Auffallend ist es, wie anders geartet die Männer sind, welche in den Heeren verschiedener Nationalitäten Ansehen und Popularität gewinnen. Jedes hat eben seine besonderen Sympathien, welche gewonnen werden sollen. Allgemeine Regeln lassen sich dafür nicht aufstellen. Die äußeren Mittel bleiben oft eindrucklos. Feurige pathetische Reden, ein glanz= volles Auftreten, selbst einzelne leuchtende Thaten, unwiderlegliche Beweise von Muth u. s. w. wirken nicht, sobald sie einen, dem Fühlen des Heeres fremden, Ausdruck annehmen. Aeußere Unscheinbarkeit dagegen gewinnt oft die höchste moralische Macht.

Vor allen Dingen hat der Feldherr das Vertrauen seines Heeres nöthig. Er gleicht dem Steuermann auf dem Schiffe, Jedermann hat das Gefühl, daß das Wohl und Wehe des Ganzen in seiner Hand liegt. So kann man hieraus zunächst folgern, daß er sich hüten soll, Dinge zu beginnen, welche sich später als undurchführbar erweisen. Das Schlimmste ist, wenn ein Heer merkt, daß sein Führer mehr wolle, als er vermag, daß seine Pläne vielfach nicht zu Ende kommen, sondern sich im Sande verlaufen. Der Versuch, es zu bedeutenden Thaten fortzureißen, wird danach fruchtlos bleiben; denn die erste Bedingung für den Erfolg im Kriege ist ein allgemein verbreiteter und fester Glaube daran. Jede Einmischung in Verhältnisse, die er nicht beherrscht, und die nur versucht wird, um Autorität zu üben, schädigt das Vertrauen der Massen, und das einmal verlorene ist meist nicht wieder einzubringen. Das beste Mittel ist wohl: wahr sein — sich geben wie man ist. Damit soll indessen nicht gesagt werden, daß man als Führer unbedingt offenherzig sein und jede Regung zeigen müsse, von der man selbst beherrscht ist; denn sie wird beobachtet und wirkt bei den Truppen vielleicht noch lange nach, wenn sie in der eigenen Seele schon geschwunden ist. Aufkeimende Besorgnisse soll der Feldherr sorgfältig im Herzen verschließen. Die Zweifel, welche er am Ausgang seiner Sache vielleicht selber hegt, dürfen nicht sichtbar werden. Soll das Heer ihm vertrauen, so muß er zunächst sich selbst vertrauen, oder doch wenigstens das Vertrauen auf ein glückliches Ende zur Schau tragen. Darüber darf freilich wieder nicht das innere Gleichgewicht verloren gehen und die Täuschung eine wirkliche werden, so daß ihn das eintretende Mißgeschick rathlos macht.

Sehr lehrreich ist der Vergleich, welchen Clausewitz in seiner Ge= schichte des Feldzuges von 1812 zwischen dem Verhalten Kutusow's und Barklay's sowie deren Einwirkung auf die russischen Heere und das russische Volk anstellt. Der Letztere war rein militärisch wohl der Tüchtigere, jedenfalls der Einsichtsvollere und Gebildetere, aber zugleich eine offene Natur und ohne die Schlauheit des alten Kutusow. Er übersah die Gefahren, welche dem Heere und Vaterlande drohten, klarer als dieser, aber durch die Art, wie er darauf hinwies, verminderte er nur die Zuversicht im Heere und das Zutrauen zu seiner Person. Kutusow fühlte das Kommende mehr instinktiv heraus, als daß er es wirklich erkannte. Die Schlacht von Borodino hätte er gewiß nicht geliefert, wenn ihn nicht die Stimme des Hofes, des Heeres und ganz Rußlands dazu genöthigt hätte. Aber er kannte seine Russen und wußte sie zu behandeln. „Mit unerhörter Dreistigkeit betrachtete er sich als Sieger, verkündete überall den nahen Untergang des feindlichen Heeres, gab sich bis auf den letzten Augenblick das Ansehen, als wolle er Moskau durch eine zweite Schlacht schützen und ließ es an Prahlerei aller Art nicht fehlen. Auf diese Weise schmeichelte er der Eitelkeit des Heeres und des Volkes; durch Proklamationen und religiöse Anregungen suchte er auf ihr Gemüth zu wirken, und so entstand eine neue Art von Vertrauen, freilich nur ein erkünsteltes, welches sich aber im Grunde an wahre Verhältnisse anknüpfte, nämlich an die schlechte Lage der französischen Armee. So war dieser Leichtsinn und diese Marktschreierei des alten Schlaukopfs in der That nützlicher, als Barklay's Ehrlichkeit gewesen wäre." *)

Mit der Empfehlung gewöhnlicher menschlicher Tugenden kommt man also hier nicht aus. Der Feldherr muß in die Seele seines Heeres einzudringen und sie nach ihren Eigenthümlichkeiten zu beherrschen wissen. Wie das zu machen ist, muß mehr herausgefühlt werden, als daß es sich erklären und vorschreiben ließe. Die Persönlichkeit des Feldherrn ist einer elektrischen Kraftquelle zu vergleichen, von welcher Schwingungen ausgehen, die dereinst vielleicht sogar von der Wissenschaft werden erklärt werden können, und die das Heer aufnehmen muß. Das aber ist nur möglich, wenn sie richtig auf dasselbe abgestimmt waren. Das Vertrauen des Heeres zum Feldherrn ist um so nothwendiger, als davon dasjenige abhängt, welches jenes zu sich selbst, zur eigenen Kraft und zum eigenen Glücke hegt. Dieses, seinen Russen wiedergegeben zu haben, war Kutusow's entschiedenes Verdienst. Auch Scharnhorst hat schon den Satz aufgestellt, daß, wenn ein Heer tapfer sein soll, man es zunächst selbst glauben machen müsse, daß es tapfer sei. Der Feldherr, welcher auf das Vertrauen seines Heeres Werth legt, und sich darum bemüht, handelt also nicht aus Eitelkeit, sondern erfüllt eine dringende Pflicht. Ohne dasselbe wird er nichts Großes, keine gewagte Unternehmung glücklich zu Ende führen.

Daß dies auf die Anwendung der Regeln der Kriegführung im Allgemeinen von Einfluß ist, liegt auf der Hand. Alle diejenigen strategischen oder taktischen Operationen, für deren Durchführung eine be-

---

*) Clausewitz. Hinterlassene Werke 7. Bd. Der Feldzug von 1812 in Rußland. 2. Auflage Seite 117.

fondere Spannkraft der Truppe als nothwendig erkannt wird, müssen
unterbleiben, wo das gegenseitige Vertrauen zwischen Heer und Feldherr
im Augenblicke fehlt. Dort, wo es vorhanden ist, mag sich die Kühnheit
in den Unternehmungen steigern, je nachdem es an Stärke zunimmt.

Die Nothwendigkeit, Vertrauen zu besitzen und zu geben, kann eine
ganz unmittelbare Einwirkung auf die Anlage der Operationen ausüben.
Friedrich der Große nahm um die Mitte des August 1757 von dem
Angriff auf die starke österreichische Stellung bei Zittau lediglich Ab=
stand, weil er das Heer noch durch die vorangegangene Niederlage von
Kolin und den unglücklichen Rückzug des Prinzen August Wilhelm zu
sehr erschüttert fand. Er fühlte, daß es zunächst wieder eines Erfolges
bedurfte, um sich an so schwierige Aufgaben wagen zu dürfen. Er wird
es wohl empfunden haben, daß die geheime Ursache der Zweifel an dem
Bestande seines Kriegsglücks war. Damals lief im Heere vielfach die
Prophezeihung um, Kolin werde das preußische Pultawa sein. Ein Sieg
war also für den König ebenso nothwendig, wie für die Truppen,
gleichgültig in welchem Zusammenhange er mit dem Gange der Dinge
im Großen stand. Ein Sieg sollte neues Vertrauen gebären und dadurch
einer wirklichen Verstärkung der Kräfte gleichkommen. Das waren die
Beweggründe für den König, sich gegen die Reichsarmee und die Franzosen
zu wenden und ihnen so hartnäckig auf der Ferse zu bleiben, bis er den
glänzenden Schlag von Roßbach zu thun vermochte. Mit dem Heere
von Roßbach konnte er sich dann gegen die Oesterreicher wenden, und
sie trotz ihrer großen Ueberlegenheit in der glänzendsten seiner Schlachten,
bei Leuthen, schlagen. Hätte er im August schon die Truppen von
Leuthen besessen, würde er auch bei Zittau angegriffen und gesiegt
haben. —

Auch an Lord Robert's Entschluß, im südafrikanischen Kriege nicht
auf dem allgemein empfohlenen Wege durch Natal, sondern auf dem
weiteren, noch nicht versuchten, durch den Orangefreistaat vorzudringen,
auf dem nur geringe feindliche Kräfte standen, scheint das Gefühl der
Nothwendigkeit, vor Allem wieder einen Erfolg zu erzielen, um nach
einer Reihe von Niederlagen das Vertrauen des englischen Heeres zu
heben, einen bedeutenden Antheil zu besitzen. Gerade dieser Entschluß
aber war es, der die entscheidende historische Wendung in den Feldzug
und in die Geschicke Südafrika's brachte.[*)]

Die Liebe des Heeres zum Feldherrn ist vom Vertrauen nicht zu
trennen; denn jeder Mann in Reih' und Glied ist mit seinem persönlichen
Schicksal zu sehr an demjenigen des Ganzen betheiligt, als daß er Unsicher=
heit und mangelhafte Führung verzeihen könnte. Aber sie kann schon bei
einem geringeren Grade von Zuversicht durch die dem Soldaten sym=
pathische Persönlichkeit des Heerführers erzeugt werden und ist dann bei

---

*) Feldmarschall=Lieutenant Gustav Ratzenhofer. Rückblick auf den Krieg
in Süd=Afrika. Streffleur's Oesterreichische Militärische Zeitschrift. Februar=
heft 1901. S. 99.

einem normalen Gange der Dinge von Werth, weil sie über manches
Unzureichende in der Heerführung hinwegsehen und es von der Masse
überhaupt nicht empfinden läßt. Die Liebe wird am ehesten durch
menschliche Annäherung in der Lebensweise und durch ein gemessenes
Wohlwollen in den Anforderungen hervorgerufen. Der Soldat fühlt
Theilnahme, wenn er seinen Führer dieselben Beschwerden und Mühen
ertragen sieht, unter denen auch er leidet. Die Fürsorge für seine
Person pflegt er lebhaft zu empfinden.*) Das daraus erwachsende Gefühl
von Gemeinsamkeit steigert in besonders schwierigen Lagen Muth, Ausdauer und Geduld.

Autorität steht, wenn sie auf edlen Beweggründen beruht, noch
höher als Vertrauen und Liebe. Sie kann wohl durch einen starken
Willen lediglich mit äußeren Mitteln und einem rücksichtslosen Gebrauch
der Macht erzeugt werden, überdauert dann aber nur selten ganz ernste
Proben und darf keinen Augenblick die Schwäche des Versagens zeigen.
Ergreifend schildert eine neue geschichtliche Quelle**) den Zustand plötzlich hereinbrechender Rathlosigkeit und Hoffnungslosigkeit im Heere, als
Karl XII. bei seinem Zuge nach Rußland hinein, im Jahre 1708 am
Ende selbst empfand, daß es so, wie begonnen, nicht weiter gehen könne,
und er seinem Vertrauten eingestehen mußte, daß „er keinen Dessein mehr
habe." Im tiefsten Innern seiner Seele hatte der starrköpfige Schweden-
könig bis dahin seine Pläne verborgen und schweigsam sein Heer über
unsägliche Schwierigkeiten hinwegführen können, weil er gewußt hatte, sich
eine unumschränkte Autorität über dasselbe zu verschaffen. Blind hatte
es geglaubt, in der Tiefe seines Geistes einen unerschöpflichen Born von
Hülfsquellen zu besitzen. Um so größer mußte die Enttäuschung und
Entmuthigung sein, als diese Quelle zu fließen aufhörte.

Am höchsten steht eine auf Vertrauen beruhende und mit Liebe zum
Führer gepaarte Autorität, wie sie Blücher oder, unter modernen Führern,
beispielsweise Robert Lee, der Oberbefehlshaber des Heeres von Virginien,
im Secessionskriege, auch Osman Pascha, der Held von Plewna, besaßen.
Sie wankt auch in den schlimmsten Lagen nicht; und wenn sie auch nicht
immer zum Siege führen konnte, so brachte sie doch die höchsten militärischen Leistungen zu Stande. Sie zu erwerben, giebt es nur zwei
Mittel: Menschenkenntniß und ein großes Herz.

---

*) Doch sind hierin die Ansprüche der einzelnen Nationalitäten ganz ver-
schieden. Der russische oder türkische Soldat begnügen sich jedenfalls mit einem
weit geringeren Maße von Fürsorge seiner Vorgesetzten als derjenige abendländischer
Heere. Auch die Friedensgewohnheit spricht dabei mit.

**) Die Kriegführung Karls XII. gegen Rußland 1707—1709. Betrachtet
im Lichte neuerer Forschungen von Prof. Dr. Ernst Carlson. Streffleur's Oesterreichische Militärische Zeitschrift. Dezember-Heft 1900.

IV.

Der Feldherr und sein Stab.

Was die Zusammensetzung der hohen Kommandobehörden im Kriege, die Abgrenzung ihrer Machtvollkommenheit und ihre Beziehungen zu einander anbetrifft, verweisen wir auf besondere Quellen.*) Hier ist die Bedeutung einer glücklichen Organisation derselben und des wohlgeregelten Zusammenarbeitens von Befehlshaber und Stab für die Heerführung abzuhandeln.

„Es ist durchaus nicht gleichgültig, wie der Geist in einem höheren Stabe beschaffen ist. Die Ruhe, die in demselben herrscht, das Fernhalten jeder pessimistischen Anschauung, die Sicherheit des ganzen Auftretens, wie der feste Glaube an den siegreichen Enderfolg, kommen nicht bloß allen Arbeiten, die dort gefertigt werden, wesentlich zu Gute, sondern verbreiten auch Ruhe, Frische und zuversichtliches Vertrauen bei allen denen, die mit den Mitgliedern dieses Stabes in Berührung treten" — so äußert sich General von Verdy aus seiner reichen Erfahrung.**)

Er führt zugleich die nachstehende Aufzeichnung des Generals von Blume aus dessen „Erinnerungen an Moltke" zum Beweise an:

„In dem Stabe des Generals von Moltke ist während des ganzen Feldzuges von mehr als halbjähriger Dauer niemals auch nur der leiseste Mißton zu Tage getreten. Der Stab bestand aus einem Kreise von Freunden, von denen jeder bestrebt war, das Beste an seinem Platze zu leisten, jeder aber auch dem anderen das Beste gönnte. Zeugt dies von einer glücklichen Zusammensetzung des Stabes, so war das Einvernehmen doch vorwiegend eine Wirkung des Zaubers, welchen die Persönlichkeit des an der Spitze stehenden großen Mannes ausübte. Die Ueberlegenheit seines Geistes ließ für Rivalitäten keinen Platz. Seine Pflichttreue, seine strenge Sachlichkeit, seine Anspruchs- und Selbstlosigkeit, die würdevolle vornehme Ruhe, die ihn auch unter den schwierigsten Verhältnissen keinen Augenblick verließ, die Güte, die nie auch nur ein ungeduldiges Wort über seine Lippen kommen ließ — diese vorbildlichen, durch weltgeschichtliche Folgen in das hellste Licht gestellte Eigenschaften, — wirkten mächtig auf seine Umgebung. Gehülfe eines solchen Mannes in großer Zeit zu sein, war ein Glück und eine Ehre, deren sich jeder durch hingebende Pflichterfüllung und Unterdrückung kleinlicher Regungen würdig

---

*) Das Volk in Waffen. V. Auflage. 7.—12. Tausend. Seite 55 u. ff. — Bronsart v. Schellendorff (Meckel). Der Dienst des Generalstabes. Berlin. E. S. Mittler & Sohn. — Cardinal von Widdern. Handbuch für Truppenführung und Stabsdienst. Gera, Reisewitz u. s. w.

**) J. v. Verdy du Vernois. Im großen Hauptquartier 1870/71. Berlin 1895. E. S. Mittler & Sohn. S. 31.

zu machen trachtete. In diesem Sinne darf man sagen, daß Moltkes
Geist in Moltkes Stabe herrschte."

Dies beweist zunächst von Neuem die überwiegende Macht der
Persönlichkeit im Kriege und in der Heerführung. Da aber Aehnliches
von fast allen Armeestäben des deutschen Heeres im Jahre 1870 be=
richtet wird,*) so dürfen wir nun weiter den Schluß ziehen, daß eine
glückliche Gestaltung der Arbeit und des Zusammenlebens in den Haupt=
quartieren in inniger Beziehung mit einem guten Verlaufe der kriegerischen
Operationen steht. Die erstere ist die Vorbedingung für diesen und der
Erfolg wieder wirkt auf das Leben in den Stäben zurück.

Die sicherste Grundlage für ein gutes Verhältniß zwischen den Mit=
gliedern des Stabes untereinander, sowie zwischen dem Feldherrn und
den hervorragendsten Gliedern desselben, ist ohne Zweifel eine aus voran=
gegangener gemeinsamer Friedensarbeit erwachsene persönliche Sympathie.
Man sollte daher die für den Krieg auserwählten Heerführer schon in
Friedenszeiten mit den ihnen zugedachten Gehülfen in dauernde dienstliche
Berührung bringen. Am besten wird es dabei immer sein, sie diese sich
selbst wählen zu lassen. In der Friedensarbeit wird sich dann meist
schon erweisen, ob ein glückliches Zusammengehen im Kriege zu erwarten
ist. Die vielfach gemachte Annahme, daß verschiedenartige Naturen sich
gegenseitig ergänzen und man daher gut thäte, dem Feldherrn einen
Chef des Stabes von entgegengesetzten Charaktereigenschaften beizuordnen,
ist eine irrige, welche verhängnißvolle Folgen zeitigen kann. In Aeußer=
lichkeiten mag die Ergänzung am Platze sein, die Grundstimmung der
Charaktere aber muß glücklich zusammen klingen; sonst werden Differenzen
nicht ausbleiben, die sich dann auch gar zu leicht äußerlich wahrnehmen
lassen. Nichts ist aber übler, als wenn davon etwas in den Stab oder
gar bis über diesen hinaus in die Kreise der Armee dringt. Deren
Vertrauen wird dann beim ersten Mißgeschick leicht erschüttert. Jedes
Hauptquartier muß nach außen hin als eine völlige Einheit erscheinen.
Selbst in Aeußerlichkeiten ist dies zu beachten und von jedem Offizier
eines hohen Armeestabes Zurückhaltung und Vorsicht in Mittheilungen
und Bemerkungen über die Führung und den Verlauf der Operationen
zu verlangen.**) In kritischen Augenblicken sieht ein jeder auf den Feld=
herrn und dessen Umgebung. Das Heer betrachtet sie als den Barometer
für den guten oder bösen Stand der Dinge, und ein unvorsichtiges Wort
wächst in seiner weiteren Verbreitung leicht wie eine Lawine an.

Lust und Liebe wird der Feldherr bei seinen Mitarbeitern am
ehesten dadurch erhalten, daß er jedem von ihnen Selbstständigkeit läßt
oder doch wenigstens den Schein davon wahrt. Das Gefühl, etwas zu

---

*) Prinz Friedrich Karl, der Oberbefehlshaber der II. Armee, hat in seinem
Tagebuch sich ausdrücklich über die glückliche Zusammensetzung seines Stabes ge=
äußert und ganz Uebereinstimmendes wird auch aus dem Oberkommando der
III. Armee unter Kronprinz Friedrich Wilhelm, sowie dem der Maas=Armee unter
Kronprinz Albert von Sachsen berichtet.

**) Vergl. v. Verdy du Vernois. Im großen Hauptquartier 1870/71. S. 32.

bedeuten, erhebt Jedermann. Die eigene Verantwortlichkeit spornt den Geist und macht ihn klar.

Er muß die Mitglieder seines Stabes nach außen hin ebenso vertreten und decken, wie diese für das Ansehen der Person des Feldherrn einzustehen haben. Das Gefühl der Sicherheit, im entscheidenden Augenblicke nicht verläugnet zu werden, vermehrt bei den Gehülfen die Lust am Handeln. Die Initiative aller Offiziere eines Hauptquartiers ist aber bei der Mannigfaltigkeit der Geschäfte der Heerführung durchaus nothwendig, wenn nirgends eine Stockung entstehen soll.

Von außerordentlicher Wichtigkeit ist sorgsam durchdachte Organisation der Arbeit, namentlich deren zweckmäßige Theilung, sollen alle vorhandenen Kräfte wirklich ausgenutzt werden. Anderenfalls wird es sehr bald einzelne besonders überlastete Mitarbeiter geben, welche nicht im Stande sind, den an sie gestellten Anforderungen zu entsprechen, während die übrigen unbeschäftigt bleiben und sich nach Arbeit sehnen. Beides erzeugt Unzufriedenheit und Mißmuth, die dann bald nach außen strahlen und sich vergrößern, wie die Ringe im Wasser, wenn man einen Stein hineinwirft. Unbeschäftigte Leute sind das Unglück der Hauptquartiere; denn Mangels einer anderen Aufgabe wählen sie die Kritik an Allem, was geschieht, als solche. Wesentlich ist, daß die Ordnung in dieser Hinsicht von Hause aus gleich Platz greife; denn fehlt sie in den ersten Tagen des Krieges, so findet sie sich erfahrungsmäßig auch später nicht ein.

Mustergültig ist auch heute noch immer Napoleon I. Art, in der Heerführung zu arbeiten. Er begann bekanntlich jeden Feldzug mit einer sorgsamen persönlichen Vorbereitung. Trotz der Last der Geschäfte, die auf ihm ruhte, machte er eingehende geschichtliche und geographische Studien über den voraussichtlichen Kriegsschauplatz. Sorgsam ordnete er selbst das Kartenwesen, wobei er Originale, keine Copien verlangte. Er ließ sich die Mühe nicht verdrießen, Leute gründlich zu hören, welche die Gegenden kannten, durch die er sein Heer führen wollte. Er forderte, daß jedesmal wenigstens ein Offizier sich bei ihm befand, welcher das feindliche Land und das feindliche Heer genau kannte.*)

Zu solchen Vorstudien wird, bei dem plötzlichen Ausbruch der Kriege und der Schnelligkeit, mit welcher die Heere aufmarschiren und die Feindseligkeiten beginnen, heute freilich in letzter Stunde die Zeit mangeln. Sie müssen schon im Frieden erledigt sein und werden in allen großen Armeen sorgfältig betrieben. Der dabei begangene Fehler ist aber häufig eine zu strenge Geheimhaltung der Ergebnisse; denn bei der Größe der Heere ist es nicht hinreichend, wenn nur ein einziger oder nur ein ganz enger Kreis von Offizieren sie kennt. Viele Führer sind zur Mitarbeit

---

*) Der den Prinzen Friedrich Karl im Jahre 1870/71 begleitende Rittmeister Milson, welcher in früheren Jahren in der französischen Armee gedient hatte, leistete dem Oberbefehlshaber dadurch die werthvollsten Dienste, daß er wiederholt nach der genauen Kenntniß französischer Gewohnheiten vorauszusagen vermochte, wie die Gegner handeln würden.

berufen, und, hat der Krieg einmal begonnen, so ist zum Lesen von dann erst gemachten Mittheilungen weder Ruhe noch Muße vorhanden.

Bewundernswerth war die Art, wie Napoleon seine Zeit ausnutzte. Foucart's Veröffentlichungen geben ein vollständiges Bild davon.*) Das Beispiel ist in den neueren Kriegen noch nicht hinreichend beachtet worden. Der Kaiser ließ keine Minute ungenutzt verloren gehen. Sein Reisewagen selbst war zum Arbeitskabinet eingerichtet. Berthier und seine nächsten Vertrauten sowie alle Organe der Befehlsführung mußten ihn unausgesetzt begleiten. Chasseurs zu Pferde führten in Ledermappen die nöthigen Karten und Papiere mit. Hielt der Kaiser an, oder stieg vom Pferde, um Truppen zu beobachten oder die Gegend zu erkunden, so sprangen sofort 4 Berittene aus dem Sattel und bildeten ein Viereck um ihn, das jede Störung fern hielt, sich aber zugleich nach seinen Bewegungen unmerklich verschob. Wo er am Ende des Marsches sein Quartier nahm, fand er es bereits eingerichtet. Die Karten waren auf einem Tische ausgebreitet, die Truppen-Aufstellungen darin bezeichnet. Plätze für die Sekretäre zum Niederschreiben seiner Diktate mußten hergerichtet sein. Bekanntlich diktirte er mit einer unglaublichen Schnelligkeit, woher er die Einrichtung getroffen hatte, daß derjenige, der das Diktat aufnahm, auch die Reinschrift anzufertigen und ihm wieder vorzulegen hatte. Er schrieb an Berthier stets nur die wichtigsten Dinge; dieser hatte alle Einzelheiten hinzuzufügen und außerdem des Kaisers Anordnungen für die verschiedenen Empfänger, denen sie zustanden, von einander zu trennen. Alle Einrichtungen im Dienste seines Hauptquartiers ordnete er persönlich, ein Beweis, daß er sie für wichtig genug hielt, um seine Zeit und Auf= merksamkeit in Anspruch zu nehmen. Der Stil in des Kaisers Befehlen ist kurz und prägnant; jedes überflüssige Wort fehlt. So nur konnte er eine unglaubliche Arbeitslast bewältigen. Seine Korrespondenz enthält allein eine vollständige Geschichte seiner Feldzüge.

Die Zeiteintheilung, welche er für sich selbst getroffen hatte, be= günstigte die höchste Ausnutzung der eigenen Arbeitskraft. Er reiste unter Benutzung von Relaispferden mit äußerster Schnelligkeit. Am 25. September 1806 um 4½ Uhr früh verließ er St. Cloud, erreichte noch an demselben Tage Châlons, war am 26. Nachmittags in Metz, wo er einen achtstündigen Halt machte. Am 27. kam er in Kaiserslautern und am 28. Mittags in Mainz an.**) Seine Mahlzeiten waren kurz. Nichts hielt ihn auf, was nicht der Führung des Heeres angehörte. Früh legte er sich zur Ruhe nieder, oft schon um 7 oder 8 Uhr Abends, um zur Mitternachtszeit aufzustehen. Dann lagen die Meldungen von seinen Korps bereit und er konnte übersehen, bis wohin jedes von ihnen am Abend gekommen war. So hatte er eine abgeschlossene Lage vor

---

*) Campagne de Prusse 1806. Prenzlow-Lubeck. S. 881 u. ff. — Eine kurze sehr lehrreiche Schilderung vom Dienste in des Kaisers Hauptquartier enthält ferner: Graf Yorck von Wartenburg. Napoleon als Feldherr. I. S. 259 u. ff.

**) Journal tenu au cabinet pendant la campagne de S. M. contre la Prusse. Foucart, Campagne de Prusse 1806. Prenzlow-Lubeck. S. 883.

fich, auf welche die neuen Befehle aufgebaut werden konnten. Man
darf die Wichtigkeit zweckmäßiger Anordnungen in dieser Hinsicht nicht
unterschätzen; sie tragen viel dazu bei, die Kräfte der Truppen zu
schonen.

Napoleons Persönlichkeit war natürlich ausschlaggebend für diese
Art zu arbeiten. Berthier war mehr ein hochgestellter Sekretär, als ein
Chef des Generalstabes. Vieles von dem, was der Kaiser that, wird
mit Recht auf den Chef des Generalstabes übergehen müssen. Auch
kann von dem Schrift= und Rapportwesen in des Kaisers Hauptquartier
wohl Manches erübrigt werden.*) Die preußischen Hauptquartiere von
1866 und 1870 waren darin einfacher.

Die Gewohnheiten und Eigenthümlichkeiten des Feldherrn, seine
persönliche Begabung werden im Arbeitsbetrieb seines Hauptquartiers
immer eine Rolle spielen. Jedenfalls aber müssen alle Interessen der
Förderung der Dienstgeschäfte unbedingt untergeordnet werden und eine
spartanische Zucht in deren Handhabung herrschen. Darin bleibt des
Kaisers Vorbild heute noch maßgebend, und es sollte nie vergessen
werden, daß von zwei gleich begabten Feldherren der Thätigere Sieger
sein wird.

Eine starke Ausstattung mit Personal ist nothwendig. Napoleons
arbeitendes Gefolge war außerordentlich zahlreich, und er hielt darauf,
daß auch seine Generale sich genug Mitarbeiter wählten.**) Unnöthige
Sparsamkeit in dieser Hinsicht ist verwerflich; freilich darf es an aus=
reichender Thätigkeit für alle Offiziere eines Stabes aus den schon an=
geführten Gründen nicht fehlen.

Der Kaiser stellte ganz außerordentliche Anforderungen an alle
seine Offiziere. Damit erfüllte er die erste Bedingung für große
Leistungen. Er dachte aber auch an reichliche Belohnung ihrer Dienste.
Für sein Hauptquartier von 1806 beanspruchte er 12 Ordonnanz=Offiziere,
die unter die Befehle seines Groß = Stallmeisters traten. Sie wurden
zugleich à la suite der Garde=Kavallerie gestellt, um den Sold und die
Rationen der Kavallerie = Kapitäne zu empfangen. Unabhängig davon
zahlte er ihnen eine jährliche Zulage von 4000 Franken aus seinem

---

*) So z. B. das täglich aufgestellte genaue Arbeitsjournal u. f. w.
**) Der Kaiser an den Major=General. St. Cloud, den 17. September 1806:
„Mein Vetter! Ich bemerke in dem Standesausweis der Großen Armee, daß
Sie nur 5 Adjutanten haben; ich glaube, es wird nöthig sein, daß Sie noch
3 Leutnants, junge thätige Männer hinzufügen, welche man mit Befehlen ver=
senden kann. Ich bemerke, daß Sie nur 5 Capitaines-Adjoints des General=
stabes haben; es wird Ihnen das Dreifache nöthig sein. Ich bemerke auch, daß
der General A........ nur einen einzigen Adjutanten hat; er muß noch 2
andere haben. Es scheint mir, daß es zu wenig Genie=Offiziere im Generalstabe
giebt; das Doppelte von dem, was ich dort sehe, ist nothwendig, namentlich
Leutnants und Unterleutnants. Ich sehe, daß das Korps des Prinzen von
Ponte=Corvo keine General=Adjutanten hat, daß der Chef des Generalstabes nur
einen einzigen Adjutanten hat; es ist nöthig, daß er die drei nimmt, welche er haben
muß u. f. w.

Schaß.*) Sie mußten zu Pferd Entfernungen zurücklegen, welche für die damalige Zeit als etwas Unerhörtes galten. Foucart erzählt einige Beispiele davon. Ein Adjutant hatte vom 8. Oktober 1806 um 5 Uhr Nachmittags bis zum nächsten Abend im gebirgigen Lande Thüringens 128 km zurückzulegen. Ein anderer wird erwähnt, der, einschließlich eines Nachtritts, ebendort 78 km in 18 Stunden durchritt.**) Derartige Leistungen sind nun freilich schon im Jahre 1870/71 weit überflügelt worden. Sie müssen aber damals für das höchste Maß des Möglichen gegolten haben, da sie so rühmend erwähnt werden, und es wird immer nur darauf ankommen, seine Zeit zu überbieten. Offiziere aus dem Hauptquartier des Prinzen Friedrich Karl haben im Winterfeldzuge an der Loire bis zu 150 km an einem Tage und auf demselben Pferde durchmessen. Man theilte die geforderten Ritte dort in kleine und große, von denen die ersteren bis zu 75 km reichten. Bei den längeren war die Einrichtung getroffen, daß stets zwei gleich gut berittene Offiziere den Ritt gemeinsam machten. Weniger ausdauernde Ordonnanzpferde pflegen mehr eine Last als eine Hülfe für den Depeschenträger zu sein. Heut wird bekanntlich durch systematische Friedensübungen noch weit Größeres erzielt — ein neuer Beweis, wie dehnbar die menschliche Leistungsfähigkeit ist, wenn sich nur Jemand findet, sie ernsthaft in Anspruch zu nehmen. In den nächsten Kriegen wird es nur noch darauf ankommen, solche Leistungen auch richtig zu verwerthen. Gutmüthigkeit in dieser Hinsicht ist ein schwerer Fehler der Heerführung, weil alle Anstrengungen des leitenden Stabes im Interesse des ganzen Heeres liegen. Unter jeder Lässigkeit oder Bequemlichkeit eines einzelnen Mitgliedes können vielleicht Tausende leiden; oder es entsteht durch sie gar eine ernste Gefahr. Uebrigens ist die menschliche Natur darin eigenthümlich, daß die durch weitgehende Nachsicht Begünstigten dies nicht einmal dankbar zu empfinden pflegen. Hinterdrein freut sich ein Jeder großer Leistungen und erinnert sich ihrer gern; die Stunden der Ruhe sind bald vergessen. Nur die natürlichen Grenzen der Kräfte dürfen also das Maß für das zu Fordernde abgeben, und diese Grenzen liegen viel weiter entfernt, als man gewöhnlich denkt. Nur zwecklose Anstrengungen ermüden und verstimmen.

Wer strategische Operationen, zumal im Bewegungskriege mit voller Freiheit und nach unsern modernen Grundsätzen führen will, muß im Stande sein, monatelang wenigstens 16 bis 18 Stunden am Tage zu arbeiten, — davon 12 bis 14 zu Pferde und den Rest am Schreibtische. Er darf nicht mehr als durchschnittlich 6 Stunden Ruhe brauchen, die Essenszeit eingeschlossen, und hat sich einen Stab zu schaffen, der darin mit ihm wetteifert. Mit Sicherheit kann er sich hierbei auf die ansteckende Macht des Beispiels verlassen, was seine Umgebung anbetrifft; und von dieser wieder überträgt sich Gleiches mit der Zeit auf das Heer. So arbeitet die Maschine schnell und sicher.

---

*) Foucart-Prenzlow-Lubeck. S. 880.
**) Foucart-Jena. S. 428/9.

Das stimmt auch mit Napoleon's Lehre überein: „Zu 40 Werst
— 10 Stunden täglich — zurückzulegen, sich zu schlagen, zu verfolgen
und hernach erst zu ruhen — einen anderen Krieg kenne ich nicht." *)

V.

Der Feldherr und seine Unterführer.

Die Bedeutung eines guten Verhältnisses zwischen beiden ist von
Hause aus klar. Sie steigt mit der weiteren Verbreitung und Aus=
bildung unserer modernen Operationsweise von getrennten Kräften zum
gemeinsamen Zweck und zum vereinten Schlagen. Hier müssen eine
Reihe von Führern, von welchen ein Jeder über einen verhältnißmäßig
großen Theil der Gesammtstreitmacht verfügt, mit innigem gegenseitigem
Verständniß handeln. Schon aus dem in der Einleitung zur „Krieg=
führung" Gesagten geht hervor, daß diese Weise, seine Operationen zu
führen, nur demjenigen Feldherrn anzurathen ist, der sich in jeder Be=
ziehung auf seine Unterführer verlassen kann.**)

Die Methode der Kriegführung muß mit der Erziehung der Unter=
führer eng zusammenhängen und umgekehrt. Unterführer im großen
Sinne heranzubilden, ist Zeichen eines besonders umfassenden Genies.
Napoleon I. fehlte diese Eigenschaft, trotz all seiner unvergleichlichen
Feldherrngaben. Seine bekannte Klage von 1813, daß er im eigenen
Heere schlecht bedient sei, ist im Grunde genommen nur eine Selbst=
anklage. Auch Friedrich scheint die Gabe, selbstständige Unterführer zu
erziehen, nicht in hohem Grade besessen zu haben. Vielleicht schließt ein
gewisses Uebermaß der eigenen Größe, die Alles umfaßt, sie auch wirklich
aus. Moltke überragt darin seine beiden großen Vorgänger; denn er
verstand es, im deutschen Heere eine gleichmäßig gute Führung durch
von ihm herangebildete Generale, zu erreichen, wie sie sich bis dahin
ähnlich noch in keinem Beispiele gleich auffallend gezeigt hat.

Das erste, was wir von dem tüchtigen Unterführer verlangen, ist
ein sicherer aber nicht sklavischer Gehorsam. Der Feldherr muß sich
ebenso darauf verlassen können, daß seine zweckmäßigen Befehle mit voller
Hingebung und Kraft ausgeführt werden, als darauf, daß der Unter=
führer sie nicht wörtlich nimmt, falls sie, von der Zeit überholt, oder
von den Umständen undurchführbar gemacht worden sind.

---

*) Aeußerung Napoleon's zu Jomini, angeführt bei: Leer, Positive
Strategie. S. 190.

**) S. Kriegführung. Einleitung S. 7.

Am ehesten wird derjenige Feldherr ein glückliches Verhältniß zu seinen Unterführern herstellen, welcher zufällig eintretenden unerwünschten Folgen einer richtig gedachten Handlungsweise mit hochherziger Auf= fassung begegnet. Darin bestand ein Theil von Moltkes Größe; er wußte auch mit Fehlern, mit menschlicher Schwäche und Irrthümern als etwas Unabwendbarem zu rechnen. Nur wirkliche Unfähigkeit, übler Wille und Fehler, welche persönlichen Motiven entspringen, verdienen ernste Ahndung. Mancher große General wäre nicht in der Geschichte bekannt geworden, wenn eine erste Schwäche, oder ein erster Mißerfolg ihm sein Kommando geraubt hätte. Man darf nur an des Großen Königs Verhalten bei Mollwitz denken.

Ein zweites Erforderniß ist die gleichmäßige Durchbildung der Unterführer und zwar nicht nur in der praktischen Handhabung der Truppen, sondern auch in der theoretischen Vorbereitung für diese, damit die an sie herantretenden Aufgaben von ihnen gleichmäßig aufgefaßt und durchgeführt werden.*) Es genügt nicht, nur geistvolle und kenntnißreiche Männer an der Spitze der einzelnen Heertheile zu haben. Eine gewisse Gleichartigkeit in der Anschauungsweise hinsichtlich kriegerischer Dinge ist nicht minder erforderlich; sonst wird es der Handlung stets an Ueber= einstimmung fehlen. Der Feldherr muß ungefähr im Voraus wissen, was sein Untergebener thun wird, der einen Befehl empfängt, oder selbstständig auf den Feind trifft. Er darf sich darin nicht wesentlich irren, weil dies für seine ferneren Entschlüsse verhängnißvoll werden kann.

Ein Drittes ist, daß alle Unterführer über ihre Truppen die hinreichende Gewalt besitzen, um das von ihnen Geforderte leisten zu können. Nur dieses macht sie vollständig zuverlässig; denn der gute Wille, das Richtige zu thun, ist noch nicht die That. Das Maß der Leistungen der Truppe hängt vom Einfluß des Unterführers ab, der sie befehligt.

Nun wird aber auch im besten Heere eine ganz vollständig gleich= artige Unterführung niemals möglich sein; denn Temperament und Be= anlagung können weder gebannt noch anerzogen werden. Der Heerführer muß daher die glückliche Eigenschaft besitzen, seine Unterfeldherrn, je nach ihrer Persönlichkeit auf die richtige Bahn zu bringen. Das ist in dem festen Gefüge einer großen Armee allerdings schwer. Man kann nicht immer denjenigen kommandirenden General, der eine schwierige Aufgabe am besten zu lösen im Stande sein würde, dort haben, wo diese gerade gestellt wird. Ein fortwährender Wechsel im Kommando der großen Einheiten würde die Folge davon sein, und das verträgt sich nicht mit dem ganzen Organismus unserer heutigen Heere. Ein Friedrich und Napoleon konnten noch eher zu solchen Maßregeln greifen. Aber auch heute noch werden sich tüchtige Leute, namentlich im Verlaufe eines längeren Feldzuges in die ihnen besonders zusagende Rolle hineinarbeiten, und es wird nur darauf ankommen, sie dabei zu fördern. Man denke

---

*) Auch in dieser Hinsicht verweisen wir auf die Einleitung zur „Krieg= führung".

an General von Schmidt, der am Ende von 1871 sich einen Wirkungs=
kreis in den Operationen an der Loire und Sarthe geschaffen hat, der
weit über das hinausging, was ihm nach seiner ursprünglichen Stellung
zukam. Ein ähnliches Beispiel aus den Freiheitskriegen bietet General
von Katzler.

Wichtig ist es auch für den Feldherrn, den Sinn für Selbst=
ständigkeit, welcher bei dem einen, und für Unterordnung, welcher bei
dem andern seiner Führer vorherrscht, richtig zu verwerthen. Er soll
dem ersteren, wo es möglich ist, diejenigen Aufgaben zuweisen, welche
Initiative und Handeln nach eigenem Entschluß erfordern, und sich den
anderen zur Verfügung halten, um dort einzugreifen, wo es hinterdrein
in Folge von Eigenmächtigkeiten seiner Nachbarn nothwendig wird. Prinz
Friedrich Karl that einmal an der Loire den denkwürdigen Ausspruch,
es sei für jede Armee ein unbedingtes Erforderniß und zugleich ein
Glück, wenigstens einen kommandirenden General zu besitzen, auf dessen
unbedingten Gehorsam sich der Oberbefehlshaber verlassen könne. Sein
Verdienst sei darum nicht geringer als das der anderen. Sein Korps
werde gewissermaßen der Ruhe= und Stützpunkt für das Heer.

Die Rücksicht auf die Natur und Befähigung der Unterführer wird
stets einen großen Einfluß auf die Handhabung der Operationen üben
und desto größer werden, je bedeutendere Männer jene sind. Nicht
minder muß der Mangel an solchen ausschlaggebend für die Art der
Durchführung ganzer Feldzüge werden.

Achmed Mukhtar Pascha äußerte gelegentlich, daß er im Beginn
seines Frühlingsfeldzuges von 1877 von Bajazid, Kars und Olty, wo
seine drei Kolonnen ursprünglich standen, schon deshalb concentrisch habe
zurückgehen müssen, weil bei keiner sich ein Divisions=General befand, der
im Stande gewesen wäre, selbstständig ein Gefecht gegen die Russen zu
leiten. Daher wollte er sie einander so weit nähern, daß er bei einer
jeden sein konnte, wenn er dort einen Kampf voraussah. Durch diese
einfache Auffassung seiner Führeraufgabe kam er zu der mit Recht viel
bewunderten ersten Operation auf der inneren Linie. Die Qualität der
Unterführer spielt in der Heerführung des Feldherrn jedenfalls so lange
eine Rolle, bis er vermag, sie sich in der blutigen Schule des Krieges
nach seinem Bedarf zu bilden.

VI.

Der Entschluß.

1. Allgemeines.

Die im Kriege gefaßten Entschlüsse erzeugen die Operationsgedanken. Ein kräftiger Entschluß ist daher auch die erste Grundlage für die gute Durchführung eines jeden Unternehmens. Napoleon nennt ihn „die wahre Klugheit für den Feldherrn".*) „Mit vergeblichen Betrachtungen, mit kleinen Eitelkeiten und kleinen Leidenschaften wird man niemals etwas Großes verrichten" — lehrt er ein anderes Mal.**)

Daher spielt auch das Temperament eine so außerordentliche Rolle in der Heerführung. Ein energischer Vorsatz springt oft über eine Kette von Erwägungen hinweg, die an sich durchaus berechtigt sind, aber das Werden des Operationsgedankens nur verzögern, wenn man ihnen zu lange folgt. Er drängt auch wohlbegründete Bedenken zurück und versetzt uns mit einem Schlage ans Ziel. Die Wirkung solcher Kräfte der menschlichen Natur sind aus der Heerführung nicht zu bannen. Temperamentslose Seelen werden niemals wahrhaft große Feldherren ergeben; sie bringen keinen Alexander, Napoleon oder Friedrich hervor, höchstens einen Wellington oder Wilhelm von Oranien.

Nun ist aber nicht zu bestreiten, daß bei impulsiven Gemüthern, welche plötzlichen Eingebungen oder lebendigen Eindrücken leicht unterliegen, ein schneller und starker Entschluß große Gefahren mit sich bringen kann. Ihr Temperament ist nicht gleichmäßig, sondern nach physischen und psychischen Einflüssen verschieden — also auch der Entschluß schwankend zwischen unbedachter Kühnheit und nicht gerechtfertigtem Kleinmuth. Zumal aber wird er unbeständig und häufig wechselnd sein, — das Verderben der Heerführung. Doppelt bedenklich sind Feldherren solcher Art, weil sie auch Menschen nach einzelnen glänzenden Eindrücken zu beurtheilen pflegen, nicht nach dem dauernden inneren Werth, und sie daher meist in der Wahl ihrer Gehülfen und Unterführer fehlgreifen.

Die Entschlußfassung muß also geregelt sein; sie ist eine Kunst wie eine andere und zwar eine recht schwere.

Leider können Friedensübungen darin nur wenig thun, weil viele Prüfungen des Ernstfalles, wie die große Verantwortung, welche die Gegenwart des Feindes dem Feldherrn auflegt, bei ihnen nicht in Frage kommen. Am meisten Erfahrung im Fassen kriegerischer Entschlüsse gewährt noch die Parteiführung bei großen Manövern, und es ist deshalb sehr zu bedauern, daß unseren höheren Truppenführern hierzu nur verhältnißmäßig selten Gelegenheit wird.

---

*) Maximes de guerre S. 41 und 42, § 65, angeführt bei Leer: Positive Strategie S. 77.

**) Napoleon an Clarke. Schönbrunn den 10. Oktober 1809. Corresp. mil.

Gewiß lohnt es der Mühe, einige der Vorbedingungen für richtige Entschlußfassung zu erörtern.

2. Das Nachrichtenwesen und der Entschluß.

Alle Entscheidungen, welche man im Kriege trifft, sind natürlich in erster Linie bedingt durch das, was der Feind thut, oder was man von ihm erwartet. Das Nachrichtenwesen wird dadurch unmittelbar zu einer Angelegenheit der obersten Heerführung. Das Erste für eine gute Ordnung desselben ist die eingehende Kenntniß der feindlichen Armee und des Landes.*) Ohne diese verliert der beste Kundschafterdienst seinen Werth, weil die Vergleichspunkte für seine Ergebnisse fehlen und es außerdem schwer ist, die eingegangenen Nachrichten richtig in das Gesammtbild der feindlichen Armee einzugliedern. Auf solcher Kenntniß beruhte auch im Jahre 1870 die oft erstaunliche Genauigkeit, mit welcher im deutschen Hauptquartier die Zusammensetzung, die Lage und der Zustand der französischen Heere beurtheilt wurde. Sie ließ drüben wie bekannt, vielfach an Verrath glauben, der im Kriege immer von weit geringerer Bedeutung ist, als der Laie annimmt und der dort erst recht keine Rolle spielte. Großer Fleiß, Nüchternheit und Objektivität im Zusammenstellen der einlaufenden Nachrichten sowie der in den Ereignissen liegenden Anzeichen sind für den Nachrichtendienst weit wichtiger als die Kunst des Verführers, dem es gelingt, dem Pflichtgefühl eines Gegners geschickte Fallstricke zu legen. Kühle und klare Naturen werden am besten in den Hauptquartieren an die Spitze des Nachrichtenwesens gestellt; die lebhaften und mit reicher Phantasie begabten Männer, die man zu andern Zwecken gebraucht, sind dort nicht am Platze; denn sie glauben leicht, was sie wünschen.

Die Organisation des Nachrichtendienstes ist an anderer Stelle behandelt.**)

Erforderlich ist die einheitliche Leitung wegen des inneren Zusammenhanges der zahlreichen täglich im Hauptquartier einlaufenden Meldungen und Berichte aller Art. Nur ein einziger Kopf kann sich denselben fortdauernd gegenwärtig halten. Für seine Arbeit bedarf er großer Unabhängigkeit und Selbstständigkeit; denn er allein bemerkt die Lücken, die noch in der Kenntniß über das feindliche Heer bestehen. Ihm gebührt daher auch die Befugniß, alle Anordnungen zu treffen, welche zur Ausfüllung derselben nöthig sind. Der Feldherr kann dies nicht selbst anordnen, kaum sein Chef des Generalstabes vermag es; denn beide sind in den kritischsten Augenblicken der Operationen und Kämpfe durch die Arbeit der Führung völlig in Anspruch genommen. Sie werden dem Leiter des Nachrichtenwesens höchstens kurze Fragen stellen können, die für diesen die Richtschnur in der Handhabung seiner Organe abgeben. Erfahrung lehrt den Grundsatz, daß ein Oberkommando diejenigen Nach-

---

*) Ueber Napoleons Anschauung in diesem Punkte s. Heerführung S. 231.
**) Volk in Waffen. 5. Aufl. 7.—12. Tausend. S. 180. ff.

richten, deren es bedarf, sich selbst verschaffen muß. Der Werth der
Meldungen, welche man erhält, hängt zum größten Theile von der Art
der Fragestellung ab. Eine klare entschlossene Führung wird darin nie
verlegen sein.

Im engen Zusammenhange hiermit steht der Gebrauch der Kavallerie,
die das Auge der Armee bildet, die uns bestätigen soll, was aus anderen
Nachrichten als Bild des Gegners erscheint, und welche diesem noch die
einzelnen Züge hinzufügen muß, deren wir bedürfen, um die eigenen
Maßregeln danach treffen zu können. Es folgt hieraus zugleich, daß die
strategische Führung der großen Kavalleriekörper, welche der Armee vorauseilen, unvermittelt von der höchsten Stelle ausgehen muß und keiner
untergeordneten übertragen werden darf.

Zwei Grundsätze sind am Ende in der Behandlung des Nachrichtenwesens noch zu beachten.

Der erste ist, daß Bewegungen einer größeren Truppenmasse sich
niemals vollziehen, ohne um sich herum einen leichten Wellenschlag von
Nachrichten und Gerüchten zu verbreiten. Man hört selbst in Feindesland etwas davon; Zeitungen enthalten Andeutungen, Flüchtlinge kommen
entgegen, Reisende, Landleute berichten darüber oft mit erstaunlicher
Schnelligkeit — wie von Mac Mahons Marsch zum Entsatze Bazaines
im August 1870 — und immer eilt den Truppen die Kunde von ihrem
Kommen bis in ganz erhebliche Entfernungen voran. Der Marsch eines
Heeres bringt zu viel Unruhe über das Land, das er durchzieht, um
sich nicht in den vorausliegenden Gegenden schon fühlbar zu machen.
Das läßt den richtigen Rückschluß zu, daß, wenn man von einem Theile
des Kriegsschauplatzes nichts über Bewegungen des Feindes hört, dort
der Feind auch — wenigstens in beachtenswerther Stärke — nicht anwesend ist. Dieser Schluß wird für die Ergänzung der positiven Nachrichten sehr wichtig; denn es wird nicht immer gelingen, solche von
allen Theilen des Operationsgebietes zu erlangen.

Zum Zweiten muß man sich klar darüber sein, daß trotz des
größten Fleißes die Nachrichten im Kriege doch niemals etwas ganz
Gewisses ergeben, und daß man folgerichtig auf Ungewisses hin seinen
Entschluß fassen muß. Bei Friedensübungen wird darin meist viel zu
viel verlangt und geboten. Bei Uebungsritten und Generalstabsreisen
pflegen die Führer sich erst dann entschließen zu wollen, wenn sie ganz
bestimmte Kunde über Dasjenige haben, was der Feind thut. Bei den
Manövern reiten Offiziere und Patrouillen so dreist an diesen heran,
daß sie wirklich ganz Genaues melden können. Beides bildet eine bedenkliche Vorschule für den Krieg, wo man nachher noch im Dunkeln
tappt. Zur Ungewißheit kommen dort noch die Widersprüche. In dieser
Hinsicht führt auch die Kriegsgeschichte irre. Sie verzeichnet meist nur
diejenigen Nachrichten, welche hinterdrein durch den wirklichen Verlauf
der Ereignisse Bedeutung erlangt haben und vergißt die vielen, welche
außerdem noch eingingen, und welche falsch waren, oder den richtigen
Nachrichten doch zum Theile widersprachen. Eine wohlfeile Kritik greift

dann später die von den Ereignissen bestätigten Meldungen heraus und findet es unbegreiflich, wenn der Feldherr sich nicht danach richtete und fehlgriff, da er doch gewußt habe, was beim Feinde vorging. Sie setzt sich darüber hinweg, daß es gerade das Allerschwierigste war, inmitten der Ereignisse eben diese eine Meldung als die richtige und wichtigste zu erkennen, nicht eine der zahlreichen anderen, die ihr widersprachen oder doch an ihrem Werthe zweifeln ließen. Geleitet vom Gesetze der Wahrscheinlichkeit soll der Führer im Kriege aus einem Wirrsal von Unbestimmtem und Unsicherem das Rechte herausfühlen — das ist seine Aufgabe; „Denn" — sagt Clausewitz — „daß man nur sicheren Nachrichten trauen solle, daß man das Mißtrauen nie von sich lassen müsse, steht wohl in allen Büchern, ist aber ein elender Büchertrost und gehört zu der Weisheit, zu welcher System= und Compendienschreiber in Ermangelung von etwas Besserem ihre Zuflucht nehmen".*)

---

3. Die Diagnose über die Absichten des Feindes.**)

Ueber den Feind und seine Absichten eine richtige Diagnose***) zu stellen, ist Sache eines besonderen Talentes, welches nicht jedem, sonst bedeutenden, Manne gegeben ist. Es gehört dazu vor allen Dingen Kenntniß der menschlichen Natur, ethnographisches Verständniß und Scharfblick für geringfügige Anzeichen kommender Ereignisse. Wer ein fremdes Volk in seiner Eigenart zu begreifen vermag und sich in dieselbe glücklich hineindenkt, der wird auch am ehesten errathen, was dessen Heere in den einzelnen kriegerischen Lagen thun werden. Freilich ist auch noch die Eigenthümlichkeit der Verfassung der feindlichen Streitkräfte, sowie ihr augenblicklicher Zustand, genau zu beachten. Wer Napoleons Feldzüge von 1805—1809 und später denjenigen von 1813 verfolgt, der wird leicht erkennen, daß es für seine Feinde möglich war, den Unterschied zu begreifen, in welchem seine strategischen Bewegungen während des letzten Feldzuges gegenüber den früheren stehen mußten. An der Spitze zahlreicher aber nicht fest gefügter Schaaren, ausgerüstet mit einer nur verhältnißmäßig schwachen und dabei noch innerlich wenig tüchtigen Reiterei, konnte der Kaiser 1813 nimmermehr an die reißende Offensive und die großen vernichtenden Schläge seiner älteren Feldzüge denken.

Im zweiten Theile des deutsch=französischen Krieges ließ sich auf unserer Seite bald klar übersehen, daß die französischen Heere der

---

*) Clausewitz. Vom Kriege. 4. Auflage. I. S. 76.

**) Vergl. Kriegführung. S. 145.

***) Die Erkenntniß eines Gegenstandes oder Zustandes durch Unterscheidung von anderen ihm ähnlichen, daher die Sammlung der charakteristischen Merkmale einer Sache und die daraus hervorgehende Bestimmung der Gattung und Art, zu welcher dieselbe gehört.

September-Republik mit allen Bewegungen an die Eisenbahnlinien ge=
bunden seien und dies erlaubte sichere Schlüsse auf ihre kommenden
Operationen. So wird die gesammte innere und äußere Beschaffenheit
der gegnerischen Streitkräfte immer eine Grundlage für die Diagnose
über die Absichten ihrer Feldherren ergeben.

Im Allgemeinen soll man bei diesen in allen Lagen richtige Ent=
schließungen und Maßnahmen voraussetzen, sich aber doch den unbefangenen
Blick für die Anzeichen bewahren, welche darauf hindeuten, daß der
Feind einmal Falsches wolle und thue. Die Heerführung hat das Recht,
ihre Anschläge auch auf Fehler des Gegners zu bauen, wenn diese wahr=
scheinlich werden, und bei der Diagnose soll man das berücksichtigen.
Verfolgt man die Heerführer von 1870 in ihrem Thun genauer, so
erkennt man in dieser Hinsicht zwischen zweien der besten einen auf=
fallenden Unterschied. Prinz Friedrich Karl, der überlegende, oft etwas
zögernde, alle Möglichkeiten gewissenhaft durchdenkende Feldherr hielt
streng darauf, beim Gegner nur richtiges Handeln vorauszusetzen; denn
er achtete die Männer, welche auf französischer Seite kommandirten, als
gebildete und erfahrene Soldaten, denen man Fehler nicht ohne Weiteres
zutrauen dürfe. Sich von dieser Ueberzeugung frei zu machen, ward
ihm meist äußerst schwer; er hielt es gleichsam für ein Unrecht. Moltke,
der große Logiker, nahm gleichfalls an, daß auch sein Gegner logisch
handeln und das Richtige treffen werde. Aber er hatte ein feineres
Gefühl dafür, aus kleinen Andeutungen auch das Entgegengesetzte heraus=
zufinden; und mit genialem Blick erkannte er schnell die Fehler, auf
welchen er seine Feinde ertappt hatte. Fast untrüglich war er in den
Diagnosen, welche er über diese anstellte und er machte sich weit leichter
als der Prinz von der geschulten Ueberzeugung los, um der Witterung
des Augenblicks zu folgen.

4. Anderweite Bedingungen für die Entschlußfassung.

Von allen Studien ist wohl dasjenige der Kriegsgeschichte das
fesselndste; denn jeder Feldzug ist ein Drama mit spannenden Handlungen.
Man geht diesen mit Aufmerksamkeit nach, erkennt die Bedingungen des
Erfolges und verliert sich im Geiste leicht darin, sie für unerläßlich zu
halten. So macht man in Gedanken auch das eigene Handeln der Zu=
kunft von ihrem Zusammentreffen abhängig. Das ist eine Klippe, an
welcher man beim Eintreten in die rauhe Wirklichkeit leicht scheitert.
Die praktische Erkenntniß und Erfahrung lehrt nämlich, daß alle wichtigen
Entschlüsse auf Grund sehr unvollkommener Vorbedingungen gefaßt werden
müssen. Es gäbe sicherlich viele bedeutende Heerführer, wenn sich nur
immer alle diejenigen Umstände, von denen sie ihr Handeln abhängig
machen wollten, rechtzeitig eingestellt hätten. Aber diese lassen auf sich
warten, und so kommen sie nicht zu den beabsichtigten Heldenthaten. Es

fehlte ihnen einmal an Nachrichten, das andere Mal an Kräften. Des alten Kriegspraktikers Bem Losung hieß: „il faut se battre avec ce qu'on a",*) und ebenso muß man sich entschließen auf Grund dessen, was man gerade vom Feinde weiß. Mit dem Unvollständigen zufrieden sein, und danach handeln, trotzdem dieser oder jener Umstand, auf den man noch rechnete, nicht eingetreten ist, wird dem Heerführer zur Pflicht. Es ist ein Zeichen des Genies, zu erkennen, wann das Thatsächliche sich der erwünschten Vollkommenheit soweit genähert hat, daß es den Erfolg schon verbürgt.

Hier scheiden sich wieder Theorie und Praxis; die erstere fordert viel, um Entschlüsse gerechtfertigt erscheinen zu lassen; die zweite bietet nur gar wenig, und dennoch müssen jene gefaßt werden. So wird auch die Thatsache erklärlich, daß große Theoretiker oft in der Wirklichkeit versagten. Sie kennen eben die Vorbedingungen für den Erfolg genauer als andere und vermissen in jeder Lage deren viele. Das macht sie zögernd und unsicher; es erschwert ihnen den Entschluß mehr, als dem in die theoretische Kenntniß nicht ebenso tief Eingeweihten.

Das drückendste Gefühl für den Führer im Kriege ist es wohl, daß er, selbst bei gewissenhaftestem Streben, doch irren und leicht für immer in den Ruf unverantwortlicher Leichtfertigkeit kommen könne. Damit aber muß er sich abfinden. Man werfe nur wieder einen Blick auf den Ausgang aller Entschlüsse zurück, um dies zu begreifen — nämlich auf die Nachrichten. „Mit diesem Worte bezeichnen wir die ganze Kenntniß, welche man von dem Feinde und seinem Lande hat, also die Grundlage aller eigenen Ideen und Handlungen. Man betrachte einmal die Natur dieser Grundlagen, ihre Unzuverlässigkeit und Wandelbarkeit, und man wird bald das Gefühl haben, wie gefährlich das Gebäude des Krieges ist, wie leicht es zusammenstürzen und uns unter seinen Trümmern be= graben kann".**)

Alle erreichbaren Hülfsmittel zum Siege soll man freilich stets in Betracht ziehen. Sie sämmtlich sicher zu stellen und beim Entschlusse auch in Rechnung zu ziehen, ist ein Gebot der Vorsicht. Auch das Geringfügige darf nicht vernachlässigt werden, an dem impulsive Naturen, welche sich leicht am Ziel glauben, oft achtlos vorübergehen. Selbst ein überwiegendes Gefühl von Muth kann die Neigung herbeiführen, unbedeutende Mittel und schwache Kräfte, die immerhin noch nützlich heran= gezogen werden könnten, zu verschmähen. Der Optimist glaubt, nicht kleinlich sein zu dürfen. Es ist daher gut, an Napoleons Wort zu erinnern: „Man schreibt mir etwas mehr Talent als anderen zu, und doch, um einem Feinde, den ich gewohnt bin zu schlagen, eine Schlacht zu liefern, glaube ich niemals genug Truppen zu haben; ich rufe zu mir alles heran, was ich vereinigen kann".***)

---

*) Bernhardi. Friedrich der Große als Feldherr. I. S. 145.
**) Clausewitz, Vom Kriege. 4. Auflage. I. S. 76.
***) Napoleon an Marmont. Schönbrunn, den 15. November 1805, an= geführt bei York. I. S. 226.

Daß der gefaßte Entschluß mit dem eigenen Charakter und der Gemüthsverfassung des Feldherrn in Uebereinstimmung stehen muß, wenn er von Dauer sein soll, ist hier schon gesagt worden.*) Der Vorsichtige bleibe ebenso bei seiner Rolle, wie der Kühne und Unternehmende. Auch ein und derselbe Heerführer ist in körperlicher und geistiger Verfassung nicht immer der nämliche. Man vergleiche nur den Napoleon von Jena oder Austerlitz mit dem von Ligny, der doch nur acht Jahre älter war als jener.

Einem jeden Charakter wird ferner eine andere Art des Handelns zusagen, und dies ist wohl zu beachten. Der eine Feldherr ist wie geschaffen für die bedachte, wohlvorbereitete, entscheidende Aktion, der andere für die schnell erfaßte, lebhaft durchgeführte, deren Bedeutung erst im Laufe des Kampfes entsteht und von ihm gewürdigt und benutzt wird.

Schon die Entstehungsart der Entschlüsse ist je nach dem Temperament und dem Geiste des Führers verschieden. Der Mißtrauische und Behutsame braucht viel Zeit und einen schweren Kampf mit den eigenen Zweifeln, um sich zu einer bestimmten Absicht hindurch zu arbeiten. Der lebhafte Optimist und der Sanguiniker glauben meist im schnellen Fluge damit fertig zu sein. Dem einen entstehen die Gedanken in der Besprechung mit vertrauten Freunden und im Widerstreit der Meinungen, dem anderen in der einsamen Stille seines Arbeitskabinets. Auf den beiden Wegen kann man sehr wohl zum richtigen Entschlusse kommen. Moltke sprach über seine Entschlüsse nur, wenn sie fertig waren, liebte es dann aber zuweilen, darüber zu diskutiren, gleichsam als befestigten sie sich noch durch unbegründete Einwürfe.

Wichtig ist, daß kein Führer sich bei der Entschlußfassung nach Regeln oder gar nach Vorurtheilen richte, sondern den Muth habe, seiner Eigenart zu folgen.

Erwähnt sei hierbei, daß die heute so oft gehörte Lehre, für den Soldaten sei vor allen Dingen der schnelle Entschluß wichtig**) — wenigstens in dieser Allgemeinheit — eine höchst bedenkliche ist. Nur der Kavallerieführer braucht thatsächlich schnelle Entschlüsse, denn die Entscheidung der Reiterkämpfe fällt in Zeit von Minuten. Sonst ist im Kriege zum Ueberlegen immer Muße vorhanden — mehr als im Frieden, und das viele Drängen auf schnelle Entschlüsse ist nicht nur durchaus überflüssig, sondern schädlich, weil es zur Oberflächlichkeit verleitet. Auch Moltke ließ dem Wagen das Wägen vorangehen. Schnelligkeit eines Entschlusses ist an sich noch kein Verdienst; sie wird es erst, wenn der Entschluß auch richtig war. Darauf kommt es in erster Linie an. Bei der Mehrzahl der Menschen wird der langsamere Entschluß der

---

*) S. Kriegführung S. 68.

**) Aehnlich wie in der Armee von 1806 die von Scharnhorst bitter getadelte Gewohnheit herrschte, auf jede Frage vor Allem rasch zu antworten, wenn die Antwort auch nicht zutraf. — Flüchtigkeit und Gedankenlosigkeit allein wurden damit gefördert, nicht die Geistesgegenwart, wie man es wohl bezweckte.

reifere fein, weil er die Anfechtung durch die eigenen Bedenken schon erfahren hat, ehe er fertig wurde, während der schnell gefaßte diese meist noch hinterdrein durchmachen muß.

Wie weit das zähe Festhalten des einmal gefaßten Entschlusses berechtigt und nothwendig ist, wurde schon erläutert.*) Es zu vermögen und sich nicht vorzeitig beirren zu lassen, bedarf es schon sicherer Grundsätze. Zunächst muß man sich vornehmen, alle Bedenken, welche nicht den Gesammterfolg der Operation betreffen, sondern nur untergeordnete Vorgänge in derselben, einfach zurückzuweisen. „Denn — sagt Leer**) — hat man einmal ein Ziel gefaßt, so soll man ohne Nebenrücksichten direkt auf dasselbe losgehen." Auch Moltke lehrt uns, daß der Soldat es verstehen müsse, im rechten Augenblicke einseitig zu werden, um nicht zu viel auf anscheinend berechtigte Gegengründe zu hören.

In den Anordnungen ist ferner Alles zu vermeiden, was den eigenen Entschluß wieder ins Schwanken bringen kann. Wer abmarschiren will, vermeide jede Maßregel, welche ihn festhalten und hindern könnte, die gewählte Richtung zu verfolgen. Dahin gehören die unvorsichtigen Entsendungen, die unnöthige Aufstellung von Deckungstruppen, welche leicht vom Feinde in ein Gefecht verwickelt werden, das dann nach und nach auch die Hauptkräfte in seinen Strudel hineinzieht. Wer sein Schlachtfeld gewählt hat, hüte sich vor Allem, was den Kampf außerhalb desselben herbeiführen kann. Wir warnten schon davor, vorgeschobene Stellungen vor der Front zu besetzen. Dies führt meist dahin, daß die Truppen vorn angegriffen werden, anfangs vor schwachen Kräften nicht weichen wollen, dann aber, von stärkeren festgehalten, nicht mehr zurück können. Bald kommen sie in Noth, verlangen Unterstützung, und der Entschluß des Feldherrn, nicht vorn sondern weiter rückwärts zu schlagen, kommt naturgemäß ins Schwanken. Er will die eigentliche Kampflinie nicht verlassen, aber auch die bedrängten vorgeschobenen Truppen nicht der Vernichtung preisgeben. Das Vorschieben eines einzigen österreichischen Bataillons bei Skalitz in die vorwärtsgelegene Fasanerie hinein, veranlaßte, als diese Truppe gedrängt wurde, die Brigade Fragnern, aus der vorher sorgfältig gewählten Stellung hinauszugehen. Ihre Niederlage übte sodann denselben Effekt auf die südlich daneben stehende Brigade Kreyssern. Mehr als die Hälfte des VIII. österreichischen Korps gerieth so in einen vernichtenden Kampf, ohne daß der kommandirende General, Erzherzog Leopold es wollte, und ehe er es hindern konnte.***) Ein erfahrener Heerführer wird es vermeiden, sich in solche Lagen zu begeben. Wo die Besetzung ähnlicher vereinzelter Posten unvermeidlich ist, mache

---

*) S. Heerführung S. 212.

**) Positive Strategie. S. 68.

***) Vergl. Kriegführung S. 74. Die Schlacht von Lobositz am 1. Oktober 1756 ist ein anderes Beispiel von der üblen Wirkung vorgeschobener Vertheidigungsposten. Sie spann sich im ganzen Verlaufe überhaupt vorwärts der vom österreichischen Oberbefehlshaber, Feldmarschall Browne gewählten Schlachtstellung ab.

man sie so schwach, daß die Gefahr, welche für diesen geringfügigen Bruchtheil der ganzen Streitmacht etwa entstehen kann, nicht schwer genug wiegt, um den großen Entschluß zu beirren.

Endlich wird es nothwendig sein, sich im Gewirr des Kampfes den ursprünglichen Gedanken wieder gegenwärtig zu halten, die auftauchenden Fragen unter dem Gesichtswinkel desselben zu prüfen. Sonst wird man bei der Fülle der Eindrücke mehr und mehr abirren und ihn endlich ganz aus dem Auge verlieren.

5. Der Feldherr und sein Glück.

Es kann nicht umgangen werden, davon zu sprechen, so schwer es auch ist, über dieses Thema zu bestimmten Ergebnissen zu kommen; denn die Wirkung des Glücks wird überall im Leben sichtbar und nicht zum Wenigsten im Kriege. Augenfällig sehen wir den Einen vom Geschick begünstigt, den Anderen verfolgt.

Auch Moltke sagt:*) „Ueber den Ruf eines Feldherrn freilich ent= scheidet vor Allem der Erfolg. Wie viel davon sein wirkliches Verdienst, ist außerordentlich schwer zu bestimmen. An der unwiderstehlichen Gewalt der Verhältnisse scheitert selbst der beste Mann, und von ihr wird ebenso so oft der mittelmäßige getragen. Aber Glück hat auf die Dauer doch zumeist wohl nur der Tüchtige." Daß der geradezu Untüchtige lediglich durch Glück dauernd siegreich bleibe, wird gewiß selten, vielleicht niemals, vor= kommen. Aber zu leugnen ist nicht, daß Männer, die weder besonders scharf an Geist noch reich an Kenntnissen, noch groß an Charakter sind, dennoch von Erfolg zu Erfolg schreiten, weil die äußeren Umstände mit wunderbarer Verkettung in jedem entscheidenden Augenblicke stets zu ihren Gunsten ausschlagen. Die Alten sprachen in solchem Falle von Lieblingen der Götter. Es ist indessen nicht logisch, anzunehmen, daß eine höhere Fügung, oder, wenn wir es so nennen wollen, der Zufall sich beharrlich für e i n e bestimmte Person erkläre. Das erkennt auch unser großer Feld= marschall an.**)

„Zu der Rechnung mit einer bekannten und einer unbekannten Größe — dem eigenen und dem feindlichen Willen — treten noch dritte Faktoren, die sich vollends jeder Voraussicht entziehen, Witterung, Krank= heiten und Eisenbahn=Unfälle, Mißverständnisse und Täuschungen, kurz alle die Einwirkungen, welche man Zufall, Verhängniß oder höhere Fügung nennen mag, die aber der Mensch weder schafft noch beherrscht."

„Und doch ist dadurch die Kriegführung der blinden Willkür nicht verfallen. Ein Wahrscheinlichkeits=Calcül müßte ergeben, daß alle jene Zufälligkeiten schließlich ebenso oft zum Schaden oder Vortheil des einen wie des anderen Theiles gewesen sind, und der Feldherr, welcher in

*) Moltke's taktisch=strategische Aufsätze aus den Jahren 1857—1871. Herausgegeben vom Großen Generalstabe. Berlin 1900. Ueber Strategie. S. 292.
**) Ebenda.

jedem Einzelfall, wenn nicht das Allerbeste, so doch das Verständige an=
ordnet, hat immer noch Aussicht, sein Ziel zu erreichen."

Dies führt auf den Gedanken, daß es dem Scheine zum Trotz doch
die Männer sind, welche den Umständen entgegen zu kommen wissen,
nicht umgekehrt. Das Glück ist in der That wahrscheinlich eine Eigen=
schaft,*) welche wir bereits andeutungsweise als ein gleichsam instinktives
Erfassen günstiger Zufälligkeiten zu erklären versuchten.**) Dadurch wird
auch die häufig gemachte Beobachtung verständlich, daß gerade beschränkte
Menschen oft ein auffallendes Glück haben. Ihr enger Sinn richtet sich
auf das Nächste, nämlich das eigene Ich. Sie schweifen nicht ab, werden
nicht durch ihren Geist auf seitwärts Liegendes oder auf das Wohl und
Interesse Anderer abgelenkt. Sie nehmen daher jeden sich ihnen dar=
bietenden Vortheil, so unauffällig er auch sein mag, wahr, während der
Klügste achtlos daran vorübergeht.

Im kriegerischen Handeln richtet sich derselbe Instinkt auf die ver=
folgten militärischen Zwecke. Der vom Glück anscheinend Begünstigte
nimmt alles wahr, was jenen dienen und nützlich sein kann. In diesem
Sinne wird Glück ein Talent und ein Verdienst.

Nun kann man Niemand einen Vorwurf daraus machen, daß er
kein Glück habe. Allein ein Jeder soll sich selber darüber klar sein, und
seine Handlungsweise danach einrichten. Wer, ohne Glück zu haben,
Wagnisse unternimmt, welche nur bei auffallendem Zusammentreffen von
günstigen Umständen gelingen können, der gleicht dem Blinden, welcher
malen oder dem Tauben, welcher musiziren möchte. „Kunst und Glück
müssen zusammen wirken".***)

Das Bewußtsein des Glücks gehört ebenso zur Selbsterkenntniß, die
der Heerführer haben muß, wie eine deutliche Vorstellung von seinen
Schwächen, und er ist berechtigt, darauf zu zählen. Wer Glück hat, soll
es zum Besten seines Heeres benutzen und die köstliche Gabe nicht kurz=
sichtig vergraben.

---

*) Auch Shakespeare, der größte aller Menschenkenner, die je gelebt haben,
spricht diese Meinung aus. In „Antonius und Cleopatra" läßt er den Wahr=
sager dem Antonius — auf die Frage, wessen Glück höher steigen werde, das seine
oder das des Octavius Caesar? — zur Antwort geben:

„Spielst du mit ihm, ist dir in jedem Spiel
„Verlust gewiß; sein angeborenes Glück
„Schlägt dich, trotz jedem Vortheil ....." (II. Aufzug. 3. Scene.)
Angeboren kann nur eine Eigenschaft sein.

**) S. Kriegführung S. 202.

***) Delbrück. Gneisenau's Leben. II. S. 62.

VII.

Befehlsführung.

Die Befehlsführung ist das wichtige Bindeglied, welches den Ent=
schluß zur That werden läßt. Viel hängt von derselben ab, um die
Unternehmungen des Krieges gelingen zu lassen. Wie befohlen wird, so
wird gehorcht. Unsicherheit in den Befehlen erzeugt Lauheit in der
Ausführung, weil der Untergebene dann leicht das Gefühl hat und sich
von demselben leiten läßt, daß der Befehlende seiner Sache selbst nicht
recht sicher war, man ihm also auf seiner Bahn auch nur mit Vorbehalt
folgen dürfe. Eine klare, bestimmte, autoritative Art der Befehlsführung
trägt viel dazu bei, dem Heere bis zum gemeinen Soldaten hinab
das Vertrauen auf den Sieg zu gewähren. Ein kriegserfahrener Schrift=
steller unserer Zeit schildert die Befehlsthätigkeit des Generals von Göben
bei Gravelotte am 18. August 1870 mit den Worten: „Ohne viel
Wesen vollzog sich das, was hier ein General überhaupt thun konnte
mit einer Sicherheit, Folgerichtigkeit und Ruhe, daß sich der Umgebung,
trotz der schweren Gefechtslage, das Gefühl der Sicherheit mittheilte,
welches sich wie durch elektrische Leitung bis zum Musketier fort=
zupflanzen pflegt." Er fügt treffend hinzu: „Man weiß, daß das so ist,
man weiß nicht genau, warum es so ist. Ein General kann Zuversicht
einflößen; ein Narr die Ursache einer Panik sein".*)

Wer je bei beginnender Schlacht mit Anderen fragend auf den
Feldherrn sah, und sich des Eindrucks erinnert, den es machte, wenn
dieser seine Befehle mit klarer Stimme, verständlich ohne Anzeichen von
innerer Unruhe gab, wird doppelt von dem hohen Werthe einer guten
und selbstbewußten Befehlsführung überzeugt sein.

Man sagt, daß alle guten und entscheidenden Befehle kurz waren.
Die Erlasse des Großen Hauptquartiers König Wilhelms von 1866
und 1870/71 bestanden vielfach in Telegrammen von nur wenig Zeilen.
Sie bezeichneten den einzelnen Armeen nicht viel mehr als die allgemeinen
Richtungen, in denen sie vorzugehen hatten. Das liegt ganz im Sinne
der neuen Operationsweise mit getrennten Heeren zu gemeinsamem Zwecke.
Um ihr Ziel je nach den Umständen unentwegt verfolgen zu können,
bedürfen sie, so lange sie getrennt sind, der Selbstständigkeit. Diese ist
für sie die erste Lebensbedingung. Bei einer gleichmäßig gut durch=
gebildeten Führung der einzelnen Armeen sind dabei wenige Zeilen auch
in der Regel vollkommen ausreichend. Die Anordnung von Einzelheiten
wiederholt dagegen oft nur Selbstverständliches; sie verwöhnt lediglich
die unteren Befehlshaber dadurch, daß das Oberkommando an Dinge

---

*) Fritz Hönig. 24 Stunden Moltke'scher Strategie. S. 136.

denkt, die auch sie von Rechtswegen nicht vergessen dürften. Allein die lakonischen Anweisungen für umfangreiche Operationen, wie wir sie aus Moltke's Depeschen kennen, bedürfen doch, wenn Mißverständnisse vermieden werden sollen, einer bestimmten Grundlage. Diese besteht in der vorher schon vorhandenen Kenntniß der allgemeinen Absichten der höchsten leitenden Stelle. Sie scheint im Jahre 1866 mehr vorhanden gewesen zu sein, als 1870/71. Dort war das einheitliche Ziel, die Vereinigung der preußischen Heere im nördlichen Böhmen auch leichter zu erkennen, als 1870, wo es sich um eine komplizirte Bewegung, nämlich eine große Rechtsschwenkung der drei Armeen handeln sollte, der noch dazu die Säuberung des unteren Elsaß von feindlichen Streitkräften und die Sicherung der linken Flanke durch die III. Armee voranging. Bekanntlich entgleiste auch diese erste große Operation aus Mangel an Verständniß des Zwecks bei der I. Armee durch die Schlacht von Spicheren.

Dies führt uns zur Lehre von der Geheimhaltung der Entschlüsse hinüber. An den meisten großen Feldherren wird das eisige Schweigen gerühmt, welches sie über ihre Pläne beobachteten. Von Alexander, Cäsar, Friedrich, Napoleon sagt man es. Karl XII. wird „der Unergründliche" genannt, „welcher seine Pläne in sich verbarg und seinen Entschluß unbekümmert um alle Rathschläge faßte".*) Daß Marschall Bazaine während des Feldzuges von Metz Niemand aus seiner Umgebung in seine geheimen Absichten einweihte, wird ihm zum schweren Vorwurf gemacht; doch wohl nur, weil der Erfolg nicht auf seiner Seite war.

Leer sagt:**) „In der Reihe der Bedingungen, welche den Erfolg eines Manövers sichern, ist die Geheimhaltung das hervorragendste Moment, um Demonstrationen und Diversionen geschickt durchzuführen. Durch strenge Beobachtung dieser Bedingung wird die Sicherheit des Manövers und die geringere oder größere Ueberraschung des Feindes erreicht." Kurz, wir müssen die Regel von der strengen Geheimhaltung aller Pläne stillschweigend als bisher zu Recht bestehend anerkennen.

Wenn nun aber die Kriegsgeschichte, wie soeben dargethan, lehrt, daß durch Mangel an Kenntniß der Absichten der obersten Heeresleitung Verwirrung und Mißverständniß entstehen können,***) so sind wir doch veranlaßt nachzudenken, in wie weit sich diese Lehre noch mit der heutigen Kriegsweise praktisch vereinigen läßt. Sie entstammt einer Zeit, wo die Führung des Heeres noch weit ausschließlicher als heute eine persönliche Angelegenheit des Feldherrn war, wo man meist mit nur einem Heere auf das nämliche Ziel losging und wo endlich die Schnelligkeit im Ausbruch der Feindseligkeiten und im Beginn der Operationen, wie

---

*) Streffleur's Oesterreichische Militärische Zeitschrift. Dezemberheft 1900. S. 206.

**) Positive Strategie. S. 177.

***) Auch die Zurückverlegung des Aufmarsches der II. Armee an den Rhein bei Beginn des Feldzuges von 1870 ist auf den nämlichen Grund zurückzuführen.

sie jetzt vorherrscht, noch ganz unbekannt war. Nur der unerwartete Tod des höchsten Führers konnte dabei eine ernste Verlegenheit erzeugen, weil dann Niemand da war, die Operationen in seinem Sinne fort= zusetzen.

Inzwischen sind die Verhältnisse ganz andere geworden. „Ent= schluß zum Kriege, Mobilmachungsbefehl, Aufmarsch und Beginn der Feindseligkeiten sind gewissermaßen ein Akt".*) Drei oder vier Armeen sollen sodann auf verschiedenen Operationslinien dasselbe Ziel erreichen und zwar in Anmärschen, welche kein Stocken kennen. Ausführliche Befehle sind im Augenblick des Handelns nicht mehr möglich; sie werden durch die Ereignisse überholt. Die Gestaltung des ganzen Heeres= organismus erfordert verständnißvolle Selbstständigkeit der Unterführer. Unvorhergesehene Ereignisse werden um so mehr eintreten, als der Raum sich ausdehnt, über den das Heer sich verbreitet und die Zahl der Berührungspunkte mit dem Feinde sich mehrt. Die Vorbereitung für die Bewegungen der großen Massen, die Sorge für ihre Verpflegung und Erhaltung erfordern frühzeitig getroffene Maßregeln, die über einen ge= wissen Zeitabschnitt schon vorgreifen. Das ist nur bei sicherer, wenn auch lediglich allgemeiner Kenntniß der Absichten der obersten Heeres= leitung durch die verschiedenen Armee=Oberkommandos ausführbar. Wenn Napoleon I. von sich selbst gesagt hat, daß er niemals einen Operations= plan hatte — dieser also auch für Andere ein Geheimniß war — so ist das doch nicht wörtlich aufzufassen. Wer in seine Correspondenzen hineinblickt, sieht, daß er seine Marschälle und Generale ziemlich aus= führlich und weit voraus mit seinen leitenden Gedanken vertraut macht. Dies ist seither durch die Vergrößerung aller Verhältnisse im Kriege nur noch nothwendiger geworden. Der Operationsentwurf darf also nicht mehr ausschließliches Geheimniß eines Mannes, — er muß auch seinen vertrautesten Gehülfen bekannt sein. Die schriftliche Mittheilung eines Planes im Augenblick des Kriegsausbruches ist freilich bedenklich. Sie kann durch einen Unglücksfall in falsche Hände gerathen, zumal, da die Zahl der ins Vertrauen zu ziehenden Personen nie ganz gering sein wird, daher auch eine künstliche Vervielfältigung nöthig ist. Das beste Mittel scheint also in einer vorangehenden Einweihung der erwählten Unterführer durch Theilnahme an der Bearbeitung der Operationsentwürfe zu sein. Diese gemeinsame Thätigkeit ist im Frieden auch aus anderen Gründen erwünscht.**) Sie wird am ehesten die nothwendige Harmonie zwischen den vornehmsten Führern des Heeres erzeugen. Alle Generalstabs= Chefs selbstständiger Armeen sollten wenigstens zu Mitwissern gemacht werden. Natürlich kann sich dies nur auf die einleitenden Operationen erstrecken. Diese aber sind bei Weitem die wichtigsten und meist schon entscheidend für den gesammten Verlauf des Krieges; denn aus ihnen

---

*) Bernhardi. Die Elemente des modernen Krieges. Berlin 1898. E. S. Mittler u. Sohn. S. 9.

**) S. Heerführung S. 230.

folgen die ersten großen Schlachten.*) Unnöthige Geheimnißkrämerei ist jedenfalls schädlicher als eine zufällige Indiskretion. Dazu kommt, daß diese nicht mehr die Wirkung haben kann, wie ehedem, wo das Verhältniß der Stärke der Armee zur Ausdehnung des Operationsgebietes ein ganz anderes war und räumlich für die Operationen ein verhältnißmäßig weit größerer Spielraum zur Verfügung stand. Das machte auch die Anzahl der Möglichkeiten bedeutend und ließ mehrere Lösungen für das Räthsel zu, das in den Absichten des Gegners lag. Eine Andeutung über diese war daher von relativ höherem Werthe. Heute füllen die Armeen den gesammten Operationsraum aus; die Zahl der Richtungen, in denen sie vorgehen können, ist beschränkt und die gewählte kann errathen werden. Das einzige kostbare Geheimniß, das zu enthüllen wäre, sind die Friedensvorbereitungen für den Aufmarsch. Ja auch dieser ist nicht mehr völlig zu verschleiern, wie wir nachgewiesen haben.**) Dem Verrath ist schlimmsten Falles nur eine geringe Rolle übrig geblieben.

Je tiefer die handelnden Personen eingeweiht sind, desto eher wird man auch während der Operationen selbst mit lakonischen Befehlen auskommen können, — das ist ein großer Vortheil, durch den Zeitgewinn und auch durch die leichtere Geheimhaltung der unmittelbar bevorstehenden Bewegungen. Nach Ablauf der in sich geschlossenen Operationsperioden sind freilich wieder ausführlichere Mittheilungen***) nothwendig, um eine neue Grundlage zu schaffen. Hier werden nun schriftliche Auseinandersetzungen umfangreicherer Art erforderlich werden, auf welche dann später von Neuem die kurzen Operationsbefehle aufzubauen sind.

Im Uebrigen ist die Befehlsführung eine Sache des Taktes und der Menschenkenntniß. Man kann nicht allen Untergebenen in gleicher Art befehlen. Die Individualität des Empfängers kommt in Betracht. Der Eine verlangt viel Freiheit und verdient sie auch; der andere ist in der Beschränkung zufrieden und nur darin tüchtig. Fehler in Bezug auf diese Rücksicht erzeugen leicht Verstimmung und daher eine unwillige Ausführung des Angeordneten. Das sollte nicht so sein, ist es aber doch, weil es eben menschlich ist. Je stolzer, selbstständiger, energischer die Unterführer sind, desto eher werden Konflikte durch ungeschickte Befehlsführung hervorgerufen. Sie bleiben oft, auch ohne eine Schuld der obersten Heeresleitung nicht aus. Man denke nur an Blücher und York bei Laon. „Aus Verstimmung wird das Richtige unterlassen, aus Unklarheit das Falsche ergriffen. . . . Harmonie unter den handelnden Persönlichkeiten kann viel zum Erfolge beitragen, Disharmonie die klarsten Dinge, Befehle und Weisungen zum Mißerfolg werden lassen".†)

---

*) Bernhardi. Elemente des modernen Krieges. S. 14.

**) S. Kriegführung S. 68.

***) Die sogenannten Direktiven.

†) Fritz Hönig. 24 Stunden Moltke'scher Strategie. 3. Aufl. Berlin 1897. S. 135.

Setzen wir die urtheilsfähige und verständnißvolle Unterführung
voraus, wie die moderne Art der Kriegführung sie zur Vorbedingung
hat, so darf man als Regel hinstellen, daß der höhere Führer nur zu
befehlen braucht, was die Unterführung an Ort und Stelle nicht über=
sehen und daher auch nicht selbst anordnen kann. Ferner muß die
höchste Stelle natürlich das Verhältniß der verschiedenen Armeen zu ein=
ander regeln. Innerhalb dieser Grenzen aber hat sie so viel Selbst=
ständigkeit, als möglich zu gewähren. Moltke's Correspondenz mit
Blumenthal im Juni 1866 bietet ein lehrreiches Beispiel für die
Scheidung der Befugnisse der höchsten Heeresleitung und der Ober=
kommandos der einzelnen Armeen. Das läßt sich dann auch auf das
Verhältniß der Armeen zu ihren Armeekorps übertragen.

Am 8. Juni 1866 stand die zweite Armee des Kronprinzen von
Preußen in Mittel=Schlesien an der österreichischen Grenze, mit dem
Hauptquartier in Fürstenstein bei Freiburg.*) Die eingehenden Nachrichten
über den Feind ließen damals die schon vorhandene Vermuthung an=
scheinend zur Gewißheit werden, daß die Oesterreicher, bei ausbrechendem
Kriege, durch Oberschlesien an den dortigen Festungen vorüber, auf
Breslau vorzugehen beabsichtigen. In dieser Lage entschlossen sich der
Kronprinz und sein Generalstabschef Blumenthal zum Abmarsche an die
Neiße, wo sie zwischen Patschkau, der Festung Neiße und Grottkau
hinter dem Flusse mit der Armee Stellung nehmen wollten, nur eine
Division in dem augenblicklichen Unterkunftsraum zurücklassend, um die
Straße über Schweidnitz gegen Breslau zu sichern. Blumenthal schrieb
hierüber an den noch in Berlin weilenden General von Moltke und meldete
ihm: „Wir beabsichtigen daher, am 11. mit dem größten Theile der
Armee von hier aus aufzubrechen und spätestens am 16. concentrirt an
der Neiße zu stehen." Hierauf erhielt er am folgenden Tage tele=
graphischen Bescheid: „Da Seine Majestät die Leitung der Operationen
Sich vorbehalten, dürfen wesenliche Aenderungen in der Aufstellung der
Armee nicht ohne Genehmigung Seiner Majestät erfolgen. Mit Ihren
Ansichten im Wesentlichen einverstanden." Dieses Verbot veranlaßte den
vorläufigen Aufschub des Abmarsches der Armee, während gleichzeitig ein
begründeter Antrag mit der Bitte um Genehmigung für die beabsichtigte
Bewegung nach Berlin ging.

Moltke erläuterte nun sein Verfahren in einem längeren, gleichfalls
am 9. Juni abgefaßten Schreiben, dessen Einleitung folgendermaßen
lautete:

„Schließen Sie aus meinem heutigen Telegramm nicht etwa, daß
es die Absicht sei, die Operationen der Armee, sobald sie dem Feinde
gegenüber begonnen, durch Bestimmungen von oben zu beschränken. Mein
ganzes Streben wird darauf gerichtet sein, das zu verhindern. Aber
die allgemeinen Direktiven, ob eine Armee offensiv oder defensiv ver=

---

*) Moltke. Mil. Correspondenz. Krieg 1866. S. 202 u. ff. Zur Orientirung
reicht jede Karte von Schlesien in einem größeren Handatlas aus.

fahren, ob sie vorgehen soll, ob sie ausweichen muß, können nur von Seiner Majestät ertheilt werden, denn die Bewegungen der einen Armee müssen nothwendig in Zusammenhang mit denen der anderen stehen."

Des Weiteren wird dann auseinander gesetzt, daß der von Moltke grundsätzlich gebilligte Abmarsch der II. Armee an die Neiße mit dem Vorrücken der I. Armee zusammenfallen müsse .... „Bleibt die erste Armee in ihren ausgedehnten Kantonnements in der Lausitz stehen, so tritt eine völlige Trennung von der zweiten ein, sobald diese allein 5 Märsche weiter rückt."

Der Grund für Moltke's Eingreifen in die Selbstständigkeit des Oberkommandos der II. Armee war damit erklärt. Heute würde Aehn= liches nicht mehr nothwendig sein; denn der Lehrsatz hat sich durch die Erfahrung in der gesammten höheren Armeeführung Geltung verschafft, daß keine Armee, die im Zusammenhang mit anderen operirt, ohne Befehl der obersten Leitung Bewegungen unternehmen darf, welche das Ganze in Mitleidenschaft ziehen, dem höchsten Feldherrn also die Entschlüsse vorweg nehmen würden.

Zur selben Zeit, als diese Correspondenz stattfand, wurde die II. Armee noch durch das Gardekorps verstärkt. So wichtig dieses Ereigniß auch war, betrachtete Moltke die Entscheidung darüber, wohin das Korps zu senden sei, doch als eine innere Angelegenheit der II. Armee, die allein darüber zu entscheiden habe. Dies geschah mit Recht; denn die Armee kannte ihre Aufgabe: „Abwehr der österreichischen Offensive durch Oberschlesien"; sie hatte sich für die Lösung derselben ihren Plan insgeheim schon gemacht und mußte am besten wissen, an welcher Stelle die Verstärkung den größten Nutzen haben würde.

Aehnlich wie hier werden Bevormundung und Selbstständigkeit im Verkehr zwischen den hohen Kommando=Behörden immer abzugrenzen sein. —

Ueber Form, Abfassung und Stil der Befehle sind wenig Regeln anzuführen, welche wir heute zudem ohne Weiteres als Gemeingut aller Generalstabs=Offiziere ansehen dürfen.*) Sie sollen klar, bestimmt und kurz geschrieben werden, nicht über das schon Sichere hinausgreifen, keine Einzelheiten ordnen, die der Befehlsempfänger besser zu beurtheilen in der Lage ist u. s. w.

Die Versendung an die Truppen ist so zu ordnen, daß diese mög= lichst wenig durch das Warten auf Befehle gestört werden. Nament= lich ist darauf zu achten, daß ihnen die Nachtruhe erhalten bleibe.**) Napoleons I. hier bereits erwähnte Tageseintheilung***) deutet den richtigen Weg für die Fertigstellung und Beförderung der Befehle an. Der Abend und die ersten Nachtstunden, welche dem Operationstage folgen, werden dem Feldherrn meist die entscheidenden Nachrichten bringen, deren er für

---

*) Das Nähere enthalten die verschiedenen Handbücher für Truppenführung.
**) S. Kriegführung S. 94.
***) S. Heerführung S. 232.

seine ferneren Entschlüsse bedarf; denn Bewegung oder Kampf dauern in
bewegten Kriegsperioden gemeinhin bis zum Einbruche der Dunkelheit
fort. Jene Stunden gehören also der Ueberlegung, Beschlußfassung und
der Befehlsausfertigung. Die zweite Hälfte der Nacht bringt die
Beförderung zu den Armeen, oder innerhalb derselben zu den Korps.
So wird es kommen, daß Operationsbefehle meist erst gegen Morgen bei
den ausführenden Truppen eintreffen können. Hätte man diese auf's
Ungewisse hin warten lassen, so würden sie die Nacht über auf den
Beinen geblieben sein, des Eintreffens der Anordnungen für den kommenden
Tag gewärtig. Dergleichen kam, zumal beim I. Armee-Korps, im Jahre
1866 bei der preußischen Armee in Schlesien, noch mehrfach vor. Mit
ermüdeten und überwachten Mannschaften brach man dann am Morgen
auf, um in den heißen Sommertag hinein zu marschiren und üble Folgen,
wie starke Marschverluste und ein Nachlassen der Mannszucht waren
unausbleiblich. Leicht hätte sich das durch andere Regelung der Befehls=
ertheilung vermeiden lassen. Das beste System für diese wird immer
sein, am Nachmittage oder Abend, wenn die Märsche zu Ende gehen,
nur passende Sammelplätze für den frühen Morgen zu bestimmen. Dort
können dann die inzwischen gereiften Anordnungen für die Bewegung des
Tages getroffen werden. Um dabei keine Zeit zu verlieren, ist es natür=
lich zweckmäßig, die Truppen sogleich in der Richtung auf die großen
Marschziele in Bewegung zu setzen und während dessen die nothwendigen
Befehle zu schreiben, welche jene dann unterwegs einholen. Auch das
Oberkommando, wenn es früh noch hat arbeiten müssen, erreicht das Heer
ohne Schwierigkeit zur rechten Zeit durch einen kurzen Galopp.

Nur wenn ein Ruhetag auf die Bewegung folgen soll, ist der Befehl
schon am Nachmittage oder Abend auszugeben, damit innerhalb des
Heeres nicht unnütze Versammlungen stattfinden.

Je tiefer nach unten, desto strenger und regelmäßiger muß das
System der Befehlsführung inne gehalten werden. Das Große Haupt=
quartier aller Armeen wird deren Bewegungen meist nur periodenweise
anordnen und in seltenen Fällen, wie vor großen Schlachten, ist dabei
die Stunde der Beförderung von Wichtigkeit. Selbst Armee=Ober=
kommandos der einzelnen Heere werden die Aufgabe für die ihnen unter=
stellten Korps oft zweckmäßiger Weise für mehrere Tage zusammenfassen.
Bei den Armeekorps muß aber zum Mindesten die Befehlsausgabe schon
täglich, oder richtiger gesagt nächtlich, regelmäßig innegehalten werden.
Nur in wenigen Ausnahmefällen dürfen sie verfahren wie eine der
höheren Behörden.

Mancherlei Aeußerlichkeiten, welche unbedeutend erscheinen, es aber
nicht sind, sprechen bei dieser Befehlsführung mit. Vor allen Dingen
darf keine Zeit für die Ausfertigung verloren gehen. Eisenbahn= oder
Wagenfahrten, Ritte von einem Tagesziele zum anderen, und zumal alle
Unterbrechungen durch einen Halt in der Bewegung, gehören in den
höheren Truppenstäben der Arbeit. Bei genauer Ueberlegung läßt sich
immer von dem Kommenden einiges vorbereiten. Gute Einrichtung der

Arbeitsstätten in den Quartieren kann viel zur Förderung des Befehls=
mechanismus beitragen.*) Deutliche Schrift, übersichtliche Anordnung des
Textes, aus dem das Wichtige auf den ersten Blick herauszufinden sein
muß, können Stunden ersparen und bedenkliche Zweifel beheben.**)

Ein regelmäßiger und pünktlicher Dienstbetrieb ist jedenfalls in den
Stäben nicht weniger wichtig als bei der Truppe.

Die Hauptsache aber bleibt immer, daß die höheren Führerstellen
deutlich aussprechen, was sie erreichen wollen und das Weitere Sache
der Armee sein lassen. Nicht zu tief soll der Befehlende in die Frage
eindringen, wie der Befehlsempfänger das Befohlene auszuführen haben
werde; sonst stellen sich die Bedenken und Zweifel gegen die eigenen
Anordnungen bald als unvermeidliche Gäste ein. Auch in der Befehls=
führung ist die Arbeit zu theilen. Der Befehlende soll ein erreichbares
Ziel klar erkennen und deutlich bestimmen; es bleibt des Gehorchenden
Sache, glücklich dahin zu kommen.

VIII.

Eintheilung der Streitkräfte.

Sie steht im engen Zusammenhange mit guter Befehlsführung und
ist nicht die reine Aeußerlichkeit, als welche sie auf den ersten Blick wohl
erscheinen mag, weil der gesammte Verkehr in einer Armee davon ab=
hängt. Der glatte Verlauf des Verkehrs aber übt namentlich auf die
strategischen Erfolge einen ganz unmittelbaren Einfluß aus.

Auch Personalfragen werden durch die Eintheilung des Heeres be=
rührt. Es ist klar, daß der Heerführer einen größeren Einfluß innerhalb
seines Heeres ausübt, je kleiner die direkt unter ihm stehenden Unter=
abtheilungen sind. Clausewitz sagt: „Ein Feldherr, der über 100 000
Mann vermittelst 8 Divisionen befiehlt, übt eine intensiv größere Macht
aus, als wenn diese 100 000 Mann nur in drei Divisionen getheilt
wären. Mancherlei Gründe sind die Ursache davon, der wichtigste aber
ist, daß ein Befehlshaber an allen Theilen seines Korps eine Art von
Eigenthumsrecht zu haben glaubt und sich fast jedesmal widersetzt, wenn
ihm ein Theil davon auf kürzere oder längere Zeit entzogen werden soll.

---

*) In der Regel liefern die heutzutage in Mittel=Europa überall mit hellen
und großen Räumen versehenen Schulgebäude die besten Marsch=Bureaus.

**) Napoleon I. befahl unter anderem, daß seine Marschälle in ihren Berichten
und Meldungen während der Operationen alle Ortsnamen deutlich zu unter=
streichen hätten.

Einige Kriegserfahrungen werden dies Jedermann erklärlich machen."*)
Das Zerreißen von regelmäßigen Verbänden, um die Mittel zu Ent=
sendungen und besonderen Aufträgen zu haben, hat auch aus den ein=
fachsten Gründen noch andere Nachtheile, als nur die Mißstimmung und
Unzufriedenheit der davon betroffenen Befehlshaber.   Truppenkörper,
welche geübt sind, im Ganzen vereinigt zu fechten, werden in der Zer=
splitterung taktisch natürlich weniger leisten.   Die Summe dessen, was
die einzelnen Theile bewirken, wird nicht erreichen, was das geschlossene
Ganze vermocht hätte.

Der Aufrechterhaltung einmal geschaffener Verbände wird daher
bei uns großer Werth beigemessen.   Man geht in neuerer Zeit darin
wohl sogar zu weit und verzichtet auf handgreifliche Gefechtsvortheile,
nur um sich keiner Versündigung gegen die hochgehaltene Beachtung
der Friedensverbände schuldig zu machen.   Die gute Regel wird damit
zur Pedanterie und zur Paradespielerei.   Viel kommt in dieser Hinsicht
auch auf das Friedensleben und die Friedensgewohnheiten des Heeres
an, mit welchem man zu thun hat.   Uebten bei denselben die Befehls=
haber der großen Truppeneinheiten im Friedensdienste keinen durch=
dringenden Einfluß auf die Truppen, so verliert natürlich auch deren
ängstliches Zusammenhalten im Kriege die Bedeutung, und man mag dann
lieber die Streitkräfte im Felde je nach der Persönlichkeit der vor=
handenen tüchtigen Führer gruppiren.

Die Zahl der . Unterabtheilungen, in welche man die gesammte
Streitmacht eintheilt, darf keine zu große sein.   Der Heerführer muß sich
dieselben jederzeit im Geiste gegenwärtig halten können und, wenn er
das Auge schließt, sie mit ihren Bewegungen und Stellungen sämmtlich
deutlich vor sich sehen.   Eine Dreizahl überblickt man noch wie eins;
fünf allenfalls auch noch, ohne sie abzuzählen.   Bei sieben oder zehn
erscheint das Gleiche noch möglich, wenn sie stillstehen, wie auf den
Blättern des Kartenspiels.   Schwerer wird es schon, wenn die Figuren
sich bewegen.   Zwölf, fünfzehn oder mehr Korps werden nur wenig,
besonders dafür beanlagte, Köpfe sich stets in ihrer bunt wechselnden
Gruppirung gegenwärtig halten können.

Ein Spiel mit wenig Figuren ist selbstverständlich schneller und
deutlicher zu überblicken, als ein solches mit vielen.   Zumal ist es leichter,
ihre Züge und deren Wirkung im Gedächtniß zu behalten, sie auch im
Voraus weiter zu verfolgen und sich klar zu machen, wie sie in zwei
oder drei Tagen stehen müssen.   Dies ist aber in der Heerführung noth=
wendig; denn der Geist des Feldherrn soll unausgesetzt an Entschlüssen
arbeiten,**) nicht bloß, wenn die Generalstabskarten mit Truppen=Einzeich=
nungen vor ihm ausgebreitet liegen.

Daß eine Landmacht von zwölf oder fünfzehn Korps in mehrere
Armeen getheilt sein muß, geht schon aus diesen Betrachtungen hervor.

---

*) Clausewitz. Vom Kriege II. Vierte Auflage. S. 26.

**) Vergl. in dieser Beziehung Napoleons Lehre. Kriegführung S. 18.

Nun aber haben wir ferner gesehen, daß der Heerführer in ent=
scheidenden Augenblicken des Krieges schnell denjenigen Punkt des von
seinem Heere bedeckten Raumes muß erreichen können, von dem aus er die
Lage am besten zu beurtheilen vermag. Dabei darf er aber die übrigen
Theile seiner Gesammtstreitmacht nicht vernachlässigen und muß jedenfalls
am nämlichen Tage wieder in seinem Hauptquartier sein. Stellen wir
uns das Bild einer Armee von fünf Korps vor, welche nebeneinander
marschiren, und zwar im seitlichen Abstande von einer deutschen Meile,
einem Maaße, daß sich in den kultivirten Ländern des Westens noch mit
leidlicher Unterkunft vereinigen läßt — und denken wir uns das Haupt=
quartier in der Mitte, — so hätte der Feldherr nach jedem Flügel rund
zwei deutsche Meilen, 15 km, oder hin und zurück 30 km Weg zu
machen. Will er einmal auf jedem Flügel sein, so werden es 60 km.
Diese sind noch leicht von jedem Manne in höherem Lebensalter*) zurück=
zulegen, auch wenn am Erkundungspunkte kleine Wege hinzukommen und
Zeit zum Erkennen und Ueberlegen nöthig ist. Die Arbeitskraft würde
durch solche Leistung noch nicht beeinträchtigt werden; sehr viel mehr
werden wir jedoch nicht durchweg fordern dürfen.

Nehmen wir nun zu unserem Heere noch eine oder zwei Kavallerie=
Divisionen und die schwere Artillerie des Feldheeres, so haben wir schon
sieben bis acht Einheiten, welche bei ihrer kaleidoskopartigen Durcheinander=
würfelung gerade das richtige Maß ausmachen dürften, um sie sich jeder=
zeit in der Phantasie mit Klarheit vor Augen zu halten.

Was Clausewitz über die Zahl der Unterabtheilungen sagt, kann
noch heute als vollkommen gültig angesehen werden:

„In strategischer Hinsicht sollte man niemals fragen, wie stark eine
Division oder ein Korps sein soll, sondern wieviel Korps oder Divisionen
eine Armee haben müsse. Es giebt nichts Ungeschickteres, als eine Armee,
die in drei Theile getheilt ist, es sei denn eine, die gar nur in zwei
getheilt wäre, wobei der Oberbefehlshaber fast neutralisirt sein muß."**)
Er führt dann weiter aus, daß das Bedürfniß einer gewissen Anzahl von
Theilen für ein selbstständiges Ganze eine ebenso klare als bestimmte
Sache sei. Drei Theile soll man mindestens unterscheiden, damit ein Theil
vorgeschoben und einer zurückgestellt wirken kann. Daß vier noch bequemer
sind, ergiebt sich schon daraus, daß man die Hauptmacht in der Mitte
doch stärker machen möchte, als die entsendeten Theile. Für die passendste
Zahl aber erklärt er acht Unterabtheilungen. Davon ist eine die Avant=
garde, drei bilden die Hauptmacht, nämlich rechten Flügel, Mitte und
linken Flügel; zwei dienen als Rückhalt, eine zum Entsenden rechts,
eine zum Entsenden links. Clausewitz hält dies für die gewöhnlichste
immer wiederkehrende strategische Aufstellung. Wir können nun davon
die zwei Unterabtheilungen des Rückhaltes streichen; denn bei der Ein=

---

*) Mit solchen werden wir bei der Friedensverfassung unserer Armee durch=
schnittlich immer rechnen müssen.
**) Clausewitz. Vom Kriege II. Vierte Auflage S. 24.

theilung unserer Heere in Korps schwebt uns vor, daß wir nur im Noth=
falle und kurz vor großen Entscheidungen einige derselben in zweiter Linie
zurückhalten, und sie in der gleichen Richtung den andern vorauf=
marschirenden folgen lassen. Solche zurückgestellten Korps erinnern an
die strategische Reserve, von der auch Clausewitz schon nicht viel wissen
mag. Wir kämen somit auf die Maximalstärke einer Armee von sechs
Korps. Zu einer solchen treten noch zwei oder drei Kavallerie=Divisionen
und selbstständige schwere Artillerie hinzu. Das würde wohl das höchste
Maß des ohne Schwierigkeit noch einheitlich zu Lenkenden darstellen.
Die zweite deutsche Armee war zu Beginn des französischen Krieges
freilich stärker, aber deren Führung machte selbst einem so erfahrenen
General wie dem Prinzen Friedrich Karl Mühe. Die schon erwähnte
Notiz in seinem Tagebuche besagt, daß es ein Uebelstand gewesen, wenn
er sich am 8. August erlaubte, etwa 6 bis 7 Meilen weit zu einem
Flügelkorps zu reiten, und daß dadurch die Maschine ins Stocken gerathen
sei, da der im Hauptquartier zurückgebliebene Generalstabs=Offizier sie
nicht im Gang erhalten habe.*) Die Bemerkung schließt: „Mißliches Ding,
eine Armee von sechs bis sieben Korps zu leiten."

Die Stärke von fünf Korps mit den zugetheilten Kavallerie=
Divisionen und der Artillerie scheint also das beste Maß für die Heeres=
stärke und deren Eintheilung zu geben. Dabei sind die Entfernungen
innerhalb der Armee noch nicht groß, die Arbeit der Befehlsführung ist
noch glatt zu überwinden; die Uebermittelung an alle Theile selbst ohne
Telegraphen kann eine hinreichend schnelle sein. Die Entsendung ganzer
Korps, welche bei dieser Bemessung für ein Heer allerdings unbequem
wäre, wird doch nur selten vorkommen.

1866 war die gesammte preußische Landmacht in vier Armeen,
oder später, als die Elbarmee sich mit der ersten vereinigte, in drei
getheilt. 1870 sehen wir Anfangs drei, später vier, zuletzt fünf Armeen
selbstständig auftreten. Diese Ordnung wird sich voraussichtlich für die an
einer Landesgrenze verwendete Macht auch künftig wieder ergeben. Im
russisch=türkischen Kriege von 1877/78 sehen wir auf beiden Seiten je
drei Armeen auf dem europäischen und je eine auf dem kleinasiatischen
Kriegsschauplatze auftreten.

Während für die Bildung der Armeen außer der Gesammtstärke
der Landmacht noch eine Reihe von politischen, geographischen und
strategischen Rücksichten maßgebend sein werden, sich hier also erhebliche
Unterschiede herausbilden müssen, sind für die Stärke des strategischen
Einheitskörpers, wie schon angedeutet,**) ganz bestimmte sich gleichbleibende
Bedingungen maßgebend. Das Armeekorps ist, wie bekannt, aus der=
jenigen Truppenstärke aller drei Waffen zu bilden, welche noch auf einer

---

*) S. Kriegführung S. 86, Anmerk. 2. Die Veranlassung zu dem Ritt des
Prinzen lag in der Erwartung eines Kampfes auf dem linken Flügel in der
Gegend von Rohrbach gegen Theile der bei Wörth geschlagenen französischen Armee.

**) S. Kriegführung S. 61, 72.

einzigen Straße vorzugehen und sich im Laufe eines Tages an dieser noch vollständig zum Gefecht zu entwickeln vermag. Ist das Korps schwächer, so wird das Straßennetz nicht gehörig ausgenützt; ist es stärker, so hat man ein Zuviel, weil der hinterste Theil der marschirenden Truppen das Gefechtsfeld vielleicht noch erreichen, sich auf demselben aber nicht mehr hinreichend geltend machen kann.

IX.

Erhaltung der Streitkräfte.

Die fortdauernde Abnutzung des Instrumentes, mit welchem die Heerführung rechnet, gehört zu den Elementen, auf denen die Anwendung der Lehren der Kriegführung wesentlich beruht. Sie unterwirft dieselbe einer unausgesetzten Aenderung. Ein recht deutliches Bild davon giebt der südafrikanische Krieg. Dasselbe englische Heer, welches den helden-haften Widerstand der Burenarmeen, die sich ihm als vereinigte Körper entgegenstellten, schließlich überwand, ist im Augenblicke, wo dieses ge-schrieben wird, nicht fähig, den Widerstand zu brechen, welchen die schwachen Reste jener Armeen im Parteigängerkriege leisten. Abgesehen von der veränderten Kriegsweise der Vertheidiger und den allgemeinen Umständen, wie der Ausdehnung des besetzten Gebietes, der Länge der Operationslinien*) u. s. w., liegt dies eben daran, daß das Werkzeug in den vorangegangenen Anstrengungen verbraucht worden ist und wahr-scheinlich einer vollkommenen Auffrischung bedarf, um seiner Aufgabe gewachsen zu sein.

Wer den Krieg von 1870/71 mitgemacht hat, wird der Behauptung zustimmen, daß man mit den Truppen, wie sie im Winterfeldzuge be-schaffen waren, den Sturm auf St. Privat, gleich dem vom 18. August, nicht hätte durchführen können. Man wäre vielleicht auf andere Art zum Ziele gelangt, aber man hätte den Kugelregen vor jenem Dorfe sicherlich nicht so durchschritten, wie es die Garden am wirklichen Schlacht-tage thaten. Wie sehr sich des Großen Friedrich Heere im Verlauf des 7 jährigen Krieges änderten, ist bekannt und an den Vergleich der Großen Armee Napoleons von 1805—1807 und 1809, und derjenigen von 1813 haben wir schon erinnert.**)

Dabei ist die Abnahme der Kraft eine doppelte, nämlich physisch und moralisch. Die erste pflegt sich, je nach den Umständen in Wellen-bewegungen zu heben und zu senken, die letzte neigt sich stetig und in

---

*) S. Kriegführung S. 60.
**) S. Heerführung S. 241.

schnellerer Progreſſion dem Ende zu. Sie iſt für den Erfolg im Kriege die bedeutungsvollere. Die erſtere erfordert die unausgeſetzte Sorgfalt der Heerführung für Erhaltung der im Felde ſtehenden Streitkräfte durch gute Verpflegung, hinreichende Bekleidung und möglichſt vollkommene ſanitäre Einrichtungen. Dieſe Fürſorge iſt um ſo nothwendiger, als in den Maſſen= heeren der Zukunft ſich der Mangel weit eher fühlbar machen wird, als in den kleineren Armeen der Vergangenheit, und weil andererſeits epidemiſche Krankheiten künftig ein ganz anderes, vielfach vergrößertes Gebiet der Verbreiterung finden und weit furchtbarere Verheerungen werden anrichten können, als ehedem. Die Art der Kriegführung muß mit dem phyſiſchen Zuſtande der Armee ſtets in enger Beziehung bleiben, ſoll nicht eine Kataſtrophe dadurch herbeigeführt werden, daß in entſcheidenden Augen= blicken das Kriegsmittel, die Truppe, den Dienſt verſagt. Gerade bei großen Feldherrnnaturen, welche gewohnt waren, jahrelang alle ihre Pläne ſiegreich durchzuſetzen, können wir beobachten, daß ſie am Ende in den Irrthum verfallen, die Materie für etwas Gleichgültiges anzuſehen, das ſich ihrem Willen unbedingt fügen müſſe. Karl XII. richtete ſein Heer durch die Rückſichtsloſigkeit gegen deſſen materiellen Zuſtand ſchon im Winter= feldzuge von 1708 zu 1709 zu Grunde. Die Schlacht von Pultawa hat das Werk der Vernichtung nur durch Zerſtörung eines ſchwachen Reſtes vollendet.*) An den von einer Eiskruſte bedeckten Wällen vor der kleinen bedeutungsloſen Feſtung Weyrik**) verlor der König, dem die Türken mit Recht ſpäter den Beinamen „Demirbaſchi" „der Eiſenkopf" gaben, drei Oberſten, eine Menge der beſten Offiziere und tauſend Mann von ſeinen Veteranen. Der Gewinn war werthlos; die Stadt wurde in Aſche ge= legt. „Aber das Mißverhältniß zwiſchen dem erreichten Zwecke und den Opfern, welche er gekoſtet, war zu groß, als daß es nicht auch Karl beklagte, welcher ſonſt in dieſer Beziehung wenig empfindlich war.***) An 4000 Mann gingen im Ganzen auf dem kurzen Winterzuge von nur wenig Märſchen zwiſchen Romny und Weyrik,†) der für den Krieg nichts entſchied, verloren. Sie kamen zumeiſt in den eiſigen Winternächten auf den Lagerplätzen um, und als der Sommer da war, wo der ent= ſcheidende Marſch in das eigentliche Rußland hinein hätte angetreten werden können, fehlte längſt ſchon die Kraft dazu.

Napoleons Gleichgültigkeit gegen den Stoff ſeiner Truppe iſt bekannt. In Egypten dachte er ſogar daran, Neger zu kaufen und in ſeine Bataillone zu ſtecken.††) Alle Völker Europas, auch die am wenigſten kriegeriſchen, galten ihm gleich, wenn es darauf ankam, ſeine Heere zu füllen. Er wollte ſie verwenden, wie ſeine Garden; er führte Süd=

---

*) Siehe Kriegführung S. 28.

**) Oder Weprik.

***) Streffleurs öſtereichiſche militäriſche Zeitſchrift. Dezemberheft S. 216.

†) Nordweſtlich und weſtlich von Pultawa.

††) Napoleon an Desaix den 22. Juni 1799, angeführt bei Yorck, Napoleon als Feldherr. I. S. 140.

italiener in die nordischen Steppen Rußlands und Niederdeutsche nach
Spanien, ohne einen Unterschied in seinen Forderungen zu machen.

„Napoleons Plan, 3000 Neger in seine Armee einzustellen, zeigt
recht deutlich, wie er im Vollgefühle des ihm innewohnenden Genius die
Beschaffenheit seiner Werkzeuge gering achtete; er rechnet mit den Massen;
der Werth der Zahl im Kriege ist es, der sich hier geltend macht, und
gerade Napoleons Strategie hat diesen Werth als entscheidenden Faktor
in die neuere Kriegführung eingeführt, denn die fridericianische Zeit
kannte ihn nicht als solchen".*)

Allein auch an diesem gewaltigen Manne rächte sich am Ende die
Verachtung für das Werkzeug, welches er brauchte, und mit dem er seine
gewaltigen Thaten vollbrachte. Die Große Armee von 1812 ging zum
guten Theile nur durch die Vernachlässigung und die Sorglosigkeit
hinsichtlich des Zustandes der Truppen unter, an welche der Kaiser sowohl
wie seine Marschälle, sich gewöhnt hatten. Sie mußten es erfahren,
daß Menschen und Soldaten doch eben noch mehr als bloße Zahlen
sind, und daß die Tüchtigkeit, Widerstandsfähigkeit und der gute Wille
des Individuums etwas für den endlichen Erfolg zu bedeuten hat. So
weit aber ging schließlich die Selbsttäuschung, in welche sich der Kaiser
allmählich verloren hatte, daß er noch immer über Armeen und Korps
verfügte, als diese gar nicht mehr vorhanden waren, sondern auf den
Schneefeldern Rußlands moderten und nur noch die Marschälle und
Generale mit einem elenden, fast wehrlosen Gefolge davon übrig geblieben
waren. Diese Selbsttäuschung mußte die Katastrophe ins Ungeheure
vergrößern. „Vom Schicksale verwöhnt, hatte er in den letzten Jahren seines
Feldherrnthums verlernt, Wahres vom Falschen zu unterscheiden und der
in seiner Charakteranlage vorhandene Zug zum Phantastischen ließ ihn
vom Boden der Wirklichkeit immer mehr abweichen".**)

Wir wollen wahrlich nicht denjenigen Generalen das Wort reden,
welche unausgesetzt die Schonung der Truppe als erstes Gebot einer
gesunden Kriegführung betonen. Der Soldat kann mehr leisten, als die
Schulweisheit des Unerfahrenen sich träumen läßt, wenn nur Jemand
da ist, um das Außerordentliche zu fordern. Aber der Blick des Heer=
führers für die Grenzen des materiell Möglichen darf sich nicht trüben.
Die Kriegsweise muß sich vielmehr maßvoll mit dem Truppenzustande in
Einklang halten, freilich immer die danach erreichbare höchste Leistung in
Ansatz bringend. Am meisten schmilzt im Kriege erfahrungsmäßig die
Infanterie; sie hat die größten Verluste im Kampfe und den stärksten
Abgang während der Märsche. Weniger trifft dies bei der Kavallerie
zu, solange nicht Pferdekrankheiten um sich greifen. Annähernd gleich
stark wie zu Beginn bleibt die Artillerie. Daher wächst deren Bedeutung
und Rolle im Laufe der Kriege. Das Verhältniß der Waffen zu einander

---

*) Yorck, Napoleon als Feldherr. I. S. 141.
**) Bald, Napoleonische Schlachtenanlage und Schlachtenleitung. Beiheft
zum Militär=Wochenblatt 1901. 2. Heft. S. 117.

ändert sich also fast vollkommen, und das Heer in seiner Zusammen=
setzung gewinnt eine neue Gestalt. Dies muß sich natürlich in der Art
und Weise der Durchführung aller Gefechte und Schlachten ausprägen.
Wir erfuhren das an unseren Heeren im Winterfeldzuge an der Loire und
Sarthe. Denkwürdig in dieser Beziehung ist ein Armeebefehl, welchen
Prinz Friedrich Karl dort an seine kommandirenden Generale gab. Er
empfahl, da die Infanterie bei ihrer geringen Frontstärke nicht mehr im
Stande war, den an Zahl weit überlegenen Feind durch ungestüme
Angriffe über den Haufen zu werfen wie im ersten Theile des Krieges,
eine gründliche Ausnutzung des Artilleriefeuers — freilich unter Rücksicht
auf den sich immer schwieriger gestaltenden Munitionsersatz.

Solche, aus der Praxis des Krieges geschöpfte Lehren verdienen
besondere Beachtung, weil sie einem dringenden Bedürfnisse des Augen=
blicks entsprangen, und sie noch keinerlei Beimischung rein theoretischer
Spekulation enthalten, welche sehr häufig das Ergebniß der unmittelbaren
Anschauung beeinträchtigt.

Der Prinz knüpft zunächst an die auffallende Erscheinung an, daß
die unaufgestellten französischen Heere bisweilen schon zur Offensive gegen
uns vorgegangen waren. Er befiehlt für diesen Fall die sorgfältigste
Verwerthung des Feuers bei zweckmäßiger Geländebenutzung; doch dürfe
die Artillerie nur in den Augenblicken höchster Wirkung zum Schnell=
feuer übergehen.

Das ist also zunächst ein völlig passives Verfahren; doch sollte der
Nachstoß nicht fehlen. Wie er sich zu entwickeln habe, ist bei Erörterung
der, gegenüber einem abwartenden Verhalten des Gegners zu ergreifenden,
Maßregeln gesagt. Diese erstrecken sich auf das Hinziehen des Gefechts
in der Front, bei sparsamem Geschützfeuer, und auf die Umfassung eines
feindlichen Flügels in naher Entfernung, wodurch die Franzosen vor=
nehmlich zu Offensivstößen verleitet werden sollten, welche wiederum die
Gelegenheit zu ausgiebiger Feuerausnutzung gewähren würden. Kavallerie
mit reitender Artillerie hätte dabei den Feind womöglich bis in den
Rücken des Flügels hinein zu umgehen, um Verwirrung zu erzeugen.
Dann erst, wenn der Feind verlustreich abgewiesen war, sollte das eigene
Fußvolk wieder kräftig eingreifen, um den Sieg zu vervollständigen.*)

So ist der geringen noch vorhandenen Kraft an Infanterie eine
neue eigenthümliche Rolle zugewiesen, an welche im Anfange des Krieges
sicherlich Niemand, und am wenigsten ein so erfahrener, in der Aus=
bildung des Fußvolks so bewährter, an dieses so hohe Ansprüche stellender
Truppenführer, wie Prinz Friedrich Karl, gedacht hätte. Der Artillerie
ist gewissermaßen die entscheidende Rolle zugewiesen; die Infanterie hat
nur noch den Sieg durch einen letzten kräftigen Stoß zu vervollständigen.
Dafür reichte sie noch aus. So ist sorgfältig der Zustand der Truppen
durch die Heerführung berücksichtigt, um unter den Verhältnissen, wie sie

---

*) Armeebefehl vom 10. Dezember 1870. Die Operation der II. Armee an
der Loire. S. 335. Wortlaut in „Volk in Waffen". 5. Auflage. S. 368.

sich herausgebildet hatten, doch immer noch das höchste Maß erreichbaren Erfolges für sich zu gewinnen.

Mit dem physischen Zustande des Heeres steht der moralische meist in naher Beziehung. Leiden und Beschwerden, wenn sie ein gewisses Maß überschreiten, lasten auf dem Gemüth des Soldaten und drücken sein Vertrauen herab. Aber das kommt nur zur Geltung, wenn keinerlei außergewöhnliche moralische Kraft auf der anderen Seite dem entgegen wirkt. Ein großer Heerführer vermag gerade darin Wunder zu thun. Man rufe sich nur aus der Geschichte ins Gedächtniß, über welche unsäglichen Schwierigkeiten Alexander, Hannibal, Cäsar, Friedrich oder selbst ein Ferdinand Cortez und Pizarro die Ihrigen hinwegzuführen verstanden. „Wir sind nicht ermattet, wir sind auch nicht durstig, ja, wir halten uns auch nicht für sterblich, so lange wir einen solchen König haben" riefen die macedonischen Reiter Alexander zu, als sie diesen in der Stunde höchster Noth das Wasser von sich weisen sahen, das man ihm brachte, um den brennenden Durst zu löschen.

Napoleon steht in dieser Hinsicht am größten während seines egyptischen Feldzuges da.

„Mit dem Beginn dieser neuen Unternehmung brach die allgemeine Unzufriedenheit, die ungeheuere Enttäuschung und Entmuthigung, welche Führer und Soldaten seit dem Augenblicke der Ausschiffung bei Alexandria ergriffen hatte, zum ersten Male los und machte sich in Murren und aufrührerischen Redensarten Luft. Aber weiter ging es auch nicht. Noch ehe eine That des Ungehorsams geschehen, ohne Strafen, ohne Gewaltmaßregeln, nur durch den Eindruck seines Wortes und seiner Persönlichkeit führte Napoleon den Soldaten zu seiner Pflicht zurück, — und," sagt Savary, „so groß war das Vertrauen, welches der General Bonaparte in sich selbst hatte, daß er bei diesem Stande der Dinge Kairo verließ".*)

Hoffnung auf den Sieg ist das Zaubermittel, welches große Feldherren in jenen Augenblicken moralischer Depression, wo Alles auf dem Spiele steht, auf ihr Heer wirken ließen, und die sie, wie den Springborn aus dem Sande, mit dem Wunderstabe ihrer eigenen Zuversicht zu wecken verstanden.

Solche Macht wie diesen Männern ist nun freilich nicht jedem Heerführer gegeben; ein jeder aber soll doch die Moral seiner Truppen als die kostbarste Kraftquelle im Kriege pflegen. Den Einfluß, welchen selbst ein Kutusow auf das russische Heer und das ganze russische Volk von 1812, trotz der engen Grenzen seiner Begabung, zu üben wußte, hat Clausewitz uns trefflich geschildert.**) Niemand, der im Kriege zum Handeln berufen ist, soll solche Mittel zum Siege gleichgültig verschmähen.

Aufmerksamkeit auf den augenblicklichen moralischen Zustand des Heeres ist bei jedem Entwurf zu einem Unternehmen nothwendig. Auch ein und dieselbe Truppe zeigt keineswegs immer den gleichen inneren

---

*) Yorck, Napoleon als Feldherr. I. S. 120.
**) S. Heerführung S. 226.

Werth. Eine Fülle an sich geringer Einflüsse läßt seine Stimmung, seinen ganzen seelischen Zustand sich unaufhörlich ändern. Jahreszeit, Witterung, Verpflegung, Ermüdung, auftauchende Gerüchte, die Verbreitung eines unglücklichen Wortes, welches auf einen durch vorangegangene Unfälle fruchtbar gewordenen Boden fällt, bringen den Umschlag vom Stolz zur Verzagtheit, von Vertrauen zur Muthlosigkeit hervor, und ebenso kann umgekehrt ein an sich unbedeutender Erfolg ein geringfügiger Glücksfall das niedergebeugte Heer zur Siegesfreudigkeit emporschnellen. Alle Disciplin vermag solche Schwankungen nicht vollkommen zu beseitigen.

Das Unbekannte macht in der Regel einen verhängnißvollen Eindruck auf die Menge. Die geheimnißvolle Gefahr schreckt das menschliche Gemüth mehr, als die deutlich erkennbare, und auch der Soldat ist und bleibt in Rüstung und Uniformsrock ein Mensch. Die nämliche Truppe zeigt darin die wunderlichsten Gegensätze, je nachdem sie im Kampfe die ihr zusagenden Bedingungen trifft oder nicht. Von vielen Beispielen sei nur ein neuestes erwähnt, das gerade in unseren Tagen Interesse hat. Die Buren, welche sich nicht scheuten, zehnfacher Uebermacht in wohl= vorbereiteter Vertheidigung entgegen zu treten, oder auch den in starker und beherrschender Stellung stehenden Feind bei großer eigener Minder= zahl anzugreifen, wenn sie nur die von ihnen als Deckung so geschützten Steinblöcke an den zu ersteigenden Abhängen fanden, zeigten nach allen Berichten die entschiedenste Abneigung gegen jedes Vorgehen in der freien Ebene*) und eine geradezu abergläubische Furcht vor dem Angriff auf Verschanzungen, zumal wenn sie vor denselben Minenanlagen vermutheten. Ja, es kam selbst ein Gefühl hinzu, welches diese Abneigung noch ver= stärkte, daß nämlich der Tod beim Vorgehen gegen solche Hindernisse etwas Unrühmliches habe.

Dergleichen Absonderlichkeiten spielen natürlich eine weit größere Rolle in Volksheeren als in den ständigen, in denen die soldatische Ausbildung die Wirkung von Vorurtheilen und falschen Einbildungen beschränkt.

Auch bei stehenden Heeren aber wird es darauf ankommen, daß der Führer sich für solche Schwächen der Truppe den scharfen Blick be= wahrt und dieselben rechtzeitig dadurch bekämpft, daß er jener die Grund= losigkeit ihrer Scheu durch die That beweist, wie Alexander seiner Phalanx den Schreck vor den persischen Elephanten und Sichelwagen nahm. Stets müssen die Anforderungen auf den moralischen Zustand des Heeres abgestimmt sein, und sie dürfen nicht zur Unzeit Heldenstücke verlangen, die in besseren Tagen ausführbar sind.

Nach einem Mißerfolge wird die blinde Energie, welche geschlagene Truppen immer wieder vorwärts treiben will, ihren Zweck verfehlen, so

---

*) Das scheint sich freilich in den letzten Zeiten geändert zu haben. Im Gefecht bei Nooitgedacht trieb General Beyers, einer der tüchtigsten Burenführer, einen jungen Burschen, der sich hinter ein Felsstück barg und den er schon mehrfach ermuntert, mit ein paar Peitschenhieben und den Worten vorwärts: „Such' Deinen Schutz bei Gott, mein Junge, und nicht bei einem Stein!"

lange sie nicht in dem Geiste des Soldaten wenigstens die Aussicht auf
Erfolg zu wecken weiß, sei es durch herangeführte Verstärkungen, sei es
durch Erneuerung der Ausrüstung und Bewaffnung oder durch eine Zeit
der Ruhe, in welcher Muth und Kräfte wiederkehren können. Truppen,
welche lange im Felde stehen, und deren beste Offiziere und tapferste
Soldaten bereits auf den Schlachtfeldern liegen, sind natürlich der
moralischen Anspannung nicht mehr fähig, die sie mit über die Grenze
brachten. Dafür stellt sich bei ihnen Erfahrung, Gewandtheit, Ver=
schlagenheit, Gewöhnung an die Gefahr und eine gewisse Gleichgültigkeit
gegen Gefechtserscheinungen, welche sie Anfangs erschütterten, ein, und
diese Eigenschaften müssen klug benutzt werden. Die Kämpfe gestalten
sich langsamer, besonnener; sie sind mehr mit List und sorgfältiger Ver=
werthung aller Vortheile des Geländes oder anderer Umstände durchzu=
führen. Sie werden wohl schleppender, können aber nichtsdestoweniger
ihren Zweck erfüllen. Wenn wir mit den Bataillonen vom Januar 1871
auch die Spicherer Höhen und St. Privat nicht mehr so, wie geschehen,
hätten erstürmen können, so ward doch das von zahlreichen Vertheidigern
besetzte Plateau D'Auvours vor Le Mans von geringen Kräften mit
einem Verlust genommen, der zehnfach kleiner war, als er es dort ge=
wesen. Wer dem Kriege von Anbeginn gefolgt war, konnte sich am
Schlusse der Bewunderung nicht erwehren, wie trefflich es unsere In=
fanterie gelernt hatte, unter tosendem Feuer in die Bodenfalten an den
Abhängen zu gleiten, sich dann aber, ohne zu zögern, mit zähem Willen
empor zu arbeiten, um schließlich in kurzem Anlauf die feindliche Stellung
zu nehmen. Gelegenheit, Tausende todt und verwundet auf den unge=
schützten Flächen liegen zu lassen, wäre auch dort gewesen.

Nimmt die Gefechtsenergie in langen Kriegen ab, so steigert sich
dafür die strategische Leistungsfähigkeit des Heeres, wenigstens, wenn es
gelingt, die noch übrigen Truppen materiell in guter Verfassung zu
halten. Die Marschfähigkeit hat naturgemäß eine erhebliche Steigerung
erfahren, die körperlich schwachen Bestandtheile sind abgefallen, die zähen
und ausdauernden übrig geblieben. Ihnen kommt die reichliche Uebung zu
Statten, und man vermag mit ihnen Dinge zu unternehmen, welche im
ersten Theile des Krieges garnicht geplant werden durften. Das Doppelte
und Dreifache fällt jetzt leicht. Man denke nur an den Marsch des
9. Armeekorps am 16. und 17. Dezember 1870, bei dem es, in einer
Zeit von 33 Stunden, die Nachtruhe und längere Gefechtsbereitschaft
eingerechnet, 10, 10¼ und 11 deutsche Meilen zurücklegte. Dabei waren
die Wege grundlos, Kolonnen, Trains und Kommandos aller Art kamen
ihnen in der Dunkelheit entgegen, und die Mannschaften vermochten sich
keine andere Verpflegung zu verschaffen, wie etwas Kaffee, der in später
Nacht oder morgens vor dem Ausrücken bereitet wurde.

Man wäre auch in den ersten Wochen des Krieges vielleicht unter
Aufbietung aller Energie der Führer im Stande gewesen, einen ähnlich
weiten Marsch zurückzulegen. Es hätte aber am Schluß desselben bei den
Truppen übel ausgesehen. Wir können es leicht ermessen, wenn wir

uns die großen Marschverluste vor Sedan vergegenwärtigen*).　Hier an der Loire im Dezember ließen manche Bataillone nicht einen einzigen Ermüdeten zurück, die andern durchschnittlich nicht mehr als 5 pCt.; von nahezu 4000 Pferden fielen 13.　Dabei wurde nur ausnahmsweise den Mannschaften das Gepäck nachgefahren.

In Ertragung von Beschwerden und Anstrengungen bewähren sich die Kriegserfahrung und das oft fälschlich gepriesene Veteranenthum weit mehr als auf den Gefechtsfeldern.　Die Heerführung kann daher unter solchen Umständen zu kühneren strategischen Kombinationen greifen, um die verringerte Gefechtskraft auszugleichen.　Die Beweglichkeit ist dabei noch durch das Schmelzen der Zifferstärken erhöht worden.　Ernährung und Unterkunft erleichtern sich.　Nur gilt es, dem Anwachsen des Trosses mit größter Strenge zu steuern, welcher erfahrungsmäßig bei der Fort=dauer des Krieges das Wachsthum von Lawinen zeigt und schnell ein bedenkliches Impedimentum werden muß.　Ein begreiflicher innerer Zu=sammenhang besteht überdies zwischen diesem Anschwellen und dem Ab=nehmen der Mannszucht.　Zumal mehrt sich die Zahl der Mannschaften, welche bei den Lastfuhrwerken, sei es zur Bedienung, sei es als Schutz, herumlungern, und die als Streiter in Reih und Glied ausfallen.　Der Krieg verliert mit der Zeit selbst bei siegreichem Fortschreiten, den Reiz der Neuheit und des Ungewöhnlichen.　Die Spannung, mit der man den kommenden Ereignissen entgegensah, schwindet; die Hingebung an die Sache läßt auch bei den Offizieren allmählich nach.　Die lange zurückge=drängten persönlichen Interessen beginnen sich wieder geltend zu machen; die Sehnsucht nach Bequemlichkeit erwacht in gar manchem Gemüth, und das Alles macht den Apparat des Nachschubs hinter der Front anwachsen. Am Ende sind oft ebenso viel Kräfte rückwärts zerstreut, als thatsächlich noch vorn fechtend in der Front stehen.　Eiserne Energie ist hier am Platze, um dem Unwesen und der danach folgenden Auflösung zu steuern.

Den gefährlichsten Feind der Heere civilisirter Völker, die Kriegs=müdigkeit**) und die einreißende Gleichgültigkeit gegen den Erfolg kann nur der Heerführer selbst überwinden.　Er, der zu Beginn des Krieges in unnahbarer Höhe thronte und über Hunderttausende gebot, muß mit dem Schmelzen seiner Truppenmassen tiefer hinabsteigen, zugänglicher werden, den persönlichen Verkehr mit Offizieren und Truppen pflegen, seine Einwirkung intensiver gestalten und lebhafter, als zu Beginn, sein Beispiel leuchten lassen, soll nicht das heilige Feuer der Begeisterung für den Sieg des Vaterlandes und den Ruhm der eigenen Waffen allmählich erlöschen und am Ende nichts übrig bleiben, als matt glimmende Asche.

In den Heeren der großen Kriegshelden von überwältigender Per=sönlichkeit, hat sich die Kriegsmüdigkeit freilich immer nur spät und nach übermenschlichen Anstrengungen fühlbar gemacht.　Dennoch mußte auch Alexander in Indien der Mißstimmung seiner Macedonier weichen, und

---

*) S. Kriegführung S. 26.
**) S. Kriegführung S. 27.

Napoleon empfand bitter schon 1813, und mehr noch im Feldzuge des folgenden Jahres, seiner Generale Kriegsmüdigkeit. Diese ist stets mehr eine Krankheit der Befehlshaber und Offiziere gewesen, als die der Soldaten. Jene haben Ehre und Ruhm genossen, sind an Erlebnissen gesättigt, haben vielleicht gar, wie Napoleon's Marschälle, hohen Rang und Vermögen erworben, und die Sehnsucht nach ruhigem Genuß dieses Gewinns erlangt die Oberhand über die Kriegslust. Darum ist gerade bei längerem Verlaufe des Krieges das Beispiel des unermüdlichen und rastlosen Feldherrn doppelt nothwendig, wie es der große König den Seinen bis zum letzten Augenblicke des siebenjährigen Riesenkampfes gegeben hat.

Beachtenswerth ist ferner die geschichtliche Erfahrung, daß die wohlgeordneten in systematischer Friedensschule erzogenen Heere der modernen Militärstaaten sich mit der Dauer des Krieges allmählich verschlechtern, schnell zusammengeraffte Truppen und bewaffnete Aufgebote aber, wenn es ihnen nur gelingt, sich im Felde zu behaupten, mit der Zeit sich verbessern und kriegstüchtiger werden. Dies Beispiel haben nicht nur die Heere der ersten französischen Republik gegenüber den Truppen der Coalitionen, sondern auch die Armeen der Union im amerikanischen Secessionskriege und, in gewissem Maße, auch die Aufgebote der französischen Nationalvertheidigung nach Sedan gegeben. Hier war lediglich die Zeit bis zum Friedensschlusse zu kurz, um den Erstarkungsprozeß sich vollenden zu lassen. Das Feldleben wird dabei zur Schule, und wenn es auch nur langsam bildet und Disciplin lediglich nur dort erzeugt, wo starke Charaktere als Befehlshaber wirken, so vermag es doch den Stoff nach und nach zu bessern. Aus Freiwilligen und Conscribirten werden am Ende Soldaten, welche dann auch über ihre ehemals besser geschulten Gegner zu siegen vermögen. Es liegt das im Wesentlichen daran, daß das Offizierkorps einer regulären Armee, welches an ganz andere Erscheinungen gewöhnt ist, sich schwer in nationalen Aufgeboten zurecht findet. Es war vielleicht der verhängnißvollste Fehler der Kriegsverwaltung Gambettas, Generale an die Spitze der Mobil- und Nationalgarden zu stellen, welche bis dahin nur glänzende kaiserliche Garden und altgediente Regimenter kommandirt hatten. Die neue Truppe hätte auch neue Männer in der Führung erfordert. Für das reguläre Heer aber, das solche Gegner zu bekämpfen hat, heißt die erste Lehre: „Verdoppelte Energie, um den Erstarkungsprozeß beim Feinde nicht werden zu lassen, — eine unerbittliche Kriegführung, bei welcher Schlag auf Schlag folgt!"

X.

Beurtheilung des Erfolges im Kriege.

I. Allgemeines.

„Im Kriege sind die Moral und die Meinung mehr als die Hälfte
der Wirklichkeit." So mahnt Napoleon.*)

Da die Erfolge im Kriege nicht rein materiell, sondern durch den
Eindruck errungen werden, welchen die Wirklichkeit in der Vorstellung
der Betheiligten hervorruft, so ist der Heerführer unzweifelhaft berechtigt,
alle Mittel zu gebrauchen, welche jenen Eindruck zu vergrößern geeignet
erscheinen. Man siegt ja nicht, indem man alle seine Feinde vernichtet,
sondern indem man einen Theil kampfunfähig macht, damit aber dem
übrigen die Hoffnung auf den Sieg nimmt. Der Erfolg geht auch keines=
wegs einem mathematischen Gesetze derart nach, daß er sich streng an das
Maß der Verluste auf der einen oder anderen Seite hält. Sehr oft
krönt er denjenigen, welcher thatsächlich die größere Einbuße an Streitern
erlitten hat. Daraus ergiebt sich schon, wieviel die Einbildung im Felde
thun kann. Sie wird zu einem durchaus anwendbaren Kriegsmittel, das
eben so gut ist, wie die anderen, wie Truppen oder Geschütze, und das
nicht vernachlässigt werden darf. Räumt der Feind das Schlachtfeld,
weil er glaubte, daß wir stärker seien als er, so ist der Effekt meist
genau derselbe, wie wenn wir es wirklich waren. Vergegenwärtigt man
sich nun, wie außerordentlich schwer es ist, während des Kampfes die
Streiterzahl beim Gegner auch nur annähernd genau festzustellen, ja, daß
dieselbe sich manchmal auch hinterdrein nicht mehr bestimmt ermitteln läßt,
so begreift man leicht, welche große Rolle gerade in dieser Beziehung
die Vorstellung spielen muß. Sie kommt der Wirklichkeit nahezu gleich.

Oft werden auch die Früchte, die wir aus einem Siege, sei es
durch die Verfolgung, sei es durch die strategische Benutzung ziehen, die
nämlichen sein, ob jener nun aus einer übertriebenen Idee des Feindes
von unserer überlegenen Stärke, oder aus deren wirklichem Vorhandensein
entstanden ist. Auch imaginäre Kräfte haben im Felde, wenn sie wirken,
ihre volle Berechtigung. „In meinen Feldzügen in Italien, wo ich nur
eine Handvoll Leute hatte, habe ich meine Stärke beständig übertrieben.
Das hat meinen Plänen genützt und meinen Ruhm nicht vermindert",
berichtet Napoleon von sich selbst.**) Unzweifelhaft wird man demjenigen,
welchen man stark glaubt, vorsichtiger d. h. weniger kühn und unter=
nehmend gegenüber treten, als demjenigen, welchen man für schwach hält.
Man steckt sich das Ziel nicht so weit, als es geschehen könnte und ver=

---

*) An Clarke. Schönbrunn. 10. Oktober 1809.
**) Ebenda.

zichtet freiwillig auf Erfolge, die noch zu haben wären. Der künstlich erzeugte Glaube an überlegene Zahl schwächt also den Feind thatsächlich in seinen Kraftäußerungen. „Die Kunst der großen Heerführer war es immer, dem Feinde ihre Truppen sehr zahlreich erscheinen zu lassen und den Feind der eigenen Armee als sehr unterlegen".*)

Ebenso wie mit der Zahl geht es auch mit den Erfolgen. Kann man den Feind und die Welt glauben machen, daß sie groß gewesen seien, so werden sie auch die Wirkung von solchen üben. Hat uns doch Kutusows Beispiel gezeigt, daß man sogar eine Niederlage, welche man geschickt als einen Sieg ausruft, wirklich in einen Vortheil zu verwandeln vermag.**) Nur die wirkungslose Prahlerei wirkt verächtlich und übt am Ende, wenn sie in ihrer wahren Natur erkannt wird, einen Rückschlag auf die Stimmung des Heeres aus.

Den Erfolg im Kriege richtig nach seinem Werthe abzuschätzen ist mindestens ebenso schwierig, wie das Erkennen der Ziffernstärke des Gegners. Er besteht aus einer materiellen und einer ideellen Größe, dem Verluste, welchen man dem Feinde beibringt, dem Gelände oder dem Kriegsmaterial, das man ihm entreißt und andererseits aus dem Eindrucke, den dies auf ihn macht. Läßt sich das erste erkennen, so bleibt doch das zweite, nämlich die moralische Empfindung des Feindes, eine unbekannte Größe. Sie zu errathen wird nur Erfahrung und der Scharfblick für die menschliche Natur vermögen. Beide aber bedingen die neuen eigenen Entschlüsse und diese wieder die nachfolgenden Ereignisse.

Prinz Friedrich Karl lehrt: „Nur diejenige Schlacht ist verloren, welche die Offiziere glauben verloren zu haben und deshalb das Ringen um den Sieg nicht länger fortsetzen." Er selbst bethätigte diese Lehre an dem denkwürdigen 16. August 1870 durch das eigene Beispiel. Zunächst wirkte schon sein Eintreffen auf dem Schlachtfelde belebend. Es flößte, wie immer, das Erscheinen seiner Persönlichkeit, den Soldaten Zutrauen zum guten Ausgange ein. Sodann aber verstand er es meister= haft, seiner Umgebung und allen Befehlshabern, mit denen er in Berührung kam, klar zu machen, daß, um den Tag zu einem Siege zu gestalten, es nur darauf ankäme, nicht davon zu lassen, sondern sich den Willen dazu zähe bis zum Ende zu erhalten. Daher seine Mahnungen an alle, auch die schwächsten Truppentheile, immer wieder vorzugehen, oder sich wenigstens zu behaupten, wo sie hielten; — daher am Ende sein Befehl an die 6. Kavallerie=Division, noch im Halbdunkel ohne Objekt in der Richtung gegen den Feind zu attakiren. Auf materielle Errungenschaften, niedergerittene Bataillone, eroberte Geschütze oder Feldzeichen kam es dabei gar nicht mehr an, wohl aber auf die Meinung, die dem Feinde im letzten Augenblick der Schlacht von unserer Stärke und unserer noch vorhandenen Kraft beigebracht werden sollte. Der Zweck ward erreicht, das Feld behauptet fast ohne hinreichende Truppen, es auch nur in seiner

---

*) An Clarke. Schönbrunn, den 10. Oktober 1809.
**) S. Heerführung S. 226.

ganzen Ausdehnung leicht zu besetzen. In keiner neueren Schlacht haben Moral und Meinung so glücklich die Wirklichkeit ergänzt, als in dieser, und es geschah durch das Verdienst des Feldherrn, dem das klare Bewußtsein des Zwecks aus Erfahrung und Nachdenken deutlich vor der Seele stand. Mehrfache Aussprüche des Prinzen ließen dies erkennen. Im kritischsten Augenblicke der Schlacht beschwichtigte er die besorgten Gemüther mit der ruhigen Bemerkung: „Nur noch eine Stunde an dieser Stelle und es ist ein regulärer Sieg". Den vorwärts getriebenen Truppen ließ er mehrfach sagen: „Siegen heißt Terrain gewinnen", um ihre Zweifel darüber zu beheben, was bei der Geringfügigkeit ihrer Stärke das Vorgehen noch bedeuten solle.

Oft wird es nicht einmal darauf ankommen, den Eindruck auf die gesammte Masse der feindlichen Streitmacht auszudehnen, sondern ihn nur auf die Offiziere, oder gar lediglich auf den feindlichen Feldherrn zu machen. Sie haben das Schicksal ihres Heeres in der Hand. So erweitert sich die Rolle, welche die Meinung bei kriegerischen Ereignissen spielt, und des großen Schlachtenlenkers Wort, daß sie mehr als die Hälfte der Wirklichkeit sei, findet sich auf allen Seiten der Kriegsgeschichte bestätigt.

Bei der Bewerthung der einzelnen Vorgänge im Kriege steht natürlich ihr Verhältniß zu dem verfolgten Zwecke oben an. Bei Vionville am 16. August 1870 handelte es sich darum, die französische Armee, nachdem sie einmal dicht westlich Metz entdeckt worden war, dort auch festzuhalten. Hiermit war ihre Zerstörung durch die deutsche Ueberlegenheit auf die eine oder andere Weise gegeben. Am 17. und 18. August kamen, wie sich voraussehen ließ, jedenfalls soviel unserer Truppen zur Front heran, daß der Feind überwunden, und das große Ziel, welches Moltke an jenem denkwürdigen Abende neu bezeichnete, nämlich „Abdrängung der französischen Armee von ihrer Rückzugslinie auf Paris gegen Norden hin" erreicht werden konnte. Das Gefühl des Sieges am Ende der Schlacht von Vionville entsprang hauptsächlich dieser Erkenntniß. Die Verluste waren groß; aber sie betrafen doch nur einen Theil des gesammten Heeres, nicht das Ganze, und sie beraubten es nicht der Kraft, seine Ziele weiter zu verfolgen. Es war kein Pyrrhus-Sieg, bei welchem der Heerführer zwar seinen Willen am Ende durchgesetzt hat, aber damit zugleich die Fähigkeit verliert, die Früchte dieses Triumphes einzuheimsen.

Auch die Schlacht vom 18. August 1870 ward im Wesentlichen dadurch zum Siege, daß der während des Kampfes entstandene Zweck „Hineindrängung des Feindes nach Metz" erreicht wurde; denn die Verluste waren auf deutscher Seite erheblich größer als bei den Franzosen; diese hatten auf vielen Punkten alle Anstrengungen der Angreifer vereitelt. Die augenblicklichen materiellen Ergebnisse waren für den Sieger ganz geringfügige, da der geschlagene feindliche Flügel sich durch einen kurzen Rückzug in Sicherheit hatte bringen können.

Zugleich weist diese Schlacht auf die Bewerthung der Ereignisse nach Maßgabe der Folgen hin, welche sie haben können. So gering, wie nämlich unmittelbar die Ergebnisse waren, so groß sollten die mittelbaren sein. Marschall Bazaine's Armee, die stärkste Frankreichs, die einzige, mit der die deutsche Heerführung im Augenblicke ernsthaft zu rechnen hatte, war zwar durch die Schlacht weder sehr erheblich geschwächt, noch erschüttert worden, aber sie hatte sich in eine bedenkliche Lage gebracht. Durch den Rückzug hinter die Werke von Metz ermöglichte sie einem Theile der deutschen Kräfte ihre Einschließung. Sie schied aus der Reihe der Größen aus, welche bei den zunächst kommenden Entscheidungen eine bedingende Rolle spielten. Freilich fesselte sie zugleich deutsche Truppen in bedeutender Zahl, welche sie umringt halten mußten, um sie endlich zur Uebergabe zu zwingen. Aber der Ausfall an frei verfügbaren Feldtruppen war vergleichsweise auf französischer Seite der größere. Die Ueberlegenheit der nach Westen marschirenden Deutschen über Mac Mahon's, allein noch das Feld haltende Armee war eine größere, als zuvor diejenige aller deutschen Heere über die Gesammtheit der französischen Macht. Mit genialem Blick übersah Moltke am Morgen des 19. August dieses neue Verhältniß und gründete darauf seine Rechnung für die Beendigung des Krieges gegen das Kaiserreich. Die moderne Kriegsgeschichte kennt kaum ein Beispiel gleich richtiger und schneller Bewerthung eines Erfolges von zweifelhaftem Scheine; und nie hat ein großer Feldherr eine glücklichere Stunde gehabt, als unser Feldmarschall damals in Rezonville. Unstreitig war der höchstmögliche Vortheil aus dem Siege gezogen und dies, ohne auch nur eine Minute unnöthig zu verlieren.

Wir fügen noch zwei Beispiele anderer Art hinzu, bei denen es sich um besonnenes und schnelles Urtheil über kriegerische Ereignisse handelte und zwar über unglückliche, deren Bewerthung meist schwerer ist, als die der glücklichen, und bei denen die Wichtigkeit, welche der Feldherr ihnen gab, für die Operationen im großen Ganzen entscheidend wurde.

Kaum hat je ein Heer in kurzer Zeitspanne so herbe Schicksalsschläge erlitten, als die schlesische Armee in den Februartagen von 1814 durch Napoleon. Auf Olsufiews Vernichtung bei Champaubert am 10., folgte am 11. schon Sackens Niederlage bei Montmirail, am 12. diejenige Yorcks bei Chateau Thierry, worauf noch Blücher selbst am 14. Februar bei Vauchamps und bei Etoges völlig geschlagen ward. Die Armee hatte ein Drittheil ihrer Stärke verloren; alle Korps waren sehr erschüttert und angegriffen. Die Wirkung der Ueberlegenheit des Kaisers hatte damit indessen das Ende erreicht. Dieser mußte von den Geschlagenen ablassen, um sich nach seinen anderen Feinden umzusehen. Die schlesische Armee aber wurde durch die Wirkung der Niederlage auf die Vereinigung hingewiesen, die sich bei Chalons sur Marne vollzog; ihre bisherige Zersplitterung hob der Feind gewissermaßen gewaltsam auf. Sofort, wie es scheint noch in der Nacht nach dem Gefecht von

Etoges, überblickten Blücher und Gneisenau die wahre Lage, die bei Weitem nicht so ernst war, als sie aussah und der Menge wohl erschien. Sie erkannten, daß Napoleons Erfolge keine weitere Bedeutung haben würden, wenn sie nur mit den wiedervereinigten Truppen von Neuem vorgingen und so auch die zögernde Hauptarmee der Verbündeten mit sich fortrissen. „Wir thaten, als ob wir nicht geschlagen wären, und am fünften Tage ergriffen wir wieder die Offensive"*) — schrieb, diesen Augenblick kennzeichnend, Gneisenau später an Clausewitz. Unzweifelhaft hätte ein schwachherziger Feldherr an Blüchers Stelle sich durch die Höhe der materiellen Einbuße, die Scenen der Vernichtung und Auflösung, die vor seinen Augen abspielten,**) sich leicht verleiten lassen können, die Niederlage für eine endgültige anzusehen und den Rückzug auch vor schwachen Kräften fortzusetzen. Es ist schwer zu ermessen, welche Folgen dies für den Gang des Krieges im Allgemeinen gehabt haben würde. Wohl möglich scheint es, bei dem lauen Verhalten der Hauptarmee und ihrer Führung, daß sie verhängnißvoll geworden wären. —

Das zweite Beispiel bietet der Abend der Schlacht von Ligny dar, welche Napoleon begann, um die ihm im Jahre 1815 gegenüberstehenden verbündeten Heere zu trennen,***) deren Rückzugslinien bekanntlich in divergirenden Richtungen auseinander liefen. Ueber den Vereinigungs= punkt waren sie schon zurückgedrängt, die Preußen geschlagen, nicht ohne Schuld Wellingtons, der seine Zusage, mit der Armee auf dem Schlacht= felde zu erscheinen, nicht hatte halten können. Sichere Rettung bot sich dem preußischen Heere nur in der Richtung gegen Nordosten, wo der Weg zu den heimathlichen Staaten lag. Die Richtung gegen Nordwesten, wo es bei weiteren Unfällen, oder nochmaligem Ausbleiben englischer Hülfe auf die fremde Meeresküste geworfen werden konnte, drohte einem ängstlichen Gemüth mit dem Verderben. Die Versuchung lag nahe, im Hinblick auf die eben erlittene Niederlage nur an das eigene Heil zu denken und Wellington seinem Schicksale zu überlassen. So waren 1794 Engländer und Oesterreicher getrennt und geschlagen worden. Aber Gneisenau's Adlerauge erkannte, daß alle Wirkungen der verlorenen Schlacht aufgehoben sein würden und die Niederlage des Gegners besiegelt, sobald die Preußen und ihre Verbündeten sich überhaupt nur irgendwo vereinigten. Ihre Ueberlegenheit war dann eine vernichtende. Nach kurzem Besinnen entschied er sich deshalb, auf die an ihn gerichteten Fragen, für den Rückzug über Tilly und Wawre, d. h. in Richtung gegen Wellingtons Heer. Im Fluge hatte Gneisenau auch übersehen, daß die Kraft der preußischen Armee noch nicht gebrochen und groß genug wäre, die Vereinigung, wenn nöthig, gewaltsam durchzusetzen. „Es ist ein Augenblick, welcher den Namen des Mannes den Heroen anreiht, deren

---

*) Delbrück. Gneisenau's Leben. Berlin Reimer 1882. II. S. 63.

**) Das Kleist'sche Korps hatte bei Etoges die Hälfte seines Bestandes, vier= tausend Mann verloren.

***) S. Kriegführung S. 80.

Andenken fortlebt unter den wechselnden Geschlechtern der Menschen" — sagt hier der Biograph von Gneisenau mit Recht.*)

Schon diese wenigen Beispiele beweisen, von welcher entscheidenden Wichtigkeit die, den Umständen nach richtige Beurtheilung der Erfolge im Kriege ist. Erst durch die Bewerthung, welche ihnen von Freund und Feind gegeben wird, erhalten sie ihre wahre Bedeutung.

Sich durch das Mißgeschick nicht schrecken zu lassen, aus dem Siege aber den größten innerhalb der natürlichen Grenzen der Möglichkeit liegenden Nutzen zu ziehen — das ist die Aufgabe des Heerführers.

2. Die Benutzung des Sieges. Verfolgungen.

Die Benutzung des Sieges und die Verfolgung des geschlagenen Feindes bilden recht eigentlich eine ausschließliche Angelegenheit der obersten Heerführung. Die Gesetze der Kriegführung treten dabei in den Hintergrund, denn der Feind ist im Augenblicke widerstandsunfähig. Bei Erläuterung der Grundsätze müssen wir uns natürlich einen voll= ständigen Sieg nach wirklich entscheidend durchgeführtem Kampfe denken. Auf solcher Grundlage beruht auch die Wahrheit des alten Soldatenworts, daß nach dem Siege alle Rathschläge gut seien mit alleiniger Ausnahme der verständigen.

Der Wirkung unserer Waffen fehlt am Ende der glücklich durch= gerungenen Schlacht die vollwerthige Gegenwirkung; der Feind hätte sonst ja das lang bestrittene Schlachtfeld nicht verlassen. Es scheint deshalb, daß die Verfolgung gerade eine Sache der Truppe sein müßte, welche endlich den Gegner überwunden hat und ihn fast wehrlos noch nahe vor sich sieht. Bei leicht erfochtenen und doch vollkommenen Siegen, nach denen es sich bei der Verfolgung nur noch um eine Jagd auf fliehende Truppen handelt, tritt das auch wohl ein. Die Führer der vorderen Linie oder die Truppe selbst machen sich ans Werk. Das Gefühl überschüssiger Kraft, welche noch verwerthet sein will, läßt sie dem Feinde nachsetzen. Allein das sind Ausnahmefälle, während meist die Erfahrung das Gegentheil lehrt. Ueberall dort, wo der Heer= führer die Verfolgung nicht selbst in Bewegung bringt und leitet, bleibt sie aus oder endet vorzeitig. Fast alle neueren Kriege bestätigen dies. Zum Theil liegt der Grund dafür in der heutigen Art der Kriegführung, zumal in dem Streben nach umfassenden Angriffen, wie dies schon er= läutert worden ist.**) Hauptsächlich aber wirken psychologische Ursachen dem Gelingen einer energischen und nachhaltigen Verfolgung nach dem Siege entgegen.

Zuvörderst muß man sich klar machen, daß es in der modernen Schlacht außerordentlich schwer ist, den rechten Augenblick für die Vor=

---

*) Delbrück. Gneisenau's Leben. II. S. 187.

**) Siehe Kriegführung S. 101.

bereitung und den Beginn der Verfolgung zu erkennen. Das war zur Zeit der Linear-Taktik anders. Deutlich sah man es damals, wenn die feindliche Linie in ihrer Haltung zu wanken anfing, wenn die Bataillone um die Fahnen wirbelten und der Zug der Flüchtlinge sich nach rückwärts in Bewegung setzte. Blieben in jener Zeit die Verfolgungen aus, so geschah es wegen der eigenthümlichen Steifheit und Gebundenheit der taktischen Formen, die für den Kampf nur die geschlossene Ordnung gebrauchten.

Heut sind die ausgedehnten Fronten, auf welchen beide kämpfenden Theile noch dazu soviel als möglich Deckung suchen, nicht mehr im Ganzen zu übersehen. Der Erfolg an einer Stelle kann, ohne daß es hier bemerkt wird, durch einen Rückschlag in der Nachbarschaft vom Gegner wettgemacht worden sein, und der Versuch einer Verfolgung, zur Unzeit unternommen, führt vielleicht nur dazu, daß das schon Gewonnene wieder verloren geht. Die Sorge davor hält den Sieger zurück. Er erinnert sich der allgemein gültigen Gefechtslehre, daß jede Truppe, die eine Oertlichkeit genommen hat, sich in dieser erst festsetzen und nicht ohne Weiteres über den jenseitigen Rand hinausgehen soll. Vorsichtig bleibt er daher stehen. Das wird an vielen Punkten der Gefechtslinie gleichzeitig eintreten, und der untere Führer abwarten, bis das Nachsetzen ein allgemeines wird. Dies kann bei großen Verhältnissen nur ein hochstehender Befehlshaber, ehestens der kommandirende General eines Korps oder der Führer einer Armee, veranlassen. Am besten leitet es der Feldherr aller an der Schlacht betheiligten Streitkräfte selbst ein. Er hat nur mit der Schwierigkeit zu kämpfen, daß er meistens zu weit entfernt ist und daß die Nachricht vom wirklichen Stande der Dinge zu spät an ihn gelangt.*) Täuschungen können auch ihm noch begegnen, wie es dem General von Steinmetz bei Gravelotte um 3 Uhr Nachmittags erging, trotzdem das Gelände, wenn auch für Truppenbewegungen schwierig, so doch im Ganzen übersichtlich war. Er befahl eine allgemeine Verfolgung, während es sich thatsächlich darum handelte, erst noch den bis dahin nicht gelungenen Angriff zu verstärken. An Erfahrung für die Beurtheilung von Gefechtserscheinungen aber konnte es diesem Manne wahrlich nicht gebrechen, der schon in den Freiheitskriegen mitgefochten und 1866 bereits als Führer an hoher Stelle eine hervorragende Rolle in mehreren aufeinander folgenden heißen Kämpfen gespielt hatte. Um so mehr wird der Heerführer, der an seinem Platze noch ein Neuling ist, mit den Befehlen zur Verfolgung zögern, und sich erst noch ver-

---

*) Auch hier ergiebt sich wieder eine Ausnahme von der Regel, daß die höheren Führer während des Kampfes der fechtenden Truppe nicht zu nahe sein sollen. Sobald eine Krisis, zumal eine solche für die Entscheidung der Schlacht im Ganzen eintritt, wird das unumgänglich nothwendig werden; sonst muß die Ausnutzung des Erfolges nothgedrungen hinter dem Maße des Möglichen zurückbleiben (vergl. S. 218). Auch Dasjenige, was wir hinsichtlich der Absendung beobachtender Generalstabs-Offiziere auf die verschiedenen Theile des Schlachtfeldes gesagt haben, findet hier seine Anwendung (vergl. S. 221).

gewissern wollen, ob die Umstände sie schon gerathen sein lassen. Darüber kann aber wieder der rechte Augenblick versäumt werden und der Feind im Abzuge einen Vorsprung gewinnen.

Eine arge Rückwirkung auf die eigene Truppe kann bei verfrühtem Ansetzen der Verfolgung nicht ausbleiben, wie sie auch am Nachmittage des 18. August 1870 auf dem rechten Flügel der Deutschen eintrat. Verwirrung ist unvermeidlich, wenn die voreilige Vorwärtsbewegung in's Stocken geräth. Zugleich muß es moralisch erschütternd wirken, daß auch dem einfachen Soldaten nicht entgehen kann, wie sehr sich die höhere Führung getäuscht habe.

Abgesehen von dem ganz unmittelbaren Nachdrängen hinter dem weichenden Feinde her, darf man also die Einleitung der Verfolgung von der unteren Führung nicht verlangen.

Eine weitere Ursache, welche diese unthunlich macht, ist auch die Verfassung, in der sich die Truppen am Ende der Schlacht der Regel nach befinden. Ward der Erfolg zuvor ernsthaft bestritten, so hat die Entscheidung die höchste Anspannung aller moralischen und physischen Kräfte erfordert und dieselbe sich bis zuletzt noch fortschreitend gesteigert. Der sichtbar werdende Vortheil, das Aufhören des Widerstandes beim Feinde, wirkt daher wie eine Erlösung, und diese führt naturgemäß mit dem Gefühl der Befriedigung auch das Nachlassen der Anspannung herbei. Ein Moment der Ermattung pflegt sich einzustellen, und nur ein gewaltiger Anstoß von außen kann die Truppe noch zu weiteren Leistungen drängen.

Es ist menschlich, daß jede einzelne Abtheilung, welche ernst gefochten hat, von der Ueberzeugung durchdrungen ist, daß grade sie den größten Theil der Arbeit gethan und die schwerste Last getragen habe. In Folge dessen glaubt sie sich am wenigsten verpflichtet, oder gar berufen, nun auch noch die Verfolgung zu übernehmen. Gern überläßt sie diese Anderen. Jede Truppe hat zudem Verpflichtungen gegen die Ihrigen, an welche in der Aufregung des Kampfes Niemand denken konnte. Verwundete sind zurückgeblieben, Versprengte müssen herangeholt, die einzelnen Verbände wieder gesammelt und mit Führern versehen werden; man sucht nach Offizieren, nach Freunden und Verwandten, deren Schicksal im Augenblick unbekannt ist. Der Schießbedarf fehlt, die Erschöpfung ist allgemein.

Es wird also noch nicht einmal genügen, daß der Befehl zur Verfolgung von der höchsten Führerstelle ausgeht, namentlich wenn es ein schriftlicher ist, der am Abend nach der Schlacht im Hauptquartier geschrieben wird. Die Erfahrung lehrt, daß dabei der Strom der Handlung sehr bald versandet und am Ende nichts Ernsthaftes geschieht.*)

Rein persönliches Eingreifen ist nöthig, um die vielen kleinen Hindernisse zu beseitigen, welche sich der Durchführung energischer Verfolgung entgegenstellen. Der Feldherr muß zum Truppenführer werden, diese

*) Vergl. Volk in Waffen. V. Auflage. 7. bis 12. Tausend. S. 337.

Rolle aber auch vorbereiten. Er hat selbst für die Mittel zu sorgen, welche er zur Ausnutzung des Sieges einsetzen will. Streitkräfte sind rechtzeitig zu ermitteln, die noch verfügbar stehen und nun beim Nahen des kritischen Moments herangezogen werden können. Selten werden ganze Armeekorps oder auch nur Divisionen und Brigaden vom Kampfe noch unberührt geblieben sein.

Aber auch wenn dies zutrifft, haben sie oft große Anstrengungen hinter sich und bedürfen eines besonderen Antriebes, um sich rechtzeitig in Bewegung zu setzen. Die Einleitung zur Verfolgung ist also an sich kein einfaches Ding, und sie muß in Augenblicken höchster Erregung, wo der Heerführer von allen Seiten in Anspruch genommen ist, wo jeder in der Front kommandirende General die noch vorhandenen Truppen zur Verstärkung des letzten Stoßes an sich zu ziehen sucht, getroffen werden.

Der Kampf zwischen großen Armeen wird für gewöhnlich mindestens einen vollen Schlachttag in Anspruch nehmen, und der Abend heran-kommen, ehe an Entscheidung und Verfolgung überhaupt gedacht werden kann. Diese fällt daher meistens schon in die Dunkelheit und unterliegt allen Nachtheilen, welche von Nachtmärschen und Nachtgefechten unzer-trennlich sind. Die Scheu davor wird sich bei den Befehlshabern der zum Verfolgen bestimmten Truppenkörper um so mehr regen, als sie grade das von der Schlacht erzeugte Durcheinander vor Augen haben, und sich die wahre Lage des Feindes überdies nicht mehr erkennen läßt. Bei Königgrätz stand bekanntlich das ganze V. Armeekorps, welches gegen Abend auf dem Schlachtfelde eingetroffen war, zur Verfolgung der ge-schlagenen österreichischen Armee bereit.*) Eine Aufzeichnung seines Generalstabschefs im Tagebuche belehrt uns aber auch in diesem Falle, welche Zufriedenheit trotz der günstigen Umstände dort herrschte, als der schon ertheilte Befehl, die Verfolgung in die Dunkelheit hinein zu be-ginnen, wieder aufgehoben wurde. „Es bedurfte der energischsten Führung, wenn das schon erschöpfte Korps bei all' der Wirrsal bei Freund und Feind nicht selbst desorganisirt werden sollte." **)

Zuletzt ist unter den, die sofortige Ausnutzung des Sieges und eine erfolgreiche Verfolgung erschwerenden Umständen auch noch die über-raschende Schnelligkeit und Ausdauer aufzuzählen, welche geschlagene Truppen der Regel nach im Marschiren entwickeln. Der Schrecken beflügelt ihren Schritt. Dadurch ward beispielsweise General von Göben's treffliche Disposition für die Verfolgung nach St. Quentin vereitelt. Er hatte schon in seinem Schlachtbefehl Tags zuvor am Schlusse gesagt:

„Sollte der Feind unsern Angriff nicht abwarten, so ist er mit Auf-bietung der letzten Kräfte energisch zu verfolgen; da die Erfahrung lehrt,

---

*) Vergl. Kriegführung S. 101. Anmerkung. Außerdem verfügte die Elb-armee zum gleichen Zwecke noch über die 16. Infanterie-Division und 2 Kavallerie-Brigaden

**) Lettow-Vorbeck. Kriegsgeschichtliche Beispiele. S. 79.

daß bei so schwach organisirten Streitkräften*) nicht sowohl der Kampf selbst, als die durchgreifende Ausbeutung desselben die größten Erfolge giebt".

Und am Abend nach der Schlacht befahl er weiter:

„Jetzt handelt es sich darum, den Sieg auszubeuten; heute haben wir gekämpft, morgen müssen wir marschiren, um die Niederlage des Feindes zu vollenden . . . . . . wir müssen ihn einholen, bevor er seine Festungslinie erreicht. Zu diesem Zweck stelle ich als Grundsatz hin: alle Truppen marschiren morgen fünf Meilen . . . ." das geschah auch, aber der Feind war noch schneller, obwohl er nur über junge noch wenig kriegsgewohnte Truppen verfügte.

Welche Hemmnisse sich auch immer entgegenstellen mögen, es muß doch das Aeußerste versucht werden, um die unmittelbare Verfolgung nach dem Siege nicht fehlen zu lassen, weil sie den psychologischen Moment trifft, in welchem der Feind noch ganz unter dem überwältigenden Eindruck der erlittenen Niederlage steht. Das enthebt uns auch der systematischen Anordnungen und der genauen Beobachtung der sonst für Kampf und Bewegung im Angesicht des Feindes üblichen Regeln. „Bei der Verfolgung eines fliehenden Feindes kommt es garnicht darauf an, mit geschlossenen Brigaden oder nur Bataillonen zu marschiren; was zurück bleibt, bleibt zurück und muß nachgeführt werden. An die Klagen der Kavallerie muß man sich nicht kehren, denn wenn man so große Zwecke als die Vernichtung einer ganzen feindlichen Armee erreichen kann, kann der Staat wohl einige hundert Pferde verlieren, die aus Müdigkeit fallen. Eine Vernachlässigung in Bezug des Sieges hat zur unmittelbaren Folge, daß eine neue Schlacht geliefert werden muß, wo mit einer einzigen die Sache abgethan werden kann." So lautet Blüchers klassische Lehre für Verfolgungen. Er gab sie seinen Truppen nach der Katzbachschlacht, und ihr folgten die glänzenden Tage vom 27. bis 31. August 1813.**)

Daß auch heute noch die unmittelbare Verfolgung vom Schlachtfelde aus ihre Früchte tragen kann, hat Wörth bewiesen, wo sie freilich noch bei Tageslicht begann. Mit einem Verluste von höchstens 50 Mann erntete die III. deutsche Armee einen Gewinn von mehr als 2000 Gefangenen, einer Fahne und 10 Geschützen, nebst vielem anderen Material. Mindestens eben so hoch ist aber der Umstand anzuschlagen, daß die taktische Ordnung beim Gegner vollkommen gelöst wurde. Ein fernerer Widerstand war unmöglich geworden; selbst die von Bitsch her dem geschlagenen Korps Marschall Mac Mahon's zu Hülfe eilende Division Lespart vom 5. Korps scheint durch den Eindruck, welchen die geschlagene Armee hervorrief, wesentlich in ihrer Haltung erschüttert worden zu sein. Ihr sofortiger Abzug ohne Kampf spricht jedenfalls dafür.***)

---

*) Bekanntlich wurde die Schlacht von St. Quentin am 19. Januar 1871 von der I. deutschen Armee gegen die, durch die September-Republik aufgebotene französische Nordarmee geschlagen.

**) Lettow-Vorbeck. Kriegsgeschichtliche Beispiele S. 237.

***) Lettow-Vorbeck. Kriegsgeschichtliche Beispiele S. 152.

Größeres hätte hier erreicht werden können, wenn sich an die un= mittelbare in den nächsten Tagen eine weitere Verfolgung durch starke, mit Artillerie versehene, Reitermassen angeschlossen hätte. Aber die dazu hauptsächlich verfügbare 4. Kavallerie=Division stand zu weit zurück. Sie wurde verspätet herangeholt, gelangte erst in voller Dunkelheit aufs Schlachtfeld und versäumte am folgenden Morgen durch einen Umweg die Gelegenheit, an den Feind zu kommen — ein neuer Beweis, daß die richtige Einleitung von Verfolgungen nicht leicht ist. Würde indeß das Oberkommando der Armee sie in der Frühe persönlich begleitet und auf die rechte Spur gebracht haben, so wäre dies vielleicht vermieden worden. Die beginnende Verfolgung auf dem Kampfplatze ist der Zeitpunkt, wo, um ein bekanntes Bild zu brauchen, der Heerführer sich mit dem Säbel in der Faust persönlich an die Spitze derjenigen Truppen stellen muß, die er in Eile zusammenraffen kann, um dem Gegner auf den Fersen zu bleiben — etwa so, wie die Ueberlieferung uns Blücher und Gneisenau bei der berühmten nächtlichen Verfolgung nach Belle Alliance vorzu= führen pflegt.*)

Bisher haben wir nur die nächste Verfolgung vom Schlachtfelde aus ins Auge gefaßt. Die weitere geht entweder in die strategische Aus= nutzung des Sieges im Großen durch ganz neue Operationen über, wie sie von Moltke am 19. August 1870 so meisterhaft gehandhabt wurde, oder sie besteht in der energischen Förderung der schon begonnenen, welche plötzlich von den Fesseln des gegnerischen Widerstandes befreit sind. Sie werden natürlich zunächst auf die möglichst gründliche Zer= störung der geschlagenen feindlichen Armee ausgehen, indem sie die weichenden Heerestheile zu abermaligen Kämpfen zu zwingen suchen und sie am Ende der Grundlage ihrer Existenz, des Besitzes guter Verbindungen und einer gesicherten Basis, berauben. Darin war Napoleons Verfolgung der preußischen Armee nach der Doppelschlacht von Jena und Auerstädt das bisher unerreichte Muster. Den ursprünglichen Gedanken, den Feind in seiner linken Flanke zu umfassen und ihn vom größten Theil seines Staatsgebiets zu trennen, hatte der Kaiser schon beim Anmarsche zur Schlacht dahin erweitert, daß er ihm die Rückkehr auf das rechte Saaleufer unmöglich machte und ihm sogar den Weg zur Elbe ver= legen wollte. Die Trümmer der preußischen Armee erreichten nun zwar auf Umwegen bei Magdeburg und unterhalb noch diesen Strom. Aber Napoleon hatte schon am Tage nach der Schlacht die ganze Größe seines Vortheils richtig erfaßt. Er sah, daß er bis zur Weichsel hin keinen

---

*) Auch diese nächtliche Verfolgung ist durch die Legende stark übertrieben worden. Thatsächlich sind hierbei die angriffsfähigen Massen nur 5 km über das Schlachtfeld hinaus gegangen, also nicht weiter wie bei Jena und Wörth. Gneisenau mit seinen 1¼ Bataillonen, 7 Eskadrons folgte allerdings noch weitere 12 km, aber der geringe Verlust seiner Kavallerie, 7 Mann, 18 Pferde todt und verwundet, zeigt, daß er die Kolonnen des fliehenden Feindes nicht mehr erreicht hat. (Lettow=Vorbeck, Kriegsgeschichtliche Beispiele S. 79.)

ebenbürtigen Widerstand mehr zu besorgen habe, daß er die Provinzen
bis dorthin schon als erobertes Land ansehen dürfe, und in Folge dessen
hatte er auch begonnen, seine Streitkräfte zu deren Besetzung strahlen=
förmig auseinander zu ziehen. Bereits war der Berlin näher gelegene
Mittellauf der Elbe bei Wittenberg von ihm erreicht. Er trennte Sachsen
von der preußischen Sache, war vor den Verfolgten in Berlin und
drängte sie endlich von der Oder ab, die Reste zu den Waffenstreckungen
von Prenzlau und Ratkau zwingend. So schmerzlich unser Vaterland
davon betroffen wurde, können wir doch an diesem Beispiel strategischer
Verfolgung nicht vorübergehen, ohne davon zu lernen. Es ist die höchste
Leistung in Benutzung des Sieges zu Gunsten des in der Ausführung
begriffenen Operationsplans. Freilich wurde sie auch nur durch des
Kaisers rastlose persönliche Thätigkeit ermöglicht. Unausgesetzt drängt er
seine Marschälle vorwärts. In jene Tage fällt der Gewaltmarsch des
Korps Soult, welches vom 7. bis zum 22. Oktober — 16 Tage hinter=
einander — ohne Aufhören in Bewegung blieb und auf den Tag an
26 Kilometer zurücklegte. Für solche Dauer hat das kein anderer größerer
Heertheil in modernen Kriegen zu Wege gebracht. Inzwischen bildete der
Kaiser sich in Erfurt, sodann in dem schnell gewonnenen Wittenberg
große Stapelplätze und verlegte und kürzte seine Verbindungslinien. Das
Alles hatte unerhörte Arbeit gekostet, aber diese wird auch in allen Fällen
von einem Feldherrn gefordert, dem die Pflicht zufällt, den errungenen Sieg
aufs Höchste auszubeuten, damit er womöglich keines zweiten mehr bedürfe.

---

3. Abschwächung der Wirkung von Niederlagen.

Wie der Heerführer es verstehen soll, seine Erfolge auf's Höchste
zu verwerthen, so muß er nicht minder Herr der Kunst sein, den
Unfällen, welche im Laufe eines langen Krieges nicht ausbleiben, ihre
niederdrückende Wirkung zu nehmen.

Das Erste hierzu ist eine besonnene Einleitung des Rückzuges,
welche den Feind über dessen Beginn im Unklaren läßt. Ein letzter
Vorstoß von Reserven, zumal erneute Thätigkeit der ganzen Artillerie,
das Auftreten von Kavalleriemassen, wenn solche noch vorhanden und
frisch sind, in den Flanken des Gegners bilden dazu geeignete Mittel.
Gleichzeitig aber ist der Abmarsch auf soviel Straßen als möglich in
Bewegung zu setzen. Unter äußerster Anstrengung aller Führer muß
eine feste Haltung der Truppen erzielt werden, möge darin auch mehr
Schein als Wirklichkeit liegen.

Am Abende von Königgrätz gingen zwei österreichische Reserve=
Divisionen der von Sadowa auf Nechanitz hervorbrechenden preußischen
Kavallerie entschlossen entgegen. Mußten sie schließlich auch den Kampf=
platz räumen, so erreichten sie doch ihren Zweck, den Gegner von der
immer mehr in Unordnung gerathenen Infanterie abzuhalten. Ebenso
aufopfernd war das Verhalten der österreichischen Artillerie, welche mit

218 Geschützen einen schirmenden Halbkreis um die zurückfluthenden Truppen bildete, trotzdem ihre einzige Bedeckung nur in zwei noch unberührten Kavallerie-Divisionen bestand. Aus solchem Verhalten der österreichischen Artillerie und Kavallerie wurde preußischerseits auf einen geordneten Rückzug geschlossen, und dieser Eindruck hat sicherlich das Seinige dazu beigetragen, den Gedanken an sofortige energische Verfolgung zu hemmen. Der Vortheil davon wäre ein noch größerer gewesen, wenn nicht die allgemeineren Anordnungen für einen geregelten Abmarsch hinter die Elbe gemangelt hätten.*)

Nachahmenswerth ist auch das Beispiel General Chanzy's bei seinem Rückzuge mit der 2. Loire-Armee von Orleans nach Beaugency, nach dem Loir und an die Sarthe bis Le Mans im Dezember 1870. Ihm wurde freilich die Ausführung durch numerische Ueberlegenheit über den verfolgenden Sieger wesentlich erleichtert.**)

Die verlorene Schlacht erfordert zunächst eine Unterbrechung der Berührung mit dem Sieger. Dabei findet die Führung in dem Selbsterhaltungstriebe des Heeres einen mächtigen Bundesgenossen.***) Sie hat im Wesentlichen die richtige Wahl der Rückzuglinie zu treffen. Darin besteht ihre vornehmste Aufgabe. Es gilt, den Feind, wenn ihm der Rückzug nicht mehr verborgen werden kann, darüber zu täuschen, wohin derselbe gehe. Welchen Vortheil hierbei die Theilung der Kräfte in auseinandergehenden Richtungen bietet, ist bekannt.†)

Gelingt das Losmachen vom Gegner, so ist die Zeit für moralische Einwirkung des Heerführers und Wiederherstellung der Ordnung unter den Truppen gewonnen. Der Moment ist gekommen, wo der Feldherr in trüber Lage sich doppelt stark zeigen muß. Von Marschkolonne zu Marschkolonne soll er eilen, sich überall sehen lassen, überall ermuthigend, aufrichtend und anfeuernd. Blücher's Beispiel nach Ligny kann uns dabei voranleuchten. Die Wahrheit, daß Moral und Meinung im Kriege mehr als die Hälfte der Wirklichkeit sind, wird sich hier besonders geltend machen. Glückt es dem Heerführer, seine Truppen zu dem Glauben zu bringen, daß der Unfall wenig oder nichts zu bedeuten habe, daß die Verluste keine unersetzlichen seien und am Ende im Grunde genommen nichts verloren wäre, so ist sein Spiel halb gewonnen; auch sein Heer wird sich wieder erheben und den Eindruck der Niederlage verwinden. Aber des Feldherrn und seiner Umgebung persönliche Haltung muß in solchen Tagen mehr als sonst noch mit den beruhigenden Versicherungen in vollem Einklange stehen.

Vom Entschluß zum Rückzuge sind natürlich alle diejenigen Truppentheile sofort in Kenntniß zu setzen, welche durch denselben in Mitleiden-

---

*) Von Lettow-Vorbeck. Kriegsgeschichtliche Beispiele S. 76/77.
**) Chanzy. La deuxième Armée de la Loire. S. 157 u. ff. Vergl. auch L'esprit de la guerre S. 563.
***) S. Heerführung S. 277.
†) S. Kriegführung S. 133/34.

schaft gezogen werden könnten. Das Unglück von Saalfeld am
10. Oktober 1806 entstand zum Theil, weil Massenbach die Avantgarde
des Prinzen Louis Ferdinand nicht davon benachrichtigt hatte, daß der
Vormarsch der Hohenlohe'schen Armee über die Saale, welchen der
Prinz sichern sollte, aufgegeben sei. Um wieviel mehr kann eine
Katastrophe eintreten, sobald ein Heertheil ohne Kunde vom Rückzuge
des benachbarten bleibt, auf dessen Unterstützung er rechnete. Es ist
indessen nicht immer klug gehandelt, die Nachricht sofort und überall hin
zu verbreiten, wenigstens ehe sich die Größe des Unfalles deutlich über=
sehen läßt. Die alte Erfahrung lehrt, daß diese im ersten Augenblicke
der Bestürzung meist überschätzt wird. Durch rückhaltlose Verbreitung
des unmittelbaren Eindruckes würde man also seine Wirkung selbst noch
künstlich vermehren. Der angerichtete Schaden stellt sich bei näherer
Untersuchung in den meisten Fällen als ein bei Weitem kleinerer heraus,
wie man ursprünglich annahm. Mannschaften, die vermißt wurden,
oder irgendwie von ihrer Truppe abgekommen waren, finden sich
wieder ein. Truppentheile, von denen man beim Beginn des Rückzuges
nichts wußte und die man für abgeschnitten hielt, kehren zu ihren Ver=
bänden zurück. Geschütze, von denen es hieß, daß sie verloren seien,
haben doch noch einen Weg vom Schlachtfelde zurückgefunden. So pflegt
schon auf dem ersten Marsche sich die Stärke der arg zusammengeschmolzenen
Truppenkörper wieder etwas zu vermehren und allgemach kommt mehr
und mehr dazu.

Als am Morgen des Gefechtes von Trautenau sich unter den zurück=
gegangenen Truppen des I. Armeekorps die Nachricht verbreitete, General
von Bonin wolle sie wieder durch das Gebirge vorführen, da wurden
Stimmen genug laut, welche dies für ganz unausführbar erklärten: „Es
seien nur noch Trümmer vorhanden" — hieß es ganz allgemein*) und
doch war der wirkliche Verlust ein geringfügiger. Nicht ein einziges
Geschütz war stehen geblieben; an Todten und Verwundeten hatte man
weit weniger eingebüßt als der Gegner, und man brachte überdies eine,
für ein verlorenes Gefecht recht stattliche, Anzahl von Gefangenen mit.

Bekannt ist, daß Wellington nach der Schlacht von Ligny die Nacht
hindurch noch im Ungewissen über den Ausgang derselben blieb. Die
Annahme, daß ihn das preußische Hauptquartier absichtlich ohne Meldung
gelassen habe, liegt dabei garnicht fern. Er kannte aus eigener An=
schauung den üblen Stand der Dinge und wußte, daß die preußische
Armee werde weichen müssen, wenn er nicht mit der seinigen zur Unter=

---

*) Dies war vornehmlich dadurch veranlaßt worden, daß während des Rückzuges
der Befehl verbreitet worden war, alle Abtheilungen sollten in die Standorte des
vorigen Tages wieder einrücken. Nun hatte am 26. Juni ein bedeutender Theil
der Truppen das Marschquartier mit Biwaks vertauscht und Offiziere und Mann=
schaften suchten, je nach ihrer Auffassung, entweder das erstere oder die letzteren
auf. So kam es, daß selbst viele Kompagnien nicht zusammenblieben, sondern
den Rest der Nacht nach dem Gefechte getrennt an verschiedenen Punkten zu=
brachten. Erst im Laufe des 28. Juni fand sich Alles wieder zusammen.

stützung erschien. Nun war er aber nicht gekommen, vermochte also zu übersehen, welchen Gang die Dinge inzwischen genommen haben würden. Daß Napoleon nichts Weiteres thun werde, um seinen Vortheil auszubeuten, nahm er sicherlich nicht an. Ein dringender Anlaß, ihn vom wirklichen Verlust der Schlacht sogleich zu benachrichtigen, lag also nicht vor. So war es wohl geboten, seine im preußischen Hauptquartier nur zu gut bekannte Vorsicht nicht früher zu beunruhigen „als man die Folgen der Schlacht übersehen und bestimmte Zusicherungen über sofortiges Wiedererscheinen geben konnte. Anderenfalls hätte Wellington sich den Echec, den die Preußen erlitten, vielleicht größer vorgestellt, als er wirklich war und wäre seinerseits völlig zurückgegangen".*)

Wenn der Unterliegende im Augenblick der Entscheidung häufig auch die Größe des geschehenen Unglücks noch nicht übersehen kann, so wird er sich doch gegenwärtig halten müssen, daß es unter hundert Fällen neunzig Mal dem Sieger mit seinem Erfolge ebenso geht. Es sei nur daran erinnert, daß die erste vom Schlachtfelde von Königgrätz nach Berlin gerichtete Siegesdepesche sehr bescheiden von einigen zwanzig eroberten Geschützen sprach.**) Von der wahren Bedeutung der eben beendeten Schlacht hatte man auch nur annähernd keine richtige Vorstellung.

Die Ueberstürzung ist also für den Geschlagenen nicht blos vom Uebel, sondern auch ganz unberechtigt. Zumal ist die so leicht sich regende Besorgniß um den Rückzug fast immer unnöthig. Die Schlacht ruft alle Truppentheile des Feindes nach dem Kampfplatze und so biegen auch die Umgehungskolonnen des Feindes dorthin aus. Der Weichende findet zum Rückzuge selbst diejenigen Wege offen, welche vor der Schlacht schon bedroht oder gar durchschnitten waren. Der gewöhnliche Ruf, man sei umgangen und abgeschnitten,***) welcher sich wie eine ansteckende Krankheit schnell unter den zurückfluthenden Truppen verbreitet, hat in den allermeisten Fällen keine andere Grundlage, als die erregte Phantasie derer, die ihn zuerst hören ließen. Selbst nach der Schlacht von Auerstädt wäre der preußischen Hauptarmee der Marsch zur Elbe und zur Vereinigung mit der Reservearmee des Herzogs von Württemberg möglich gewesen, hätte man dies nur übersehen und die Truppen hinreichend in der Gewalt gehabt, um ihnen sogleich eine bestimmte Richtung geben zu können. Auch Wörth bietet ein Beispiel dafür, wie die Wirkung der Umfassung mit dem Siege auf dem Schlachtfelde aufgehoben wird und dem Geschlagenen der vorher schon gefährdete Rückzug wieder offen steht.

Wenn solche kühn gewählten Wege der Rettung meist unbenutzt bleiben, so liegt dies nur daran, daß der unterliegende Theil sie noch für verschlossen hält, und daß es außerordentlich schwierig ist, die das

---

*) Delbrück. Gneisenau's Leben II. S. 191.

**) Lettow-Vorbeck. Kriegsgeschichtliche Beispiele S. 78.

***) Selbst während des Rückzuges von Trautenau wurde er laut, obgleich der ganzen Sachlage nach eine Gefahr, abgeschnitten zu werden, für die preußischen Truppen ganz ausgeschlossen war.

Schlachtfeld fliehenden Truppenmassen auf andere Wege zu bringen als diejenigen, welche geradeswegs nach rückwärts führen.

Sobald als irgend möglich, muß in den Entschlüssen des Heerführers das Trachten nach Gefechtserfolgen wieder die Oberhand gewinnen, mögen sie auch materiell ohne große Bedeutung sein und keinen wesentlichen Einfluß auf den Gang der Operationen ausüben. Sie bilden das beste Heilmittel gegen die Niedergeschlagenheit und Muthlosigkeit der Truppe. Nach dunklen Stunden plötzlich aufkeimende Hoffnung pflegt stärkere Blüthen zu treiben, als sie der inneren Kraft entsprechen. Selbst ein Scheinsieg, von dem sich die Kunde im Heere verbreitet, kann dieses wieder beleben. Viel wird freilich darauf ankommen, welcher Art der erlebte Mißerfolg war. Ein abgewiesener Angriff besagt ja ohnehin noch nicht, daß man der Schwächere gewesen sei, nur die mißglückte Vertheidigung liefert den bündigen Beweis hierfür. Im zweiten Falle würde meist auch eine materielle Verstärkung, sei es durch frische Streitmittel, sei es durch besondere Vortheile des Geländes, nothwendig sein, ehe man an neuen Kampf denken kann. Im ersten dagegen bietet schon der Rollenwechsel die Gelegenheit dazu; denn die Kraftprobe wird danach unter den umgekehrten Bedingungen an die beiden Kämpfer von Neuem gestellt.

Hartnäckige Nachhutgefechte einer nach verfehltem Angriff weichenden Armee gewähren die beste Gelegenheit, die Moral des Heeres wieder aufzurichten. Die Gefahr, dabei neue Verluste, namentlich an Gefangenen, zu erleiden, liegt freilich nahe, weil der Kampf nothwendigerweise mit abermaligem Rückzuge enden muß. Aber man kann sie vermeiden, wenn man Zeit und Umstände richtig erwägt. Daß die Nacht ein brauchbarer Verbündeter gut geführter Arrièregarden ist, wissen wir bereits.*) Ein vortheilhaftes, der Verfolgung ungünstiges Gelände kann die nämlichen Dienste leisten. Gangbare, aber übersichtliche und dicht bebaute Gegenden, wie wir sie 1871 an der Sarthe kennen lernten, sind dem Auftreten und Wiederverschwinden einer tüchtigen Nachhut außerordentlich günstig. Die moderne Waffenwirkung begünstigt die hinhaltende, abwehrende Fechtart. Sie erschwert das Erkennen einer Stellung, die Entwickelung ihr gegenüber und giebt dem Vertheidiger das Mittel zum Zeitgewinn. Auch die Jahreszeit kann viel beitragen, solchen einzuheimsen und den stärkeren Feind, wenn er unvorsichtig nachdrängt, an einzelnen Punkten erfolgreich abzuweisen. Der Winter bringt dem Verfolger die schwierigsten Verhältnisse. Er erleichtert dem Besiegten das Entkommen. Die Kavallerie des Gegners, die ihm sonst am gefährlichsten ist, kommt auf glattem Boden nicht vorwärts, die Artillerie kann nur dicht seitwärts der Straßen auffahren. Sie muß sich im Schritt bewegen; bei rückgängigen Gefechten kann sie leicht verloren gehen und auch der Angreifer wird deshalb bei ihrer Verwendung vorsichtiger und zögernder verfahren. Die Infanterie muß also den Strauß fast allein ausfechten und auch sie kommt nur langsam vorwärts. Von sprungweisem Vorgehen, von stürmischem Anlauf ist nicht die Rede.

---

*) Vergl. Kriegführung S. 142 u. ff.

Winterkämpfe bei hohem Schnee gewinnen also etwas sehr Zehrendes und Schleppendes. Sie nehmen die Kräfte stark mit. Dazu tritt die geringe Tagesdauer und der in den Morgenstunden meist herrschende Nebel. Ein später Beginn, entscheidungsloser Gang und frühes Ende kennzeichnen die Gefechte. Der Winter ist also recht eigentlich die Jahreszeit für den Schwachen, oder für denjenigen, der die Entscheidung hinziehen will. Der Angreifer wird, selbst wenn er siegt, so erschöpft sein, daß er an eine Ausnutzung des Sieges nicht mehr denken kann und selbst ein Schein weiterer unmittelbarer Verfolgung unmöglich wird.

Dies sind Umstände, welche einem geschlagenen Heere Gelegenheit geben, durch erfolgreichen Widerstand partielle Vortheile zu erringen und den Eindruck hervorrufen, als sei ein Umschlag im Kriegsglück eingetreten, wenn sein ganzer Erfolg einstweilen auch nur in der glücklichen Abwehr des Gegners bis zu einer bestimmten Stunde bestand. General Chanzy benutzte ähnliche günstige Verhältnisse geschickt und energisch bei seinem Rückzuge.*) An Junitagen wäre seine Armee in derselben Lage von dem nämlichen Angreifer, der sie im Winter nur zurückdrängen und schwächen konnte, aller Wahrscheinlichkeit nach völlig aufgelöst worden.

Es kommt bei diesen Gefechten auch weniger darauf an, daß sie in nahem Zusammenhange mit den großen taktischen oder strategischen Gedanken stehen, als darauf, überhaupt nur wieder irgend einen taktischen Erfolg zu erringen, oder wenigstens den Kampf ohne neue Niederlage zu bestehen. —

Hoch über diesen und ähnlichen äußeren Mitteln, ein Heer nach verlorenen Schlachten aufzurichten, steht aber wieder die Macht der Persönlichkeit des Heerführers, der gerade in solchen Unglückstagen durch sein Beispiel und sein Wort Wunder wirken und einer ganzen Armee den verlorenen Muth zurückgeben kann. „Oft hängt es von einem Führer ab, aus schwachen und unentschlossenen jungen Leuten unerschrockene Soldaten zu machen".**) Ebenso vermag derselbe niedergeschlagene Flücht=linge wieder in standhafte tapfere Streiter zu verwandeln.

XI.

Das Verhältniß der Heerführung zur Kriegführungslehre.

Nach diesen kurzen Betrachtungen ist es schon möglich, eine Ueber=sicht über die Bedingungen zu geben, von denen die Anwendung der

---

*) Siehe Heerführung S. 280.

**) De Brack. Angeführt in: Colonel R. Henry. L'Esprit de la guerre. Paris 1894. S. 162.

Geſetze der Kriegführung durch den Heerführer abhängen. Freilich iſt
ihre Zahl ſo groß, daß es nicht möglich ſein wird, ſie alle aufzuzählen,
und daß ein ſorgſamer Beobachter beim Studium der Kriegsgeſchichte
oder auch in der praktiſchen Erfahrung immer noch neue entdecken wird.
Doch können die weſentlichſten hier kurz zuſammengefaßt werden.

Zuerſt iſt das allgemeine Stärkeverhältniß zum Gegner in Betracht
zu ziehen, welches aber nicht rein numeriſch, ſondern nach dem Vergleich
der geſammten kriegeriſchen Tüchtigkeit der Streitkräfte aufgefaßt werden
muß. Ins Gewicht fallen dabei ferner die politiſchen Umſtände, welche
den Gegner oder uns in dem freien Gebrauch dieſer Kräfte fördern oder
hindern. Bündniſſe müſſen abgewogen werden, welche zu Beginn oder
im Verlauf des Krieges in die Wagſchale des Sieges geworfen werden
können. Danach wird die „lebendige Kraft" feſtzuſtellen ſein, welche
ein jeder der ſtreitenden Theile in dem bevorſtehenden Kriege zu verwenden hat. Hiernach wird im Großen die Entſcheidung über offenſives
oder defenſives Verhalten, und über den Grad der Energie, welcher darin
von Hauſe aus aufgeboten werden kann, zu treffen ſein.

Die Natur des Kriegsſchauplatzes, zumal ſein Straßen- und Bahnennetz, die Geſtalt des zuvörderſt in Betracht kommenden Kriegstheaters
werden beſtimmend für die Art der Durchführung ſein. Sie bedingen
das ſchnellere oder langſamere Fortſchreiten der Kriegshandlung. Natürlich iſt dabei auch der geſammte Zuſtand des Landes in Betracht zu
ziehen, der Reichthum der Gegend, die Dichtigkeit der Bevölkerung, der
Beſitz an Mitteln für die Erhaltung von Mann und Roß, kurz Alles,
was für Bewegung und Ernährung der Heere wichtig iſt.

Das Gelände und ſeine Form beeinfluſſen die Anlage der einzelnen
Operationen; ſie zeichnen die Hauptlinien für die ſtrategiſchen und tak-
tiſchen Unternehmungen vor, welche unſerer Phantaſie bei den Entwürfen
durch die Karten übermittelt werden.

Das Vorhandenſein oder Fehlen künſtlicher Anlagen der feſten
Plätze oder Stellungen iſt darin einbegriffen. Es wirkt auf des Angreifers
Seite zumal bezüglich der Vorbereitungen für den Krieg ein. Beim Vertheidiger kommt es in der Anlage der erſten Operationen ganz unmittelbar
zur Geltung. Der Krieg im freien Felde und der Feſtungskrieg bedürfen
anderer Mittel und Kräfte. Sie tragen verſchiedenen Charakter. Der
erſte iſt ſchnell, heftig in ſeinen Aeußerungen, vernichtend in einzelnen
großen Schlägen, der andere ſchleppend, die Kräfte langſam aber gewaltig
verzehrend, die höchſten Anforderungen an Zähigkeit und Ausdauer
ſtellend.

Von oft nicht hinreichend gewürdigtem Einfluß auf die Anwendung
der Grundſätze der Kriegführung ſind Jahreszeit und Klima. Sie
können geradezu ausſchlaggebend werden, wirken dabei aber je nach
dem Zweck, den wir verfolgen, und der Natur des Operationsgebietes
ganz verſchieden ein. Der Winter von 1705/6 ward von Karl XII.
zu ſeiner Offenſive in Polen benutzt und begünſtigte ſie außerordentlich,
da er die eisbedeckten zahlreichen Waſſerlinien zu überſchreiten geſtattete.

Der Winter von 1708/9 wiederum hemmte in gleichem Maße durch hohen Schnee und starke Kälte die Eroberung der Ukraine. Welchen Antheil die Nichtbeachtung der vorgerückten Jahreszeit durch Napoleon I. bei der Fortsetzung seines Zuges von 1812 über Smolensk hinaus an dem Untergange der Großen Armee gehabt hat, ist bekannt genug. Die grundlosen Wege und die kurzen Tage zu Mitte Dezember 1870 begünstigten, wie wir gesehen, Chanzy's hartnäckige Gegenwehr bei Beaugency und am Loir, der hohe Schnee im Januar darauf an der Sarthe. Derselbe Winter aber trug dazu bei, Bourbaki's Offensive gegen Belfort scheitern zu lassen.

Ein rücksichtsloser Angriff im Winter vernichtet leicht die eigenen Kräfte, ohne sie durch hinreichenden Erfolg bezahlt zu machen. Er kann aber doch durch besondere Umstände und die Natur des Kriegstheaters gefordert werden.

Blicken wir nun über diese rein äußerlichen Vorbedingungen hinweg, welche der Heerführer in der Wahl der Lehren der Kriegführung in jedem Falle beachten muß, so kommt zunächst die gesammte nationale Eigenheit seines und des feindlichen Heeres für ihn in gleichem Sinne in Betracht. Ein jedes hat seine starken Seiten und seine Schwächen, die benutzt oder berücksichtigt werden müssen. Die nationalen Eigenthümlichkeiten, welche das eine Heer auf stürmische Offensive, das andere auf zähe Defensive hindrängen, machen sich auch in der Friedenserziehung und Ausbildung schon geltend, und diese wieder prägen sie rückwirkend noch mehr aus. Die Tradition thut viel dabei, zumal im Beginn eines Krieges, ehe ihr Zauber durch neue sich fühlbar machende elementare Gewalten gebrochen worden ist. Selbst Napoleon hielt es, als der Krieg von 1806 begann, noch für erforderlich, seine schlachtgewohnte Armee vor der preußischen Reiterei zu warnen, da er annahm, daß die Erinnerung an die früheren Großthaten sie zu ganz besonderen Heldenstücken fortreißen werde.

In nahem Zusammenhange mit der Tradition des Heeres steht der Zustand seines Offizierkorps, welches deren Träger ist. Volksthümliche Eigenschaften beeinflussen es freilich ebenso wie die Mannschaften, aber als mächtiger Hebel für seine Einwirkung kommt noch die sociale Stellung hinzu, wenn sie das Ganze zu einer geschlossenen Gemeinschaft mit gleichen Pflichten und Rechten macht. Der Einfluß des Einzelnen auf die Masse erhöht sich dadurch in's Vielfache. Wo diese Einheit fehlt, wird ein lediglich sachlich ausgebildetes Offizierkorps im Einzelnen wohl auch tüchtige Leistungen zeigen, die elementaren Gefechtshandlungen werden gut verlaufen, aber die Uebereinstimmung im Großen und die Wucht des Ganzen fehlen. Dieser mangelnde gleichmäßige Zug kann freilich ersetzt werden durch ein überlegenes, die Masse mit sich fortreißendes, Kriegsgenie, das an der Spitze steht; aber er wird sich fühlbar machen, wo eine solche außergewöhnliche Kraft fehlt. Die im kleinen Kriege so erfahrene Armee des französischen Kaiserreichs von 1870 leistete zumal mit ihrer Infanterie in den einzelnen Akten des Kampfes Vortreffliches. Sie zeigte Keckheit, Verschlagenheit, Muth und Hartnäckigkeit, und doch fehlte dem Ganzen die nachhaltige offensive Kraft, welche aus der Zusammenfassung dieser guten Eigenschaften durch ein einheitlich erzogenes und ausgebildetes Offizierkorps nothwendiger Weise hätte erzielt werden müssen.

Vom Zustande des Offizierkorps hängt auch das höhere Führerthum in der Armee ab; doch macht sich dabei die „Schule", im weitesten Sinne genommen, geltend. Ihre Macht ist am deutlichsten in dem Führerthum des preußischen Heeres von 1864, 1866 und 1870/71 hervorgetreten. Sie war nach der taktischen Seite hin vornehmlich das Werk Kaiser Wilhelms I., nach der strategischen dasjenige Moltke's. Die Einwirkung dieses Mannes ist um so merkwürdiger, als er mit seiner Persönlichkeit nach Außen hin lange nur wenig hervortrat. Er übte sie vornehmlich durch die Klarheit und Ueberlegenheit seines Geistes. Das Bildungsmittel, welches er vor dem Kriege anwendete, war nicht eine systematische Lehre, sondern es bestand in der Anlage der großen Truppenübungen und in der Stellung von Aufgaben, welche er der Praxis des Krieges entlehnte, und die in ihrer Gesammtheit eine Erläuterung aller wichtigsten Fragen großer Kriegführung ergaben. Durch die überzeugende Einfachheit der von ihm vorgetragenen Lösungen, welche trotzdem meist überraschend wirkten, da alle übrigen Betheiligten sie in weit entlegenerer Ferne und nicht so nahe gesucht hatten, als er, wies er den Geistern in ihrer Art zu urtheilen eine parallele Richtung an. Am Ende konnte er sich dann darauf verlassen, daß die im Kriege an den einzelnen Heertheil herantretenden Aufgaben von der großen Mehrzahl der Führer ungefähr in gleicher Art, d. h. in der seinigen gelöst werden würden. Wo Fehler vorgekommen sind, lagen sie mehr in der Verschiedenartigkeit, mit welcher von den Führern die beim Gegner gemachten Wahrnehmungen gedeutet wurden, als in einer Abweichung bei Beurtheilung richtig erkannter Sachlagen. Von welcher Kraft eine solche Uniformität sein würde, ist zuvor nicht erkannt worden; es trat aber bald in den Kriegen für Deutschlands Einigung hervor.

Es ist klar, daß diese Uniformität für die Handhabung unseres heutigen Kriegssystems, welches wir das Moltke'sche nennen, unentbehrlich ist. „Nur das, was der Gesammtbefehlshaber an Kräften auf einer Straße hat, ist seinem Willen direkt verfügbar."[*] Das Heer marschirt aber auf vielen Straßen an und mit Ausnahme dieser einzigen trifft auf allen anderen ein fremder Wille die Entscheidung. Daher muß er sicher sein, daß von diesem etwa dasselbe ausgehen wird, was geschehe, wenn er sich selbst dort befände. Nicht mit jeder Armee wird man also frei in getrennten Heeresmassen dem gleichen Ziele zustreben und auf entscheidende Wirkung in der gleichen Stunde hoffen dürfen.

---

[*] Von Schlichting. Taktische und strategische Grundsätze der Gegenwart II. S. 101.

Der Werth der Truppe muß der Art der Führung entsprechen. Daß man von jungen des Krieges ungewohnten Heeresmassen weder ein sehr energisches Verfahren der einzelnen Kolonnen bei getrenntem Operiren, noch die überraschend schnellen Züge bei Unternehmungen mit der geschlossenen Kraft auf der inneren Linie erwarten darf, ist klar, während sie doch einer zähen Defensive recht wohl fähig sein können.*) Mit seinem Heere von 1805/6 hätte sich Napoleon I. im Feldzuge von 1813 wohl überhaupt nicht zu einer Vertheidigung des Kriegstheaters an der Elbe auf inneren Linien entschlossen, sondern wäre offensiv geblieben. Hätten besondere Gründe ihn aber trotzdem dazu bewogen, so würde er sie glücklich durchgeführt haben. Wiederum darf man sagen, daß ihm die Erfolge der Februartage von 1814 mit den Aufgeboten aus dem Frühjahr von 1813 unmöglich gewesen wären. Er hatte inzwischen aus der großen Zahl der Konskribirten einen kleinen Kern kriegstüchtiger Veteranen erzogen.

So sehen wir, daß die Heerführung, selbst bei Gebrauch des gleichen Heeres unausgesetzt mit dessen Zustand rechnen muß. Nicht der materielle allein, sondern auch der seelische bedingt eine fortwährend sich ändernde Behandlung der Grundsätze der Kriegführung. Und nun kommen noch die Bedingungen hinzu, welche der Heerführer in seiner persönlichen Lage suchen muß, in seinem Verhältniß zur Staatsgewalt, zu den Leitern der Politik, zu seiner Umgebung und anderen Mithandelnden. Nicht minder sprechen seine Fähigkeiten und sein Glück mit, ja selbst seine körperliche Rüstigkeit, um sein Verfahren zu bestimmen. Das Gleiche hatte er bei seinem Gegner zu beobachten; denn von dessen Handeln ist das seine mit bedingt.

Die Heerführung ist also nicht minder abhängig von einer Fülle treibender oder hemmender Gewalten, wie die Gesetze der Kriegführung es von äußeren Verhältnissen sind.

———

Diese Vielgestaltigkeit der Lage, in welcher der Heerführer sich zurecht finden muß, bedingt es, daß wir so oft zu der Ueberzeugung Napoleons zurückkehren: im Kriege entscheiden die Umstände Alles, und die Führung in demselben ist eine Sache des Taktes. Darum hat auch Moltke die gesammte Strategie als ein System der Aushülfen bezeichnet.

Vergessen wir indessen nicht, daß nur das Genie berechtigt ist, das ganze Gewirre von Ursachen und Wirkungen, welches jede Lehre der Krieg- und Heerführung unseren Augen darbietet, schlechtweg und mit einer gewissen Geringschätzung als „Umstände" zu bezeichnen; denn es durchdringt dasselbe mit einem Blicke und weiß es durch unmittelbares Empfinden zu beherrschen.

Wir gewöhnlichen Sterblichen aber werden doch gut thun, uns erst die Grundsätze der Kriegführung einen nach dem andern klar zu ver-

———

*) Vergl. Kriegführung S. 33, 43, 67 u. 68.

gegenwärtigen, um sodann in jeder besonderen Lage zu prüfen, ob und wie sie nach den für die Thätigkeit des Heerführers gegebenen Bedingungen anzuwenden seien. So dürfen wir eher hoffen, von Stufe zu Stufe zu einer klareren Erkenntniß vom Wesen des Krieges mühsam emporzusteigen, als wenn wir diese Arbeit scheuten oder gar für unnöthig hielten. „Wer Dinge und Verhältnisse klar erkennt, der wird sich leichter und freier entschließen, als der, in dessen Geist die Erwägungen über das Für und Wider zu keinem unzweideutigen Ergebniß geführt haben; die Richtigkeit des Urtheils andererseits bedingt die Zweckmäßigkeit und Folgerichtigkeit des Handelns. So läßt sich in gewissem Sinne auch die Entschlußkraft entwickeln und fördern durch die freie Arbeit des Geistes, dem es gelungen ist, sich in der unharmonischen Menge der Dinge überall zu allgemeinen grundsätzlichen Anschauungen durchzuringen, der damit die Fähigkeit gewonnen hat, das Vielseitige und scheinbar Widersprechende unter wenige einheitliche Gesichtspunkte einzuordnen. Für den Feldherrn besonders ist solche Eigenschaft von entscheidendem Werthe, wenn sein Handeln, bei den fast täglich wechselnden Anforderungen der Lage, nicht in Grundsatzlosigkeit und Systemlosigkeit verfallen, oder, bei irrigen allgemeinen Anschauungen auf falsche und unheilvolle Bahnen gerathen soll".*)

XII.

Zwei Beispiele.

Zwei Beispiele werden am ehesten klar machen, wie der letzte Abschnitt gemeint ist. Wir wählen dazu zwei verschieden geartete Heere, welche in den beiden neuesten, auf europäischem Boden durchgeführten großen Kriegen auftraten, nämlich das preußische und das türkische, die beide dem Verfasser aus eigener Anschauung bekannt sind.

Der Vergleich ist um so beachtenswerther, als der dem französischen Kriege nachfolgende Balkan-Feldzug schon mit voller Kenntniß der Vorgänge jenes Krieges geführt wurde und er dennoch sehr abweichende, vielfach an weit zurückliegende Stufen des Kriegswesens erinnernde, Erscheinungen zeigt. Diese können weder allein aus der Unkenntniß derjenigen Art von Kriegführung erklärt werden, welche wir die moderne nennen, noch auch aus der Gestalt des Kriegsschauplatzes, die ein gemeinsames Handeln getrennter Heere zu einheitlichem Zweck wohl erschwert, keineswegs aber unmöglich gemacht hätte. Der Zufall mehr als vorbedachte Absicht hat es dahin geführt, daß an der Donau bei dem

---

*) Moltke's taktische und strategische Aufsätze aus den Jahren 1857—1871. Berlin 1900. E. S. Mittler u. Sohn. Vorwort S. VII.

türkischen Heere im ersten Theil des Krieges eine Konstellation zu Stande kam, die alle äußeren Merkmale der concentrischen Operation von mehreren Seiten her gegen einen, im Innern des umschlossenen Raumes zusammengedrängten Gegner an sich trug. Trotzdem sehen wir nichts von den natürlichen Vortheilen dieser Lage zur Geltung kommen, und da dieselbe, wie einige Versuche der Ausnützung andeuten, jedenfalls nicht unbemerkt geblieben sind, so ist kein anderer Schluß zulässig, als daß die Gründe der Unterlassung in der Natur des Werkzeuges gelegen haben, welches zur Ausführung berufen war. Heer und Heerführer entsprachen der Lage nicht. —

Die preußische Armee von 1870 war hervorgegangen aus der Reorganisation von 1859, aus einer angestrengten Friedensschule und der Kriegserfahrung von 1866. Diese hatte die bis dahin durch Nachdenken und theoretische Spekulation für die Kriegführung gewonnenen Grundsätze theils geläutert und zum Abschluß gebracht, theils aber auch umgewandelt. Kürzlich ist erst in der Oeffentlichkeit bekannt geworden, wie tief der Einfluß der kurzen praktischen Probe auf den böhmischen Schlachtfeldern das gesammte Thun und Treiben der preußischen Armee durchdrungen hat.*) Sie war damit auf eine hohe Stufe der Ausbildung und der Führung gelangt.

Die Vorahnung großer und für die Zukunft des Vaterlandes auf lange Zeit hinaus den Ausschlag gebender Entscheidungen hatte dem auf Standeseinheit beruhenden Offizierskorps eine sehr ernste Grundstimmung verliehen, welche sich in einem nicht geräuschvollen, aber um so nachhaltigeren Streben kund gab, das beste in der Pflichterfüllung zu thun. Vielleicht nur in den Tagen des großen Königs, sowie in der Periode der Erhebung nach dem tiefen Fall von 1806 hat die soldatische Tüchtigkeit im preußischen Heere eine so unbedingte Werthschätzung gefunden und in der Beurtheilung der Persönlichkeiten so sehr die Oberhand über alle anderen Gesichtspunkte besessen wie damals. Dies allgemeine Streben verlieh der niederen Führung eine große Kraft und eine unbedingte Gemeinsamkeit.

Wie sehr die höhere Führung einheitlich durchgebildet war, ist bekannt.**) An der Spitze stand ein allverehrter kriegserfahrener König und ein Chef des Generalstabes, dessen die Zeitgenossen überragende Größe man bereits allgemein zu empfinden anfing. Das Ansehen der obersten Heeresleitung war also ein so überwiegendes, daß ein anderer Einfluß dagegen garnicht aufkommen konnte, und daß die Unterordnung der Armee- und Korpsführer im besten Sinne des Wortes durchaus gesichert war.

---

*) Durch das Memoire des Großen Generalstabes an Seine Majestät den König vom 25. Juli 1866 und durch die, im Wesentlichen darauf fußenden, Verordnungen für die höheren Truppenführer vom 24. Juni 1869. Vergl. Moltke's taktisch-strategische Aufsätze aus den Jahren 1857 bis 1871.

**) S. Heerführung S. 235.

Die Truppe zeigte sich körperlich kriegstüchtig, durch systematische Friedenserziehung gründlich geschult, gut bewaffnet, und sie ging gern ins Feld. Lebte doch auch in ihr, wie im ganzen Volke das Gefühl, daß die Abrechnung mit dem alten Gegner unvermeidlich sei, wenn der Wunsch, der in allen deutschen Herzen schlummerte, die Einigung des Vaterlandes, erfüllt werden sollte.

Die Marsch= und Manövrirfähigkeit der größeren Truppenkörper war gut, die Gefechtsausbildung bereits auf gründliche Ausnutzung der Waffenwirkung berechnet, wenn sie auch noch der wissenschaftlichen Durch= arbeitung der neuesten Zeit entbehrte.

So waren also alle Vorbedingungen geschaffen, für diejenige Kriegs= weise, deren Wesen auf gleichmäßiger Selbstständigkeit und Selbstthätigkeit der einzelnen Theile beruht. Es war sicher, daß keine Armee, kein Korps, welche getrennt von anderen mit ihnen in der Durchführung des= selben Operationsgedankens begriffen war, diese in entscheidender Stunde im Stich lassen würde. Mit Recht erwartete Streitkräfte trafen immer auf dem Schlachtfelde ein.

Mit gleicher Sicherheit konnten die Heerführer annehmen, daß das Zweckmäßige und Erforderliche überall geschehen würde, auch ohne daß sie es von oben her befahlen. Hohe und niedere Offiziere waren an Initiative gewöhnt, und wenn diese gelegentlich auch etwas an Willkür streifte, so hielt sie sich doch stets an die Sache und kam dem Gange der Operationen und Kämpfe zu gute. Für die höchste Führung konnten zuweilen wohl Ungelegenheiten entstehen; ihre Zwecke und Ziele wurden trotzdem gefördert. Eine Uneinigkeit der Führer — wie sie im Kriege so oft die verhängnißvollste Rolle spielt — war durch das Beispiel und die absolute Autorität der obersten Leitung völlig ausgeschlossen.

Jede solche Armee findet naturgemäß ihr wahres Element im Be= wegungskriege und in der Offensive, welche den frei entwickelten Kräften den meisten Spielraum zur Bethätigung gewähren. Charakteristisch ist denn auch 1870/71 die große Zahl der Schlachten und Gefechte, bei welchen alle in erreichbarer Nähe vom Kampfplatze stehenden Truppen auch herankamen und bis zum letzten Bataillon eingesetzt wurden, so daß aus den vorhandenen Mitteln auch der größtmöglichste Nutzen gezogen werden konnte.

Ein breiter Aufmarsch, der möglichst große Bewegungsfreiheit ge= stattet, reißende Vormärsche, aber ein Verharren in der Trennung bis zur Entscheidung, Angriff auf den Feind, von mehreren Seiten her selbstständig geführt, und eine bis zum Aeußersten durchgefochtene Entscheidung, neue Trennung und neue Vereinigung, wo der Feind sich nochmals zum Wider= stande aufrafft oder frische Kräfte entgegenstellt — das sind die Er= scheinungen, welche die richtige Führung eines so gearteten Heeres uns jedesmal zeigen wird. Es sind dieselben, welche General von Schlichting in seiner Lehre des modernen Krieges hauptsächlich erläutert.*) Sie ge=

---

*) Taktische und strategische Grundsätze der Gegenwart.

218 Geschützen einen schirmenden Halbkreis um die zurückfluthenden Truppen bildete, trotzdem ihre einzige Bedeckung nur in zwei noch unberührten Kavallerie-Divisionen bestand. Aus solchem Verhalten der österreichischen Artillerie und Kavallerie wurde preußischerseits auf einen geordneten Rückzug geschlossen, und dieser Eindruck hat sicherlich das Seinige dazu beigetragen, den Gedanken an sofortige energische Verfolgung zu hemmen. Der Vortheil davon wäre ein noch größerer gewesen, wenn nicht die allgemeineren Anordnungen für einen geregelten Abmarsch hinter die Elbe gemangelt hätten.*)

Nachahmenswerth ist auch das Beispiel General Chanzy's bei seinem Rückzuge mit der 2. Loire-Armee von Orleans nach Beaugency, nach dem Loir und an die Sarthe bis Le Mans im Dezember 1870. Ihm wurde freilich die Ausführung durch numerische Ueberlegenheit über den verfolgenden Sieger wesentlich erleichtert.**)

Die verlorene Schlacht erfordert zunächst eine Unterbrechung der Berührung mit dem Sieger. Dabei findet die Führung in dem Selbsterhaltungstriebe des Heeres einen mächtigen Bundesgenossen.***) Sie hat im Wesentlichen die richtige Wahl der Rückzuglinie zu treffen. Darin besteht ihre vornehmste Aufgabe. Es gilt, den Feind, wenn ihm der Rückzug nicht mehr verborgen werden kann, darüber zu täuschen, wohin derselbe gehe. Welchen Vortheil hierbei die Theilung der Kräfte in auseinandergehenden Richtungen bietet, ist bekannt.†)

Gelingt das Losmachen vom Gegner, so ist die Zeit für moralische Einwirkung des Heerführers und Wiederherstellung der Ordnung unter den Truppen gewonnen. Der Moment ist gekommen, wo der Feldherr in trüber Lage sich doppelt stark zeigen muß. Von Marschkolonne zu Marschkolonne soll er eilen, sich überall sehen lassen, überall ermuthigend, aufrichtend und anfeuernd. Blücher's Beispiel nach Ligny kann uns dabei voranleuchten. Die Wahrheit, daß Moral und Meinung im Kriege mehr als die Hälfte der Wirklichkeit sind, wird sich hier besonders geltend machen. Glückt es dem Heerführer, seine Truppen zu dem Glauben zu bringen, daß der Unfall wenig oder nichts zu bedeuten habe, daß die Verluste keine unersetzlichen seien und am Ende im Grunde genommen nichts verloren wäre, so ist sein Spiel halb gewonnen; auch sein Heer wird sich wieder erheben und den Eindruck der Niederlage verwinden. Aber des Feldherrn und seiner Umgebung persönliche Haltung muß in solchen Tagen mehr als sonst noch mit den beruhigenden Versicherungen in vollem Einklange stehen.

Vom Entschluß zum Rückzuge sind natürlich alle diejenigen Truppentheile sofort in Kenntniß zu setzen, welche durch denselben in Mitleiden

---

*) Von Lettow-Vorbeck. Kriegsgeschichtliche Beispiele S. 76/77.

**) Chanzy. La deuxième Armée de la Loire. S. 157 u. ff. Vergl. auch L'esprit de la guerre S. 563.

***) S. Heerführung S. 277.

†) S. Kriegführung S. 133/34.

schaft gezogen werden könnten. Das Unglück von Saalfeld am 10. Oktober 1806 entstand zum Theil, weil Massenbach die Avantgarde des Prinzen Louis Ferdinand nicht davon benachrichtigt hatte, daß der Vormarsch der Hohenlohe'schen Armee über die Saale, welchen der Prinz sichern sollte, aufgegeben sei. Um wieviel mehr kann eine Katastrophe eintreten, sobald ein Heertheil ohne Kunde vom Rückzuge des benachbarten bleibt, auf dessen Unterstützung er rechnete. Es ist indessen nicht immer klug gehandelt, die Nachricht sofort und überall hin zu verbreiten, wenigstens ehe sich die Größe des Unfalles deutlich über=sehen läßt. Die alte Erfahrung lehrt, daß diese im ersten Augenblicke der Bestürzung meist überschätzt wird. Durch rückhaltlose Verbreitung des unmittelbaren Eindruckes würde man also seine Wirkung selbst noch künstlich vermehren. Der angerichtete Schaden stellt sich bei näherer Untersuchung in den meisten Fällen als ein bei Weitem kleinerer heraus, wie man ursprünglich annahm. Mannschaften, die vermißt wurden, oder irgendwie von ihrer Truppe abgekommen waren, finden sich wieder ein. Truppentheile, von denen man beim Beginn des Rückzuges nichts wußte und die man für abgeschnitten hielt, kehren zu ihren Ver=bänden zurück. Geschütze, von denen es hieß, daß sie verloren seien, haben doch noch einen Weg vom Schlachtfelde zurückgefunden. So pflegt schon auf dem ersten Marsche sich die Stärke der arg zusammengeschmolzenen Truppenkörper wieder etwas zu vermehren und allgemach kommt mehr und mehr dazu.

Als am Morgen des Gefechtes von Trautenau sich unter den zurück=gegangenen Truppen des I. Armeekorps die Nachricht verbreitete, General von Bonin wolle sie wieder durch das Gebirge vorführen, da wurden Stimmen genug laut, welche dies für ganz unausführbar erklärten: „Es seien nur noch Trümmer vorhanden" — hieß es ganz allgemein*) und doch war der wirkliche Verlust ein geringfügiger. Nicht ein einziges Geschütz war stehen geblieben; an Todten und Verwundeten hatte man weit weniger eingebüßt als der Gegner, und man brachte überdies eine, für ein verlorenes Gefecht recht stattliche, Anzahl von Gefangenen mit.

Bekannt ist, daß Wellington nach der Schlacht von Ligny die Nacht hindurch noch im Ungewissen über den Ausgang derselben blieb. Die Annahme, daß ihn das preußische Hauptquartier absichtlich ohne Meldung gelassen habe, liegt dabei garnicht fern. Er kannte aus eigener An=schauung den üblen Stand der Dinge und wußte, daß die preußische Armee werde weichen müssen, wenn er nicht mit der seinigen zur Unter=

---

*) Dies war vornehmlich dadurch veranlaßt worden, daß während des Rückzuges der Befehl verbreitet worden war, alle Abtheilungen sollten in die Standorte des vorigen Tages wieder einrücken. Nun hatte am 26. Juni ein bedeutender Theil der Truppen das Marschquartier mit Biwaks vertauscht und Offiziere und Mann=schaften suchten, je nach ihrer Auffassung, entweder das erstere oder die letzteren auf. So kam es, daß selbst viele Kompagnien nicht zusammenblieben, sondern den Rest der Nacht nach dem Gefechte getrennt an verschiedenen Punkten zu=brachten. Erst im Laufe des 28. Juni fand sich Alles wieder zusammen.

stützung erschien. Nun war er aber nicht gekommen, vermochte also zu
übersehen, welchen Gang die Dinge inzwischen genommen haben würden.
Daß Napoleon nichts Weiteres thun werde, um seinen Vortheil auszubeuten, nahm er sicherlich nicht an. Ein dringender Anlaß, ihn vom
wirklichen Verlust der Schlacht sogleich zu benachrichtigen, lag also nicht
vor. So war es wohl geboten, seine im preußischen Hauptquartier nur
zu gut bekannte Vorsicht nicht früher zu beunruhigen „als man die Folgen
der Schlacht übersehen und bestimmte Zusicherungen über sofortiges Wiedererscheinen geben konnte. Anderenfalls hätte Wellington sich den Echec,
den die Preußen erlitten, vielleicht größer vorgestellt, als er wirklich war
und wäre seinerseits völlig zurückgegangen".*)

Wenn der Unterliegende im Augenblick der Entscheidung häufig auch
die Größe des geschehenen Unglücks noch nicht übersehen kann, so wird
er sich doch gegenwärtig halten müssen, daß es unter hundert Fällen
neunzig Mal dem Sieger mit seinem Erfolge ebenso geht. Es sei nur
daran erinnert, daß die erste vom Schlachtfelde von Königgrätz nach
Berlin gerichtete Siegesdepesche sehr bescheiden von einigen zwanzig eroberten
Geschützen sprach.**) Von der wahren Bedeutung der eben beendeten Schlacht
hatte man auch nur annähernd keine richtige Vorstellung.

Die Ueberstürzung ist also für den Geschlagenen nicht blos vom
Uebel, sondern auch ganz unberechtigt. Zumal ist die so leicht sich regende
Besorgniß um den Rückzug fast immer unnöthig. Die Schlacht ruft alle
Truppentheile des Feindes nach dem Kampfplatze und so biegen auch die
Umgehungskolonnen des Feindes dorthin aus. Der Weichende findet zum
Rückzuge selbst diejenigen Wege offen, welche vor der Schlacht schon bedroht oder gar durchschnitten waren. Der gewöhnliche Ruf, man sei
umgangen und abgeschnitten,***) welcher sich wie eine ansteckende Krankheit
schnell unter den zurückfluthenden Truppen verbreitet, hat in den allermeisten Fällen keine andere Grundlage, als die erregte Phantasie derer,
die ihn zuerst hören ließen. Selbst nach der Schlacht von Auerstädt
wäre der preußischen Hauptarmee der Marsch zur Elbe und zur Vereinigung mit der Reservearmee des Herzogs von Württemberg möglich
gewesen, hätte man dies nur übersehen und die Truppen hinreichend in
der Gewalt gehabt, um ihnen sogleich eine bestimmte Richtung geben zu
können. Auch Wörth bietet ein Beispiel dafür, wie die Wirkung der Umfassung mit dem Siege auf dem Schlachtfelde aufgehoben wird und dem
Geschlagenen der vorher schon gefährdete Rückzug wieder offen steht.

Wenn solche kühn gewählten Wege der Rettung meist unbenutzt
bleiben, so liegt dies nur daran, daß der unterliegende Theil sie noch
für verschlossen hält, und daß es außerordentlich schwierig ist, die das

---

*) Delbrück. Gneisenau's Leben II. S. 191.
**) Lettow-Vorbeck. Kriegsgeschichtliche Beispiele S. 78.
***) Selbst während des Rückzuges von Trautenau wurde er laut, obgleich
der ganzen Sachlage nach eine Gefahr, abgeschnitten zu werden, für die preußischen
Truppen ganz ausgeschlossen war.

Schlachtfeld fliehenden Truppenmassen auf andere Wege zu bringen als diejenigen, welche geradeswegs nach rückwärts führen.

Sobald als irgend möglich, muß in den Entschlüssen des Heerführers das Trachten nach Gefechtserfolgen wieder die Oberhand gewinnen, mögen sie auch materiell ohne große Bedeutung sein und keinen wesentlichen Einfluß auf den Gang der Operationen ausüben. Sie bilden das beste Heilmittel gegen die Niedergeschlagenheit und Muthlosigkeit der Truppe. Nach dunklen Stunden plötzlich aufkeimende Hoffnung pflegt stärkere Blüthen zu treiben, als sie der inneren Kraft entsprechen. Selbst ein Scheinsieg, von dem sich die Kunde im Heere verbreitet, kann dieses wieder beleben. Viel wird freilich darauf ankommen, welcher Art der erlebte Mißerfolg war. Ein abgewiesener Angriff besagt ja ohnehin noch nicht, daß man der Schwächere gewesen sei, nur die mißglückte Vertheidigung liefert den bündigen Beweis hierfür. Im zweiten Falle würde meist auch eine materielle Verstärkung, sei es durch frische Streitmittel, sei es durch besondere Vortheile des Geländes, nothwendig sein, ehe man an neuen Kampf denken kann. Im ersten dagegen bietet schon der Rollenwechsel die Gelegenheit dazu; denn die Kraftprobe wird danach unter den umgekehrten Bedingungen an die beiden Kämpfer von Neuem gestellt.

Hartnäckige Nachhutgefechte einer nach verfehltem Angriff weichenden Armee gewähren die beste Gelegenheit, die Moral des Heeres wieder aufzurichten. Die Gefahr, dabei neue Verluste, namentlich an Gefangenen, zu erleiden, liegt freilich nahe, weil der Kampf nothwendigerweise mit abermaligem Rückzuge enden muß. Aber man kann sie vermeiden, wenn man Zeit und Umstände richtig erwägt. Daß die Nacht ein brauchbarer Verbündeter gut geführter Arrièregarden ist, wissen wir bereits.*) Ein vortheilhaftes, der Verfolgung ungünstiges Gelände kann die nämlichen Dienste leisten. Gangbare, aber übersichtliche und dicht bebaute Gegenden, wie wir sie 1871 an der Sarthe kennen lernten, sind dem Auftreten und Wiederverschwinden einer tüchtigen Nachhut außerordentlich günstig. Die moderne Waffenwirkung begünstigt die hinhaltende, abwehrende Fechtart. Sie erschwert das Erkennen einer Stellung, die Entwickelung ihr gegenüber und giebt dem Vertheidiger das Mittel zum Zeitgewinn. Auch die Jahreszeit kann viel beitragen, solchen einzuheimsen und den stärkeren Feind, wenn er unvorsichtig nachdrängt, an einzelnen Punkten erfolgreich abzuweisen. Der Winter bringt dem Verfolger die schwierigsten Verhältnisse. Er erleichtert dem Besiegten das Entkommen. Die Kavallerie des Gegners, die ihm sonst am gefährlichsten ist, kommt auf glattem Boden nicht vorwärts, die Artillerie kann nur dicht seitwärts der Straßen auffahren. Sie muß sich im Schritt bewegen; bei rückgängigen Gefechten kann sie leicht verloren gehen und auch der Angreifer wird deshalb bei ihrer Verwendung vorsichtiger und zögernder verfahren. Die Infanterie muß also den Strauß fast allein ausfechten und auch sie kommt nur langsam vorwärts. Von sprungweisem Vorgehen, von stürmischem Anlauf ist nicht die Rede.

---

*) Vergl. Kriegführung S. 142 u. ff.

Winterkämpfe bei hohem Schnee gewinnen also etwas sehr Zehrendes und Schleppendes. Sie nehmen die Kräfte stark mit. Dazu tritt die geringe Tagesdauer und der in den Morgenstunden meist herrschende Nebel. Ein später Beginn, endscheidungsloser Gang und frühes Ende kennzeichnen die Gefechte. Der Winter ist also recht eigentlich die Jahreszeit für den Schwachen, oder für denjenigen, der die Entscheidung hinziehen will. Der Angreifer wird, selbst wenn er siegt, so erschöpft sein, daß er an eine Ausnutzung des Sieges nicht mehr denken kann und selbst ein Schein weiterer unmittelbarer Verfolgung unmöglich wird.

Dies sind Umstände, welche einem geschlagenen Heere Gelegenheit geben, durch erfolgreichen Widerstand partielle Vortheile zu erringen und den Eindruck hervorrufen, als sei ein Umschlag im Kriegsglück eingetreten, wenn sein ganzer Erfolg einstweilen auch nur in der glücklichen Abwehr des Gegners bis zu einer bestimmten Stunde bestand. General Chanzy benutzte ähnliche günstige Verhältnisse geschickt und energisch bei seinem Rückzuge.*) An Junitagen wäre seine Armee in derselben Lage von dem nämlichen Angreifer, der sie im Winter nur zurückdrängen und schwächen konnte, aller Wahrscheinlichkeit nach völlig aufgelöst worden.

Es kommt bei diesen Gefechten auch weniger darauf an, daß sie in nahem Zusammenhange mit den großen taktischen oder strategischen Gedanken stehen, als darauf, überhaupt nur wieder irgend einen taktischen Erfolg zu erringen, oder wenigstens den Kampf ohne neue Niederlage zu bestehen. —

Hoch über diesen und ähnlichen äußeren Mitteln, ein Heer nach verlorenen Schlachten aufzurichten, steht aber wieder die Macht der Persönlichkeit des Heerführers, der gerade in solchen Unglückstagen durch sein Beispiel und sein Wort Wunder wirken und einer ganzen Armee den verlorenen Muth zurückgeben kann. „Oft hängt es von einem Führer ab, aus schwachen und unentschlossenen jungen Leuten unerschrockene Soldaten zu machen".**) Ebenso vermag derselbe niedergeschlagene Flücht= linge wieder in standhafte tapfere Streiter zu verwandeln.

XI.

Das Verhältniß der Heerführung zur Krieg-führungslehre.

Nach diesen kurzen Betrachtungen ist es schon möglich, eine Ueber= sicht über die Bedingungen zu geben, von denen die Anwendung der

---

*) Siehe Heerführung S. 280.
**) De Brack. Angeführt in: Colonel R. Henry. L'Esprit de la guerre. Paris 1894. S. 162.

Gesetze der Kriegführung durch den Heerführer abhängen. Freilich ist ihre Zahl so groß, daß es nicht möglich sein wird, sie alle aufzuzählen, und daß ein sorgsamer Beobachter beim Studium der Kriegsgeschichte oder auch in der praktischen Erfahrung immer noch neue entdecken wird. Doch können die wesentlichsten hier kurz zusammengefaßt werden.

Zuerst ist das allgemeine Stärkeverhältniß zum Gegner in Betracht zu ziehen, welches aber nicht rein numerisch, sondern nach dem Vergleich der gesammten kriegerischen Tüchtigkeit der Streitkräfte aufgefaßt werden muß. Ins Gewicht fallen dabei ferner die politischen Umstände, welche den Gegner oder uns in dem freien Gebrauch dieser Kräfte fördern oder hindern. Bündnisse müssen abgewogen werden, welche zu Beginn oder im Verlauf des Krieges in die Wagschale des Sieges geworfen werden können. Danach wird die „lebendige Kraft" festzustellen sein, welche ein jeder der streitenden Theile in dem bevorstehenden Kriege zu verwenden hat. Hiernach wird im Großen die Entscheidung über offensives oder defensives Verhalten, und über den Grad der Energie, welcher darin von Hause aus aufgeboten werden kann, zu treffen sein.

Die Natur des Kriegsschauplatzes, zumal sein Straßen- und Bahnennetz, die Gestalt des zuvörderst in Betracht kommenden Kriegstheaters werden bestimmend für die Art der Durchführung sein. Sie bedingen das schnellere oder langsamere Fortschreiten der Kriegshandlung. Natürlich ist dabei auch der gesammte Zustand des Landes in Betracht zu ziehen, der Reichthum der Gegend, die Dichtigkeit der Bevölkerung, der Besitz an Mitteln für die Erhaltung von Mann und Roß, kurz Alles, was für Bewegung und Ernährung der Heere wichtig ist.

Das Gelände und seine Form beeinflussen die Anlage der einzelnen Operationen; sie zeichnen die Hauptlinien für die strategischen und taktischen Unternehmungen vor, welche unserer Phantasie bei den Entwürfen durch die Karten übermittelt werden.

Das Vorhandensein oder Fehlen künstlicher Anlagen der festen Plätze oder Stellungen ist darin einbegriffen. Es wirkt auf des Angreifers Seite zumal bezüglich der Vorbereitungen für den Krieg ein. Beim Vertheidiger kommt es in der Anlage der ersten Operationen ganz unmittelbar zur Geltung. Der Krieg im freien Felde und der Festungskrieg bedürfen anderer Mittel und Kräfte. Sie tragen verschiedenen Charakter. Der erste ist schnell, heftig in seinen Aeußerungen, vernichtend in einzelnen großen Schlägen, der andere schleppend, die Kräfte langsam aber gewaltig verzehrend, die höchsten Anforderungen an Zähigkeit und Ausdauer stellend.

Von oft nicht hinreichend gewürdigtem Einfluß auf die Anwendung der Grundsätze der Kriegführung sind Jahreszeit und Klima. Sie können geradezu ausschlaggebend werden, wirken dabei aber je nach dem Zweck, den wir verfolgen, und der Natur des Operationsgebietes ganz verschieden ein. Der Winter von 1705/6 ward von Karl XII. zu seiner Offensive in Polen benutzt und begünstigte sie außerordentlich, da er die eisbedeckten zahlreichen Wasserlinien zu überschreiten gestattete.

Der Winter von 1708/9 wiederum hemmte in gleichem Maße durch hohen Schnee und starke Kälte die Eroberung der Ukraine. Welchen Antheil die Nichtbeachtung der vorgerückten Jahreszeit durch Napoleon I. bei der Fortsetzung seines Zuges von 1812 über Smolensk hinaus an dem Untergange der Großen Armee gehabt hat, ist bekannt genug. Die grundlosen Wege und die kurzen Tage zu Mitte Dezember 1870 be=günstigten, wie wir gesehen, Chanzy's hartnäckige Gegenwehr bei Beaugency und am Loir, der hohe Schnee im Januar darauf an der Sarthe. Derselbe Winter aber trug dazu bei, Bourbaki's Offensive gegen Belfort scheitern zu lassen.

Ein rücksichtsloser Angriff im Winter vernichtet leicht die eigenen Kräfte, ohne sie durch hinreichenden Erfolg bezahlt zu machen. Er kann aber doch durch besondere Umstände und die Natur des Kriegs=theaters gefordert werden.

Blicken wir nun über diese rein äußerlichen Vorbedingungen hin=weg, welche der Heerführer in der Wahl der Lehren der Kriegführung in jedem Falle beachten muß, so kommt zunächst die gesammte nationale Eigenheit seines und des feindlichen Heeres für ihn in gleichem Sinne in Betracht. Ein jedes hat seine starken Seiten und seine Schwächen, die benutzt oder berücksichtigt werden müssen. Die nationalen Eigen=thümlichkeiten, welche das eine Heer auf stürmische Offensive, das andere auf zähe Defensive hindrängen, machen sich auch in der Friedenserziehung und Ausbildung schon geltend, und diese wieder prägen sie rückwirkend noch mehr aus. Die Tradition thut viel dabei, zumal im Beginn eines Krieges, ehe ihr Zauber durch neue sich fühlbar machende elementare Gewalten gebrochen worden ist. Selbst Napoleon hielt es, als der Krieg von 1806 begann, noch für erforderlich, seine schlachtgewohnte Armee vor der preußischen Reiterei zu warnen, da er annahm, daß die Erinnerung an die früheren Großthaten sie zu ganz besonderen Helden=stücken fortreißen werde.

In nahem Zusammenhange mit der Tradition des Heeres steht der Zustand seines Offizierkorps, welches deren Träger ist. Volksthümliche Eigenschaften beeinflussen es freilich ebenso wie die Mannschaften, aber als mächtiger Hebel für seine Einwirkung kommt noch die sociale Stellung hinzu, wenn sie das Ganze zu einer geschlossenen Gemeinschaft mit gleichen Pflichten und Rechten macht. Der Einfluß des Einzelnen auf die Masse erhöht sich dadurch in's Vielfache. Wo diese Einheit fehlt, wird ein lediglich sachlich ausgebildetes Offizierkorps im Einzelnen wohl auch tüchtige Leistungen zeigen, die elementaren Gefechtshandlungen werden gut verlaufen, aber die Uebereinstimmung im Großen und die Wucht des Ganzen fehlen. Dieser mangelnde gleichmäßige Zug kann freilich ersetzt werden durch ein überlegenes, die Masse mit sich fort=reißendes, Kriegsgenie, das an der Spitze steht; aber er wird sich fühl=bar machen, wo eine solche außergewöhnliche Kraft fehlt. Die im kleinen Kriege so erfahrene Armee des französischen Kaiserreichs von 1870 leistete zumal mit ihrer Infanterie in den einzelnen Akten des Kampfes Vor=

treffliches.   Sie zeigte Keckheit, Verschlagenheit, Muth und Hartnäckigkeit, und doch fehlte dem Ganzen die nachhaltige offensive Kraft, welche aus der Zusammenfassung dieser guten Eigenschaften durch ein einheitlich er= zogenes und ausgebildetes Offizierkorps nothwendiger Weise hätte erzielt werden müssen.

Vom Zustande des Offizierkorps hängt auch das höhere Führerthum in der Armee ab; doch macht sich dabei die „Schule", im weitesten Sinne genommen, geltend.   Ihre Macht ist am deutlichsten in dem Führerthum des preußischen Heeres von 1864, 1866 und 1870/71 hervorgetreten.   Sie war nach der taktischen Seite hin vornehmlich das Werk Kaiser Wilhelms I., nach der strategischen dasjenige Moltke's. Die Einwirkung dieses Mannes ist um so merkwürdiger, als er mit seiner Persönlichkeit nach Außen hin lange nur wenig hervortrat. Er übte sie vornehmlich durch die Klarheit und Ueberlegenheit seines Geistes. Das Bildungsmittel, welches er vor dem Kriege anwendete, war nicht eine systematische Lehre, sondern es bestand in der Anlage der großen Truppenübungen und in der Stellung von Aufgaben, welche er der Praxis des Krieges entlehnte, und die in ihrer Gesammtheit eine Er= läuterung aller wichtigsten Fragen großer Kriegführung ergaben.   Durch die überzeugende Einfachheit der von ihm vorgetragenen Lösungen, welche trotzdem meist überraschend wirkten, da alle übrigen Betheiligten sie in weit entlegenerer Ferne und nicht so nahe gesucht hatten, als er, wies er den Geistern in ihrer Art zu urtheilen eine parallele Richtung an. Am Ende konnte er sich dann darauf verlassen, daß die im Kriege an den einzelnen Heertheil herantretenden Aufgaben von der großen Mehrzahl der Führer ungefähr in gleicher Art, d. h. in der seinigen gelöst werden würden.   Wo Fehler vorgekommen sind, lagen sie mehr in der Ver= schiedenartigkeit, mit welcher von den Führern die beim Gegner gemachten Wahrnehmungen gedeutet wurden, als in einer Abweichung bei Beurtheilung richtig erkannter Sachlagen.   Von welcher Kraft eine solche Uniformität sein würde, ist zuvor nicht erkannt worden; es trat aber bald in den Kriegen für Deutschlands Einigung hervor.

Es ist klar, daß diese Uniformität für die Handhabung unseres heutigen Kriegsystems, welches wir das Moltke'sche nennen, unentbehrlich ist.   „Nur das, was der Gesammtbefehlshaber an Kräften auf einer Straße hat, ist seinem Willen direkt verfügbar."*)   Das Heer marschirt aber auf vielen Straßen an und mit Ausnahme dieser einzigen trifft auf allen anderen ein fremder Wille die Entscheidung.   Daher muß er sicher sein, daß von diesem etwa dasselbe ausgehen wird, was geschehe, wenn er sich selbst dort befände.   Nicht mit jeder Armee wird man also frei in getrennten Heeresmassen dem gleichen Ziele zustreben und auf ent= scheidende Wirkung in der gleichen Stunde hoffen dürfen.

---

*) Von Schlichting.   Taktische und strategische Grundsätze der Gegen= wart II. S. 101.

CPSIA information can be obtained
at www.ICGtesting.com
Printed in the USA
BVHW04*2001150818
524626BV00005B/76/P